La guerre et les rites de guerre dans le judaïsme du deuxième Temple

Supplements
to the
Journal for the Study of Judaism

Editor

John J. Collins
The Divinity School, Yale University

Associate Editor

Florentino García Martínez
Qumran Institute, University of Groningen

Advisory Board

J. DUHAIME — A. HILHORST — P.W. VAN DER HORST
A. KLOSTERGAARD PETERSEN — M.A. KNIBB — J.T.A.G.M. VAN RUITEN
J. SIEVERS — G. STEMBERGER — E.J.C. TIGCHELAAR — J. TROMP

VOLUME 93

La guerre et les rites de guerre dans le judaïsme du deuxième Temple

par

Christophe Batsch

BRILL
LEIDEN · BOSTON
2005

This book is printed on acid-free paper.

Library of Congress Cataloging-in-Publication Data

Library of Congress cataloging-in-publication data is available on the
Library of Congress website: catalog.loc.gov

LC control number: 2004057474

ISSN 1384–2161
ISBN 90 04 13897 8

PRINTED IN THE NETHERLANDS

TABLE DES MATIÈRES

PRÉFACE

Cette recherche a été menée dans le cadre de l'école doctorale de la section des sciences religieuses de l'École Pratique des Hautes Études (EPHE), installée à la Sorbonne (Paris) depuis 1886.

On sait depuis longtemps que la guerre exprime quelque chose de la société qui la fait. D'une part, parce que la façon de faire la guerre change quand la société change. D'autre part parce que chaque société fait en quelque sorte la guerre qu'elle mérite — et qui la juge. Hérodote en a formulé le paradigme (*Enquête* V, 78), quand il observa que les Athéniens, libérés de la tyrannie, se révélèrent des combattants bien supérieurs à ce qu'ils avaient été auparavant.

De là découle la double question posée ici : que dit, de la guerre, la société juive du deuxième Temple ? Et que dit, de la société juive du deuxième Temple, cette représentation de la guerre qui est la sienne ? Le modèle historiographique de la « guerre sainte » israélite est ici récusé ; car la formule englobe abusivement, dans un schème unique, la diversité des manifestations du caractère sacré des guerres dans l'antiquité juive. Cette diversité est précisément ce que je me propose d'étudier ici.

Pourquoi aborder cette question sous l'angle des rites ? D'abord pour tenir compte de la radicale altérité des Anciens. Deux représentations de la guerre devaient être pour cela écartées : celles qui s'expriment dans les termes de la patristique chrétienne, dont le concept de « guerre juste » (emprunté au droit romain) définit la substance ; et celles, issues de la Renaissance et de la Réforme, ayant abouti à notre conception moderne du « droit international ».

En abordant la représentation juive de la guerre par les rites qui l'exprimaient dans sa pratique même, j'espère avoir atteint à ce que cette représentation avait de plus spécifique. Très impliqué dans les activités rituelles, le judaïsme du deuxième Temple, s'est constamment efforcé d'identifier de quelles règles, de quels rites, la transgression aurait eu pour conséquence, si important fût l'enjeu, que la guerre ne soit plus une solution, car, menée en dehors de ces règles, de ces limites et de ces rites, elle aurait représenté en elle-même une conséquence plus grave pour l'être-Juif que les conséquences d'une défaite.

REMERCIEMENTS

J'ai eu la chance de trouver en Francis Schmidt, Directeur d'études à l'EPHE, un interlocuteur attentif et disponible, toujours prêt à lire mes ébauches de réflexions et à les soumettre à la critique redoutable, mais amicale, d'une exigence scientifique qu'il m'a appris à placer très haut.

Le Pr John Scheid, du Collège de France, m'a transmis une inoubliable leçon de rigueur méthodologique, associée à la passion de l'Antiquité méditerranéenne. Sous l'égide du Centre Gustave-Glotz, il m'a ouvert les portes des riches bibliothèques universitaires allemandes. En Allemagne, j'ai été accueilli avec la plus efficace gentillesse par les Prs Jörg Rüpke, à Erfurt, et Hartmut Stegemann, à Göttingen.

Ayant repris un peu tard le chemin des universités, je ne pouvais espérer meilleurs accueil que celui que j'ai trouvé dans les séminaires de l'EPHE ; grâce à l'érudition de Hedwige Rouillard-Bonraisin, Jacqueline Duvernay-Bolens et Alfred Adler, à la Vème section, de Jean Margain et André Lemaire, à la IVème, j'ai eu accès à une formation et aux méthodes les plus élaborées de la recherche contemporaine.

Les conférences données par Le Pr Devorah Dimant, dans le cadre du séminaire de Francis Schmidt, m'ont permis, comme aux autres participants à son « école alsacienne » de la rue Daviel, d'accéder à la rigueur, à la méticuleuse exigence mais aussi à l'excitante nouveauté, des travaux menés à partir des manuscrits de Qoumrân. Dans ce même séminaire j'ai pu bénéficier des interventions de Cristiano Grotanelli, Nicholas De Lange, Clarisse Herrenschmidt et Uriel Rappaport.

Mention spéciale doit être faite du Pr Lucien Poznanski, qui a bien voulu se rendre disponible, lors de ses séjours parisiens, pour partager son savoir et me transmettre de précieuses indications bibliographiques.

David Zrihan, du CNRS, a bien voulu relire avec moi toutes les citations en hébreu et en araméen (mais les erreurs qui peuvent y subsister me reviennent en propre).

Enfin je désire évoquer ici la mémoire de Daniel Tartier et de Jean-Claude Picard. L'un et l'autre ont contribué grandement, par leur personnalité et leur amitié, à me donner le goût de l'étude scientifique des religions anciennes.

Christophe Batsch, Paris
2 octobre 2003
(11 vendémiaire CCXI)

ABRÉVIATIONS

Les dates sont indiquées par rapport à l'an 1 de l'ère vulgaire : « av. » = avant ou « èv. » = après l'an 1.

Les abréviations désignant les livres bibliques sont celles de la T.O.B. (*Traduction Œucuménique de la Bible,* Paris). Pour les traités de Philon d'Alexandrie, ce sont celles de l'édition des *Œuvres de Philon* publiée sous le patronage de l'Université de Lyon (Paris : Cerf). Pour les œuvres de Flavius Josèphe : *La Guerre juive* : BJ ; *Les Antiquités Juives* : AJ ; *Autobiographie* : Vita ; *Contre Apion* : Ap.

AEPHE	*Annuaire de l'École Pratique des Hautes Études*, Paris
AJSL	*The American Journal of Semitic Languages and Literatures*, Chicago
ARG	*Archiv für Reformationgeschichte*, Berlin
ASSR	*Archives de sciences sociales des religions*, Paris
ASTI	*Annual of the Swedish Theological Institute in Jerusalem*, Jérusalem
AThANT	*Abhandlungen zur Theologie des Alten und Neuen Testaments*
Bibl.	*Biblica*, Rome
BZAW	*Beihefte für Zeitschrift für die alttestamentliche Wissenchaft*, Berlin
CBQ	*Catholic Biblical Quaterly*, Washington
DB	*Dictionnaire de la Bible*, F. VIGOUROUX éd., 1905–1912, (Paris : Letouzey et Ané)
DBSup.	*Supplément au Dictionnaire de la Bible*, L. PIROT *et al.* éds., 1928 — *en cours*, (Paris : Letouzey et Ané)
DDD	*Dictionnary of Deities and Demons in the Bible*, K. VAN DER TOORN, B. BECKING et P. VAN DER HORST éds., 1995, (Leyde : Brill)
DJD	*Discoveries in the Judaean Desert, I–XXXIX*, 1955–2002, (Oxford : Oxford Univ. Press, Clarendon)
DNP	*Der Neue Pauly*, H. CANCIK et H. SCHNEIER éds., 1996 — *en cours*, Stuttgart, Weimar : Metzler)
DSD	*Dead Sea Discoveries*, Jérusalem
ETR	*Études théologiques et religieuses*, Montpellier
HThR	*Harvard Theological Review*, Cambridge
HUCA	*Hebrew Union College Annual*, Cincinnati
IEJ	*Israel Exploration Journal*, Jérusalem

JAOS	*Journal of the American Oriental Society*, Baltimore
JBL	*Journal of Biblical Literature*, Philadelphie
JJS	*Journal of Jewish Studies*, Londres
JQR	*The Jewish Quaterly Review*, Philadelphie
JSJ	*Journal for the Study of Judaism in the Persian, Hellenistic and Roman Period*, Leyde
JSOT	*Journal for the Study of the Old Testament*, Sheffield
JSP	*Journal for the Study of the Pseudepigrapha*, Sheffield
MDB	*Le Monde de la Bible*, Paris
NRTh	*Nouvelle revue théologique*, Louvain
NTS	*New Testament Studies*, Washington
PEQ	*Palestine Exploration Quarterly*, Londres
RB	*Revue biblique*, Jérusalem
REJ	*Revue des Études Juives*, Paris
RHPhR	*Revue d'histoire et de philosophie religieuse*, Strasbourg
RHR	*Revue de l'histoire des religions*, Paris
RQ	*Revue de Qumrân*, Paris
RTL	*Revue théologique de Louvain*, Louvain
RTP	*Revue de théologie et de philosophie*, Lausanne
Sem.	*Semitica*, Paris
Semeia	*Semeia Supplements*, Philadelphie
Shnat.	שנתון, *Shnaton. An Annual for Biblical and Ancient New Eastern Studies*, Jérusalem, Tel-Aviv
ST	*Studia Theologica*, Oslo, Copenhague, Stockholm
TWAT	*Theologisches Wörterbuch zum Alten Testament*, G. J. BOTTERWECK et H. RINGGREN éds., 1973–1980, (Stuttgart, Berlin, Cologne, Mayence : Kohlhammer)
VT	*Vetus Testamentum*, Leyde
VTSup	*Suppléments du Vetus Testamentum*, Leyde
ZA	*Zeitschrift für Assyriologie*, Berlin, New York
ZAW	*Zeitschrift für die Alttestamentliche Wissenchaft*, Berlin

INTRODUCTION

Lorsque Flavius Josèphe, s'identifiant lui-même à la figure du prophète Jérémie, s'adresse à ses compatriotes, assiégés dans Jérusalem, pour les convaincre de se rendre aux forces de Titus, il a recours à un étrange argument, selon lequel la guerre aurait été de tout temps interdite aux Juifs (BJ V 399) : « Ainsi il n'a jamais été permis à notre nation de recourir aux armes et, pour elle, faire la guerre entraîne en toutes circonstances d'être vaincue. » L'étrangeté de cette démonstration vient de ce qu'elle ne correspond à rien de connu ni de repérable dans le judaïsme ancien. La guerre y est, au contraire, partout présente, dans les récits comme dans l'histoire. Dans le Proche-Orient ancien la guerre constitue l'état normal et la paix apparaît seulement comme une trêve, un simple intervalle entre deux campagnes. Au temps du judaïsme « du deuxième Temple » (c'est-à-dire d'époque perse, hellénistique et romaine), la guerre demeure une des façons les plus courantes de trancher des inévitables conflits humains, quand ce n'est pas d'accomplir la volonté divine. La guerre est une option toujours ouverte, elle offre un choix stratégique légitime dans de nombreuses circonstances.

Que désigne précisément ce terme, « la guerre » (הַמִּלְחָמָה), dans le judaïsme du deuxième Temple ? Afin d'introduire un minimum d'ordre il paraît nécessaire de recourir à la typologie. Selon le mot d'ordre fameux de Georges Perec : « Tapons dans la topique : Quoi ? Qui ? Quand ? Où ? Comment ? »[1]

Topique de la guerre dans l'Israël ancien

Quoi ?

Comment formuler une définition de la guerre : cette question a été posée, au cours des années 1960, par des historiens et anthropologues des sociétés anciennes.[2] Très vite est apparue l'extrême diversité du

[1] G. Perec, 1990, *Je suis né* (Paris : Seuil), 12.

[2] Une enquête sur la guerre fut lancée en 1964 par le Centre de Recherches comparées sur les Sociétés anciennes du CNRS. Elle mobilisa des spécialistes de la Chine pré-impériale, de l'Assyrie, de la civilisation hittite, de l'ancien Israël, de la Grèce, de Rome et de l'Arabie pré-islamique.

phénomène. Jean-Pierre Vernant a présenté ainsi les résultats de cette recherche : « La guerre n'est pas un fait humain constant et universel — il y a des sociétés qui ne la connaissent pas —, elle se présente comme un faisceau d'institutions, relatives à des conditions historiques et comportant toujours un élément d'arbitraire (. . .) La place même de la guerre dans une société, les fonctions qu'elle y assume, les significations qu'elle revêt pour les groupes en conflit ne sont pas des données permanentes. »[3] Ces « aspects de variété et de variations » de la guerre sont très sensibles dans la durée du judaïsme du deuxième Temple : durant cette période (pour citer à nouveau Jean-Pierre Vernant) « le statut social de la guerre comme la configuration des institutions guerrières s'est transformé ».[4]

Durant la longue période de la *pax persica* (539–333 av.), la Judée n'a pas connu la guerre sur son territoire ; elle n'y a jamais non plus été directement impliquée. Les récits épiques de la Conquête, dans la Bible, relèvent alors d'un passé légendaire et lointain. Dans leurs récits du « retour d'Exil », les Juifs du retour ne prétendent pas fixer la mémoire héroïque d'une épopée guerrière : la renaissance de la Judée autour de Jérusalem y est présentée moins comme le fruit d'une guerre victorieuse que comme le résultat de la volonté divine, exprimée par la bouche des grands rois perses.

Pourtant quelques écrits évoquent la guerre. Les Prophètes conservent ainsi le souvenir de la chute de Babylone devant les armées de Cyrus.[5] Et dans les récits historiques, les bâtisseurs de Jérusalem sont figurés « chacun ayant son épée ceinte autour des reins (. . .), d'une main faisant l'ouvrage, et de l'autre, tenant une arme » (Ne 4,11–12). Par deux fois ils doivent recourir aux moyens de la guerre contre leurs voisins : en premier lieu face aux manœuvres du gouverneur de Samarie (Esd 4,23) ; un peu plus tard lorsque plusieurs gouverneurs voisins de la Judée, irrités du relèvement des murailles de la ville, « se liguèrent tous ensemble pour venir attaquer Jérusalem » (Ne 4,2), puis y renoncèrent devant la détermination des Juifs.

Mais ces épisodes guerriers, soit ne concernent pas directement les Juifs (prise de Babylone par les Médo-Perses), soit sont minimisés lorsqu'ils y participent (conflits autour de la reconstruction du

---

[3] J.-P. Vernant, 1968, "Introduction", dans J.-P. Vernant éd., *Problèmes de la guerre en Grèce ancienne* (Paris : Mouton & EHESS), 9.
[4] J.-P. Vernant, 1968, art. cit., 9.
[5] Es 13, 21,6–10, 43,14–15, 46. Jr 50–51. Voir aussi le Ps 137.

Temple). Surtout ils privilégient la volonté de Dieu sur le rapport de forces. Qu'il s'agisse d'un épisode de portée historique et mondiale (la chute de Babylone), ou d'événements locaux et minimisés (les querelles en Judée), la guerre n'y est jamais décrite en elle-même. Ni bataille, ni stratège, ni héros, ni récit épique.

Babylone se trouve ainsi châtiée, au « jour de YHWH » (Es 13,6), essentiellement pour avoir été elle-même l'instrument du châtiment d'Israël ; la volonté de Dieu s'exprime par ses prophètes et les armées de Cyrus n'en sont que l'agent : « Ainsi a dit YHWH le rédempteur, le saint d'Israël : à cause de vous j'ai envoyé une expédition contre Babylone » (Es 43,14).

En Judée, les ennemis d'Israël recourent parfois à la violence et les Juifs doivent demeurer vigilants, mais les conflits sont toujours résolus sans recours aux armes : soit que la parole du grand roi exprime la volonté de YHWH (Esd 5–6), soit que la détermination des Juifs suffise à anéantir les projets de leurs adversaires (Ne 4,9). Le seul exemple attesté d'un judaïsme guerrier, tout au long de cette période, est celui de la communauté militaire d'Éléphantine ; mais il reste isolé et bien éloigné de Jérusalem.[6]

Cela ne signifie pas que la guerre ait disparu de la pensée juive. Mais dans les représentations du judaïsme prospérant à l'écart des guerres historiques, la guerre subsiste surtout alors comme figure et métaphore.[7]

L'intégration de la Judée au monde hellénistique (après 331 av.) transforme en profondeur ces rapports de la société juive à la guerre. Les guerres se déroulent sur le territoire et/ou dans l'immédiate proximité de la Judée et la Judée en devient elle-même, au moins partiellement, l'enjeu : guerres des diadoques, puis « guerres syriennes » où s'exprime la longue rivalité entre Lagides et Séleucides. À plusieurs reprises Jérusalem est occupée militairement : au moins par Ptolémée Sôter à la fin du IVème siècle (AJ XII 4 sqq), par le stratège égyptien Scopas, puis par son adversaire, le Séleucide Antiochos III, à la fin du IIIème siècle (AJ XII 131 sqq).

Avec la domination séleucide sur la Cœlée-Syrie (200 av.), les Juifs ne se contentent plus de subir les effets de la guerre, ils en deviennent acteurs. Jérusalem est alors régulièrement investie : par Antiochos

---

[6] Voir P. Grelot, 1972, *Documents araméens d'Égypte. Introduction, traduction, présentation* (Paris : Cerf).

[7] En particulier la figure de YHWH ṣ^{e}ḇâ'ôt, chez les Prophètes.

Epiphane, ses généraux séleucides, Antiochos VII, les Nabatéens alliés d'Aristobule II, Pompée, les Parthes, Hérode appuyé des légions romaines, par Titus enfin. À partir du soulèvement des Maccabées (167 av.), la guerre change de statut pour devenir l'un des moyens d'expression légitime du judaïsme. Dans cet esprit, la confrontation avec Rome culmine en une série de révoltes et de guerres aboutissant à l'assimilation de la Judée, à la destruction de sa capitale et de son Temple, et à la poursuite du judaïsme sous une forme déterritorialisée et réaménagée hors le Temple.

« Variété et variations ». Le judaïsme du deuxième Temple a pensé la guerre, successivement et aussi parfois de façon synchronique, selon ces trois axes : représentation imaginaire et toute-puissance divine ; phénomène étranger ; pratique identitaire revendiquée.

Qui ? (C'est-à-dire : contre qui ?)

Les rites de la guerre sont accomplis dans des formes admises et reconnues par tous parce que l'assistance divine est requise. Et dès lors que les nations (*goyim*) sont en guerre contre Israël, cet appui du dieu d'Israël est nécessaire, et donc la mise en œuvre des rites.

L'identité de l'ennemi est donc assez largement indifférente, sauf si la guerre n'est pas menée contre des étrangers.

Deux possibilités existent : la guerre entre Juifs ; et la guerre contre des voisins jugés trop proches pour être rejetés parmi les nations. À cette dernière catégorie, liminaire, appartiennent par exemple les Iduméens et les Ituréens. La proximité est double ici : géographique, puisqu'il s'agit de peuples limitrophes ; et surtout mythologique. Les Iduméens sont par exemple désignés comme des « fils d'Esaü » par 1 M 5,3. Selon Doron Mendels on peut aussi lire tout le livre des *Jubilés* comme la reformulation d'une mythologie familiale, soulignant les liens très anciens entre la Judée et ses voisins proches.[8] Le réinvestissement de ce cousinage mythique débouche sur un traitement spécifique du peuple conquis : domination politique et « rejudaïsation », plutôt que extermination, expulsion ou servitude. Iduméens et Ituréens sont ainsi convertis et intégrés (même imparfaitement) à la nation juive, respectivement par Jean Hyrcan (entre 129 et 112) et par Aristobule Ier en 103 (AJ XIII 257–258 et 318). La façon de trai-

[8] D. Mendels, 1987, *The Land of Israel as a Political Concept in Hasmonean Literature. Recourse to History in the Second Century B.C. Claims to the Holy Land* (Tubingue : Mohr).

ter l'ennemi vaincu relevait aussi du domaine rituel. Le traitement spécifique réservé à ces deux peuples de « petits-cousins » est ainsi l'indice d'un écart significatif par rapport aux pratiques traditionnelles.

Les rites de guerre sont encore plus profondément bouleversés quand il s'agit de guerres civiles entre des partis juifs.

Rien ne l'illustre mieux que le récit des affrontements à l'intérieur de Jérusalem lors du siège de Titus, marqués par les transgressions répétées et les accusations réciproques. Outre qu'il est rapporté par la seule voix de Josèphe, témoin extérieur mais lui-même engagé dans la lutte des factions, ce conflit met en cause les conditions d'existence du rite : des trois traits caractéristiques du rite, autorité, consensus et tradition, aucun ne peut en effet s'appliquer aux pratiques à l'intérieur de Jérusalem assiégée. L'autorité est divisée, la tradition bouleversée et le consensus a volé en éclat sous l'effet de la στάσις.

Ces éléments portés ici à l'incandescence, se retrouvent peu ou prou dans toutes les guerres civiles. On peut inclure dans ce cadre le terrorisme et le « banditisme » politique.[9] Mais ceci soulève une question de méthode : où situer la séparation entre banditisme politique (par exemple celui des Zélotes et des Sicaires avant 66) et le soulèvement « national » (par exemple ceux des Maccabées et de Bar-Kochba) ? On aura recours ici aux principes simples de la polémologie chinoise : qui les combattants désignent-ils, en théorie et en pratique, comme leur « ennemi principal » ? S'agit-il d'autres Juifs : on est alors dans le cadre d'une guerre civile ; s'agit-il d'étrangers, en particulier d'occupants d'erets-Israël : on est dans le cadre des guerres juives et de leurs rites. L'intérêt de ce critère vient de ce que la qualité particulière de l'ennemi est définie à partir du point de vue du judaïsme. Par exemple Jean Hyrcan convertit les Iduméens mais détruit Sichem et le Mont Garizim : ces destructions tranchaient (négativement) la question d'un cousinage, selon Josèphe revendiqué par les Samaritains quand les Juifs étaient prospères puis dénié quand ils subissaient des revers.[10] Ou encore : le rédacteur du *Règlement de la Guerre* de Qoumrân, en recourant aux catégories des fils de Lumière et fils des Ténèbres, peut à la fois revendiquer le caractère juif de cette guerre eschatologique et rejeter dans le camp des ennemis étrangers ceux des Juifs qui n'appliquent pas ses principes.

---

[9] Sur la notion de « banditisme », politique ou social, voir E. J. Hobsbawm, 1999[2], *Les bandits* (Paris : La Découverte, trad. de l'anglais, 1969).

[10] AJ IX 290–291.

La qualité propre attribuée à l'ennemi détermine donc trois types de guerres : guerres civiles entre Juifs, guerres d'assimilation contre des « cousins » mythiques, guerres juives contre les nations.

Quand ?

Dans la diversité des écrits sur la guerre du judaïsme du deuxième Temple, la question du moment (guerres présentes, passées ou à venir) joue un rôle important. Cette question est liée à celle des genres littéraires : les guerres du passé peuvent être ainsi rapportées selon les méthodes différentes de la prophétie *ex eventu* (Daniel), de l'historiographie biblique (1 Maccabées), de l'historiographie grecque (Josèphe) etc. Les guerres du futur relèvent de la prophétie, de l'apocalypse ou de l'eschatologie. Daniel 11–12 en offre un bel exemple qui enchaîne au sein d'une même prophétie, sans solution de continuité, le récit de guerres historiques et l'annonce d'une guerre eschatologique.

Le seul présent possible serait alors celui, intemporel, de la halakha valable « pour les générations ». Encore faut-il se demander pour chaque écrit si les — éventuels — passages halakhiques prétendent s'imposer immédiatement aux contemporains, ou s'ils sont destinés à s'appliquer au sein d'une société idéale encore à venir.

On a donc affaire à trois types de temporalités : le souvenir de guerres passées, légendaires ou historiques ; l'attente et la préparation de guerres à venir ; la validité permanente de la halakha guerrière.

Où ?

Cette question est, avec le territoire d'erets-Israël, au fondement de la typologie juive des guerres.

La société juive du deuxième Temple, pour décrire, analyser et classer la diversité des guerres, disposait d'une typologie élémentaire établie dans la Torah aux chapitres 20 et 21 du Deutéronome. À l'autre extrémité de la période, armé de l'expérience de plusieurs siècles de guerres effectives, le judaïsme élabore une nouvelle typologie que recueille la Michna. L'une et l'autre placent le territoire d'erets-Israël au cœur de leur réflexion.

Dans la Torah, Dt 20 décrit la conduite à tenir lors de l'attaque d'une ville. À l'approche de la ville ennemie, on lui offre de négocier (Dt 20,10) ; en cas de refus seulement vient le siège. Après la victoire seuls les hommes en âge de combattre sont exécutés, c'est-à-dire qu'on ne doit pas procéder au ḥerem (Dt 20,10–14). Mais ces lois ne s'appliquent pas à toutes les villes. Le Deutéronome fait ici la différence entre deux types de guerres ; cette distinction est soulignée par la syntaxe des v. 15–16 : כֵּן תַּעֲשֶׂה לְ־ « ainsi agiras-tu à l'égard » des uns ; רַק « mais » tout différemment avec les autres.

Sur quoi se fonde la différence entre ces deux catégories ? Essentiellement sur une différenciation spatiale : d'une part כָּל־הֶעָרִים הָרְחֹקֹת מִמְּךָ מְאֹד « toutes les villes très éloignées de toi » (Dt 20,15) ; de l'autre, celles que אֱלֹהֶיךָ נֹתֵן לְךָ נַחֲלָה « ton Dieu te donne en héritage » (Dt 20,16).

Les conséquences de cette distinction entre villes « lointaines » et villes « de ton patrimoine » sont considérables. La guerre contre l'ennemi lointain est conduite en respectant une série de dispositions qui en limitent la violence et la sauvagerie : offre préalable de négociation ; restrictions dans le traitement des vaincus ; respect des plantations. En revanche la guerre sur le territoire patrimonial d'erets-Israël (contre des occupants cananéens nommément identifiés) est menée jusqu'au ḥerem, dans lequel s'exprime le paroxysme de la violence guerrière destructrice.

Territoires lointains *versus* territoire propre et patrimonial : la géographie d'erets-Israël organise la typologie deutéronomiste des guerres.

La Michna: la distinction entre différents types de guerres est établie dans la Michna Sota VIII 7, où il est précisé dans quelles circonstances les exemptions prévues par Dt 20 s'appliquent ou ne s'appliquent pas :

> במה דברים אמורים במלחמת הרשות אבל במלחמת מצוה הכל יוצאים
>
> Quand cela [i.e. : le renvoi des exemptés] s'applique-t-il ? Lors d'une guerre de r^ešwt (*par choix*). Au contraire lors d'une guerre de miṣ^ewâh (*par devoir*) tous doivent partir.

Dans le raisonnement rabbinique, la mise en œuvre (ou non) des exemptions prévues en Dt 20 n'est pas ce qui définit la typologie des guerres. Mais plutôt cette question des exemptions conduit-elle à distinguer différents types de guerres, donc à établir une typologie.

Dans M.Sota VIII 7 une distinction est établie entre ces deux types de guerres : guerre de miṣ^ewâh (obligatoire pour tous) *versus* guerre de r^ešwt (auxquelles s'appliquent les exemptions). Cependant la gemara (b.Sota 44b) a conservé la mémoire d'une remise en cause de cette typologie. Rabbi Yehouda bar 'Ilaï, disciple de Rabbi Aqiba et l'un des survivants de la guerre de 135, s'opposant à la halakha commune, préconisa cette autre typologie : à la guerre de miṣᵉwâh, facultative à ses yeux, il opposait la guerre de ḥova, מִלְחֶמֶת חוֹבָה (*par obligation*).

On peut résumer ainsi cette divergence halakhique.[11]

	guerres avec exemptions	guerres sans exemption
halakha commune :	guerre de rᵉšwt	guerre de miṣᵉwâh
R. Yehouda bar ʾIlaï :	guerre de miṣᵉwâh	guerre de ḥova

Dans l'esprit des Rabbis la guerre de miṣᵉwâh désignait les guerres prescrites par la Torah contre les peuples voués au ḥerem, c'est-à-dire contre Amalec et les peuples cananéens. La catégorie nouvelle de « guerre de ḥova » élargissait le champ des guerres d'obligation à l'ensemble de celles menées pour défendre ou reconquérir, à l'instar de Bar-Kochba dont Rabbi Yehouda bar ʾIlaï avait été un partisan, le territoire d'Israël. C'est-à-dire étendait l'obligation de combattre à toutes les guerres, menées à toutes les époques, contre les occupants étrangers d'erets-Israël.

La différence tient à ceci : en maintenant l'usage de la métaphore désignant d'une manière nominale « Amalec et les Cananéens », la halakha commune conservait aux Sages un pouvoir d'appréciation, celui de désigner ou non un ennemi historique comme incarnation de la figure d'Amalec. Au contraire, en introduisant son concept de guerre de ḥova, R. Yehouda établissait l'obligation constante de défendre et/ou (re)conquérir erets-Israël.

L'important est que ces discussions rabbiniques fondent leurs typologies, non pas sur le caractère *défensif* ou *offensif* des guerres, mais sur une référence géographique et spatiale. La halakha michnique

[11] Beaucoup plus tard la gemara babylonienne présenta la difficulté en ces termes : « Selon Rabba : les guerres menées par Josué pour la Conquête étaient de ḥova dans l'opinion de tous ; les guerres menées par la Maison de David en vue d'un élargissement <territorial> (לרווחה) étaient de rᵉšwt dans l'opinion de tous ; ils divergent s'agissant de celles contre les nations (גוים) : l'un les nomme de miṣᵉwâh, l'autre de rᵉšwt » (b.Sota 44b). Rabba ramenait ainsi la typologie des guerres à deux catégories élémentaires : miṣᵉwâh et/ou ḥova *versus* rᵉšwt. Cette distinction perdure chez Maïmonide, quelques siècles plus tard : « Qu'est-ce que la guerre de miṣᵉwâh ? C'est la guerre menée contre les sept peuples (i.e. les Cananéens), celle contre Amalec. (. . .) La guerre de rᵉšwt, c'est-à-dire la guerre qui se mène contre les autres peuples afin d'étendre les frontières d'Israël, ou d'accroître sa puissance et sa renommée. » (Mishneh Torah, Sofetîm, traité Melaḳîm V 1).

commune, comme celle de R. Yehouda définissent leurs typologies à partir du territoire d'erets-Israël : à l'intérieur de ce territoire (pour le défendre ou pour le conquérir) la guerre est une obligation ; à l'extérieur elle est de libre choix.

Ce découpage de l'espace s'exprime également dans le concept halakhique de ספר, désignant la zone frontière, les « marches » d'Israël.[12] Une vigilance particulière s'y exerce et les lois y sont aménagées pour en faciliter la défense.[13] Dans le cas d'une expédition contre l'extérieur, c'est en cet emplacement (בספר) que le « prêtre oint pour la bataille » rappelait une première fois la loi des exemptions, celle-la même dont l'application définissait le caractère de libre choix d'une guerre[14] : franchissant cette région frontalière vers l'extérieur, l'armée entrait dans l'espace des guerres de r^{e}šwt.

De la typologie définie en Dt 20 à celle de Sota VIII, les variations sont sensibles. La Torah légifère pour l'autre et pour l'après : comment traiter l'ennemi vaincu ; la Michna légifère pour soi et pour l'avant : qui parmi les Juifs décide de la guerre et qui y participe.[15] Mais le fondement des typologies est resté identique dans les deux écrits : le découpage géographique, la division de l'espace entre le territoire d'erets-Israël et le reste du monde alentour. Seulement est-il plus élaboré, plus détaillé dans la Michna.

Dans la Torah :
« ton héritage » (= Canaan) | « les villes lointaines »

Dans la Michna :
erets-Israël | ספר, région frontalière | les territoires extérieurs

Le cœur de toute typologie juive de la guerre découle de cette question : s'agit-il ou non d'une guerre pour et sur le territoire d'erets-Israël, le territoire patrimonial attribué par Dieu à son peuple ?

---

[12] Quand Rachi commente ce concept il utilise effectivement le mot מרקא, marq'a, transcription hébraïque de *marcha*, « marche, région frontalière » en latin médiéval et en ancien haut allemand, voir le *Trésor de la Langue Française informatisé*, 2002, http : //atilf.inalf.fr/tlfv3.htm, s.v. "Marche".

[13] Par exemple, on doit y secourir une ville attaquée même en sabbat ; le Sanhédrin ne peut vouer aucune ville de la frontière au ḥerem, etc. (voir M.Sanh. I 5).

[14] Tosefta de R. Yehoudah ben Laqish, t.Sota VII 18.

[15] Qui décide des guerres : voir M.Sanh. II 4.

Peu importe qu'il s'agisse de le défendre ou de le conquérir, d'en exterminer les occupants indus (comme les Cananéens) ou d'en refouler les envahisseurs temporaires (comme les Kittim). Le problème pratique ou, si l'on veut, la question historique, consiste à déterminer à chaque époque quels sont les contours géographiques de cet erets-Israël, si peu précisément définis dans la Torah.[16]

Comment ?

La technologie militaire : ce critère de la technique englobe l'armement, l'organisation tactique des armées et la stratégie qu'elles adoptent. C'est dire qu'au-delà de sa pertinence propre, il permet d'aborder la guerre comme un phénomène social global. D'un point de vue phénoménologique, les guerres des Juifs peuvent être classées en trois catégories.

i. La résistance ou « guerre des gueux » : c'est la guerre du faible au fort. Les combattants ne disposent ni des moyens matériels ni de la technique de leurs adversaires. Il ont recours à la ruse, à la force et à l'exploit individuel, à l'effet de surprise etc. Dans son analyse des idéologies de la guerre dans la Bible hébraïque, Susan Niditch a regroupé les textes relevant de cette catégorie sous le terme *tricksterism.*[17] On peut donner en exemples : la guerre de Baraq et Deborah contre Sisera ; les exploits de Samson et ceux de la plupart des Juges contre les Philistins ; les combats des Hassidim et des Maccabées contre les Séleucides ; des « bandits » galiléens contre Hérode et l'ordre romain ; des premiers insurgés de la guerre des Juifs ; de Bar-Kochba etc.

La guerre des gueux, parce qu'elle découle de la faiblesse des moyens militaires et de l'utilisation judicieuse du milieu naturel, manifeste une remarquable stabilité au cours des âges : ainsi, sans même remonter aux galeries creusées à proximité du Tyron (Iraq el-Emir) par Hyrcan le Tobiade,[18] le refuge des grottes du désert a été successivement utilisé par le soulèvement des Hassidim puis des Maccabées,

---

[16] Ce qu'a très bien vu Doron Mendels dans l'ouvrage où il a analysé l'usage de ce concept d'erets-Israël dans la littérature juive d'époque asmonéenne, et montré l'usage politique qui en était fait : D. Mendels, 1987, *op. cit.*

[17] S. Niditch, 1993, *War in the Hebrew Bible : a Study in the Ethic of Violence* (Oxford, New York : Oxford Univ. Press), chap. 5 : "The Ideology of Tricksterism". On comparera avec la *mètis* des Grecs, telle qu'en ont dégagé la notion J.-P. Vernant et M. Detienne, 1974, *Les ruses de l'intelligence. La mètis chez les Grecs* (Paris : Flammarion).

[18] Voir Fl. Josèphe AJ XII 229–235.

par la communauté de Qoumrân, par les « brigands » sous l'occupation romaine et enfin par les compagnons de Bar-Kochba.[19] Cette guérilla des campagnes prenant appui sur les grottes-refuges de la Judée et de la Galilée constitue une première forme de la guerre des gueux : celle que prend en particulier le soulèvement des Hassidim et des Maccabéens. Pour ces combattants sous-équipés, regroupés loin de Jérusalem et du Temple, se pose dès l'origine le problème du respect des rites et de la Loi : en quelles circonstances peut-on combattre durant le sabbat (1 M 2,29–42) ? Que vaut la Loi et comment s'applique-t-elle loin du Temple, ou lorsque celui-ci est déconsacré (1 M 3,46–56) ? Ces questions, pour autant qu'on puisse en juger d'après les lettres autographes de Bar-Kochba retrouvées à Murabba'at, préoccupèrent aussi les insurgés de 132.[20]

Une seconde forme attestée est celle de la guérilla urbaine : contrairement à la précédente, prioritairement organisée contre un ennemi étranger, ce qui semble caractériser la guérilla urbaine est la στάσις et l'affrontement des factions. L'insurrection contre les Séleucides débute par une série de soulèvements urbains dans Jérusalem, suivis de conflits entre partis et bandes armées, à l'intérieur de la ville.[21] Au début de la guerre de 66–70, comme beaucoup des cités de la Judée et de sa périphérie connaissent un peuplement multi-ethnique, des batailles de rues aussi brèves que violentes voient s'affronter Juifs et Grecs.[22] Dans la Jérusalem assiégée par Titus des combats entre Juifs de différents partis ont lieu, au plus près et parfois jusqu'à l'intérieur du Temple dont le contrôle, tant pour sa valeur stratégique que symbolique, devient l'ultime enjeu.

ii. La bataille rangée : l'affrontement en rase campagne entre deux armées disposant d'une technique militaire équivalente. L'issue de la bataille fait donc essentiellement appel à la vaillance des combattants. Ce modèle implique presqu'uniquement des armées de fantassins,

[19] Ces emplois successifs, attestés dans nos textes, ne vont d'ailleurs pas sans poser des problèmes d'identification et de datation aux archéologues qui mettent au jour ces réseaux souterrains. Voir la discussion dans : P. Benoît, J. T. Milik et R. de Vaux, 1961, DJD II, *Les grottes de Murabba'at* (Oxford : Clarendon) ; ainsi que dans B. Isaac et A. Oppenheimer, 1985, "The Revolt of Bar-Kochba : Ideology and Modern Scholarship", JJS 36, 33–60.

[20] Voir en particulier les deux lettres publiées par H. Lapin, 1993, "Palm Fronds and Citrons : Notes on Two Letters from Bar Kosiba's Administration", HUCA 64, 111–135.

[21] Voir 2 M 3 et 4.

[22] Voir Fl. Josèphe BJ II 405–480.

éventuellement assistées de cavalerie et d'animaux de combats, à partir de l'époque hellénistique. Ce qui caractérise le mieux cette catégorie de combats, c'est la symétrie : le rapport spéculaire entre les deux armées face-à-face. Par exemple : certaines guerres de la Conquête ; plusieurs guerres de l'époque monarchique ; celles des Maccabées à partir de Jonathan, puis des Asmonéens etc.

Ce modèle de la bataille rangée constitue encore le type idéal des guerres eschatologiques : clairement sa symétrie offre la meilleure représentation de l'affrontement duel de forces antagonistes.

iii. La poliorcétique. Depuis les progrès accomplis en ce domaine à l'époque des diadoques et des tyrans de Syracuse, les sièges font appel, des deux côtés, à la maîtrise et à la mise en œuvre de techniques de guerre élaborées : machines de siège offensives et défensives, artillerie etc. Cette manière de faire la guerre requiert à la fois des connaissances techniques et des moyens financiers considérables. L'introduction de ces techniques sophistiquées suscite des formes d'organisation et de recrutement ainsi qu'une idéologie qui lui sont adaptées : moins désormais le courage des volontaires que le professionnalisme des techniciens.

Dans ce domaine il semble bien que jusqu'aux années 150–145 au moins, qui voient les tentatives de Jonathan contre Joppé et surtout contre l'akra de Jérusalem, l'armée juive était hors d'état de mener un siège contre une citadelle grecque ni même, elle-même assiégée, d'en soutenir un longtemps.[23] On ne peut donc pas, au moins jusqu'à Jonathan, et plus probablement jusqu'à Simon, créditer l'armée maccabéenne d'une véritable maîtrise de la poliorcétique. La prise de l'akra de Jérusalem (141 av.) fournit le premier indice d'une acquisition de cette maîtrise.

Ce type de guerre regroupe tous les conflits légendaires ou historiques dont l'épisode majeur est le siège d'une ville ou d'une forteresse, de Sodome à Béthar en passant par Jéricho, Jérusalem et Massada.

[23] F.-M. Abel, 1952, *Histoire de la Palestine depuis la conquête d'Alexandre jusqu'à l'invasion arabe* (Paris : Gabalda). Avant Jonathan les troupes maccabéennes n'ont réussi à prendre quelques places qu'aux Iduméens (Beth-Sour, 165 av.) Quand ils sont assiégés par une armée hellénistique, leur seul espoir réside dans l'intervention urgente d'une armée de secours, parfois en vain : Beth-Sour 162 av., Bethbassi 157 av. etc. Selon I. Shatzman, 1991, *The Armies of the Hasmonæans and Herod* (Tubingue : Mohr), la maîtrise de la poliorcétique n'est acquise qu'en 150–140 av. : « *It may be concluded that the Hasmonæans conquered the Greek cities by the employment of Hellenistic siege technology which they had come to master in the 140's.* »

La question du modèle

La question *comment* est aussi celle du modèle : du point de vue de l'organisation militaire, les armées juives du deuxième Temple s'inspirent-elles d'un modèle étranger, et lequel ? La question ne se pose vraiment qu'à partir du moment où l'insurrection maccabéenne dépasse le stade de la guérilla et parvient à s'équiper et à s'organiser suffisamment pour affronter avec quelque chance de succès les armées séleucides en batailles rangées.

Selon Israël Shatzman, qu'on peut suivre sur ce point, la transformation de l'armée juive fut un lent processus commencé dès Juda Maccabée.[24] Et ce fut essentiellement un processus d'hellénisation : en effet, comme il l'a écrit, les Maccabées puis les Asmonéens organisèrent et entraînèrent naturellement leurs troupes « *on the model of the armies they best knew, viz. the Seleucid or Ptolemaic, not the distant Roman army* ».[25]

Il faut cependant rester prudent tant qu'on a affaire aux armées de la révolte maccabéenne. Par exemple : dans 1 Maccabées, quel mot hébreu est-il partout traduit par le grec φάλαγξ, *phalange* ? Ce mot aurait pu nous aider à comprendre l'organisation de l'armée des Maccabées. Bezalel Bar-Kochva a suggéré que cette armée s'inspirait moins des usages hellénistiques que des prescriptions de la Torah : les grandes unités tactiques y auraient été d'un millier d'hommes (1 M 12,47, 16,19) ; l'organisation du corps des officiers en « chefs de millier, de centaine, de cinquantaine et de dizaine » (1 M 3,55) inspirée des règles de Jethro (Ex 18) et de Moïse (Dt 1,15).[26] Cet argument tiré des grades et des unités serait plus convaincant si les armées hellénistiques n'avaient pas eu une organisation très voisine : χιλιαρχία d'un millier d'hommes environ, et τετραρχία d'une soixantaine.[27] Il reste que c'est bien aux écrits fondamentaux du judaïsme et non aux traités des tacticiens hellénistiques que les mots de 1 Maccabées se réfèrent, en dépit de la traduction. Dans sa représentation d'elle-même, l'armée des Maccabées se veut d'abord juive.

La transformation de l'armée juive est indissolublement liée à la renaissance d'un État juif. Dès lors qu'il faut tenir des citadelles, il y

---

24 Voir I. SHATZMAN, 1991, *op. cit.*

25 I. SHATZMAN, 1991, *op. cit.*, 311.

26 B. BAR-KOCHVA, 1989, *Judas Maccabaeus. The Jewish struggle against the Seleucids* (Cambridge : Cambridge Univ. Press).

27 Voir L. POZNANSKI, 1992, "Lexique", dans L. Poznanski éd., *Asclépiodote : Traité de tactique* (Paris : Belles-Lettres), 57–62.

faut des garnisons permanentes ; le chef de cet État, qui prend bientôt le titre de roi, doit disposer d'une garde personnelle ; pour affronter ses voisins, la Judée doit maîtriser toutes les techniques militaires, en particulier la poliorcétique. La concomitance est frappante : l'ère asmonéenne est traditionnellement datée de 142 av. avec l'accession de Simon au pontificat ; et c'est en 138 av., lors de la bataille contre Cendebaios, que l'armée juive de Simon adopte pour la première fois certaines des tactiques et des armes des armées hellénistiques

À quoi ressemblait cette armée hellénistique dont s'inspirent les dynastes asmonéens ? Nous disposons là-dessus de sources assez nombreuses pour que les historiens aient pu en dresser un tableau complet qu'il n'est donc pas utile de répéter ici.[28]

L'organisation militaire n'a pratiquement pas évolué depuis Alexandre. En dehors de l'art des sièges, les principales innovations semblent avoir été l'allongement de la *sarisse*, l'usage des éléphants emprunté à l'Asie et les fondations de clérouquies, surtout par les rois séleucides.[29] L'usage de recruter un corps d'élite, l'ἀγέμα, pour servir de garde au souverain remontait aux rois de Macédoine. Les armées hellénistiques étaient constituées pour une part importante de soldats étrangers, alliés et/ou mercenaires. Dans l'armée séleucide ils représentaient 31 000 des 68 000 hommes présents à Raphia (217 av) ; 34 500 des 71 500 présents à Magnésie (190 av) ; 16 à 19 000 des 45 500 participants à la procession de Daphné (165 av) ; soit à chaque fois près de la moitié des effectifs, en tout cas jamais moins du tiers.[30]

Contribuant à instituer l'armée hellénistique en modèle, toute une série de traités militaires rédigés en grec exposaient les subtilités de l'organisation des unités, des grades, des manœuvres, des tactiques,

[28] Voir M. Launey, 1949–1950, *Recherches sur les armées hellénistiques*, 2 vol., (Paris : De Boccard) ; Y. Garlan, 1974, *Recherches de poliorcétique grecque* (Athènes : École française, Paris : De Boccard). Et plus précisément sur les armées séleucides : Ch. Saulnier, 1986, "L'armée séleucide", MDB 42, 11–12 ; B. Bar-Kochva, 1986, *The Seleucid Armies. Organization and Tactics in the Great Campaigns* (Cambridge : Cambridge Univ. Press) et id., 1989, *op. cit.* ; I. Shatzman, 1991, *op. cit.*

[29] Selon Bezalel Bar-Kochva, la clé du succès des Séleucides résidait même précisément dans le fait de ne recruter pour leurs troupes d'élite, en particulier pour la garde royale, que des enfants de ces colonies militaires, lesquels accomplissaient leur service jusqu'à la disparition de leur père qu'ils remplaçaient alors sur sa terre. Voir B. Bar-Kochva, 1986, *op. cit.*

[30] 45 % à Raphia, 48 % à Magnésie, entre 35 et 42 % à Daphné. Voir B. Bar-Kochva, 1989, *op. cit.*

et autres sciences du commandement. Les plus célèbres de ces auteurs militaires avaient été Xénophon et Énée le Tacticien.[31] À l'époque des monarques asmonéens le genre est largement répandu, avec les écrits de Poseidonios, Onésandros, Polybe et Asclépiodote.[32] L'influence de ces traités se mesure par exemple à ce qu'ils furent repris et abondamment cités par des auteurs romains postérieurs (voir Ælien le Tacticien). On ne peut que supposer leur présence et leur influence dans l'Orient hellénistique, mais l'une et l'autre sont hautement probables.[33]

S'agissant des Asmonéens, Josèphe nous a laissé une description de l'armée d'Alexandre Jannée qui met en évidence l'hellénisation de ses pratiques (AJ XIII 337–339). Cette notice nous fournit en particuliers ces deux indices :

i. L'existence d'une garde personelle. La présence d'une garde royale est mentionnée pour la première fois sous Aristobule Ier, « le premier à poser un diadème sur sa tête » (AJ XIII 301). Quant à Jannée : εἶχε μέντοι τοὺς προμαχομένους ὀκτακισχιλίους, οὓς ἑκατοντα-μάχους προσηγόρευσεν, ἐπιχάλκοις χρωμένους τοῖς θυρεοῖς, « il possédait en outre huit mille combattants d'élite qu'il appelait les *Cent-Gardes* et qui portaient de longs boucliers recouverts de bronze » (AJ XIII 339).

ii. La présence de mercenaires étrangers, μισθοφόροι (AJ XIII 377).[34] Tout porte à croire que ces mercenaires étrangers assuraient le service de la garde royale. D'un côté, ces soldats non-juifs étaient dispensés des astreintes religieuses du judaïsme ; de l'autre il est probable que la présence de ces étrangers protégeant le roi et grand prêtre sur le sol d'Israël causaient un scandale aux yeux de bien des Juifs. Qu'il y ait eu polémique à ce propos ne fait aucun doute, à lire certaines injonctions du *Rouleau du Temple* : « Le jour où on le fera roi, il sélectionnera parmi [les Juifs de 20 à 60 ans] mille hommes de chaque tribu pour l'accompagner, douze mille hommes de

[31] É. Delebecque éd., 1973, *Xénophon : Le Commandant de cavalerie* (Ἱππαρχία), (Paris : Belles-Lettres) ; A. Dain et A.-M. Bon éds., 1967, *Enée Le Tacticien : Poliorcétique* (Paris : Belles Lettres).

[32] Voir l'introduction de Lucien Poznanski dans L. Poznanski éd., 1992, *op. cit.*

[33] Jean Duhaime a même suggéré que le *Règlement de la Guerre* de Qoumrân ait pu constituer une sorte de « contre-traité » juif, inspiré des *tacticiens*, voir J. Duhaime, 1988, "The War Scroll from Qumran and the Greco-Roman Tactical Treaties", RQ 13, 135–151.

[34] Confirmation de BJ I 93. Ces deux passages alimentent en outre une querelle sur les effectifs de l'armée d'Alexandre Jannée : dans BJ I 93 Josèphe donne le chiffre de 10 000 combattants juifs et 9 000 mercenaires, lors de l'affrontement entre Jannée et Démétrios III ; mais en AJ XIII 377 il indique pour la même bataille un effectif de 20 000 combattants juifs et 6 200 mercenaires.

guerre qui ne le laisseront pas seul, sinon il serait capturé par les nations » (11QT LVII 2–7).

De sorte que si l'organisation et le recrutement de l'armée des rois asmonéens reflète une nette influence hellénistique, elle illustre aussi les contradictions où ils se débattirent : entre représentations historiques de la monarchie davidique et modèles contemporains des royautés hellénistiques alentour ; entre un projet de (re)conquête et de (re)judaïsation du territoire d'Israël et une aspiration plus prosaïque à étendre leurs États et leur influence ; entre un « nationalisme » d'essence religieuse aboutissant à la sacralisation et à la purification de tout le territoire d'erets-Israël, et un autre d'allure plus hellénistique dans lequel la conquête de territoires toujours plus éloignés, même peuplés de Grecs et de *goyim*, contribue à enrichir l'État et le roi.[35]

La question d'un modèle romain de la guerre, en Judée, n'a pas beaucoup de sens avant les campagnes asiatiques de Pompée (67–62 av.) Auparavant, même si les exploits lointains des légions romaines parvenaient jusqu'en Judée, on eût été bien en peine d'imiter leurs usages et leur organisation. La prépondérance du modèle hellénistique, à l'époque asmonéenne, paraît établie.

À l'autre extrémité de la période, après le déclenchement de la première guerre juive (66 èv.), si l'on en croit Flavius Josèphe ce modèle romain s'impose absolument. Ainsi quand il est chargé de la défense de la Galilée, Josèphe prend-il soin aussitôt d'organiser son armée sur le modèle des légions (BJ II 577–579). L'ironie veut que ce modèle, Josèphe demeure aujourd'hui encore l'un de ceux qui a le plus contribué à établir son existence et ses caractéristiques, à travers ses notices militaires. Il l'a lui-même (modestement) souligné : « Peut-être cette étude de l'organisation de l'armée romaine sera-t-elle de quelque utilité aux lecteurs cultivés qui ne sont pas au courant de cette question » (BJ III 109). Même en faisant la part de la flagornerie à l'égard des vainqueurs, les descriptions de Josèphe sont suffisamment précises et détaillées pour permettre de conclure à l'existence, au Ier siècle èv., d'une organisation des légions, universelle, constante et susceptible d'être imitée, c'est-à-dire en bref d'un modèle.[36]

---

[35] Sur ces contradictions propres aux Asmonéens voir Th. FISCHER, 1990, "Hasmonaeans and Seleucids : Aspects of War and Policy in the 2nd and 1st Centuries BC", dans A. Kasher, U. Rappaport et G. Fuks éds., *Greece and Rome in Eretz Israël* (Jérusalem : Ben Zvi), 3–19.

[36] Voir pour les principales de ces notices militaires : BJ II 577–579, l'organisation de l'armée de Josèphe en Galilée ; BJ III 70–109, description d'une armée

Prégnance du modèle hellénistique avant Pompée ; évidente exemplarité des légions après 66 : l'influence éventuelle d'un modèle romain est une question qui se pose donc surtout à l'époque des souverains iduméens, c'est-à-dire à propos des armées de Hérode et de ses successeurs.

Alors, selon la pratique romaine de l'*indirect rule* et des rois clients, l'ordre régional était assuré par les troupes du potentat local. Ceci s'applique aussi bien à l'épitropie d'Antipater qu'au règne d'Hérode. Ensuite, après l'exil d'Archelaüs et le passage à une administration directe, des troupes romaines stationnent en Judée : encore s'agit-il de cohortes peu nombreuses (sept à dix), constituées d'auxiliaires et cantonnées surtout à Césarée.[37] La prosopographie nous montre qu'un même officier pouvait alors servir alternativement dans l'armée romaine et dans les troupes des rois de Judée.[38]

Des légions d'Antoine avaient été envoyées en Judée en 37 av. pour aider Hérode à reconquérir son royaume sur les Parthes. Hérode se retrouva donc à la tête d'un coalition de troupes régionales et de légions, avec lesquelles il assiégea et reprit Jérusalem à l'Asmonéen Antigone. Ces légions ont quitté la Judée au plus tard en 31.[39] Ensuite la composition et l'organisation des forces hérodiennes n'ont cessé de varier au gré des circonstances, de sa politique et de ses campagnes : troupes juives, gardes iduméennes, mercenaires de toutes nationalités, villes de vétérans (Sébastée, Gaba), forteresses etc. Ce pragmatisme politique et militaire d'Hérode, magnifiquement illustré et en quelque sorte théorisé lors de son ralliement à Octave (AJ XV 187–193), ce perpétuel métissage des institutions qu'il organise à son profit, apparaissent comme la négation même de l'idée de modèle.[40]

romaine en campagne ; BJ III 115–126, ordre de marche de Vespasien en Galilée et BJ V 40–50, ordre de marche de Titus vers Jérusalem. Naturellement Josèphe n'est pas la seule source ancienne sur l'armée romaine, ni même la première : cette place revient à Polybe, en particulier dans son livre VI.

[37] D. B. Saddington, 1988, "The Administration and the Army in Judaea in the Early Roman Period (from Pompey to Vespasian 63 B.C.–A.D. 79)", dans M. Sharon éd., *The Holy Land in History and Thought* (Leyde : Brill), 33–40.

[38] M. Avi-Yonah, 1966, "The Epitaph of T. Mucius Clemens", IEJ 16, 258–264.

[39] M. H. Gracey, 1986, "The Armies of the Judæan Client Kings", dans P. Freeman et D. Kennedy éds., *The Defence of the Roman and Byzantine East : Proceedings of Colloquium held at the University of Sheffield in April 1986* (Oxford), 311–323.

[40] Les historiens qui veulent en trancher aujourd'hui aboutissent donc presqu'inévitablement à des conclusions opposées. Pour Abraham Schalit, la Grèce l'emporte : « *Was das von Herodes mit Rom Einverständnis aufgestellte Heer betrifft, so scheint dieses nach hellenistischem und nicht nach römischem Muster organisiert gewesen zu sein* » (A. Schalit,

C'est surtout à propos d'un certain nombre d'écrits de Qoumrân (ceux en particulier mentionnant les Kittim) que la question du modèle romain se pose. Elle est à la fois complexe et essentielle.

Essentielle : dès les premières publications, l'identification aux Romains des Kittim mentionnés dans certains manuscrits a été fondamentale pour la datation de ceux-ci.[41] Cependant, identifier les ennemis étrangers (Kittim) aux Romains (plutôt qu'aux Grecs par exemple) est une chose ; tout autre chose était d'affirmer l'influence du modèle romain sur les écrits militaires trouvés à Qoumrân, c'est-à-dire principalement le *Règlement de la Guerre*.

Avec le *Règlement de la Guerre*, on entre aussi de plein pied dans la complexité : d'une part y sont évoqués divers ennemis, parmi lesquels des Kittim manifestement grecs (les « Kittim d'Assur », 1QM I 2) ; d'autre part y sont décrites l'organisation et les tactiques de « l'armée des fils de Lumière » pour le jour de la bataille eschatologique. C'est la précision de ces descriptions qui a conduit à s'interroger sur un éventuel modèle à cette armée. En toute hypothèse, si l'on parvenait à identifier avec assez de précision ce modèle, on posséderait alors un indice essentiel pour la datation de la rédaction du rouleau.

Malheureusement aucune réponse n'est ici satisfaisante. Yigael Yadin, dans la ligne des analyses de André Dupont-Sommer, a le premier suggéré (en 1955) la ressemblance de l'armée des fils de Lumière avec l'armée romaine de la fin du Ier siècle av. telle qu'elle se présenta en Orient sous les ordres de Pompée.[42] Son analyse était largement fondée sur la réfutation du seul modèle alternatif retenu : celui des armées hellénistiques contemporaines. Elle l'amenait à conclure à une rédaction postérieure à la prise de Jérusalem par les légions (63 av.) En dépit de nombreuses difficultés et contradictions non résolues, cette analyse est demeurée largement répandue dans la communauté scientifique jusqu'aux années 1990.

En 1996 Russel Gmirkin a proposé une autre lecture.[43] Sans remet-

---

1969, *König Herodes. Der Mann und sein Werk*, Berlin : De Gruyter, 167). Au contraire pour Israël Shatzman : « *Herod's career and close personal contacts with Roman generals make it highly likely that he very early decided to adopt Roman military institutions for his army* » (I. Shatzman, 1991, *op. cit.*, 211).

[41] Voir la fameuse démonstration d'André Dupont-Sommer à propos du pesher d'Habacuc (en particulier 1QpHab VI 1–5) dans A. Dupont-Sommer, 1950, *Aperçus préliminaires sur les manuscrits de la mer Morte* (Paris : Maisonneuve), 39–42.

[42] Y. Yadin, 1962, *The Scroll of the War of the Sons of Light against the Sons of Darkness* (Oxford : Oxford Univ. Press, trad. de l'hébreu, 1955).

[43] R. Gmirkin, 1996, "The War Scroll and Roman Weaponry Reconsidered", DSD 3 / 2, 89–129.

tre en cause la réfutation du modèle hellénistique, R. Gmirkin prétend démontrer que les rédacteurs du *Règlement de la Guerre* se sont inspirés du modèle de l'armée romaine avant les réformes de Marius, c'est-à-dire de la légion du IIème siècle av. En conséquence il suggère une hypothèse de datation entre 165 et 135 av., avec les guerres de Juda Maccabée et des hassidim en arrière-plan. Si brillante soit la démonstration elle n'emporte pas la conviction. D'une part on voit mal comment et pourquoi les Hassidim du soulèvement de 167 se seraient inspirés des lointaines légions ; d'autre part, pas plus que celle de Yigael Yadin, cette analyse ne permet de résoudre toutes les difficultés du texte, en particulier la persistance d'éléments hellénistiques.

Fondamentalement le *Règlement de la Guerre* gagne à être lu sans référence à un modèle extérieur unique. Ses rédacteurs, s'il n'ignorent pas les techniques et tactiques militaires de leur époque, bâtissent à partir de ces éléments divers la représentation d'une armée idéale qui n'est qu'à elle-même son propre modèle.

Résumé
Une typologie des guerres juives anciennes

quoi	qui	quand	où	comment	
imaginaire	civile	passées			campagnes
			en Israël	guérilla	ou
étrangères	de cousinage	à venir			villes
			–		
identitaire	contre les nations	halakha		armée	
					modèle grec
			hors d'Israël		ou romain
				poliorcétique	

Bilan historiographique. *Contra* le modèle de la « guerre sainte »

Une double question est posée dans cet ouvrage : que dit, de la guerre, la société juive du deuxième Temple ? Et que dit, de la société juive du deuxième Temple, cette représentation de la guerre qui est la sienne ?

On doit en premier lieu distinguer, dans l'historiographie, entre les études bibliques et la recherche sur les époques perse, hellénistique et romaine. On a pu écrire que la recherche israélienne contemporaine avait « restitué la période du Second Temple à l'histoire générale du judaïsme ».[44] Ce renouveau, ainsi que l'abondante documentation apportée par les découvertes des manuscrits de la mer Morte, a miné les anciens modèles historiographiques qui ne voyaient dans cette période que *Spätjudentum* (Julius Wellhausen), l'arrière-plan sociologique de la prédication d'un Jésus de Nazareth ou la préhistoire du judaïsme rabbinique.

Dans le contexte spécifique de l'historiographie israélienne, l'histoire politique — appuyée sur la philologie, l'archéologie et autres « sciences auxiliaires » — a pris une importance primordiale. La plupart des recherches historiques sur la guerre dans le judaïsme du deuxième Temple relèvent ainsi de l'histoire politique ou de l'approche tactique et stratégique. Outre les travaux de Menahem Stern et Uriel Rappaport, et en nous en tenant strictement à des auteurs ayant traité explicitement de la guerre, on peut citer *inter al.* : Yigael Yadin, Doron Mendels, Bezalel Bar-Kochva, Aryeh Kasher et Israel Shatzman. Ces études nombreuses et riches sont venues combler un déficit criant des connaissances pour cette période. Ce pourquoi, sans doute, cette histoire principalement politique a pu paraître peu perméable « au comparatisme, à l'approche anthropologique des sociétés anciennes, à la prise en considération de la dimension symbolique des faits sociaux ».[45]

Certains de ces chercheurs ont été amenés à traiter des rites de guerre que décrivaient leurs sources. Ainsi Yigael Yadin a-t-il détaillé le grand rite de guerre du *Règlement de la Guerre* de Qoumrân, dans l'édition qu'il en a donné.[46] Il l'a aussi rapproché de rites en apparence analogues rapportés par la Michna (en particulier dans Sota VIII). Y. Yadin contribuait ainsi à inscrire les écrits de Qoumrân dans une histoire de la halakha, voie qui devait se révéler extrêmement féconde, surtout après sa publication du *Rouleau du Temple* en 1977. Bezalel Bar-Kochva pour sa part s'est confronté, dans le cadre de son étude sur le soulèvement maccabéen, au difficile passage de 1 M 3,44–60 décrivant un rituel guerrier complètement original

---

[44] F. Schmidt, 1996, Présentation de "L'étranger, le Temple et la Loi dans le judaïsme ancien", *Annales* 51 / 5, 940.

[45] F. Schmidt, 1996, art. cit., 941.

[46] Y. Yadin, 1962, *op. cit.*, voir en particulier le chap. 8, "The Rites of the Congregation", 198–228.

accompli par Juda Maccabée et son armée, à Masphat.[47] Comme Y. Yadin, il rapproche ces rites de ceux, analogues, décrits dans la Michna ; mais à la différence de Y. Yadin, les écarts entre les deux textes l'amènent à conclure, non à une historicité de la halakha, mais à ce que les deux rites n'ont pas le même objet : le rite de Masphat décrit par 1 Maccabées ne serait pas un rite guerrier mais une rite de propitiation sur des Torah profanées.

En dehors de ces rares exemples, la sociologie historique n'apparaît pas constituer une priorité des historiens israéliens de la guerre dans le judaïsme du deuxième Temple.

Au demeurant l'approche privilégiant histoire politique et évolution tactique des armées n'appartient pas en propre à l'historiographie israélienne : on la retrouve chez la plupart des historiens qui se sont intéressés à la guerre en cette période, comme M. H. Gracey ou Christiane Saulnier.[48] Ces travaux — ainsi que beaucoup d'autres dont la guerre n'était pas l'objet principal — ont contribué à faire du judaïsme du deuxième Temple un champ d'étude autonome et global ; et non plus seulement la juxtaposition de spécialités voisines mais distinctes telles qu'études joséphiennes ou philoniennes, qoumrânologie, littérature « intertestamentaire » et apocryphe, origines et sources de la Michna etc.

Ce champ d'étude n'était pas voué à demeurer l'apanage de l'histoire politique. Au cours de la dernière décennie il a suscité d'importantes recherches utilisant les instruments de la sociologie et de l'anthropologie historiques.

Deux ouvrages surtout ont fait progresser la réflexion dans ce domaine. Franck Gorman a étudié les rites du « code sacerdotal ».[49] Cet écrit biblique décrit une pratique qui est celle du deuxième Temple. F. Gorman, qui s'inspire largement des travaux sur les rites de l'anthropologue Victor Turner, met en évidence l'existence d'un

---

[47] B. Bar-Kochva, 1989, *op. cit.*, 249–260 et App. G, "The ceremony at Mizpah and the chapter on '(the Priest) Anointed for the Battle' in the mishnaic tractate Sotah", 494–499.

[48] Voir M. H. Gracey, 1986, art. cit. ; C. Saulnier, 1993, "Le cadre politico-religieux en Palestine, de la révolte des Maccabées à l'intervention romaine", dans P. Sacchi éd., *Il Giudaismo palestinese : dal 1 secolo a.C. al 1 secolo d.C.* (Bologne : Fattoadarte), 199–211.

[49] F. H. Gorman Jr., 1990, *The Ideology of Ritual* (Sheffield : Academic Press) ; V. W. Turner, 1990, *Le Phénomène rituel. Structure et contre-structure* (Paris : PUF), (trad. de l'anglais, 1969, New York).

« système rituel » du code sacerdotal. Au cœur de ce système rituel sacerdotal se trouve le *sang* du sacrifice. Francis Schmidt pour sa part a démontré la position centrale pour le judaïsme du deuxième Temple de l'*institution* du Temple et de son système symbolique : ce qu'il a nommé, d'après Mary Douglas, « la pensée » du Temple.[50] Ces travaux, comme les précédents, prennent en compte l'ensemble du judaïsme du deuxième Temple, considéré dans la longue durée et inscrit dans l'histoire générale du judaïsme ; ils restituent en outre leur dimension symbolique aux faits historiques et sociaux. Cependant ni l'un ni l'autre auteur ne s'est intéressé particulièrement à la guerre, comme phénomène social autonome.

De sorte qu'en exagérant à peine on pourrait résumer ainsi la situation de la recherche pour le judaïsme du deuxième Temple : les chercheurs qui en ont une approche sociologique n'ont pas traité de la guerre, quand ceux qui étudiaient la (les) guerre(s) avaient recours aux méthodes de l'histoire politique classique.

Cependant la reconnaissance de l'autonomie du judaïsme du deuxième Temple comme champ de la recherche scientifique est relativement récente. Les biblistes ont longtemps exercé une sorte de monopole de fait sur l'étude du judaïsme ancien. Il convient donc de mesurer aussi l'état de la recherche sur la guerre dans le judaïsme ancien selon la conception qu'en ont les biblistes, c'est-à-dire considérée dans un continuum historique dont l'époque monarchique aurait marqué l'apogée. L'évolution de la recherche s'y révèle assez différente mais également riche d'enseignements.

Trois voies se dessinent

La première est celle des monographies philologiques. Elle s'est illustrée dans les travaux de Paul Humbert sur la t^erûʿâh (תְּרוּעָה), la grande clameur guerrière et liturgique.[51] Près de quarante ans plus tard, les recherches de Edgar Conrad sur la formule rituelle ʾal-tîráʾ (אַל־תִּירָא), « n'aies pas peur ! », prononcée avant le début des combats, attestent de la fécondité de cette approche philologique et linguistique.[52]

[50] F. Schmidt, 1994, *La Pensée du Temple. De Jérusalem à Qoumrân. Identité et lien social dans le Judaïsme ancien* (Paris : Seuil) ; M. Douglas, 1999, *Comment pensent les institutions* (Paris : La Découverte, trad. de l'anglais, 1986).

[51] P. Humbert, 1946, *La « terouʿa », analyse d'un rite biblique* (Neuchâtel : Secrétariat de l'Université).

[52] Voir E. W. Conrad, 1984, "The « Fear Not » Oracles in Second Isaiah", VT 34, 129–152 ; id., 1985, *Fear not Warrior : A Study of the ʿal tiraʾ Pericopes in the Hebrew Scriptures* (Chico : Scholars Press).

La seconde voie est celle d'une approche synthétique des sociétés sémitiques du Proche-Orient ancien. L'essor des recherches archéologiques et particulièrement la découverte d'Ougarit ont puissamment contribué au développement de ce courant. Dès la décennie 1930 les révélations des tablettes d'Ougarit sollicitaient les réflexions de la *Myth and Ritual School.*[53] L'idée domine (dans ce courant essentiellement anglophone) d'une équivalence fondamentale entre rites et mythes, les uns et les autres conservant le souvenir affaibli de *cultes* institutionnels qui se seraient transmis d'une société à l'autre. Quelques années plus tard Edward James y réintroduisait le thème, repris de W. Robertson-Smith, d'un culte proche-oriental du roi sacré, issu de civilisations agricoles vénérant la mort et la résurrection saisonnière du dieu fécond.[54] Ce modèle général a été plus spécifiquement appliqué à la guerre par Frank Cross et Patrick Miller durant la décennie 1965–1975.[55] Les deux auteurs ont cherché à mettre en évidence les affinités entre les cultes de YHWH ṣᵉḇâ'ôt («Jéhovah des armées») et YHWH 'îš hammilḥāmâh («Jéhovah guerrier»), avec le culte du Dieu cananéen 'El sous sa forme de 'El gibbôr (אֵל גִּבּוֹר) le « divin guerrier ».[56] Fritz Stolz a repris et utilisé ces recherches pour établir que la principale source d'une théorie biblique de la guerre sainte serait la tradition d'un *culte* du dieu 'El de Jérusalem, « guerrier divin » de type cananéen auquel YHWH aurait été identifié dès le début de la monarchie.[57]

La troisième voie, celle de la sociologie historique, s'est révélée à la fois extrêmement féconde et dangereusement persuasive lorsqu'elle a introduit le concept de « guerre sainte ».

On ne trouverait pas dans toute la littérature scientifique contemporaine, depuis la seconde guerre mondiale, d'étude ou d'article traitant de la guerre dans l'Israël ancien sans se référer, d'une façon ou d'une autre, à la « guerre sainte ».[58] Cependant si tous les auteurs

[53] S. R. Hooke, 1933, *Myth and Ritual* (Oxford : Oxford Univ. Press) ; et id., 1938, *Origins of Early Semitic Ritual, (Schweich Lectures 1935)* (Londres).

[54] E. O. James, 1958, *Myth and Ritual in the Ancient Near East* (Londres).

[55] Voir F. M. Cross Jr., 1966, "The Divine Warrior in Israel's Early Cult", dans A. Altmann éd., *Biblical Motifs* (Cambridge : Harvard Univ. Press), 11–30 ; id., 1973, *Canaanite Mythe and Hebrew Epic* (Cambridge : Harvard Univ. Press) ; P. D. Miller, 1973, *The Divine Warrior in Early Israel* (Cambridge : Harvard Univ. Press).

[56] Pour Frank Cross et Patrick Miller, le culte du dieu 'El est même spécifiquement jébuséen et hiérosolymitain.

[57] F. Stolz, 1972, *Jahwes und Israels Kriege. Kriegstheorien und Kriegserfahrungen im Glauben des alten Israels* (Zürich : AThANT 60).

[58] Voir le dossier consacré à « la guerre sainte » en Israël dans le numéro 56 des *Études théologiques et religieuses*, 1981, Montpellier.

l'emploient, tous ne donnent pas le même contenu à l'expression. Quand on en arrive à ce point, usage automatique et répété d'une formule, mais imprécision quant à son contenu, le recours à l'historiographie paraît s'imposer.

L'expression « guerre sainte » (ou « guerre sacrée ») a d'abord été reprise, à la lecture de Thucydide, des ἱεροὶ πόλεμοι mentionnées dans *la Guerre du Péloponèse,* I 112. Les effets de cet arrière-plan de culture classique européenne se sont fait sentir dans la recherche biblique. Les « guerres sacrées » des Grecs étaient associées à la défense d'une *amphictyonie* comme celle de Delphes ; après quelques années d'application de l'expression « guerre sainte » aux guerres bibliques, ce modèle amphictyonique grec a été plaqué par analogie sur l'Israël ancien prémonarchique.

Une autre association s'est faite naturellement avec le *djihad* musulman, que les Européens ont pris très tôt l'habitude de nommer « guerre sainte ». Un effet marquant de cette association, fut de susciter un certain parallélisme historique entre l'emploi de l'expression « guerre sainte » (en particulier appliquée à l'Israël ancien) et les relations géopolitiques entre l'Europe et le monde arabo-musulman. Ce parallélisme est particulièrement net au XXème siècle. Ainsi le *djihad* musulman est-il présenté durant toute l'époque coloniale comme le modèle de la guerre sainte ; et il ne fait guère de doute que ce contexte colonial ait favorisé la diffusion de l'expression. En revanche, après les décolonisations, il n'est plus un article qui ne prenne soin de souligner l'écart séparant la guerre sainte israélite du *djihad.*

Dès l'époque moderne quelques études, d'inspiration en général plus théologique qu'historique, avaient fait état de la sainteté des guerres hébraïques.[59]

En revanche au XIXème siècle, contrairement à beaucoup d'affirmations contemporaines, les savants n'évoquent guère la guerre sainte à propos des guerres de la Bible.[60] Ainsi dans son grand manuel d'archéologie biblique publié en 1894, Immanuel Benzinger, le savant

---

[59] Voir *inter al.* G. F. Gleichgross,1690, *De Ebræorum re militari ad Deut. XX et XXI, dissertatio,* (Iéna : Nisii) ; et H. François (« l'abbé de Vence »), 1738–1743, "Dissertation sur la milice des Hébreux", dans *Sainte Bible de Vence en latin et en français* (Nancy).

[60] Voir en particulier : « Au XIXème siècle déjà, la plupart des grandes présentations critiques de l'histoire d'Israël avaient l'habitude de consacrer quelques alinéas au phénomène de la guerre sainte », A. de Pury, 1981, "La guerre sainte israélite : réalité historique ou fiction littéraire ? L'état des recherches sur un thème de l'Ancien Testament", ETR 56 / 1, 11. Ceci n'est pas exact.

allemand considéré alors comme le spécialiste incontesté de la question des guerres dans l'Israël ancien, ne mentionne la sainteté de la guerre israélite que de façon oblique.[61] D'après son chapitre sur « la conduite de la guerre » (*Kriegführung*), le caractère éventuellement « saint / sacré » (*heilig*) de la guerre ne s'applique qu'à ces formes particulières de guerres, débouchant sur le ḥērem : YHWH ne se place à la tête *que* de l'armée du ḥērem : « *Jahves mit dem Heerbann auszog* » ; on ne sanctifiait (« *man "heiligte" einen Krieg, d.h. man rüstete sich auf denselben* ») que ces guerres très particulières. I. Benziger est si éloigné de la notion de guerre sainte qu'il qualifie les règles de pureté du camp militaire formulées en Dt 23 de « plutôt ingénues » (*recht naiv*). Le problème majeur de I. Benzinger est principalement d'expliquer le caractère à ses yeux « barbare et cruel » (*barbarisch, grausam*) du ḥērem : la « sainteté » qu'il attribue aux guerres de ḥērem n'a pas d'autre objet. Une trentaine d'années plus tard (1927) dans la troisième édition du manuel de I. Benzinger, il en va tout autrement. Le chapitre consacré à la conduite de la guerre a été entièrement refondu et présente comme un fait acquis l'existence de la guerre sainte (*heilige Krieg*) israélite. Il fait également référence à l'ouvrage paru en 1901 sous la plume du savant allemand Friedrich Schwally sous le titre significatif : *Der heilige Krieg im alten Israel*.[62]

Le véritable inventeur de l'expression « guerre sainte » appliquée à l'Israël ancien est en effet Friedrich Schwally en 1901. Son ouvrage connaît un grand retentissement et impose durablement la formule « guerre sainte » dans le monde savant. Pour plusieurs raisons : d'une part c'était la première monographie entièrement consacrée au sujet de la guerre dans l'Israël ancien — et, en principe, la première d'une série d'études sur les guerres dans l'Antiquité sémitique, que F. Schwally ne put mener à son terme.

D'autre part et surtout l'approche de Friedrich Schwally était radicalement novatrice, puisqu'il fut le premier à aborder le sujet sous l'angle sociologique et anthropologique. Il comparaît ainsi les usages de la guerre sainte, tel qu'il les dégageait de la Bible, avec les coutumes de tribus « sauvages » et « primitives » décrites par les ethnologues de l'époque coloniale. Cet européocentrisme et ce primitivisme lui sont aujourd'hui un peu injustement reprochés. André Caquot

---

[61] I. Benzinger, 1894, *Hebräische Archäologie* (Fribourg, Leipzig : Mohr).

[62] F. Schwally, 1901, *Semitische Kriegsaltertümer, I : Der heilige Krieg im alten Israel* (Leipzig).

juge par exemple que F. Schwally se conformait « un peu trop à un schéma *a priori* d'évolution religieuse qui le conduisait à voir dans la guerre sainte la survivance d'un état « primitif » de morale et de pensée. »[63] Mais à l'époque de la publication, l'originalité, l'audace et la richesse des résultats induits par sa méthode ne pouvaient manquer de frapper l'esprit de ses contemporains.

Friedrich Schwally montrait en particulier que les rites de purification des guerriers d'Israël étaient comparables aux rites d'initiation à l'âge adulte, comme à ceux requis des hommes voulant prendre part au culte : jeûne, sacrifices, abstinence sexuelle etc. Il interprétait ainsi le renvoi des couards avant la bataille (Dt 20,8) comme la mise à l'écart de ceux des jeunes gens qui n'avaient pas pu supporter la rigueur et la sévérité des épreuves initiatiques (« cruelles, barbares ») de passage à la maturité. On voit qu'en dépit d'un certaine fraîcheur frazérienne, probablement indissociable des débuts de l'anthropologie, l'ouvrage de F. Schwally posait des questions nouvelles et pertinentes, à partir de la description et de l'interprétation des rites repérés dans la Bible. Le livre fit donc date et l'expression *heilige Krieg*, commença dès lors de s'imposer.

S'agissant d'un histoire de la guerre, l'irruption de la guerre dans l'histoire ne pouvait manquer de produire des effets. Pendant la guerre de 14–18, dans le cadre du vaste effort de propagande intellectuelle entrepris de part et d'autre du Rhin, plusieurs savants allemands (A. Bertholet, H. Gunkel *inter al.*) élaborèrent et développèrent l'idée de *Kriegsfrömmigkeit* : une forme de dévotion guerrière, de piété guerrière, le fait d'exprimer sa foi en faisant la guerre.[64] Historiens, ils attribuèrent cette vertu guerrière à Israël durant l'Antiquité biblique. Ces écrits « patriotiques » et de propagande (qui pouvaient être en même temps d'un haut niveau intellectuel) contribuèrent ainsi à diffuser et à enraciner l'idée de guerre sainte israélite dans toute la sphère de la recherche biblique germanophone.

Cependant c'est le grand ouvrage de Max Weber consacré au *Judaïsme antique* qui contribua ensuite le plus efficacement à imposer la terminologie de Friedrich Schwally dans le monde de la recherche.[65]

---

[63] A. Caquot, 1966, "La guerre dans l'ancien Israël", REJ 124 / 3–4, 257.

[64] Voir par exemple H. Gunkel, 1916, *Israelitishes Heldentum und Kriegsfrömmigkeit im Alten Testament* (Göttingen : Vanderhoeck & Ruprecht), opuscule de 52 pages dédié à « *meinem Sohne, dem Kriegsfreiwilligen* » (l'engagé volontaire), et daté « *im Kriegsjahre 1916* ».

[65] M. Weber, 1970, *Le Judaïsme antique* (Paris : Plon). Trad. de l'allemand, 1920,

Dans ce livre où, au dire de l'auteur, « seule une certaine façon d'envisager et d'interpréter les faits selon une méthode sociologique est originale », on sait que M. Weber définissait d'emblée l'organisation politique et sociale de l'Israël ancien comme une « fédération » ou une « confédération ».[66] Cette confédération vient de loin : classiquement le mot allemand *Bund* traduisait l'hébreu בְּרִית (b^e^rît, « l'alliance »).[67] Le glissement d'un concept théologique (*l'alliance*) à une institution (*la confédération*) s'y trouvait donc facilité en allemand puisque le même mot désignait les deux choses.

Dans ce cadre général de la confédération israélite, Max Weber accorde une importance primordiale à la guerre : en effet l'existence réelle du lien confédéral se manifeste essentiellement lors des guerres.[68] Or, s'agissant de la guerre israélite, M. Weber reprend à peu près intégralement les analyses de Friedrich Schwally : « En ce qui concerne les différents événements qui sont en relation avec ce phénomène [i.e. la guerre], il y a lieu de se reporter à l'étude très perspicace de Schwally. »[69] Il adopte aussi l'expression « guerre sainte ».[70] Il reprend également, pour la développer, l'assimilation des rites de purification des guerriers avec ceux de l'initiation à l'âge adulte.[71] L'ouvrage de M. Weber a exercé une influence immédiate et profonde sur Martin Noth, dans l'élaboration de sa théorie d'une amphictyonie des douze tribus comme cadre institutionnel de l'Israël prémonarchique.[72] M. Noth, il est vrai, ne prêtait pas la même importance à la guerre. Mais le rapprochement des deux ouvrages a

Gesammelte Aufsätze zur Religionssoziologie, Band 3 : Das antike Judentum (Tubingue : Mohr) ; voir en particulier les chap. 1.9 : "La guerre sainte", et 1.10 : "Le Dieu des armées de la fédération".

[66] M. Weber, 1970, *op. cit.*, n. 1, 6.

[67] Voir par exemple le long article s.v. "Bund" d'A. Dillmann, 1869, dans D. Schentel éd., *Bibel-Lexikon. Realwörterbuch zum Handgebrauch für Geistliche und Gemeindemitglieder*, 1er Band (Leipzig : Brodhaus), 489–494.

[68] « Sur le plan formel la fédération ne devenait effective que lors d'une guerre fédérale », M. Weber, 1970, *op. cit.*, 98.

[69] M. Weber, 1970, *op. cit.*, n. 1, 99.

[70] « Une guerre fédérale était ainsi une guerre sainte ou encore pouvait à tout moment le devenir ; en cas de péril grave on proclamait toujours la guerre sainte », M. Weber, 1970, *op. cit.*, 99.

[71] Par exemple sur la circoncision : « En fin de compte, ce qui paraît le plus vraisemblable, c'est que primitivement la circoncision était d'une quelconque façon en relation avec l'ascétisme guerrier et les rites d'initiation des jeunes gens », M. Weber, 1970, *op. cit.*, 101.

[72] M. Noth, 1930, *Das System der zwölf Stämme Israels* (Stuttgart : Kohlhammer).

contribué à bâtir un modèle historiographique extrêmement puissant, associant guerre sainte et confédération (ou amphictyonie) israélite. Ce modèle sera parachevé vingt ans plus tard par Gerhard von Rad.

Conçu pour interpréter des données concernant l'Israël prémonarchique, ce modèle historiographique a été étendu par ses auteurs eux-mêmes à toute l'histoire d'Israël, y compris l'histoire du judaïsme du deuxième Temple. Cette extension valait tout particulièrement pour la guerre sainte. Ainsi Max Weber, après avoir fixé que « malgré certains changements d'ordre juridique, la situation sociale et économique après l'exil demeura en principe identique à ce qu'elle était auparavant » (*op. cit.*, p. 37), étend-il les pratiques de la guerre sainte jusqu'aux Maccabées : « Lors de la levée d'hommes par Juda Maccabée, ce paradigme est répété. »[73]

Dans les années qui suivent les publications de Max Weber et de Martin Noth, l'expression « guerre sainte » a donc été systématiquement appliquée aux guerres d'Israël par tous les savants qui en traitaient, même quand ils ne suivaient pas Friedrich Schwally dans toutes ses analyses. Ainsi le bibliste et théologien Johannes Pedersen (dont le grand ouvrage sur la vie et la culture d'Israël servit de référence jusqu'à la parution des *Institutions* de Roland de Vaux), tout en reprenant à son compte l'expression « guerre sainte » voyait surtout dans ses rites l'occasion de mobiliser la *psychic strength* du peuple d'Israël.[74] L'assyriologue René Labat étendit pour sa part la notion de guerre sainte à l'ensemble du monde nord-ouest-sémitique ; cet élargissement portait cependant les germes d'une remise en cause : plus l'aire géographique de la guerre sainte s'étendait, plus son caractère spécifique s'en trouvait affaibli.[75]

Au lendemain de la seconde guerre mondiale, sous l'effet de sa généralisation et de son emploi devenu systématique, sous l'effet sans doute aussi du processus de décolonisation, le concept de guerre sainte commença à s'affadir et à perdre de sa pertinence. Ainsi pou-

---

[73] M. Weber, 1970, *op. cit.*, 52.

[74] J. Pedersen, 1940, *Israel. Its Life and Culture* (Londres : Oxford University Press ; Copenhague : Branner Og Koch), chap. "War", vol. 2, part III, 1–32. J. Pedersen fut par ailleurs le premier à montrer que les exemptions prévues en Dt 20 (jeune marié, maison en construction, vigne récemment plantée) concernaient des processus et des rites inachevés, donc des gens potentiellement impurs et susceptibles de souiller toute l'armée.

[75] R. Labat, 1939, *Le caractère religieux de la royauté assyro-babylonienne* (Paris : Maisonneuve), chap. "La guerre sainte", vol. 2, 253–274.

vait-on lire sous la plume de Roland de Vaux : « Toute guerre antique est donc sainte, au sens large. »[76] Parvenu à ce niveau de généralisation, peut-être la notion même de guerre sainte appliquée à Israël aurait-elle fini par disparaître, si une brève et dense étude de Gerhard von Rad sur le *heilige Krieg* n'était venu en 1951 lui insuffler une vigueur nouvelle.[77]

Gerhard von Rad s'inscrit dans la continuité du modèle historiographique de Max Weber — Martin Noth, et sa théorie de la guerre sainte présuppose à ses yeux une *institution*, qu'il trouve dans « l'amphictyonie » des douze tribus aux temps prémonarchiques. Mais par rapport à ses prédécesseurs, G. von Rad innove sur deux points : d'une part il offre une description minutieuse des rites et de l'idéologie de la guerre sainte israélite. Cette description repose sur l'hypothèse d'un « type idéal » structurel de la guerre sainte, dont il recueille et regroupe les éléments épars parmi tous les écrits bibliques.[78] D'autre part, et surtout, G. von Rad introduit l'opposition, pour lui fondamentale dans toute l'histoire d'Israël, entre guerre sainte et guerre royale. Il établit cette équation :

guerre sainte = peuple-en-arme et/ou guerre-du-peuple ≠ guerre royale.

L'analyse de la guerre sainte comme une idéologie de résistance à la royauté présentait l'avantage de résoudre bien des contradictions subsistant dans le texte biblique : pourquoi, en particulier, les textes fondant la guerre sainte avaient été rédigés à des époques où sa

---

[76] R. DE VAUX, 1958, *Les institutions de l'Ancien Testament* (Paris : Cerf), vol. 2, 73.

[77] G. VON RAD, 1969, *Der Heilige Krieg im alten Israel* (Göttingen : Vanderhoeck & Ruprecht, 1ère 1951, Zürich).

[78] Dans son premier chapitre, intitulé “Theorie vom heiligen Krieg”, Gerhard von Rad décrit ainsi le rituel de guerre, tel qu'il en a reconstitué le « type idéal » : i. Rassemblement d'une armée au son des shofars, ou suite à l'expédition de quartiers de viande (ou de chair) dépecés ; cet armée est nommée עַם יהוה (ʿam YHWH), « troupe / peuple de YHWH ». ii. Des règles de pureté particulières sont appliquées au camp de l'armée : consécration des armes, abstinence sexuelle, pureté rituelle et présence divine au camp. iii. Les chefs de l'armée prononcent des vœux et offrent des sacrifices. iv. Consultation des oracles ; l'oracle est rendu selon la formule : « YHWH a livré [tel peuple ou pays] entre vos mains ». v. YHWH accompagne l'armée au combat ; la troupe s'arme devant YHWH juste avant la bataille. vi. La bataille s'ouvre au son de la clameur de guerre : la tᵉrûʿâ (תְּרוּעָה). vii. Après la victoire tout est consacré à YHWH, butin et prisonniers : c'est le ḥérem (חֵרֶם). viii. Le renvoi de l'armée et le retour à la paix s'opèrent aux cris de : « À tes tentes Israël ! » Sur le concept d'*Idealtypus*, voir son élaboration dans G. VAN DER LEEUW, 1955, *La religion dans son essence et ses manifestations*, Paris : Payot, trad. de l'allemand, 1933).

pratique n'apparaissait pas possible. C'est donc essentiellement cette affirmation d'une opposition entre deux idéologies de la guerre qui rajeunit le modèle weberien et emporta si largement l'adhésion des successeurs de Gerhard von Rad.[79] Les chercheurs et les biblistes, qui ont discuté la théorie de G. von Rad sur de nombreux points, ont pourtant généralement admis la présence de cette idéologie de la guerre sainte dans la Bible hébraïque.[80]

En France, André Caquot s'est ainsi explicitement référé à Gerhard von Rad et à son opposition « guerre sainte » *versus* « guerre royale », lorsqu'il a analysé en 1966 la guerre dans l'ancien Israël.[81] Plus récemment, Albert de Pury, dressant en 1981 le bilan de la théorie de G. von Rad et des discussions qu'elle a suscitées, a pu montrer que « la thèse d'un « institution » de la guerre sainte à l'époque des Juges est trop massive, surtout si cette institution est rattachée à l'institution, elle aussi hypothétique, de l'amphictyonie des douze tribus ».[82] Néanmoins il sauve la « guerre sainte » comme idéologie et modèle idéal de la guerre en Israël, en opposition à une idéologie supposée « royale » : « Une des constantes de la guerre sainte dans la littérature biblique réside dans le fait que les auteurs canoniques l'emploient presque toujours à contretemps de la situation politique. »[83] A. de Pury offre ainsi l'exemple de la perpétuation d'un modèle historiographique séduisant, quand toutes les prémisses méthodologiques sur lesquelles il était fondé se sont écroulées.

Finalement le coup le plus sévère porté à la théorie de la guerre sainte israélite est sans doute venu de son élargissement à tout le

---

[79] Peut-être aussi parce qu'elle exhalait un fort parfum de lutte des classes, à une époque où le matérialisme historique marxiste apparaissait hégémonique dans les universités ?

[80] Voir R. Smend, 1963, *Jahwekrieg und Stämmebund. Erwägungen zur ältesten Geschichte Israels* (Göttingen : Vanderhoeck & Ruprecht) ; F. Stolz, 1972, *op. cit.* ; P. Weimar, 1976, "Die Jahwekriegserzählungen in Ex 14, Jos 10, Richter 4 und 1 Sam 7", Bibl. 57, 38–73.

[81] A. Caquot, 1966, art. cit. : « C'est en suivant von Rad qu'on montrera ici comment s'est fait le passage d'une guerre de type « archaïque » où l'armée fait théoriquement corps avec le peuple (. . .) à une guerre de type « royal » caractérisée par la rationalisation des méthodes et par une rupture entre l'armée et le peuple » (258) ; et : « La revendication en faveur d'un retour à la « guerre sainte » [est] inséparable d'une dénonciation des excès et de l'impiété du pouvoir. Le débat a donc été millénaire et il révèle la tension permanente dans un État israélite entre le souci d'efficacité qui conduit le prince et le droit du peuple de Dieu à prendre en main ses affaires » (269).

[82] A. de Pury, 1981, art. cit., 36.

[83] A. de Pury, 1981, art. cit., 36.

Proche-Orient ancien : K. Lawson Younger a pu ainsi récemment montrer que les stéréotypes de la « guerre sainte » biblique étaient déjà tous présents, jusqu'au vocabulaire, dans les récits guerriers assyriens, hittites ou égyptiens.[84]

Comment ce thème de la guerre sainte a-t-il pu, en quelque sorte, « contaminer » l'étude du judaïsme du deuxième Temple ? Essentiellement par le biais des interprétations de deux grands écrits de cette période : le premier livre des Maccabées et le *Règlement de la Guerre* de Qoumrân.

S'agissant de 1 Maccabées, et plus précisément de l'épisode des préparatifs de la bataille d'Emmaüs (1 M 3,36–60), les auteurs modernes ont en général repris la théorie de la continuité formulée par Max Weber.[85] L'exemple le plus récent en est donné par Étienne Nodet dans son *Essai sur les origines du judaïsme.* Dans un paragraphe intitulé "Sources rabbiniques : la guerre sainte",[86] il se réfère d'abord à Roland de Vaux qui « rassemble les éléments bibliques sur la guerre sainte » ; il applique ensuite le modèle aux Maccabées : « Judas préside à la mise en route de la guerre sainte dans les formes » (p. 61). Selon l'auteur, à l'époque michnique, 1 Maccabées « était devenu une source, en bordure de la bibliothèque sacrée, présentant une sorte de modèle de la guerre sainte » (p. 61).

Il y a donc adhésion à une double hypothèse : d'une part l'existence d'un modèle de la guerre sainte dans la Torah ; d'autre part l'actualisation et la mise en œuvre de ce modèle par les Maccabées. Cette double hypothèse repose à peu près exclusivement sur la reprise des exemptions de Dt 20 par Juda Maccabée à Masphat. Mais l'emploi de l'expression « guerre sainte » semble induire une adhésion beaucoup plus large et systématique des Maccabéens à une ensemble de règles et de rites, d'ailleurs mal définis. Toujours sous l'influence de Gerhard von Rad, il permet en outre d'introduire implicitement le thème de l'opposition entre les insurgés maccabéens,

---

[84] K. Lawson Younger Jr, 1990, *Ancient Conquest Accounts. A Study in Ancient Near Eastern and Biblical History Writing* (Sheffield : JSOT).

[85] Voir *inter al.* R. de Vaux, 1958, *op. cit.*, vol. 2, 83–85 ; A. Caquot, 1966, art. cit. : « Cette idéologie puisée dans l'Écriture sainte inspire l'auteur des Maccabées qui nous présente la campagne de libération déclenchée par Mattathias et ses fils comme une reprise de la guerre sainte archaïque », 269 ; A. de Pury, 1981, art. cit. : les Maccabées s'inspirent « consciemment des formes littéraires de la « guerre de YHWH » dont les livres sacrés leur avaient conservé le souvenir », 35.

[86] É. Nodet, *Essai sur les origines du judaïsme. De Josué aux Pharisiens* (Paris : Cerf), 55–62.

proches du peuple et menant une guerre « sainte » c'est-à-dire populaire, et l'armée asmonéenne postérieure, coupée du peuple, menant des guerres « royales » et suscitant le rejet des Juifs pieux.

L'interprétation du *Règlement de la Guerre* (1QM et 4QM) en termes de guerre sainte est venu compléter le schéma. Jean Van der Ploeg fut apparemment le premier, en 1957, à associer le modèle de la guerre sainte à 1QM.[87] En dépit de sa reprise quasi machinale ici ou là, cette analyse n'a pas eu de postérité considérable. L'exégète Eduard Nielsen, par ailleurs convaincu de la validité du modèle de la guerre sainte de Gerhard von Rad, a tiré cette conclusion extrême du caractère « saint » de la guerre de 1QM : tout ce rouleau ne serait qu'une vaste métaphore. Les Esséniens de Qoumrân auraient pratiqué leur culte comme d'autres la guerre : « On se demande si la guerre ne serait pas que la vie liturgique de la communauté de la Mer Morte. »[88] Plus classiquement André Caquot situait l'idéologie de la guerre sainte de 1QM dans le cadre d'une polémique anti-asmonéenne : le rouleau s'oppose à « la politique militaire des princes asmonéens qui (. . .) ont dû reprendre le système de la « guerre royale ».[89] Mais le texte de 1QM présente trop d'innovations par rapport aux règles du Deutéronome pour que le modèle de G. von Rad soit d'aucune utilité à son interprétation.

Le modèle de la guerre sainte élaboré à partir de la Bible hébraïque s'est donc révélé d'une portée extrêmement limitée pour l'interprétation des écrits du deuxième Temple. Il est probable que cette inefficacité a contribué à sa remise en cause.

De fait le modèle de la guerre sainte israélite est aujourd'hui fortement contesté. Sa mise en cause la plus rigoureuse me paraît être le fruit des travaux de Susan Niditch sur la violence et la guerre dans la Bible, publiés en 1993.[90] S. Niditch cherche à mettre en évidence *les* théories et pensées de la guerre présentes dans les écrits bibliques : « *We propose to study the range of war ideologies in the Hebrew*

---

[87] J. Van der Ploeg, 1957, "La Guerre sainte dans la "Règle de la guerre" de Qumran", dans *Mélanges bibliques rédigés en l'honneur de André Robert* (Paris : Bloud & Gay), 326–333.

[88] E. Nielsen, 1961, "La guerre considérée comme une religion et la religion comme une guerre. Du chant de Débora au Rouleau de la Guerre de Qoumran", ST 15, 109.

[89] A. Caquot, 1966, art. cit., 269.

[90] S. Niditch, 1993, *op. cit.*

Bible. »[91] Elle adopte pour ce faire le point de vue et la méthode de l'anthropologie historique. Au terme de son analyse elle définit sept types de théorisations de la guerre, dont aucune n'est « sainte », bien que chacune conserve un caractère sacré. C'est-à-dire non plus une seule mais plusieurs théories bibliques de la guerre, fondées sur des pratiques et sans doute sur des systèmes de pensée et de socialisation historiquement différents.

Enfin le modèle de Gerhard von Rad apparaît irrecevable, y compris s'agissant des époques monarchiques et prémonarchiques, pour deux autres raisons au moins. D'une part, il est a-historique : ainsi André Caquot définit-il « la revendication en faveur d'un retour à la guerre sainte » comme un « débat millénaire ». Dans cette théorie, l'idéal de la guerre sainte, apparu dans on ne sait quel contexte archaïque, se serait ainsi maintenu à l'identique à travers les siècles. D'autre part, il dissimule une aporie majeure : la « guerre sainte » y est en effet analysée comme l'expression d'une résistance (« prophétique » ou autre) du peuple, dressé contre le pouvoir de l'État (« royal » ou autre). La question est la suivante : toutes les guerres d'Israël étaient-elles « saintes » ou non ? Si toutes le sont (comme G. von Rad le donne plus d'une fois à entendre), l'opposition entre une idéologie populaire de la guerre et celle de l'État n'a pas lieu d'être ; inversement si cette opposition a existé, il en découlerait, contre toute évidence, que certaines des guerres d'Israël ne présentaient pas de caractère sacré.

L'élaboration de ce modèle historiographique a souvent permis à la recherche de progresser mais il a aujourd'hui épuisé sa dynamique. Sa plasticité et sa grande capacité explicative ont contribué à sa très vaste diffusion, au prix inévitable d'une certaine simplification ; de sorte que son emploi ne ressortit plus aujourd'hui que d'une forme de réflexe. La « guerre sainte » aboutit finalement à une formule englobant abusivement, dans un schème unique, la diversité des manifestations du caractère sacré des guerres dans l'antiquité juive.

Restent à évoquer deux questions de métode. La première est celle des conditions d'existence d'une grammaire des rites.

[91] S. Niditch, 1993, *op. cit.*, 5. La difficulté est ici de traduire en français l'américain *ideology*. Non pas tant « l'idéologie » au sens où nous en débattons, que la théorie historiquement datée d'une pratique sociale.

Pierre Smith, après avoir constaté avec de nombreux ethnologues que les rites constituaient « des créations culturelles particulièrement élaborées », soulignait aussi que leur complexité était trop organisée pour se laisser réduire « à une forêt confuse de symboles diversement associés ».[92] De là sa suggestion que les rites s'organiseraient à l'intérieur de plusieurs « systèmes rituels », coexistant dans la société considérée : « Tout rite est lié à des circonstances qui commandent son occurrence, et ces circonstances entrent elles-mêmes dans des séries. Les différents rites associés à des circonstances relevant d'une même série tendent à former un système. » Comment aborder ces systèmes ?

Georges Dumézil analysait les rites comme un *langage* destiné à énoncer des représentations sur l'ordre des choses. Jacqueline Duvernay-Bolens enseignait que le rituel fonctionne comme un *langage* constitué de « signes sociaux » : les prêtres y sont des « grammairiens du rite » aptes à l'utilisation pertinente des « éléments de rituels » en différentes cérémonies.[93] Pour Alfred Adler, « dire que les rites forment système, c'est affirmer (. . .) qu'ils doivent être appréhendés comme des *unités signifiantes* qui ne livrent leur sens que replacés dans des ensembles ».[94] Ces diverses affirmations de l'existence d'une *langue* et d'une *grammaire* rituelles renvoient d'une part à la notion de « séquence cérémonielle » chez Arnold Van Gennep — c'est-à-dire à l'ensemble des gestes d'un rituel considérés dans leur succession, le sens de chaque geste se révélant en fonction de ceux qui le précèdent et qui le suivent ; d'autre part à l'exigence formulée par Claude Lévi-Strauss, avant toute tentative de comparaison entre mythes et rites, de les « avoir, au préalable, réduits l'un et l'autre à leurs éléments structuraux ».[95]

Ce qui pose le problème suivant : qu'on les nomme « éléments centraux » (P. Smith), « éléments de rituel » (J. Duvernay-Bolens), « unités signifiantes » (A. Adler) ou « éléments structuraux » (C. Lévi-Strauss), en quoi consistent et comment définit-on ces « plus-petites-unités » du rituel ? Ces « *ritèmes* » ? On sait la difficulté qu'on éprouve, déjà, à repérer le début et la fin du processus rituel, la complexité souvent décrite, des grands rituels, associant gestes, lieux, temps choi-

[92] P. Smith, 1979, "Aspects de l'organisation des rites", dans M. Izard et P. Smith éds, *La Fonction symbolique* (Paris : Gallimard), 139–170.
[93] J. Duvernay-Bolens, 1994–95, EPHE V°, Cours de DEA.
[94] A. Adler, 1995, "Les rites comme système", AEPHE.R 102, 51–54.
[95] C. Lévi-Strauss, 1958, *Anthropologie structurale* (Paris : Plon), 258

sis, postures, objets et paroles. En outre, parce qu'il est fondamentalement métonymique, le « langage du rite » sous forme de paroles, de gestes, d'objets ou d'autre chose, est indéfiniment subdivisable en « unités » du rang inférieur et tend, sans nécessairement l'atteindre, vers cette limite que constitue la pure et simple répétition. Donc : où et quand débute, où et quand finit l'unité rituelle élémentaire ? Quel élément isoler, et en vertu de quel critère, pour le retenir comme une unité minimale ?

Je proposerai ici une réponse fondée sur trois éléments.

D'abord l'unité élémentaire du rite est une séquence. « Séquence » au sens de Arnold Van Gennep, c'est-à-dire un moment du rituel associant les trois étapes *pré-liminaire*, *liminaire* et *post-liminaire*. Ainsi que Nicole Belmont l'a noté,[96] l'étape post-liminaire d'une séquence peut éventuellement faire fonction d'étape pré-liminaire de la suivante et ainsi de suite *ad libitum*. On est ici dans un univers dont les limites ne sont pas exclusives. N. Belmont a également mis en évidence (suivant là aussi A. Van Gennep), que l'étape liminaire, ou marge, peut en plusieurs circonstances se subdiviser selon les trois moments de séparation / marge / agrégation, la nouvelle marge étant susceptible à son tour de la même tripartition. Se manifeste ici le mécanisme de la subdivision indéfiniment répétée, relevé par Claude Lévi-Strauss.[97]

Ensuite, comment distinguer ces « séquences » ? Cela revient à en repérer l'élément central. Pierre Smith observait que les rites s'organisent autour « d'éléments focalisateurs », qu'il définissait par ceci que, « du point de vue des participants ou des croyants, il se passe réellement quelque chose à ce moment, une opération mystérieuse ou mystique qui ne se laisse pas réduire au symbolisme du geste ».[98] Cette définition est précisément celle d'un acte *performatif*. Au cœur du rite gît l'efficacité réelle : celle-ci est atteinte au moyen d'une symbolique *performative*. C'est donc ce moment performatif qu'il s'agit d'atteindre et de repérer dans le rituel. Il peut être complexe : dans un geste aussi simple que la remise d'une décoration par exemple, est-ce la formule « au nom de etc. », l'épinglement de la médaille au

---

[96] N. Belmont, 1986, "La notion de rite de passage", dans P. Centlivres et J. Hainard éds., *Les rites de passage aujourd'hui* (Lausanne : L'âge d'homme), 9–19.

[97] C. Lévi-Strauss, 1971, "Finale" de *Mythologiques IV : L'Homme nu* (Paris : Plon), 600–603.

[98] P. Smith, 1979, art. cit., 140.

revers, l'accolade, l'association des trois ? En tout cas c'est à partir et autour de ce moment que le rite s'organise et éventuellement foisonne.

Enfin, ce « foisonnement du rite » présente une frappante analogie avec les systèmes complexes décrits par les mathématiciens contemporains sous le nom de « fractales ».[99] Théorie de la *forme* : la forme générale d'une feuille d'arbre se trouve reproduite dans les échancrures plus fines découpant chacune de ses portions, puis à nouveau dans le détail de chacune de ces échancrures et ainsi de suite jusqu'à des niveaux infinitésimaux.[100] De même les grands rituels présentent-ils une « forme » générale, élaborée à partir d'un « motif » initial, repris et reproduit par division.

Il convient donc de repérer dans chaque rite, son (ou ses) motif(s) élémentaire(s) organisé(s) autour du geste performatif par quoi s'accomplit l'objet du rite ; et à partir duquel foisonne l'expansion du rituel.

Un autre problème méthodologique est celui de l'usage historique de la Michna : le simple fait d'utiliser la Michna (et *a fortiori* d'autres écrits rabbiniques) comme l'une des sources d'un travail historique et critique sur le judaïsme du deuxième Temple (voire même sur le judaïsme d'époque rabbinique), apparaît de nature à susciter une réaction critique de la part d'un certain nombres de chercheurs, universitaires et savants.

Il faut donc s'en expliquer.

Personne ne conteste que la Michna n'est pas un livre d'histoire, et que ses auteurs n'étaient animés d'aucun souci historiographique. Mais il en va de même d'un très grand nombre de sources et c'est même, paradoxalement, ce qui fonde leur intérêt historique. Pourquoi donc la Michna seule ne pourrait-elle pas être utilisée comme source ? La question a fait l'objet d'un débat entre spécialistes du judaïsme rabbinique et du deuxième Temple.[101]

Pour Jacob Neusner, tout usage historique de la Michna relèverait d'une forme de fondamentalisme religieux : on voit, si tel était

---

[99] Systèmes présentés sous une forme accessible au public cultivé dans B. Mandelbrot, 1995, *Les objets fractals* (Paris : Flammarion).

[100] On peut emprunter à Benoît Mandelbrot lui-même cette définition de la fractale, destinée au grand public : « Une fractale est un objet géométrique que l'on peut couper en petits bouts et dont chaque bout présente la même structure que le tout. » (entretien accordé au quotidien *Libération*, 24 février 1998).

[101] Voir A. Avery-Peck et J. Neusner éds., 1999, *Judaism in Late Antiquity, Part 3, Vol. 1. Where we Stand : Issues and Debates in Ancient Judaism* (Leyde, Boston, Cologne : Brill).

bien le cas, que les enjeux ne seraient pas minces. L'autre argument avancé par J. Neusner est que tout usage historique de la Michna exprime un manque absolu de sens et de critique historique, relève en un mot d'une attitude *gullible* (« crédule, naïve »).[102]

Peut-être Jacob Neusner réagit-il à bon escient contre un usage trop longtemps littéral et précritique de la Michna, dans les représentations de la société juive d'avant 70. Comme l'a écrit Günter Stemberger : « *There has been a growing consciousness that Rabbinic texts are not reliable witnesses for the period before 70.* »[103] Mais le même d'ajouter aussitôt que le rejet systématique de la Michna comme source a été remis en cause par la recherche savante depuis une dizaine d'années, de sorte que le débat s'est rouvert.[104]

La publication des manuscrits de Qoumrân, en particulier de leurs passages halakhiques, a évidemment joué un très grand rôle dans cette évolution. Les parallèles entre les réflexions des Sages et les discussions menées dans certains manuscrits de la mer Morte en matière halakhique (voir en particulier 4QMMT), se sont révélés absolument convaincants. Ephraïm Urbach avait déjà souligné dans les années 1970 l'intérêt des études halakhiques pour l'histoire du judaïsme du deuxième Temple : « *There is no need to demonstrate today that the Halakhah as formulated in the various texts is a source of great importance, and in general also a reliable one, for the history of the Jewish people during the period of the Second Commonwealth and in many centuries afterwards.* »[105] Vingt ans plus tard Joseph Baumgarten, historien du droit juif, confirmait à la lumière des écrits de Qoumrân le « choix de bon sens de ceux des historiens modernes qui ont incorporé les textes halakhiques rabbiniques parmi les sources de l'histoire religieuse

---

[102] J. Neusner, 1999, "Rabbinic Sources for Historical Study : A Debate with Ze'ev Safrai", dans A. Avery-Peck et J. Neusner éds., *op. cit.*, 123–142.

[103] G. Stemberger, 1999, "Rabbinic Sources for Historical Study", dans A. Avery-Peck et J. Neusner éds., *op. cit.*, 169–186.

[104] Non sans élégance, Jacob Neusner a lui-même publié dans un ouvrage édité sous sa direction, les arguments d'un certain nombre d'auteurs opposés à ses vues. Outre G. Stemberger déjà mentionné, on trouvera donc, pour affirmer l'utilité historique de la Michna, dans A. Avery-Peck et J. Neusner éds., 1999, *op. cit.* : Z. Safrai, "Rabbinic Sources as Historical : A Response to Professor Neusner", 143–167 ; et L. H. Feldman, "Rabbinic Sources for Historical Study", 213–230.

[105] E. E. Urbach, 1976, "Halakhah and History", dans R. Hamerton-Kelly et R. Scroggs éds., *Jews, Greeks and Christians. Religious Cultures in Late Antiquity. Essays in Honor of W. D. Davies* (Leyde : Brill), 112–128.

du Second Temple ».[106] S'agissant précisément du domaine du droit (halakha) à l'intérieur de la Michna, le point de vue de ces spécialistes doit prévaloir.

En va-t-il de même dans les autres domaines de l'histoire, sociale, politique, économique ? C'est la position que défendent Louis Feldman et Günter Stemberger à partir d'une confrontation des écrits rabbiniques avec les deux autres grandes sources sur le judaïsme du deuxième Temple : les écrits de Josèphe et les manuscrits de Qoumrân. L. Feldman fait observer en outre que le Talmud et la Michna sont des recueils de débats et de discussions entre les Sages, et que cette critique mutuelle entre pairs constitue aujourd'hui encore un critère de sérieux scientifique dans les discussions savantes.

On ne doit donc pas s'interdire systématiquement la Michna comme source de l'histoire du judaïsme — à condition de toujours la soumettre au travail critique de la méthode historique.

La diversité du judaïsme ancien

Si j'ai récusé ici le modèle historiographique de « la guerre sainte », c'est entre autre pour son caractère univoque et son incapacité à rendre compte de ce Pierre Vidal-Naquet a nommé le ποικίλον, c'est-à-dire la diversité des courants traversant le judaïsme du deuxième Temple.[107] Cette diversité est précisément ce que je me propose d'étudier ici.

La question qui se pose est celle du *comment*. Avec quels outils, précisément définis et constamment réélaborés, le judaïsme du deuxième Temple a-t-il abordé, pensé et fait la guerre ? L'approche du problème de la représentation de la guerre par les rites qui l'organisent, oblige à être minutieux et concret. Elle permet aussi de dégager peu à peu les traits d'une ou de plusieurs représentations de la guerre, dont on peut alors mesurer les convergences et les écarts, entre elles et avec celles d'autres sociétés comparables.

Je me propose d'étudier d'abord quelle place est assignée aux hommes dans ces représentations de la guerre, et pour cela de situer la

[106] J. M. Baumgarten, 1996, "La loi religieuse de la communauté de Qoumrân", *Annales* 51 / 5, 1024.

[107] P. Vidal-Naquet, 1977, "Flavius Josèphe ou Du bon usage de la trahison", dans P. Savinel éd., *Flavius Josèphe. La guerre des Juifs* (Paris : Minuit), 7–115.

guerre au sein du système de pureté qui organise la société juive du deuxième Temple. On cherchera donc quel est le statut du combattant dans ce système. Puis, parce que leur statut est spécifique et éminent, et parce qu'il exprime la forme la plus accomplie de l'expression symbolique du judaïsme, on cherchera ensuite à dégager la position assignée aux prêtres dans ces représentations.

« Pour tout un moment ; et un temps pour toutes choses sous les cieux » (Qo 3,1). C'est la fonction des rites que de distinguer entre ces « temps », ainsi d'ailleurs qu'entre les lieux où s'accomplissent les différentes « choses sous les cieux ». עֵת מִלְחָמָה וְעֵת שָׁלוֹם « un temps de la guerre et un temps de la paix » ; des lieux pour la guerre et des lieux de paix. Nous chercherons comment s'organise la différentiation entre espaces qu'organise l'entrée dans et la poursuite de la guerre ; comment s'organisent aussi les espaces spécifiques définis par la guerre : le camp, le front etc. Nous essaierons aussi de repérer comment et par quoi se définit un « temps de la guerre », confronté en particulier à la pierre de touche du repos sabbatique, qui interrompt toute activité et organise le rythme du temps juif.

Nous essaierons enfin de situer la place, pour la guerre et dans la société juive du deuxième Temple, de ces deux rites majeurs de l'Antiquité que sont la prise d'oracle et l'offrande des sacrifices. La question est ici celle de la permanence et des transformations de ces rites, dont l'origine est toujours à chercher dans la Torah. On atteint là au point le plus sensible du judaïsme du deuxième Temple, dans sa relation complexe, exégétique et interprétative à l'autorité de la Torah.

CHAPITRE I

IMPURETÉ DE LA GUERRE, SAINTETÉ DU CAMP DE GUERRE

Impureté de la guerre à l'époque du deuxième Temple

Durant la longue période du judaïsme du deuxième Temple, avec toutes sortes d'aménagements liés aux circonstances historiques, les représentations juives de la guerre ont fait de celle-ci une source majeure de la souillure : la guerre est du domaine de l'impureté.

Cette proposition est loin de rencontrer l'assentiment consensuel de la recherche.[1] Elle ne peut manquer de paraître paradoxale, eu égard aux farouches « guerres juives » de la fin de l'époque du deuxième Temple. C'est qu'il ne faut pas confondre « impureté » avec « illégitimité » ou « interdit » : ainsi, que l'accouchement fût une source de souillure n'a jamais remis en cause la procréation.

Un paragraphe de Philon (*Mos.* I 314) dans lequel il commente la guerre biblique menée contre les Madianites (Nb 31), exprime clairement ce paradoxe, en un savant balancement rhétorique. Le commentaire s'ouvre par cette réflexion sur la légitimité de la guerre : καὶ γὰρ εἰ νόμιμοι αἱ κατ' ἐχθρῶν σφαγαί « En effet s'il est légitime d'égorger des ennemis » ; il se clôt sur le rappel que la guerre demeure pourtant, en toutes circonstances, impure : οὗ χάριν καθαρσίων ἐδέησε τοῖς κτείνασι πρὸς ἀπαλλαγὴν τοῦ νομισθέντος ἄγους γεγεῆσθαι « Ce pourquoi il faut des purifications à ceux qui ont tué afin d'écarter ce qui reste considéré comme une souillure ».

---

[1] Elle a cependant déjà été avancée, en particulier par Susan Niditch, qui fait remonter cette notion d'impureté de la guerre à une idéologie sacerdotale dont elle repère les effets en Nb 31 : « *Finally, Numbers 31 expresses genuine ambivalence concerning the ethic of war. The cause is holy, the war is ritualized, but the killing defiles* », S. Niditch, 1993, *War in the Hebrew Bible : a Study in the Ethic of Violence*, (Oxford, New York : Oxford Univ. Press), 89.

De l'impureté des cadavres à celle des armes

La guerre est source d'impureté parce qu'elle est l'occasion de tueries ; par conséquent elle met en contact avec la mort, avec les carcasses des bêtes abattues et les cadavres des guerriers tombés sur le champ de bataille. Ce contact est source majeure de la souillure rituelle. Ceci qui n'est pas nouveau figure déjà dans la Torah. Lorsque l'armée des Hébreux rentre victorieuse d'un combat contre les Madianites, Moïse prescrit ainsi aux guerriers des rites de purifications (Nb 31,19) :

כֹּל הֹרֵג נֶפֶשׁ וְכֹל נֹגֵעַ בֶּחָלָל תִּתְחַטְּאוּ

> Tous ceux ayant tué un être vivant et tous ceux ayant touché un tué, vous vous purifierez.

Le texte limite ici l'obligation de se purifier à ceux des guerriers entrés en contact avec un mort, soit qu'ils aient abattu un ennemi, soit qu'ils aient été au contact de son cadavre. On est donc devant une application, au cas particulier de la guerre, de la halakha de portée générale, définissant la souillure provoquée par le contact des morts et les règles de purifications qui s'ensuivent (voir Nb 19,11–22).[2] Dans ces conditions, une guerre offrait sans doute plus d'occasions que d'autres activités plus pacifiques de se souiller au contact d'un cadavre. Mais elle n'était pas impure *per se* ; elle ne se distinguait pas, dans le domaine des lois de pureté, de ces autres activités.

Voilà ce qui change à l'époque du deuxième Temple. Les écrits de cette période donnent une interprétation extensive de la loi de Nb 19. Le procédé halakhique de cette extension apparaît clairement dans le targoum. La Torah stipule que se trouve en état d'impureté (Nb 19,16) « quiconque touchera dans les champs à un tué par l'épée, ou à un mort » etc.[3] Le targoum Pseudo-Jonathan de ce même verset (tg Ps J de Nb 19,16) étend la souillure transmise par les morts, aux armes ; à la mention du « tué par l'épée » (בקטיל סייפא) il ajoute en effet celle de « l'épée qui l'a tué » (בסייפא דקטל ביה). Dès lors que les armes de guerre sont par elles-mêmes une source

---

[2] Sur Nb 31 et les règles de purification qui y sont mises en œuvre, voir D. P. Wright, 1985, "Purification from Corpse Contamination in Numbers XXXI 18–24", VT 35, 213–223.

[3] Nb 19,16aα : וְכֹל אֲשֶׁר־יִגַּע עַל־פְּנֵי הַשָּׂדֶה בַּחֲלַל־חֶרֶב אוֹ בְמֵת

d'impureté équivalente à celle du cadavre, le statut d'impureté s'étend à l'ensemble des combattants engagés dans une guerre.

Cette inflexion halakhique du targoum est formulée également par Philon d'Alexandrie. Dans le courant de son commentaire sur la peine de mort réservée par la Torah aux parricides (Ex 21,15), Philon critique le laxisme des législations qui se contentent de leur couper les mains. Maniant l'ironie, il souligne que les mains, pas plus que les armes, ne sont responsables des actes de violence (*Spec.* II 245) :

> τὴν γὰρ ὕβριν οὐ χεῖρες ἀλλὰ διὰ χειρῶν ὑβρισταὶ δρῶσιν, οὓς ἀναγκαῖον κολάζειν· εἰ μὴ καὶ τοὺς ἀνδροφονήσαντας ξίφει μεθετέον ὑπερόριον τὸ ξίφος ῥίψαντας, καὶ τοὐναντίον τοῖς ἀριστεύσασιν ἐν πολέμῳ τιμὰς οὐ δοτέον, ἀλλὰ ταῖς ἀψύχοις παντευχίαις, δι' ὧν ἠνδραγαθίσαντο·
>
> Car la violence ce ne sont pas les mains qui l'exercent, mais les violents avec leurs mains, et ce sont eux qu'il faut punir. Sinon il faut laisser libres les assassins par l'épée et exiler l'épée ; et à l'inverse il ne faut pas accorder les honneurs aux meilleurs guerriers mais aux armes inanimées avec lesquelles ils se sont distingués.

La réflexion de Philon s'élargit ainsi à l'ensemble des circonstances où l'on pratique la violence : non seulement les parricides, mais tous les assassins ; non seulement les assassins mais aussi les guerriers, pratiquant une violence légitime et faisant preuve d'héroïsme. Le point commun à tous est qu'ils sont entièrement responsables de leurs actes : l'arme ne fait pas écran entre le mort et celui qui le tue. Un courant les relie l'un à l'autre, que l'arme n'interrompt pas : responsabilité chez Philon, souillure dans le targoum. Philon formule dans le domaine moral une proposition équivalente à celle du targoum dans le domaine rituel de la pureté.

Cette tradition de l'impureté des armes de guerre se retrouve dans le Talmud. Pour les Sages, l'épée est un אבי אבות (« père des pères ») de la souillure, le degré le plus élevé de l'impureté : elle est aussi impure que le cadavre.[4]

L'impureté de la guerre découle de l'impureté de la mort. Mais il est essentiel de garder à l'esprit que cette impureté de la guerre ne signifie pas sa condamnation conceptuelle, stratégique ou morale.

---

[4] Voir *inter al.* b.Pes. 14b et b.H̱ulin 3a : חרב הרי הוא כחלל אב הטומאה הוא « L'épée a le même degré (i.e. de souillure) que le tué, elle est un père de la souillure » (les Sages commentent ici Nb 19,16a).

L'impureté est d'un autre ordre : elle n'implique aucun rejet de la guerre, mais la mise en œuvre des rites appropriés à son statut.

Pourquoi David n'a pu bâtir le Temple

L'impureté fondamentale de la guerre, même légitime, a été représentée à l'époque du deuxième Temple, au moyen d'une image elle aussi paradoxale, empruntée aux récits bibliques : l'interdit fait au roi David de bâtir lui-même le Temple de YHWH.

Depuis le Chroniste, qui forge l'explication à la fin du IVème siècle av., jusqu'à Flavius Josèphe qui la développe au Ier siècle èv., l'interdit divin est interprété et justifié par la souillure due aux nombreuses guerres menées par le roi. Cette analyse ne figure pas dans le récit biblique d'origine : elle est propre à la littérature juive du deuxième Temple. Sa portée et son importance tiennent d'abord à la constance de cette représentation durant toute la période. Ensuite à ce qu'elle associe deux éléments majeurs dans la culture juive, l'institution du Temple, et l'espoir d'une postérité dynastique et/ou messianique de David.

Le problème dans la Bible hébraïque

La source biblique de tous ces récits réside dans la prophétie de Nathan en 2 S 7,5–16. La parole de YHWH transmise à David offre un long développement autour du thème de « la maison », בַּיִת : en même temps qu'Il dénie au roi le droit de Lui bâtir une « maison » (le Temple), YHWH lui promet la continuité de sa « maison » (la dynastie davidienne). Le refus est exprimé en des termes modérés (2 S 7,5) :

הַאַתָּה תִּבְנֶה־לִּי בַיִת לְשִׁבְתִּי׃

Est-ce toi qui me bâtiras une maison pour que j'y réside ?

La promesse est solennelle (2 S 7,16) :

וְנֶאְמַן בֵּיתְךָ וּמַמְלַכְתְּךָ עַד־עוֹלָם לְפָנָי[5]

Ta maison et ta royauté dureront pour toujours devant moi.

[5] Quelques manuscrits hébreux portent ici la variante לְפָנֶיךָ « devant toi ». La lecture « devant moi » est cependant celle de la LXX, de la Vulgate et de la Peshitta.

Cette prophétie est donc essentiellement ambivalente. L'exégèse peut y mettre en valeur aussi bien la promesse de la continuité dynastique que le refus d'autoriser la construction du Temple.[6] L'explication de cette interdiction n'y est liée explicitement à aucun trait de la personnalité ou des activités de David ; elle découle du refus de YHWH de voir exécuter un geste qu'il n'a pas demandé.

Dans cette première et plus ancienne version de la prophétie, les guerres de David ne lui sont donc pas reprochées. Au contraire elles apparaissent avoir été menées avec l'approbation et l'appui de la divinité. Ainsi YHWH y assure-t-il à David (2 S 7,9.11) :

> 9. וָאֶהְיֶה עִמְּךָ בְּכֹל אֲשֶׁר הָלַכְתָּ וָאַכְרִתָה אֶת־כָּל־אֹיְבֶיךָ מִפָּנֶיךָ (. . .)
> 11. וַהֲנִיחֹתִי לְךָ מִכָּל־אֹיְבֶיךָ
>
> J'ai été avec toi partout où tu es allé et j'ai retranché tous tes ennemis de devant toi. (. . .) Et je t'ai procuré le repos de la part de tous tes ennemis.

Le refus opposé à David n'est donc lié en aucune façon à ses activités guerrières passées.[7]

Autre récit de l'interdit fait à David de bâtir un Temple à YHWH : dans 1 R 5, lorsque Salomon entreprend lui-même la construction. Ce texte est postérieur à la rédaction de la prophétie de Nathan. Dans une lettre adressée au roi Hiram de Tyr, Salomon explique comment son père n'a pu mener à bien la construction du Temple en raison des guerres qu'il soutenait alors (1 R 5,17) :

---

[6] Selon les spécialistes du texte biblique, dans ce passage, deux récits se sont développés à partir du noyau initial de la convocation de Nathan par David en vue de construire un temple à YHWH (2 S 7,1–3). Le premier récit, issu des « partisans de David », insiste sur ses succès militaires et sur la promesse dynastique ; le second, produit des « partisans de Salomon », insiste sur la construction du Temple réservée à ce roi. Les deux récits ont ensuite été fondus en un seul texte, avec ajout de divers éléments rédactionnels. Voir A. Caquot, 1981, "Brève explication de la prophétie de Natan (2 Sam 7,1–17)", dans A. Caquot et M. Delcor éds., 1981, *Mélanges bibliques et orientaux en l'honneur de M. Henri Cazelles*, (Kevelaer : Butzon & Bercker, Neukirchen-Vluyn : Neukirchener), 51–69 ; G. Hentschel, 1992, *Gott, König und Tempel. Beobachtungen zu 2 Sam 7,1–17*, (Leipzig : Benno) ; F. Langlamet, 1993, "La prophétie de Natan", RB 100 / 4, 606–608 ; F. Langlamet, 1994, "Analyse formelle et numérique de 2 Samuel 7 : 1–17", dans F. García Martínez *et al.* éds., *Studies in Deuteronomy*, (Leyde, New York, Cologne : Brill), 101–122.

[7] Pour certains exégètes ce refus ne constitue même pas l'essentiel de la prophétie. Ainsi Émile Cothenet : « Il serait exagéré de voir dans le refus du Temple le centre de l'oracle : le problème dynastique domine », É. Cothenet, 1960, s.v. Natân, DBSup. 6, 303.

אַתָּה יָדַעְתָּ אֶת־דָּוִד אָבִי כִּי לֹא יָכֹל לִבְנוֹת בַּיִת לְשֵׁם יהוה אֱלֹהָיו מִפְּנֵי
הַמִּלְחָמָה אֲשֶׁר סְבָבֻהוּ עַד תֵּת־יהוה אֹתָם תַּחַת כַּפּוֹת רַגְלָו׃

Tu sais que David, mon père, n'a pu bâtir une Maison pour le Nom de YHWH son Dieu, à cause des guerres par lesquelles ils l'encerclèrent jusqu'à ce que YHWH les lui eut soumis.

Les guerres de David sont donc invoquées ici pour la première fois comme une explication. Mais Sara Japhet a justement souligné qu'on avait affaire ici à une tentative de justification rationnelle (*historical rationalization*) de l'impossibilité où s'était trouvé David de bâtir le Temple.[8] Cette rationalisation n'entraîne pas un interdit dirigé spécifiquement contre David. Le roi a simplement été trop occupé à combattre ses ennemis pour trouver le temps, l'énergie et la disponibilité de mener à bien son projet. Rien n'indique qu'il était disqualifié pour le faire. Néanmoins ce texte établit déjà une forme d'incompatibilité entre la construction du Temple et la poursuite de la guerre. Le Temple semble devoir être bâti en temps de paix.

Cette incompatibilité ne signifie encore ni la condamnation de la guerre, ni la condamnation du roi-guerrier David. En atteste un autre passage du premier livre des Rois, dans lequel Salomon évoque à nouveau les projets de son père (1 R 8,17–19). L'initiative de David de bâtir un Temple à Jérusalem y reçoit l'approbation de YHWH en ces termes (1 R 8,18) : « Parce qu'il y eut dans ton cœur de bâtir une maison pour Mon nom, tu as bien agi. »[9] Puis YHWH annonce au roi, sans autre explication, ni reproche, que ce n'est pas lui mais son fils qui bâtira le Temple.

L'historiographie deutéronomiste établit un parallèle textuel entre la situation de David et celle de Salomon. Elle applique aux succès de David et à ceux de Salomon la même expression tirée de Dt 12, où il est prescrit de ne pas bâtir le Temple avant le temps convenu (Dt 12,10), ainsi défini :

וְהֵנִיחַ לָכֶם מִכָּל־אֹיְבֵיכֶם מִסָּבִיב

Quand Il vous accordera la paix de tous vos ennemis tout autour.[10]

---

[8] S. Japhet, 1993, *I and II Chronicles. A Commentary*, (Londres : SCM Press), *sub loc.* 1 Ch 22,8, 396.

[9] יַעַן אֲשֶׁר הָיָה עִם־לְבָבְךָ לִבְנוֹת בַּיִת לִשְׁמִי הֱטִיבֹתָ

[10] Selon Sara Japhet, la prescription de bâtir le Temple en temps de paix pourrait également s'appuyer sur une interprétation élargie de Ex 20,25 (ainsi que de Dt 27,5 et Jos 8,31) : l'interdit de « brandir l'épée » sur les pierres de l'autel devrait

La paix de David (2 S 7,1) :	La paix de Salomon (1 R 5,18)
וַיהוה הֵנִיחַ לוֹ מִסָּבִיב מִכָּל־אֹיְבָיו׃	וְעַתָּה הֵנִיחַ יהוה אֱלֹהַי לִי מִסָּבִיב
« YHWH lui a accordé la paix du côté de tous ses ennemis tout autour. »	« À présent YHWH, mon Dieu, m'a accordé la paix tout autour. »

L'une et l'autre paix (נוח, la racine de l'apaisement et du repos) sont naturellement le fruit de guerres victorieuses menées avec l'accord et l'appui de YHWH. Le Dieu dont Nathan se fait le porte-parole auprès de David est d'ailleurs nommé sans ambiguïté le « YHWH-des-armées » (2 S 7,8) :

כֹּה אָמַר יהוה צְבָאוֹת

Ainsi a parlé YHWH des armées.

David comme Salomon ont rempli la condition deutéronomique permettant l'érection du Temple. Ce rapprochement entre celui qui bâtit le Temple et celui qui ne put le bâtir, confirme que ce n'est pas leur goût plus ou moins prononcé pour la guerre qui les différenciait.

La prophétie de Nathan et les plus anciens récits bibliques de la construction du Temple ne contiennent donc aucun reproche adressé à David au sujet des guerres qu'il a menées. Pour l'essentiel, ces récits tendent à établir un lien étroit entre le Temple de Jérusalem et la dynastie davidienne, en dépit du fait que le fondateur légendaire de cette dynastie n'ait pas lui-même bâti ce Temple.

Dans les écrits postérieurs à la reconstruction du deuxième Temple, l'interprétation de l'interdit fait à David, change radicalement. En effet, à partir du Chroniste, toute la littérature juive justifie désormais cet interdit par la souillure contractée par le roi au cours de ses nombreuses guerres.

Les erécits du deuxième Temple et la souillure guerrière

Le Chroniste est le premier à fournir l'explication de l'interdit fait à David par la souillure de la guerre.[11] Dans ce nouveau récit de la

---

s'entendre aussi de façon symbolique, pour la construction du Temple, voir S. Japhet, 1993. *op. cit.*, 397.

[11] Un consensus s'est établi dans l'ensemble de la critique pour dater la rédaction des Chronique*s*, au moins dans leur forme finale, de la fin du IVème siècle av., entre 340 et 310. On a donc affaire à un écrit canonique mais de l'époque du deuxième Temple. Sur l'histoire textuelle des Chroniques, voir A.-M. Brunet, 1960,

construction du Temple, David lui-même rapporte, d'abord à Salomon, puis aux princes d'Israël, les *ipsissima verba* par lesquelles YHWH lui a interdit de bâtir le Temple.

à Salomon (1 Ch 22,8) :

דָּם לָרֹב שָׁפַכְתָּ וּמִלְחָמוֹת גְּדֹלוֹת
עָשִׂיתָ לֹא־תִבְנֶה בַיִת לִשְׁמִי כִּי דָּמִים
רַבִּים שָׁפַכְתָּ אַרְצָה לְפָנָי :

« Tu as répandu beaucoup de sang et tu as fait de nombreuses guerres ; tu ne bâtiras pas la maison de Mon nom, car tu as répandu beaucoup de sang à terre devant Moi. »

aux princes d'Israël (1 Ch 28,3) :

לֹא־תִבְנֶה בַיִת לִשְׁמִי כִּי אִישׁ
מִלְחָמוֹת אַתָּה וְדָמִים שָׁפָכְתָּ :

« Tu ne bâtiras pas la maison de Mon nom car tu es un homme de guerres et tu as répandu du sang. »

Pour la première fois est donc clairement indiqué que David fut privé de la gloire de bâtir le Temple pour avoir beaucoup fait la guerre et versé le sang. L'interdit n'est pas fondé sur une quelconque illégitimité des guerres de David et il n'est pas question ici d'une condamnation morale ou politique. L'accent mis le sang répandu, indissociablement lié à la guerre, indique dans quelle direction il faut chercher. Cet interdit est essentiellement d'ordre rituel. On peut repérer ici, selon les termes de Sara Japhet, « *a ritualistic limitation, the warrior being ritually unclean and therefore unfit to build the Temple* ».[12]

L'explication par la souillure du sang versé à la guerre, du refus opposé à David ne figurait nulle part dans la longue prophétie de Nathan qui constitue la source de ce passage. C'est un apport inédit du Chroniste à l'exégèse du récit de 2 S 7. La canonisation des Chroniques, comme le fait que l'interprétation par la souillure fut reprise ensuite dans d'autres écrits juifs, indiquent qu'on n'a pas affaire en ce cas à une théologie personnelle mais à l'expression d'une idéologie partagée par la société juive du deuxième Temple.

À partir de la rédaction des Chroniques, David incarne ainsi le paradoxe du guerrier : même engagé dans la plus légitime des guer-

---

"Paralipomènes (Livre des) ou des Chroniques", DBSupp 6, 1220–1261 ; R. L. Braun, 1986, *World Biblical Commentary (vol. 14). 1 Chronicles*, (Waco : Wordbooks) ; S. Japhet, 1993. *op. cit.*

[12] S. Japhet, 1993. *op. cit.*, 398. L'auteur reprend ici une analyse antérieure de Hugh Williamson : « *The words* "before me upon the earth" *point to this activity* (i.e. la guerre) *as constituing* a ritual uncleanness *which debarred David from the particular task of temple building* », H. G. Williamson, 1982, *The New Century Bible Commentary. 1 and 2 Chronicles*, (Londres : Marshall, Morgan & Scott, Grand Rapids : Eerdmans), 154.

res, le fait de devoir verser le sang sur la terre (אַרְצָה, 1 Ch 22,8) souille le guerrier. La guerre est substantiellement source d'impureté, même lorsqu'elle s'avère indispensable. Cette représentation de la guerre, pessimiste et dépouillée de tout lyrisme épique, constitue une innovation majeure du Chroniste. Il est frappant qu'elle se soit conservée durant toute la période du deuxième Temple.

La continuité de cette tradition introduite par le Chroniste est attestée dans un écrit d'Eupolème, intitulé Περὶ τῆς Ἠλίου προφητείας *Sur la prophétie d'Élie*, conservé par Eusèbe de Césarée. Y figure un récit du règne de David qui offre à la fois un résumé et une amplification des sources bibliques. Au sujet de la construction du Temple, il est écrit qu'un ange (ἄγγελος) transmit à David les instructions divines. L'ange se nomme Dianathan (Διαναθάν), où l'on reconnaît le nom du prophète Nathan. L'interdiction faite à David de construire lui-même le Temple est exprimée en ces termes (*Præp. Ev.* IX, 30, 5) :

> καὶ κελεύειν αὐτὸν μὴ ἱδρύεσθαι τὸ ἱερόν, διὰ τὸ αἵματι ἀνθρωπίνῳ πεφύρθαι καὶ πολλα ἔτη πεπολεμηκέναι.
>
> Il lui interdit de construire le Temple, parce qu'il (i.e. David) était souillé de sang humain et qu'il avait fait la guerre durant de nombreuses années.

La source est clairement ici 1 Ch 22,8 et/ou 28,3.[13]

L'auteur appartient aux milieux dirigeants de la Judée du IIème siècle av. et il est proche des Maccabéo-Asmonéens, puisqu'il fut selon toute probabilité, l'ambassadeur de Jonathan Maccabée auprès du Sénat romain.[14] Les fragments de son œuvre qui nous ont été conservés, abondent en éléments idéologiques et de propagande en faveur des Asmonéens. Il faut donc admettre que le thème de la souillure guerrière de David était puissamment enraciné dans la société juive du deuxième Temple, puisqu'il est repris ici par l'un des dirigeants d'un régime issu de la guerre et y puisant toute sa légitimité. Rien ne peut mieux souligner que la souillure guerrière ne doit

---

[13] Pourtant le prophète Nathan n'intervient pas au sujet du Temple, dans les Chroniques. La tradition a laquelle se réfère Eupolème combine donc deux sources bibliques en attribuant le message tiré de 1 Ch au prophète de 2 S. Il en va de même chez Josèphe (voir ci-dessous). On peut considérer que cette attribution nominale au prophète renforce la dimension révélée de l'explication par la souillure de la guerre.

[14] Sur Eupolème voir B.-Z. Wacholder, 1974, *Eupolemus : A Study of Judæo-Greek Literature*, (Cincinnati : Hebrew Union College).

pas être assimilée à une faute ni à un péché. La souillure apparaît une évidence d'ordre rituel, associée au sang répandu. Parce qu'elle est inconcevable sans tuerie, la guerre est inévitablement impure.

La même tradition apparaît trois fois dans les *Antiquités*. Flavius Josèphe l'introduit d'abord dans sa paraphrase de 2 S 7 d'où elle était absente. Sa version résumée de la prophétie de Nathan contient essentiellement une approbation divine au projet de bâtir le Temple, suivi de l'interdit fait à David en raison de la souillure liée à ses guerres (AJ VII 92) :

> οὐκ ἐπιτρέπειν δὲ πολλοὺς πολέμους ἠγωνισμένῳ καὶ φόνῳ τῶν ἐχθρῶν μεμιασμένῳ ποιῆσαι ναὸν αὐτῳ.
>
> Il ne lui permettait pas de construire le Temple, à lui qui avait combattu de nombreuses guerres et été souillé du meurtre de ses ennemis.

La souillure guerrière est encore mentionnée en deux autres passages dont la source biblique est clairement 1 Chroniques : AJ VII 337 où David transmet ses instructions à Salomon ; et AJ VII 371 où il s'adresse au peuple peu avant sa mort.[15] En ces deux occurrences Josèphe suit simplement sa source.

Ces paraphrases bibliques attestent donc la continuité de la tradition de la souillure guerrière de David (apparue dans les Chroniques) tout au long de la période du deuxième Temple, jusque chez des auteurs ayant connu la guerre ou y ayant participé, qu'ils s'y éprouvassent vainqueurs comme Eupolème, ou vaincus comme Josèphe.

S'agissant de Josèphe le thème de la souillure associée à la poursuite de la guerre, tient en outre une place importante dans son dispositif idéologique. Valentin Nikiprowetzky repérait ainsi « trois courants apologétiques » dans le *De Bello Judaico* : « Le premier consiste à déprécier le mouvement de libération religieuse et politique par la guerre sainte, en plaçant l'action des insurgés et ses conséquences dans la perspective d'oracles défavorables. »[16] Au cœur de ces « ora-

---

[15] AJ VII 337 : λέγων ὡς αὐτὸν βουλόμενον κωλύσειεν ὁ Θεὸς αἵματι καὶ πολέμοις πεφυρμένον « Disant qu'il aurait voulu lui-même [le bâtir] mais Dieu l'interdit parce qu'il était souillé par les guerres et le sang » (voir 1 Ch 22,8) ; AJ VII 371 : ὁ Θεὸς ἐκώλυσέ με διὰ τοῦ προφήτου Νάθαν διά τε τοὺς ὑπὲρ ὑμῶν πολέμους καὶ τῷ φόνῳ τῶν ἐχθρῶν μεμιάνθαι τὴν δεξιάν « Dieu me l'a interdit par le prophète Nathan en raison des guerres (soutenues) pour vous et parce que ma main était souillée du meurtre d'ennemis » (cf. 1 Chr 28,3).

[16] V. Nikiprowetzky, 1971, "La mort d'Éléazar fils de Jaïre et les courants apologétiques dans le *De Bello Judaico* de Flavius Josèphe", dans A. Caquot et M. Philonenko éds., *Hommages à André Dupont-Sommer*, (Paris : Maisonneuve), 490.

cles défavorables » figure naturellement la destruction de Jérusalem et du Temple dont les Zélotes, non seulement n'ont pas perçu les signes, mais *sont eux-mêmes les signes* par la souillure qu'ils génèrent.[17] C'est-à-dire que Josèphe établit un lien direct, dont il repère l'annonce chez les prophètes, entre l'impureté guerrière des Zélotes et la destruction du Temple. L'expression la plus claire de cette conviction est formulée en BJ IV 323 :

> Ἀλλ' οἶμαι κατακρίνας ὁ θεὸς ὡς μεμιασμένης τῆς πόλεως ἀπώλειαν καὶ πυρὶ βουλόμενος ἐκκαθαρθῆναι τὰ ἅγια « Mais je pense que Dieu avait condamné la ville à la destruction à cause des souillures, et voulait purifier le Sanctuaire dans le feu. »

Deux verbes qualifient la souillure rituelle associée à la guerre, dans l'œuvre de Josèphe : μιαίνειν et φύρειν.[18] Il emploie les deux au sujet de David empêché de bâtir le Temple. Une brève analyse lexicologique fait apparaître que μιαίνειν s'entend généralement d'une souillure rituelle dans le système de pureté du judaïsme ; cependant en six occasions la souillure se situe en dehors de ce système, soit qu'elle exprime une métaphore (par exemple Hérode s'excusant de « souiller les oreilles de l'empereur » de ses plaintes contre ses propres fils, AJ XVI 93) soit qu'elle se réfère à une religion païenne, soit les deux. Sur les trente-deux occurrences inscrites dans le système juif de pureté, vingt-deux concernent la souillure du Temple ; « le Temple » est ainsi le terme le plus fréquemment associé à μιαίνειν.

Μιαίνειν dans la *Guerre* (BJ) :		Μιαίνειν dans les *Antiquités* (AJ) :	
21 occurrences		17 occurrences[19]	
(dont 19 concernent le judaïsme)		(dont 13 concernent le judaïsme)	
14 x associé au Temple		8 x associé au Temple	
et aux Zélotes	13 x		
et au sang	3 x	et au sang	2 x
et au meurtre	3 x	et au meurtre	3 x

Φύρειν, beaucoup moins utilisé par Josèphe, associe l'idée de souillure à celle de mélange impur et de désordre. Sur les neuf occurrences

[17] Par exemple : « L'idée que le Temple serait incendié lorsqu'il serait « souillé par les mains même des citoyens » [BJ IV 388], renvoie à une interprétation de Daniel, IX, 24–27 », V. Nikiprowetzky, 1971, *art. cit.*, 475.

[18] Μιαίνειν apparaît trente-neuf fois dans ses écrits, φύρειν neuf fois.

[19] Sur les 17 occurrence de μιαίνειν dans les *Antiquités*, 6 concernent des événements antérieurs à la construction du Temple. Si on ne considère que le corpus de l'époque du Temple il reste 11 occurrences, dont 3 « païennes » et les 8 autres concernent le Temple.

du mot, cinq s'appliquent à la souillure du sang, en rapport avec la guerre (dont l'une concerne la souillure rituelle de David, lui interdisant la construction du Temple).[20] Trois autres désignent le désordre ou la mêlée des combats.[21] Il n'est fait mention de la souillure du Temple que deux fois : l'une à propos des Zélotes (BJ VI 126), l'autre au sujet de David (AJ VII 337).

Cette étude met en évidence la centralité du thème de la souillure du Temple par les Zélotes, dans la *Guerre*. À part le roi David, ces Zélotes sont les seuls autres guerriers, chez Josèphe, dont la souillure concerne le Temple.[22] Il se dégage de ce rapprochement entre la figure de David et celle des Zélotes, une représentation générale de la guerre fondée sur l'opposition entre la souillure qui lui est intrinsèquement liée, et la sacralité du Temple.

David et les Zélotes apparaissent ainsi aux deux extrémités de la longue histoire du Temple de Jérusalem : l'un décide de sa construction, les autres provoquent sa disparition. L'un et les autres sont des guerriers, également souillés du sang et du meurtre de leur ennemis. Mais leur comportement rituel à l'égard du Temple révèle les figures symétriques et inverses du bon et du mauvais guerrier. David, qui a soutenu des conflits nécessaires et approuvés par la divinité, admet l'impureté rituelle qu'entraîne la guerre et renonce à la construction du Temple dont il est pourtant le promoteur. Les Zélotes, au contraire, ne cessent d'introduire le sang et les tueries des combats jusque dans l'enceinte sacrée.[23] Pour Josèphe ils sont ainsi responsables de la destruction purificatrice du Sanctuaire, dont le juste guerrier n'avait pas même osé entreprendre la construction.[24]

---

[20] La souillure due au massacre de la garnison romaine de l'Antonia BJ II 455 ; celle du Sanctuaire BJ VI 126 ; de manger avec le sang pendant le siège BJ VI 372 ; Saül refuse de souiller sa victoire du sang des exécutions AJ VI 82 ; la souillure guerrière de David AJ VII 337.

[21] Une dernière occurrence (Vita 138) relève d'un usage métaphorique : Josèphe « mouille / souille » la terre de ses larmes.

[22] Les autre mentions d'une souillure du Temple liée au sang et au meurtre, visent à l'éviter (AJ IX 151, 155), ou désignent des assassinats, politiques (AJ X 37) ou privés (AJ XI 297 300).

[23] Voir *inter al.* BJ IV 150 : καὶ μεμιασμένοις τοῖς ποσὶ παρῇεσαν εἰς τὸ ἅγιον. « Et, les pieds souillés (de sang), ils s'introduisirent dans le Sanctuaire. »

[24] La pureté rituelle particulièrement élevée qu'on exige des bâtisseurs du Temple, et son incompatibilité avec l'impureté de la guerre, apparaissent encore chez Josèphe lors de la reconstruction entreprise par Hérode. D'une part le roi estime le moment venu, car περίεστι δὲ καὶ μῆκος εἰρήνης « s'est installée une ère de paix » (AJ XV 387) ; d'autre part toutes les tâches sont confiées exclusivement à des prêtres, formés dans ce but (AJ XV 390, 421).

L'impureté de la guerre chez Philon d'Alexandrie

La guerre (πόλεμος et ses dérivés) est partout présente dans l'œuvre de Philon : il en est question dans trente-trois des traités (plus de 360 occurrences). Pour Philon la guerre est condamnable. Bien qu'il puisse admirer à l'occasion des vertus guerrières telles que le courage ou l'ardeur au combat, Philon ne valorise jamais la guerre. La réflexion philosophique est ici aux antipodes de l'idéologie épique.

Chez Philon guerre et impureté sont consubstantielles. Le combat constitue l'essence et la définition de l'impureté, puisque tout conflit découle du rapprochement et de la mêlée d'éléments qui auraient dû rester séparés. Le mélange de ce qui doit rester distinct est une des définitions les plus philoniennes de l'impureté. Ce mélange prend nécessairement la forme d'une guerre car des éléments destinés à demeurer distincts ne se rencontrent qu'en se combattant, ce sont des μαχόμενα.[25]

La guerre représente donc le mode de fonctionnement normal de l'impureté, c'est-à-dire du mélange, forcément conflictuel. En outre la guerre est en elle-même une forme d'impureté. Elle souille si uniformément l'humanité qu'une paix sans trace de souillure guerrière n'est concevable que sous la forme d'un attribut de la perfection divine. Quand Philon dresse la liste de ces attributs divins, il y inclut la paix parfaite (*Cher.* 86) : καὶ μόνῳ τὴν ἀμιγῆ πολέμου συμβέβηκεν εἰρήνην ἄγειν « Lui seul (i.e. Dieu) possède la paix accomplie sans impureté guerrière. »[26]

À l'origine de toute impureté comme à celle de toute guerre, on trouve le même principe : τὸ πάθος « la passion ». La passion est en effet le domaine par excellence des mélanges et des confusions. Elle est aussi, dans le même mouvement, la source des conflits qui déchirent l'âme humaine.[27] Dès lors la passion est la source de toutes les

[25] Voir la paraphrase concise et éclairante de Lv 10,9–11 dans *Ebr.* 143 : Νόμου δὲ καὶ παιδείας ἴδιον βέβηλα ἁγίων καὶ ἀκάθαρτα καθαρῶν διαστέλλειν, ὡς ἔμπαλιν ἀνομίας καὶ ἀπαιδευσίας εἰς ταὐτὸν ἄγειν τὰ μαχόμενα βιάζεσθαι φυρούσης τὰ πάντα καὶ συγχεούσης. « Le propre de la loi et de l'éducation est de discerner entre le profane et le sacré et entre l'impur et le pur ; comme à l'inverse l'absence de loi et d'éducation force à s'assembler ce qui se combat, en mélangeant (i.e. en souillant) et en brouillant tout. »

[26] Inversement, tout homme politique est forcément impur puisqu'il ne peut espérer échapper ni aux conflits ni à la guerre (*Somn.* I 221) : πᾶς ὁ τοῦ πολιτευσμένου βίος πέφυρται, πολεμῶν τε καὶ πολεμούμενος « La vie de tout homme politique est souillée : il fait la guerre, on la lui fait » etc.

[27] Voir *Leg.* III 187 : τῶν μιγάδων καὶ συγκλύδων καὶ πεφυρμένων ἀβουλεὶ τὸ πάθος

formes de guerres. Pour Philon toute guerre « externe » (entre les hommes, les cités, les États etc.) est la conséquence d'une guerre « interne » qui se développe à l'intérieur du corps (σῶμα) et de l'âme (ψυχή). Cette guerre à l'intérieur de l'âme, (ὃς ἀψευδῶς ἐστι πολέμων ἀργαλεώτατος καὶ βαρύτατος « qui est en vérité la plus terrible et la plus pénible des guerres », *Opif.* 81), offre le « modèle » (ἀρχέτυπος), dont toutes les guerres entre les hommes ne sont que des « imitations » (μίμησις). Aucune politique par conséquent ne peut espérer atteindre à la paix véritable, tant que cette guerre interne continue de déchirer et de dominer chaque homme.[28] Qui veut comprendre les causes et les mécanismes de la guerre, doit donc d'abord analyser la nature et le fonctionnement de ces conflits internes.

Des nombreuses notations, éparses mais convergentes, de Philon sur la guerre à l'intérieur de l'homme se dégage une théorie de la guerre. Pour en faciliter la présentation, on prendra comme texte de base *Leg.* III 183–187 qui en offre un des exposés les plus synthétiques. Par définition, puisqu'elle est intérieure à l'homme, le corps est le siège de cette guerre originelle. Mais le corps doit s'entendre ici dans la complétude de l'être humain, c'est-à-dire incluant l'intelligence (νοῦς) et l'âme (ψυχή).

Philon illustre d'abord le fonctionnement de la guerre interne par une analogie avec l'ivresse. On est dans le domaine des sens, où l'obtention du plaisir éteint les sensations : l'homme ivre sombre dans le sommeil ; l'orgasme épuise les désirs.[29] Puisque, d'expérience commune, le plaisir met un terme aux sensations, il existe donc un état de conflit latent entre plaisir et sensation.[30] On n'en est là encore

ἄρχει καὶ κυριεύει. Διὰ τούτου πᾶς ὁ ψυχῆς ἀναρριπίζεται πόλεμος « La passion commande et administre capricieusement le pêle-mêle, le mélangé et le confus. Par elle se rallume toute guerre dans l'âme. »

[28] *Poster.* 185 : Διόπερ ὀρθῶς ἂν αἱ πόλεις ἐποίησαν (...) τῶν πολιτῶν ἕκαστον ἀναπείσασαι τὴν ἐν αὑτῷ μεγαλην καὶ πολλὴν καὶ συνεχῆ στάσιν καταλῦσαι· αὕτη μὲν γὰρ πολέμων, εἰ δεῖ τἀληθὲς εἰπεῖν, ἁπάντων ἀρχέτυπον ἐστιν, ἧς ἀναιρεθείσης οὐδ' οἱ κατὰ μίμησιν ἔτι συνιστάμενοι γενήσονται « C'est pourquoi les cités agiraient de façon juste (...) en persuadant chacun de leurs citoyens de supprimer la discorde présente en eux-mêmes, immense, abondante et continuelle ; car s'il faut dire la vérité, elle est le modèle de toutes les guerres, mais une fois celle-la disparue, celles-ci qui continuent à surgir par mimétisme n'adviendraient plus. »

[29] Ou comme l'écrit Philon plus crûment : ἐκπίπτει τῶν τόνων ἡμῶν τὰ αἰσθητήρια « nos organes sensibles perdent leur raideur » (*Leg.* III 183).

[30] *Leg.* III 184 : περὶ τὸ μέσον καὶ ὡς ἄν ἐν μεθορίῳ κείμενον ἡδονῆς καὶ αἰσθήσεως γίνεται τούτων ὁ πόλεμος. « Vers le milieu, à peu près dans l'étendue limitrophe entre plaisir et sensation naît la guerre entre les deux. »

qu'à la superficie des choses. Car le plaisir tire son origine de la passion, de même que les sensations transmettent des élément d'information à l'intelligence. Il faut donc remonter à ces deux principes (ἀρχή) à l'œuvre derrière plaisir et sensation : la passion irrationnelle (πάθος) et l'intelligence (νοῦς).[31] La conséquence s'impose (*Leg.* III 185) : Ὅπερ οὖν ἡδονὴ πρὸς αἴσθησιν, τοῦτο πάθος νοῦν, ὥστ' ἐπειγὴ ἐκεῖνα ἐχθρά, καὶ ταῦτ' ἄν εἴη πολέμια. « Aussi la passion est-elle à l'intelligence ce qu'est le plaisir à la sensation, et puisque ceux-ci sont ennemis, ceux-là doivent faire la guerre. » Il existe donc au sein de l'homme un conflit latent et permanent entre passion et intelligence : c'est un premier niveau de guerre interne. Mais cette guerre demeure à l'état virtuel tant que la raison l'emporte. En revanche, dès lors que la passion l'emporte, elle éteint l'intelligence, et la guerre envahit l'âme (*Leg.* III 187) : Διὰ τούτου πᾶς ὁ ψυχῆς ἀναρριπίζεται πόλεμος « Par elle (i.e. la passion) se rallume toute guerre dans l'âme. » La guerre interne connaît alors son plein développement.

L'âme humaine n'est donc pas toute entière tournée vers la paix et les vertus. Il existe en elle une « partie guerrière » τὸ πολεμικὸν μέρος. Cette part belliqueuse de la ψυχή, Philon la nomme ὁ Θυμός, « le souffle » (*Leg.* III 130). Ὅταν ὁ ψυχῆς κρατήσῃ πόλεμος « quand la guerre domine l'âme » (*Leg.* III 117), rien ne vient plus faire obstacle à cette fureur guerrière : car ni l'intelligence ni la raison (λόγος, λογισμός), bien que spontanément portées à la paix, ne sont alors en mesure de s'y opposer. L'intelligence est faillible : en cette circonstance, elle est détournée de son objet propre que sont les intelligibles (νοητά), pour tomber dans l'inférieur (τῷ χείρονι). La raison se trouve alors comme prisonnière ou bien uniquement gouvernée par des passions, telles que la colère ou le désir.[32]

La guerre dans l'âme est une défaite de l'intelligence et de la raison face à la passion. Les instruments de la distinction et de la discrimination sont balayés par le principe directeur du mélange et de la confusion. L'impureté l'emporte.

La démonstration est bouclée, et Philon en tire toutes les conséquences exégétiques en interprétant les récits de guerres bibliques comme

[31] *Leg.* III 185 : ἀρχὴ δὲ ἡδονῆς μὲν τὸ πάθος, ἄλογος ὁρμή, αἰσθήσεως δὲ ὁ νοῦς « Si le principe du plaisir est la passion, pulsion irrationnelle, celui de la sensation est l'intelligence. »

[32] Voir *Leg.* III 117–118.

autant de références allégoriques au corps, siège de la guerre interne. L'expression la plus claire de cette exégèse figure en *Leg.* III 46, où Philon commente l'installation par Moïse du Sanctuaire ἔξω τῆς παρεμβολῆς μακρὰν ἀπὸ τῆς παρεμβολῆς « à l'extérieur du camp, loin du camp » (LXX, Ex 33,7). Quel est le sens profond de cet éloignement du camp ? Il réside dans l'assimilation, par Moïse le Législateur, du corps de l'homme (σῶμα) à un camp de guerre.[33] La guerre interne interdit l'accès à Dieu, et qui cherche Dieu doit donc s'éloigner τοῖς σωματικοῖς ὄγκοις ἢ ταῖς κατὰ νοῦν οἰήσεσιν « de ses pesanteurs corporelles et des prétentions de son intelligence » (*Leg.* III 47).

D'une certaine façon Philon d'Alexandrie a donc inversé la proposition traditionnelle du judaïsme : pour lui ce n'est plus la guerre qui entraîne l'impureté mais l'impureté, domaine du πάθος, qui provoque la guerre. Demeure intact le lien fondamental entre guerre et impureté.

Le judaïsme du deuxième Temple n'a donc pas tenté de noyer la difficulté liée à l'impureté de la guerre sous des discours héroïques ou épiques, où les contradictions seraient venues se dissoudre dans la rhétorique belliqueuse. La solution qu'il élabore est à chercher plutôt du côté du statut rituel des guerriers.

Car la guerre ne souille pas seulement en raison de son impureté mais aussi parce qu'elle touche, sur un autre plan, au sacré : dans le modèle mythique du camp de guerre au désert, YHWH est au milieu du camp. Le sacré, on le sait, souille ce qui n'est pas en état rituel d'être à son contact. Par conséquent, comme l'a montré Francis Schmidt, « seule une parfaite pureté rend possible la présence de Yahvé à la tête de ses troupes ».[34] Les combattants d'Israël se trouvent ainsi installés entre deux sources potentielles de souillure : l'impureté majeure des morts et des cadavres du champ de bataille, d'un côté ; la sainteté de leur camp militaire, de l'autre.

---

[33] *Leg.* III 46 : οὐκ ἐν τῷ σώματι, ἀλλ' ἔξω τούτου. παρεμβολῇ γὰρ αὐτὸ ἀπεικάζει, στρατοπέδῳ πολέμων καὶ κακῶν ὅσα πόλεμος ἐργάζεται πλήρει « Non dans le corps mais en dehors de lui. Car il (i.e. Moïse) le représente (i.e. le corps) par le camp, un camp militaire plein de la guerre et des maux que produit la guerre. » Cet usage de la métaphore du camps et/ou de la guerre pour désigner le corps apparaît en de nombreux autres passages de l'œuvre de Philon, voir *inter al.* *Gig.* 54 et *Ebr.* 99.

[34] F. Schmidt 1994, *op. cit.*, 138.

Sainteté du camp de guerre

Le camp est saint, c'est une affaire entendue.[35] Mais la difficulté consiste à savoir de quel camp on parle, et de quoi on parle quand on dit « le camp ». La Torah appelle déjà מַחֲנֶה (maḥ^a^neh) les camps nomades des patriarches (Gn 32, 33, 50 *passim*), comme les camps militaires de leurs ennemis (Ex 14). Elle nomme ainsi le camp général au désert, mais aussi le camp de guerre qui s'en sépare et s'en distingue.[36] D'autres écrits dans la Bible hébraïque nomment « camp des Lévis » ou « de YHWH » les différentes parties du Sanctuaire.[37]

Auquel de ces camps bibliques se réfère l'usage du terme maḥ^a^neh dans les écrits du deuxième Temple ? Et réciproquement : quelle réalité sociale et géographique, quel espace précis de l'époque du deuxième Temple, le mot maḥ^a^neh désigne-t-il ? Dans cette période il peut en effet s'appliquer à un camp militaire, juif ou étranger ; les apocalypses y ajoutent le camp eschatologique et le camp de l'armée des anges ; il peut désigner aussi, par métaphore, le Temple, une partie du Temple, le mont du Temple, la ville de Jérusalem, toutes les villes en Israël, ou même erets Israël tout entier. Les écrits de la communauté de Qoumrân l'utilisent pour nommer leurs établissements communautaires, eux-mêmes divisés en deux grands types.[38] Ces établissements préfigurent à leur tour différents types de regroupements géographiques et sociaux dans l'avenir.

Il existe donc une grande diversité de maḥ^a^nôt, parmi lesquels nous devons distinguer celui qui désigne le camp de guerre. Car le degré de pureté exigé varie d'un espace à l'autre, en fonction du

---

[35] « Il a été sanctifié ainsi que le veut la Loi, qui commande de garder saint le camp en y respectant les règles de pureté. Car la Divinité va y bivouaquer qui commande aux armées. Saint, le camp est séparé du profane. La sonnerie de la trompette, les cris de guerre séparent le temps du combat du temps de la paix, tout comme doivent être séparées les activités pacifiques des activités combattantes : ceux que l'heure avait interrompus dans la construction de leur maison, dans leurs fiançailles, dans la plantation de leur vigne, ou simplement que la peur faisait regarder en arrière sont écartés du camp, parce qu'ils brouillent les frontières de la guerre et de la paix. Leur départ et la pureté des combattants font du camp un espace sacré », F. Schmidt, 1994, *op. cit.*, 79.

[36] Voir par exemple en Nb 31,19 l'ordre de Moïse aux guerriers devant se purifier au préalable : וְאַתֶּם חֲנוּ מִחוּץ לַמַּחֲנֶה « Et vous, campez hors du camp ». Il y a donc un campement (חֲנוּ), distinct du camp général (מַחֲנֶה).

[37] Voir *inter al.* 1 Ch 9,18 et 2 Ch 31,2.

[38] Voir F. Schmidt, 1994, *op. cit.*, 139–141.

type de maḥaneh dans lequel on séjourne. Les frontières de ces différents espaces de pureté ont pu varier selon les époques et selon les opinions, mais le sens de la progression de la sainteté, et de l'exigence croissante de pureté pour y accéder est resté le même. Toujours, du moins saint au plus saint, se succèdent ainsi : erets Israël, les villes d'Israël, Jérusalem et enfin le Temple, lui-même divisé à son tour en espaces de sacralité croissante, jusqu'au Saint des Saints.[39]

La question revient donc à établir quel système de pureté s'applique au camp de guerre et dans quelle mesure il est plus ou moins exigeant que celui appliqué dans d'autres espaces collectifs, en particulier dans les villes en temps de paix.

Le mot מַחֲנֶה maḥaneh, « camp » dans la Bible hébraïque, est généralement traduit par παρεμβολή dans la LXX. Cet emploi est conforme à l'usage du temps : « *It is clear from Hellenistic papyri that this word was used mostly for a military camp and was given as a name to a city.* »[40] Comme le מַחֲנֶה, le παρεμβολή désigne aussi bien le camp des patriarches que celui du pharaon, le camp général au désert que le camp de guerre. Cependant « un même mot hébreu ou une même expression hébraïque peut donner lieu à plusieurs traductions différentes ».[41] En quelques occasion la LXX use ainsi d'un autre terme pour désigner le camp ou le campement. Le plus fréquemment utilisé est alors, στρατοπεδεύειν (et τὸ στρατόπεδον), tiré également « d'un lexique militaire bien attesté chez les historiens de l'époque hellénistique. »[42]

L'usage indifférencié de παρεμβολή s'est maintenu dans les écrits juifs du deuxième Temple. Aristobule (*apud Præp. Ev.* VIII 10, 14) nomme ainsi le camp au désert. Ézéchiel le Tragique l'utilise pour désigner le camp du pharaon et celui des Hébreux près de la mer de Souf (*Exagoge* 215 et 223). Le *Testament de Siméon* applique le mot au

---

[39] Un exemple significatif de cette organisation du territoire en espaces de sacralité croissante est donné par les « dix degrés de pureté » (עשר קדשות) énoncés dans la Michna (M.Kelim I 6–9).

[40] F. C. Fensham, 1964, "'Camp' in the New Testament and Milhamah", RQ 4 / 4, 558. Marguerite Harl note aussi, s'agissant de la Genèse : « Le lexique grec est largement emprunté au langage militaire. (. . .) Le « campement » porte le nom militaire de *parembolé* », M. Harl, 1986, *La Bible d'Alexandrie, 1. La Genèse*, (Paris : Cerf), 63 sq.

[41] G. Dorival, 1994, *La Bible d'Alexandrie, 4. Les Nombres*, (Paris : Cerf), 52.

[42] A. Le Boulluec et P. Sandevoir, 1989, *La Bible d'Alexandrie, 2. L'Exode*, (Paris : Cerf), 66. Le traducteur de *Exode* semble plus familier de cet usage : voir par exemple Ex 13,20 et 14,2.

camp des Simonides aux Shittim (Test. Sim. V 5). Le Pseudo-Philon nomme *castra* le camp général au désert, le même camp en formation de guerre, ainsi que des camps de guerre, hébreux ou étrangers.[43]

Les livres des Maccabées réduisent l'emploi de παρεμβολή à des acceptions uniquement guerrières. Près de la moitié des soixante-cinq occurrences du terme, en 1 Maccabées, désigne les armées grecques ; le reste se partage entre camp militaire grec, camp militaire juif et armée juive. En 2 Maccabées les trois occurrences (2 M 13,15.16 et 15,22) désignent des camps militaires étrangers, grec et assyrien. En 4 Maccabées, l'unique emploi de *castra* (4 M 3,13) désigne un camp de guerre des ennemis de David.

Philon d'Alexandrie préfère l'usage du terme στρατόπεδον à celui de παρεμβολή pour désigner un camp. Il utilise à peu près trois fois plus le premier que le second. Celui-ci n'apparaît dans son œuvre que dans des citations bibliques, où il désigne généralement le camp au désert, parfois en formation guerrière.[44] Philon conserve ainsi la terminologie de la LXX, mais lui-même, dans ses commentaires, préfère nommer le camp στρατόπεδον : de façon assez systématique il y interprète les descriptions du camp au désert comme une représentation allégorique du corps humain.[45] Philon peut aussi désigner par στρατόπεδον un camp de guerre étranger ou une armée en campagne, juive ou étrangère ; deux fois il exprime seulement l'idée d'organisation, de mise en ordre, sans connotation guerrière (*Decal.* 104 et *Flacc.* 92).

Flavius Josèphe lui aussi préfère le vocabulaire du στρατόπεδον à celui du παρεμβολή pour nommer un camp : il y recourt cinq fois plus, mais les deux mots apparaissent synonymes sous sa plume. Dans la *Guerre* tous les emplois de παρεμβολή (neuf occurrences) désignent les *castra* des légions romaines. Dans les *Antiquités*, le mot s'applique au camp du désert, aux camps de guerre hébreux des récits bibliques, et plus fréquemment à des camps de guerre étrangers.[46]

---

[43] Le camp au désert, LAB XI 4 ; le même en formation guerrière, LAB V 4–7 ; le camp de guerre des Hébreux, LAB LIV 2.4 ; les camps guerriers ennemis, LAB XVI 3, XXVII 6. 7.10, XXXII 11, XXXVI 1, LXI 2.

[44] *Leg.* II 54, III 46, 151, 169 ; *Deter.* 160 ; *Gig.* 54 ; *Ebr.* 96, 98, 100, 124 ; *Fug.* 183.

[45] Voir *inter al. Ebr.* 99 : ἐν τῷ μετὰ σώματος βίῳ, ὃν ἀλληγορῶν καλεῖ στρατόπεδον « Dans la vie du corps, qu'il (i.e. le Législateur) nomme « camp » par allégorie. »

[46] Le camp au désert, AJ III 210 et IV 7 ; les camps de guerre hébreux, AJ VII 9 (la Mahanaïm de Saül), AJ VII 133 (le camp assiégeant Amman), AJ IX 34 (le camp des trois rois qu'accompagne Élisée). Dans la BJ, στρατόπεδον désigne différents

Enfin, les écrits apocalyptiques juifs utilisent παρεμβολή dans un sens mystique pour désigner le camp céleste de l'armée des anges (Test. Lév. III 3) ; ou nommer « camp de Dieu » l'emplacement d'une théophanie, souvent accompagnée d'une démonstration de la puissance divine, y compris pour la guerre (voir 1 Hén I 4).[47] Ce dernier usage était déjà attesté dans la Torah, en Gn 32,2–3.[48] On le retrouve aussi dans certains écrits de Qoumrân et dans quelques passages du Nouveau Testament sur lesquels nous reviendrons. Les écrits apocalyptiques sont pour nous d'un particulier intérêt lorsqu'ils évoquent une guerre eschatologique : le camp de guerre des fidèles offre alors en effet une représentation idéale des bonnes règles.

Deux séries de textes se dégagent de la littérature juive du deuxième Temple. Les uns sont fondés sur le rapprochement métonymique entre le camp de guerre et le Sanctuaire, puisque la divinité est présente dans l'un comme dans l'autre. Cet usage de nommer « camp » l'endroit où Dieu se manifeste peut remonter à Gn 32,2–3. Les autres sont fondés sur le rapprochement entre camp et ville ; avec cette difficulté, ou ce désaccord secondaire, de déterminer s'il s'agit des villes d'Israël en général ou de la seule Jérusalem, organisée autour du Sanctuaire comme le camp du désert l'était autour de la Tente du rendez-vous. C'est l'un des enjeux de querelles exégétiques sur le Lévitique, au sein du judaïsme du deuxième Temple : l'assimilation du « camp », et par conséquent la mise en œuvres des lois de pureté qui s'y rapportent, soit au seul Sanctuaire, soit à toute la ville de Jérusalem.[49] Les deux traditions coexistent, et leur enjeu est apparu

camps de guerre, y compris les *castra* romains ; dans les AJ, en particulier dans la paraphrase de la Bible, Josèphe l'utilise abondamment pour exprimer le maḥ^{a}neh biblique, par exemple pour nommer le camp au désert (un douzaine d'occurrences dans AJ III, IV et V).

[47] 1 Hén I 4 : a) éthiopien : y^{e}kay^{e}d diba Sinâ dab^{e}r wayâs^{e}tar^{e}'i bat^{e}'^{e}y^{e}n^{e}tu yas^{e}tar^{e}'i baṣ^{e}n^{e}'a ḥay^{e}lu. b) grec : γῆν πατήσει ἐπὶ τὸ Σεινὰ ὅρος καὶ φανήσεται ἐκ τῆς παρεμβολῆς αὐτοῦ καὶ φανήσεται ἐν τῇ δυνάμει τῆς ἰσχύος « Il foulera le sol sur le (gr. mont) Sinaï et il aparaîtra à (éth. dans) son camp et il aparaîtra dans la force de sa puissance ».

[48] Jacob reçoit la vision d'émanations de Dieu, מַלְאֲכֵי אֱלֹהִים. Il réagit ainsi :
וַיֹּאמֶר יַעֲקֹב כַּאֲשֶׁר רָאָם מַחֲנֵה אֱלֹהִים זֶה וַיִּקְרָא שֵׁם־הַמָּקוֹם הַהוּא מַחֲנָיִם׃
« Jacob, aussitôt qu'il les vit, prononça 'camp d'Elohim' et il nomma l'endroit Deux-Camps. » Ce duel (מַחֲנָיִם) a pu être interprété comme l'expression des installations parallèles du camp des anges et du camp des hommes.

[49] Voir H. K. Harrington, 1996, "Interpreting Leviticus in the Second Temple Period : Struggling with Antiquity", dans J. F. Sawyer éd., *Reading Leviticus. A Conversation with Mary Douglas*, (Sheffield : Academic Press), 217–220.

plus nettement grâce au caractère polémique de certains écrits de Qoumrân, en particulier dans 4QMMT.

La première tradition est celle du camp-Sanctuaire. La plus ancienne assimilation explicite du maḥ^aneh au Temple est l'œuvre du Chroniste : en 2 Ch 31,2 le roi Ézéchias installe les « ordres » (מַחְלְקוֹת) de prêtres et de Lévis dans le Temple, nommé ici מַחֲנוֹת יהוה le « camp de YHWH ». L'expression renvoie au מַחֲנֵה אֱלֹהִים de Gn 32,3. Le camp général au désert est également nommé « camp de YHWH » en 1 Ch 9,19 : les Lévis du deuxième Temple sont préposés à la garde de ses portes, comme leurs ancêtres gardaient les portes du camp. Le Chroniste rapproche donc le Sanctuaire et le camp général au désert.[50]

Dans cette représentation, la Présence de YHWH dans son sanctuaire est une forme de théophanie permanente. Les récits de théophanie s'accompagnaient régulièrement de la mention du caractère sacré du lieu où Dieu apparaissait : l'espace où Dieu se manifeste est ainsi assimilé à un « camp de Dieu ». Dans sa paraphrase de Gn 32, Josèphe le nomme Θεοῦ στρατόπεδον (AJ I 325). Et 1 Hen I 4, dans la vision des apparitions divines au Sinaï, parle du t^e^ʿ^e ye n^e tu « Son camp » (gr. τῆς παρεμβολῆς αὐτοῦ).[51] L'identification du « camp » au Sanctuaire découle de cette conviction : là où est Dieu, là est Son camp.

La tradition assimilant le « camp » au Temple se retrouve aussi dans les écrits rabbiniques. Avec une précision supplémentaire car les Sages découpent le camp du désert en trois espaces de sacralité croissantes : camp d'Israël, camp des Lévis et camp de la Présence.[52] Dans plusieurs discussions halakhiques, la Michna emploie ainsi l'expression במקדש אבל לא במדינה « dans le Sanctuaire mais en revanche pas dans les villes », pour indiquer qu'une loi s'applique spécifiquement dans l'espace du Temple mais pas en dehors.[53] En matière

---

[50] Sur cette identification du Temple au "camp de YHWH" chez le Chroniste, voir F.-J. Helfmayer, 1982, s.v. חנה, מחנה, dans TWAT 3, 4–20.

[51] L'éthiopien (guèze) t^e^ʿ^e ye n^e t désigne le camp, la tente, le sanctuaire. La racine ʿyn est celle de l'œil, de la vision et de la contemplation. Voir W. Leslau, 1987, *Comparative Dictionary of Geʿez (Classical Ethiopian) : Geʿez-English, English-Geʿez, with an Index of the Semitic Roots*, (Wiesbaden : Harrassowitz).

[52] Sur cette représentation du camp au désert dans la tradition rabbinique, voir *inter al.* H. K. Harrington, 1993, *The Impurity Systems of Qumran and the Rabbis. Biblical Foundations*, (Atlanta : Scholars Press), 57–58 ; et F. Schmidt, 1994, *op. cit.*, 137 sq.

[53] Par exemple M.R.hŠ. IV 1 indique où l'on peut sonner du shofar lorsque Rosh Hashanna tombe un jour de sabbat :

יום טוב של ראש השנה שחל להיות בשבת במקדש היו תוקים אבל לא במדינה

« La fête de Rosh Hashanna tombait-elle en sabbat, ils soufflaient dans le sanctuaire

de topographie halakhique les Sages opposent donc l'espace du mont du Temple à toutes les villes du pays, y compris le reste de Jérusalem ; mais non Jérusalem aux autres villes. Dans cette partition distinguant entre le Temple et « les villes », ces dernières (incluant Jérusalem) se voient assigner la place symbolique du מחנה ישראל « camp d'Israël », dans le traité Zebaḥim. Il y est spécifié qu'après l'installation du Sanctuaire et du Tabernacle au désert, la règle de consommation sacerdotale des mets sacrificiels devint la suivante (M.Zeb XIV 4) :

קדשי קדשים נאכלים לפנים מן־הקלעים קדשים קלים בכל מחנה ישראל

> Les très-saints sont mangés à l'intérieur des rideaux, et les saints mineurs dans tout le camp d'Israël.

La distinction entre le mont du Temple et « les villes » s'exprime ici dans l'opposition entre le Sanctuaire (« à l'intérieur des rideaux ») et le « camp d'Israël ». En d'autres termes — qui sont ici ceux d'Adin Steinsaltz : « Le campement des tribus d'Israël dans le désert avait un certain degré de sainteté, qui a été conféré plus tard aux villes d'Erets-Israël entourées de murailles ainsi qu'à toute partie de Jérusalem hors du mont du Temple. »[54]

Cependant cette expression, « le camp d'Israël » doit s'entendre du camp général au désert. Mais qu'en est-il du camp en formation de guerre ? La question peut se poser ainsi : existe-t-il une mention spécifique du camp de guerre dans la littérature rabbinique ? Et, si l'on trouve mention d'un tel camp, compte tenu que le « camp d'Israël » désigne symboliquement les villes en Israël, à quel espace celui-la renvoie-t-il ?

Le camp de guerre de l'armée en campagne apparaît bien, dans un midrach michnique de Dt 20,4.[55] Il y est défini comme un מחנה הארון « camp du Tabernacle » (M.Sota VIII 10). L'exigence de pureté est naturellement plus élevée dans le camp du Tabernacle que dans le

mais pas dans les villes. » Ou encore la M.Erub X 11 expose avec quel type de verrous et dans quelles circonstances on peut fermer une porte durant le sabbat. Lorsque la pièce de bois qui sert à bloquer le verrou traîne à terre,

נועלים במקדש אבל לא במדינה

« Ils (la) ramassent dans le sanctuaire mais pas dans les villes. »

[54] A. Steinsaltz, 1994, *Le Talmud. L'édition Steinsaltz, Vol. 1, guide et lexiques*, (Paris : Lattès, FSJU), 192.

[55] כִּי יהוה אֱלֹהֵיכֶם הַהֹלֵךְ עִמָּכֶם לְהִלָּחֵם לָכֶם « C'est YHWH votre Dieu qui marche avec vous pour combattre avec vous. »

camp d'Israël. Les lois de pureté qui y sont en vigueur peuvent donc être celles de la pureté lévitique (« camp des Lévis »), soit celles de la pureté sacerdotale (« camp de la Présence »). Dans la topographie sacrée de l'époque du deuxième Temple, cela signifie que la pureté exigée des guerriers juifs est au moins du niveau de celle exigée de quiconque franchit la porte de Nicanor pour accéder au parvis des Israélites.

Dans cette tradition assimilant le camp du désert au Temple, le camp de guerre se voit donc attribuer un niveau de sacralité plus élevé que le camp général, et on doit y observer un degré de pureté supplémentaire.

S'opposant à l'assimilation du « camp » au Sanctuaire, une autre tradition existe qu'on peut dire « maximaliste », parce que les règles de pureté du « camp » y sont étendues à toute la ville de Jérusalem. Elle s'exprime principalement dans des écrits liés à Qoumrân, mais on la trouve également dans deux passages du Nouveau Testament, He 13,11–12 et Ap 20,9.[56]

L'un des premiers, Elisha Qimron a exposé, à une époque où la lettre halakhique de 4QMMT n'avait pas encore été éditée, que ce document assimilait le camp, non plus au seul Sanctuaire mais à toute la ville de Jérusalem. La répartition des espaces sacrés s'en trouvait donc modifiée, puisque une distinction importante était désormais instaurée entre Jérusalem et les autres villes d'Israël : « *In this document Jerusalem is called "camp" and the other cities of Israel are called "camps".* »[57] De quel « camp » (au singulier) s'agit-il ? Pour E. Qimron la référence au « camp » signifie l'application à Jérusalem des lois bibliques de pureté du camp de guerre, en particulier de celles prévues en Dt 23 (abstinence sexuelle et déjection hors de la ville).[58]

---

[56] Dans He 13 la passion du Christ hors des murs de Jérusalem est comparée à la consumation des ḥaṭṭâ't hors du camp. Dans Ap 20,9 sont assimilés τὴν παρεμβολὴν τῶν ἁγίων καὶ τὴν πόλιν τὴν ἠγαπημένεν « le camp des saints et la ville préférée », i.e. Jérusalem. Dans deux passages, Philon semble également opérer un rapprochement entre camp et ville. En *Agric.* 11, commentant Dt 20,20, il suggère un usage identique du bois des arbres sans fruit, pour les fortifications d'un camp et d'une ville. Et en *Mos.* I 288 où il montre Balaam observant le camp des Hébreux depuis la montagne, qui voit καὶ τὴν τάξιν ὡς πόλεως ἀλλ' οὐ στρατοπέδου « une organisation comme celle d'une ville plutôt que d'un camp ». Mais Philon ne tire aucune conclusion particulière de ces rapprochements occasionnels.

[57] E. Qimron, 1986, "Davies' *The Damascus Document*", JQR 77 / 1, 86.

[58] « *Therefore one must observe in Jerusalem the purity laws which were to be observed in the camp mentionned in the Pentateuch* », E. Qimron, 1986, *art. cit.*, 86.

Confronté aux exigences et à la difficulté pratique d'appliquer ces lois de pureté durablement dans une ville, E. Qimron suggère l'hypothèse que ces lois rigoureuses étaient seulement pratiquées par la yaḥad, c'est-à-dire par le « noyau dur » de l'essénisme : « *Only those members who kept the purity laws which were to be kept in Jerusalem ("the camp").* »[59] Les autres communautés esséniennes appliquaient seulement les lois de pureté des villes ordinaires en Israël. Ce schéma permet aussi de rendre compte du caractère plus exigeant des lois de pureté dans 1QS (destinées à la yaḥad) que dans le CD (destinées aux autres communautés).[60]

Proposition de Elisha Qimron :

communauté de Qoumrân (yaḥad) :	autres communautés esséniennes :
lois de pureté du camp de guerre (Dt 23), de Jérusalem (4QMMT), et de 1QS	lois de pureté des camps, des villes ordinaires (4QMMT), et du CD

Par la suite, Jacob Milgrom a montré que dans le *Rouleau du Temple* aussi, le niveau de sacralité et les lois de pureté étaient identiques pour le camp de guerre et dans Jérusalem.[61] Le camp de guerre auquel J. Milgrom fait ici allusion est celui du *Règlement de la Guerre* qoumranien, 1QM et 4QM. En conséquence le *Rouleau du Temple* développe la même topographie sacrée que 4QMMT, en particulier la nette distinction installée entre Jérusalem et les autres villes en Israël. Cette observation est importante en raison des discussions sur le caractère communautaire ou non du *Rouleau du Temple* et sur sa datation ; elle montre que, au-delà de ces débats, il existait une tradition commune aux rédacteurs de ces manuscrits, concernant l'équivalence rituelle du « camp » biblique, de la ville de Jérusalem et du camp de guerre.

Dans la monographie où elle compare les systèmes de pureté

---

[59] E. Qimron, 1986, *art. cit.*, 87.

[60] « *Most rules in 1QS are meant for the yahad while most rules in CD are intended for all Israel* », E. Qimron, 1986, *art. cit.*, 87.

[61] « *The distinction between the ritual status of the Temple city and other cities is fundamental to the understanding of the purification system of the Temple Scroll* » ; et : « *For the sectaries of Qumran, the war camp also bear the same holy status as the Temple city* », J. Milgrom, 1991, *Leviticus 1–16. A New Translation with Introduction and Commentary*, (New York : Doubleday), 969 et 970.

qoumranien et rabbinique, Hannah Harrington est revenue sur l'hypothèse de Elisha Qimron.[62] Le statut identique de Jérusalem et du camp, dans la communauté de Qoumrân, est désormais un fait acquis : pour H. Harrington, ce niveau de sacralité est le même que celui attribué par les Sages au camp de la Présence.[63] Mais là où E. Qimron imaginait un dispositif spatial et organisationnel (la yaḥad *versus* les autres communautés esséniennes), H. Harrington repère la dimension temporelle et eschatologique. Elle distingue entre les écrits de type réglementaire et d'application immédiate dans la(les) communauté(s), d'une part (par exemple le CD) ; et les écrits eschatologiques dont les exigences seront appliquées à la fin des temps, d'autre part (par exemple 1QM et 1QS).[64] *Contra* E. Qimron, elle considère donc que les lois de pureté mises en œuvre dans la communauté sont celles que le *Rouleau du Temple* impose dans les villes ordinaires en Israël, mais non à Jérusalem.

Proposition de Hannah Harrington :

projection eschatologique :	règlement actuel de la communauté :
lois de pureté du camp dans Jérusalem (1QS) et au camp de guerre (1QM)	lois de pureté des villes ordinaires (11QT), et du CD

La publication de l'*editio princeps* des 4QMMT par Elisha Qimron et John Strugnell (DJD X, 1994) est venue confirmer ce point essentiel : pour le « nous » qui s'exprime dans cette lettre halakhique, ירושלים מחנה היא « Jérusalem c'est le camp ». « *Consequently, all regulations governing the sanctity of 'the camp' apply to the whole of Jerusalem.* »[65] Cette opinion halakhique exposée à deux reprises, avec force et en termes

[62] H. K. Harrington, 1993, *op. cit.*

[63] « *The equivalent of the rabbinical Divine Camp at Qumran is the whole Temple City* », H. K. Harrington, 1993, *op. cit.*, 58.

[64] « *The War Scroll and the Messianic Rule, on the other hand, refer to the eschatological community. The angels are not present at Qumran, neither is there a war. There will be a battle in the eschaton and at that time the status of the community will be holy like the sacred war camp of Deuteronomy and the holy sanctuary* », H. K. Harrington, 1993, *op. cit.*, 56.

[65] E. Qimron et J. Strugnell, 1994, DJD X, 144. Voir 4QMMT B 29–30, dans une discussion sur le sacrifice dans et hors du camp (à propos de Lv 17) : יר ושלים מחנה היא וחו[צה] למחנה] הוא חוצה לירושלים « Jérusalem c'est le camp et hors du camp c'est hors de Jérusalem. » Voir aussi en 4QMMT B 58–62 la halakha proscrivant la présence de chiens dans Jérusalem, כי ירושלים היאה מחנה הקדש « Car Jérusalem c'est le camp de sainteté. »

polémiques, élargit l'exigence de pureté du camp biblique à toute la ville de Jérusalem, contre l'autre tradition qui en réservait l'application au seul Temple. Dans la tradition du camp-Sanctuaire, la ligne de partage principale est établie entre le Temple et le reste du pays. Dans la tradition de 4QMMT elle passe entre Jérusalem et les autres villes : « *Other settlements are here called* מחנות*. (. . .) Consequently, their sanctity is of a lesser degree.* »[66]

Quelle sont la place et le statut de pureté du camp de guerre, dans cette tradition ? La réponse est à chercher dans la description du camp des fils de Lumière, dans le *Règlement de la Guerre*. Les termes « camp / camper » (חנה/מחנה) y figurent vingt ou vingt et une fois — selon qu'on lit 1QM XVIII 4 « camp » (מ]חנה) des Kittim avec Jean Carmignac, ou bien « front » (מ]ערכה) des Kittim avec André Dupont-Sommer.[67] Ils figurent quinze (ou seize) fois dans 1QM et six fois dans les manuscrits de la grotte 4 (4QM).

Dix-neuf occurrences concernent le camp des fils de Lumière. L'armée eschatologique est répartie, comme on sait, en quatre camps dont chacun regroupe trois tribus (voir *inter al.* 1QM III 14). Il faut donc parler *des* camps de guerre au pluriel. On constate en effet que l'auteur du *Règlement* utilise toujours le substantif pluriel pour désigner le(s) camp(s) de guerre comme institution(s). Ainsi l'énoncé des lois de pureté rituelles applicables au camp de la guerre mentionne toujours « les camps », au pluriel et avec une flexion pronominale : מחנותם « leurs camps » (1QM VII 7), מחנינו « nos camps » (1QM X 1) etc. De même lorsqu'il s'agit d'édicter des règles nouvelles (officiers, drapeaux), est-il toujours question des camps, au pluriel. L'emploi de la forme verbale חנה ou du substantif masculin apparaît réservé à l'expression triviale du fait de camper ici ou là : il ne s'ensuit pas que l'on se trouve « dans le camp » au sens rituel, mais seulement que l'on est « en campagne ». Ainsi à la fin des combats, toute l'armée s'éloigne-t-elle du champ de bataille et de ses morts pour aller camper à l'écart (1QM XIV 2) :

ואחר העלותם מעל החללים לבוא המחנה

Après leur éloignement des tués pour aller camper etc.

---

[66] E. Qimron et J. Strugnell, 1994, DJD X, 145.

[67] J. Carmignac, 1958, *La Règle de la Guerre des Fils de Lumière contre les Fils de Ténèbres*, (Paris : Letouzey & Ané), 248 ; A. Dupont-Sommer, 1987, "Règlement de la guerre", dans A. Dupont-Sommer et M. Philonenko éds., *La Bible. Écrits intertestamentaires*, (Paris : Gallimard), 223. Le syntagme מחנה כתיים « camp des Kittim » apparaît aussi en 1QM XVI 3.

Ce מחנה peut-il désigner l'emplacement du camp de guerre ? C'est hautement improbable pour la raison que les combattants ne lavent leurs vêtements du sang des cadavres que le lendemain matin ; encore cette première purification ne leur permet-elle pas de retourner dans le camp, puisque les premiers rites d'action de grâce ont lieu à l'emplacement de la bataille (1QM XIV 3 sq). De même que les soldats souillés de sang de Nb 31 campaient (Moïse leur ordonne : חֲנוּ) durant sept jours « en dehors du camp », de même les fils de Lumière établissent-ils un campement (המחנה) en dehors des camps de guerre. On doit en conclure d'une part que pour l'auteur du *Règlement* la dimension spatiale et topographique du camp de guerre est essentielle. Le camp sanctifié est défini par l'espace qui l'entoure d'où est exclue toute forme d'impureté : cette espace, large « d'environ 2 000 coudées », accompagne le camp comme une sorte d'enceinte mobile et protectrice contre l'impureté.[68] Mais l'armée tout entière réunie sous des tentes en un lieu quelconque ne constitue pas forcément le camp de guerre au sens institutionnel et rituel. D'autre part que l'emploi du substantif pluriel constitue le marqueur permettant d'identifier ce camp de guerre dans lequel sont appliquées des lois de pureté spécifiques.

Quel est son niveau de sainteté, dans les écrits de Qoumrân ?

Contrairement à ce qui nous est apparu dans la tradition michnique, le camp de guerre ne peut, à Qoumrân, bénéficier d'un statut supérieur à celui de Jérusalem. Dans la tradition qoumranienne, le statut de pureté de Jérusalem découle d'une harmonisation par le haut des lois de pureté concernant les différents camps dans la Torah. Ceci inclut les lois spécifiques au camp de guerre ; ces lois formulées en Dt 23 constituent à leur tour le sous-texte biblique des exégèses définissant la pureté du camp de guerre dans les manuscrits de Qoumrân.

Ainsi 1QM VII 7 et 1QM X 1, définissant la pureté du camp de guerre, offrent-il un centon de Dt 23,10b et 15b.[69] Sur le même

---

[68] 1QM VII 6–7 : ורוח יהיה בין כול מתניהמה למקום היד כאלפים באמה « Et il y aura un espace d'environ 2 000 coudées entre leur camp et l'endroit de côté (i.e. impur). » Selon Bastiaan Jongelling : « L'expression מקום היד rappelle Dt 22,12 où il est dit qu'il y aura un יד hors du camp [i.e. les latrines]. Il faut penser pour יד à la signification « côté » : il y aura un « à-côté », un « à-part », une place d'isolement. Notre texte le dit de manière un peu plus ample que le Dt : la place d'à-part », B. Jongelling, 1962, *Le Rouleau de la Guerre des manuscrits de Qoumrân*, (Aix : Van Gorcum), 197.

[69] Dt 23,10b : וְנִשְׁמַרְתָּ מִכֹּל דָּבָר רָע « Tu te garderas de tout mauvais geste » ;

sujet 11QT LVIII 17 présente une expansion midrachique de Dt 23,10.[70] Jacob Milgrom a également observé que les mêmes infirmités qui interdisaient l'accès au camp de guerre dans le *Règlement* (1QM VII 4–5), interdisaient aussi l'entrée dans Jérusalem dans le *Rouleau du Temple* (11QT XLV 12–14), et la participation à la communauté messianique en 1QSa II 4–11 ; il en déduit que ces trois groupes sociaux partageaient « *the same holy status* ».[71] L'argument est en partie discutable dans la mesure où les infirmes peuvent être rejetés de groupes aux statuts différents, mais il offre un *terminus* : le degré de sainteté de chacun de ces trois groupes est au moins supérieur à celui des villes ordinaires en Israël.

Un fragment de 4QM[a] trouvé dans la grotte 4 apporte une indication supplémentaire (4Q491 1–3 i 9) :

היום ההואה מכול שבטיהמה[י]אצאו מחוצה למחנות אל בית מו[עד

> Ce jour là de toutes leurs tribus ils sortiront hors du camp, vers la maison du rendez-vous.[72]

L'emploi du substantif pluriel (מחנות) indique qu'on a affaire ici au camp de guerre. L'usage du pluriel est significatif, dans la mesure où il modifie sur ce point précis le syntagme biblique qui lui sert de modèle, מִחוּץ לַמַּחֲנֶה « hors du camp » (par ex. en Nb 31,19). Cette représentation du camp de guerre précise que le Sanctuaire se trouve « en dehors du camp », et cette disposition est cohérente avec l'indication que l'armée se trouve hors de Jérusalem.[73] Ceci confirme également qu'il existe un niveau de sacralité supérieur à celui du camp de guerre, au Sanctuaire ou dans une partie du Sanctuaire.

Les camps célestes

L'expression « camp de Dieu », sous ses différentes formes (El, Elohim, YHWH) ne fait pas forcément référence au Sanctuaire de Jérusalem

---

Dt 23,15b : וְלֹא־יִרְאֶה בְךָ עֶרְוַת דָּבָר « Et Il ne verra pas chez toi l'indécence d'un geste ». Et la combinaison exégétique de 1QM VII 7 (idem 1QM X 1) : וכול ערות דבר רע לוא יראה « Et aucune indécence d'un mauvais geste ne sera visible. »

70 11QT LVIII 17 : ונשמרו מכול דבר טמאה ומכול עריות ומכול עוון ואשמה « Et ils se garderont de tout geste impur, de toute obscénité, de tout péché et faute. »

71 J. Milgrom, 1991, *op. cit.*, 970.

72 Édité par M. Baillet, 1982, DJD VII, 13 et pl. V.

73 Voir 1QM VII 3–4 : בצאתם מירושלים ללכת למלחמה « Depuis leur sortie de Jérusalem pour aller à la guerre. »

dans tous les écrits du deuxième Temple. Tel n'est pas le cas, en particulier, dans les manuscrits de Qoumrân.

Dans le *Règlement de la Guerre* la formule מחני אל « camps de Dieu » apparaît ainsi sur le drapeau de chacun des quatre camps composant l'armée des fils de Lumière (1QM IV 9). Il ne s'agit pas ici d'une référence au Sanctuaire : la formule s'inscrit dans une énumération détaillée des unités constituant l'armée, dont chacune inscrit sur le drapeau qui l'identifie « unité (i.e. compagnie, clan, tribu etc.) de Dieu » (1QM IV 9–11). Les camps viennent donc couronner la liste, comme la plus grande de ces unités.

On trouve aussi à trois reprises l'expression בכול מחני אלוהים « dans tous les camps d'Elohim » dans trois manuscrits des *Cantiques du sabbat* (4QShirShabb[a.b.f.]).[74] Le contexte immédiat indique que ces mentions des camps de Dieu relèvent ici de ce que Gershom Scholem nommait « la mystique de la Merkaba ».[75] C'est-à-dire qu'ils s'inscrivent dans le cadre d'une vision / description du trône céleste de Dieu : les camps dont il est question dans ces cantiques sont des camps célestes, non un Sanctuaire terrestre.

D'autres écrits apocalyptiques développent à cette époque l'idée d'un parallélisme entre les liturgies et les combats qui se déroulent dans le ciel, et leurs pendants sur terre. À ce registre appartient l'évocation des camps célestes de l'armée des anges dans le *Testament de Lévi* (Test. Lév. III 3) : ἐν τῷ τρίτῳ εἰσὶν αἱ δυνάμεις τῶν παπεμβολῶν « Dans le troisième (ciel) se trouvent les forces des camps ». Comme l'a observé Charles Fensham, l'armée angélique du *Testament de Lévi* se prépare, dans ces camps à mener un combat tout à fait analogue à celui des fils de Lumière dans le *Règlement de la Guerre* (Test. Lév. III 3) : οἱ ταχθέντες εἰς ἡμέραν κρίσεως ποιῆσαι ἐκδίκησιν ἐν τοῖς πνεύμασι τῆς πλάνης καὶ τοῦ Βελιάρ « Elles sont disposées (i.e. les armées célestes) de sorte qu'au jour de jugement elles infligent la vengeance aux esprits de l'égarement et de Béliar ».[76]

Un parallélisme liturgique du même ordre est manifeste dans les *Cantiques du sabbat* de Qoumrân : à deux reprises (en 4Q400 et 401), le texte du cantique rapproche ainsi, pour mieux les opposer, les מחני אלוהים « camps de Dieu » célestes et les מוסדי אנשים « établissements

[74] 4Q400 2 i 2, 4Q401 14 i 8 et 4Q405 20–22 ii 13.

[75] G. G. Scholem, 1968, *Les grands courants de la mystique juive*, (Paris : Payot), 53 sq.

[76] Βελιάρ doit être lu comme une translittération de בליעל Bélial. Voir F. C. Fensham, 1964, *art. cit.*, 560 sq.

des hommes ». Par le biais de cette opposition, les camps angéliques des cieux apparaissent comme une projection de sanctuaires terrestres. James Davila, dans un article récent, a montré que ces sanctuaires terrestres des Shir.Shabb. s'inscrivaient dans une longue tradition exégétique d'élaboration d'un « *macrocosmic Temple conceived on the model of the earthly Tabernacle and the Temple of Jerusalem* ».[77] On doit en conclure que le degré de pureté implicitement exigé des guerriers, dans les Shir.Shabb., est comparable à celui requis dans l'un des espaces intérieurs du Temple.

Dans ces représentations mystiques, à chaque espace défini sur terre correspond un camp situé dans l'un des cieux, dans lequel des anges accomplissent parfaitement ce à quoi les hommes s'efforcent d'atteindre ici-bas. La complexification de la représentation des cieux (la vision de Lévi dans le *Testament*, l'une des plus anciennes de ces apocalypses, comporte déjà sept cieux) permet de rendre compte d'une grande diversité d'espaces sacrés sur la terre.[78] Dans la première vision du *Testament de Lévi* le camp militaire (des anges) est situé dans le ciel précédant immédiatement le Sanctuaire. L'ajout plus tardif d'un « quatrième ciel » entre ce camp militaire et le Saint des Saints (ἐν ἁγίῳ ἁγίων, Test. Lév. III 4) ne permet pas de déterminer de quel espace terrestre (celui de Jérusalem, du Temple, d'une partie du Temple ?) s'appliquent, au camp de guerre, les règles de pureté.[79] Elles sont en tout cas d'un niveau inférieur au degré de pureté requis du grand prêtre lorsqu'il pénètre dans le Saint des Saints.

On peut donc établir ce qui constitue un élément d'accord entre les différentes traditions, quand il s'agit du camp de guerre dont le niveau de sainteté est reconnu supérieur à celui des villes ordinaires. Pour les Sages l'exigence de pureté y est explicitement du même niveau que celle du parvis des Israélites, au-delà de la porte de

---

[77] J. R. Davila, 2002, "The Macrocosmic Temple, Scriptural Exegesis, and the Songs of the Sabbath Sacrifice", DSD 9 / 1, 1.

[78] L'apocalypse de Lévi (Test. Lév. II 4–V 7) est considérée par les spécialistes du texte comme l'une des sources les plus anciennes du *Testament de Lévi.* Voir *inter al.* la démonstration de J. Kugel, 1993, "Levi's Elevation to Priesthood in Second Temple Writings", HThR 86 / 1, 1–64.

[79] Ce quatrième ciel (εἰς τὸν τέταρτον, Test. Lév. III 3) est très généralement reconnu pour une interpolation « qui a pour effet malencontreux de porter à huit le nombre des cieux », M. Philonenko, 1987, "Testaments de Lévi", dans A. Dupont-Sommer et M. Philonenko éds., *La Bible. Écrits intertestamentaires*, (Paris : Gallimard), n. 3, 838.

Nicanor. Le *Règlement de la Guerre* aboutit indirectement à la même conclusion puisqu'il exclut du camp de guerre les femmes, les enfants et les infirmes (1QM VII 3–5) c'est-à-dire tous ceux qui ne pouvaient accéder à la cour intérieure du Sanctuaire.

La présence divine au milieu du camp de guerre l'assimilait à l'un des espaces intérieurs du Temple. On comprend mieux comment les Juifs, aux époques hellénistique et romaine, ont pu soutenir plusieurs sièges depuis le mont du Temple : les deux camps, réel et symbolique, ont alors coïncidé.

CHAPITRE II

PURETÉ DES GUERRIERS, RITES DE PURIFICATION

« *Si corde puro ascenditis, pugnate* »[1]

Le guerrier juif est donc placé entre ces deux pôles de la pureté : sainteté de son camp et souillure des combats. Ce type de situation est relativement familier à la société juive du deuxième Temple, où il caractérise les échanges entre les domaines du profane et du sacré. La tension se résout ordinairement, d'une part en opérant clairement la distinction entre les différents domaines, d'autre part au moyen de rites de purification lors du passage de l'un vers l'autre.[2] Les guerriers d'Israël, installés entre le camp divin et « le champ couvert de morts », ne sont pas dans une position structurellement différente de celle des Lévis, intermédiaires entre la sacralité du Temple et le monde profane. Comme les Lévis, les guerriers doivent accéder à un statut de pureté spécifique, adapté à leur position particulière.

Plusieurs écrits du deuxième Temple ont conservé la trace documentaire de cette exigence de pureté du guerrier. La source biblique en demeure le Deutéronome.[3] En attestent une paraphrase de Josèphe et un midrach qoumranien.

Dans sa paraphrase du code de la guerre de Dt 20, Flavius Josèphe rajoute cette règle, qui ne figure pas dans sa source (AJ IV 298) : στρατὸν δὲ ἄγειν καθαρόν « Il (i.e. le général) conduira une armée

---

[1] LAB XXV 1.

[2] La problématique anthropologique et historique à laquelle je me réfère, d'un système de pureté organisant la société juive du deuxième Temple, est celle qu'exposent de la façon la plus claire : J. Milgrom, 1991, *Leviticus 1–16. A New Translation with Introduction and Commentary*, (New York, Toronto, Sydney, Auckland : The Anchor Bible, Doubleday) ; et F. Schmidt, 1994, *La Pensée du Temple. De Jérusalem à Qoumrân. Identité et lien social dans le Judaïsme ancien*, (Paris : Seuil).

[3] Roland de Vaux mentionne comme autres sources bibliques exigeant la « sanctification » du guerrier Jos 3,5, Jr 6,4, 22,7 et Jl 4,9, R. de Vaux, 1958, *Les Institutions de l'Ancien Testament*, (Paris : Cerf), vol. 2, 78 sqq. Mais seul le premier texte formule cette exigence : הִתְקַדָּשׁוּ « Sanctifiez-vous. » Encore est-ce dans le contexte de la première traversée solennelle du Jourdain et de l'entrée en erets-Israël, non d'un combat. Les autres références se rattachent à l'idéologie de « la guerre sainte ».

pure ». Josèphe déduit cette exigence de pureté de l'armée juive, des lois d'exclusion des inaptes (couards, jeunes mariés etc.) figurant dans le Deutéronome. Dans le *Rouleau du Temple*, le midrach des versets Dt 23,10.15, montre que la loi biblique de la sainteté du camp était comprise, aussi, comme une exigence de pureté des guerriers (11QT LVIII 16–17) :

> אנשי המלחמה כול גבורי החיל ונשמרו מכול דבר טמאה ומכול עריות ומכול עוון ואשמה
>
> Les guerriers, tous les preux de l'armée, se garderont de tout geste impur, de toute obscénité, de tout péché et faute.

La prise en compte de cette pureté particulière exigée du guerrier permet de résoudre une difficulté textuelle de 2 Maccabées. À la fin du chapitre 5, après avoir exposé la situation politique de la Judée et les commencements de l'entreprise d'hellénisation forcée, l'auteur mentionne pour la première fois Juda Maccabée et son embryon de guérilla juive. Juda s'est réfugié εἰς τὴν ἔρημον « au désert », avec quelques partisans. Là, καὶ τὴν χορτώδη τροφὴν σιτούμενοι διετέλουν πρὸς τὸ μὴ μετασχεῖν τοῦ μολυσμοῦ « ils ne se nourrissaient que d'une alimentation d'herbes, pour ne pas participer à la souillure. » Jonathan Goldstein observe justement qu'à cet endroit « *the Greek is ambiguous. "Keeping clear of defilement" may be the purpose for staying in the wilderness or it may be the reason for eating herbs for food* ».[4] En d'autres termes : en quoi consiste le μολυσμός ? S'agit-il de « l'abomination » à quoi Juda et les siens auraient voulu échapper en fuyant au désert — où l'on ne trouve à manger que des herbes ? Ou s'agit-il d'une souillure liée à l'alimentation, dont les partisans juifs se protègent en se nourrissant exclusivement d'herbes ? J. Goldstein, en accord sur ce point avec toute la recherche antérieure, opte pour la première solution.[5] Son argumentation repose tout entière sur le fait qu'il existe des herbes non consommables en état de pureté, et aussi une nourriture consommable qui n'est pas de l'herbe. Ici il me paraît manquer l'essentiel : au désert le problème d'une alimentation respectueuse des règles de pureté se pose d'une manière toute particulière, puisqu'on est dans

---

[4] J. A. Goldstein, 1983, *II Maccabees. A New Translation with Introduction and Commentary*, (New York : Doubleday), 266–267.

[5] Voir aussi F.-M. Abel, 1949, *Les Livres des Maccabées*, (Paris : Le Coffre), n. 27, 357.

un milieu sauvage, où la distinction entre les aliments n'a pu être opérée rituellement, ni les dîmes prélevées, ni les sacrifices accomplis. En ne mangeant que des « herbes » (évidemment identifiées et autorisées), Juda et ses compagnons s'infligent une astreinte qui les met à l'abri d'un risque de souillure alimentaire par confusion ; risque qu'ils prendraient en chassant, ou en mangeant n'importe quelles sortes de criquets. La véritable question est alors de comprendre pourquoi ils s'astreignent à cette exigence de pureté. La réponse est probablement multiforme ; il n'y aurait par exemple aucun sens à fuir la souillure de Jérusalem hellénisée pour tomber dans un autre type d'impureté. Ce qui explique pourtant la mention particulière de cette attitude, et sa raison principale à mon sens, est que les partisans juifs de Maccabée se considèrent déjà comme des guerriers et se maintiennent par conséquent dans l'état de pureté exigé des guerriers.

Pareillement dans la paraphrase biblique du Pseudo-Philon, lorsqu'à la mort de Josué les Israélites se retrouvent en butte à l'hostilité des étrangers, Dieu lui-même leur rappelle l'exigence de pureté des guerriers (LAB XXV 1) : *Dixit eis Deus : Si corde puro ascenditis pugnate, si autem contaminatum est cor vestrum non ascendatis.* « Dieu leur dit : Si vous montez avec un cœur pur, combattez ; mais si votre cœur est souillé, vous ne monterez pas. »

Il faut donc tenter de définir en quoi consiste cette pureté exigée des guerriers. Quelles sont les lois de cette pureté spécifique ? Au moyen de quels rites y atteint-on ? Où et quand ces rites organisent-ils le passage d'un état à l'autre ?

Ce qui définit la pureté du guerrier, comme toute autre forme de pureté, c'est un principe de séparation (לְהַבְדִּיל Gn 1,18 ; Lv 10,10), le fait de séparer, de distinguer entre les êtres, entre les choses et entre les états. Pour les guerriers, cette séparation est marquée dans l'espace par l'existence du camp. Elle exclut (du camp, de l'armée, de la guerre) fondamentalement deux catégories d'êtres, les femmes et les jeunes gens. Ces exclusions correspondent aux deux interdits spécifiques du camp de guerre : l'abstinence sexuelle et la maîtrise de ses déjections. Le guerrier contrôle son sexe et ses sphincters.

L'exclusion des femmes

Notons immédiatement que, nulle part, la Bible hébraïque ne signifie formellement l'exclusion des femmes du domaine de la guerre. Celle-ci se déduit de lois qui semblent ne concerner que les hommes (par ex. Dt 20,5–8 ou 24,5), ou de l'interdit fait aux femmes de porter des vêtements masculins (Dt 22,5).

On trouve au contraire dans la Bible quelques figures de femmes-guerrières dont les plus caractérisées sont Deborah et Yaël dans le récit de Jg 4 et 5.[6] Mais Yaël n'est pas une guerrière à proprement parler ; les Qénites, auxquels elle appartient, ne sont pas en guerre (Jg 4,17) ; elle-même est demeurée sous sa tente, où elle exécute Sisera par ruse. L'épisode de Yaël contribue plutôt à renforcer le caractère masculin de la guerre : il relève en effet d'un *topos* dont le but est d'humilier la mémoire du vaincu en le montrant abattu par une femme.[7] Le récit de la mort d'Abimélech sous les coups de la femme de Tevets relève du même *topos*, dont la finalité est indiquée par les derniers mots d'Abimélech à son écuyer (Jg 7,54) :

שְׁלֹף חַרְבְּךָ וּמוֹתְתֵנִי פֶּן־יֹאמְרוּ לִי אִשָּׁה הֲרָגָתְהוּ

> Dégaine ton épée et tue-moi afin qu'on ne dise pas de moi : une femme l'a tué.

Ces intervention inopinées de figures féminines lors de la mort d'un chef de guerre haï, tendent donc plutôt à renforcer le caractère essentiellement masculin de la guerre.

De même Deborah apparaît-elle plutôt comme une prophétesse et un Juge que comme une guerrière. Aussi fait-elle appel à Baraq pour commander l'armée hébreu. Cependant, à la différence d'autres figures féminines, Deborah participe pleinement à l'univers guerrier : elle « marche » avec Baraq (הָלֹךְ אֵלֵךְ עִמָּךְ « je marcherai bien avec toi », Jg 4,9), qui en a fait la condition de sa participation. Elle l'accompagne à l'armée et au camp (וַתַּהַל עִמּוֹ דְּבוֹרָה « et Deborah monta avec lui », Jg 4,10). S'agissant de Deborah, Gale Yee est donc fondée à la présenter comme une « *woman-warrior* », et à repérer dans cette représentation de la femme guerrière une anomalie et une figure liminaire, transgressant les frontières des univers masculin et féminin.[8]

---

[6] Auxquelles il convient d'ajouter les femmes madianites de Nb 25, mais étrangères et plutôt séductrices que guerrières ; et la femme anonyme des remparts de Tevets qui jette une meule sur la tête d'Abimélech (Jg 9,53).

[7] En l'occurrence l'humiliation s'étend aussi au vainqueur, Baraq, parce qu'il n'a pas pu ou pas voulu se passer de la présence de Déborah à l'armée (voir Jg 4,9).

[8] G. A. Yee, 1993, "By the Hand of a Woman : The Metaphor of the Woman-Warrior in Judges 4", *Semeia* 61, 99–132. L'auteur est moins convaincante quand elle repère dans ces récits la trace d'une participation active de femmes aux hypothétiques guérillas d'un « Israël prémonarchique ».

Son caractère unique ne diminue en rien « l'inquiétante étrangeté » de ce brouillage des frontières entre les sexes, dans la guerre. Deux paraphrases bibliques du deuxième Temple révèlent ce malaise par leur façon de traiter l'épisode de Deborah. Le Pseudo-Philon supprime la cause du scandale, en réduisant pratiquement à néant son intervention dans les affaires militaires. Le camp dans lequel Deborah se rend n'est plus un camp de guerre, mais le camp général des Hébreux, réunissant (LAB XXX 4) : *a viro usque ad mulierem et a minimo usque ad lactantem* « hommes et femmes, enfants et mères allaitant ». La venue de Deborah ne constitue donc pas une intrusion féminine transgressive dans un camp de guerre. En outre la discussion entre Baraq et Deborah, où celui-ci exigeait que la prophétesse l'accompagnât au combat, a disparu du récit des LAB : Baraq assume sans discuter sa fonction guerrière. De façon très nette Deborah souligne elle-même la dimension virile de la tâche qu'elle lui confie (LAB XXXI 1) : *Surge et precinge lumbos tuos tamquam vir* « Lève-toi et ceins tes reins comme un homme ».[9] Chez le Pseudo-Philon, Deborah demeure une prophétesse à la tête de son peuple, mais elle est soigneusement maintenue à l'écart de la sphère guerrière.

Flavius Josèphe exprime un malaise analogue au moyen d'une autre technique narrative. Sur le point précis de l'irruption d'une femme dans l'univers masculin de la guerre Josèphe reste fidèle à sa source biblique. On peut même considérer qu'il en accentue les traits. Sa Δεβώρα est indiscutablement un chef de guerre (AJ V 203–204) : la discussion avec Baraq a bien lieu ; Deborah se substitue au général défaillant ; elle établit un camp de guerre ; elle donne l'ordre du combat. Finalement la victoire est explicitement attribuée « à une femme ».[10] Le malaise de Josèphe s'exprime ailleurs, mais radicalement : il supprime à Deborah sa fonction de Juge et l'attribue à Baraq, voir AJ V 209.[11]

---

[9] Conséquence narrative de cette disparition, l'intervention ultérieure de Yaël n'est plus présentée comme une suite de la pusillanimité de Baraq, mais uniquement de l'arrogance de Sisera (voir LAB XXXI 1).

[10] AJ V 209 : καὶ οὕτως μὲν ἡ νίκη αὕτη περιέστη κατὰ τὰ ὑπὸ Δεβώρας εἰρημενα εἰς γυναῖκα. « Et ainsi cette victoire échut à une femme, selon les paroles de Deborah. » Le contexte rend diffficile de décider si cette femme est Deborah ou Yaël.

[11] Étienne Nodet a souligné cette hostilité de Josèphe « qui se méfie du gouvernement des femmes » à l'égard de Deborah : « Il ne situe pas Debora (« une certaine »), et il attribue la judicature à Baraq », É. Nodet éd., 1995, *Flavius Josèphe. Les Antiquités juives, Livres IV et V*, (Paris : Cerf), n. 5, 162.

Dans la littérature rabbinique enfin, Deborah ne jouit pas d'une excellente réputation. Bien qu'au nombre des sept prophétesses, il lui est reproché une certaine forme de vantardise (b.Pes 66b) ; et surtout de s'être montrée hautaine en convoquant Baraq au lieu de se rendre auprès de lui (b.Meg 14b). Toute intervention de sa part dans la guerre a disparu.

Pour Susan Niditch l'exclusion systématique des femmes de la guerre fut une innovation de la tradition sacerdotale (« *the priestly ideology of war* »).[12] Elle s'inscrit dans le système de pureté sacerdotal, qui se développe ici selon les deux axes de la guerre (« nous » *versus* « les ennemis ») et du genre sexuel (hommes *versus* femmes).[13] Dans ce système, l'ennemi homme est par définition impur. La femme relève plutôt de l'ordre neutre du butin ; mais elle peut être un vecteur d'impureté si elle a été « marquée » par un rapport sexuel (légitimé ou non) avec l'ennemi. La transmission de l'impureté d'un homme-source à un homme-souillé par le biais d'une femme s'effectue dans les relations sexuelles. Seules les filles vierges peuvent donc être épargnées (Nb 31,18) et devenir éventuellement captives et/ou épouses des guerriers juifs (Dt 21,10–14). En identifiant l'origine sacerdotale du système fondant l'exclusion des femmes de l'univers guerrier, Susan Niditch définissait ainsi le cadre de pensée du judaïsme du deuxième Temple.

On comprend mieux, en effet, la gêne des auteurs juifs du deuxième Temple devant le personnage biblique de Deborah quand on voit avec quelle clarté l'exclusion des femmes du domaine de la guerre est reformulée dans leurs écrits.

Dans le *Règlement de la Guerre* de Qoumrân, où sont décrites les règles idéales de la guerre eschatologique, cet interdit est présenté sous la forme d'une loi (1QM VII 3–4) :

ואשה לוא יבואו למחנותם בצאתם מירושלים ללכת למלחמה עד שובם

> Aucune femme n'entrera dans leur camp quand ils partiront de Jérusalem pour aller à la guerre, jusqu'à leur retour.

[12] Voir S. Niditch, 1993, *War in the Hebrew Bible : A Study in the Ethic of Violence*, (Oxford, New York : Oxford Univ. Press), chap. III "The Priestly Ideology of War in Number 31", 79–89.

[13] « *A priestly symbolic world in which all is perceived in terms of clean vs unclean, and us vs them, but in which the woman who has not known a man is not yet defined as belonging to one category or the other* », S. Niditch, 1993, *op. cit.*, 89.

La forme plurielle de מחנות indique qu'il s'agit ici d'une loi s'appliquant spécifiquement au camp de guerre. Le caractère apodictique de cette loi est frappant ; on peut lui appliquer ce qu'écrivait Joseph Baumgarten de certaines ordonnances du *Document de Damas* : « La formulation de la loi, ici, n'est pas exégétique et, dans cette mesure, elle est comparable à celle des codes bibliques. »[14] C'est dire que, même si elle peut se fonder en partie sur des références bibliques (par exemple Dt 23), cette loi est une innovation de l'époque du deuxième Temple ; du deuxième Temple, et non pas seulement de Qoumrân ou du rédacteur de la *Guerre*, car on la trouve également formulée dans des textes relevant de traditions différentes.

Philon, dans un développement sur la place des femmes au sein de la société, la formule ainsi (*Spec.* III 172) : ἃς οὐδ' ἐν πολέμοις καὶ στρατείαις καὶ τοῖς ὑπὲρ πάσης τῆς πατρίδος κινδύνοις ἐδικαίωσεν ὁ νόμος ἐξετάζεσθαι « La Loi a jugé bon qu'elles (i.e. les femmes) ne soient pas enrôlées, ni dans les guerres, ni dans les armées, ni quand des périls menacent la patrie tout entière ». À quelle loi se réfère-t-il ? Tout ce passage (*Spec.* III 169–180) constitue un long commentaire exégétique de la halakha de Dt 25,11–12 : une femme qui empoigne les testicules d'un homme (même dans le but louable de soutenir son mari au cours d'une bagarre) aura la main coupée. Mais cette halakha a peu à voir avec la guerre, ou avec la présence des femmes aux armées. Aucune loi biblique en fait n'exclut formellement les femmes de la guerre. Philon exprime donc là une vérité de son temps, à laquelle il donne un fondement exégétique, sinon incertain, du moins passé sous silence. Philon est revenu en d'autres endroits sur cette exclusion des femmes du domaine de la guerre : c'est généralement pour l'attribuer à leur faiblesse physique.[15]

Flavius Josèphe a lui aussi formulé cette loi d'exclusion des femmes. Il le fait dans une exégèse expansive de Dt 22,5 (LXX) : Οὐκ ἔσται σκεύη ἀνδρὸς ἐπὶ γυναικί « Il n'y aura pas d'affaires masculines sur une femme ». Josèphe a compris que cet interdit concernait la guerre (AJ IV 301) : Φυλάσσετε δὲ μάλιστα ἐν ταῖς μάχαις ὡς μήτε

---

[14] J. M. BAUMGARTEN, 1996, "La loi religieuse de la communauté de Qoumrân", *Annales* 51 / 5, 1008.

[15] Voir *inter al. Mos.* I 8 : γυνὴ διὰ φύσεως ἀσθένειαν ὀκνηρὸν εἰς πόλεμον. « Une femme serait craintive à la guerre à cause de la faiblesse de sa nature. » Il existe cependant une exception, Sarah, dont Philon affirme qu'elle accompagnait toujours Abraham dans ses guerres, τὰς ἐν πολέμοις συστρατείας (*Abr.* 245).

γυναῖκα ἀνδρικῇ σκευῇ χρῆσθαι « Veillez spécialement dans les batailles à ce qu'aucune femme n'utilise d'affaires masculines ». Il déplace ainsi la halakha, pour la resituer dans le contexte des ordonnances de Moïse sur la guerre (présentées dans AJ IV 293–301), et la rapprocher du code deutéronomiste de la guerre (Dt 20). Josèphe poursuit par une mise en garde contre le travestissement masculin (AJ IV 301) : μήτε ἄνδρα στολῇ γυναικείᾳ. « Et (veillez) à ce qu'aucun homme (n'utilise) de vêtement féminin ». Cet interdit figure bien dans Dt 22,5, mais hors d'un contexte de guerre. Josèphe l'y réintroduit, en même temps que l'exclusion des femmes.[16] Cela mène à y voir une allusion à l'homosexualité que Josèphe prêtait aux Zélotes réfugiés au Temple de Jérusalem, dans la *Guerre*.[17] Cette image d'une homosexualité, réelle ou supposée, exprime deux choses : d'une part, lorsque Josèphe tente de détruire la réputation des Zélotes, il ne trouve apparemment rien de plus fort que de recourir à ce retournement de l'exclusion des femmes de la guerre en travestissement des guerriers en femmes. D'autre part, les Zélotes respectaient manifestement la loi d'exclusion des femmes hors du camp de guerre, un camp ici parfaitement homothétique de son modèle topographique et symbolique, le Temple.

D'autres récits guerriers illustrent aussi l'application de cette loi.[18]

Ainsi, dans un passage du *Testament de Juda*, Juda critique son frère Ruben pour avoir couché avec une concubine de leur père et lui vante, par contraste, sa propre attitude (Test. Jud. XIII 3) : ἐν πολέμοις οὐκ ἠπάτησέ με πρόσωπον γυναικὸς εὐμόρφου « La figure d'une jolie

---

[16] *Pace* Étienne Nodet, pour qui « le sens ne paraît pas exiger que « surtout pendant la bataille » s'applique aussi à l'homme travesti », É. Nodet, 1995, *op. cit.*, n. 6, 104.

[17] BJ IV 560–563 : « Ils prenaient sans vergogne les mœurs des femmes, arrangeaient leurs cheveux avec soin, portaient des vêtemenst féminins, s'inondaient de parfums et se faisaient les yeux pour rehausser leur beauté. Non contents d'imiter la coquetterie des femmes, ils prenaient leurs passions et, dans l'excès de leur impudence, ils imaginaient des amours contre nature. Ils se vautraient dans la ville comme dans un lupanar et souillaient la cité tout entière de leurs actions impures. Mais, avec une apparence de femme, ils avaient un bras d'assassin et, s'approchant avec une démarche lascive, ils se transformaient brusquement en guerriers, tirant le glaive de dessous leur manteau de fine étoffe et teint de couleurs brillantes, et transperçaient qui ils rencontraient. » (traduction P. Savinel, Paris, 1977).

[18] Que le roman de *Judith* en revanche n'infirme pas. Comme Esther, Judith est d'abord une séductrice ; comme Yaël, elle tue le chef ennemi par ruse. La faute est tout entière du côté d'Holopherne qui admet une femme dans son camp et dans sa tente ; tandis que Judith prend soin de maintenir les règles de pureté qui la concernent (Jdt 12,2.7.9).

femme ne m'a pas séduit, durant les guerres ». Cet écrit, par ailleurs d'allure très essénienne (voir la mention des deux esprits et de Bélial), est dominé par les deux thèmes de la guerre et de la débauche sexuelle (πορνεία). Une première partie, consacrée aux exploits militaires de Juda (Test. Jud. I–IX), exalte et valorise la figure du guerrier. Puis, après un court passage narratif, la deuxième partie (Test. Jud. XIII–XIX) n'est qu'une longue mise en garde contre le vin, les femmes et le sexe.[19] Juda lui-même est érigé en contre-modèle de la confusion, chez le même homme, de πόλεμος et πορνεία. Que la puissance du guerrier puisse se muer en puissance sexuelle est donc à la fois reconnu, et combattu sur le terrain de la morale et de la loi.

Le Pseudo-Philon inscrit la même mise en garde dans le cours de l'épopée de Qénaz, qui représente dans son récit le parangon des vertus guerrières. Après deux jours de combats où Qénaz s'est particulièrement distingué, des « hommes de peu » (*viri plebis*) entreprennent de le calomnier (LAB XXVII 2) : *Ecce nunc solus Cenez operatur cum muliere sua et concubinis suis in domo sua, et nos mittit in pugnam* « Voyez maintenant : Qénaz seul dans sa maison à s'ébattre avec sa femme et ses concubines, et il nous envoie au combat. » La fausseté de l'accusation sera doublement reconnue, par les calomniateurs d'une part, et surtout par l'exploit individuel de Qénaz détruisant à lui seul toute l'armée ennemie : la démonstration de son état de pureté est apportée alors par la présence à ses côtés, dans ce combat, de trois anges de Dieu (LAB XXVII 9).

La loi biblique d'abstinence sexuelle (Dt 23,11–12) s'est donc élargie dans le judaïsme du deuxième Temple en une loi d'exclusion des femmes. Le guerrier doit d'autant plus maîtriser son énergie sexuelle que celle-ci s'apparente à la vigueur guerrière. En conséquence femmes et sexualité, confondues dans un même rejet, sont repoussées hors des limites du camp et hors du domaine de la guerre.

L'exclusion des jeunes gens

Il est tentant de voir dans l'exclusion des jeunes, une expansion symétrique de l'exigence de maîtrise des sphincters. Qui contrôle sa peur et ses entrailles accède au statut de guerrier, donc d'adulte. Inversement

---

[19] La dernière partie (Test. Jud. XX–XXV) comprend un enseignement sur les deux esprits et une prophétie messianique.

une équivalence s'opère par glissements successifs, de la (extrême) jeunesse à l'absence de contrôle sur ses déjections, et de celle-ci à la couardise ; dans ce système où le couard ne participe pas aux combats, il demeure confiné dans l'infériorité de la jeunesse.[20]

Cette exclusion des jeunes gens prend une forme halakhique à Qoumrân. En effet, dans le *Règlement de la Guerre* cette même loi proscrivant les femmes du camp de guerre, en écartait aussi les jeunes gens. La formule complète se lit ainsi (1QM VII 3–4) :

וכול נער זעטוט ואשה לוא יבואו . . .

> Aucun jeune garçon ni aucune femme n'entreront (dans leurs camps, voir *supra*).

Cette même expression נער זעטוט ואשה « les jeunes garçons et les femmes » apparaît dans un autre manuscrit de Qoumrân, 4Q265 (4Q *Miscellaneous Rules*).[21] La halakha en question interdit la participation des femmes et des enfants au repas sacrificiel de Pessah. Ce rapprochement met en évidence que la référence aux נער זעטוט ואשה relève des règles de pureté, puisque la participation au dîner pascal

[20] Ces questions ne sont pas triviales. La halakha de Dt 23,13 sq sur les excréments continue de susciter l'étonnement des commentateurs, car les excréments ne relèvent pas en principe de la catégorie de l'impureté. Alexander Rofé la juge ainsi : « *Now hygienic procedures such as these were never comprehended under the original concept of purity and impurity* », A. Rofé, 1985, "The Laws of Warfare in the Book of Deuteronomy : Their Origins, Intent and Positivity", JSOT 32, 25. Et Jan Joosten y voit une innovation deutéronomiste explicable seulement par « une rationnalisation de la notion de sainteté », J. Joosten, 2000, "Le camp et la ville. L'arrière-plan vétéro-testamentaire d'une équation étonnante", dans M. Hengel, S. Mittmann et A. M. Schwemer éds., *La Cité de Dieu. Die Stadt Gottes*, (Tubingue : Mohr Siebeck), 133. Mais l'anthropologie, en particulier africaniste, nous a appris aussi l'importance accordée à la maîtrise des sphincters dans les rites d'initiation des jeunes gens.

[21] Le syntagme et apparent pléonasme נער זעטוט a posé bien des problèmes aux premiers éditeurs de 1QM. Voir *inter al.* J. Carmignac, 1958, *La Règle de la Guerre des Fils de Lumière contre les Fils de Ténèbres*, (Paris : Letouzey & Ané), 104 ; et B. Jongelling, 1962, *Le Rouleau de la Guerre des manuscrits de Qoumrân*, (Aix : Van Gorcum), 194. Contrairement à נער, זעטוט n'appartient pas à l'hébreu biblique ; c'est une flexion de la racine araméenne זעט, « petit, jeune ». Yigael Yadin (qui voyait par ailleurs dans cet interdit le souci d'éviter la pédérastie) a le premier souligné que l'objet de cet apparent pléonasme était de distinguer entre les deux acceptions possibles de נער : jeune combattant, ou jeune garçon, cf. Y. Yadin, 1962, *The Scroll of the War of the Sons of Light against the Sons of Darkness*, (Oxford : Oxford Univ. Press), 71. La publication de 4Q265 par J. M. Baumgarten, 1999, DJD XXXV, 62 sq, a confirmé l'existence de cette catégorie, נפר זעטוט ואשה « les femmes et les jeunes garçons », en matière halakhique à Qoumrân.

était entièrement régie par ces règles : « *The levitical purity of all who partook of the paschal lamb was consequently a cardinal requirement.* »[22] Joseph Baumgarten remarque que ces règles de pureté pouvaient être appliquées de façon plus ou moins rigoureuse : « *The practice prevalent in the late Second Temple period was evidently more lenient, as one gather from the description of Josephus.* »[23] Chez Josèphe l'exclusion du repas pascal ne concerne que les lépreux, gonorrhéens, femmes réglées et autres personnes atteintes de souillures (BJ VI 426). La règle de 4Q265 est plus stricte, mais dans les deux cas il s'agit bien de se conformer à une exigence de pureté. D'où l'on peut conclure que l'exclusion des femmes et des jeunes gens du camp, en 1QM VII 2–3, correspond également à cette exigence de pureté.[24]

À la différence de l'exclusion des femmes, celle des jeunes se fonde sur un certain nombre de sources bibliques explicites. Bien qu'aucune ne prenne cette forme légale d'un interdit, la Bible définit à plusieurs reprises des tranches d'âges correspondant à divers types d'activité sociale. La guerre y apparaît ainsi réservée aux hommes de plus de vingt ans, selon le recensement de Nb 1,2–3.[25] En dehors de la formulation halakhique de 1QM VII 2–3, cet usage est généralement aussi celui du deuxième Temple.

Dans la Bible hébraïque comme dans les écrits du deuxième Temple, trois types de populations sont concernées par ces définitions des tranches d'âge correspondant à divers types d'activités sociales :

i. Toute la population d'un groupe social. Ce peut être l'ensemble d'Israël, femmes et enfants compris (Lv 27, 3–7) ; ou le peuple des Hébreux au désert (LAB XIV) ; ou l'ensemble des membres de la communauté dans les textes de Qoumrân.
ii. Les prêtres et les Lévis.
iii. Les combattants.

---

[22] J. M. Baumgarten, 1998, "Scripture and Law in 4Q265", dans M. Stone et E. Chazon éds., *Biblical Perspectives : Early Use and Interpretation of the Bible in the Light of the Dead Sea Scrolls*, (Leyde, Boston, Cologne : Brill), 31.

[23] J. M. Baumgarten, 1998, art. cit., 31.

[24] *Contra* la rationalisation de Y. Yadin et A. Dupont-Sommer pour lesquels il s'agissait de proscrire toute activité hétéro — et/ou homosexuelle.

[25] Voir sur ce point G. Brin, 1980, "The Formulæ "From . . . and onward / upward" (ומעלה / והלא . . . מ)", JBL 99 / 2, 161–171. L'auteur y montre que l'âge de 20 ans est une exigence pour être reconnu יוצא צבא « apte pour l'armée ». Il établit également que cet âge de 20 ans constitue à la fois, dans la Bible, la durée moyenne d'une génération et l'âge de la majorité.

Un autre critère distingue ces données concernant les âges de la vie. Il peut s'agir de recensements, c'est-à-dire le dénombrement de telle ou telle catégorie à partir de la naissance ou d'un âge très tendre (un mois, trois ans, dix ans). Ou bien il peut s'agir de définir l'âge minimal requis pour accomplir une tâche, un service ; avec parfois aussi l'âge de la retraite pour ces mêmes fonctions. Par exemple Nb 3,15 prescrit de recenser les Lévis mâles depuis l'âge de un mois ; mais Nb 8,24 fixe l'âge du service des Lévis au Temple, de vingt-cinq à cinquante ans.

S'agissant des combattants la question est de déterminer à quel âge ils pouvaient rejoindre l'armée, ce qui revient à définir jusqu'à quel âge les נער זעטוט « les jeunes garçons » en étaient écartés. La question ne se pose en réalité que pour le *Règlement de la Guerre*. Tous les autre textes, bibliques (Nb 1,3) et du second Temple (11QT LVII 2–3, AJ III 288), fixent en effet l'âge minimal du recrutement à vingt ans. Mais cette indication ne figure pas dans 1QM, où l'âge le plus bas retenu semble être vingt-cinq ans. Est-ce à dire que le *Règlement* a reculé de cinq ans l'âge de la participation aux combats ? C'était l'opinion de Jean Carmignac et Yigael Yadin, et c'est encore semble-t-il celle de Lawrence Schiffman.[26]

Tout indique pourtant que l'âge minimum requis des combattants resta partout de vingt ans, y compris pour la guerre eschatologique décrite dans 1QM. Les indications figurant en 1QM et fixant l'âge minimal à vingt-cinq ans, concernent uniquement des combattant spécialisés (cavaliers, 1QM VI 14 ; diverses tâches auxiliaires, 1QM VII 2–3) et les officiers. En outre la liste des âges requis pour les différents grades débute en haut de la col. VII par un *waw*, faisant suite à la lacune habituelle du bas de la colonne précédente : ואנשי הסרך « [. . .] *et* les officiers » etc. On peut donc considérer que l'âge des hommes de troupes figurait dans la lacune ; dès lors l'argument *e silentio* que l'âge le plus bas figurant dans 1QM est de vingt-cinq ans perd beaucoup de sa force. La seule indication conservée au sujet de l'enrôlement des combattants figure en 1QM II 7–8 :

[26] J. Carmignac, 1958, *op. cit.*, 102 sq. Y. Yadin, 1962, *op. cit.*, 75–78 ; les deux arguments de Yigael Yadin reposaient sur la prohibition de l'homosexualité et l'application aux combattants des règles du service lévitique. L. Schiffman, 1988, "The Laws of War in the Temple Scroll", RQ 13, 299–311 ; après avoir noté que l'âge de l'enrôlement en 11QT est de 20 à 60 ans, Lawrence Schiffman affirme que la limite inférieure, à Qoumrân, est le plus souvent fixée à 25 ans, ce qu'il interprète, à la suite de Y. Yadin, comme une assimilation du statut du combattant à celui du Lévi.

יחלוצו להם אנשי חיל לצאת לצבא כפי תעודות המלחמה

> Ils (i.e. les chefs de la communauté) équiperont pour eux des hommes de valeur pour aller au combat conformément aux règles de la guerre.

Dans la Bible, le syntagme אנשי חיל désigne tour à tour des hommes de troupes et des officiers. On ne peut donc en déduire leur âge. La référence aux תעודות המלחמה « règles de la guerre » est circulaire puisqu'elle renvoie probablement à 1QM — ou à une autre source non biblique perdue.[27]

On trouve heureusement en 1QM II 9–10 suffisamment de données chiffrées pour en déduire l'âge des combattants. Il y est précisé que le service des armes dure trente-cinq ans, durant lesquels la préparation occupe six ans et la guerre vingt-neuf. Selon Yigael Yadin, compte tenu de l'âge maximum des combattants (soixante ans), on pouvait en déduire que l'âge minimum était de vingt-cinq ans (25 = 60–35).[28] Ce calcul présente pourtant une difficulté majeure : Y. Yadin a expliqué le glissement des vingt ans de la Torah aux vingt-cinq ans de 1QM par le rapprochement avec la pratique du service lévitique, tel que b.Ḥulin 24a l'harmonise, à partir des données contradictoires de Nb 4,23 et 8,24 : à vingt-cinq ans le Lévi débute son apprentissage du service au Temple, et à trente il l'exerce ; mais 1QM prévoit six ans d'apprentissage (et non cinq), de sorte qu'aucun guerrier, dans le système de Y. Yadin, n'aurait moins de trente et un ans.

L'erreur vient de ce que Yigael Yadin a négligé d'inclure dans son calcul les années sabbatiques durant lesquelles la guerre s'interrompt. Il faut en réalité additionner, comme l'a tôt montré André Dupont-Sommer : six ans de préparation militaire, vingt-neuf ans de guerre active, *plus* cinq années sabbatiques (correspondant aux trente-cinq années de service actif considérées).[29] Au total on aboutit ainsi à quarante années d'aptitude au service des armes. Avec un âge de

---

[27] Jean Carmignac repérait dans 1QM II 7–8 une possible influence de la tournure biblique de Nb 31,3 : הֵחָלְצוּ מֵאִתְּכֶם אֲנָשִׁים לַצָּבָא, cf. J. Carmignac, 1958, *op. cit.*, 34. Mais ça ne signifie pas que les תעודות (t^eʿwdôt, « règles ») de la guerre auxquelles se réfèrent 1QM soient à chercher dans la Torah, car la תעודה (t^eʿwdâh) à Qoumrân se distingue généralement de la Torah, voir C. Werman, 2002, "The תורה and the תעודה" Engraved on the Tablets", DSD 9 / 1, 75–103.

[28] Y. Yadin, 1962, *op. cit.*, 75–79.

[29] A. Dupont-Sommer, 1980[4], *Les écrits esséniens découverts près de la mer Morte*, (Paris : Payot, 1ère, 1959), n.2, 188.

la retraite fixé à soixante ans, la première mobilisation intervient par conséquent à vingt ans, dans le *Règlement de la Guerre* comme dans tous les autres écrits juifs.[30]

La loi rigoureuse de 1QM VII 2–3 excluait donc du camp militaire tous les mineurs de moins de vingt ans. La séparation des guerriers des jeunes gens constituait, après la mise à l'écart des femmes, le deuxième élément de leur statut particulier de pureté.

Table 1: Les âges des divers statuts et fonctions (toute la population)

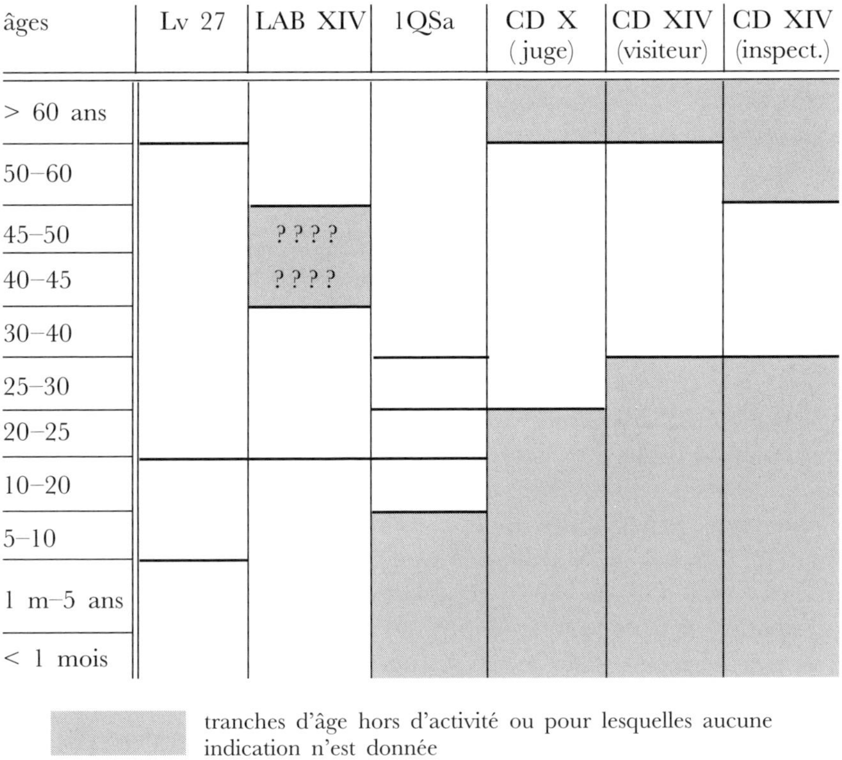
âges
Lv 27
LAB XIV
1QSa
CD X (juge)
CD XIV (visiteur)
CD XIV (inspect.)
> 60 ans
50–60
45–50
40–45
30–40
25–30
20–25
10–20
5–10
1 m–5 ans
< 1 mois
? ? ? ?
? ? ? ?

tranches d'âge hors d'activité ou pour lesquelles aucune indication n'est donnée

[30] Cet âge est conforme en outre aux indications de 1QSa I 8–11, qui fixent à vingt ans l'âge de la majorité où un homme entre dans la yahad, peut prendre femme et doit savoir distinguer le bien du mal.

Table 2: Les âges des combattants

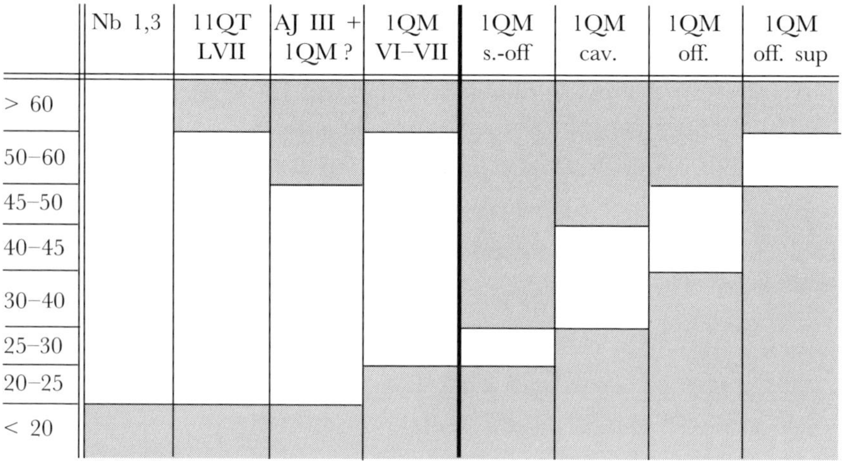
Nb 1,3
11QT LVII
AJ III + 1QM ?
1QM VI–VII
1QM s.-off
1QM cav.
1QM off.
1QM off. sup
> 60
50–60
45–50
40–45
30–40
25–30
20–25
< 20

tranches d'âge hors d'activité ou pour lesquelles aucune indication n'est donnée

Note sur le tableau 2 : les quatre colonnes de droite (1QM) détaillent par fonction et grade la donnée générale de la colonne 1QM VI–VII. L'ensemble des fonctions réunies dans cette colonne, entre 25 et 60 ans, se répartissent en : sous-officiers et/ou spécialistes ; cavaliers ; officiers ; et officiers supérieurs i.e. chefs des camps.

L'âge de *la retraite* du service armé pose aussi un problème. Contrairement à l'âge de l'enrôlement la règle n'en paraît pas fixée et continue à susciter la discussion. Nb 1,3 prescrit de recenser tous les combattants à partir de vingt ans mais ne fixe pas de limite supérieure. Dans les écrits de Qoumrân, la *Règle annexe* (1QSa I 19) ne fixe pas non plus de limite supérieure à l'activité des membres de la yahad. On peut exercer une responsabilité ou une tâche לפי כוחו « dans la mesure de ses forces », sans limite d'âge. En revanche les écrits militaires sont plus stricts. Le *Rouleau du Temple* fixe explicitement la limite à soixante ans pour les combattants.[31] Dans le *Règlement de la Guerre*, on l'a vu, cette même limite des soixante ans se déduit du nombre d'années de service sous les armes.

Une troisième règle est énoncée par Josèphe, qui fixe l'âge de la

[31] 11QT LVII 2–3 : בני ישראל מבן עשרים שנה ועד בן ששים שנה לדגליהמה « Les fils d'Israël de l'âge de vingt ans jusqu'à l'âge de soixante ans (seront recensés) selon leurs bannières. »

retraite du service à cinquante ans.[32] Cette retraite à cinquante ans peut être inspirée de l'âge auquel les Lévis cessent leur service au Temple, selon Nb 4,3 et 8,25, et selon b.Ḥulin 24a. Ou bien elle pourrait, selon Étienne Nodet, se référer à un usage romain : « C'est la norme de l'armée romaine ».[33]

Le Pseudo-Philon réduit cette limite supérieure à quarante ans (LAB XIV). Mais ce passage du LAB décrivant le recensement au désert contient manifestement une erreur : en effet Moïse recense d'abord tout le peuple de vingt à quarante ans, puis les hommes au-dessus de cinquante ans et enfin ceux en dessous de vingt ans. Tous ceux âgés de quarante à cinquante ans ont ainsi disparu de ce comput.

Il apparaît donc que, à la différence de l'accord général sur l'âge de vingt ans pour prendre les armes, l'âge de la cessation du service faisait l'objet d'une large discussion au sein du judaïsme du deuxième Temple.

Les rites de purification

Compte-tenu de ce statut de pureté particulier des guerriers, selon quels rites s'opéraient les passages d'un état dans l'autre ?

Les rites de purification, dans le judaïsme du deuxième Temple, sont bivalents. Ils permettent le passage d'un niveau de pureté à un autre dans les deux sens : du moins pur au plus pur, mais aussi du plus saint au moins saint. Les guerriers juifs de l'époque du second Temple ont affaire à trois espaces distincts dont les niveaux de sainteté et l'exigence de pureté correspondante varient : la ville, le camp de guerre et le champ de bataille. C'est au passage de l'un à l'autre

---

[32] AJ III 288 : ἑξήκοντα τῶν ὁπλιτεύειν δυναμένων, ὄντων ἀπὸ εἴκοσι ἐτῶν ἕως πεντήκοντα. « Ayant fait le compte des hommes capables de servir en armes et âgés de vingt à cinquante ans. »

[33] É. Nodet éd., 1992, *Flavius Josèphe. Les Antiquités juives. Livres I à III*, (Paris : Cerf), n. 6, 202. Cette affirmation paraît très discutable. Selon Joachim Marquardt (J. Marquardt, 1891, *De l'organisation militaire chez les Romains*, Paris), l'âge limite des légionnaires était de quarante-six ans. Tite-Live mentionne une seule occasion, lors des guerres contre Persée, où cette limite aurait été repoussée à cinquante ans (XLII 33,4) : « *Deinde, quo ueteres centuriones quam plurimos ad id bellum scribi censuisset, nec ulli, qui non maior annis quinquaginta esset, uacationem militiæ esse.* » Ygael Yadin rajoute parmi ses « age-grouping of the Roman militia », la catégorie des « Seniores *(garrison army) 47–60 (years old)* », voir Y. Yadin, *op. cit.*, 1962, n. 7, 76. La « norme romaine », si elle existe, serait donc selon les cas de quarante-six ou de soixante ans, pas de cinquante.

de ces espaces qu'interviennent les rites de purification. Selon nos textes, trois moments requièrent particulièrement ces rites de passage : de la ville au camp de guerre ; du camp au combat ; du champ de bataille et de la guerre à la ville.[34]

De la ville au camp

À la veille de traverser le Jourdain, Josué ordonnait à tous les Hébreux de se sanctifier (הִתְקַדָּשׁוּ « Sanctifiez-vous », Jos 3,5) avant d'entrer pour la première fois en erets-Israël. C'est une sanctification analogue qu'accomplissent les hommes d'Israël lorsqu'ils quittent leurs villes pour rejoindre le camp des guerriers.[35]

Nos textes ne conservent guère de traces d'un rite particulier, comme si cette sanctification s'opérait *ipso facto*, du fait de la double séparation des guerriers d'avec les femmes et les enfants, et de leur entrée dans l'espace saint du camp.[36] Il semble admis que chacun connaît l'état de pureté dans lequel il doit se trouver pour entrer dans le camp, comme il le connaît pour entrer dans le Temple.

Pourtant la Judée du deuxième Temple pratiquait à l'évidence un rite collectif de purification de l'armée. En témoigne ce passage de la *Guerre des Juifs* où Josèphe met en scène la trahison de Jean de Gichala au profit des Zélotes. Jean y prévient les Zélotes, repliés sur le mont du Temple, d'une ruse de guerre d'Ananus pour les en déloger (BJ IV 218) : ἁγνείαν δὲ παρηγγελκέναι κατ᾽ αὐτῶν εἰς τὴν ἑξῆς ἡμέραν, ἵν᾽ ἢ κατὰ Θρησκείαν εἰσελθόντες ἢ καὶ βιασάμενοι συμμίξωσιν αὐτοῖς. « Contre eux (i.e. les Zélotes), il (i.e. Ananus) avait ordonné une purification pour le lendemain dans le but, soit en entrant grâce à la célébration, soit en usant de violence, de les attaquer. » Cela signifie qu'il existait donc un rite collectif (Θρησκεία) de purification

[34] En effet le camp de guerre ne paraît pas se reconstituer après la bataille. Il n'y a donc pas de passage, au retour, de la bataille vers le camp. Les guerriers victorieux ont alors clôt la guerre mais ne sont pas encore revenus à la vie civile : ils rejoignent la ville au terme d'un certain nombre de rites, souvent complexes et décomposés, qui accompagnent et accomplissent ce changement.

[35] Sur la « consécration » (קדש) des guerriers et des batailles dans les écrits prophétiques, voir Es 13,3, Jr 6,4, 22,7, 51,27, Jl 4,9 et Mi 3,5.

[36] Dans la Torah (Dt 24,5) une exemption de service d'un an pour le nouveau marié soulignait le départage entre la sexualité civile et l'abstinence du camp ; reprise dans la Michna elle y est formulée en termes de passage et de mouvement, ou plus exactement de non-passage (M.Sota VIII 4) : ואלו שאין זזין ממקומן « Ceux-là ne partiront pas de chez eux. »

(ἁγνεία) d'une armée, suffisamment connu et respecté pour que sa légitimité ait pu être admise par les factions rivales. De nombreux témoignages attestent l'existence de rites analogues de purification collective dans beaucoup d'armées de l'Antiquité, mais il importe de distinguer soigneusement à quel moment se situent ces purifications. La signification du rite diffère en effet selon qu'il intervient au moment de constituer l'armée, à la veille d'une bataille, juste après une défaite, chaque année à la même époque ou en d'autres circonstances encore.[37]

L'important, dans la ἁγνεία mentionnée par Josèphe, est qu'elle doive se dérouler au Temple de Jérusalem. Dans le cas particulier de l'armée d'Ananus, cela est de peu de conséquence puisqu'elle était, comme celles des autres factions, enfermée dans la ville. Mais l'existence d'une cérémonie de purification collective se déroulant dans le Temple signifie que, dans d'autres circonstances, le rite intervenait nécessairement au moment de la formation de l'armée, et avant qu'elle ne s'organise en ses camps. C'est-à-dire que nous possédons là un des rares témoignages des rites de passage de l'état pacifique à l'état de guerre, de la ville au camp.

Mais les deux moments dont les rites sont le plus détaillés, dans les textes, sont ceux du passage du camp à la bataille, puis du retour de la guerre à la paix.

Du camp au combat

Le modèle biblique des rites à accomplir dans ce moment figure en Dt 20,2–8. Ces rites s'organisent en une séquence binaire : d'abord la harangue adressée par le prêtre à l'armée (Dt 20,2–4) ; ensuite le renvoi à leurs foyers des « inaptes », c'est-à-dire de tous ceux qu'une situation particulière, ou la couardise, doit écarter des combats (Dt 20,5–8). Ces rites accomplis, les officiers de l'armée sont désignés (Dt 20,9).

Une mise en œuvre particulièrement développée de ce modèle est décrite en 1 M 3,46–60.[38] L'épisode intervient lorsque Juda doit

---

[37] Voir *inter al.* : la réunion de l'armée de Xerxès, Hérodote VII 39–40 ; la purification de l'armée de Jules César avant la bataille de Pharsale, Plutarque, *César* XLIII 3 ; la purification d'une armée hittite après une défaite, O. MASSON, 1950, “À propos d'un rituel hittite pour la lustration d'une armée : le rite de purification par le passage entre les deux parties d'une victime”, RHR 137, 5–20 ; la lustration vernale de l'armée macédonienne au début du mois de Xanthos, M. LAUNEY, 1949–1950, *Recherches sur les armées hellénistiques*, (Paris : De Boccard).

[38] Cette séquence rituelle de préparatifs guerriers est analysée dans B. BAR-

affronter pour la première fois une véritable armée grecque, expédiée en Judée par les Séleucides. Les Maccabéens réunissent leur camp de guerre à Masphat (Μασσηφα), c'est-à-dire à l'endroit où Samuel, selon 1 S 7, avait réuni l'armée d'Israël lors d'une offensive des Philistins (מִצְפָּה, Miṣ[e]ppâh). Le choix du lieu marque ainsi la volonté des dirigeants maccabéens d'enraciner leur combat dans les traditions bibliques. Cette volonté s'exprime aussi dans le déroulement des rites préparant la bataille. La plus grande partie s'en accomplit au camp de Masphat, en dépit de la difficulté suscitée par l'absence des prêtres. La séquence en est la suivante : i. Jeûne et deuil de l'armée. ii. Consultation de l'oracle dans la Bible. iii. Les prêtres absents sont symboliquement représentés par les vêtements sacerdotaux : cette présentation se substitue ici à la harangue de Dt 20,2–4. iv. Prière collective de l'armée. v. Sonnerie des trompettes et clameur de guerre (תְּרוּעָה t[e]rw'âh). vi. Désignation des officiers. vii. Renvoi des inaptes à leurs foyers. Ensuite l'armée se déplace vers le front où, avant d'attaquer l'ennemi, Juda Maccabée prononce une harangue.

Juda a donc compliqué et enrichi le rite prescrit en Dt 20. Et, en partie sous l'effet des circonstances (l'absence de prêtres), il en a modifié l'ordonnance : l'exposition des vêtements sacerdotaux, la prière et la clameur se substituent à la harangue du prêtre ; les officiers sont nommés avant de renvoyer les inaptes, non après ; enfin Juda lui-même, chef militaire mais pas prêtre, prononce une harangue. Cependant l'ordre général de la séquence a été respecté : d'abord le réconfort sacerdotal, puis le renvoi des inaptes. Quant au jeûne de l'armée, il trouve son inspiration scripturaire dans le récit de Samuel à Miṣ[e]ppâh, qui avait déjà inspiré le choix du lieu (1 S 7,6) : וַיָּצוּמוּ בַּיּוֹם הַהוּא « et ils jeûnèrent ce jour-là » — dont 1 M 3,47 offre une citation littérale.[39]

Juda redéfinissait ainsi, en puisant dans la Bible hébraïque, un paradigme des rites de passage du camp au combat, par la suite mis en œuvre durant toute la période tardive du judaïsme du deuxième Temple. Nous le présenterons ici dans l'ordre de la séquence rituelle.

Kochva, 1989, *Judas Maccabaeus. The Jewish struggle against the Seleucids*, (Cambridge : Cambridge Univ. Press), 249–260. Bezalel Bar-Kochva compare encore ces rites de 1 Maccabées à ceux décrits dans la Michna (M.Sota VIII), dans l'appendice G : "The ceremony at Mizpah and the chapter on '(the Priest) Anointed for Battle' in the mishnaic tractate Sotah", 494–499.

[39] καὶ ἐνήστευσαν τῇ ἡμέρᾳ ἐκείνῃ. Par ailleurs, la question peut se poser pourquoi Juda n'a pas repris aussi le rite de la libation d'eau accomplie par Samuel et les siens à Miṣ[e]ppâh. Ce rite n'apparaît nulle part ailleurs dans la Bible hébraïque.

Jeûne et prières de l'armée

Il n'est pas rare, dans les récits de la Bible hébraïque comme dans ceux des écrits juifs ultérieurs, de voir des populations entières s'adonner à des jeûnes et à des rites de deuil, pour s'attirer la faveur divine lors de l'invasion d'une armée ennemie. Ces jeûnes collectifs ne doivent pas être confondus avec celui que pratique une armée réunie dans son camp, où elle se trouve déjà séparée du reste de la population. L'innovation introduite par Juda est d'avoir interprété le texte incertain de 1 S 7,6 comme le témoignage d'un jeûne des guerriers au camp, et de l'avoir mis en application dans son armée.

Bezalel Bar-Kochva, jugeant que ce jeûne affaiblissait les guerriers avant la bataille, en a conclu que celui de Masphat était « *peculiar to the circumstances* », et ne reflétait pas un rite régulier de préparation au combat : « *The fasting, accompanied by practices like tearing garments and putting on sackloth, was declared in order to lament the destruction of the city, the defilement of the Temple, and the profanation of the Torah scrolls.* »[40] Le fait est que ce passage de 1 Maccabées constitue l'unique mention d'un jeûne de l'armée avant les combats. Mais il faut considérer aussi que ce passage est le seul qui donne une description complètes des rites préparatoires, et de passage du camp au champ de bataille. Ainsi le caractère unique de la mention du renvoi des inaptes ne conduit pas à la conclusion que ce rite biblique fut exceptionnellement appliqué en cette seule occasion. De même s'agissant du jeûne. Celui-ci appartient indiscutablement à la séquence des rites d'avant le combat, comme en atteste Flavius Josèphe à deux reprises. D'une part dans sa paraphrase de 1 S 7,6.[41] D'autre part et surtout, dans le récit de ses aventures à Tibériade : Josèphe, alors en charge de la Galilée, y affronte une assemblée houleuse agitée par des meneurs hostiles. Dans une surenchère de stratagèmes rhétoriques, ses adversaires suggèrent d'abord d'envoyer Josèphe combattre au loin. Josèphe réplique en proposant de partager le commandement avec ses opposants ; embarrassés, ceux-ci obtiennent un délai en réclamant une journée de jeûne avant les combats. Ce jeûne a explicitement pour objet d'obtenir l'appui divin dans les

[40] B. Bar-Kochva, 1989, *op. cit.*, 494. Voir aussi 251 et 253. La « profanation des rouleaux de la Torah » est une interprétation propre à Bezalel Bar-Kochva de 1 M 3,48.

[41] AJ VI 22 : καὶ διανηστεύσαντες ὅλην τὴν ἡμέραν ἐπ' εὐχὰς τρέπονται « Et, tout en jeûnant la journée entière, ils s'occupèrent à des prières. »

combats à venir, Vita 290 : εἰσηγεῖτο τοῖς πλήθεσι πανδημεὶ νηστείαν εἰς τὴν ἐπιούσαν τῷ Θεῷ προθέσθαι· καὶ κατὰ τὴν αὐτὴν ὥραν ἐκέλευεν εἰς τὸν αὐτὸν τόπον ἀνόπλους παρεῖναι, τῷ Θεῷ φανερὸν ποίησοντας ὅτι μὴ τῆς παρ' ἐκείνου τυγχάνοντες βοηθείας πᾶν ὅπλον ἄχρηστον εἶναι νομίζουσιν. « Il soumit au peuple assemblé la proposition pour le lendemain d'un jeûne offert à Dieu ; et il appelait à venir sans armes à la même heure au même endroit, montrant ainsi à Dieu que sans secours de sa part on jugeait toute arme inutile. » Bien qu'elle soit ici détournée à des fins politiques, la signification du rite est donnée : l'affaiblissement physique provoqué par le jeûne exprime la confiance des guerriers en la puissance divine au combat.

Enfin on doit prendre en compte un certain nombre de rites analogues rapportés en 2 Maccabées, dans ce moment du passage du camp au combat. Le jeûne n'y est pas toujours mentionné mais parfois seulement des rites de deuil et de renoncement, identiques à ceux qui accompagnent le jeûne en 1 M 3,47. Trois récits : le premier se situe à la veille de la première bataille contre Nicanor, après que les couards ont quitté l'armée mais avant la harangue de Juda. Ceux décidés à se battre vendent alors tous leurs biens et adressent des prières collectives à Dieu (2 M 8,14–15).[42] Le deuxième : face au tyran Timothée, l'armée maccabéenne pratique les mêmes rites de deuil que ceux décrits en 1 M 3,47 (2 M 10,25) : γῇ τὰς κεφαλὰς καταπάσαντες καὶ τὰς ὀσφύας σάκκοις ζώσαντες « Ils couvrent leurs têtes de terre et ils ceignent leurs reins de sacs. » Dans cet état l'armée prononce des prières ; ensuite elle s'arme et se rend sur les lieux du combat (2 M 10,26–27). On nous montre enfin, lors de l'expédition d'Antiochos V, l'armée judéenne pratiquant un jeûne de trois jours accompagné de rites de deuils et de prières collectives (2 M 13,10–12). Aussitôt après Juda prononce la harangue et donne l'ordre d'attaquer l'ennemi.[43]

Les textes établissent donc que ces rites de deuil, de jeûne et de prières collectives faisaient partie de la panoplie des rites de passage

[42] 2 M 8,14 : οἱ δὲ τὰ περιλελειμμένα πάντα ἐπώλουν « Ils vendaient tout ce qui leur était resté. »

[43] 2 M 13,12 : πάντων δὲ τὸ αὐτὸ ποιησάντων ὁμοῦ καὶ καταξιωσάντων τὸν ἐλεήμονα κύριον μετὰ κλαυθμοῦ καὶ νηστειῶν καὶ προπτώσεως ἐπὶ ἡμέρας τρεῖς ἀδιαλείπτως παρακαλέσας αὐτοὺς ὁ Ιουδας ἐκέλευσεν παραγίγνεσθαι. « Ayant tous fait cela ensemble, et durant trois jours sans interruption rendu hommage au Seigneur miséricordieux avec lamentation, jeûnes et prosternation, Juda, après les avoir exhortés, leur ordonna de se tenir prêts. »

d'une armée juive du camp au combat. On peut envisager qu'ils n'aient pas été systématiquement pratiqués mais qu'on y recourût en fonction de la gravité de la situation. En revanche, dans cette affaire, la rationalisation suggérée par Bezalel Bar-Kochva se révèle à l'opposé de ce qui fait l'efficacité du rite : c'est précisément en s'affaiblissant eux-mêmes en apparence (jeûnes, renoncements, rites de deuil) et au prix de cet affaiblissement, que les guerriers d'Israël obtiennent le soutien de la divinité qui les rend effectivement plus forts.[44]

La harangue

Le modèle de la harangue de guerre, dans la Bible, a été longuement analysé par Edgar Conrad dans sa grande étude des péricopes אַל־תִּירָא ('al-ṭîrâ', « N'aies pas peur ! »).[45] Une des conclusion les plus intéressantes de Edgar Conrad fut de dégager *deux* traditions de la harangue 'al-ṭîrâ'. L'une, deutéronomiste et rattachée à la figure paradigmatique de Josué, le guerrier « *actively involved in fighting battles* », signifie : « Ne crains pas *de combattre* l'ennemi car le Dieu guerrier t'accompagne. » L'autre, attribuée au Chroniste, est illustrée par la figure d'Abraham (« *not a conventional warrior* »), à qui YHWH seul garantit victoire et descendance ; elle signifie : « Ne crains pas la venue de l'ennemi que *tu n'as pas à combattre* car Dieu seul décide de la marche et du sens de l'histoire. »

Dans les écrits du deuxième Temple, on trouve aussi mention d'un grand nombre de harangues prononcées à l'orée des combats, sous forme de récits historiques (1 et 2 Maccabées, LAB) ou sous forme de prescriptions halakhiques (1QM, Michna).[46] Toutes ces harangues

---

[44] « *A fast before battle would reduce the physical strength of the soldiers* », B. BAR-KOCHVA, 1989, *op. cit.*, 251 (et voir aussi la n. 95). Bezalel Bar-Kochva est mieux inspiré lorsque, contraint par le récit du jeûne de 1 M 3,47, il lui suppose des vertus morales et psychologiques : « *But the contribution to morale made by the fast and the accompanying ceremony was more significant for the success of the battle* », *ibid.*

[45] E. W. CONRAD, 1985, *Fear not Warrior : A Study of the 'al tira' Pericopes in the Hebrew Scriptures*, (Chico : Scholars Press). Edgar Conrad y définit ainsi les éléments constitutifs de la harangue deutéronomiste : i. *Assurance* : « Ne crains pas » etc. ii. *Encouragement* : « Sois fort » etc. iii. *Object of fear* : désignation de l'ennemi ou des ennemis. iv. *Basis of assurance* : la présence de YHWH aux côtés des combattants. v. *Orders* : l'ordre de combattre. vi. *Directive and promise* : objectifs de la guerre et gains à en attendre. Tous les six éléments ne sont pas systématiquement présents dans toutes les formulations de la harangue ; en outre ils peuvent se présenter dans un ordre différent selon les types de guerres et les écrits.

[46] 1 M 3,18–22, 3,58–60, 4,8–11, 4,30–33, 7,40–42, 9,8–10, 11,71 ; 2 M 8,16–20, 12,6.28, 13,12.14, 15,8–16.21–24, LAB XXVII 7–8 ; 1QM VII 12, X 2–4, X 8–XII 15, XV 4–5, XV 7–XVI 1, XVI 15–XVII 9 ; M.Sota VIII 1.

ont en commun, pour suivre le bipartition de Edgar Conrad, de s'inspirer plus du modèle deutéronomiste (et particulièrement de Dt 20,3–4) que du Chroniste.[47] La toute-puissance de Dieu et son appui aux combattants juifs, ne les dispensent pas de combattre.

D'une façon générale les harangues du deuxième Temple s'articulent plutôt autour de ces deux éléments fondamentaux : i. l'appel à l'assistance divine ; et ii. la désignation-identification de l'ennemi comme ennemi de Dieu. Ces deux éléments sont présents ensemble dans la presque totalité des harangues. Et lorsque celles-ci se réduisent à une prière prononcée publiquement par le prêtre ou le chef des armées, ils en constituent le contenu (voir *inter al.* 1 M 4,30–33 et 7,40–42).

Sur ce noyau central vient fréquemment se greffer l'encouragement à combattre vaillamment. Cet élément de la harangue est lui-même inspiré du Deutéronome et de l'injonction adressée par Moïse aux Hébreux à la veille de la Conquête (Dt 31,6) : חִזְקוּ וְאִמְצוּ « Soyez forts et courageux » ; quand il n'en est pas la citation explicite (1QM XV 7), ou implicite (1QM XVII 4). Cet appel au courage des combattants constitue la part la plus personnelle des harangues, dans laquelle le vocabulaire de l'héroïsme, outre le recours aux expressions bibliques, s'exprime de façons variées mais voisines.[48] À ces encouragements, on peut assimiler deux série d'arguments fréquemment avancés mais ne figurant pas dans le modèle biblique de la harangue. D'une part l'argument stratégique, que le nombre n'est pas décisif à la guerre (voir 1 M 3,17–18, 4,8 ; 2 M 8,16). Cet « argument du nombre » est adapté à la fois à l'idéologie d'une victoire dépendant uniquement de Dieu et au type de guerre que mènent les Juifs à la fin de l'époque du deuxième Temple. Il sous-tend tout le *Règlement de la Guerre* dans lequel un reste d'Israël, גולת בני אור, « l'exil des fils de Lumière » (1QM I 3), combat seul contre tous (voir חיל כול

[47] Dt 20,3–4 est explicitement cité dans 1QM X 2–4 et dans la M.Sota VIII 1.

[48] La figure de l'héroïsme n'incite pas à la fantaisie. Dans 1 Maccabées Juda recommande à ses guerriers de se montrer « puissants » (δυνατοί, 1 M 3,58) et de mourir « avec bravoure » (ἐν ἀνδρείᾳ, 1 M 9,10). L'auteur du 1 Maccabées semble s'être laissé entraîner par la rhétorique lorsqu'il place dans la bouche de Juda, à l'heure de succomber, un souci très grec de sa gloire posthume (1 M 9,10) : καὶ μὴ κατλίπωμεν αἰτίαν τῇ δοξῃ ἡμῶν « Ne laissons pas derrière nous une tache sur notre gloire. » Dans 2 Maccabées Juda exhorte ses hommes à γενναίως ἀγωνίσασθαι « combattre noblement » (2 M 8,16 et 13,14). Dans 1QM le prêtre entonne un hymne de victoire où il est question de גבור « preux », de איש כבוד « homme glorieux » et de עושי חיל « accomplisseurs d'exploits » (1QM X 10–11).

הגוים הנקהלים « l'armée de toutes les nations rassemblées », 1QM XIX 10). Il est poussé à l'extrême limite par le Pseudo-Philon décrivant le combat de Qénaz seul contre tous les Amorites (LAB XXVII 7–8).[49] L'argument du nombre s'accompagne d'autre part presque nécessairement de l'appel à la piété des combattants, puisque c'est elle qui va leur valoir l'appui divin (voir *inter al.* 2 M 15,24). La dialectique guerrière mêle donc indissolublement les deux vertus de courage et de piété, avec la promesse de l'appui divin contre un ennemi nombreux mais impie.

L'élément le plus intéressant des harangues reste cependant la façon dont elles caractérisent cette puissance divine dont l'appui est invoqué. Tandis que les discours héroïques ne se prêtent guère à la diversité, les conceptions du Dieu guerrier exprimées dans ces harangues révèlent d'importantes différences.

Edgar Conrad repérait deux figures du Dieu vainqueur dans les harangues bibliques : pour le Deutéronomiste YHWH marche aux côtés des combattants et les protège (Dt 20,4) ; en revanche chez le Chroniste la guerre est l'affaire exclusive de la divinité, et il convient de ne pas combattre mais de la laisser entre Ses mains (2 Ch 20,15b).

Les trois principales sources du deuxième Temple (1 et 2 M ; 1QM) développent trois autres représentations du Dieu guerrier. Dans 1 Maccabées transparaît une forte influence hellénistique : YHWH y est celui qui accorde seul la victoire, en dépit de tous les rapports de force apparents, un peu à l'instar de la Τύχη ou de la *Fortuna* (voir 1 M 3,19.60). Des rites appropriés, clameur de guerre (t^erwʿâh) et prières, permettent de se concilier le soutien divin.[50]

Pour Jason de Cyrène (2 Maccabées), la toute-puissance de YHWH constitue la seule explication possible aux victoires maccabéennes. Il ne s'agit plus seulement d'une divinité faisant, depuis les cieux, pencher la balance en faveur des siens dans un affrontement entre humains. Le Dieu tout puissant se manifeste ici par des interventions surnaturelles dans le cours de l'histoire, voir *inter al.* 2 M 8,18 : ἡμεῖς

---

[49] En dépit de cette solitude du héros, la prière de Cenez avant le combat présente tous les caractères de la harangue rituelle. Pour Pierre Clastres, la figure du combattant qui affronte seul le camp ennemi définit l'horizon ultime et inévitable du guerrier, perçu comme un « être-pour-la-mort », dans les sociétés primitives, voir P. Clastres, 1977, "Malheur du guerrier sauvage", *Libre 2*, 93 sqq.

[50] La clameur, voir 1 M 4, 10 : καὶ νῦν βοήσωμεν εἰς οὐρανόν, εἰ Θελήσει ἡμᾶς « Et maintenant clamons vers le ciel, pour qu'il nous soit favorable. » Les prières, voir 1 M 4,30–33 et 7,41–42.

δὲ ἐπὶ τῷ παντοκράτορι Θεῷ, δυναμένῳ καὶ τοὺς ἐρχομένους ἐφ᾿ ἡμᾶς καὶ τὸν ὅλον κόσμον ἑνὶ νεύματι καταβαλεῖν πεποίθαμεν. « Nous, nous avons foi dans le Dieu tout-puissant, capable de renverser d'un signe de tête ceux qui avancent contre nous, et le monde tout entier. » Ces signes visibles d'interventions surnaturelles sont nombreux dans le récit des guerres de 2 Maccabées.[51] Différence fondamentale avec les récits de 1 Mac-cabées : on n'a pas affaire ici à une divinité de l'instant opportun, de l'occasion ou de la circonstance. Le Dieu de 2 Maccabées est ὁ δίκαιος κριτὴς Θεός « le juste juge divin » (2 M 12,6). Les combattants fidèles et pieux ont été jugés sur leur comportement : « Il (i.e. Dieu) accorde la victoire à ceux qui la méritent », τοῖς ἀξίοις περιποιεῖται τὴν νίκην (2 M 15,21). On n'est plus dans l'univers capricieux d'une toute puissance divine qu'il faut se concilier, mais dans celui rigoureux de la justice immanente. Les Maccabées l'emportent parce que leur cause est juste, tandis que celle de leurs adversaires ne l'est pas.[52]

Enfin dans le *Règlement de la Guerre* s'exprime une troisième conception, d'un Dieu maître absolu du déroulement de l'Histoire et de toutes ses vicissitudes. Dans cette représentation, c'est moins Dieu qui choisit son camp, que les fils de Lumière qui rallient le camp de Dieu. Comme plusieurs autres traités qoumrâniens, le *Règlement* est destiné à « un homme sage », à celui qui sait les choses, למשכיל (1QM I 1). Ce savoir particulier est précisément celui de la mainmise divine sur l'Histoire. Les harangues de 1QM, lorsqu'elles mentionnent la puissance divine, insistent sur ces deux aspects : d'une part l'espérance messianique jusque dans les moments difficiles (1QM XI 5–9), et la certitude prophétique de la victoire finale (1QM XI 11 sq).[53] D'autre part l'accès à la compréhension des רזי אל, des « mystères de Dieu » (1QM XI 10–11, XVI 16, XVII 9) : c'est-à-dire à la compréhension que la volonté divine continue de s'exercer même lorsque les choses semblent tourner mal pour ses fidèles. Cette conception

[51] Voir par exemple les cavaliers célestes en 2 M 10,29–30 ; moins spectaculaire mais relevant du même ordre, le songe oraculaire de Juda en 2 M 15,12–16. Sur l'historiographie comparée de 1 et 2 Maccabées, voir U. Rappaport, 1997–1998, "L'historiographie du premier livre des Maccabées", AEPHE 106, 221–222.

[52] Les Maccabéens défendent « les lois, leur patrie et le Temple » (2 M 8,21, 13,10.14) ; tandis que leurs ennemis sont injustes (2 M 8,16), contre les lois (2 M 8,17) et ne respectent pas leurs serments (2 M 15,10).

[53] Voir en particulier 1QM XI 11, dans la lecture généralement admise (Dupont-Sommer *et al.*), comme dans la variante Carmignac : ומאז השמ]עתנו מ[ועד גבורת ידכה בכתיים (Carmignac : השמ]רתה) « Depuis longtemps tu nous as annoncé (var : tu as mis en réserve) le temps des prouesses de ta main contre les Kittim. » Suit la citation d'Es 31,8.

déterministe est incompatible avec celle qui s'exprimait en 2 Maccabées : là, les mérites des combattants (ἀξίοι) leur valaient l'appui divin ; ici, le secours vient de Dieu en raison de sa seule miséricorde, et non du mérite de ses fidèles. Voir 1QM XI 3–4 :

הושעתנו פעמים רבות בעבור רחמיכה ולוא כמעשינו אשר הרעונו

> Tu nous as sauvés beaucoup de fois, à cause de ton amour et non selon nos actions que nous avons commises dans le mal.

Ainsi la harangue rituelle se révèle-t-elle d'une labilité suffisante pour permettre à des courants différents d'y exprimer leur théologie, fondée sur des principes éloignés voire incompatibles.

Le renvoi des inaptes

Le renvoi des inaptes constitue le dernier moment de la séquence rituelle précédant les combats. L'inaptitude visée ici n'est pas en effet d'ordre physiologique mais uniquement rituelle. La loi du renvoi à leurs foyers d'un certain nombre de combattants, en raison de leur situation particulière, est formulée en Dt 20,5–8. Des officiers nommés les שֹׁטְרִים (šōṭᵉrîm) invitent à se retirer deux catégories de guerriers jugés inaptes aux combats.

D'une part ceux qui se trouvent, dans leur vie privée, dans une situation transitoire, marquée par l'inachèvement : fiançailles interrompues, maison bâtie mais non encore occupée, vigne plantée mais non encore vendangée. Leur posture est « liminaire », au sens que donne Arnold Van Gennep à ce mot.[54] Ce caractère liminaire distingue le fiancé qui n'a pas encore pris femme, présent au camp mais éloigné des combats, du jeune marié dispensé de tout service des armes (Dt 24,5). Le caractère incertain et transitoire de cette position explique aussi qu'on attende les derniers moments précédant la bataille pour les renvoyer chez eux.

D'autre part les couards, effrayés par la proximité du combat. Cette association des couards aux autres formes d'inaptitude permet sans doute de comprendre ce qui fonde leur caractère commun. On

---

[54] Gerhard von Rad rappelait que « *anyone who had anything to inaugurate, was threatened to an unusual extent by demons* », G. von Rad, 1966, *Deuteronomy, A Commentary*, (Londres), *in loc.* Francis Schmidt juge qu'ils sont « écartés du camp parce qu'ils brouillent les frontières de la guerre et de la paix », F. Schmidt, 1994, *op. cit.*, 79. En revanche l'analyse d'Alexander Rofé qui voit dans ces exemptions un élément de « *universal compassion* » caractéristique de l'idéologie du Deutéronome est peu convaincante, A. Rofé, 1985, art. cit., 23–44.

a défini ces situations comme liminaires, c'est-à-dire caractérisées par un moment de transition dans le passage entre deux états. Quel passage et quels états ? Symboliquement se rejoue dans chacune de ces situations, et quel que soit l'âge de l'homme concerné, le passage de la jeunesse à la maturité. Femme, maison et vigne sont, pour le rite, des « premières fois ». La peur qui s'empare de certains, les renvoient à une époque où ils n'avaient jamais encore connu la guerre. Le renvoi des inaptes constitue un ultime rite de purification avant la bataille, par séparation de tous ceux que leur situation assimile à de trop jeunes gens.

Ce rite fut-il en usage dans les armées de la fin du deuxième Temple ?

La question a été posée par Bezalel Bar-Kochva qui, dans le cadre d'une discussion sur l'ancienneté de la distinction michnique entre « guerre de r^{e}šwt » (facultatives) et « guerre de miṣwâh » (obligatoires), y a apporté une réponse négative.[55] Le raisonnement de B. Bar-Kochva est le suivant : il compare les rites préliminaires de Masphat (1 M 3,46–60) avec ceux décrits dans la Michna (M.Sota VIII), puisque les uns et les autres sont fondés sur l'interprétation des règles de Dt 20,1–9. Or la Michna établit clairement que le renvoi des inaptes se pratiquait seulement durant les guerres de r^{e}swt, facultatives (M.Sota VIII 7). Dans la mesure où les guerres de Juda, engageant le destin du peuple juif et se déroulant en erets Israël, appartiennent objectivement à la catégorie michnique des guerres de miṣwâh, obligatoires, il faut en conclure : a) soit que Juda ne pratiquait pas le renvoi des inaptes ; b) soit que la distinction michnique entre les deux types de guerre n'était pas en usage à l'époque maccabéo-asmonéenne. Compte tenu des attestations du renvoi des inaptes dans plusieurs écrits de l'époque tardive du deuxième Temple, plusieurs chercheurs se sont ralliés à cette seconde conclusion.[56]

Bezalel Bar-Kochva, qui en tient au contraire pour l'ancienneté de la distinction, s'efforce donc de montrer que le récit du renvoi des inaptes par Juda en 1 M 3,56, ne relève pas de la halakha mais seulement de considérations tactiques.[57] Cette position est déjà dif-

[55] B. Bar-Kochva, 1989, *op. cit.*, 257 et 494–496.
[56] Voir *inter al.* Y. Yadin, 1962, *op. cit.*, 65–70.
[57] « *The force had to be reduced fot tactical reasons* », B. Bar-Kochva, 1989, *op. cit.*, 257. Et : « *The classification and selection were made first of all for practical military reasons, and not halakhic ones* », *ibid.*, 495.

ficile à tenir dans la mesure où 1 M 3,56 se réfère explicitement et en détail aux règles et aux cas d'exemption prévus en Dt 20,5–8.[58] Elle devient indéfendable dès lors qu'on prend en considération toutes les attestations de ce rite dans les autres écrit juifs de la période. Ces écrits appartiennent à des courants distincts au sein du judaïsme, ce qui tend à accréditer l'idée que le rite était partout admis et pratiqué. Avec cette restriction que le rite est souvent réduit au renvoi des couards, tandis que les trois cas deutéronomiques d'inaptitude au combat y apparaissent parfois ignorés ou mal compris.

Le *Règlement de la Guerre* (1QM X 5–6) fait prononcer le renvoi par ces même officiers (שוטרים šōṭ^e^rîm) nommés en Dt 20,5. Mais il n'est pas fait mention des trois situations liminaires ; ne sont concernés que les couards, כול מסי לבב « tous les cœurs fondus ». Il est possible que ceux-ci désignent par métonymie l'ensemble des cas d'inaptitude. Il est envisageable aussi que le *Règlement* témoigne déjà d'une évolution tendant à réduire les cas d'exemption, et à les limiter aux couards, particulièrement lors des guerres essentielles pour Israël. Ce maintien du rite ne constitue pas une spécificité sectaire du rouleau qoumrânien puisqu'on le retrouve mentionné dans les écrits de Philon et de Josèphe, puis dans la Michna.

Philon envisage à deux reprises la question du renvoi des inaptes. Dans le *De Agricultura* il ne traite que des trois situations liminaires entraînant l'inaptitude mais pas de la lâcheté. Dans le *De Virtutibus* en revanche, en un passage où il traite du courage à la guerre (ἀνδρεία), il évoque successivement le renvoi τοὺς κατεπτηχόσας καὶ δειλούς « des peureux et des lâches » (*Virt.* 23), puis les trois cas d'exemption. Le renvoi des couards ne semble pas lui poser de problème tant il est justifié pour des raisons militaires : d'une part la peur est contagieuse et affaiblit l'armée. ; d'autre part elle doit être considérée comme une maladie durable (νόσος) justifiant l'exemption au même titre qu'une infirmité (*Virt.* 24–26).

En revanche la question des inaptitudes de Dt 20,5–7 suggère à Philon deux types d'explications très différentes. En *Agric.* 149–156,

[58] À la différence de beaucoup d'autres textes qui mettent l'accent sur le renvoi des couards, soit en le plaçant en tête des motifs de renvois (AJ IV 298, *Virt.* 22–30), soit en résumant l'ensemble des inaptitudes à celle-ci (1QM X 5–6). Pour les écrits du deuxième Temple, la question du renvoi des couards de l'armée paraît en effet avoir constitué un problème (voir 2 M 8,13), dont la solution exigeait les autres formes d'inaptitude : comme l'explique R. Yosé le Galiléen (M.Sota VIII 5) ces multiples causes de renvoi permettaient de dissimuler le renvoi pour cause de couardise.

imaginant un plaisant dialogue avec l'un des γραμματείς qui proclament les renvois, il oppose à la loi d'exemption une série d'objections argumentées.[59] Sa conclusion est que cette loi peut être comprise seulement sur le mode allégorique (ἀλληγοροῦντες φήσομεν « nous dirons en allégorisant », *Agric.* 157).[60] Tout autre est l'analyse de *Virt.* 27–31. Philon y justifie par des raisons psychologiques, d'écarter τισιν ἀναγκαίαις αἰτίαις ἐνδέδενται, ὧν ὁλκὸς ἡ δύναμις « ceux qui sont assujettis par quelques motifs contraignants, dont la puissance les bride » (*Virt.* 27). Sans remettre en cause leur courage, il admet que des hommes placés dans ces situations feraient de mauvais guerriers, car déchirés entre le désir de jouir (qui relève de l'âme) et la contrainte de se battre (qui est du domaine du corps).[61]

L'hésitation de Philon rend difficile de conclure s'il jugeait la mesure applicable (ou s'il la savait appliquée) de son temps. L'interprétation allégorique d'un rite ne signifie pas que celui-ci a disparu, mais l'abondance des arguments avancés en *Agric.* 149–156, et la pertinence qui leur est reconnue, donne à penser que Philon jugeait alors inapplicables les trois cas d'exemption de Dt 20,5–7. Mais ce jugement apparaît renversé lors de la rédaction du *De Virtutibus*. Pour Philon lui-même (comme aussi pour le judaïsme contemporain ?) cette halakha des inaptitudes est devenue une question à débattre.

L'exposé par Flavius Josèphe de cette halakha en AJ IV 298 offre une paraphrase assimilant tous les cas d'inaptitudes de Dt 20,5–8 à l'exemption de service du jeune marié (Dt 24,5).[62] Le résultat de cette confusion est de faire disparaître le rite du renvoi précédant les combats puisque, dans l'exposé de Josèphe, les couards (τὸ δὲ δειλόν, « toute couardise ») et les inaptes ne doivent pas être ap-

[59] Leurs nouvelles acquisitions auraient dû pousser les inaptes à se battre mieux que d'autres (*Agric.* 149–151) ; ils apparaîtront comme des traîtres à leurs compatriotes (152) ; ils font preuve de lâcheté (153–154) ; ils risquent bien plus de tout perdre en ne combattant pas qu'en combattant (155–156).

[60] L'allégorie concerne les trois cas d'inaptitude : ceux-ci ne doivent pas être pris à la lettre ἀλλὰ περὶ τῶν κατὰ ψυχὴν δυνάμεὼν « mais comme des facultés de l'âme » (*Agric.* 157).

[61] Leur inefficacité militaire est exprimée dans cette métaphore : leur âme est comme un corps blessé, qu'on revêtirait inutilement d'une armure efficace, l'aptitude corporelle au combat (*Virt.* 31). Voir ci-dessus les remarques de Francis Schmidt sur « le brouillage des frontières de la guerre et de la paix », F. SCHMIDT, 1994, *op. cit.*, 79.

[62] Ce paragraphe est jugé assez confus par Étienne Nodet, qui parle à son propos de « construction heurtée, révision placée approximativement, accident textuel, accident mineur de transmission », É. NODET éd., 1995, *op. cit.*, nn. 2–7, 103–103*.

pelés à l'armée mais, comme les jeunes mariés, laissés dans leurs foyers.[63] On trouve cependant l'indice d'un renvoi des couards juste avant le combat dans l'interprétation que donne Josèphe de l'histoire biblique de Gédéon. Dans le livre des Juges, YHWH ordonne à Gédéon de renvoyer de son armée tous ceux qui ont peur (Jg 7,3) ; puis tous ceux qui pour boire à une certaine source se sont agenouillés (Jg 7,5) ; il ne reste alors que 300 hommes qui suffiront à écraser l'armée madianite, témoignant ainsi de la puissance divine. Josèphe ne mentionne pas le premier renvoi, considérant que l'armée n'est constituée qu'après cette élimination des couards, laissés au pays. En revanche il interprète l'épreuve de la source comme un rite de renvoi des couards juste avant la bataille (AJ V 216).[64] L'opération permet de leur éviter l'opprobre en attribuant leur renvoi à une cause anodine, la façon de boire.[65]

Enfin le rite du renvoi des inaptes est longuement discuté dans la Michna (M.Sota VIII 2–5, 7). Contrairement à Josèphe, les Sages opèrent nettement la distinction entre les situations qui exemptent du service armé et celles qui tiennent seulement à l'écart des combats : ceux qui se trouvent dans ce dernier cas se voient attribuer des tâches militaires non combattantes (M.Sota VIII 2), tandis que les premiers restent chez eux (M.Sota VIII 3). La Michna précise également quels types de fiançailles, bâtiment et plantation relèvent de l'une ou l'autre catégorie. Mais surtout elle réduit la portée générale de cette halakha en introduisant la distinction entre guerres facultatives et guerres obligatoires, et en jugeant que la loi ne s'applique qu'aux premières (M.Sota VIII 7) :

במה דברים אמורים במלחמת הרשות אבל במלחמת מצוה הכל יוצאים

> Quand ces choses sont-elles dites ? (i.e. : à quel cas s'appliquent-elles ?) Lors des guerres de r^eswt ; mais lors des guerres de miṣwâh tout le monde y va.

Se dégage ainsi des textes une tendance largement partagée dans le judaïsme du deuxième Temple, à réduire le rite deutéronomiste du

[63] AJ IV 298 : ἐᾶν κατὰ χώραν « Qu'on les laisse au pays. »

[64] Ceux qui s'allongent pour boire, dans le récit de Josèphe, sont considérés comme des hommes courageux (εὔψυχοι) ; mais ceux qui boivent bruyamment sont « des peureux » (καταπεπληγότας) affligés de couardise (δειλία).

[65] Voir *supra* la réflexion de R. Yosé le Galiléen (M.Sota VIII 5).

renvoi des inaptes au seul renvoi des couards avant la bataille. Il y a bien, comme le soupçonnait Bezalel Bar-Kochva, un processus d'affaiblissement du rite.[66]

De la guerre à la paix

On a mentionné déjà ce passage où Philon, paraphrasant Nb 31,19 sq faisant obligation aux guerriers de se purifier, justifiait cette obligation parce que toute mort souille même si elle fut donnée à bon droit.[67] Les guerriers doivent donc accomplir un certain nombre de rites de purification avant de s'en retourner à leur vie civile. Ces rites visent d'une part à purifier les combattants eux-mêmes, d'autre part à purifier la terre sur laquelle ils ont combattu.

Ablutions purificatrices

Les rites d'ablution sont une part essentielle de tous les rites juifs de purification. Jacob Milgrom a mis en évidence comment ces différents rites d'eau (aspersions, bains et nettoyage des vêtements) accompagnent le processus de la purification dans le judaïsme ancien.[68]

S'agissant des guerriers, la loi de purification et ses modalités d'application sont définies dans le récit de la victoire sur les Madianites en Nb 31,19–24. Des purifications (incluant des ablutions) sont prescrites le troisième et le septième jour, non seulement aux combattants juifs mais aussi à leurs prisonniers.[69] Au septième jour le processus de la purification s'achève par le nettoyage des vêtements.[70] Comme il n'est pas mentionné de sacrifice, on doit supposer que les guerriers rentrent au camp d'Israël après la tombée de la nuit. Ces rites de Nb 31 constituent l'application aux guerriers de la loi générale

---

[66] Sans qu'on puisse pourtant en déduire quoi que ce soit sur l'ancienneté de la distinction halakhique entre guerres d'obligation et guerres facultatives, attestée nulle part avant la Michna. Ce sont deux questions différentes.

[67] *Mos.* I 314, voir *supra.*

[68] J. Milgrom, 1991, "Ablutions", dans J. Milgrom, *op. cit.*, 957–968.

[69] Nb 31,19b :

כֹּל הֹרֵג נֶפֶשׁ וְכֹל נֹגֵעַ בֶּחָלָל תִּתְחַטְּאוּ בַּיּוֹם הַשְּׁלִישִׁי וּבַיּוֹם הַשְּׁבִיעִי אַתֶּם וּשְׁבִיכֶם׃

« Tous ceux ayant tué un être et tous ceux ayant touché un tué, vous vous purifierez au troisième jour et au septième jour, vous et vos prisonniers. » Parmi ces prisonniers il peut y avoir des femmes. La loi « de la belle captive » (Dt 21,10–14) imposait d'attendre un mois avant d'épouser une prisonnière de guerre, accentuant ainsi la séparation entre temps de la guerre et temps de la paix.

[70] Nb 31,24a : וְכִבַּסְתֶּם בִּגְדֵיכֶם בַּיּוֹם הַשְּׁבִיעִי וּטְהַרְתֶּם « Puis vous laverez vos vêtements le septième jour et vous serez purifiés. »

formulée en Nb 19,11–12.16.19 : quiconque se trouve souillé par contact avec la mort reste impur durant sept jours ; il est purifié par aspersions d'eau lustrale le troisième et le septième jour, puis il lave ses vêtements.

Concernant ces rites bibliques de purification associés à divers types d'ablutions, Jacob Milgrom a fait plusieurs observations. L'une, fondamentale, est que l'eau des rites de purification ne constitue pas la purification. D'une part la Bible (en particulier la source sacerdotale) n'attribue à cette eau aucune vertu magique. D'autre part la purification constitue un long processus rituel, au cours duquel un nombre variable de rites d'ablution peuvent intervenir, dont chacun permet de réduire le degré de la souillure, mais qui ne constituent pas à eux seul la purification. Celle-ci n'est accomplie qu'au terme d'un sacrifice ou après la tombée de la nuit.[71] J. Milgrom en a tiré deux conclusion importantes pour nous.

La première fut d'établir une distinction entre souillure majeure, dont la purification requiert un sacrifice, et souillure mineure, dont la purification est accomplie à la tombée de la nuit suivant la fin des rites.[72] Cette distinction est uniquement fondée sur le statut de la personne ayant contracté la souillure : prêtres et nazirs encourent par exemple une souillure majeure là où un Israélite n'encoure qu'une souillure mineure.

Deuxièmement il faut bien distinguer entre cette opposition « majeure *versus* mineure », et le niveau de gravité de la souillure. Ce niveau découle du type de souillure contractée. Ceci correspond au principe ancien (repris dans les écrits rabbiniques) des degrés de souillure, et de leur affaiblissement progressif à chaque étape de la transmission. Dans ce système les rites d'ablution constitue un moyen de réduire la souillure par degrés.[73] Le nettoyage des vêtements correspond à un des degrés les plus élevés : « *A person whose impurity lasts more than one day also requires laundering.* »[74]

Il y a donc deux paramètres à prendre en compte : d'une part le statut de la personne souillée ; d'autre part le niveau de la souillure

[71] « *Israel's priests incorporated the ablution into their system by purging it of its magical puissance so that it no longer healed the sick or exorcised the bewitchment but instead progressively reduced ritual impurity* », J. Milgrom, 1991, *op. cit.*, 968.

[72] Voir les tableaux dans J. Milgrom, 1991, *op. cit.*, 987–991.

[73] Jacob Milgrom parle précisément de « *the efficacy of ablutions to eliminate successive layers or degrees of impurity* », J. Milgrom, 1991, *op. cit.*, 967–968.

[74] J. Milgrom, 1991, *op. cit.*, 668.

contractée. Les guerriers d'Israël contractent au combat une souillure mineure (ils sont des Israélites « ordinaires », tandis que les prêtres se tiennent à l'écart des combats) du degré le plus élevé (au contact de la mort et des cadavres). Ils sont donc assujettis au plus grand nombres d'ablutions mais n'offrent pas de sacrifice.

Les écrits du deuxième Temple attestent de la permanence de ces rites de purification et d'ablution.

Dans 2 Maccabées, après une dure bataille des troupes de Juda contre les Iduméens, il est ainsi fait état d'une purification (2 M 12,38) : κατὰ τὸν ἐθισμὸν ἁγνισθέντες αὐτόθι τὸ σάββατον διήγαγον. « Après s'être purifiés comme d'habitude, ils passèrent là le sabbat. » Cette purification n'est pas imposée par l'entrée dans le sabbat, mais les combattant doivent quitter leur position de guerrier pour entrer dans un temps pacifique : la purification participe à ce passage de la guerre à la paix. L'arrivée du sabbat est une circonstance exceptionnelle qui a justifié l'évocation d'une purification, habituellement passée sous silence tant elle constitue un rite ordinaire, κατὰ τὸν ἐθισμὸν. Comme l'armée de Juda ne dispose pas des sept jours nécessaires au grand rite décrit en Nb 31, il faut admettre que cette ἁγνεία « conforme à l'habitude » pouvait et devait s'accomplir avant la fin de la journée.[75]

C'est là précisément ce que décrit le Pseudo-Philon lorsqu'il montre son héros guerrier Qénaz, pratiquant des ablutions après la victoire qu'il a remportée à lui seul contre les Amorites (LAB XXVII 12) : *Et abiit Cenez, et exuit vestimenta sua, et mittens se in flumen et lavit se. Et iterum ascendens mutavit vestimenta sua, et reversus est ad pueros suos.* « Et Qénaz s'en alla, ôta ses vêtements et se mettant dans le fleuve, il se lava. Il remonta, changea de vêtements et revint trouver ses serviteurs. » Donc deux rites d'ablutions s'interposent entre la bataille et le retour auprès des siens : le bain de purification et le nettoyage des vêtements. En effet Qénaz se baigne dans une eau courante (*in flumen*) ce qui surdétermine le caractère purificateur de son bain ; et le changement des vêtements constitue l'équivalent symbolique de leur nettoyage.[76]

On trouve encore une attestation de la permanence des ablutions de purification des guerriers, dans un passage des oracles sibyllins

---

[75] Le retour à l'état de paix pour la durée du sabbat représente un moment transitoire dans la vie de l'armée. Le grand rite de purification s'accomplissait sans doute au terme de la campagne.

[76] « *New garments, the equivalent of laundering* », J. Milgrom, 1991, *op. cit.*, 966.

exigeant la fin des guerres (Sib. IV 163–165) : ἀλλὰ μεθέντες φάσγανα στοναχὰς ἀνδροκτασίας τε καὶ ὕβρεις ἐν παταμοῖς λούσασθε ὅλον δέμας ἀενάιοσιν « Mais renoncez aux poignards, aux gémissements, aux assassinats et aux violences. Lavez-vous tout entier dans des rivières au cours perpétuel. »

Flavius Josèphe enfin atteste, au détour d'une anecdote, de l'existence d'établissements de bains accompagnant les armées de l'époque du deuxième Temple. Il raconte deux fois comment Hérode, au soir de sa victoire de Jéricho sur Pappos (le général de Mattathias Antigone), fut miraculeusement épargné par des fuyards de l'armée vaincue, tandis qu'il prenait son bain complètement désarmé (BJ I 340 et AJ XIV 462). Peut-on considérer ce bain d'Hérode après la bataille comme un rite d'ablution ? L'élément rituel n'en est sans doute pas absent, bien que Josèphe associe plutôt ce bain à la fatigue et à l'échauffement dus à la bataille.[77] D'une façon générale, Hérode est loin de représenter un modèle du comportement du guerrier juif : on le ainsi voit pénétrer avec ses troupes dans Jérusalem durant une des trois fêtes-pélerinages, malgré l'interdiction que lui en avait fait le grand prêtre.[78] On le voit encore offrir un sacrifice païen sur le front de son armée avant de lui faire traverser le Jourdain.[79]

Le plus intéressant dans l'affaire n'est donc pas l'attitude d'Hérode lui-même, mais que soit attesté le fonctionnement d'un « établissement de bains » (βαλανεῖον), destiné à tous les combattants au soir de la bataille.[80] Il faut certes prendre en compte le caractère composite de l'armée d'Hérode à Jéricho.[81] Dans l'Antiquité, les rites d'ablution ne sont pas propres à la société juive et beaucoup d'autres les pratiquaient aussi à leur manière. Ces βαλανεῖα militaires n'en fournissaient pas moins aux soldats juifs les moyens matériels de pratiquer un certain nombre de leurs rites d'ablution.

1QM : un rite complexe de purification

Les ablutions ne constituent qu'une partie des rites de purification. L'ensemble de la purification, surtout au terme de la campagne

---

[77] BJ I 340 : ὡς ἦν ἔτι Θερμὸς ἐκ τῶν ὅπλων « Comme il était encore chaud (d'avoir porté) les armes. »

[78] BJ I 229 et AJ XIV 285–287.

[79] BJ I 380 et AJ XV 147.

[80] Josèphe souligne que Hérode se rendait au bain « comme un simple soldat » (ᾔει στρατιωτικώτερον, BJ I 340).

[81] Hérode y commande à deux légions romaines, un contingent libanais de 800 hommes (AJ IV 452) et à « de nombreux » (πολλοί) Juifs (BJ I 335 et AJ IV 458).

lorsque l'armée se débande et que ses hommes rejoignent la vie civile, constitue un processus bien plus long et complexe. Le récit de Nb 31 en offrait un modèle. Le *Règlement de la Guerre* suggère également l'existence d'un rite de purification de grande ampleur, en plusieurs étapes, précédant le retour des fils de Lumière victorieux à Jérusalem. Nous ne disposons malheureusement que des premières étapes de cette purification, accomplies près du champ de bataille. Le *Règlement* en donne deux descriptions. La première en 1QM XIV 2–4 :

2. ואחר העלותם מעל החללים לבוא המחנה ירננו כולם את תהלת המשוב
ובבוקר יכבסו בגדיהם ורחצו 3. מדם פגרי האשמה ושבו אל מקום עומדם אשר
סדרו שם המערכה לפני נפול חללי האויב וברכו שם 4. כולם את אל ישראל
ורוממו שמו ביחד שמחה

2. Et après leur éloignement des tués pour aller camper, ils clameront tous ensemble les hymnes du retour, et au matin ils laveront leurs vêtements et se nettoieront 3. du sang des cadavres du péché. Puis ils reviendront à l'emplacement de leurs positions, là où ils avaient organisé le front avant que ne tombent les tués de l'ennemi. Et là ils béniront 4. tous ensemble le Dieu d'Israël et ils exalteront Son nom en une communauté de réjouissance.

La seconde description, en 1QM XIX 9–13, est plus lacunaire :

9 . ב]ל[י]לה ההוא למנוח עד הבוקר ובבוקר יבואו עד מקום המערכה
10. נ]בורי כתיים והמון אשור וחיל כול הגוים הנקהלים אם [ ] חללים
11.] נפלו שם בחרב אל ונגש שם כוהן הרו[אש
12. ה]מלחמה וכול ראשי [ה]מערכות ופקוד[יהם
13. ח]ללי כתי[ים וה]ללו שם [א]ת אל]

9. pour] cette nuit-là pour un repos jusqu'au matin. Et au matin ils iront à l'emplacement du front 10. p]reux des Kittim, le tumulte de Assour et l'armée de toutes les nations rassemblées si [ ] les tués 11.] tombés là sous l'épée de Dieu. Et là s'avancera le prêtre princip[al 12. la] guerre et tous les chefs [des] fronts et [leurs] soldats 13. tu]és des Kitt[im. Et ils glo]rifieront là Dieu [

On peut ainsi reconstituer la séquence rituelle par quoi débute la purification des vainqueurs de la bataille eschatologique : i. Tous les survivants s'éloignent du champ de bataille en chantant des hymnes. Ils passent la nuit à l'écart, à la fois du front (מערכה ma^{ca}rakâh) et du camp de guerre (מחנה maḥ^{a}neh). ii. Au matin, ils prennent un premier bain et nettoient leurs vêtements. Ces premières ablutions réduisent suffisamment le degré d'impureté des guerriers, pour que les prêtres puissent à nouveau se mêler à eux et ainsi participer activement à la suite du rite de purification. iii. Toute l'armée revient alors occuper ses positions sur l'emplacement précis du front (מערכה ma^c^arakâh). iv. Les prêtres reviennent également sur les lieux où ils avaient prononcé la harangue avant le début des combats. Ils y dirigent et y accomplissent divers rites oraux : prières, hymnes etc.

À ce moment du rite, rien d'autre que ce qui a été décrit ici n'a pu s'opérer, puisque tous ont quitté le champ de bataille à la nuit tombée, puis sont revenus sur la ligne de front le matin suivant. Les morts gisent donc encore sur le terrain, et le pillage du camp ennemi n'a pas été encore accompli. La présence des prêtres n'est donc possible qu'en raison d'une stricte distinction spatiale entre le front, où l'armée s'aligne, et le champ de bataille, où elle a combattu — distinction qui n'est permise qu'à des vainqueurs, puisque la défaite aurait impliqué l'enfoncement de ses lignes et la prise de son camp, lors de l'ultime épisode du combat, la « poursuite » (רדף).

Après l'exécution des hymnes d'action de grâce, il y aura donc de nouvelles occasions de souillure pour tous ceux qui seront chargés de dépouiller l'ennemi et d'enterrer les morts. Le fait que les hommes chargés de ces opérations soient précisément nommés (voir la liste de ces fonctions en 1QM VII 2) implique une spécialisation de leurs tâches : ils se distinguent du reste de l'armée et opèrent à l'écart. Cependant, fossoyeurs et pilleurs participent aussi au processus général de la purification d'après la guerre : les premiers « purifient la terre » (טהר הארץ, 1QM VII 2 et Ez 39,12) ; les seconds rassemblent un butin qui devra être lui-même purifié par l'eau et par le feu (Nb 31,21–23). Mis au contact de ces sources de souillures (cadavres et richesses des nations), les spécialistes devront eux aussi pratiquer la purification de sept jours.

Le pillage et l'enterrement des morts s'inscrivent ainsi comme des étapes dans le processus de purification suggéré par le *Règlement de la Guerre*. Au terme de l'ensemble des opérations de purification, dont le rouleau ne nous a conservé que les premières, les combattants pourront enfin rentrer dans Jérusalem.[82]

---

[82] L'armée des fils de Lumière est sortie de Jérusalem, puis y revient au terme de ses combats, voir 1QM III 10–11 et VII 3–4.

L'enterrement des combattants

La prescription d'enterrer les morts au combat, dans 1QM, nous est parvenue seulement de façon indirecte, à propos des âges convenables pour différentes catégories de combattants et de spécialistes. Certaines tâches sont ainsi réservées à des hommes de vingt-cinq à trente ans (1QM VII 2) :

מפשיטי החללים ושוללי השלל ומטהרי הארץ

Dépouilleurs des tués, pilleurs du butin et purificateurs de la terre.

Les deux premières fonctions (le butin) mettent au contact des cadavres ennemis, sur le champ de bataille et dans leur camp. La troisième « purifier la terre » désigne l'enterrement des morts au combat. L'expression est en effet empruntée à Ézéchiel, dans sa prophétie apocalyptique sur la guerre contre Gog. Ce passage d'Ézéchiel est aussi la première mention, dans les écrits juifs, d'un enterrement systématique des combattants morts à la guerre, y compris des combattants ennemis (Ez 39,12) :

וּקְבָרוּם בֵּית יִשְׂרָאֵל לְמַעַן טַהֵר אֶת־הָאָרֶץ שִׁבְעָה חֳדָשִׁים׃

Et la maison d'Israël les ensevelira afin de purifier la terre en sept mois.[83]

Daniel Block rapproche cette « purification de la terre » de celle prescrite aux hommes souillés par le contact d'un cadavre.[84] Les « sept mois » de la purification de la terre font évidemment écho, à l'échelle des saisons, au sept jours de la purification des êtres humains, en particulier des guerriers.

En dehors de ce passage d'Ézéchiel, on ne trouve aucune autre mention dans la Bible hébraïque d'un enterrement des cadavres des combattants, singulièrement des combattants ennemis. Le verset généralement invoqué pour affirmer le caractère général, dans la Bible,

[83] Voir tout le paragraphe associant les ensevelissements des combattants et la purification de la terre en Ez 39,11–16. Ézéchiel évoque aussi une forme de « double inhumation », l'usage funéraire de l'époque du deuxème temple : des inspecteurs du pays dressent un tumulus près des squelettes qu'ils repèrent ; d'autres viennent ensuite emporter les ossements pour les ensevelir dans le cimetière prévu (Ez 39,15).

[84] D. I. Block, 1998, *The Book of Ezekiel Chapters 25–48*, (Grand Rapids, Cambridge : Eerdmans), 470.

de l'ensevelissement (Dt 21,22–23), ne concerne pas les guerriers mais les criminels exécutés. En fait, dans les écrits bibliques, « le sort de ceux qui ont péri de mort violente, des soldats tombés sur le champ de bataille, des hommes assassinés est particulièrement pénible. Leur situation dans le *Sheôl* est pire que celle de ceux qui sont morts normalement ».[85]

Les seuls autres guerriers auxquels sont accordés des rites funéraires particuliers, dans la Bible, sont Saül et ses fils après leur mort au combat du mont Gilgal. Mais le parcours de leur dépouille y apparaît particulièrement tourmenté : profanation des cadavres, rites funéraires de crémation, enterrement des ossements sous un arbre à Jabès en Galaad, enfin seconde inhumation dans le tombeau familial (1 S 31,8–13, 2 S 21,14 et 1 Ch 10,8–12). Ce parcours funéraire semble avoir accumulé différents types de rites funéraires, peut-être pratiqués à différentes époques et en différent lieux ; il ne peut pas constituer un modèle à suivre.[86]

En revanche, les écrits du deuxième Temple établissent que la pratique de l'ensevelissement des morts au combat est désormais acquise. Les découvertes archéologiques montrent que la pratique funéraire en usage dans le judaïsme du deuxième Temple, au moins jusqu'à l'époque d'Hérode, était la « double inhumation ».[87] Elle

---

[85] R. Martin-Achard, 1956, *De la mort à la résurrection d'après l'Ancien Testament*, (Neuchatel, Paris : Delachaux & Niestlé), 31.

[86] L'archéologie a mis en évidence la diversité des rites funéraires pratiqués dans l'aire judéo-israélienne du XIIème au VIème siècles av. : « *Eight different burial types are distinguished from among the approximately 850 burials reported from the southern Levant* », E. Bloch-Smith, 1992, *Judahite Burial. Practices and Beliefs about Death*, (Sheffield : JSOT), 25. Ce sont : trois types d'enterrement avec sarcophage, quatre types de tombeau sans sarcophage et l'incinération. Probablement en raison de l'évolution des rites funéraires, l'incinération de Saül et des siens disparaît dans la version du targoum Pseudo-Jonathan, voir tg Ps J de 1 S 31,8–13.

[87] « *As early as the monarchic period and up until the Hasmonean period, the corpse was first interned in a cave. After a certain period, when the corpse was already decomposed, presumably a year or so later, the bones were collected into a special pit or room in the cave, usually termed a depository or a repository* », E. Regev, 2001, "The Individualistic Meaning of Jewish Ossuaries : A Socio-Anthropological Perspective on Burial Practice", PEQ 103 / 1, 39. Les grottes mortuaires sont à banquettes à l'époque monarchique, à niches à l'époque hellénistique. Les plus pauvres se contentent de fosses, creusées dans le sol puis recouvertes de chaux pour indiquer leur emplacement, voir M. Quesnel, 2001, "Mort, deuil et mémoire des morts", MDB 134, 69. Vers l'an 1 de l'ère vulgaire apparaît l'usage des ossuaires, mais ceci ne concerne que la seconde partie du rite : la première inhumation demeure toujours en usage. Ce surgissement des ossuaires dans le judaïsme de l'époque romaine a suscité un débat important mais qu'il n'est pas lieu d'examiner ici (voir *inter al.* E. Regev, 2001, art. cit.)

implique que les cadavres doivent être ensevelis assez rapidement après leur mort.

S'agissant des combattants, deux traditions semblent se dégager. La première, que nous avons vue, s'inspire d'Ézéchiel et met l'accent sur la purification de la terre : les cadavres et le sang des combattants doivent être recouverts. Cela signifie que sont enterrés les cadavres des combattants ennemis : non pour leur rendre hommage ou leur éviter une quelconque profanation, mais pour les dissimuler en les recouvrant de terre comme on le fait du sang des bêtes abattues loin du Temple. C'est la tradition de la « purification de la terre » qu'on retrouve dans le *Règlement de la Guerre*. On peut encore y rattacher le livre des *Jubilés*, qui évoque à deux reprises ce que deviennent les cadavres de combattants. Lors des affres eschatologiques, les fils pécheurs d'Israël seront massacrés par les nations et personne ne se chargera de les enterrer. L'accent est mis ici sur la souillure de la terre, (Jub XXIII 25) : « Beaucoup de sang sera répandu sur la terre. » L'autre épisode se situe au terme du récit de la guerre entre les fils de Jacob et ceux d'Esaü ; on y voit Jacob faire enterrer son frère Esaü, qui est aussi, en la circonstance, le chef des nations (Edom, Aram, Moab, Ammon, Philistie, Carie et Kittim) alliées contre Israël (Jub XXXVIII 9). L'enterrement d'un ennemi dans le sol d'erets Israël se rattache à la tradition de la purification de la terre.

La seconde tradition se préoccupe d'abord d'assurer une sépulture aux cadavres des combattants juifs. Il n'y est plus question de l'enterrement des cadavres des ennemis. Au contraire, elle s'accommode parfaitement de leur profanation rituelle en quelques occasions. Ainsi dans le récit de Jason de Cyrène, les hommes de Juda Maccabée enterrent-ils leurs morts après une victoire remportée sur des troupes iduméennes (2 M 12,39) : seuls les combattants juifs sont concernés.[88] Dans la *Guerre*, Josèphe raconte comment, une délégation d'un millier de Hiérosolymitains faisant du tapage à Tyr lors de son passage, Antoine en fit massacrer un bon nombre par la troupe. Hyrcan II juge alors de son devoir de faire enterrer les victimes (BJ I 246). Ensuite, dans sa paraphrase du récit de profanation des cadavres de

[88] 2 M 12,39 : τῇ δὲ ἐχομένῃ ἦλθον οἱ περὶ τὸν Ιουδαν καθ' ὃν χρόνον τὸ τῆς χρείας ἐγεγόνει, τὰ σώματα τῶν προπεπτωκότων ἀνακομίσασθαι καὶ μετὰ τῶν συγγενῶν ἀποκαταστῆσαι εἰς τοὺς πατρῴους τάφους. « Durant le jour suivant, les hommes de Juda allèrent — à un moment où c'était devenu nécessaire — ramasser les corps de ceux qui étaient tombés et les déposer avec leurs proches dans les sépultures de leurs pères. »

Saül et de ses fils, Josèphe explique l'intervention des habitant de Jabès, non par une forme de loyauté dynastique comme dans le récit biblique, mais parce qu'ils sont δεινὸν ἡγησάμενοι περιιδεῖν ἀκηδεύτους « saisis d'indignation en observant (Saül et les siens) abandonnés sans sépulture » (AJ VI 375). Le sort réservé aux dépouilles des siens l'emporte, dans cette tradition, sur le souci de la pureté de la terre. Aussi s'accommode-t-elle de la profanation des cadavres ennemis. La plus spectaculaire est décrite en 2 M 15,30.32–33.35 : elle concerne le cadavre de Nicanor. Juda fait trancher la tête et le bras droit de Nicanor. Il expose la tête et le bras au peuple de Jérusalem devant l'Autel. Il coupe la langue et la fait donner à manger aux oiseaux, morceau par morceau. Il fait accrocher le bras coupé en face du Temple. Il fait accrocher la tête coupée au mur de l'Akra. On a là une combinaison des profanations « classiques » de type guerrier,[89] et de profanations spécifiques liées aux blasphèmes de Nicanor contre le Temple : ablation et exposition du bras qui avait menacé le Temple ; traitement spécial de la langue qui avait proféré les menaces. Quelques générations plus tard, lors des combats opposant la famille d'Antipater à celle de Mattathias Antigone, cette pratique de la profanation du cadavre du général ennemi s'est étendue à des conflits entre Juifs : Mattathias fait décapiter le cadavre de Joseph frère d'Hérode ; celui-ci rétorque en décapitant le cadavre d'un général de Mattathias (BJ I 325, 342 et AJ XIV 449–450, 464). L'enterrement des siens (avec son corollaire inversé, la profanation des autres) ne participe donc pas du processus rituel de purification d'après les combats. D'un certaine façon la guerre se poursuit au-delà de la mort. Et comme il faut transporter les morts jusqu'à leur sépulture familiale, la purification rendue nécessaire par le contact des cadavres ne peut intervenir qu'après les mises au tombeau.

Seule la tradition d'Ézéchiel d'enterrer l'ensemble des combattants tombés sur le champ de bataille intègre les rites funéraires au processus de purifications d'après la guerre, comme l'étape de la purification de la terre.

L'entrée en guerre puis le retour à la paix sont donc marqués par ces passages, assumés au moyens des rites, d'un statut à un autre. Les étapes en sont : a) Lois de pureté civiles. b) Consécration des

[89] Comparable à celle accomplie par les Philistins sur les cadavre de Saül et de ses fils : tête tranchée puis accrochée comme un trophée aux murs de la citadelle.

guerriers et lois de pureté du camp. c) Combats et souillure au contact des morts. d) Purification des guerriers et retour aux lois de pureté civiles.

VILLES	‖	CAMP	‖	CHAMP DE BATAILLE	‖	VILLES
	↑		↑		↑	
	purification		rites précédant la bataille		purification	

Le statut de pureté des guerriers

À l'intérieur du système de pureté qui organise la société juive du deuxième Temple, les guerriers jouissent donc d'un statut spécifique et précis, distinct des autres, auquel on accède et que l'on quitte selon des rites connus, et qui impose le respect de règles propres.

Parce qu'il n'existe pas, dans la Bible hébraïque, de code régissant ce statut particulier, on a souvent été tenté de le rapprocher voire de l'assimiler à d'autres statuts de pureté mieux connus. Deux groupes ont fréquemment servi de référence : les nazirs (dont le statut est codifié en Nb 6) et les Lévis.

Le modèle des nazirs : le rapprochement entre nazirs et guerriers est ancien dans la recherche. Sans remonter aux origines de la *Judentumwissenschaft*, on le trouve clairement formulé par Max Weber en termes de comparatisme anthropologique : le naziréat y est défini comme une forme « d'extase guerrière », comparable à celle des *amoks* ou des *berserks* nordiques.[90] Ce lien avec la guerre demeure le fond de bien des réflexions sur le naziréat et sur ses origines, comme le notait encore le TWAT (pour mieux s'en dissocier) : « *Die Herkunft des* nazîr *findet man teils im Heiligen Krieg.* »[91] Aujourd'hui en effet l'historicité des écrits bibliques soulève de nombreuses questions, et ce

---

[90] M. Weber, 1970, *op. cit.*, 102–103. Max Weber écrit au sujet de l'extase guerrière : « Celle-ci existe sous une forme rudimentaire chez les *nazirs*, « ceux qui se sont séparés », qui à l'origine étaient certainement des guerriers extatiques ayant reçu une formation ascétique », ibid., 103. Il imagine volontiers ces anciens *nazirs* à l'image des chevaliers teutoniques : « Il existait probablement dans cette tribu (i.e. de Joseph), à l'époque de ces Bénédictions (i.e. Dt 33,16–17) un noyau de gens qui combattaient pour la foi yahviste, une sorte d'ordre guerrier », ibid., 104.

[91] G. Mayer, 1986, s.v. נזר, TWAT 5, 329–334.

rapprochement est ordinairement renvoyé aux origines les plus lointaines du statut des nazirs. Alexander Rofé en donne cette claire définition : « *The original task of the 'Nazirite of God' was 'to deliver Israel' (Judg. 13.5).* »[92] En réalité si le statut légal des nazirs est bien connu par Nb 6, celui des guerriers (surtout des guerriers des périodes les plus anciennes) doit se déduire des textes, de sorte qu'expliquer celui-là par celui-ci ne contribue guère à l'éclaircissement de la question.

Fondamentalement les guerriers juifs partagent avec les nazirs une caractéristique et une seule : la durée provisoire de leur statut de pureté particulier. Dans une société où la généalogie joue un rôle important ceci n'est pas négligeable : des Israélites sans ascendance particulière peuvent ainsi, pour un temps limité, accéder à un niveau de sacralité supérieur à la normale. Il n'est donc pas exclu que les deux institutions du naziréat et de la consécration des guerriers aient pu, sur ce point, se conforter.

Mais bien plus d'éléments les distinguent et trois points les opposent. Le premier est que les nazirs, comme les prêtres, doivent se tenir rigoureusement à l'écart de la mort, des cadavres et des enterrements — même s'il s'agit « de son père, de sa mère, de son frère ou de sa sœur » (Nb 6,7). Si par hasard un nazir se trouve mis au contact d'un mort, tout le temps écoulé de son naziréat s'en trouve annulé et, après un sacrifice de réparation, il doit le reprendre du début (Nb 6,9–12). Ceci exclut évidemment toute participation à une bataille. Il y a pourtant des nazirs dans l'armée réunie par Juda Maccabée à Masphat (1 M 3,49) : καὶ ἤγειραν τοὺς ναζιραίους, οἳ ἐπλήρωσαν τὰς ἡμέρας « Et il rassemblèrent les nazirs qui avaient terminé leurs jours. » Mais le problème posé aux Maccabées est précisément, en l'absence de prêtres et d'un fonctionnement normal du Temple, de réintégrer dans leur statut ordinaire les nazirs ayant accompli leur temps de naziréat ; il n'est pas question autrement de les faire combattre.

Le second point qui sépare le nazir du guerrier est la définition même de leur statut, donc aussi de la façon d'en sortir. Le naziréat découle d'un vœu, contrairement à la guerre — sauf le cas très particulier du ḥerem. Ce caractère votif est défini dans la Torah (Nb

---

[92] A. Rofé, 1985, art. cit., 24. Outre la référence faite ici à Samson, la thèse des origines guerrières du naziréat s'appuie ordinairement sur ce passage du cantique de Déborah (Jg 5,2) : בִּפְרֹעַ פְּרָעוֹת בְּיִשְׂרָאֵל « Quand en Israël on laisse flotter les chevelures » etc. (trad. É. Dhorme, Paris, 1956).

6,2 : לִנְדֹּר נֶדֶר נָזִיר « vouer un vœu de nazir ») et accentué dans le judaïsme hellénistique, où le naziréat en vient à être nommé ἡ εὐχή « le vœu ».[93] En conséquence le naziréat, comme tous les vœux, doit être délié au moyen de rites sacrificiels (exposés en Nb 6,14–19). Rien de tel pour le guerrier, dont le retour à la vie civile s'opère au moyen d'un rite de purification qui peut être long et complexe, mais qui ne comprend pas de sacrifice.

Enfin le naziréat est ouvert aux femmes. La Torah mentionne déjà אִישׁ אוֹ־אִשָּׁה « un homme ou une femme » (Nb 6,2). Et à l'époque du deuxième Temple, on a conservé la mémoire de trois cas fameux de naziréat féminin : celui de Bérénice, sœur du roi Agrippa, mentionné dans BJ II 313–314 ; et ceux de Hélène d'Adiabène et Myriam de Palmyre citées dans la Michna (M.Naz. III 6). Cette participation féminine est impensable à la guerre, où l'exclusion des femmes du camp constitue un des traits de la pureté rituelle des guerriers.

Le modèle des Lévis : notre recherche sur l'exclusion des jeunes gens et l'âge des combattants, nous a déjà plusieurs fois amené à interroger le statut de pureté des Lévis, soit comme un élément de comparaison, soit comme un éventuel modèle du statut de pureté du guerrier.

La question du statut des Lévis, voire de leur existence en tant que groupe, à l'époque du deuxième Temple, a suscité un important débat, qui n'est pas clos. Pour résumer les données du problème, on observe à cette époque deux phénomènes apparemment contradictoires : d'une part la revalorisation sensible, dans les textes, du statut et de la position du groupe identifié sous le nom de Lévis — en particulier par rapport au statut et à la position des cohanim. Cette revalorisation s'exprime aussi bien dans certains écrits bibliques (Chroniques, Malachie) que dans des manuscrits de Qoumrân, en particulier dans le *Rouleau du Temple*.[94] D'autre part on constate la

[93] Voir dans la LXX (Nb 6 *passim*) : ἡ εὐχὴ μεγάλως « le vœu en grand » ; ἡ εὐχὴ αὐτοῦ « son vœu » ; ἡ εὐχὴ τοῦ ἁγνισμοῦ « le vœu de purification » ; ἡ εὐχὴ κυρίῳ « le vœu pour Dieu ». Chez Philon (*Spec.* I 247, 254) le naziréat est nommé ἡ εὐχὴ μεγάλη « le grand vœu », et le nazir est ὁ ηὔξατο « celui qui a fait le vœu ».

[94] Sara Japhet souligne ainsi que le Chroniste, contrairement à la Torah, attribue une caratère de sainteté aux Lévis : « *As is well known, the Pentateuch does not assign holiness to the Levites. (. . .) What is demanded on them, except for their origin, is purity and not holiness. This is not the case in Chronicles, where the holiness of the Levites is a basic concept that is repeated several times* », S. Japhet, 1996, "The Distribution of the Priestly Gifts According to a Document of the Second Temple Period", dans M. V. Fox *et al.* éds., *Texts, Temples, and Traditions. A Tribute to Menahem Haran*, (Winona Lake :

généralisation de l'usage du nom Lévi pour désigner l'ensemble des fonctionnaires subalternes du Temple.[95] Cette contradiction a suscité de nombreuses hypothèses et tentatives d'explication, depuis l'accaparement par les fonctionnaires du Temple des anciennes fonctions prophétiques rattachées au Temple (Joseph Blenkinsopp), jusqu'à la disparition pure et simple des Lévis à l'époque du deuxième Temple (Cana Werman).[96]

Ce n'est pas le lieu ici de discuter ces hypothèses. En revanche on doit noter deux éléments de convergence entre le statut biblique des Lévis et celui des guerriers du deuxième Temple. Le premier, nous l'avons vu, consiste à définir une tranche d'âge pour le service des armes comme pour le service du Temple. Le second tient à la position relative des uns et des autres dans le système de pureté. Comme les guerriers, les Lévis jouissent à l'égard du système de pureté, d'un statut nécessairement médian entre celui des prêtres et celui des Israélites : ils doivent en effet posséder un degré de pureté suffisant pour approcher du Sanctuaire sans danger, et cependant d'un niveau inférieur à celui des prêtres afin d'accomplir les tâches que leur pureté interdit aux prêtres.[97] De la même façon les guerriers doivent pouvoir à la fois côtoyer la Présence divine au camp et rester en mesure de combattre, c'est-à-dire d'assumer la souillure de la mort.

Eisenbrauns), 17. S'agissant de 11QT Jacob Milgrom a été le premier à le noter : « *On the many innovations found in the recently published Temple Scroll, the higher status accorded to the Levites is one of the most startling, for it goes far beyond he status the Levites possessed at any time during their history and even beyond the idealistic demands of the Bible itself* », J. Milgrom, 1978, "Studies in The Temple Scroll", JBL 97 / 4, 501.

[95] « *The term Levite refers in practice to a broad notion covering heterogeneous categories of temple functionaries who sooner or later were Levitized while remaining very distinct in their functions* », L. J. Sabourin, 1973, *Priesthood. A Comparative Study*, (Leyde : Brill), 117. Et : « *These two groups of cultic officials* (i.e. les chantres et les gardiens), *inferior to the priests and the Levites, were thus later on regarded as Levites* », R. Nurmela, 1998, *The Levites. Their Emergence as a Second-Class Priesthood*, (Atlanta : Scholars Press), 173.

[96] « Ils usurpèrent ainsi la fonction oraculaire de l'ancienne prophétie cultuelle, l'accomplissant non seulement au Temple mais sur les champs de bataille (2 Ch 20,13–23) », J. Blenkinsopp, 1993, *Une histoire de la prophétie en Israël. Depuis le temps de l'installation en Canaan jusqu'à la période hellénistique*, (Paris: cerf). Et : « *Can we assume the existence of a period without Levites ? Apparently the answer is yes* », C. Werman, 1997, "Levi and Levites in the Second Temple Period", DSD 4 / 2, 213.

[97] Voir *inter al.* Nb 17,28 et 18,3.22–23. Les Lévis, comme les guerriers, peuvent être exposés à la souillure de la mort : l'interdit ne concerne que הַכֹּהֲנִים בְּנֵי אַהֲרֹן « les prêtres fils d'Aaron » (Lv 21, 1 sq) ; et les cités de refuge pour les homicides sont des cités lévitiques (Nb 35,6.11–12).

En revanche, et contrairement au naziréat, le statut du Lévi n'est pas provisoire, c'est un statut généalogique. Le Lévi est recensé pratiquement dès sa naissance, à l'âge de un mois (Nb 3,15) ; il appartient à un groupe généalogique bien défini, celui des בְּנֵי־לֵוִי « descendants de Lévi ». Avant comme après qu'il accomplisse son service au Temple, le Lévi possède et conserve son statut, à la différence du guerrier pour qui ce statut est lié à la durée et à l'accomplissement de ses obligations militaires.

Il faut donc se garder de toute confusion entre les statuts particuliers, au regard de la pureté, des nazirs et des Lévis d'une part, des guerriers de l'autre.

CHAPITRE III

LE SACERDOCE (1) : LA MOBILISATION DES PRÊTRES DU DEUXIÈME TEMPLE

Quelle fut la place des prêtres dans les guerres d'Israël à l'époque du deuxième Temple ? Avec les guerriers et à leur tête ? Ou bien à l'écart, loin des combats, de la souillure des cadavres et du sang versé ?

La Torah propose un modèle dans lequel prêtres et Lévis se tiennent à l'écart de la guerre et des guerriers, mais sont néanmoins en position de commander aux armées et à leurs chefs. Distincts et supérieurs. Cet idéal suggéré par la tradition sacerdotale possédait un énorme potentiel dynamique : une tension forte et irréductible persiste en effet entre les deux pôles de l'autorité sur l'armée, et de la mise à distance de la guerre. Par conséquent, les récits juifs anciens suggéraient à côté des prêtres, l'existence de chefs de guerre (les Juges) ou de princes guerriers (les Rois).

Rien de tel n'existe plus à l'époque du deuxième Temple : dans la théocratie judéenne, la hiérarchie sacerdotale assume tous les pouvoirs, assistée d'un conseil des anciens présidé par le grand prêtre (γερουσία), et des nombreux fonctionnaires du Temple.[1] Cette organisation des pouvoirs, bien adaptée à la *pax Persica*, puis encore à la domination lagide, ne résiste guère aux soubresauts provoqués par l'irruption des Séleucides aux prises avec la puissance montante de Rome.

Dès lors, des Maccabées jusqu'à Bar Kochba, la guerre ne cesse plus d'apparaître comme une obligation religieuse ou une perspective eschatologique. Se pose alors de façon pressante et concrète la question de la place des prêtres dans les guerres d'Israël.

---

[1] Ainsi lorsque Antiochos III, après Panion (200 av.), veut remercier la Judée de son assistance militaire contre l'Égypte ptolémaïque, il octroie des dispenses d'impôt à la classe dirigeante, définie en ces termes : ἡ γερουσία καὶ οἱ ἱερεῖς καὶ οἱ γραμματεῖς τοῦ ἱεροῦ καὶ οἱ ἱεροψάλται « au conseil des anciens, aux prêtres, aux scribes du Temple et aux musiciens sacrés » (AJ XII 142).

La *furor* de Lévi réévaluée

La tension dynamique entre les deux pôles opposés de la responsabilité stratégique et de la préservation de la pureté sacerdotale, caractérisant les rapports entre les prêtres et la guerre dans la Torah, se retrouve dans les écrits du deuxième Temple.

D'un côté est reformulée comme une évidence l'incompatibilité entre l'appartenance à la tribu de Lévi et les activités guerrières. Josèphe le rappelle à plusieurs reprises dans sa paraphrase de la Torah, par exemple en AJ IV 67 : πολέμου καὶ στρατίας τὴν τῶν Λευιτῶν ἀφίησι φυλὴν Θεραπεύουσαν τὸν Θεόν « Il dispensa de la guerre et de l'armée la tribu des Lévis, car ils devaient se consacrer au service de Dieu. »[2] Quant à Philon, il rappelle incidemment, à propos du mariage des prêtres, que toute blessure interdisait l'accès au sacerdoce, bien que la personne blessée ne pût être tenue pour responsable d'aucune faute (*Spec.* I 103).[3] Un prêtre ne pouvait guère, dans ces conditions, s'exposer aux hasards des combats et demeurer prêtre.

Mais de l'autre côté, on constate l'étonnante unanimité des écrits juifs du deuxième Temple pour réinterpréter positivement, contre la lettre de la Torah, la violence guerrière que le récit biblique prête en une occasion à Lévi (Gn 34 *passim*). Cet épisode du massacre de Sichem et de son peuple, par Lévi et Siméon, appartient au genre épique. Les deux frères passent au fil de l'épée toute la population mâle de Salem, dont le prince a violé leur sœur Dinah.[4] Cette histoire met en jeu des questions multiples : celles des généalogies maternelles des tribus, des alliances avec l'étranger, de la conversion et de la circoncision ; enfin de la légitimité de ce recours à la violence armée.

Le récit du sac de Salem se clôt sur l'expression d'un désaccord entre Jacob et ses deux fils à propos de l'exercice de cette violence guerrière. Jacob condamne leur expédition ; mais Siméon et Lévi continuent de revendiquer leur droit à venger le déshonneur d'une

[2] Voir aussi AJ III 287 : paraphrasant Nb 1–4 Josèphe y évoque le recensement τῶν στρατεύεσθαι δυναμένων « des hommes capables de combattre » ; il en exclut les Lévis, pour cette raison (qui ne figure pas dans la Bible) : ἱεροὶ γὰρ ἦσαν οἱ Λευῖται καὶ πάντων ἀτελεῖς, « car étant consacrés, les Lévis étaient dispensés de tout service ». Et pourtant Josèphe lui-même fut à la fois prêtre et général.

[3] « Des hommes sont écartés du sacerdoce à cause de quelques cicatrices laissées sur leur corps par des blessures, lesquelles sont signes d'infortune, non de méchanceté » (trad. S. Daniel, 1975).

[4] Siméon, Lévi et Dinah sont enfants de la même mère, Léa.

sœur (Gn 34,30–31).[5] À ce stade ne s'exprime encore qu'un désaccord circonstanciel, une divergence tactique et politique plutôt que de principe. Mais la Torah réitère solennellement la condamnation de la guerre menée par Siméon et Lévi, en la plaçant dans la bouche de Jacob lors des bénédictions qu'il prononce sur les douze, depuis son lit de mort. Pour huit des tribus, ces bénédictions prophétiques demeurent assez brèves. Elles ne prennent de l'ampleur que pour Siméon et Lévi d'un part, Juda et Joseph de l'autre.[6] Mais ici le contraste est grand entre la prospérité et la puissance promises aux uns, et la condamnation des autres : « le sceptre ne sera pas retiré à Juda » (Gn 49,10) et Joseph sera « le couronné parmi ses frères » (Gn 49,26) ; l'un et l'autres sont loués de leur courage et de leur vaillance à la guerre. En revanche Siméon et Lévi se voient condamnés, précisément pour avoir mené la guerre contre Sichem.[7] Pour cela Jacob les voue à la dispersion et à la privation d'héritage en Canaan : וַאֲפִיצֵם בְּיִשְׂרָאֵל « Je les disperserai dans Israël » (Gn 49,7b). Compte tenu du caractère prophétique des bénédictions de Jacob, cette condamnation de la *furor* guerrière de Lévi et de Simon possède toute l'autorité d'une révélation.

Il est d'autant plus significatif de repérer dans les écrits du deuxième Temple, que cet épisode légendaire de la destruction de Salem ne fait l'objet d'aucune critique, quand il n'est pas au contraire exalté.

Pour Mary Douglas ce retournement a commencé à s'opérer dès le livre des Nombres ; il serait à rapprocher de la situation géopolitique de la Judée et de la Samarie aux débuts de l'époque perse.[8] Le raisonnement est le suivant : Nombres rapporte le cas de trois coupables, issus des trois tribus maudites par Jacob dans les prophéties de Gn 49. « *In Genesis Jacob's first three sons sinned ; now the leaders*

[5] Jacob à ses fils : עֲכַרְתֶּם אֹתִי « Vous m'avez causé un tort » ; à quoi ils répondent : הַכְזוֹנָה יַעֲשֶׂה אֶת־אֲחוֹתֵנוּ « Est-ce que notre sœur peut être prise comme une putain ? »

[6] Joseph, c'est-à-dire Ephraïm à qui Jacob a précédemment accordé la primauté sur son frère (Gn 48,17–19). Les deux tribus « Juda » et « Joseph » symbolisent donc les deux royaumes du sud et du nord, la Judée et la Samarie.

[7] C'est bien la violence guerrière des deux frères qui est condamnée en Gn 49. Voir les v. 5 : שִׁמְעוֹן וְלֵוִי אַחִים כְּלֵי חָמָס מְכֵרֹתֵיהֶם׃ « Siméon et Lévi sont frères, leurs épées sont des instruments de violence » ; 6bα : כִּי בְאַפָּם הָרְגוּ אִישׁ « Car dans leur colère ils ont tué des hommes » ; 7a : אָרוּר אַפָּם כִּי עָז וְעֶבְרָתָם כִּי קָשָׁתָה « Maudite leur colère car (elle est) forte, et leur fureur car (elle est) dure. »

[8] M. Douglas, 1993, *In the Wilderness. The doctrine of Defilement in the Book of Numbers* (Sheffield : JSOT).

of the tribes descended from them have sinned again. »[9] Or, dans Nombres, ces pécheurs et princes des trois tribus maudites sont châtiés. Donc la malédiction de Jacob est accomplie, et elle n'a plus lieu de peser sur leurs descendants.[10] Ce raisonnement est à replacer dans l'analyse plus générale que fait M. Douglas du livre des Nombres : elle l'interprète comme un ouvrage polémique en faveur de l'ouverture du judaïsme et de l'intégration de la Samarie, dont l'un des objectifs politiques serait de faire en sorte qu'aucune catégorie du peuple ne soit exclue de l'héritage. Ceci dans le contexte de la « reconstruction post-exilique », et donc en opposition au courant judéen, anti-samaritain et endogamique incarné par Néhémie. La réintégration symbolique dans l'héritage d'Israël des tribus maudites par Jacob, serait une façon de montrer que tout le peuple de la Judée (et de la Samarie) pouvait se réclamer du judaïsme.[11] On observe cependant que, même dans cette lecture, les trois fils maudits par Jacob sont encore considérés comme pécheurs et fautifs par l'auteur des Nombres.

Il n'en va plus tout à fait de même dans les écrits du deuxième Temple. Un retournement du jugement s'est opéré en profondeur, pour glorifier les exploits guerriers de Siméon et de Lévi contre Sichem.

James Kugel et Robert Kugler voient dans ce retournement l'un des éléments d'une tradition émergeant à l'époque du deuxième Temple et faisant remonter l'attribution du sacerdoce, non plus à Aaron au désert comme dans la Torah, mais à Lévi lui-même, à l'époque des patriarches.[12] Cette revalorisation de l'activité guerrière de Lévi (à supposer qu'elle trouvât son origine dans cette nouvelle

---

[9] M. Douglas, 1993, *op. cit.*, 203. Ces trois « pécheurs » des Nombres sont Corée le Lévi, ses alliés rubénites et Zimri le siméonide. Outre Siméon et Lévi, il faut en effet prendre en considération la faute de Ruben (voir Gn 35,22).

[10] Ainsi, s'agissant de Lévi : « *The guilt of their ancestor Levi is transferred to Korah, the Kohatite ; the Levites are purged when he and his followers are destroyed* », M. Douglas, 1993, *op. cit.*, 135.

[11] Une difficulté apparaît aussitôt : Siméon et Lévi, deux des tribus « réhabilitées » dans Nombres selon le raisonnement de Mary Douglas, avaient été condamnés pour avoir détruit la cité de Sichem, c'est-à-dire une représentation symbolique de la Samarie. Cela signifiait que la destruction de la Samarie cessait d'être condamnable. Ceci paraît inconciliable avec la volonté prêté à l'auteur des Nombres de réintégrer la Samarie dans l'ensemble juif.

[12] Cette tradition est attestée dans le *Document araméo-grec de Lévi*, dans les *Jubilées* et dans le *Testament de Lévi*. Ces chercheurs ont ouvert là une discussion pleine d'intérêt sur les deux traditions concernant le sacerdoce et les Lévis, mais qui ne relève pas de mon propos. Voir : J. Kugel, 1993, "Levi's Elevation to Priesthood in Second Temple Writings", HThR 86 / 1, 1–64 ; et R. A. Kugler, 1996, *From Patriarch to Priest : The Levi-Priestly Tradition from Aramaic Levi to Testament of Levi*, (Scholars Press : Atlanta).

tradition) a été reprise dans un grand nombre d'écrits, en plus de ceux qui attribuaient le sacerdoce à Lévi. C'est-à-dire que l'image d'un Lévi guerrier s'est imposée dans les mentalités et les écrits du deuxième Temple, bien au-delà de ce qui avait pu d'abord la motiver.

Ainsi Judith peut-elle revendiquer devant Dieu les hauts faits de son ancêtre Siméon (Jdt 9,2–4). Elle va plus loin en attribuant la réussite de celui-ci à la puissance de Dieu : non seulement la destruction de la cité de Sichem n'est plus condamnée, mais elle s'accomplit avec l'aide et l'approbation divine.[13]

Parmi les écrits attribuant le sacerdoce à Lévi, le plus ancien est le *Document araméo-grec de Lévi* (DAL). De tous les fragments qui le composent, deux seulement font allusion à l'épisode de Dinah et Sichem ; l'un provient de la genizah du Caire, l'autre de la grotte 4 de Qoumrân.[14] L'un et l'autre sont très lacunaires. Le manuscrit qoumrânien insiste sur la « honte » (בהתא) faite à Dinah, « qui souille son nom » (די חבלת שמה), celui de ses ancêtres et celui de ses frères.[15] La colonne *a* du manuscrit de la Bodleian Library d'Oxford se réfère à l'offre d'alliance entre Jacob et Hamor et mentionne l'exigence de la circoncision. La colonne *b* semble se situer après la vengeance de Siméon et de Lévi contre Sichem. L'expression « fauteurs de violence » (עב]די חמסא) appliquée aux deux frères (l. 19) peut faire écho à la malédiction biblique de Jacob contre les « armes de violence » (כְּלֵי חָמָס) en Gn 49,5. Si tel était le cas, il faudrait admettre une modification du mythe au sein même de la tradition du sacerdoce de Lévi : d'abord fidèle à la condamnation biblique de la violence lévitique, il aurait ensuite évolué vers sa justification, allant jusqu'à expliquer l'élévation de Lévi au sacerdoce comme une récompense de son zèle à venger l'honneur de Dinah. James Kugel a par exemple repéré cette divergence entre le récit des *Jubilés* et celui qu'il attribue à une source plus ancienne qu'il nomme l'*apocalypse de Lévi*.[16]

[13] Voir *inter al.* le début de la prière de Judith (Jdt 9,2) : Κύριε ὁ Θεὸς τοῦ πατρός μου Συμεων, ᾧ ἔδωκας ἐν χειρὶ ῥομφαίαν εἰς ἐκδίκησιν ἀλλογενῶν « Seigneur, Dieu de mon aïeul Siméon, à qui tu as mis l'épée à la main pour qu'il se venge de ces étrangers » etc.

[14] *Bodleian* col. a, 20–22 et col. b, 15–23. 4Q213a (4QLevi^{b} ar) 3–4, 2–5.

[15] Voir DJD XXII, 1996, 33–34.

[16] « *As far as this author* [i.e. l'auteur de l'*Apocalypse de Lévi*] *is concerned, Levi's receipt of his divine covenant might indeed have taken place just before the destruction of the Shechemites. For the author of Jubilees, on the contrary, Levi was chosen for the priesthood as a reward for having destroyed the Shechemites* (Jub. 30.18), *and therefore he must have received the priesthood after this act of revenge* », J. KUGEL, 1993, art. cit., 39. La destruction de Salem, ici,

On pourrait alors approximativement dater le retournement de la perception de la violence de Lévi du début du IIème siècle av.

Le livre des *Jubilés* modifie en effet profondément l'ordonnance du récit biblique (Jub XXX *passim*). Il insiste d'abord sur la souillure de Dinah, « fillette de douze ans ». Surtout, le massacre de Sichem et des siens par Siméon et Lévi s'y trouve entièrement justifié. Toute critique émanant de Jacob a disparu du récit. Trois éléments narratifs attestent au contraire la justesse de cette vengeance. D'abord, elle est conforme à la Loi divine (Jub XXX 5–6).[17] Ensuite, elle est accomplie à l'entière satisfaction de Dieu (Jub XXX 23).[18] Enfin, les *Jubilés* associent le choix de Lévi pour le sacerdoce et le service du Temple, au zèle qu'il a montré lors de ce massacre de Sichem (Jub XXX 18) : « La descendance de Lévi a été choisie pour le sacerdoce et pour (fournir) les Lévis, afin d'officier en tout temps devant le Seigneur, comme nous. Lévi et ses fils sont bénis à jamais parce qu'il a été zélé en exécutant la juste condamnation et la vengeance sur tous ceux qui se dressaient contre Israël. »[19] Ce faisant, les *Jubilés* inversent complètement le récit biblique de l'extermination de Sichem, puisqu'ils intègrent cet épisode à l'ensemble mythologique faisant découler l'élection de Lévi d'un geste fondateur de violence guerrière au service de Dieu. Ce retournement s'inscrit dans le cadre plus général de l'idéologie des *Jubilés*, en particulier de la proscription des mariages avec les filles des goyim ; il n'est pas surprenant que la loi interdisant ces « mariages mixtes » a été insérée dans ce récit de la vengeance contre Sichem (Jub XXX 7–16).[20]

---

n'est condamnable dans aucun des deux écrits, puisque dans l'*Apocalypse*, elle était accomplie sur l'ordre de l'ange divin. Ce qui change, d'un texte à l'autre : dans les *Jubilées*, la destruction n'est plus seulement admise, elle est en plus récompensée par l'élévation de Lévi au sacerdoce.

[17] « Qu'il n'arrive plus désormais qu'on souille ainsi une fille d'Israël, car une sentence a été prononcée contre eux (i.e. les violeurs) dans le ciel » (trad. A. Caquot, 1987).

[18] « Le jour où les fils de Jacob tuèrent les Sichémites, un (témoignage) écrit en leur faveur fut porté dans le ciel comme quoi ils avaient exécuté sur des pécheurs la justice, le droit et la vengeance, et ce fut inscrit pour la bénédiction » (trad. A. Caquot, 1987).

[19] wataḥᵉrᵉya zarᵉʾa lewi lakᵉhᵉnat walalewâwiyân kama yᵉtᵉlaʾaku qᵉdᵉma ʾᵉgᵉziaʾbᵉher kama nᵉhᵉna bakuᵉlu mawâʿᵉl. wayᵉtᵉbarak lewi wawᵉludu laʿilam ʾᵉsᵉma qanᵉʾa kama yᵉgᵉbar ṣᵉdᵉqa wakuᵉnane wabaqala ʾᵉmᵉkuᵉlomu ʾᵉla yᵉtᵉnaśᵉʾu lâʿᵉla ʾᵉsᵉrâʾel. (Trad. A. Caquot, 1987).

[20] De façon plus conjoncturelle, il est possible aussi que ce retournement du récit biblique ait été favorisé par une forme de propagande asmonéenne, consécutive aux victoires de Jean Hyrcan sur la Samarie.

Aucun autre écrit juif du deuxième Temple ne va aussi loin dans la réinterprétation de l'affaire de Sichem. Le *Testament de Lévi* conserve ainsi la trace des reproches de Jacob à ses deux fils, et Lévi mourant y exprime même un regret (T.Lév VI 6–7) : καὶ ἐν ταῖς εὐλογίαις ἄλλως ἐποίησεν. ἡμάρτομεν γάρ, ὅτι παρὰ γνώμην αὐτοῦ τοῦτο πεποιήκαμεν· « Et dans ses bénédictions il ne nous traita pas comme les autres. Nous avions eu tort en effet d'avoir agi ainsi contre son avis. » Ce début de reconnaissance d'une forme de culpabilité, conforme à la lettre du récit biblique, est aussitôt balayé par l'affirmation que l'exécution de Sichem et des siens était conforme à la volonté divine.[21] La soumission de Lévi à la volonté Dieu en cette affaire, est d'autant plus significative que le récit précise qu'il tua lui-même Sichem (T.Lév VI 4). L'un des rares écrits du deuxième Temple à évoquer le mécontentement de Jacob, le *Testament de Lévi* n'en conclut donc pas moins à la justesse de la guerre menée contre Sichem.

Parmi les autres évocations de cet épisode, les plus sobres bannissent au moins toute trace des reproches de Jacob, et présentent toute l'affaire comme une vengeance exercée à bon droit. Le Pseudo-Philon transforme l'expédition de Sichem en une opération menée en vue de délivrer Dinah (LAB VIII 7).[22] Il fait ensuite de celle-ci la vertueuse épouse de Job. Dans le roman judéo-hellénistique intitulé *Joseph et Aséneth*, les deux frères Siméon et Lévi sont représentés comme des guerriers particulièrement forts et courageux, en raison de leur exploit contre Sichem accompli avec la bénédiction de Dieu.[23] Les menaces du fils du Pharaon lui-même ne peuvent les effrayer, c'est lui au contraire qui tremble de peur devant eux (voir Jos. et As. XXIII).[24]

[21] Voir T.Lév. VI 8 : ἐγὼ εἶδον ὅτι ἀπόφασις Θεοῦ ἦν εἰς κακὰ ἐπὶ Σίκιμα « Je constatai moi-même que Dieu se déclarait pour la condamnation de Sichem » ; et VI 11 : ἔφθασε δὲ ἡ ὀργὴ κυρίου ἐπ' αὐτοὺς εἰς τέλος « La vengeance du Seigneur les frappa d'abord et définitivement. »

[22] *Et ingressi sunt filii Iacob Simeon et Levi, et interfecerunt omnem citadem eorum in ore gladii, et Dinam sororem suam acceperunt et exierunt inde.* « Alors les fils de Jacob, Siméon et Lévi, vinrent et tuèrent tout au fil de l'épée dans leur cité, puis ils reprirent leur sœur Dinah et s'en allèrent. »

[23] Jos. et As. XXIII 13 : « Tu as vu ces épées ? C'est avec elles que le Seigneur a vengé l'outrage fait par les Sichémites aux fils d'Israël en la personne de notre sœur Dinah, souillée par Sichem, le fils de Hamor. »

[24] Parmi les pseudépigraphes de la Bible hébraïque il en est encore un qui reprend l'histoire de Sichem : Théodote dans son περὶ Ἰουδαίων, *Des Juifs*. Mais le passage qu'Eusèbe de Césarée nous en a conservé (*Præp. Ev.* IX, 22, 1–4) reste incomplet : s'il mentionne le viol de Dinah et la circoncision des hommes de Salem, il s'interrompt avant le point qui nous intéresse, la vengeance de Siméon et Lévi.

Philon fait deux fois allusion à l'épisode de Sichem. D'abord dans le *De migrationi Abahami*, où Sichem « fils de Emor c'est-à-dire irrationnel par nature — puisque Emor signifie l'âne » (*Migr.* 224),[25] représente allégoriquement « l'effort misérable qui cherche à violenter la Justice ».[26] Sur le même plan allégorique, Lévi et Siméon représentent la Justice châtiant les engagement violés. Le même rôle leur est à nouveau attribué dans une seconde allusion à l'épisode de Sichem, dans le *De mutatione nominum* 200.[27] Philon se situe là sur le terrain de l'interprétation philosophique du texte ; son exégèse allégorique suppose qu'il partage avec le judaïsme de son époque la lecture simple de l'épisode, approuvant l'intervention vengeresse des deux fils de Jacob contre Sichem.

Enfin, dans sa paraphrase du viol de Dinah vengée par ses frères, Josèphe a recours à un autre procédé. Plus fidèle que d'autres à la source biblique, il fait état de la colère de Jacob contre ses fils. Mais, en couplant cette colère trop humaine à l'intervention divine du début de Gn 35, il fait en sorte que Dieu en personne absolve les deux frères et apaise Jacob (AJ I 341) : Ἰακώβῳ δὲ ἐκπλαγέντι πρὸς τὸ μέγεθος τῶν γεγονότων καὶ χαλεπαίνοντι πρὸς τοὺς υἱοὺς ὁ Θεὸς παραστὰς ἐκέλευσε Θαρρεῖν « Devant Jacob, effrayé par l'énormité de ces actions et irrité contre ses fils, Dieu se manifesta pour lui intimer de rassembler son courage. » Par ce biais littéraire, Josèphe harmonise les reproches de Jacob, attestés dans la Torah, avec une interprétation positive du sac de Salem, qu'il partage avec tous les auteurs du deuxième Temple.

Ce retournement de la représentation du massacre de Siméon et Lévi s'inscrit dans le débat sur la place des prêtres et des Lévis dans la société du deuxième Temple. L'émergence de la tradition faisant remonter le sacerdoce jusqu'à Lévi et, au-delà jusqu'à la figure de Sem-Melkisedeq, s'accompagne de la relecture de l'épisode du viol de Dinah.[28]

Une convergence apparaît entre cette réflexion de longue durée et la conjecture historique. En effet cette relecture est aussi favorisée par le conflit historique qui perdure entre la Judée et la Samarie depuis

---

[25] Ἐμὼρ υἱὸς ὤν, ἀλόγου φύσεως — καλεῖται γὰρ Ἐμὼρ ὄνος.

[26] J. Cazeaux, 1965, *Philon d'Alexandrie, De migratione Abrahami*, (Paris : Cerf), n. 5, 241.

[27] Où ils sont définis comme οἱ δὲ πρὸς ἄμυναν εὐτρεπεῖς τῶν οὕτως βεβήλων καὶ ἀκαθάρτων τρόπων « ceux qui sont prêts pour la défense contre des conduites à ce point interdites et impures ».

[28] Voir J. Kugel, 1993 et R. A. Kugler, 1996, art. cit.

au moins le IIIème siècle av.[29] Le violeur de Dinah, Sichem, incarne symboliquement la Samarie dont il porte le nom de la capitale. L'écrasement de la Samarie — effectif à l'époque de Jean Hyrcan — se trouve ainsi justifié par le réaménagement du récit biblique.[30]

Mais du point de vue qui nous occupe il est une autre conséquence bien plus importante de ce nouveau paradigme. Celui-ci établit en effet la légitimité de Lévi à faire la guerre quand la nécessité s'en fait sentir. Avec cette relecture valorisante du combat de Lévi (et de son frère Siméon),[31] la littérature juive du deuxième Temple construit la matrice mythologique où s'épanouit ensuite la figure de Pinḥas, prêtre zélé et combattant.

Le débat rebondit cependant autour des circonstances qui peuvent obliger Lévi à guerroyer. Et lorsqu'on en vient à définir plus précisément quelle place le prêtre doit occuper dans les guerres, on observe une grande diversité de réponses, reflet de l'importance sociale, politique et institutionnelle du problème, mais aussi de la diversité des courants au sein du judaïsme de la période.

Le problème de Juda Maccabée et des Maccabéens

Lorsqu'ils déclenchent la révolte puis organisent la lutte armée contre l'emprise hellénistique sur la Judée, les Maccabées se voient confrontés à une difficulté inédite : comment mener une guerre juive en l'absence de prêtres ? L'évolution de la situation stratégique et politique leurs pose bientôt un nouveau problème : comment mener une guerre juive *contre* le grand prêtre en place ?

Il faut chercher la réponse à ces question dans le premier livre des Maccabées, ce récit des guerres maccabéennes rédigé sous le

[29] Voir l'analyse détaillée de H. G. Kippenberg, 1971, *Garizim und Synagoge*, (De Gruyter : Berlin) ; reprise par J. J. Collins, 1980, "The Epic of Theodotius and the Hellenism of the Hasmoneans", HThR 73 / 1–2, 91–104 ; *contra*, voir R. Pummer, 1982, "Genesis 34 in Jewish Writings of the Hellenistic and Roman Periods", HThR 75 / 2, 177–188.

[30] Jean Hyrcan détruit le temple du mont Garizim en 128 et la ville de Sichem en 107 av.

[31] À l'époque du deuxième Temple seul le rôle de Lévi garde un sens, dans la mesure où l'hypothétique ancienne tribu de Siméon a été « dispersée » et dissoute dans l'ensemble judéen. Voir comment Philon tire argument de l'absence de Siméon dans les bénédictions de Moïse (Dt 33) pour en déduire l'assimilation de Siméon à Lévi (*Mutat.* 200).

règne de Jean Hyrcan, et conçu comme un ouvrage d'historiographie et de propagande au service de la dynastie.[32]

Faire la guerre sans prêtre

Dans les neuf premiers chapitres de 1 Maccabées, couvrant la période des débuts du soulèvement à la mort de Juda Maccabée, on trouve seulement neuf occurrences des mots « prêtre, prêtrise, sacerdoce, sacerdotal » (ἱερεύς, ἀρχιερεύς etc.), dont quatre concernent la désignation d'Alkime au pontificat. En revanche dans les sept derniers chapitres consacrés à Jonathan, à Simon et aux débuts de Jean Hyrcan, ces termes sont beaucoup plus fréquents (trente-sept mentions). Tout se passe comme si, durant les premières années du soulèvement jusqu'à la désignation d'Alkime au pontificat (162 av.), le sacerdoce du Temple de Jérusalem avait pratiquement disparu de la scène des affrontements en Judée.

L'appartenance sacerdotale de Mattathias est certes mentionnée une fois : il est présenté comme ἱερεὺς τῶν υἱῶν Ιωαριβ « prêtre des fils de Yoarib (i.e. Yehoyarib) » (1 M 2,1). Mais cette origine sacerdotale semble plutôt relever de la propagande dynastique.[33] Il est frappant en effet que dans la suite du récit cette prêtrise ne se transmette pas à ses fils. Aux propres termes du testament de Mattathias, Simon est désigné comme ἀνὴρ βουλῆς « un homme avisé » et Juda nommé ἄρχων στρατιᾶς « général en chef de l'armée » (1 M 2,65–66). Il n'est nulle part question du sacerdoce.[34]

---

[32] Voir A. Momigliano, 1976, "The Date of the First Book of Maccabees", dans A. Momigliano, *L'Italie préromaine et la Rome républicaine*, (Rome : École française de Rome), 657–661 ; J. Sievers, 1990, *The Hasmoneans and Their Supporters. From Mattathias to the Death of John Hyrcanus I*, (Atlanta : Scholars press) ; et U. Rappaport, 2001, "1 Maccabees", dans J. Barton et J. Muddiman éds., *The Oxford Bible Commentary*, (Oxford : Oxford Univ. Press), 710 sqq.

[33] Dans une article posthume Morton Smith posait la question : les Maccabées furent-ils des prêtres ? Au terme d'une argumentation fondée sur la critique textuelle des différentes listes de mishmarot sacerdotaux dans la Bible, il concluait par la négative : les Maccabées ne pouvaient se réclamer de la légitimité aaronide fondant le sacerdoce. Peut-être en revanche appartenaient-ils à ce groupe de familles se réclamant d'un sacerdoce ancien, sans avoir pu en fournir de preuves généalogiques convaincantes. M. Smith, 1996, "Were the Maccabees Priests ?", dans M. Smith, *Studies in the Cult of Yahweh. 1. Historical Method, Ancient Israel, Ancient Judaism, edited by S. J. D. Cohen*, (Leyde, New York, Cologne : Brill), 320–325.

[34] Sinon par le biais d'une allusion au sacerdoce de Pinḥas, ὁ πατὴρ ἡμῶν « notre ancêtre » (1 M 2,54). Mais les cinq frères ne sont jamais représentés comme des prêtres, dans le récit de 1 Maccabées, avant que Jonathan ne revête l'habit du grand prêtre.

Les rites de Masphat

Cette absence de prêtres est dramatiquement soulignée et mise en scène au camp de Juda, à Masphat en 165 av., à la veille de la bataille d'Emmaüs. Les Juifs rassemblés s'y lamentent sur le sort des prêtres (1 M 3,51) : καὶ οἱ ἱερεῖς σου ἐν πένθει καὶ ταπεινώσει « Tes prêtres sont dans le malheur et la soumission. » C'est-à-dire qu'ils sont, soit empêchés (prisonniers, tués etc.), soit indignes d'exercer ; de toutes les manières, ils sont absents. Aussi Juda fait-il porter au camp leurs vêtements sacerdotaux (1 M 3,49). Image même de l'absence : les prêtres doivent être figurés par les habits qu'ils portaient au Temple. Francis Schmidt a mis en évidence tous les enjeux de cette mise en scène de l'absence pour la « pensée du Temple », en un moment où le Sanctuaire est profané.[35] Cependant le camp de Masphat est aussi l'occasion pour l'historien de 1 Maccabées, de montrer comment la guerre de Juda Maccabée fut menée conformément aux prescriptions bibliques.[36] À cet effet, il décrit un rite complexe de préparation au combat (1 M 3,46–58), largement inspiré des règles de Dt 20. Le rite deutéronomiste comprend trois moments et deux catégories, au moins, d'intervenants : d'abord une harangue est prononcée par « le prêtre », הַכֹּהֵן (vv. 2–4) ; puis les šōṭᵉrîm, שֹׁטְרִים, des officiers non sacerdotaux, procèdent au renvoi des inaptes (vv. 5–8) ; enfin on procède à la nomination des officiers de l'armée — l'agent n'en est pas précisé (v. 9). À Masphat ces trois moments du rite sont reproduits. Mais leur exécution pose un problème : il n'y a pas de prêtre pour exercer la fonction qui lui revient, dans le rite. Le narrateur attribue donc au seul Juda Maccabée l'accomplissement des trois éléments du rite.

Telle est la première solution suggérée par 1 Maccabées à l'absence de prêtres : bien qu'il ne soit pas un prêtre lui-même, mais parce qu'il est le chef de l'armée, Juda peut se substituer au prêtre absent. Il n'est pas prêtre mais il « fait fonction de » prêtre. De même il n'est pas non plus šōṭēr mais il « fait fonction de » šōṭēr (1 M 3,56) ; et nomme aussi les officiers (1 M 3,55). La logique de la progression des rites, dans le Deutéronome, établissait une hiérarchie du

[35] Voir "La fonction du Temple" dans F. Schmidt, 1994, *op. cit.*, 78–81.

[36] « Cette idéologie puisée dans l'Écriture sainte inspire l'auteur des Maccabées qui nous présente la campagne de libération déclenchée par Mattathias et ses fils comme une reprise de la guerre sainte archaïque », A. Caquot, 1966, "La guerre dans l'Ancien Israël", REJ 124 / 3–4, 269.

plus au moins sacré : d'abord l'intervention du prêtre ; puis celle de ses porte-paroles (les šōṭ^erîm) ; enfin les nominations, anonyme mais probablement effectuées par le chef profane de l'armée dont c'était l'une des responsabilités. Le récit de 1 Maccabées efface la distinction biblique entre intervention sacerdotale et profane. En inversant l'ordre des rites, il produit une logique qu'on peut qualifier « d'usurpatrice ». Ainsi, quand Juda procède aux nominations des officiers, il est encore dans son rôle ; il en sort déjà en procédant aux renvois ; un pas de plus, et il occupe subrepticement la position du prêtre en prononçant la harangue (1 M 3,58). Il a insensiblement passé par étapes du profane au sacré, du chef de guerre au prêtre.

Nous ne sommes pas dans le cadre d'un pamphlet anti-asmonéen : l'objectif est au contraire de présenter comme logique et naturel, ce glissement de la fonction de général à celle de prêtre, l'une étant fondée sur l'autre.

La répurgation du Temple[37]

Il est une autre circonstance où l'absence des prêtres devait se faire sentir avec encore plus d'acuité : à l'occasion de la répurgation du Temple de Jérusalem (1 M 4,36–59). L'événement intervient un peu plus d'un an après la bataille d'Emmaüs (en décembre 164 ou en janvier 163 av.).[38]

Chaque objet manipulé en cette occasion représente un danger mortel pour quiconque en approche : « l'abomination » (la divinité étrangère) ainsi que l'autel, conservent la puissance mortelle du sacré des Grecs. En outre, au-delà de la souillure répétée des sacrifices païens, l'autel conserve la qualité d'avoir été celui des holocaustes offerts à YHWH. Chacune de ses pierres est « chaude » d'une sorte de rayonnement mortel de sacralité contagieuse. Le récit souligne la crainte que ces pierres continuent d'inspirer même après les démolitions. Les unes, « les pierres de la souillure » (τοὺς λίθους τοῦ μιασμοῦ, i.e. celles de la statue de Zeus) sont transportées εἰς τόπον ἀκάθαρτον

[37] J'emprunte ce mot « répurgation », dans l'acception de purification, au beau français des XVIème et XVIIème siècles, comme dans (*inter al.*) : J. de Virey, 1611, *Tragédie de la divine et heureuse victoire des Maccabées sur le roy Antiochus, avecques la Répurgation du temple de Hiérusalem*, (Rouen : R. Du Petit Val).

[38] Correspondant au mois de Kislev (dans le comput judéen débutant en Nissan) de l'an 148 de l'ère séleucide. Voir F.-M. Abel, 1949, *Les livres des Maccabées*, (Paris : Le Coffre), "Introduction", LI–LII ; et B. Bar-Kochva, 1989, *op. cit.*, App. K "The chronology of Lysias' second expedition", 543–551.

« dans le lieu impur » (1 M 4,43), c'est-à-dire à l'endroit où l'on enfouissait les restes des sacrifices. Les autres, issues de la destruction de l'autel, sont stockées sur le mont du Temple, dans l'attente qu'un prophète vienne dire quoi en faire.[39] La répurgation constitue une intervention au cœur même du sacré, proprement inimaginable sans la protection que leur statut sacerdotal confère à des prêtres.

Une autre partie de la cérémonie consiste à (re)consacrer le nouvel autel, ainsi que le mobilier et la vaisselle du Temple (1 M 4,47–49) : autant de rites là aussi impossibles sans les prêtres.

On s'attend donc à ce que le rôle des prêtres soit abondamment évoqué dans le récit de la répurgation. Il n'en est rien. Au contraire : la seule mention des prêtres, dans tout le récit de la cérémonie, apparaît comme surajoutée et destinée surtout à les réintroduire de façon formelle (1 M 4,42). Placée au début de la description du rite, cette unique allusion permet en principe de leur attribuer toutes les cérémonies subséquentes.[40]

Ses victoires et son entrée dans Jérusalem confrontent Juda Maccabée à la même difficulté qu'à Masphat : comment accomplir rites et gestes sacrés (pour le rétablissement desquels il combat) quand les prêtres sont absents ? 1 Maccabées suggérait qu'à Masphat, Juda s'était substitué aux prêtres, de sa propre autorité de chef de l'armée ; il ne s'agissait encore que d'accomplir des rites de guerre. Cette solution n'est plus (ou pas encore) possible lors de la répurgation de l'autel de Jérusalem. La solution doit donc être différente.

La description des rites de la répurgation (1 M 4,43–57) s'énonce toute entière dans l'anonymat d'une troisième personne du pluriel : « ils » firent ceci, « ils » accomplirent cela. Qui donc désigne ce pluriel indéfini ? Qui exécuta les rites ? Deux réponses apparaissent possibles dans 1 Maccabées, qui encadrent le récit de la cérémonie. L'auteur mentionne en premier lieu des « prêtres irréprochables » (1 M 4,42). Pour toutes les raisons énoncées plus haut, il est en effet nécessaire que des prêtres opèrent ici.

---

[39] 1 M 4,46 : μέχρι τοῦ παραγενηθῆναι προφήτην τοῦ ἀποκριθῆναι περὶ αὐτῶν « jusqu'à la venue d'un prophète qui puisse répondre à leur sujet. »

[40] Ce verset pourrait même être une glose : son absence ne modifie pas la cohérence du récit. Il se trouve en effet absent de deux manuscrits importants (le *Vaticanus* grec en minuscules et le manuscrit latin de Bologne) et de quelques autres plus secondaires, absence ordinairement attribuée à une erreur du copiste. Voir W. KAPPLER, 1936, *Septuaginta. Vetus Testamentum Græcum Auctoritate Academiæ Scientarum Gottingensis ix 1*, (Göttingen : Vanderhœck & Ruprecht).

Mais, à la fin du récit, l'auteur dévoile une autre identité de ces « ils ». Il apparaît alors que toutes les décisions et toute l'autorité appartiennent en dernier ressort à « Juda, à ses frères, et à toute l'assemblée d'Israël », dans cet ordre (1 M 4,59).[41] Il n'y a pas là contradiction, mais la construction d'un rapport hiérarchique. Car les prêtres dont il est besoin pour les rites, ont été « choisis » (ἐπιλέγειν) et sans doute investis par Juda Maccabée, voir 1 M 4,42 : καὶ ἐπελέξατο ἱερεῖς ἀμώμους Θελητὰς νόμου « il choisit des prêtres irréprochables, des volontaires de la Loi. » La construction de la phrase établit une équivalence entre les deux groupes des ἱερεῖς ἀμώμους « prêtres irréprochables », et des θελητὰς νόμου « volontaires de la Loi ». Ces « volontaires de la Torah » représentent, parmi les compagnons de Juda, ceux dont l'engagement dans l'insurrection reposait sur une connaissance et une fidélité particulière à la Loi : certains des asidéens ; peut-être aussi quelques membres de familles sacerdotales n'ayant pas succombé à la mode de l'hellénisation.[42] Il faut donc attribuer une fonction performative au geste de πελάζειν : en « faisant avancer » certains de ses compagnons Juda les institue pour la prêtrise. En cette circonstance Juda Maccabée aurait donc, de sa propre autorité, nommé et établi un clergé concurrent de celui de Ménélas, afin de rétablir le fonctionnement régulier du Temple.[43]

Cette hypothèse d'un nouveau clergé, établi par Juda Maccabée, peut s'appuyer sur les travaux, déjà anciens mais toujours pertinents, de G. Hölscher sur les familles lévitiques et sacerdotales.[44] Comparant les différentes listes de mishmarot figurant dans la Bible hébraïque,

---

[41] Ιουδας καὶ οἱ ἀδελφοὶ αὐτοῦ καὶ πᾶσα ἡ ἐκκλησία Ισραηλ.

[42] Félix-Marie Abel rapproche l'expression Θελητὰς νόμου d'une autre, similaire, employée en 1 M 2,42 : πᾶς ὁ ἑκουσιαζόμενος τῷ νόμῳ, « tout ce qu'il y a de plus dévoués à la Loi. » Il montre qu'on peut traduire cette expression par « volontaires de la Loi », en vertu de l'argument philologique suivant : « Propre aux LXX, le verbe [ἑκουσιαζόμενος] dérivé de ἑκούσιος traduit l'hithp. de נדב. » Or les hommes désignés par cette expression en 1 M 2,42 étaient « le groupe d'Asidéens » ralliés à la révolte de Mattathias. Voir F.-M. Abel, 1949, *op. cit.*, *in loc.*

[43] On s'avance ici à l'orée d'une forêt touffue d'hypothèses historiques, dont les découvertes de Qoumrân ont favorisé l'effloraison sauvage, au sujet des années séparant la mort de Mattathias (166 av.) de la nomination de Jonathan comme grand prêtre (152 av.) Je n'y ajouterai pas, et en particulier je ne trancherai pas ici si Juda se trouva, à Jérusalem, confronté à un grand prêtre dissident (en qui certains voient le futur Maître de Justice), ou s'il exerça lui-même les fonctions de grand prêtre pendant un temps.

[44] G. Hölscher G., 1925, s.v. "Levi", dans *Paulys Real-Encyclopädie. Neue Bearbeitung. XII-2*, (Stuttgart : Metzlersche), 2155–2208. Voir en particulier le § *m*, aux cols. 2187–2191.

G. Hölscher a montré que la moitié environ des familles sacerdotales reconnues comme telles dans la Judée asmonéenne et hérodienne, ont été ajoutées aux listes sacerdotales à l'époque asmonéenne.[45] La touche finale avait consisté à attribuer la première place au mishmar Yehoyarib (celui attribué à Mattathias par 1 Maccabées) dans la liste figurant en 1 Ch 24.

On peut supposer que l'intégration de ce nouveau clergé, issu des rangs de l'insurrection ne se fit pas sans mal. 1 Maccabées a ainsi conservé un exemple de leurs difficultés à se pénétrer des devoirs de leurs nouvelles fonctions. Dans les mois qui suivent la répurgation (163 av.) Juda entreprend un certain nombre de campagnes périphériques. L'une d'elle le mène en Idumée, contre Hébron et Marissa. Une bataille s'y déroule, au cours de laquelle plusieurs prêtres se voient châtiés d'avoir ignoré le respect de la pureté rituelle liée à leur statut (1 M 5,67) : ἐν τῇ ἡμέρᾳ ἐκείνῃ ἔπεσον ἱερεῖς ἐν πολέμῳ βουλόμενοι ἀνδραγαθῆσαι ἐν τῷ αὐτοὺς ἐξελθεῖν εἰς πόλεμον ἀβουλεύτως. « Ce jour-là tombèrent au combat des prêtres ayant voulu agir en héros, ce pourquoi ils sortirent au combat sans la moindre réflexion. » Rude apprentissage de la règle qui maintient les prêtres à l'écart de la souillure des combats.

Faire la guerre contre le prêtre en place

L'insurrection maccabéenne eut à surmonter une autre difficulté : comment mener la guerre *contre* un grand prêtre ?

Le problème ne s'est pas posé au sujet de Ménélas : il était le renégat qui, après avoir encouragé l'hellénisation du sacerdoce hiérosolymitain, s'était accommodé de « l'abomination de la désolation ». Quelle que fut restée sa position institutionnelle à la cour séleucide, il ne pouvait guère plus se présenter en grand prêtre devant les Juifs après l'abolition du culte de YHWH au Temple. Mais après l'exécution de Ménélas à une date demeurée incertaine (entre 163 et 161), Alkime est nommé grand prêtre par Antiochos Eupator, puis confirmé dans sa fonction par Démétrios Ier. Contrairement à Ménélas, Alkime se voit aussitôt reconnaître une véritable légitimité généalogique : par « un groupe de scribes » (συναγωγὴ γραμματέων), par nombre d'Asidéens et sans doute par d'autres Juifs encore. Il est à leurs

[45] Conclusions reprises plus récemment par Morton Smith : « *The interpolation is betrayed by the prefixed and in Ne 12,6. 19. A similar interpolation was made in 1 Chr 9, 10ff. = Ne 11,10ff., where the text originally had Yedayah ben Serayah* », M. Smith, 1996, art. cit., 323.

yeux ἄνθρωπος ἱερεὺς ἐκ σπέρματος Ααρων, « un homme qui est prêtre de la lignée d'Aaron » (1 M 7,12–14).[46]

Le culte de YHWH a été rétabli sur l'autel du Temple, et un grand prêtre aaronide a été nommé. L'historiographe des Asmonéens qui rédige 1 Maccabées doit alors expliquer et rendre légitime la poursuite du combat des Maccabées, dans ces nouvelles circonstances : non plus l'absence de prêtres pour faire la guerre, mais la guerre contre les prêtres en place.

Le procédé utilisé consiste à intenter contre Alkime un procès en légitimité, fondé sur le rejet qu'il aurait suscité dans une partie au moins du clergé. Le récit de 1 Maccabées souligne ainsi que l'allégeance du clergé de Jérusalem allait ailleurs. Faut-il entendre à un autre grand prêtre ? L'hypothèse n'est jamais évoquée : aucun grand prêtre rival (ni Juda, ni un autre) n'est nommément désigné.

En revanche, aussitôt après l'installation d'Alkime par Bacchidès à Jérusalem, le récit de 1 Maccabées évoque le développement d'une lutte au sein du sacerdoce — qu'on peut relier à la coexistence de clergés d'origines différentes. Il évoque d'abord, sans en donner d'autre explication qu'herméneutique, l'épisode de la pendaison des soixante Asidéens ralliés (1 M 7,16–17). Il souligne ensuite que durant les semaines suivant le départ de Bacchidès, ἠγωνίσατο Ἄλκιμος περὶ τῆς ἀρχιερωσύνης « Alkime lutta pour la grande prêtrise » (1 M 7,21) : c'est dire qu'elle ne lui était pas reconnue d'emblée par tous, et laisser entendre qu'un autre la revendiquait peut-être. Ne parvenant pas à s'imposer, Alkime quitte finalement Jérusalem et rejoint la cour séleucide (1 M 7,25).

Encore plus significatif apparaît le récit de l'intervention de Nicanor au Temple. Des sources aussi différentes que 1 et 2 Maccabées convergent pour affirmer comme un fait historique, que Nicanor mena d'abord une politique de conciliation et d'apaisement à l'égard de Juda Maccabée.[47] Lorsque Nicanor change de politique, abandonnant le parti de Juda pour soutenir celui d'Alkime son premier geste, selon 1 Maccabées, est de monter au Temple pour insulter les prêtres faisant le service, et exiger d'eux qu'ils lui livrent Juda

[46] Voir dans 2 Maccabées, récit d'origine et d'idéologie complètement différentes, une autre forme de reconnaissance de la légitimité d'Alkime (2 M 14,3) : Ἄλκιμος δέ τις προγεγονὼς ἀρχιερεύς « Un certain Alkime, ayant été autrefois grand prêtre » ; il appartenait donc à une lignée fournissant des grands prêtres. *Idem* chez Flavius Josèphe, AJ XII 385.

[47] Voir 1 M 7,27 et 2 M 14,8–25. *Idem* dans Josèphe, AJ XII 402–403.

(1 M 7,33–35). 1 Maccabées exprime ainsi de façon redondante le ralliement du clergé du Temple à Juda. Nicanor signale son ralliement à Alkime en insultant les prêtres : c'est donc que le clergé n'est pas favorable à celui-ci ; il exige ensuite que Juda lui soit livré : les prêtres sont donc présentés comme des soutiens de Juda.[48] On doit en conclure qu'à la veille du « jour de Nicanor », la majorité du corps sacerdotal du Temple était fidèle, non à Alkime, son grand prêtre désigné, mais à Juda Maccabée. Il y a là une contradiction manifeste : à suivre l'auteur de 1 Maccabées, la légitimité pontificale aaronide reconnue à Alkime, se serait heurtée à un autre type de légitimité (laquelle ?) fondant la loyauté des prêtres de Jérusalem envers Juda Maccabée. À quel titre Juda pouvait-il exiger cette loyauté ?

Et d'où avait-il auparavant tiré l'autorité et la légitimité qui lui avaient permis de se substituer aux prêtres à Masphat, puis de procéder à des nominations sacerdotales à Jérusalem ? Questions fondamentales, car de cette même légitimité procèdent ensuite l'élévation de Jonathan et de Simon à la grande prêtrise ; puis la justification de la dynastie asmonéenne dans son double rôle pontifical et princier.

Trois passages des *Antiquités* de Flavius Josèphe ont depuis longtemps suggéré l'hypothèse que Juda ait été lui-même, dans des circonstances à préciser, investi de la grande prêtrise.[49] Cette hypothèse, généralement rejetée car elle soulevait autant de difficultés qu'elle prétendait en résoudre, a été réexaminée à frais nouveaux à la lumière des écrits de Qoumrân et dans le cadre des recherches sur l'histoire de la communauté. La nouvelle *opinio communis* sur ce point précis révèle une grande incertitude.[50] La raison évidente en est que l'adoption ou le rejet de cet hypothèse entraîne aussitôt d'immenses conséquences pour la lecture des textes de l'époque, et que l'on doit hésiter à trancher sur la base de conjectures si faiblement documentées.

Au demeurant la question est moins, ici, celle de la réalité historique d'un éventuel pontificat de Juda Maccabée (ou d'un autre),

---

[48] L'épisode de Nicanor au Temple, exigeant des prêtres qu'ils lui donnent Juda, figure également en 2 M 14,31–33. Mais, conformément à l'approche plus théologique de ce livre, Nicanor apparaît surtout en cet occasion comme un blasphémateur défiant la divinité.

[49] Voir AJ XII 414, 419 et 434.

[50] Incertitude bien reflétée dans cette remarque de James VanderKam : « *One cannot be sure, but the narratives of 1 and 2 Maccabees are not necessarily opposed to what Josephus asserts* », J. C. VanderKam, 2000, "People and High Priesthood in Early Maccabean Times", dans J. VanderKam éd., *From Revelation to Canon. Studies in the Hebrew Bible and Second Temple Literature*, (Leyde, Bostin, Cologne : Brill), 218.

que celle des conditions ayant permis à un chef de guerre profane d'occuper une position d'autorité dans le domaine sacré du sacerdoce. Par quels moyens a pu s'opérer ce renversement des positions rituelles du guerrier et du prêtre ? Avec quelles conséquences ?

L'onction de la guerre

Dans son livre consacré aux *Origines du judaïsme*, Étienne Nodet développe l'argument que toute la réflexion michnique sur la guerre a puisé directement à la source du premier livre des Maccabées.[51] À partir d'une critique textuelle serrée, il montre que les prescriptions de la Michna (en particulier Sota VIII) n'ont pas été établies à partir d'une exégèse directe des règles de Dt 20, mais à partir d'un ensemble rituel plus élaboré, qu'il assimile à la description des rites de Masphat (1 M 3,46–60). Les relectures michniques de Dt 20 prenaient donc leur source dans 1 M 3. Schématiquement :

Dt 20 → 1 M 3 → M.Sota VIII

Pour Étienne Nodet, la plus grande part des écrits militaires de la Michna « ne s'expliquent bien que par ce livre [i.e. 1 Maccabées], mais ils ont ensuite subi un brouillage les coupant de leur source, devenue proscrite ».[52] C'est-à-dire que toute trace de 1 Maccabées, dont s'inspirait directement l'exégèse michnique, aurait ensuite été effacée lorsque le texte asmonéen fut exclu par les Sages de la liste des livres sacrés du judaïsme.

Jusqu'ici on est dans le domaine de la critique des textes. À partir de cette base solide, l'intuition de Étienne Nodet consiste alors à faire découler l'innovation rabbinique du משוח מלחמה (m^e^šwaḥ milḥâmâh), « le [prêtre] oint pour la guerre », de la figure historique de Juda Maccabée.[53] L'oint pour la guerre de la Michna (ou

[51] É. Nodet, 1992, *Essai sur les origines du Judaïsme. De Josué aux Pharisiens*, (Paris : Cerf), 55–62.

[52] É. Nodet, 1992, *op. cit.*, 61. Étienne Nodet ajoute : « D'autre part, il convient de noter que même si ce livre a eu pour origine un exercice de propagande asmonéenne, ce fait ne joue plus aucun rôle ici : déjà pour Josèphe, après la ruine du Temple, il était devenu une source, en bordure de la bibliothèque sacrée, et affranchie de ses conditions de formation, c'est-à-dire présentant une sorte de modèle de la guerre sainte. »

[53] « Il faut donc imaginer des circonstances où la nomination du grand prêtre

plutôt, suggère Étienne Nodet, l'oint *par* la guerre)[54] serait donc issu d'une tradition remontant aux Maccabéo-Asmonéens. Le « prêtre oint pour la guerre » serait une représentation de Juda, « oint *par* la guerre ». Seule cette investiture symbolique lui permit de remplir, comme à Masphat, des fonctions sacerdotales ou quasi sacerdotales. Il ne s'agit pas en l'occurrence d'un fait historique, mais d'une représentation : l'onction prêtée à Juda, de même d'ailleurs que la conformité du soulèvement maccabéen aux rites de Dt 20, sont des « reconstructions littéraires », postérieures aux succès du mouvement national, élaborées en premier lieu dans 1 Maccabées.

Étienne Nodet propose ainsi une solution aux contradictions entourant le personnage de Juda Maccabée et ses rapports au sacerdoce. Une guerre menée conformément aux lois de la Torah (par quoi elle peut prétendre relever des מִלְחֲמוֹת יהוה « guerres de YHWH »), pourrait conférer à celui qui la dirige une autorité sacrée comparable à celle du grand prêtre. Il y aurait dans cette construction une innovation rituelle considérable, de la part des Maccabées, dans le but de suppléer d'abord l'absence, ensuite l'hostilité du grand prêtre régulièrement investi.

L'hypothèse d'Étienne Nodet a le mérite d'attirer l'attention sur un élément peu discutable : c'est de la guerre que les Maccabéens tirèrent l'essentiel de leur légitimité, y compris sacerdotale. Cette façon d'arriver au sacerdoce par la guerre est un moyen nouveau, qui leur est propre. Les historiens de l'époque maccabéo-asmonéenne ont mis l'accent sur le caractère novateur de ces pontificats, fondés non plus sur la continuité généalogique mais sur la maîtrise des armes : « *With Jonathan and Simon the army — their army — had become a dominant factor in obtaining the high priesthood.* »[55] Les premiers Maccabéens ont ainsi retourné à leur profit le principe biblique du *cedant arma*

est impossible, mais la promotion d'un « oint par la guerre » qui en tienne lieu possible. Ces circonstances sont remarquablement proches de celles de Judas Maccabée », É. Nodet, 1992, *op. cit.*, 60 (commentant M.Makkot II 6 — et les parallèles dans b.Yoma 73a et b.Horayot 12b).

[54] « On ne sait pas à ce stade s'il s'agit d'une onction *pour* la guerre, donc avant, ou d'une onction *par* la guerre, c'est-à-dire d'une consécration après coup », É. Nodet, 1992, *op. cit.*, 60.

[55] J. C. VanderKam, 2000, art. cit., 217. Et aussi : « *It is evident from 1–2 Maccabees and Josephus's Antiquities that the high priesthood had entered a new phase of its history : it was thoroughly militarized at that time and was occupied by violent men who had accumulated great wealth, men who could no longer be opposed effectively* », *ibid.* 220. James VanderKam s'inspire ici des travaux historiques de J. Sievers, 1990, *op. cit.*

ephodae : de ce que l'armée de YHWH doit être sous l'autorité politique et stratégique du prêtre, ils concluent que celui qui exerce cette autorité peut prétendre à la prêtrise.

Étienne Nodet a donc vu juste sur l'essentiel : que Juda en ait ou non porté le titre, il s'agit bien d'une onction obtenue par et pour la guerre : משוח מלחמה. En privilégiant ainsi la fonction de commandement du prêtre, les Maccabées aboutissent ainsi à la position paradoxale, qui est la leur, de la double couronne, prêtre-et-prince. En outre l'investiture de Jean Hyrcan après l'assassinat de son père, réintroduit le principe généalogique.

La nécessité d'un autre type de légitimation se fait alors sentir. Les relectures de la violence guerrière de Lévi, et surtout les références à Pinḥas, l'ancêtre revendiqué, à la fois prêtre et général, peuvent être interprétées comme des éléments contribuant à cette propagande dynastique. C'est en effet à cette époque qu'émerge dans nos textes la figure de Pinḥas, comme une image légendaire du prêtre guerrier.

Pinḥas, le zèle guerrier (קִנְאָה) du prêtre

Pinḥas offre une troisième représentation (après Lévi et les Asmonéens) de la transformation guerrière des prêtres. Très présente dans la littérature du deuxième Temple, la figure de Pinḥas y apparaît sous trois formes, correspondant à trois traditions. Généalogique, comme ancêtre d'une lignée sacerdotale ; eschatologique, comme prophète dont le retour est attendu à la fin des temps ; guerrière, comme prêtre qui a su faire preuve d'un zèle combatif. Ces traditions ont partie liée ; par exemple le sacerdoce attribué à la dynastie de Pinḥas peut être présenté comme la récompense de son zèle ; ou bien, au nom de ce zèle qu'ils possèdent en commun, il est identifié au prophète Élie, le prophète de la fin des temps. Si ces traditions sont donc synchrones, les usages historiques qu'on en fait, en revanche, ne le sont pas. Différents courants, à différentes époques, valorisent tantôt l'une ou l'autre dimension du personnage de Pinḥas, érigé en modèle.

Pinḥas dans les stratégies généalogiques

Les plus anciennes sources bibliques concernant Pinḥas ont fourni la matière première de la tradition généalogique et dynastique. Ainsi le psaume 106 après avoir évoqué l'intervention de Pinḥas aux Shittim, conclut en ces termes (Ps 106,31) :

וַתֵּחָשֶׁב לוֹ לִצְדָקָה לְדֹר וָדֹר עַד־עוֹלָם׃

Et on lui en a reconnu la justice de génération en génération, pour l'éternité.[56]

L'aventure de Pinḥas aux Shittim est racontée dans le livre des Nombres ; le récit fixe la récompense du héros (Nb 25,13a) :

וְהָיְתָה לּוֹ וּלְזַרְעוֹ אַחֲרָיו בְּרִית כְּהֻנַּת עוֹלָם

Et ce sera pour lui (Pinḥas) et pour sa descendance une alliance de sacerdoce éternel.

Cette reconnaissance acquise pour l'éternité des générations et le sacerdoce « éternel » garanti à la lignée, justifiaient toutes les prétentions dynastiques.

Plusieurs généalogies, conservées dans la Bible hébraïque en vue de légitimer la dynastie sacerdotale installée dans le deuxième Temple de Jérusalem, se réclament donc d'une descendance directe de Pinḥas.[57] L'attribution d'un sacerdoce éternel à Pinḥas et à sa descendance se retrouve formulée dans le Siracide : Pinḥas est le septième des « grands hommes » (Αἰνέσωμεν δὲ ἄνδρας ἐνδοξους) évoqués aux chapitres 44–50 ; il est « le troisième en gloire », après Moïse et Aaron. Selon le Siracide, une alliance (διαθήκη) a été conclue avec lui, ἵνα αὐτῷ ᾖ καὶ τῷ σπέρματι αὐτοῦ ἱερωσύνης μεγαλεῖον εἰς τοὺς αἰῶνας « de sorte que la grande prêtrise (soit) à lui et à sa descendance pour l'éternité » (Si 45,24). La fonction de ce rappel apparaît pleinement au chapitre 50, à l'occasion d'une importante modification opérée lors de la traduction du texte en grec. Dans la version hébraïque, le Siracide mentionnait ensemble Pinḥas et le grand prêtre Simon (Si 50,24) :

יאמן עם שמעון חסדו ויקם לו ברית פינחס

Que Sa bienveillance demeure acquise à Simon et que l'alliance de Pinḥas s'applique à lui.

[56] Le psaume 106 constitue « *perhaps the oldest tradition about Phineas* », W. Klassen, 1986, "Jesus and Phineas : A Rejected Role Model", dans *Society of Biblical Literature. 1986 Seminar Papers Series*, (Atlanta : Society of Biblical Literature), 491.

[57] Voir en 1 Ch 5,30–41 la généalogie des grands prêtres, d'Aaron à la destruction du Temple ; le dernier est Yeḥoṣedeq (ou Yoṣedeq). Josué, le grand prêtre de l'époque de Zorobabel, est ensuite nommé à plusieurs reprises « fils de Yeḥoṣedeq » (Es 3,2.8, 5,2, 10,18 ; Ag 1,1.12 ; voir aussi dans Si 49,12). Esd 7,1–5 présente une généalogie très semblable, quoique plus courte, remontant à Sadoc et à Pinḥas, et dont la principale originalité consiste à remplacer Yeḥoṣedeq par Esdras — mais le problème de la dimension historique du « prêtre Esdras » ne sera pas abordé ici.

Suit le rappel du sacerdoce éternel.[58] La promesse faite à Pinḥas et la stratégie généalogique se combinent ici pour légitimer la dynastie sacerdotale des Oniades. Mais la traduction grecque fait disparaître Pinḥas et Simon.[59] Robert Hayward a montré que cette disparition ne devait rien au hasard : à l'époque où le petit-fils du Siracide traduit le texte en grec (« *sometimes after 117 BC, most probably in the reign of J. Hyrcanus* »), il ne peut plus être question de la légitimité d'une famille qui a cessé d'exercer le pontificat à Jérusalem.[60]

Comment les Maccabéens en sont-ils venus à se réclamer à leur tour de la filiation de Pinḥas ?

Les généalogies mentionnées plus haut, comme l'extrait du Siracide, montrent qu'à l'époque précédant la crise hellénistique, la famille sacerdotale se réclamait d'une filiation aaronide : les prêtres sont tous « fils d'Aaron », comme leurs ancêtres en ont établi les preuves généalogiques à l'époque d'Esdras et Néhémie. L'établissement de cette ascendance lointaine et mythique n'allait pas sans difficulté et ne pouvait manquer de s'adorner d'un certain flou.[61] À l'époque de la reconstruction, ces offres de preuves suscitèrent désaccords et conflits.[62] De sorte que l'appellation de « fils d'Aaron » manquait de rigueur et pouvait être revendiquée par des familles exclues du sacerdoce — ou par un sacerdoce rival, comme celui du mont Garizim.[63]

Le remplacement du grand prêtre Abiathar par Sadoc, dans les récits du règne de Salomon, a donc suggéré une autre référence généalogique. Abiathar était lui aussi « fils d'Aaron » par son aïeul Ithamar. Afin de se distinguer de cette lignée d'Ithamar, les prêtres de Jérusalem se sont donc également nommés « fils de Sadoc ». Un schéma de la descendance d'Aaron permet d'y voir plus clair.

---

[58] Voir le texte du Siracide hébreu et variantes (genizah, Qoumrân, Masada), dans Z. Ben-Ḥayyim, 1973, *The Book of Ben Sira. Text, Concordance and an Analysis of the Vocabulary*, (Jérusalem : Academy of the Hebrew Language & The Shrine of the Book).

[59] Si 50,24 : ἐμπιστεύσαι μεθ' ἡμῶν τὸ ἔλεος αὐτοῦ καὶ ἐν ταῖς ἡμέραις ἡμῶν λυτρωσάσθω ἡμᾶς. « Que sa compassion nous soit accordée et qu'en nos jours elle nous rachète. »

[60] R. Hayward, 1978, "Phinehas — the same is Elijah : The Origins of a Rabbinic Tradition", JJS 29, 30.

[61] Voir les différences entre les deux généalogies de 1 Ch 5,30–41 et Esd 7,1–5.

[62] Voir Esd 2,62 : « Ceux qui cherchèrent leurs registres de généalogie et qui ne les trouvèrent pas, furent exclus du sacerdoce » (trad. F. Michaéli, 1956).

[63] Pour Abram Spiro (avant cependant la publication de la plupart des écrits de Qoumrân), la polémique contre les prêtres samaritains du mont Garizim, qui revendiquent pour eux la filiation sacerdotale d'Aaron, constitue la principale raison de la revendication asmonéenne d'une filiation de Pinḥas. Voir A. Spiro, 1953, "The Ascension of Phinehas", dans *Proceedings of the American Academy for Jewish Research* 22, 91–114.

Descendance de Lévi et Aaron :

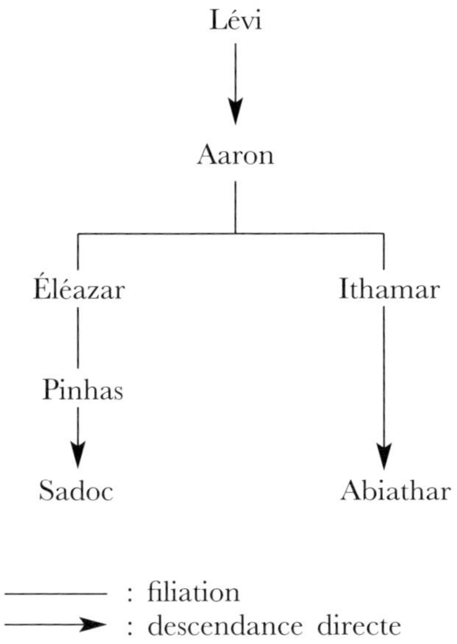

Les deux appellations, « fils d'Aaron » et « fils de Sadoc », apparaissent donc équivalentes au IIème siècle av., avec cette différence essentielle que l'ascendance sadocide est revendiquée de façon restrictive par le seul groupe familial qui fournit les grand prêtres (les Oniades).[64] En se revendiquant d'une filiation de Pinḥas, les Maccabéo-Asmonéens mènent donc une opération généalogique extrêmement précise. Ils situent leurs origines sacerdotales avant le grand prêtre Sadoc, dont la filiation restait alors exclusivement revendiquée par le clan Oniade.[65] Mais ils se revendiquent aussi de la branche d'Éléazar, la seule habilitée à exercer le pontificat depuis Salomon. En même temps, comme le montre la traduction grecque de Si 50,24, les Asmonéens tentent évidemment de détourner au profit de leur lignée la promesse de l'alliance sacerdotale éternelle faite à Pinḥas.[66]

[64] C'est ainsi que 1 Maccabées ne voit pas de contradiction à reconnaître à Alkime la qualité spécifique d'être ἐκ σπέρματος Ααρων « de la lignée d'Aaron » (1 M 7,14), alors même qu'il attribue à Mattathias une évocation de Φινεες ὁ πατὴρ ἡμῶν « notre ancêtre Pinḥas » (1M 2,54), par quoi il se revendique également ἐκ σπέρματος Ααρων. Mais Alkime est un « sadocide ».

[65] Abram Spiro observe que l'historiographe asmonéen Eupolème avait été jusqu'à substituer Éli à Sadoc, contre toutes traditions, dans son récit de l'investiture de Salomon (*ap.* Eusèbe, *Præp. Ev.*, IX 30, 8), A. Spiro, 1953, art. cit., n. 29, 104.

[66] Point déjà souligné par F.-M. Abel, 1949, *op. cit.*, 48.

Les Maccabées avaient d'abord fondé leur primauté politique et sacerdotale sur la guerre. La référence à Pinḥas représentait une nouvelle stratégie de légitimation dynastique fondée sur la généalogie. On est donc en présence d'une véritable « instrumentalisation généalogique » destinée à légitimer la nouvelle dynastie sacerdotale. La contestation de cette primauté des grands prêtres asmonéens s'est exercée aussi, pour une part, sur le terrain généalogique, comme en atteste l'épisode, rapporté par Josèphe, du banquet pharisien et de la mise en cause de la mère de Jean Hyrcan.[67]

À Qoumrân, l'unique mention du nom de Pinḥas que l'on ait trouvée dans les manuscrits conservés (6QProphétie sacerdotale) s'inscrit également dans une liste généalogique (6Q13 4–5) :

4. מבני פינחס וש] 5. בן יוצדק אשר]

4. des fils de Pinḥas et [5. fils de Yoṣedeq qui [[68]

Ce fragment est daté paléographiquement du ɪer siècle èv. Cette datation et le caractère lacunaire du manuscrit ne permettent pas d'affirmer qu'on a affaire ici à un écrit polémique contre les Asmonéens. Cependant le rapprochement des noms de Pinḥas et de Yoṣedeq renvoie aux stratégies généalogiques mises au service de l'ancienne dynastie sacerdotale (« Sadocides ») de Jérusalem.[69] En outre, comme l'indique le titre qui lui a été donné, ce court passage se conjugue au futur (6Q13 8) :

8. והיה בימ]י ההם

8. Et il arrivera qu'en [ces] jou[rs-là][70]

On doit donc comprendre que dans un avenir indéterminé, le sacerdoce éternel promis à Pinḥas reviendra à nouveau aux fils de Yoṣedeq, c'est-à-dire aux héritiers des Sadocides du IIème siècle av.

[67] AJ XIII 288–292 : le pharisien Éléazar demande à Jean d'abandonner la prêtrise car sa mère aurait été autrefois prisonnière des Grecs, introduisant un doute sur sa filiation. Récit parallèle (mais situé sous le règne d'Alexandre Jannée) dans b.Kid 66a.

[68] 6Q13 est publié par M. Baillet, 1962, dans DJD III, 126–127.

[69] Comme le note Maurice Baillet, « le texte est apparenté à Esdras-Néhémie » ; plus précisément la mention des בני פינחס « fait penser à la liste du retour de l'exil », M. Baillet, 1962, DJD III, 127.

[70] Lecture de Maurice Baillet : « והיה ou יהיה. En tous cas un sens futur », M. Baillet, 1962, DJD III, 127. (En revanche la formule prophétique « en ces jours-là » est une reconstitution.)

Pinḥas-Élie, le prophète eschatologique

Au-delà de ces discussions généalogiques, 1 Maccabées a conservé le souvenir d'un contestation plus vive de l'autorité maccabéenne. À deux reprises en effet il est question d'attendre la venue d'un « prophète » pour trancher une difficulté ou une discussion. La première fois il s'agit de décider quoi faire des pierres souillées de l'autel (1 M 4,46). La seconde, il s'agit de valider la désignation de Simon et de sa dynastie à la grande prêtrise (1 M 16,41) : εὐδόκησαν τοῦ εἶναι αὐτων Σιμωνα ἡγούμενον καὶ ἀρχιερέα εἰς τὸν αἰῶνα ἕως τοῦ ἀναστῆναι προφήτην πιστὸν « Ils avaient jugé bon que Simon soit chef et grand prêtre pour toujours, jusqu'à la venue d'un vrai prophète. » Espace de liberté concédé par les Asmonéens à ceux qui contestaient leur légitimité sacerdotale, et plus précisément (voir εἰς τὸν αἰῶνα, « pour toujours ») leur prétention dynastique au pontificat. Cette attente de la venue d'un « vrai prophète » s'inscrit dans une « pensée de l'élection » que Véronique Gillet-Didier a opposé en ces termes aux stratégies généalogiques : « L'*élection* divine casse la *filiation* humaine, faisant ainsi la démonstration de la supériorité de Dieu sur les hommes dans la maîtrise de leur histoire. »[71]

Aussi l'attente du prophète peut-elle constituer une remise en cause de la dynastie beaucoup plus radicale que les contestations généalogiques, puisqu'elle rejette implicitement le principe même de la transmission généalogique. Plusieurs éléments indiquent qu'une tradition émerge, durant le règne de Jean Hyrcan, dont le résultat est de dissoudre le potentiel subversif de cette attente du prophète : il s'agit de l'identification de Pinḥas (revendiqué comme ancêtre des Asmonéens) à Élie, donnant naissance à la figure du prêtre-prophète eschatologique.

La tradition du retour du prophète Élie à la fin des temps est connue depuis les prophéties de Malachie.[72] Ensuite on voit se développer dans les écrits du deuxième Temple l'assimilation du prêtre Pinḥas à cet Élie, prophète des derniers jours ; identification fondée en partie sur l'exégèse des prophéties de Malachie.

---

[71] V. Gillet-Didier, 1997, *Temps de Dieu, temps des hommes. Généalogie, calendriers et traditions dans le judaïsme de l'époque hellénistique et romaine*, (Paris : EPHE V, thèse de doctorat), 56.

[72] Voir Ml 3,1a : הִנְנִי שֹׁלֵחַ מַלְאָכִי וּפִנָּה־דֶרֶךְ לְפָנָי « Me voici prêt à envoyer mon ange pour qu'il ouvre le chemin devant moi. » Et Ml 3,23 (« l'appendice d'Élie ») :
הִנֵּה אָנֹכִי שֹׁלֵחַ לָכֶם אֵת אֵלִיָּה הַנָּבִיא לִפְנֵי בּוֹא יוֹם יהוה הַגָּדוֹל וְהַנּוֹרָא׃

Voici que moi je vous envoie Élie le prophète, devant que vienne le jour de YHWH qui sera grand et redoutable.

Cette identification est attestée à plusieurs reprises dans le targoum Pseudo-Jonathan.[73] Le targoum d'Exode mentionne ainsi que Pinḥas reviendra « à la fin des jours » (tg Ps J de Ex 4,13), et l'assimile à « Élie le grand prêtre » dont le retour est attendu (tg Ps J de Ex 4,18). Le targoum de Nombres montre que cette assimilation a pu s'appuyer sur un midrach exégétique de la récompense promise à Pinḥas pour son zèle aux Shittim, en particulier sur la promesse divine du sacerdoce עוֹלָם « pour l'éternité ». Sur cette éternité, le targoum a fondé la tradition du retour eschatologique (tg Ps J de Nb 25,12) :

ואעבדיניה מלאך קיים ויחי לעלם למבשרא גאולתא בסוף יומיא

> Et je ferai de lui l'ange de l'alliance et il vivra éternellement pour proclamer le rachat à la fin des jours.[74]

Dans le LAB du Pseudo-Philon, l'identité entre Pinḥas et Élie est implicite mais indiscutable. Elle apparaît fondée sur une exégèse des prophéties de Malachie, dont LAB XXVIII 3 offre une citation rapportée à Pinḥas.[75] Puis, dans l'épisode de l'ascension de Pinḥas (LAB XLVIII 1), l'auteur multiplie les éléments d'identification (dont le premier est cette ascension, absente des récits bibliques) entre Pinḥas et Élie.[76]

Il existe un consensus savant pour dater cette fusion des personnages de Pinḥas et de Élie dans la figure du prêtre-prophète eschatologique, du règne de Jean Hyrcan, dans les milieux favorables à

[73] Voir B. Escaffre, 1993, *Traditions concernant Élie dans le targum et la littérature rabbinique*, (Rome : Institut biblique pontifical).

[74] Cette assimilation de Pinḥas à Élie n'apparaît que dans le targoum Pseudo-Jonathan mais ne se retrouve pas dans les autres targoums de la Torah, voir B. Escaffre, 1993, *op. cit.*, 36.

[75] *Dicito Finees. Numquid aliquis loquitur prior sacerdote qui custodit mandata Domini Dei nostri, presertim cum exeat de ore ejus veritas.* « Parle, Pinḥas. Personne ne peut parler avant le prêtre qui conserve les ordonnances du Seigneur notre Dieu, surtout quand sort de sa bouche la vérité. » Le Pseudo-Philon applique ici à Pinḥas les termes de Malachie qualifiant l'alliance lévitique (1 M 2,6–7), voir A. Zeron, 1979, "The Martyrdom of Phineas-Elijah", JBL 98, 99.

[76] Voir la liste de ces éléments dans Ch. Perrot et P.-M. Bogaert, 1976, *Pseudo-Philon. Les Antiquités bibliques, tome II. Introduction littéraire, commentaire et index*, (Paris : Cerf), 208–210. Le Pseudo-Philon reprend là manifestement une tradition déjà établie : son souci dans cette affaire est moins de préciser l'identité de Pinḥas et d'Élie, que de fonder sur la longévité de Pinḥas la possibilité d'une transmission directe du sacerdoce de lui à Éli, le grand prêtre de Silo et maître de Samuel.

la dynastie asmonéenne. Robert Hayward considère que cette fusion s'est opérée dans le cadre de la propagande royale asmonéenne : « *We have sought to show here that he equation of Phinehas with Elijah developed in circles friendly to John Hyrcanus and the Hasmonean priesthood.* »[77] Il est aisé de concevoir combien l'assimilation du prêtre et ancêtre revendiqué des Asmonéens, à la figure du prophète attendu vidait celle-ci de sa puissance de contestation de la dynastie. Surtout si l'on considère avec R. Hayward que cette fusion a pu s'opérer dans la personne même de Jean Hyrcan.[78]

Cependant l'élément le plus intéressant de cette fusion, en ce qui nous concerne, est la façon dont elle a favorisé (ou été favorisée par) le développement du thème du « zèle » (קִנְאָה, ζῆλος) pour la divinité, dont les deux personnages auraient fait preuve.

Le « zèle » de Pinḥas et le ζῆλος dans 1 Maccabées

1 Maccabées réunit Pinḥas, Élie et les fils de Mattathias (les Maccabées) autour de cette vertu qu'ils partagent en commun : le « zèle » (ζῆλος). L'opération est effectuée très finement, dans un des documents les plus caractéristiques de l'historiographie pro-asmonéenne, le « testament de Mattathias » (1 M 2,49–70). Mattathias y recommande d'abord à ses fils la pratique du « zèle » (1 M 2,50) : νῦν, τέκνα, ζηλώσατε τῷ νόμῳ « maintenant, fils, montrez votre zèle pour la Loi. » Puis il convoque les grands ancêtres d'Israël ; parmi ceux-ci il en est deux, Pinḥas et Élie, définis comme ζηλῶσαι ζῆλον « zélés de zèle ».[79] De ces deux personnages associés par leur zèle, l'un (Pinḥas) est revendiqué comme ancêtre des Maccabées (ὁ πατὴρ ἡμῶν) ; l'autre (Élie) leur est fixé comme modèle, par le biais de cette novation : le ζῆλος νόμου (ou τῷ νόμῳ), le « zèle pour la Loi ».[80]

---

[77] R. Hayward, 1978, art. cit., 33–34. Bernadette Escaffre a repris ses conclusions : « L'assimilation Élie-Pinḥas, se serait développée dans des cercles proches de Jean Hyrcan. (. . .) Par l'intermédiaire de Jean Hyrcan et pour les besoins de sa politique, Élie-Pinḥas devient explicitement le grand prêtre eschatologique, ayant autorité en matière de *Halakhah* », B. Escaffre, 1993, *op. cit.*, 36.

[78] « *Is it possible that Phinehas was identified with Elijah because someone believed that J. Hyrcanus combined in himself the attibutes of both characters ? We submit that it is* », R. Hayward, 1978, art. cit., 33. Noter que, selon la notice nécrologique de Josèphe, Jean Hyrcan jouissait du don de προφητεία (AJ XIII 299).

[79] Pinḥas, 1 M 2,54 : ἐν τῷ ζηλῶσαι ζῆλον "Pour la raison qu'il a été zélé de zèle" ; Élie, 1 M 2,58 : Ηλιας ἐν τῷ ζηλῶσαι ζῆλον νόμου « Élie, pour cette raison qu'il a été zélé de zèle pour la Loi. »

[80] Torey Seland a souligné que l'une des principales innovations exégétiques de

Cette identification des Maccabées aux deux héros bibliques s'appuie donc sur une exégèse privilégiant la racine biblique קנא, expression d'une relation exclusive de Dieu avec les hommes : à la « jalousie » de Dieu répond le « zèle » humain pour la divinité. Le « zèle » de Pinḥas est par exemple mentionné en Nb 25,13b, celui de Élie en 1 R 19,10.14.[81] Le rapprochement qu'opère 1 Maccabées pouvait également s'inspirer du Siracide : dans sa louange des grands hommes, celui-ci mettait déjà l'accent sur le « zèle », commun à Pinḥas et à Élie.[82]

Cependant, sur un point, l'usage que fait 1 Maccabées de ses sources bibliques est absolument nouveau : Torey Seland parle ici de *shift*, de « renversement ».[83] Il souligne en effet que 1 Maccabées est le premier exemple d'utilisation de l'épisode de Nb 25 (Pinḥas aux Shittim) dans le sens d'une légitimation de la violence armée. Jusqu'alors l'accent avait plus porté sur la *récompense* de Pinḥas (le sacerdoce éternel, voir son usage généalogique), que sur son *action* (tuer le renégat Zimri et sa compagne). Dans 1 Maccabées en revanche le zèle guerrier de Pinḥas est mis au premier plan et pris comme modèle de comportement. Il légitime et justifie le recours à la guerre, à commencer par le geste fondateur de Mattathias à l'origine de l'insurrection : l'exécution à Modin du Juif renégat et de l'envoyé du roi. Cette double exécution se revendique explicitement (voir 1 M 2,26) de l'exemple de Pinḥas aux Shittim.

1 Maccabées bâtit donc ici, contre toutes les traditions du judaïsme, le portrait exemplaire d'un prêtre qui est aussi un guerrier : Pinḥas. J'ai indiqué comment la réévaluation alors entreprise de la violence de Lévi contre Sichem, avait contribué à rendre cette construction possible. Après la figure du prêtre trouvant son onction dans la guerre, celle du prêtre zélé au point de prendre les armes vient ainsi

---

l'auteur de 1 Maccabées par rapport à ses sources bibliques (Nb 25 *inter al.*) était ce passage du zèle pour Dieu au zèle pour la Loi, voir T. Seland, 1995, *Establishment Violence in Philo and Luke. A Study of Non-Conformity to the Torah and Jewish Vigilante Reactions*, (Leyde, New York, Cologne : Brill), Chap. 1 B : "The Use of Zelos and the Phinehas Episode in Tradition", 42–74.

[81] Nb 25,13b : תַּחַת אֲשֶׁר קִנֵּא לֵאלֹהָיו « Parce qu'il (Pinḥas) a été zélé pour son Dieu » ; 1 R 19,10.14 : קַנֹּא קִנֵּאתִי לַיהוה אֱלֹהֵי צְבָאוֹת « Zélé, je suis zélé pour YHWH dieu des armées » (déclare Élie).

[82] Si 45,23 (Pinḥas) : ἐν τῷ ζηλῶσαι αὐτὸν ἐν φόβῳ κυρίου Pour la raison que celui-ci fut zélé dans la crainte du Seigneur » ; Si 48,2 (Élie) : καὶ τῷ ζήλῳ αὐτοῦ ὠλιγοποίησεν αὐτούς « Et par son zèle il diminua leur nombre. »

[83] « *But in the book to be considered below, i.e., 1Macc., there is a shift in the legitimating use of Num 25* », T. Seland, 1995, *op. cit.*, 50.

compléter le dispositif idéologique des Asmonéens, grands prêtres *et* souverains.

Ce modèle évitait cependant de heurter de plein fouet l'incompatibilité entre prêtrise et guerre. En effet, dans les deux récits de Nb 25 puis de 1 M 2, il n'est jamais fait état de מִלְחָמָה, de πόλεμος (« guerre »), ni de חַיִל, de צָבָא ou de στρατός (« armées »). Le vocabulaire spécifiquement guerrier y est remplacé par un emploi nouveau de la notion de « zèle ». En quoi ce zèle se différencie-t-il de la guerre ? Principalement en ce qu'il exprime une violence dirigée non contre des ennemis étrangers, mais d'abord contre d'autres Juifs, infidèles ou renégats. Le personnage du « zélé » qui commence à se dessiner en 1 Maccabées n'est pas essentiellement un guerrier. Il est d'abord celui qui châtie, *en application de la Loi* (voir ζηλώσατε τῷ νόμῳ, 1 M 2,50), ceux d'entre les Juifs qui viendraient à trahir l'Alliance. Par ce biais, le problème de la compatibilité du geste guerrier avec le statut de prêtre se trouve, sinon résolu, du moins dilué.

On sait que ce modèle va se révéler d'une grande fécondité.[84] La question est donc maintenant d'appréhender, dans nos textes, ce qui se passe lorsque, échappant à sa visée initiale de propagande asmonéenne, il a ensuite été repris y compris contre les Asmonéens par d'autres courants du judaïsme. Mais la diversité de ces courants est un fait têtu : elle est telle, que cette enquête doit prendre d'abord en compte un ensemble de textes dont ce modèle est absent : les écrits de la communauté de Qoumrân.

La קנאה *(le « zèle ») dans les écrits de Qoumrân*

Le nom de Pinḥas est comme on l'a vu remarquablement absent de Qoumrân, figurant dans un seul manuscrit (6Q13), dans une liste généalogique. On ne peut donc pas s'attendre à retrouver l'association de Pinḥas et du « zèle », qui forgeait dans d'autres milieux le modèle du prêtre guerrier.

Comme on ne peut cependant se satisfaire d'une conclusion seulement négative et d'un argument *e silentio* sujet à caution, il sera utile de procéder à une analyse sémantique de l'usage du terme קנאה

[84] « Cette idée de קנאה devient alors un élément de dynamique politique », selon les termes de Uriel Rappaport (conférence du 4 Novembre 1997, à l'EPHE-V, voir U. Rappaport, 1997–1998, "L'historiographie du premier livre des Maccabées", AEPHE 106, 221–222).

(forme verbale ou substantivée) dans les écrits de Qoumrân. Constate-t-on un glissement de sens par rapport à l'usage biblique analogue à celui opéré en 1 Maccabées, où la קנאה cesserait de désigner uniquement une forme de dévotion à la religion, pour s'appliquer à un acte politique et guerrier, allant jusqu'au sacrifice de sa vie pour la Loi ? L'examen attentif des textes montre que s'il put y avoir aussi une évolution du terme à Qoumrân, elle ne se fit absolument pas dans cette direction.

Le corpus qoumrânien concernant la קנאה regroupe dix manuscrits, conservant sept textes.[85] Dans ce corpus on doit distinguer entre trois genres d'écrits : les citations de textes antérieurs et déjà connus ; les écrits concernant les activités de la communauté (organisation et rites) ; les écrits « visionnaires » (et pas nécessairement communautaires) décrivant un avenir idéal.

Au premier groupe appartiennent 1Q15 et 11Q15. 1Q15 est un pesher de Sophonie ; il s'agit donc d'un écrit communautaire. Le fragment, très court et lacunaire, conserve une citation de So 1,18 à 2,1–2 et le début de son pesher. En l'occurrence le terme קנאה figure dans la citation littérale de So 1,18.[86] On a donc affaire à un emploi biblique du mot, désignant ici la « jalousie » de Dieu. 11Q15 est un long rouleau principalement constitué d'un recueil de psaumes bibliques, d'où son nom de 11QPsalms[a]. On y trouve en outre quelques passages d'une version hébraïque du Siracide, en particulier aux col. XXI–XXII.[87] La mention de la קנאה figure dans un de ces passages ; il s'agit donc à nouveau d'une citation. Le terme s'applique ici au zèle pieux, à la « ferveur » de l'auteur.[88]

Le deuxième groupe de textes, regroupant des écrits rituels et d'organisation de la communauté, offre le plus grand nombre d'exemples. Le terme קנאה y recouvre trois acceptions différentes. En plus de la « jalousie » de YHWH et de la « ferveur » des hommes, il désigne aussi une qualité « d'ardeur » et/ou de « passion », sans con-

[85] 1QH[a] ; 1QS et 4QpapS[c–d] (4Q257–258) ; 1QpSoph (1Q15) ; 4QShir.Shab[a] (4Q400) ; 4QDibre Ha-Me'orot[a] (4Q504) ; 11QPs[a] (11Q15) ; 11QT et 4QT (4Q365a).

[86] 1Q15 1 : וּבאש קנ]אתו תאכ[ל], i.e. So 1,18 : וּבְאֵשׁ קִנְאָתוֹ תֵּאָכֵל כָּל־הָאָרֶץ « et par le feu de Sa jalousie toute la terre sera dévorée. » Le pesher mentionne ארץ יהודה « le pays de Judée ».

[87] 11QPs[a] est publié par J. A. Sanders, DJD IV, 1965. Ce passage du "Siracide hébreu" (11Q15 XXI–XXII) figure pp. 79–85 et pl. XIII–XIV.

[88] 11Q15 XXI 15 : קנאהתי בטוב ולא אשוב « J'ai fait preuve de ferveur avec bonheur et je n'ai pas cessé. » Voir Si 51,18b.

notation positive particulière, quand elle n'est pas franchement négative. Ces trois usages sont donc très proches de ceux attestés en hébreu biblique.

On trouve mention de la « jalousie » divine à six reprises, dans la *Règle de la Communauté* et dans des recueils de prières.[89] La « ferveur » des hommes apparaît quatre fois : dans la *Règle* et dans les *Hymnes*.[90] Le troisième emploi de קנאה, « l'ardeur, la passion » s'applique aux hommes ou aux esprits (רוחה) qui les animent, et plus spécifiquement à Bélial et à ses partisans. Aux hommes, par exemple en 4Q258 II 5 : או בקנאת רשע (Nul ne s'adressera à son compagnon avec colère) « ni dans *l'ardeur* de la malveillance ». Aux esprits, voir 1QS IV 17–18 : וקנאת ריב על כול משפטיהן (Entre les deux esprit se manifeste) « une *ardeur* querelleuse au sujet de toutes leurs règles ». Pour qualifier le comportement de Bélial, 1QS IV 10 (et 4Q257 V 8) : וקנאת זדון (À l'esprit de perversité appartient) « *l'ardeur* insolente ». Pour le comportement des partisans de Bélial, 1QH[a] X 31 (Sukenik col. II) : ותצילני מקנאת מליצי כזב « Tu m'as libéré de la *passion* des interprètes du mensonge. » Dans ce sens d'un zèle ardent, d'une ardeur le plus souvent mise au service du mal, le terme apparaît à huit reprises dans les écrits de la communauté, dans la *Règle* et dans les *Hymnes*.[91]

Enfin le troisième groupe de textes n'est composé que de deux extraits du *Rouleau du Temple*. L'un nomme YHWH un « dieu jaloux ».[92] L'autre semble désigner des sacrifices offerts en réparation d'un mouvement de colère ou de passion, voir 4Q365a 2 i 6. L'éditeur du fragment, S. White a lu : מנח]ת הקנאות] « [. . . les (sacrifices) végét]aux des passions. »[93] Mais selon Elisha Qimron (qui le situe en 11QT XXXVIII 8), on doit plutôt lire : האשמו]ת הקנאות « [. . . les (sacrifices) de péch]és des passions. »[94] Dans les deux cas il paraît bien relever de la troisième catégorie d'emploi.

[89] La *Règle* : 1QS II 15. Les prières : 1QH[a] IX 5 (Sukenik I), XX 14 (Sukenik XII) ; 4QShir Shab[a] (4Q400) 1 i 18 ; 4QParoles des Luminaires[a] (4Q504) 1–2 *recto* iii 10–11 (Puech xiv) et 1–2 *recto* v 4–5 (Puech xvi).

[90] La *Règle* : 1QS IV 10. Les *Hymnes* : 1QH[a] VI 13–14 (Sukenik XIV) et X 15 (Sukenik II).

[91] La *Règle* : 1QS IV 10, 17–18, X 18–19 ; 4Q257 V 8 ; 4Q258 II 5. Les *Hymnes* : 1QH[a] X 31 (Sukenik II), XII 23 (Sukenik V), XVII 3 (Sukenik IX).

[92] 11QT II 12 : אל קנאה הוא « Il est un dieu jaloux. »

[93] S. A. White, DJD XIII, 1994, 319–333 et pl. XXXIII–XXXIV.

[94] E. Qimron, 1996, *The Temple Scroll. A Critical Edition with Extensive Reconstructions*, (Beer Sheva, Jérusalem : Ben Gurion Univ. Press), *in loc.*

On résumera ces différents usages du terme dans ce tableau récapitulatif :

La קנאה dans les écrits de Qoumrân
(Les lignes portent le genre des écrits ; les colonnes, la catégorie de קנאה à laquelle on a affaire)

	jalousie divine	ferveur humaine	ardeur, passion
citations	1QpSoh (Sophonie)	11QPs[a] (Siracide)	—
organisation et rites	1QH (2 x),1QS, 4Q400, 4Q504 (2 x)	1QH (2 x), 1QS (2 x)	1QH (3 x), 1QS (3 x), 4Q257, 4Q258
visions	11QT	—	4Q365
	8 x	5 x	9 x

Il en ressort que le terme קנאה, à Qoumrân, n'a pas évolué vers le sens de « zèle vengeur » ou de « fanatisme guerrier » au service de la Loi, que la mise en valeur de la קנאה de Pinḥas a pu lui attribuer dans d'autres milieux. S'il y a bien une évolution par rapport aux sens attestés en hébreu biblique, elle s'exprime dans le cadre du dualisme qoumrânien : la קנאה y désigne la passion mise au service du bien comme du mal. Non seulement n'y a-t-il donc là aucun indice d'un rapprochement conceptuel entre Qoumrân et les Zélotes.[95] Mais en outre la représentation de la קנאה qui se dégage des écrits de Qoumrân va à l'encontre d'une adhésion au modèle du « prêtre-combattant » à l'image de Pinḥas aux Shittim.

Le prêtre guerrier du targoum

Ce personnage de Pinḥas le « zélote », dans son rôle de prêtre combattant, est magnifié en revanche dans le targoum Pseudo-Jonathan. Celui-ci présente une extraordinaire amplification du récit du massacre aux Shittim (Nb 25,6–9) : on y trouve la première version de

[95] « *Although the Qumran community's members clearly recognize the right place of zeal, like other Jews before them, the term does not seem to have been part of a self-designation as it was for the Zealot movement* », A. Oppenheimer, 2000, s.v. "Zealots", dans L. H. Schiffman et J. C. VanderKam éds., *Encyclopedia of the Dead Sea Scrolls*, (Oxford, New York : Oxford Univ. Press), 1009.

la tradition des « douze miracles » (ניסין) accomplis à cette occasion en faveur de Pinḥas (tg Ps J de Nb 25,8).

Les dix premiers miracles sont d'ordre pratique : ils permettent d'expliquer un certain nombre de difficultés du récit, en éliminant les obstacles et les invraisemblances. Par exemple les amants coupables sont frappés de mutisme, et les Simonides d'immobilité.[96] Le coup de lance de Pinḥas est parfait : ses deux victimes sont clouées ensemble et la lance demeure fixée dans la blessure. Puis Pinḥas, après avoir ainsi « embroché » les coupables à la pointe de sa lance, promène à bout de bras le cadavre de ses victimes dans tout le camp des Hébreux. Le targoum s'efforce là encore de rendre l'affaire vraisemblable au moyen de nouveaux miracles : le héros est doté d'une force fabuleuse, le bois de sa lance rendu plus solide, le fer en est allongé, le linteau des portes s'élève pour qu'il puisse passer dessous avec son fardeau.[97]

Puis le targoum envisage un point tout différent : comment « le prêtre Pinḥas » a-t-il pu demeurer en état de pureté, en dépit de sa violence guerrière et des exécutions de Zimri et de la Madianite ? La solution est fournie par les deux derniers miracles grâce auxquels est préservée la pureté sacerdotale du héros (tg Ps J de Nb 25,8) :

> נס חדיסיראי דאתנטרו כד חיין עד זמן דהליך יתהון בכל משירייתא מן בגלל דלא יסתאב כהנא באוהלא דמיתא נס תריסיראי דאתקריש אדמהון ולא נפל עילוייה
>
> Onzième miracle : qu'ils ont été gardés à l'état de vivants tout le temps qu'il les porta à travers tout le camp, de telle sorte que le prêtre (כהנא i.e. : Pinḥas) ne fût pas souillé « dans la tente d'un mort. »[98] Douzième miracle : que leur sang a été coagulé et n'est pas tombé sur lui.

Ainsi, quoiqu'au cœur de la violence guerrière, Pinḥas a-t-il été épargné comme prêtre, de la souillure des cadavre et de celle du sang. Ayant d'abord résolu les difficultés matérielles de la mise à mort de Zimri, le targoum s'est donc ensuite préoccupé de résoudre la contra-

---

[96] Zimri est un prince de la tribu de Simon.

[97] 1er miracle : les deux amants ne se sont pas séparés ; 2ème : ils n'ont pas crié ; 3ème : la lance les a cloués ensemble ; 4ème : la lance ne glisse pas hors de la blessure ; 5ème : le linteau s'élève ; 6ème : Pinḥas n'éprouve aucune fatigue ; 7ème : les Simonides ne bougent pas ; 8ème : le bois de la lance est plus solide ; 9ème : le fer est plus long ; 10ème : intervention de l'ange.

[98] באוהלא דמיתא est le *terminus technicus* pour : « au contact d'un mort » (voir Nb 19,14).

diction entre pureté sacerdotale et violence guerrière. La difficulté n'est pas éludée : elle est au contraire soulignée par le titre de prêtre (כהנא) attribué à Pinḥas, alors que dans le récit biblique cette qualité ne lui est reconnue que plus tard. L'élaboration des deux derniers miracles (ניסין) assure ici la protection rituelle de la pureté de Pinḥas, comme les dix premiers lui avaient fournis les moyens surnaturels d'accomplir physiquement son exploit.

Quelques versets plus loin, le targoum revient sur le zèle guerrier de Pinḥas : par le biais de quelques ajouts au discours de YHWH à Moïse (Nb 25,10–13), il met en valeur sa dimension religieuse et spirituelle.

Pinḥas, outre ses patronymes usuels, y est surnommé « le zélé » par YHWH : פנחס קנאה. Cette ferveur qui lui est attribuée est en même temps définie comme un attribut divin : בקינאתי, « dans ma jalousie », dit YHWH. C'est de ce zèle divin que Pinḥas est envahi דקני ית קנאתי, « il est animé de ma jalousie ». YHWH souligne aussi que c'est « à cause de lui » (Pinḥas) qu'il épargne les enfant d'Israël : la valeur de son acte s'en trouve ainsi légitimée et rehaussée.[99]

En d'autres termes : le targoum offre ici le modèle d'un combattant, Pinḥas, dont le « zèle », parce qu'il s'agit d'une qualité divine qui s'empare de l'homme, produit cet effet proprement prodigieux / miraculeux de lui permettre de s'affranchir des limites physiques d'une part, et de dépasser les contraintes des règles de pureté d'autre part. L'histoire de Pinḥas, prêtre et guerrier, ne constitue dès lors plus un paradoxe : par le biais du zèle (קנאה) et des douze prodiges, elle offre au contraire une théorie populaire de la violence armée. Pour élémentaire que puisse paraître la réflexion, elle n'en constitue pas moins une *théorie* de l'usage de la violence : dans l'expérimentation de la קנאה, on accède à un élément de la nature divine et par conséquent, toutes contradictions liées à l'emploi de la violence s'en trouvent abolies. Théorie *populaire* en outre. D'une part parce qu'elle est exprimée dans un targoum, c'est-à-dire dans un écrit destiné à la lecture publique, dans une traduction enrichie, afin de mettre les écrits de la Torah à la disposition de la grande masse du peuple n'ayant pas accès à l'hébreu. Et d'autre part parce que cette théorie se nourrissait de l'expérience vécue de ses auditeurs populaires.

---

[99] Avec cet ajout, le mot apparaît au début, au milieu et à la fin du v. Nb 25,11 : « Pinḥas le zélé (. . .) il a été animé de ma jalousie (. . .) dans ma jalousie. »

Reprenons la liste des neuf premiers prodiges accomplis en faveur de Pinḥas : trois (les 1er, 2ème et 7ème) concernent l'affaiblissement de l'ennemi ; deux (3ème et 6ème) illustrent l'accroissement des forces du héros ; quatre (4ème, 5ème, 8ème et 9ème) soulignent la disparition des obstacles matériels. On notera que c'est seulement avec le 10ème prodige qu'apparaît pour la première fois « l'ange » de Dieu (מלאכא), c'est-à-dire l'intervention miraculeuse strictement dite. Car les neuf premiers prodiges ne constituent pas des miracles à proprement parler : ils sont des effets directs de l'ardeur qui envahit le zélé. Les auditeurs du targoum ont pu faire l'expérience, sur eux-mêmes ou autour d'eux, de ce qu'un homme saisi de la קנאה voit ses forces décuplées quand celles de son adversaire semblent s'évanouir, et que les obstacles matériels n'existent plus pour lui.[100]

C'est de cette expérience pratique, sans doute assez répandue, que le targoum Pseudo-Jonathan tire tout l'efficace de sa théorie : le zélé, qui a pu mesurer à l'instar de Pinḥas l'accroissement de ses forces et de ses ressources, se voit promettre *en outre* d'être comme lui miraculeusement épargné par toutes les formes de souillures normalement associées à son geste assassin.

La question du « zèle » chez Philon

Il existe une autre représentation de la violence guerrière de Pinḥas aux Shittim, ni populaire, ni judéenne mais philosophique et judéo-alexandrine : celle de Philon. L'histoire de Pinḥas revient fréquemment sous sa plume puisqu'on la trouve évoquée dans huit traités.[101]

---

[100] Max Weber notait déjà s'agissant des guerriers de l'Israël ancien, des « phénomènes d'extase guerrière », M. Weber, 1970, *op. cit.*, 102. J'y ajouterai cette observation de terrain, plus personnelle : j'ai vu à quelques reprises, peu après 1968, des jeunes gens « maoïstes » encore adolescents et souvent peu musclés s'attaquer violemment et sans la moindre hésitation aux costauds quasi professionnels des services d'ordre de la CGT ou du PCF ; et plus d'une fois les mettre à mal. Ces jeunes gens se disaient eux-mêmes motivés et animés par « la pensée Mao-Tsétoung », c'est-à-dire par l'adhésion sans réticence à un corpus d'idées simples, mêlée de la conviction de l'efficacité matérielle et physique de ces « idées justes » dans le monde réel. Que cette conviction quasi magique ait produit des effets, eût bien pu paraître « miraculeux » à des esprits un peu religieux. Il n'est pas indifférent non plus que leurs adversaires communistes se soient vu alors attribuer, avec le sobriquet de « révisionnistes », la position des renégats.

[101] *Leg.* III 242–243 ; *Poster.* 182–184 ; *Ebr.* 73 ; *Confus.* 57 ; *Mutat.* 106–110 ; *Mos.* I 300–304 ; *Spec.* I 54–57 ; *Virt.* 34–41.

Il faut distinguer cependant entre ces huit récits, selon le genre et la nature de l'écrit où ils s'insèrent.

Une première distinction doit être faite entre les passages narratifs et paraphrases du récit biblique d'une part, et les exégèses allégoriques de l'autre. Parmi les écrits herméneutiques on distinguera encore entre deux grands types d'allégories.

Les narrations et/ou paraphrases : *Mos.* I 300–304 ; *Spec.* I 54–57 et *Virt.* 34–41. Philon y raconte l'histoire des Shittim comme un épisode de la biographie de Moïse, ou comme un exemple scripturaire de pratique vertueuse. On est dans le registre du récit d'une histoire éventuellement exemplaire, mais se suffisant à elle-même et dont Philon ne propose pas une interprétation détaillée. Le récit de *Mos.* I 300–304, qui présente la paraphrase la plus proche dans sa structure de celui de Nb 25, s'inscrit naturellement dans l'histoire factuelle de la vie de Moïse. Les deux autres sont introduits par une référence à la Torah, soulignant leur caractère narratif.[102] Le récit de *Virtutibus* est le plus éloigné de sa source : Philon y développe longuement le caractère indécent des femmes madianites, et Pinḥas n'y est même pas mentionné. Dieu seul met un terme au désordre en châtiant les vingt-quatre mille fautifs, ce qui suffit à arrêter les autres. Le récit de *Spec.* I 54–57, enfin, apparaît comme une justification de la pratique zélote du châtiment immédiat des renégats ; à ce titre il fera l'objet d'un développement particulier.

Au-delà de leurs différences, ces trois récits offrent plusieurs points communs, absents de leur source biblique. En premier lieu, Philon y insiste sur la débauche sensuelle et immorale des filles de Madian, présentées comme des prostituées. La colère de Pinḥas, aussi violente et justifiée qu'elle soit, ne relève pas exactement du ζῆλος : le terme n'apparaît pas dans ces récits.[103] Pinḥas en outre n'y est jamais qualifié de prêtre. Enfin, la faute majeure dont se sont rendus coupables certains des Israélites y est moins la fornication, que d'avoir

---

[102] *Spec.* I 56 : Ἀναγέγραπται τις ἐν τοῖς νόμοις « Il est raconté dans les lois que quelqu'un » etc. Et *Virt.* 34 : Τῶν δὲ λεχθέντων σαφεστάτην πίστιν αἱ ἱεραὶ βίβλοι περιέχουσιν. « Les livre sacrés contiennent une preuve évidente de mes propositions. »

[103] Ce qui s'en approche le plus est le mot composée ἐζηλώκοτος (« l'ardeur du ressentiment ») en *Mos.* I 303 : τὸ παράδειγμα τῶν ἐζηλωκότων « cet exemple d'ardeur ». Ailleurs Pinḥas connaît « une violente indignation » σφόδρα χαλεπήνας (*Mos.* I 301) ; il est « plein d'une juste colère » πληρωθεὶς ὀργῆς δικαίας (*Mos.* I 302) ; il fait preuve « d'une belle audace » τόλμημα τολμήσας (*Spec.* I 56) ; il est dans « le feu de la rage » ἐν Θερμῷ; ou il accomplit « une belle action, née d'une ardeur spontanée et courageuse » τὴν ἀριστείαν αὐτοκελεύστῳ και ἐθελουργῷ σπουδῇ γενομένην (*Spec.* I 57).

offert des sacrifices aux idoles. C'est ce geste sacrilège qui déclenche la fureur de Pinḥas en *Mos.* I 302 et *Spec.* I 56.[104] Par là, le Pinḥas de Philon se rapproche de celui invoqué par Mattathias Maccabée contre le sacrificateur apostat de Modin. L'usage des références à l'histoire biblique apparaît donc très semblable. On peut considérer que Philon reproduit ici assez fidèlement la légende de Pinḥas ayant cours à son époque, et parvenue jusque dans la communauté juive alexandrine.

Deuxième catégorie de textes, les commentaires métaphoriques. Une première catégorie privilégie l'interprétation de Nb 25,7 (LXX) : καὶ λαβὼν σειρομάστην ἐν τῇ χειρὶ « Alors il (i.e. Pinḥas) prit une lance dans sa main. » Ce sont *Leg.* III 242–243, *Poster.* 182–184 et *Mutat.* 106–110. Le caractère exégétique des passages est marqué par l'emploi des termes ἑρμηνεύεται (« cela signifie ») τουτέστι, τὸ δ' ἐστὶν (« c'est-à-dire »), introduisant l'exégèse ; celle-ci s'appuie essentiellement sur l'interprétation du mot σειρομάστη, « la lance ».[105] Philon y voit, pour ces trois textes, une allégorie de la raison agissante (λόγος) ; la fonction de cette lance, inscrite dans son nom, est de μαστεύσας καὶ ἀναζητήσας τὴν τῶν ὄντων φύσιν « explorer et de rechercher la nature des êtres » (*Poster.* 182 ; voir aussi *Mutat.* 108).[106] Qu'est-ce que Pinḥas explore ainsi (et, l'explorant, le détruit) au moyen de la raison ? Sous diverses appellations, c'est le monde sensible, monde des sens et de la jouissance, donc séparé de Dieu : τὸ πάθος « la passion » (*Mutat.* 108) ; τὴν μισάρετον καὶ φιλήδονον γένεσιν « ce qui hait la vertu et aime le plaisir » (*Poster.* 182) ; τὴν ἐκκεριμένην Θείου χοροῦ φύσιν « la matière séparée du cercle divin » (*Leg.* III 242) Telle est, résumée, l'interprétation allégorique de l'épisode des Shittim : armé de la raison, Pinḥas s'attaque au monde sensible. Dans cette représentation, Pinḥas retrouve deux attributs, caractéristiques des récits du deuxième

[104] *Mos.* I 302 : Ἰδὼν γάρ τινα τῶν ἀπὸ τοῦ γένους θύοντα « Ayant vu, en effet, quelqu'un de son peuple offrir un sacrifice » ; et *Spec.* I 56 : ἤδη παρεπιδείκνυσθαι δημοσίᾳ τὸ ἀνοσιούργημα καὶ θυσίας ἀγάλμασι καὶ ξοάνοις ἀθύτους φανερῶς ἐπιτελοῦντα « L'un exhiba une fois son impiété en public, et offrit ouvertement des sacrifices sacrilèges à des images et à des statues. »

[105] En grec cette « lance » est plutôt une « sonde » à explorer (μαστεύειν) les cavités (σιρός).

[106] *Leg.* III 242 : τὸν σειρομάστην τουτέστι τὸν ζηλωτικὸν λόγον λαβὼν « Il a pris la lance c'est-à-dire la raison ardente ». *Mutat.* 108 : ᾧ σειρομάστην λαβόντι, τὸ δ' ἐστὶν ἠκονημένον καὶ ὀξὺν λόγον « Saisissant une lance, c'est-à-dire la raison aiguisée et tranchante. » Voir aussi en *Poster.* 182 comment Pinḥas κατεκέντει καὶ ἀνῄρει τῷ λόγῳ « tue et fait disparaître au moyen de la raison », c'est-à-dire de la lance de Nb 25,7.

Temple, mais qu'il avait perdus dans les passages narratifs : il est prêtre *et* zélé. *Leg.* III 242 : Φινεὲς δὲ ὁ ἱερεὺς ὁ ζηλώσας τὸν ὑπὲρ Θεοῦ ζῆλον « Le prêtre Pinḥas le zélé du zèle pour Dieu. »[107] Mais cette association du sacerdoce et du zèle n'opère pas dans le réel : Philon ne décrit pas un prêtre guerrier mais se situe au niveau de la représentation allégorique. On verra pourtant qu'il n'ignore pas la signification concrète, précise et guerrière, que plusieurs courants du judaïsme donnent au mot ζῆλος.

Philon développe ensuite une autre exégèse de Nb 25, située à un niveau plus élevé d'élaboration philosophique. Il voit alors en Pinḥas une image de l'esprit de connaissance philosophique, accédant à la vérité transcendante, par delà le monde sensible. Selon *Confus.* 57, la paix (récompense de Pinḥas) est accordée à ceux qui sont capables d'aller au-delà de la perception des sens, convaincus ὅτι γέμει τὸ Θνητὸν ἀπιστίας, ἐκ μόνου τοῦ δοκεῖν ἠρτημένον « que la nature mortelle est pleine de faux-semblants, s'attachant seulement à l'apparence ». En *Ebr.* 73 Pinḥas est alors défini comme celui qui a étudié τὰ τῆς φθαρτῆς γενέσεως « les éléments de la création périssable » ; puis a rejeté les faux-semblants pour atteindre à la connaissance que τοῦ μόνου τῶν γινομένων αἰτίου Θεοῦ « Dieu est la seule cause des êtres créés ». Dans ces analyses, où il se situe au-delà de l'interprétation allégorique, Philon ne mentionne pas le sacerdoce, mais il recourt aux métaphore du zèle — « pour la vertu » ; et de la guerre — « contre le mal ».[108]

La « très guerrière raison » (ὁ πολεμικωτάτος λόγος)

Quel que soit le registre adopté par Philon, narratif, allégorique ou philosophique, le personnage de Pinḥas est donc présenté sous un éclairage positif. Son geste est érigé en modèle de comportement. La récompense divine couronne toujours son succès.[109]

Philon a pourtant bien relevé le paradoxe de cette διαθήκην εἰρήνης « alliance de paix » (Nb 25,12), offerte en récompense d'une action

---

[107] Voir aussi *Poster.* 182 : ὁ ἱερεὺς καὶ Θεραπευτὴς τοῦ μόνου καλοῦ Φινεές « Pinḥas le prêtre et officiant du seul Beau. » Et *Mutat.* 108 : ὁ εἰρηνικὸς καὶ ἱερεὺς τοῦ Θεοῦ τρανός, Φινεές « Pinḥas le pacifique et prêtre de Dieu, le pénétrant » (. . .) καὶ ζήλῳ τῶν καλῶν κατεσχημένος « et rempli de zèle pour le Beau. »

[108] *Confus.* 57 : ζῆλον τὸν ἀρετῆς λαβὼν καὶ πόλεμον πρὸς κακίαν.

[109] Voir *inter al. Spec.* I 57 : « Approuvant cette belle action, née d'une ardeur spontanée et courageuse (τὴν ἀριστείαν αὐτοκελεύστῳ και ἐθελουργῷ σπουδῇ γενομένην), Dieu récompensa le héros d'un double présent, la paix et la prêtrise. »

guerrière, *Confus.* 57 : Διὰ τοῦτο καὶ Μωυσῆς τῷ πολεμικωτάτῳ λόγῳ, ὃς καλεῖται Φινεές, γέρας εἰρήνην φησὶ δεδόσθαι « Pour tout cela Moïse dit que la paix fut accordée comme prérogative à la raison la plus guerrière, appelée Pinḥas. » Quelles sont donc les explication suggérées par ce διὰ τοῦτο et justifiant l'attribution de la paix τῷ πολεμικωτάτῳ « au plus guerrier » ?

Τοῦτο renvoie au commentaire qui précède immédiatement (*Confus.* 55–56), dans lequel Philon élaborait un système d'opposition entre le corps et la raison, système dont tous les éléments s'opposent selon le tableau suivant :

corps et monde sensible :	raison et connaissance de Dieu :
– Madian / Baal Peor (*Confus.* 55)	– Israël (*Confus.* 56)
– dissonance (διαφωνεῖν *Confus.* 55)	– harmonie (ἄκρως ἡρμοσμένα *Confus.* 55)
– filiation, génération (γένεσις *Confus.* 57)	– élection (ἐπιλέκτοι *Confus.* 56)

Dans cette opposition, qui est un affrontement, il importe à Philon que la raison triomphe, qu'elle refuse de s'incliner devant le corps et d'obéir à des perceptions sensibles erronées. Entre les deux instances, il y a donc combat : la victoire de la raison sera obtenue οὐκ ἐπιστήμῃ μόνον ἀλλὰ καὶ δυνάμει « non seulement par la science mais aussi par la force » (*Confus.* 55). Il existe donc bien une forme légitime de violence guerrière, dont Pinḥas est la représentation allégorique.[110]

On en trouve une autre illustration dans l'épisode du veau d'or, tel que Philon l'a développé en *Spec.* III 124–127.[111] Deux éléments contribuent à rapprocher ces deux épisodes dans les récits de Philon. D'abord le zèle (ζῆλος) comme force positive animant les guerriers du bien. On l'a déjà vu pour Pinḥas ; dans l'épisode du veau d'or

[110] Cette violence légitime est évidemment intérieure à l'homme. Mais il existe chez Philon une relation étroite entre la « guerre intérieure » et la guerre entre les hommes, voir A. Bravo Garcia, 1979, "La concepción filoniana de *eiréné* y *pólemos* : ideas sobre el pensamiento antropológico del filósofo de Alejandria", CDios 192 / 2, 193–238.

[111] Ce rapprochement des deux épisode (Pinḥas aux Shittim, et les Lévis contre le veau d'or) est légitimé par le *lapsus calami* commis par Philon au sujet du nombre des victimes. Le mécanisme de cette assimilation repose sur le rapprochement des deux structures narratives, où la prêtrise est accordée en récompense à ceux qui exécutent des renégats.

il est aussi question du « zèle » des Lévis.[112] L'autre élément suggère un rapprochement avec la représentation zélote du prêtre-guerrier attestée dans le targoum Pseudo-Jonathan : dans son récit du massacre des adorateurs du veau d'or, Philon (comme faisait le targoum au sujet de Pinḥas) exonère les Lévis, auteurs du massacre et futurs prêtres, de toute souillure liée au meurtre ou à la guerre. *Spec.* III 127 : Ταύτην τὴν στρατείαν (. . .) αὐτὸς ὁ πατὴρ τῶν ὅλων ἀπεδέξατο καὶ τοὺς ἀνελόντας δικάσας παρ' αὐτῷ καθαροὺς εἶναι παντὸς ἄγους καὶ μιάσματος ἱερωσύνην τῆς ἀνδραγαθίας τούτοις αντιδωρεῖται. « Cette guerre (. . .) le père de toutes choses lui-même l'agréa, puis ayant édicté que les massacreurs étaient purs devant lui de toute faute ou souillure, il leur remit le sacerdoce pour prix de leur courage. »

Dès lors, la question se pose : Philon défend la légitimité du recours à la force et au zèle guerrier dans la lutte que mène la raison ; il rapporte des épisodes dans lesquels « le prêtre » et/ou « les Lévis » combattent et massacrent sans encourir la moindre souillure ; faut-il en déduire que Philon était proche, approuvait ou admettait les pratiques des Zélotes ? En particulier l'exécution sans jugement d'un coreligionnaire apostat ?

Le débat porte en partie sur l'existence d'une pratique effective du « lynchage » des apostats par des Zélotes, dans le judaïsme alexandrin de l'époque romaine. Tout un courant, à la suite d'une observation de Jean Juster en 1914, a pensé trouver dans Philon la preuve de l'existence d'une telle pratique.[113] Les remarques de J. Juster ont été élargies et argumentées par Erwin Goodenough dans un gros ouvrage paru en 1929 et récemment réédité.[114] Il y soutenait que le traité *De specialibus legibus* offrait un recueil des lois en usage dans les

---

[112] *Spec.* III 126 : Ἡ δὲ λεχθεῖσα φυλὴ πάνυ χαλεπῶς ἐνεγκοῦσα τὴν αἰφνίδιον ἐκδιαίτησιν καὶ ζήλῳ πυρωθεῖσα διὰ μισοπόνηρον πάθος « La tribu susdite supporta très mal ce débordement soudain et fut enflammée de zèle par une haine passionnée du mal. »

[113] « Les Juifs de la Diaspora, tout en ayant la juridiction religieuse propre ne peuvent pourtant pas appliquer la peine de mort. (. . .) Cependant, les Juifs avaient adopté la pratique du lynchage dans les cas où l'un des leurs commettait quelque attentat grave contre la religion juive. (. . .) Le devoir de lynchage est élevé dans le judaïsme à la hauteur d'une règle, d'un précepte », J. Juster, 1914, *Les Juifs dans l'Empire romain*, (Paris), vol. 2, 156–159.

[114] E. R. Goodenough, 1929, *The Jurisprudence of the Jewish Courts in Egypt : Legal Administration by the Jews under the Early Roman Empire as Ascribed by Philo Judæus*, (New Haven ; réédité 2001, Union : Lawbook Exchange).

tribunaux juifs de la communauté d'Alexandrie, où Philon aurait été magistrat ; et que ce traité attestait la pratique du « lynchage » des Juifs apostats. Pour établir la réalité historique du lynchage dans le judaïsme alexandrin, E. Goodenough, comme J. Juster avant lui, s'appuie sur un récit de l'exploit de Pinḥas aux Shittim et, en particulier, sur cet extrait de *Spec.* I 55 : Καὶ ἐπιτετράφθαι δὲ καλὸν ἅπασι τοῖς ζῆλον ἔχουσιν ἀρετῆς ἐκ χειρὸς ἀναπράττειν ἀνυπερθέτως τὰς τιμωρίας (. . .) ἀλλὰ τῷ παραστάντι μισοπονήρῳ πάθει καὶ φιλοθέῳ καταρῆσθαι πρὸς τὰς τῶν ἀσεβῶν ἀπαραιτήτους κολάσεις, νομίσαντας αὐτους ὑπὸ τοῦ καιροῦ τὰ πάντα γεγενῆσθαι βουλευτάς, δικαστάς, στρατηγούς, ἐκκλησιαστάς, κατηγόρους, μάρτυρας, νόμους, δῆμον « Il a donc été confié à tous les porteurs d'un beau zèle pour la vertu d'exiger sur-le-champ et sans délai le châtiment (. . .) et d'utiliser la passion les entretenant dans la haine du mal et l'amour de Dieu, pour le châtiment inexorable des impies, considérant que eux-mêmes sont en cette circonstance tout à la fois conseillers, juges, magistrats, membres de l'assemblée, accusateurs, témoins, lois, peuple » etc. Aux yeux de E. Goodenough, ce passage décrit la pratique en usage à Alexandrie : « *Philo seems to be expressing here not rhetoric, but the actual Jewish procedure of the day.* »[115]

Cette théorie du lynchage a été vigoureusement contredite et combattue, en premier lieu par Isaak Heinemann.[116] Parmi d'autres impossibilités, il a souligné que Philon condamnait clairement toute tentative de se substituer aux magistrats dans *Mos.* II 213–215.[117] D'où I. Heinemann conclut qu'on ne peut interpréter *Spec.* I 55 dans le sens que lui donnait Erwin Goodenough : « *So könnte Philon unmöglich sprechen, wenn die von ihm getadelte Handlungsweise zu seiner Zeit in Alexandreia die Regel gebildet und diese Regel seine Zustimmung gefunden hätte.* »[118] Les arguments avancés par I. Heinemann ont été repris par Valentin Nikiprowetsky, pour qui « les paragraphes 54–55 [i.e. de *Spec.* I] constituent, semble-t-il, une sorte d'introduction (et de commentaire

---

115 E. R. Goodenough, 1929, *op. cit.*, 33.

116 I. Heinemann, 1932, *Philons griechische und jüdische Bildung. Kulturvergleichende Untersuchungen zu Philons Darstellung der jüdischen Gesetze*, (Breslau ; réédité 1962, Hildesheim : Olms).

117 Voir : ἵνα μήτε ἰδιῶται πρὸ ἀρχόντων κολάζειν « Pour ne pas, simples particuliers, infliger un châtiment à la place des magistrats » (*Mos.* II 214). Commentaire du passage de Nb 25,32–36 dans lequel des Israélites surprennent un homme à ramasser du bois pendant le sabbat ; ils le conduisent alors devant Moïse et Aaron.

118 I. Heinemann, 1932, *op. cit.*, 225.

justificatif) à l'épisode de Phinéès qui est narré ensuite (*Spec.* I 56–57) », mais naturellement pas une justification du lynchage.[119] On pouvait donc considérer réglé cet aspect de la question.

Cependant le débat a été relancé d'un autre bord, à partir des spéculations d'historiens du christianisme primitif au sujet des récits de lapidations figurant dans le Nouveau Testament — en particulier celle d'Étienne. Plusieurs ont pensé y voir la mise en œuvre d'un lynchage zélote.[120] La question du témoignage philonien figurant en *Spec.* I 54–57 a de ce fait été réexaminée récemment dans un livre dont le titre résume bien l'objet : *Establishment Violence in Philo and Luke. A Study of Non-Conformity to the Torah and Jewish Vigilante Reactions.*[121] Son auteur y revendique la filiation intellectuelle de Erwin Goodenough, dont il reprend l'essentiel de l'argumentation : Philon aurait décrit précisément, en *Spec.* I 54–57, la pratique effective du lynchage extra-juridique des apostats dans la communauté juive d'Alexandrie. En outre il en approuverait l'usage.[122]

Contra ce renouveau de la théorie du lynchage qui ne produit guère d'éléments nouveaux, je voudrais soulever deux objections importantes.

En premier lieu Torrey Seland accorde beaucoup d'importance, dans sa démonstration, à l'emploi du terme ζῆλος par Philon. Mais j'ai déjà souligné que s'agissant de Pinḥas, le terme est utilisé par Philon seulement dans des représentations allégoriques, jamais dans les narrations historiques. C'est-à-dire que le ζῆλος dont il est fait mention ne désigne jamais une pratique effective, analogue à celle des Zélotes. Cela se vérifie en particulier dans *Spec.* I 54–57. S'il y est d'abord question en effet des τοῖς ζῆλον ἔχουσιν ἀρετῆς « porteurs du zèle pour le bien » (*Spec.* I 55), le mot ζῆλος n'apparaît plus

---

[119] V. Nikiprowetzky, 1977, *Le commentaire de l'Écriture chez Philon d'Alexandrie*, (Leyde : Brill), n. 214, 226–227. Valentin Nikiprowetzky conclut : « Il faut se garder de prendre des considérations philosophiques pour des textes d'un caractère techniquement juridique et d'une portée pratique. »

[120] Voir *inter al.* S. G. Brandon, 1976, *Jésus et les Zélotes : recherches sur le facteur politique dans le christianisme primitif*, (Paris : Flammarion ; trad. de l'anglais, 1967, Manchester) ; K. Haacker, 1975, "Die Berufung des Verfolgers und die Rechtfertigung des Gottlosen", ThBei 6 ; et S. Légasse, 1992, *Stephanos : Histoire et discours d'Étienne dans les Actes des Apôtres*, (Paris : Cerf).

[121] T. Seland 1995, *op. cit.* Voir en particulier le chapitre 3 A : "The Crime of Apostasy in Spec. Leg. 1:54–57".

[122] L'argument principal de Torey Seland est que le récit de l'épisode de Pinḥas devait légitimer les lynchages, puisqu'il était tiré de la Torah : « *The Pinḥas episode is clearly used as the legitimating exemple from the Torah* », T. Seland 1995, *op. cit.*, 136.

jamais ensuite dans le récit de l'exploit de Pinḥas : celui-ci fait preuve τὸ καλὸν τοῦτο τόλημα « d'un beau trait d'audace » (*Spec.* I 56) ; ou il accomplit τὴν ἀριστείαν αὐτοκελεύστῳ και ἐθελουργῷ σπουδῇ γενομένην « une belle action, née d'une ardeur spontanée et courageuse » (*Spec.* I 57) ; mais il ignore le ζῆλος. Il est donc difficile de lui attribuer le rôle de modèle et d'inspirateur du « zèle » revendiqué par les Zélotes.[123]

D'autre part la posture discursive revendiquée par Philon ne témoigne pas de son adhésion à la théorie zélote qu'il expose, au contraire. Deux éléments en font preuve. Présentant l'idéologie des Zélotes, Philon écrit que ceux-ci νομίσαντας αὐτους « se considèrent eux-mêmes » etc. (*Spec.* I 55). Il faut entendre la distance qu'introduit cet αὐτοὺς entre l'auteur et l'idéologie qu'il décrit : les Zélotes jugent, « *quant à eux* », qu'il est légitime etc. C'est-à-dire que Philon présente ici un point de vue des Zélotes, qu'il ne reprend pas forcément à son compte. Puis Philon énonce en détail toutes les instances juridiques, légales et constitutionnelles auxquelles les Zélotes prétendent se substituer en rendant leur justice expéditive : τὰ πάντα γεγενῆσθαι βουλευτάς, δικαστάς, στρατηγούς, ἐκκλησιαστάς, κατηγόρους, μάρτυρας, νόμους, δῆμον « devenir tout à la fois conseillers, juges, magistrats, membres de l'assemblée, accusateurs, témoins, lois et peuple » (*Spec.* I 55). Cet exposé juridique détaillé montre assez que Philon connaissait les institutions de sa cité. Il sonne également comme un désaveu de ceux qui prétendent substituer la simplicité de leur « zèle » à la complexité juridique et politique des institutions établies.

Il me paraît donc que Philon, loin de témoigner de l'existence d'un usage admis, rejette des pratiques qu'il juge abusives.

En revanche on doit prendre en considération que Philon connaît l'usage qui est fait de la figure de Pinḥas dans certains milieux juifs de son temps. Les nombreuses mentions qu'il fait de lui, montrent aussi l'importance prise alors par les représentations du prêtre-guerrier. Au delà du jugement qu'il porte, Philon atteste donc l'existence d'un courant du judaïsme se revendiquant du « zèle » et se référant

[123] Torey Seland est conscient de cette difficulté, qui tente d'argumenter que pour Philon un mot en vaudrait un autre : « *Since 1:55 is followed in 1:56 by a clear reference to the Phinekhas episode of Num. 25, it is most reasonnable to take the function of* ζῆλος *in 1:55 as another reference to the* ζῆλος *of Phinehas, as stated in that OT passage* » ; et donc : « *The absence of the term* ζῆλος *in Spec. 1:56–57 should not mislead one to regard the issue of zeal as missing in this passage* », T. Seland 1995, *op. cit.*, 105 et 136.

à Pinḥas comme à son modèle biblique. Il témoigne de cette idéologie zélote et de cette conviction, très nouvelle et inspirée de l'interprétation particulière de l'épisode des Shittim, d'échapper à la souillure normalement associée à l'acte de guerre, à l'acte de tuer.

La forclusion du zèle guerrier après la destruction du Temple

Le personnage de Pinḥas qui joue un rôle si important dans les écrits juifs du deuxième Temple, paraît se dissoudre dans les écrits postérieurs à la chute du Temple de Jérusalem. Tout se passe comme si l'adhésion des Zélotes à leur modèle biblique avait été si bien entendue dans tout le judaïsme, que toute référence à Pinḥas ne pouvait manquer désormais d'évoquer les Zélotes et leur échec.

La remarque a souvent été faite que Josèphe, dans son récit de l'épisode de Pinḥas aux Shittim (AJ IV 150–155), se dissociait de l'usage qu'en avaient fait les Zélotes.[124] On a noté en particulier que ne s'y appliquait jamais à Pinḥas les termes ζῆλος ni ses dérivés : «Josèphe évite de mettre en valeur le zèle de Pinhas afin de ne pas présenter un exemple biblique justifiant l'attitude des Zélotes. »[125] Le mot ζῆλος lui-même n'est utilisé que huit fois par Josèphe, chez qui il ne désigne pas la piété ardente. Il n'est jamais non plus associé au parti des Zélotes de la *Guerre*. Tout au contraire Josèphe ne l'emploie, peut-être à dessein, qu'à propos de leurs ennemis : soit des étrangers, soit des serviteurs de Rome, soit des Juifs tentés par les mœurs des nations.[126] En revanche Josèphe use abondamment de la dénomination οἱ ζηλωταί pour désigner les Zélotes. Mais il note aussitôt qu'ils se sont attribué eux-mêmes cette désignation flatteuse ; et il précise que le « zèle » ainsi revendiqué ne s'exerçait guère que dans le crime.[127] Aucune sympathie évidemment de la part de Josèphe, qui a placé les Zélotes au sommet de sa hiérarchie criminelle des « brigands », établie en BJ VII 262–268. Un des prix à payer pour le maintien de ce nom qu'ils s'étaient donné, paraît donc être le renon-

[124] « *It is clear that Josephus does not make any explicit connection between the Zealots and Phineas* », W. Klassen, 1986, art. cit., 493.

[125] B. Escaffre, 1992, *Traditions concernant Élie et rôle du prophète dans le récit de la crucifixion de l'évangile de Marc*, (thèse de doctorat, Rome : Institut biblique pontifical), n. 94, 177.

[126] Des étrangers : BJ VII 357, AJ XIX 211, Ap. I 166, II 280, 282 ; des serviteurs de Rome (Hérode et Phasaël) : AJ XIV 161, XV 82 ; des apostats : Ap. II 271.

[127] Voir BJ IV 160–161 et VII 268–270.

cement à l'usage de ζῆλος pour désigner l'ardeur de la piété juive envers son Dieu. L'autre sera la minoration du rôle de Pinḥas.

William Van Unnik a observé que Josèphe avait considérablement amplifié l'épisode des Hébreux aux Shittim, mais que cette amplification ne concernait pas le geste de Pinḥas.[128] Le récit des *Antiquités* réduit plutôt son rôle et son importance, en deux façons : d'une part en lui suscitant une troupe de jeunes assistants (οἱ δὲ νέοι πάντες) qui viennent lui prêter main-forte (AJ IV 154), atténuant ainsi le caractère héroïque et personnel de son intervention. D'autre part et surtout en ignorant complètement l'élément, si important dans le récit biblique, de la récompense divine. Il n'est plus question, dans la version de Josèphe, ni d'alliance de paix, ni du sacerdoce. Pinḥas ne devient grand prêtre que beaucoup plus tard (à la mort de Josué), par transmission héréditaire, après le décès de son père Éléazar.[129]

Cet accent placé sur la transmission généalogique de la prêtrise, au détriment de l'élection divine récompensant l'exploit de Pinḥas, exprime une intention polémique. Car la figure du prêtre Pinḥas pour ceux qui s'en revendiquent, en particulier pour les Zélotes, ne peut être dissociée de l'accès à la prêtrise par suite d'un choix divin (élection), et donc en opposition au mode de la succession dynastique.[130] C'est ainsi qu'à Jérusalem durant la guerre de Judée, les Zélotes invoquèrent ἔθος ἀρχαῖον « un ancien usage » pour procéder à la désignation d'un grand prêtre par tirage au sort.[131] Celui que le sort désigna alors se nommait Pinḥas (Φαννί, BJ IV 155) : sans doute les Zélotes y virent-ils un signe favorable. Ainsi disposaient-ils d'un prêtre à leur façon, c'est-à-dire d'un prêtre susceptible de participer à la guerre sans y encourir aucune souillure. Ce que Josèphe décrit du comportement ultérieur des Zélotes donne à penser que cette protection rituelle devait s'étendre par contagion à tous ceux qui combattaient aux côtés de ce prêtre élu.

---

[128] W. C. Van Unnik, 1974, "Josephus' Account of the Story of Israels Sin with Alien Women in the Country of Midian (Num. 25 : 1ff.)", dans H. Van Voss, P. Houwink Ten Cate et N. Van Uchelen éds., *Travels in the World of the Old Testament. Studies presented to Pr. Beek*, (Aix : Van Gorcum), 241–261.

[129] AJ V 119 : Θνήσκει δὲ ὑπ' αὐτὸν τὸν καιρὸν καὶ Ἐλεάζαρος ὁ ἀρχιερεὺς Φινεέσῃ τῷ παιδὶ τὴν ἀρχιερωσύνην καταλιπών « Éléazar le grand prêtre mourut à la même époque, laissant la grande prêtrise à son fils Pinḥas. »

[130] Cette caractéristique a déjà été relevée par Philon dans *Confus.* 54–57.

[131] BJ IV 154 : ἔθος ἀρχαῖον, ἐπειδὴ καὶ πάλαι κληρωτὴν ἔφασαν εἶναι τὴν ἀρχιερωσύνην « Un usage ancien selon lequel, disaient-ils, la grande prêtrise était autrefois tirée au sort. »

Dans la littérature des Sages, la figure du prêtre Pinḥas s'estompe derrière celle du prophète Élie, auquel il est d'abord assimilé.[132] La persistance de cette référence juive à un Élie messianique est encore attestée au IIIème s. èv. par un commentaire d'Origène sur la question posée à Jean-Baptiste, selon Jn 1,21 : « Es-tu Élie ? »[133]

Le devoir de châtier sans jugement les renégats, dont le récit des Shittim avait fourni aux Zélotes (קנאין, qana'în) le paradigme biblique, est sévèrement restreint. D'une façon générale, le zèle, l'ardeur, la vaillance ou la prouesse (גבורה, g^ebwrâh) sont dissociés de l'univers guerrier et rattachés à la sphère morale et intellectuelle de l'étude.[134]

L'unique mention du mot קנאה, dans toute la Michna, ne désigne pas un zèle pieux mais figure dans une liste de défauts dressée en M.Abot IV 21.[135] La plupart des discussions rabbiniques autour du « zèle », des Zélotes et de Pinḥas aux Shittim, sont formulées dans les commentaires d'une michna formalisant la justice expéditive des קנאין (M.Sanh. IX 6) :

הגונב את-הקסוה והמקלל בקוסם והבועל ארמית קנאין פוגעון בו.

> Celui qui vole un vase sacré, ou prononce des malédictions pour des enchantements, ou couche avec une araméenne, les zélés le frapperont.

L'essentiel du commentaire tend à limiter l'exercice de ces châtiments extra-judiciaires. Le Talmud de Jérusalem critique le geste de Pinḥas en ces termes j.Sanh 27b (IX 11) :

תני שלא כרצון חכמים . ופינחס שלא כרצין חכמים.

> On répète qu'il a mal agit (i.e. Pinḥas), selon l'opinion des Sages. Certes Pinḥas a mal agit, selon l'opinion des Sages.

Le geste justicier du zélé Pinḥas, bien qu'inspiré de la halakha proscrivant tous rapports sexuels avec une étrangère, ne rencontre donc pas l'assentiment des Rabbis. Le Talmud de Babylone donne une portée plus générale à ce refus de la justice expéditive zélote (b.Sanh 82a) :

---

[132] Voir B. Escaffre, 1993, *op. cit.*

[133] Voir sur ce point, comme sur l'assimilation entre Pinḥas et Élie, N. De Lange, 1976, *Origen and the Jews*, (Cambridge : Cambridge Univ. Press), 47.

[134] Voir R. G. Marks, 1983, "Dangerous Hero : Rabbinic Attitudes toward Legendary Warriors", HUCA 54, 181–194.

[135] M.Abot IV 21 : הקנאה והתאוה והכבוד מוציאין את־האדם מן־העולם « La jalousie, l'avidité et l'ambition font sortir l'homme du monde. »

הבא לימלך אין מורין לו

S'il vient (i.e. le zélé) prendre conseil nous l'instruirons de ne pas le faire (i.e. de ne pas faire le justicier).[136]

Les Sages font preuve ici d'une véritable virtuosité exégétique pour parvenir à une position équilibrée. Ils doivent en effet concilier l'autorité de la Torah (où le geste de Pinḥas est approuvé par Dieu), le respect de la halakha de M.Sanh IX 6 au sujet des femmes « araméennes » et leur refus fondamental de la justice expéditive zélote.

Confronté à la faute de Zimri, Pinḥas se souvient de la halakha au sujet des femmes araméennes, que Moïse a oublié en cet instant (j.Sanh 27b, b.Sanh 82a) : c'est-à-dire que la justice expéditive du zélote n'est envisageable qu'en un moment ou le magistrat régulier fait défaut. L'exécution accomplie par Pinḥas n'en demeure pas moins une faute, comme le savent les rabbis.[137] C'est au point que les anges veulent l'arrêter ; mais Dieu révèle alors qu'il agit, en cette occasion, sur son ordre (j.Sanh 27b, b.Sanh 82b). Ensuite, voyant s'approcher Pinḥas, l'entourage de Zimri croit que les Pharisiens autorisent désormais de transgresser la halakha et de coucher avec les femmes araméennes (*Sifré Nombres* 131, j.Sanh 28c, X 2). Sur cette erreur, ils laissent donc passer Pinḥas, qui bénéficie alors de l'assistance divine (tradition des six miracles) pour exécuter Zimri et mettre ainsi un terme au désordre (*Sifré Nombres* 131, j.Sanh 28c–29a, t.Sanh 82b).[138]

Cette élaboration exégétique permet aux Sages d'établir le caractère exceptionnel du geste de Pinḥas, que personne ne peut plus alors invoquer comme modèle. Le Talmud babylonien insiste par exemple sur le fait que la purgation accomplie en cette occasion par Pinḥas, fut une « purgation pour l'éternité ».[139] Ce n'est plus le sacerdoce qui est éternel, mais les effets de la purgation : il n'est donc plus besoin de la reproduire.

---

[136] Le Talmud ajoute ces deux précisions : si les deux amants n'avaient pas été tués en plein rapports sexuels quand il les a frappés, Pinḥas aurait dû être condamné à mort ; Zimri en revanche aurait été acquitté s'il avait tué Pinḥas en se défendant.

[137] Au demeurant, bien que Pinḥas soit désigné comme קנאי בן קנאי « zélé fils de zélé » (b.Sanh 82b), son geste, dans les écrits rabbiniques, évoque plutôt les Sicaires que les Zélotes : quittant le Sanhédrin, il dissimule un fer de lance sous son vêtement (*Sifré Nombres* 131, j.Sanh 28c et b.Sanh 82a–b).

[138] La tradition des miracles, réduits à six, permet à la fois de justifier l'acte de Pinḥas (insistance sur le rapport sexuel en cours) et d'en souligner le caractère exceptionnel (intervention des anges).

[139] Voir b.Sanh 82b : וראויה כפרה זו שתהא מכפרת והולכת לעולם « Cette purgation fut jugée digne de faire purgation pour l'éternité. »

Si l'on « élargit la focale » à l'ensemble du corpus rabbinique, on constate que le personnage de Pinḥas y offre une figure ambivalente et controversée. D'un côté il présente des traits positifs, comme celui d'incarner (selon une tosefta Sota VII 17) le modèle du prêtre « oint pour la guerre », lors de la guerre contre les Madianites rapportée en Nb 31,6 — mais l'épisode des Shittim montre que ces caractéristiques s'accompagnent elles-mêmes de restrictions. De l'autre côté Pinḥas est décrit, dans deux traditions distinctes, sous les traits ambivalents d'un homme dont la piété a diminué avec l'âge mûr, et à qui Dieu retira alors son appui. Le Talmud de Jérusalem le présente comme un exemple, à ne pas suivre, de diminution du zèle à servir la Loi, l'âge venant.[140] Le Midrach Rabba (Bereshit R. LX 3 et Wayiqra R. XXXVIII 4) lui reproche de n'avoir pas su ou pas voulu, étant grand prêtre, délier Jephté de son vœu parricide.

Dans le contexte de guerres qui marque le judaïsme de la fin de l'époque du deuxième Temple, la référence au « zèle » biblique de Pinḥas aux Shittim s'étend bien au delà du groupe identifié par Josèphe sous le nom de Zélotes. D'abord revendiqué comme modèle par les insurgés maccabéens, puis comme ancêtre par la dynastie asmonéenne, le personnage biblique du « prêtre Pinḥas » châtiant les apostats l'arme à la main, semble avoir rapidement débordé ce milieu d'origine. Il constitue un élément impossible à négliger de l'idéologie populaire religieuse et politique dans la Judée d'époque romaine. La figure de Pinḥas et la manière dont elle est traitée, en vient à représenter un élément de discrimination entre les différents courants au sein du judaïsme. Cependant son importance décline rapidement après l'échec des révoltes juives.

La Judée asmonéenne et romaine avait ainsi forgé, non sans hésitations et dans une certaine diversité, le statut nouveau d'un prêtre guerrier dont le modèle était Pinḥas, et la réussite accomplie le prêtre tiré au sort des Zélotes de la *Guerre*. Les écrits de Qoumrân portent le témoignage que dans le même temps était pensée une organisation radicalement différente de la société juive, dans laquelle la stricte séparation traditionnelle entre le prêtre et la guerre était maintenue sinon renforcée.

[140] Voir l'admonestation de R. Yossé à son fils R. Éléazar, à qui il reproche certaine négligence dans l'étude après des commencements plus actifs ; il le compare en cela à Pinḥas (j.Yoma 38d, j.Meguillah 72a, j.Horayoth 47d).

CHAPITRE IV

LE SACERDOCE (2) : L'ALTERNATIVE DE QOUMRÂN

Concernant les prêtres et leur rôle dans la guerre, les manuscrits de Qoumrân offrent le paradigme d'un modèle alternatif. Aux diverses élaborations d'un statut du prêtre guerrier, ils opposent le maintien rigoureux de la séparation entre guerre et sacerdoce. N'y voir qu'un motif polémique dirigé contre la dynastie asmonéenne serait réducteur. La polémique est évidemment présente dès lors qu'il y a un désaccord sur le fond ; mais le fond surtout importe.

Les rapports entre le prêtre et la guerre sont détaillés dans deux des plus longs et des plus importants rouleaux découverts à Qoumrân. D'une part le *Règlement de la Guerre* (1QM et 4QM), qu'on s'accorde à juger un écrit communautaire. D'autre part un morceau du *Rouleau du Temple* (11QTa) intitulé « la loi du Roi ».[1] En dépit de ce qui les distingue par ailleurs, ces deux écrits expriment une position voisine concernant la position des prêtres dans la guerre.

Le *Règlement de la guerre* (1QM et 4QM)

Les prêtres sont très présents dans le *Règlement de la guerre.* Selon la concordance établie par Jean Carmignac, on trouve quarante-huit fois la mention de *cohen* ou de *cohanim* dans le manuscrit 1QM, c'est-à-dire en moyenne plus de deux fois et demi par colonne.[2]

À plusieurs reprises les prêtres y sont désignés par un titre particulier. Dans le contexte de la guerre, trois titres différents sont employés dans le rouleau — auxquels on peut ajouter la mention isolée du הכוהן (singularisé par l'emploi du qualificatif — ה) dans une citation de Dt 20,2 en 1QM X 2. Ce sont :

---

[1] La datation et la place du *Rouleau du Temple* dans la bibliothèque de la communauté de Qoumrân font encore l'objet de discussions.

[2] J. Carmignac, 1958, "Concordance hébraïque de la Règle de la Guerre", RQ 1 / 1, 7–49.

- הכוהן האחד, « le premier prêtre, le prêtre numéro un » (1QM VII 12).
- כוהן הראש, « le prêtre en chef, le grand prêtre » (1QM XV 4, XVI 13, XVII 5, XIX 11).[3]
- הכוהן החרוץ למועד נקם, « le prêtre désigné pour le temps de vengeance » (1QM XV 6).

Quelle est la signification de ces titres ? Qui désignent-ils dans la hiérarchie sacerdotale ? Les premiers éditeurs de la *Guerre* ont défini le cadre des traductions possibles : Yigael Yadin a ainsi été le premier à rapprocher le prêtre de 1QM XV 6 du משוח מלחמה (« prêtre oint pour la guerre ») du traité Sota du Talmud. Mais il souligne aussi l'absence de cette appellation rabbinique dans 1QM.[4] Matthias Delcor voit dans le הכוהן האחד de 1QM VII 12 le « grand prêtre ».[5] Sous les trois titres différents Jean Carmignac identifie un seul et même personnage : « Il ne s'agit pas du grand prêtre, mais seulement du chef des prêtres qui participent à la guerre ».[6] Enfin Bastiaan Jongelling, dont la monographie faisait en 1962 la synthèse de toutes les éditions et traductions de la première génération, distingue entre le כוהן הראש, en qui il voit le grand prêtre, et les deux autres personnages sacerdotaux qu'il identifie au « prêtre oint pour la guerre » du Talmud Sota.[7]

Aujourd'hui on reconnaît que le *Règlement de la Guerre*, dans son état actuel, est le fruit d'une compilation dont les différentes sources ont été harmonisées. On lit ainsi deux récits distincts mais parallèles de la bataille eschatologique : le premier aux colonne VII à IX ; le second aux colonne XV à XIX. On peut donc comparer le rôle des différents prêtres nommés dans les deux récits au cours du déroulement de la guerre. Le tableau ci-dessous offre un résumé de cette comparaison :

---

[3] En 1QM II 1, où il n'est pas question de la guerre, le grand prêtre est mentionné avec son adjoint : כוהן הראש ומשנהו « le grand prêtre et son second » (voir l'expression parallèle en 2 R 25,18 et Jr 52,24). En cet endroit du texte il ne fait donc aucun doute que כוהן הראש désigne le grand prêtre.

[4] Y. Yadin, 1962, *op. cit.*, 211–212.

[5] M. Delcor, 1955, "La Guerre des Fils de Lumière contre les Fils de Ténèbres, ou le 'Manuel du parfait combattant' de Qoumrân", NRTh 77, 372–399.

[6] J. Carmignac, 1958, *op. cit.*, 216–218.

[7] B. Jongelling, 1962, *Le Rouleau de la Guerre des manuscrits de Qoumrân*, (Aix : Van Gorcum), *in loc.* Voir aussi son commentaire sur 1QM X 2 (הכוהן) et sa note sur le הכוהן החרוץ de 1QM XV 6 où il renvoie à 1QM VII 12 et X 2.

phases du combat :	1er récit (1QM VII–IX)	2d récit (1QM XV–XIX)
prières préliminaires	*pas de mention*	le cohen ha-rōʾš et ses « frères » (XV 4–5)
former le front	« on » forme le front les cohanim l'arpentent (VII 9)	le cohen ha-rōʾš forme le front (XV 5–6)
la harangue (voir Dt 20,2–4)	le cohen ha-ʾeḥâd « fortifie » les hommes sur le front (VII 12)	le cohen ha-ḥârwṣ « fortifie » par sa harangue (XV 6–7)
le combat	6 cohanim soufflent dans des trompettes + 7 Lévis et 3 soterim avec des shofars (VII 12–IX 6)	les cohanim soufflent dans 6 trompettes + les Lévis et « toute la troupe » des shofars (XVI 3–XVII 4)
la victoire (massacre final)	sonnerie des cohanim, délibérément à l'écart des combats (IX 7–9)	le cohen ha-rōʾš et les cohanim prient durant (et à l'écart de) la poursuite (XVII 5–6)
prières ultérieures	*pas de mention*	le cohen ha-rōʾš le lendemain (XIX 11)

Dans chacun des deux récits, le prêtre qui prononce la harangue porte un titre inédit, utilisé nulle part ailleurs : le « cohen ha-ʾeḥâd » à la col. VII, le « cohen ha-ḥârwṣ lᵉmôʿēd naqim » à la col. XV.

Le « cohen ha-ʾeḥâd » du premier récit se distingue des six autres cohanim ; dans le second récit le « cohen ha-ḥârwṣ » se distingue à la fois des autres cohanim et du cohen ha-rōʾš, dont les fonctions rituelles sont plus nombreuses et diversifiées mais n'englobent pas la harangue.

Le cohen ha-ḥârwṣ prononce indiscutablement une harangue (1QM XV 7) : וחזק א[ ]ה וענה ואמר « Il fortifiera [ ] et il récitera ces paroles » — suit le texte de sa harangue. En revanche la harangue n'est pas explicitement mentionnée à propos du cohen ha-ʾeḥâd (1QM VII 12) :

הכוהן האחד יהיה מהלך על פני כול אנשי המערכה לחזק ידיהם במלחמה

Le premier prêtre sera là, marchant devant tous les hommes du front pour fortifier leur courage au combat.

Cependant l'expression חזק יד (« fortifier le courage ») désigne sans ambiguïté possible la harangue adressée aux combattants avant la bataille. Selon tous les usages militaires de l'Antiquité, « fortifier les combattants » consiste à les haranguer sur le front. Il ne fait donc pas de doute que le rôle attribué par 1QM au cohen ha-'eḥâd est bien de prononcer cette harangue. On doit donc identifier ces deux fonctions sacerdotales.

En Dt 20,2 le prêtre chargé de la harangue était simplement identifié par un pronom qualificatif : הַכֹּהֵן, « le » prêtre. 1QM reprend cette désignation dans un autre passage, qui n'appartient à aucun de ces deux récits de bataille mais constitue un long midrach sur Dt 20,1–9.[8] Même si c'est au sein d'une citation, cet emploi de הכוהן offre donc une troisième façon de désigner le prêtre chargé de haranguer la troupe.

Le *Règlement de la Guerre* établit donc cette équivalence entre trois titres :

הכוהן	=	הכוהן האחד	=	הכוהן החרוץ למועד נקם
le ha-cohen de Dt 20,2		distinct des six autres cohanim en habit sacerdotal de guerre		distinct des autres cohanim, ainsi que du cohen ha-rō'š

Ce prêtre chargé de haranguer la troupe avant la bataille n'est pas le grand prêtre : d'une part on ne voit pas, s'il s'était agi du grand prêtre, pourquoi le *Règlement* ne l'aurait pas désigné par son titre ; d'autre part et surtout, la distinction établie en 1QM XV entre le cohen ha-rō'š et le cohen ha-ḥârwṣ met en évidence que le second jouissait d'un statut inférieur au premier. Que l'expression כוהן הראש ait désigné ou non le grand prêtre est ici secondaire : un prêtre que sa fonction et son titre situent à un rang inférieur à un autre prêtre ne peut en aucune façon être lui-même le grand prêtre.

Cette mention d'un prêtre autre que le grand prêtre, désigné pour accomplir le rite précis de la harangue de guerre, est une innovation du *Règlement de la Guerre.* Il est absent de la Bible qui mentionne seulement le ha-cohen, sans plus de précision ; absent aussi des livres des

[8] Voir en 1QM X 2b, la citation explicite de Dt 20,2.

Maccabées. Dans les écrits ultérieurs, on ne trouve mention de ce prêtre spécialisé ni dans Josèphe, ni dans Philon. Il ne réapparaît, sous les traits du « prêtre oint pour la guerre », que dans le Talmud.

Le *Règlement* établit aussi l'existence d'un véritable « état-major » à la tête de l'armée des fils de Lumière. Une première fois, 1QM II fixe la hiérarchie de la Congrégation pour le service divin mais en dehors de toute référence à la guerre :

le grand prêtre,	1	
et le second du grand prêtre	1	
12 chefs des prêtres	12	
26 prêtres chefs de mishmar	26	
	= 40	prêtres
12 chefs des Lévis	12	
26 Lévis chefs de mishmar	26	
	= 38	Lévis
12 princes des tribus	12	
52 chefs des pères de la congrégation	52	
	= 64	Israélites

Cela représente un Conseil de 142 personnes.[9]

Est-ce le même groupe auquel il est fait allusion ensuite quand le grand prêtre réunit autour de lui « ses frères les prêtres et les Lévis et tous les officiers avec lui » (1QM XIII 1, XV 4, XVIII 5–6, XIX 11) ? La structure reste la même puisque les trois catégories, prêtres, Lévis et Israélites sont représentées. Mais les représentants des laïcs ne sont sans doute plus les mêmes qu'à l'occasion des services divins. Dans ces réunions lors de la guerre, ils sont nommés à trois reprises des « officiers ».[10] L'expression אנשי הסרך désigne des officiers au sens militaire du terme, c'est-à-dire des guerriers chargés d'une responsabilité ou d'un commandement. Certaines de ces responsabi-

[9] Mais pour le service religieux lors d'une semaine donnée, on aurait seulement : le grand prêtre et son second, le prêtre du mois, le prêtre chef de mishmar = 4 prêtres ; le Lévi du mois et le Lévi chef de mishmar = 2 Lévis. Pour les Israélites la question se pose d'un découpage temporel ou non. On peut envisager plusieurs hypothèses : a) le prince du mois et le chef de famille de la semaine = 2, soit en tout 8 personnes ; b) les 12 princes des tribus + 1 chef de famille = 13, soit en tout 17 personnes ; c) tous les chefs laïcs, 12 + 52 = 64, soit en tout 70 personnes.

[10] 1QM XIII 1 : « et tous les vétérans officiers » וכול זקני הסרך ; 1QM XV 4 : « et tous les officiers » אנשי הסרך ; 1QM XVIII 5–6 : « et les che[fs] officiers » ור א[ ] הסרך.

lités, et l'âge requis pour les exercer, sont précisées en 1QM VII 1–3. Les prêtres exercent leur fonction dirigeante en toutes circonstances, mais la représentation du peuple est adaptée à chaque situation selon une sorte de spécialisation : généalogique au Temple, militaire à la guerre.

La bataille eschatologique

Les deux récits du combat eschatologique concentrent presque toutes les mentions d'un prêtre, dans le rouleau. Il n'y a que trois exceptions : l'établissement de la hiérarchie pour le service divin (voir ci-dessus, 1QM II *passim*) ; la citation de Dt 20,2 en 1QM X 3 ; la mention, isolée des récits de bataille, d'une réunion de tout l'état-major pour prononcer bénédictions et exécrations, en 1QM XIII 1–2.

Les prêtres ont donc un rôle important à jouer dans le déroulement de la bataille. Ce rôle est défini avec précision.

Ainsi dans le premier récit (1QM VII–IX) : sept prêtres sortent des rangs en habits sacerdotaux, spécialement réservés pour la guerre. Ils sont précédés de trois Lévis faisant office de šôterîm (שוטרים, les « scribes » de Dt 20,5) et suivis de sept Lévis portant les shofars (1QM VII 14). Le premier de ces prêtres (ha-cohen ha-eḥad) est chargé de prononcer la harangue sur le front des troupes. Les six autres portent des trompettes.[11] 1QM VII 15 mentionne que les prêtres sonnent dans « deux trompettes », בשתי חצוצרות. La suite, où se lisait le nom de ces deux trompettes, est malheureusement dans une lacune du manuscrit : on lit difficilement le début du mot המקרא, « l'appel ». Il s'agit donc des deux trompettes d'argent de Moïse, fabriquées pour la guerre et nommées dans la Torah « trompettes du mémorial », חצוצרות הזכרון (Nb 10,1–10). La lacune comprenait certainement aussi le mot הזכרון, « le mémorial », comme à la ligne précédente.

Quelles sont les quatre autres trompettes ? Selon 1QM VII 13, les six prêtres portent

[11] S'agissant des trompettes du *Règlement de la Guerre*, Joseph Baumgarten a complété les analyses de Yigael Yadin après la publication des 4QM (dans DJD VII, 1982) : voir J. M. Baumgarten, 1987, "The Sabbaths Trumpets in 4Q493 M^{c}", RQ 48, 555–559.

חצוצרות המקרא וחצוצרות הזכרון וחצוצרות התרועה וחצוצרות המרדף וחצוצרות המאסף

> les trompettes de l'appel et les trompettes du mémorial et les trompettes de la clameur et les trompettes de la poursuite et les trompettes du rassemblement.

Les deux premières catégories (« de l'appel et du mémorial ») désignent les deux trompettes d'argent de Nb 10. Les trois catégories suivantes (« clameur, poursuite et rassemblement ») désignent-elles les autres trompettes ? Non, pour la raison qu'ailleurs, en 1QM VIII 8–10, il est précisé que la sonnerie de la clameur est effectuée au moyen des six trompettes — et de tous les shofars. Donc chacune de ces fonctions, clameur, poursuite etc. ne renvoie pas à une catégorie particulière de trompette mais à des façons distinctes de sonner dans les mêmes six trompettes.[12] Le texte précise d'ailleurs de quelle façon il convient que les six prêtres sonnent les différentes sonneries : ces précisions sont la preuve que les façons de sonner et non les instruments, permettaient de différencier les signaux — à l'exception des deux trompettes d'argent. Au moyen de ces sonneries, les prêtres transmettent les ordres aux troupes au cours de la bataille. Mais eux-mêmes se tiennent à l'écart du champ de bataille proprement dit afin de ne pas être souillés du sang des morts (1QM IX 7–9).

Les différents ordres transmis par les sonneries de trompette. Faire avancer la troupe : on a recours aux deux trompettes de l'appel (1QM VII 15, VIII 3, IX 3). La « formation de combat » : קול מרודד, « un son martelé / étiré » (1QM VIII 5). La « marche à l'ennemi » : קול נוח וסמוך, « un son posé / soupiré et appuyé / soutenu » (1QM VIII 7). Le repli : קול נוח מרודד סמוך, « un son posé / soupiré, martelé / étiré, appuyé / soutenu » (1QM VIII 2, 13–14, 16–17). L'assaut : c'est le moment où toute l'armée pousse la grande clameur de guerre (la תְּרוּעָה t^{e}rw'âh, voir Nb 10,9). Aux trompettes se joignent alors ici tous les shofars de l'armée dont sonnent les Lévis, et les cris des combattants. La sonnerie des trompettes se fait קול חד טרוד, avec « un son aigu / joyeux, comme-coulant-goutte-à-goutte » (1QM VIII

[12] Pour une raison qui m'échappe, Jean Carmignac avait compris que chacun des six prêtres « devait avoir à portée de la main ses cinq ou six trompettes de rechange », voir J. Carmignac, 1958, *op. cit.*, 110 et 120 : c'est-à-dire six prêtres avec chacun six trompettes, dont chacune eût été affectée à un signal particulier.

8–9). La sonnerie de bataille : les shofars se taisent et laissent la place au seuls trompettes ; même sonnerie (קול חד טרוד) que durant l'assaut (1QM VIII 1, 12, IX 1–2). La poursuite (מרדף) : elle constitue toujours l'ultime étape d'une bataille victorieuse ; profitant de la déroute des ennemis, il s'agit d'en massacrer le plus grand nombre possible. L'ordre de sortir pour entamer la poursuite est donné par les deux trompettes de l'appel (1QM IX 3) mais le type de sonnerie n'est pas spécifié (1QM IX 6). Les trompettes transmettent ainsi des ordres tout au long des combats.

Dans le second récit (1QM XV–XIX), le grand prêtre (ou le plus important des prêtres présent, le cohen ha rōʾš), entouré de tout l'état-major de l'armée (autres prêtres, Lévis et officiers), lit des prières, 1QM XV 4–5.[13] Puis il forme la ligne de front, 1QM XV 5–6. Le prêtre désigné pour cet office (cohen ha-ḥârwṣ) prononce alors la harangue sur le front des troupes, 1QM XV 6–7. Les prêtres sont chargés de transmettre les ordres à l'armée au moyen des sonneries de trompettes. Les prêtres sonnant dans les trompettes sont au nombre de six, 1QM XVI 7. Les deux trompettes d'argent de Nb 10 sont toujours désignées comme les « trompettes du mémorial », et jouent le même rôle que les deux trompettes « de l'appel et du mémorial » dans le premier récit. Les types de sonnerie ne sont pas spécifiés, sauf pour celles accompagnant l'assaut et le combat.[14] La sonnerie (תרועה) est définie en général par sa fonction, c'est-à-dire par l'ordre qu'elle transmet : par exemple le « trompettage d'avancer ». Il n'est pas précisé si les prêtres se tiennent à l'écart des combats, ni comment ils sont vêtus.

Ce second récit de la bataille est plus dramatique que le premier : à un premier assaut (1QM XVI 3–9) succède en effet un revers provisoire (1QM XVI 11–XVII 9), puis un deuxième assaut (1QM XVII 10–15) avant la poursuite finale (1QM XVIII 1–5).

Les ordres transmis par les sonneries sont analogues à ceux du premier récit. Faire avancer la troupe : on utilise les deux trompettes du mémorial (1QM XVI 3–4 pour le premier assaut, et 1QM

[13] On admet généralement aujourd'hui, et j'y souscris, que l'expression « cohen ha-rōʾš » désigne le grand prêtre ; sa présence lors de la bataille eschatologique n'a rien pour surprendre. En tout état de cause, figurent dans ce second récit au moins deux prêtres spécifiquement distingués des autres, et dont le plus important est ce cohen ha-rōʾš.

[14] 1QM XVI 7 : קול חד טרוד, « un son aigu / joyeux, comme-coulant-goutte-à-goutte » comme en 1QM VIII 8–9.

XVI 12 pour les renforts). La « formation de combat » : תרועה סדר, « le trompettage de formation » (1QM XVI 4–5 pour le premier assaut, XVII 10 pour le second). La « marche à l'ennemi » : תרועה שנית ידי התקרב, « un second trompettage, signal d'avancer » (1QM XVI 5–6 et XVII 11). L'assaut : la sonnerie des trompettes est accompagnée par tous les shofars de l'armée et par la clameur de guerre (1QM XVI 7–8 et XVII 12–13). La sonnerie de bataille : même sonnerie, sans les shofars ni la clameur (1QM XVI 9 et XVII 14–15). Le repli : aucune indication du type de sonnerie mais seulement : יתקעו לשוב, « ils sonneront pour le repli » (1QM XVI 13). La poursuite : l'objectif d'anéantir l'ennemi est ici explicité (1QM XVIII 5) ; ce sont les deux trompettes du mémorial qui sonnent la poursuite, ou plus exactement l'ordre de sortir des rangs pour entamer la poursuite (1QM XVIII 4).[15] Lors des revers de l'armée, c'est le grand prêtre (cohen ha-ró's) qui harangue les troupes démoralisées, et non le prêtre (cohen ha-ḥârwṣ) chargé de la harangue rituelle d'avant le combat (1QM XVI 13–15). Au soir de la bataille, juste avant que le coucher du soleil ne vienne y mettre un terme, le grand prêtre réunit tout l'état-major et ils prononcent ensemble des bénédictions (1QM XVIII 5–6). Au lendemain de la bataille, le grand prêtre entouré de tout l'état-major se présente devant l'armée, à nouveau réunie sur le champ de bataille (1QM XIX 9 sq).

Parallélisme des deux récits de la bataille eschatologique

1er récit : 1QM VII–IX	2d récit : 1QM XV–XIX
• 7 prêtres encadrés par 10 Lévis	• le grand prêtre entouré de prêtres, Lévis et officiers
• les vêtements de guerre des prêtres ne sont pas portés dans le Temple	
	• le grand prêtre lit des prières
	• le grand prêtre forme la ligne de front
• harangue du 1er des sept prêtres	• harangue du prêtre désigné pour ce rôle
• 6 prêtres sonnent les signaux militaires dans des trompettes :	

[15] Deux et non six, comme le suggérait André Dupont-Sommer dans sa traduction (Paris, Gallimard-Pléiade, 1987), complétant alors une lacune du texte.

sortir : les 2 trompettes de Nb 10 définis par le son (קול) : formation marche assaut combat repli lancer la poursuite (= sortir)	sortir : les 2 trompettes de Nb 10 définis par la sonnerie (תרוקה) : formation marche assaut combat repli lancer la poursuite (= sortir)
	• pendant la bataille le grand prêtre harangue les troupes provisoirement défaites
• pendant la poursuite finale, sonneries des trompettes les prêtres restent à l'écart des combats	• pendant la poursuite finale, le grand prêtre, les Lévis et les officiers prononcent des prières • le grand prêtre, les Lévis et les officiers se réunissent en présence de toute l'armée le lendemain de la bataille

Pureté sacerdotale et responsabilités du commandement

L'impératif du maintien de la pureté des prêtres jusqu'au milieu de la guerre est précisé en plusieurs endroits du *Règlement*. Il est formulé de la façon la plus claire et la plus argumentée à l'occasion des ultimes combats, lors de l'extermination des fils des Ténèbres (1QM IX 7–9) :

7. ובנפול החללים יהיו הכ[והנ]ים מריעים מרחוק ולוא יבואו 8. אל תוך החללים להתגאל בדם טמאתם כיא קדושים המה [ ]א יחלו שמן משיחת כהונתם בדם 9. גוי הבל

Et quand tomberont les tués, les p[rêtres] resteront sonner à distance, et ils ne viendront pas au milieu des tués se rendre impurs de leur sang de souillure ; car ils sont saints, [et ils ne] profaneront pas l'huile de leur onction sacerdotale avec le sang de nations vaines.

Ce passage essentiel pose plus clairement que partout ailleurs le problème du statut des prêtres dans la guerre et lui suggère une solution pratique. L'opposition est irréductible entre la sainteté des prêtres (קדושים) et l'impureté des morts (טמאתם). Cette incompatibilité est à la fois symbolisée et concrétisée par l'opposition entre le sang et l'huile : sang de souillure des morts ennemis *versus* huile d'onction du sacerdoce.

Dans la recherche d'un équilibre entre la pureté du sacerdoce et la responsabilité stratégico-politique des prêtres, le souci de la pureté l'emporte. La fonction de commandement, cependant, n'est pas totalement négligée. Le texte résout la contradiction en deux mots :

« sonner à distance » מריעים מרחוק (1QM IX 7). La solution réside, comme souvent en matière de pureté, dans cette « mise à distance » ; la sonnerie des trompettes maintient la communication avec les combattants.

La séquence des ordres militaires transmis par les sonneries de trompettes est conforme aux usages des batailles rangées de l'Antiquité. L'emploi des trompettes pour transmettre des ordres militaire pendant une bataille est d'un usage commun aux armées intervenant en Judée à cette époque.[16] Le trait particulier du judaïsme est ici de réserver l'usage des trompettes aux seuls prêtres, selon la prescription de Nb 10,8.[17]

Mais l'option d'accorder aux prêtres le monopole des commandements tactiques n'était pas la seule possible. Elle découle d'une interprétation de Nb 10 selon laquelle seules les trompettes, par opposition aux shofars en corne de bélier, transmettent les ordres militaires. Cette interprétation aboutit naturellement à renforcer le rôle dirigeant des prêtres dans la guerre, puisque eux seuls peuvent sonner des trompettes. On pourrait imaginer une organisation alternative de l'armée juive, dans laquelle les shofars, sonnés par des officiers non prêtres, auraient transmis les commandements stratégique et tactiques. La Bible mentionne d'ailleurs à quelques reprises, cet usage des shofars pour la guerre.[18]

Selon Jacob Milgrom la distinction entre trompettes réservées aux prêtres et shofars dont tout Israélite pouvait sonner, est apparue dans les écrits bibliques de la source P.[19] Mais seul le *Règlement de la Guerre*, à l'époque du deuxième Temple, semble avoir établi ce syllogisme exégétique : les prêtres seuls sonnent des trompettes et seules les trompettes transmettent les ordres à la guerres ; *donc* les prêtres sont ceux qui donnent les ordres à la guerre.[20] Dans d'autres textes de cette

[16] Pour les armées grecques, voir 1 M 9,12 et 2 M 15,25 et les analyses de B. Bar-Kochva, 1989, *op. cit.* ; pour l'armée romaine, voir Fl. Josèphe, BJ II 579 : « Il leur enseigna la transmission des signaux, les sonneries de trompettes pour la charge ou la retraite, l'attaque par les ailes, les manœuvres d'enveloppement » etc.

[17] וּבְנֵי אַהֲרֹן הַכֹּהֲנִים יִתְקְעוּ בַּחֲצֹצְרוֹת « Ce sont les fils d'Aaron, les prêtres qui sonneront des trompettes. »

[18] Voir par exemple Jos 6,5, Jg 3,27 et 7,16sq, 2 S 20,1, Jr 4,19.

[19] J. Milgrom, 1990, *Numbers. The Traditional Hebrew Text with the New JPS Translation. Commentary*, (Philadelphie, New York : The Jewish Publication Society)., excursus 21, 372–73.

[20] Il est possible que 2 Maccabées exprime une position voisine. En l'absence de

époque, si les trompettes métalliques sont bien utilisées pour les sonneries guerrières, elles ne sont plus réservées aux seuls prêtres en cette circonstance. C'est le cas de 1 Maccabées (1 M 3,54, 4,13–14, 5,31–33, 7,45 et 9,12) où les troupes maccabéennes sonnent des trompettes de guerre sans qu'aucun prêtre ne soit mentionné. De même dans l'armée de Josèphe en Galilée (BJ II 579).

Le *Règlement de la Guerre* se distingue donc des écrits contemporains par cette posture de commandement, exercée au moyen des sonneries, qu'il réserve aux prêtres. Six prêtres y sont chargés de ces sonneries. D'où vient ce chiffre six ? La Bible hébraïque propose des modèles de combats dans lesquels, lorsque des prêtres y figurent, ils sont au nombre de un ou sept. Dt 20 mentionne un seul prêtre, le ha-cohen, qui s'avance pour la harangue. De même en Nb 31 Pinḥas, « le prêtre », est seul nommé par Moïse à la tête de l'armée. Lors de la prise de Jéricho, sept prêtres sonnaient des fameuses trompettes (Jos 6,4).[21] Dans le *Règlement de la guerre*, ce sont également sept prêtres qui sortent des rangs des fils de Lumière (1QM VII 9). Puis l'un des sept prononce la harangue prévue en Dt 20. Il en reste donc six pour les sonneries, dont deux sonnent des trompettes du mémorial de Nb 10.

Le même souci de préserver la pureté sacerdotale, donc de maintenir une séparation, une distance, entre la guerre et le sacerdoce, s'exprime à propos des vêtements que revêtent les sept prêtres sortant des rangs à l'orée de la bataille (1QM VII 9–12). Jean Carmignac a montré ce que leur description lyrique devait à l'Exode et au Lévitique.[22] Leur somptuosité évoque en effet l'habit sacerdotal du grand prêtre, mais ils ne comportent que les quatre éléments de l'habit du prêtre ordinaire : tunique, caleçons, ceinture et turban. L'absence des quatre ornements supplémentaires du grand prêtre (ʾēfōd, ḥōšen, manteau et lame d'or) indique, soit que celui-ci est absent, soit qu'il ne revêt pas, sur le front, l'habit réservé au service du Temple. Le souci de maintenir à bonne distance le cœur de la

---

prêtres, le texte prive en effet l'armée juive de ses trompettes : « Les troupes de Nicanor s'avançaient au milieu des sonneries de trompettes et des péans ; mais c'est au milieu d'invocations et de prières que les partisans de Juda en vinrent aux prises avec les ennemis » (2 M 15,25–26). Que l'absence de trompettes dans l'armée de Juda Maccabée soit une conséquence de l'absence des prêtres demeure cependant une hypothèse.

[21] Lesquelles sont d'ailleurs des shofars, שׁוֹפְרוֹת הַיּוֹבְלִים « shofars des béliers ».

[22] J. Carmignac, 1958, *op. cit.*, 109.

pureté (le Temple) et la source de la souillure (la mort), s'exprime dans cette exigence de vêtements analogues mais distincts.

D'autres traits s'expliquent aussi par le souci rigoureux de préserver la pureté sacerdotale. Le nombre de prêtres participant à la bataille est spécifié, donc limité. Au moment de l'accomplissement des rites de la guerre, les prêtres demeurent séparés physiquement du reste de l'armée par une troupe de Lévis.[23] De même lors des réunions d'état-major où le grand prêtre se trouve successivement entouré des prêtres, des Lévis puis des officiers « laïcs ». On tient là sans doute un des motifs puissants de la présence si fréquente du roi, du prince ou de « l'héritier de David » dans les écrits de Qoumrân : ces personnages non sacerdotaux assument, sous l'autorité ultime du grand prêtre, la direction effective et immédiate du peuple en particulier lors des guerres ; ils permettent ainsi aux prêtres de demeurer suffisamment à distance de toute source de souillure.

La mise à distance des prêtres n'implique en effet aucun renoncement à l'exercice de leurs responsabilités stratégiques et politiques. En attestent les multiples réunions autour du grand prêtre de ce que j'ai nommé « l'état-major » (1QM XIII 1, XV 4, XVIII 5–6, XIX 11). Ces réunions définissent une hiérarchie et une chaîne de commandement au sommet desquelles figure le grand prêtre. En l'une de ces occasions le grand prêtre donne ses instructions, tirées d'un mystérieux ס[פר סרך עתו, « li]vre du règlement de son temps » (1QM XV 4 sq). Ce livre peut être le *Règlement de la Guerre* lui-même, ou l'une de ses parties, ou un autre écrit inconnu par exemple inspiré du « livre des guerres de YHWH » mentionné en Nb 21,14.[24] Une « règle » (סרך) prévue pour un « temps déterminé » (עת) et mise par

[23] 1QM VII 13–15 : « Et quand les prêtres sortiront sept Lévis sortiront avec eux (...) et trois Lévis seront devant les prêtres et les Lévis. »

[24] Pour l'hypothèse que ce « livre des règles de son temps » constitue la deuxième partie de 1QM : C. RABIN, 1961, המבנה הספרותי של מגלת מלחמת בני אור ובני חושך ("The Literary Structure of the War Scroll"), dans C. Rabin et Y. Yadin éds., *Essays on the Dead Sea Scrolls, in Memory of E. L. Sukenik*, (Jérusalem : Hekjal ha-sefer), 31–47. Pour leur part, les éditeurs des manuscrits de Qoumrân ont donné le nom de « Sefer ha-milḥamah » à deux autres manuscrits, 4Q285 et 11Q14, voir DJD XXIII, 1997 et DJD XXXVI, 2000. Joszef Milik considérait ce texte comme la fin (perdue) du *Règlement de la guerre*, voir J. T. MILIK, 1972, "Milkî- Ṣedeq et Milkî-Rešaʿ dans les anciens écrits juifs et chrétiens", JJS 23 / 2, 95–144. *Contra*, voir *inter al.* : P. ALEXANDER, 2003, "The Evil Empire : The Qumran Eschatological War Cycle and the Origins of Jewish Opposition to Rome", dans S. M. PAUL *et al.* éds., *Emanuel. Studies in Hebrew Bible, Septuagint, and Dead Sea Scrolls in Honor of Emanuel Tov*, (Leyde, Boston : Brill), 17–31.

« écrit » (ספר) : tout ce vocabulaire avec lequel la communauté de Qoumrân nous a familiarisé, indique qu'on est ici dans le registre d'une révélation conservée par écrit. Le grand prêtre transmet des instructions divines que lui-même ou l'un de ses prédécesseurs ont reçues. Ces instructions conservent leur caractère ésotérique puisque le grand prêtre en réserve la lecture aux seuls membres de l'état-major (1QM XV 4) : וקרא באוזניהם, « et il parlera pour leurs oreilles ». Le grand prêtre assume ensuite la fonction d'autorité militaire par excellence, en disposant l'armée pour le combat (1QM XV 5–6) :

וסדר שם את כול המערכות

Il organisera à cet endroit toutes les lignes du front.

C'est enfin un prêtre, spécialement désigné à cet effet, qui prononce la harangue aux troupes avant les combats, se plaçant ainsi dans la position de chef de l'armée. Cette division des tâches entre le grand prêtre, qui s'adresse au seul état-major, et le prêtre désigné, qui harangue toute la troupe, constitue un nouveau découpage rituel contribuant à isoler la pureté sacerdotale de la violence et de la mort au combat.

Le paradoxe de la mort des justes

Dans un développement plutôt rare dans les traités militaires, le *Règlement de la Guerre* envisage une défaite passagère des fils de Lumière, face à Bélial et à ses partisans (1QM XVI 11–XVII 9).

Dans ces circonstances dramatiques, une nouvelle harangue est adressée aux combattants.[25] Du point de vue stratégique et militaire on est alors au cœur de la bataille, en un moment qui décidera du sort des armes. Étonnamment, compte tenu du souci manifesté jusque-là de préserver la pureté sacerdotale de la souillure des combats, cette nouvelle harangue des troupes, en pleine bataille, est prononcée par le grand prêtre en personne (1QM XVI 13–14) :

וננש כוהן הרואש ועמד לפני המערכה וחזק את לבבם

Le grand prêtre s'approchera puis se tiendra devant la ligne du front et il fortifiera leurs cœurs.

[25] Il faut également prendre en considération les passages parallèles dans 4QM[a] : 4Q491 10 ii 7–14 et 11 ii 1–23.

Comment comprendre ce renversement qui plonge le grand prêtre dans la mêlée, après tant de précautions rituelles pour l'en tenir à distance ? Il faut considérer d'abord que le grand prêtre s'adresse ici aux renforts, c'est-à-dire à des troupes placées en réserve, donc en retrait des combats. Il semble en outre que l'auteur, dans ce passage, se préoccupe moins du risque d'impureté sacerdotale au contact des morts ennemis, que de comprendre le scandale de la mort des justes.

Le premier terme essentiel ici est le recours à l'image du « creuset » (מצרף). La défaite passagère est en effet décrite en ces termes (1QM XVI 11) :

ובהתאזר [ ]†לעזרת בני חושך וחללי הבינים יחלו לנפול ברזי אל ולבחון
בם כול חרוצי המלחמה

> Et quand [Bélial (?)] s'équipera pour la guerre pour secourir les fils des Ténèbres, alors des tués (des impurs ?) parmi les combattants commenceront à tomber selon les mystères de Dieu, et pour mettre à travers eux à l'épreuve tous ceux désignés pour la guerre.[26]

Deux autres passages parallèles figurent dans le manuscrit 4Q491 (4QM[a]). L'un présente un fragment en tout point identique.[27] Le second offre une version un peu différente (4Q491 10 ii 9–11) :

9. יחלו אנשי הבינ[י]ם[
10. המלחמה בכתיאים[ ]בש[ ]
11. חללי המצרף לנפול ב[רזי] אל והכ[

> 9. les combattants commenceront [
> 10. la guerre contre les Kittim [
> 11. des tués du creuset pour mourir selon [les mystères] de Dieu et le[

[26] La *crux* : on lit ל---ה. Les textes parallèles de 4Q491 ne fournissent pas de solution, non plus que le nom du sujet de l'action (dans la lacune). לעזרת est une conjecture de l'éditeur Éliezer Sukenik reprise ensuite presque unanimement, à l'exception notable de Jean Carmignac : « Cette solution [i.e. לעזרת] est peu probable, car il n'y a pas une place suffisante pour loger le *resh* », J. Carmignac, 1958, *op. cit.*, 230. Il propose donc de lire לפנשה, « un dérivé inconnu de la racine פנש *attaquer* ». Mais cette correction, qui inverse le sens du passage, n'est pas convaincante. Elle semble devoir moins à des arguments paléographiques qu'à une conviction théorique quant aux « idées constantes de l'auteur qui n'imagine pas qu'un soldat de Dieu puisse succomber ». Conviction fondée sur le modèle de la « guerre sainte » de Gerhard von Rad, mais qui ne trouve aucune confirmation dans le texte de 1QM : J. Carmignac se réfère en effet pour l'illustrer à une guerre menée en Nb 31 (voir n. 265, 231). Enfin, B. Jongelling, 1962, *op. cit.*, n. 235, 395, fait état d'une « correspondance particulière » dans laquelle J. Carmignac aurait renoncé à cette correction.

[27] 4Q491 11 ii 9.

Le problème posé ici est celui de la mort de certains des fils de Lumière au combat. Pourquoi des justes doivent-ils périr ?

Ces morts au combat sont présentées en termes de mise à l'épreuve, à la fois comme la méthode et comme le résultat d'une ultime séparation entre le pur et l'impur. Le texte de 1QM XVI 11 recèle ainsi une ambiguïté, ou un jeu de mot, à partir de la polysémie de חלל : le verbe signifie d'une part « transpercer, tuer » et d'autre part « souiller, rendre impur ». Autrement dit, ceux qui commencent à tomber étaient d'une façon ou d'une autre déjà impurs avant que de succomber, doublement חללי.

Cette même idée est exprimée plus nettement dans la variante de 4Q491 10, par l'image du creuset מצרף (maṣᵉrēf). À cette époque d'armes blanches, l'image de la fournaise ou du creuset, devenue un cliché moderne pour illustrer l'horreur des guerres, ne correspondait guère aux conditions des affrontements. Il s'agit donc d'autre chose. צרף signifie d'abord : fondre des métaux composites afin de séparer le métal pur (en particulier l'or et l'argent) de ses scories ; le מַצְרֵף est l'instrument dans quoi cette opération s'accomplit. Cette technique a fourni la métaphore majeure pour signifier comment YHWH (« le fondeur ») soumet son peuple à des souffrances et à des épreuves afin de le purifier. Tous les emplois de צרף dans la Bible hébraïque expriment cette métaphore.[28] L'image des חללי המצרף « tués du creuset » (4Q491 10 ii 11) reprend donc un *topos* biblique richement documenté : elle évoque une épreuve par laquelle YHWH vérifie la pureté des fils d'Israël. Dans cette épreuve, la pureté des purs sort renforcée du châtiment des impurs. Le paradoxe et le scandale tiennent ici à ce qu'on trouve encore des combattants impurs parmi les fils de Lumière.

L'autre élément essentiel à la compréhension de cettee défaite passagère des justes, est nommé ici les « mystères de Dieu » (רזי אל).[29] Ces ultimes victimes parmi les fils de Lumière doivent mourrir ברזי אל,

---

[28] Proclamation que la parole de YHWH est absolument pure, comme « passée au feu du creuset » : 2 S 22,31 ; Ps 12,7 et 18,31 ; Pr 30,5. Le psalmiste se réjouit de la pureté de son cœur, « éprouvée au creuset de YHWH » : Ps 17,3, 26,2 et 56,10. YHWH révèle aux prophètes qu'il éprouve et purifie son peuple « au feu du creuset » : Es 1,25, 48,10 ; Jr 9,6 ; Za 13,9 (qui annonce que les deux tiers du peuple y succomberont). Annonces prophétique de l'épreuve purificatrice : Ml 3,2.3 ; Dn 11,35 et 12,30.

[29] Sur les « mystères de Dieu » (plus précisément les רז נהיה), voir D. J. Harrington, 1996, "The *Raz nihyeh* in a Qumran Wisdom Text (*1Q26, 4Q415–418, 4Q23*)", RQ 17, 549–553.

« conformément aux mystères de Dieu ». L'expression recouvre à la fois le déterminisme rigoureux de Qoumrân et ses spéculations sur les temps eschatologiques.

Un passage de Daniel utilisant la métaphore du creuset, formulait un paradoxe analogue dans des termes si proches qu'on doit se poser la question du rapport entre les deux textes (Dn 11,35) :

וּמִן־הַמַּשְׂכִּילִים יִכָּשְׁלוּ לִצְרוֹף בָּהֶם וּלְבָרֵר וְלַלְבֵּן עַד־עֵת קֵץ כִּי־עוֹד לַמּוֹעֵד׃

> Et certains des *maskilim* trébucheront, afin d'épurer au creuset à travers eux et de purifier et de blanchir jusqu'au temps de la fin, car il y a encore [du temps] jusqu'au rendez-vous.[30]

On sait l'importance des spéculations sur le temps, à Qoumrân, où les « mystères de Dieu » consistent pour l'essentiel en la connaissance révélée des périodes de l'Histoire. D'une particulière importance sont les prévisions concernant les temps à venir. Daniel formulait ici le premier, et l'on retrouve à mon sens dans le *Règlement de la Guerre*, cette idée que les temps derniers ne seront pas exempts du mal, de la souffrance et de la souillure tant que l'*eschaton* ne sera pas advenu. De sorte que même parmi les partisans du bien (les *maskilim* de Daniel, les fils de Lumière de 1QM), certains succomberont encore au cours de ces temps derniers.[31]

C'est ce « paradoxe eschatologique » (la mort des justes) que le grand prêtre s'efforce d'éclaircir dans sa harangue formulée en 1QM XVI 15–XVII 9 et dans le texte parallèle de 4Q491 11 ii 12–18.

[30] Que Dn 11–12 ait été une des principales sources de 1QM est établi depuis longtemps. Je veux seulement verser à ce dossier déjà très documenté, l'usage parallèle de la métaphore du creuset pour désigner les souffrances des justes durant les derniers jours. André Dupont-Sommer avait signalé la familiarité de ce verset avec 1QM XVI 15, voir A. DUPONT-SOMMER, 1959, *op. cit.*, n. 2, 208. Émile Puech le rapproche pour sa part du pesher daniélique 4QMidEsch, voir É. PUECH, 1993, *La croyance des Esséniens en la vie future : immortalité, résurrection, vie éternelle ?*, (Paris : Gabalda) 572 sq.

[31] Cette idée fondamentale, ici au cœur du scandale et de la harangue du grand prêtre, que les justes eux-mêmes souffriront et mourront durant « les derniers jours » a été perçue, par exemple, par Dean Wenthe : « *Column 17:1 opens with the theme of testing in a crucible. The content suggests that the members of the comunity will undergo such a testing* », D. WENTHE, 1998, "The Use of the Hebrew Scriptures in 1QM", DSD 5 / 3, 313 ; mais non par Émile Puech : « Les derniers jours sont le temps du sursaut de Bélial et des méchants mais aussi du creuset qui verra la consumation des impies et des fils de Bélial et la purification des justes à la fin des temps », É. PUECH, 1993, *op. cit.*, 582. Sauf à ne considérer tautologiquement que le résultat final, la purification des justes s'opère aussi par la consumation de certains d'entre eux : ce partage est au cœur des *razé el*.

Le début de la harangue est identique dans les deux manuscrits :

> יקום אל ול(ב)ב עמו יבחן במצרף ולוא [ ]חלליכם כיא מאז שמעתם ברזי אל
>
> ***Dieu se lève et*** le cœur de son peuple il l'éprouve dans le creuset et ne [ ] *vos tués* parce que jadis vous avez entendu les mystères de Dieu.[32]

Le texte de 4QM[a] compte ensuite cinq lignes jusqu'à la fin de la harangue. Le texte de 1QM se poursuivait sans doute dans la longue lacune du bas de la colonne XVI (douze à quatorze lignes selon Jean Carmignac), pour reprendre au début de la colonne XVII où il occupe encore neuf lignes ; on a donc affaire à une version plus longue.[33]

Les éléments de la harangue du grand prêtre peuvent se détailler ainsi :

1QM XVI–XVII :	4QM[a] 11 ii :
– Dieu épure dans son creuset (XVI 15)	– Dieu épure dans son creuset (12)
– Ceci vous est connu par l'enseignement que vous avez reçu (15–16)	– Ceci vous est connu par l'enseignement que vous avez reçu (13)
< lacune du bas col. XVI >	– Comblez les trous, n'ayez pas de crainte et combattez
	– Dieu est à nos côtés et remportera sur l'ennemi une victoire définitive (14–18)
– L'épreuve du creuset de Dieu rend plus fort ceux qui y passent (XVII 1)	
– Au sujet de la רשע (faute, impiété) : l'exemple biblique du destin des fils d'Aaron (2–3)	*-vacat-* < fin de la harangue en 4QM[a] >
– N'ayez pas de crainte et combattez, Dieu est à nos côtés et remportera sur l'ennemi une victoire définitive (4–8)	
– Restez ferme sur le terrain tant que dure l'épreuve du creuset de Dieu (8–9).	

< fin de la harangue en 1QM >

---

[32] Le texte ***en gras*** ne figure que dans 4QM[a] 11 ii 12–13 ; le texte *en italique* que dans 1QM XVI 15–16. Le « cœur » est écrit ל[ב]ב dans 1QM et לב dans 4QM.

[33] Maurice Baillet (DJD VII, 1982, 34) a suggéré que les lignes 13b à 18 du texte de 4QM[a] pouvaient être parallèles à 1QM XVII 4–9 ; ce n'est sûrement pas le cas *littéralement*, en raison de la longueur de la lacune, mais le fond est en effet identique.

Donc : un discours faisant appel à l'enseignement ésotérique sur les mystères de Dieu, à l'adresse de ceux qui se trouvent plongés dans le מצרף, le creuset divin.

La version longue place au cœur de la démonstration l'exemple des deux fils d'Aaron morts au Sanctuaire (1QM XVII 2–3) :

2. ואתמה זכורו משפח[34]]הוא בני אהרון אשר התקדש.אל במשפטם
לעיני [3. ויתמר החזיק לו לברית] ע]ולמים

> 2. Vous tous souvenez-vous du meurtre[de Nadab et Abi]hou les fils d'Aaron par le jugement desquels Dieu s'est sanctifié aux yeux [de son peuple ; mais Éléazar] 3. et Ithamar il se les est attachés pour l'Alliance [d'une prêtrise d'é]ternité.

On comprend alors pourquoi c'est le rôle du grand prêtre de prononcer cette harangue : au cœur des mystères de la guerre, gît le mystère de la prêtrise et de l'élection sacerdotale, comme modèle et source de l'élection des justes. La mention que « Dieu s'est sanctifié » (התקדש אל) par la mort des fils aînés d'Aaron indique que la source biblique est à chercher dans le récit de Lv 10, où ce mot de YHWH est invoqué à propos de la mort de Nadab et Abihou (Lv 10,3) : בִּקְרֹבַי אֶקָּדֵשׁ, « par ceux qui m'approchent je serai sanctifié ».

Le destin des fils d'Aaron est le paradigme du mystère de l'élection : les deux aînés meurent, les deux cadets sont la souche de tous les cohanim à venir. La disproportion entre la faute de Nadab et Abihou et la gravité de leur châtiment, le fait que tous deux aient été des prêtres oints par Moïse avant de périr, fait d'eux des modèles pour les fils de Lumière morts au combat : élus, puisque appartenant au camp de Dieu, mais condamnés à mourir sans autre motif que la mise en œuvre des רזי אל, les « mystères de Dieu ».

La leçon porte plus loin si l'on veut se souvenir que Lv 10 formule l'essence de la fonction sacerdotale, qui est de « distinguer entre le sacré et le profane, entre le pur et l'impur » (Lv 10,10).[35] Pour rester en mesure d'accomplir cette tâche fondamentale, les prêtres

---

[34] L'éditeur et tous les traducteurs ont lu משפט jusqu'à ce que Jean Carmignac montre que la paléographie imposait משפח. Cette lecture est aujourd'hui largement admise.

[35] Francis Schmidt a mis en évidence combien cette définition du Lévitique se trouvait au cœur de la « pensée du Temple » et du judaïsme du deuxième Temple : F. Schmidt, 1994, *op. cit.*

doivent se tenir purs de toute souillure : en Lv 10 cette exigence s'exprime précisément dans l'interdit fait à Aaron et à ses deux fils survivants d'approcher ni de porter le deuil de leurs fils et frères. Ce sont « toux ceux de la maison d'Israël qui pleureront » ; mais les prêtres resteront à l'entrée du Sanctuaire « car l'huile d'onction de YHWH est sur vous », leur dit Moïse. En d'autres termes, le grand prêtre de la *Guerre* rappelle aux combattants que chacun doit occuper et conserver la position qui lui est assignée par les mystères de Dieu : pour les guerriers, ceux qui portent les « armes de guerre » (כלי מלחמה, 1QM XVII 1), il doivent « se tenir sur la brèche » (עמודו בפרץ, 4QM[a] 11 ii 13) et garder « leurs positions sur le terrain » (למעמדכם, 1QM XVII 9). L'exemple de Nadab et Abihou rend superflu de rappeler que les prêtres doivent tenir « l'huile de l'onction de leur sacerdoce » à l'écart des morts impurs.

Cette harangue du grand prêtre au milieu des combats constitue un ajout significatif du *Règlement de la Guerre* aux rites prévus dans Dt 20. Elle ne brouille pas les distinctions entre prêtre et guerrier, comme on avait pu d'abord le penser : elle les reformule.

La « loi du Roi » du *Rouleau du Temple* (11QT[a])

Le *Rouleau du Temple* de 11QT LVI 12 à LIX traite du roi et de la royauté.[36] On se trouve là au cœur de ce que les premiers éditeurs du texte ont nommé « la paraphrase du Deutéronome ». Le début appartient entièrement à cette paraphrase : 11QT LVI 12–21 est une citation quasiment textuelle de Dt 17,12–19.

La suite est plus originale : 11QT LVII 1–LIX 21 constitue la « loi du Roi » proprement dite, probablement un texte d'abord indépendant, inséré par le compilateur à cet emplacement du *Rouleau du Temple*, précisément parce qu'il y était alors question du roi. Ce passage offre en effet un bloc textuel appartenant au genre des codes législatifs.[37]

---

[36] Pour le texte de la loi du roi, je me réfère à l'édition de E. Qimron, 1996, *The Temple Scroll. A Critical Edition with Extensive Reconstructions*, (Beer Sheva, Jérusalem : Ben Gurion Univ. of the Negev Press). La loi du Roi n'est présente, au complet que dans le manuscrit 11QT[a] (désormais 11QT) et, pour un petit passage des bénédictions (11QT LIX 16 sq), dans le manuscrit 4Q524 6–10.

[37] « *It begins with an introductory formula wezô(')t hattôrâ [']asher] . . . (57,1), and concludes with a long list of blessings and curses (59), two features which are characteristics of biblical*

Ce document apocryphe puisait la source de sa légitimité dans les deux mentions bibliques d'une loi rédigée spécifiquement pour le roi. En effet, le Deutéronome fixe que le roi devait recopier lui-même les lois le concernant (Dt 17,18) :

וְהָיָה כְשִׁבְתּוֹ עַל כִּסֵּא מַמְלַכְתּוֹ וְכָתַב לוֹ אֶת־מִשְׁנֵה הַתּוֹרָה הַזֹּאת עַל־סֵפֶר
מִלִּפְנֵי הַכֹּהֲנִים הַלְוִיִּם׃

> Et trônant sur son trône de majesté alors il écrira pour lui une copie de cette Loi-ci sur un livre, (copiée de celui placé) devant les prêtres et les Lévis.

L'expression « cette loi-ci » désigne le texte en cours, c'est-à-dire la loi du Roi deutéronomiste (Dt 17,14–20), dont le *Rouleau du Temple* cite un long extrait presque mot-à-mot en introduction à sa propre loi du Roi. En outre, dans le récit de l'instauration de la monarchie et après que Samuel a publiquement installé Saül comme premier monarque sur Israël, il met par écrit une sorte de « droit monarchique ».[38] Deux références bibliques à un « livre » (סֵפֶר) dont il n'existait pas d'autre trace : c'était plus que suffisant pour s'attendre à en voir surgir le contenu apocryphe.

La Michna évoque de son côté une « parasha du roi » (פרשת המלך), témoignant d'une autre tradition exégétique. Celle-ci devait être lue tous les sept ans, devant le peuple assemblé lors des fêtes de Souccot. La michna Sota VII 8 témoigne que אגריפע המלך « le roi Agrippa » (probablement Agrippa Ier, petit-fils de Hérode) accomplit lui-même ce rite. La « parasha du roi » qu'il aurait lue en cette occasion était entièrement tirée du Deutéronome et comprenait, selon les Sages et dans cet ordre : les récits et les lois (y compris le Décalogue) du début du Deutéronome jusqu'au *shema Israël* (Dt 1,1–6,4) ; la prescription des phylactères et des mezzouzot (Dt 6,5–9 et 11,13–21) ; les prescriptions concernant la dîme (Dt 14,22–28 et 26,2–15) ; la פרשת המלך proprement dite (Dt 17,14–20) ; enfin les douze malédictions de Dt 27,15–26.

---

law codes. (. . .) The Torah of the King is thus form-critically a law code which could have had an independent history prior to its incorporation into the Temple Scroll », A. M. Wilson et L. Wills, 1982, "Literary Sources in The Temple Scroll", HThR 75 / 3, 288.

[38] 1 S 10,25 :
וַיְדַבֵּר שְׁמוּאֵל אֶל־הָעָם אֵת מִשְׁפַּט הַמְּלֻכָה וַיִּכְתֹּב בַּסֵּפֶר וַיַּנַּח לִפְנֵי יהוה
« Puis Samuel exposa au peuple le droit monarchique et il l'écrivit dans un livre qu'il déposa devant YHWH. »

Tenant compte de cette tradition rabbinique, où le texte de la loi du Roi excédait largement les instructions concernant la monarchie *stricto sensu*, Moshé Weinfeld s'est demandé s'il ne fallait pas considérer le *Rouleau du Temple* tout entier comme une « loi du Roi » relevant d'une autre tradition juive.[39] L'hypothèse apparaît peu probable, non pas tant à cause de l'hétérogénéité des sources du *Rouleau du Temple*, qu'en raison de l'importance accordée par son auteur aux questions du calendrier et à l'architecture du Temple : 11QT II 1 à XLVII 18, soit quarante-six des soixante-cinq colonnes du rouleau de Qoumrân.

On s'en tiendra donc à ceci : la loi du Roi du *Rouleau du Temple* est constituée à la fois de la source identifiée par Andrew Wilson et Lawrence Wills et de la citation du Deutéronome qui l'introduit.

La discussion sur la datation de la loi du Roi s'est focalisée sur le caractère polémique ou non à l'encontre des monarques asmonéens, de ses prescriptions. Ce débat découlait de la discussion sur la datation du *Rouleau du Temple* dans son ensemble. Un accord s'est bâti en effet sur le raisonnement suivant : le *Rouleau du Temple* est un texte composite, la compilation de plusieurs sources distinctes. *Ergo* l'achèvement de cette compilation ne peut pas être plus ancien que n'importe lequel des éléments qui la compose. *Ergo* le *terminus a quo* de n'importe lequel de ces éléments fournit également un *terminus a quo* pour la compilation ; idéalement on devrait retenir le *terminus a quo* de l'élément le plus récent. Cependant une seule des sources du *Rouleau du Temple*, la « loi du Roi » (11QT LVII 1–LIX 21) semble offrir des indices textuels permettant une datation.[40] Par conséquent la datation de la loi du Roi revêt une importance primordiale pour la datation du *Rouleau du Temple*. Un article de Martin Hengel, James Charlesworth et Doron Mendels publié en 1986, bien que la datation qu'ils proposèrent fut immédiatement contestée, a joué un rôle décisif pour imposer ce raisonnement.[41] L'*opinio communis* sur ce point

[39] M. Weinfeld, 1978, "Temple Scroll or King's Law ?", Shnat. 3, 214–237 (en hébreu).

[40] Ce point précis a cependant été contesté par Michael Wise qui fonde sa propre datation sur d'autres documents du *Rouleau du Temple*. Néanmoins lui aussi a participé au débat sur la caractère polémique ou non de la loi du roi. Voir M. O. Wise, 1990, *A Critical Study of the Temple Scroll from Qumran Cave 11*, (Chicago : The Oriental Institut), 110–121.

[41] M. Hengel, J. H. Charlesworth et D. Mendels, 1986, "The Polemical Character of 'On Kingship' in The Temple Scroll : an Attempt at Dating 11QTemple", JJS 37 / 1, 28–38.

a été résumée par Lawrence Schiffman : « *The key to the dating of the Temple Scroll as a whole must be the Law of the King.* »[42]

À partir d'ici les analyses et les opinions divergent.

Partant d'une perception d'ensemble du *Rouleau*, de son *Sitz im Leben*, de l'état de sa langue et des intentions prêtées à son auteur, les commentateurs ont élaboré des théories divergentes quant à sa rédaction : le résultat a été un très large éventail de datations. À ne s'en tenir qu'aux recherches sérieuses (c'est-à-dire sans même tenir compte de la datation hérodienne tardive imaginée par Robert Eisenman) l'éventail s'étend de 450 à 88 av. :

H. Stegemann :	entre 450 et 400 av. : « 2ème moitié du Vème siècle »[43]
B. Z. Wacholder :	entre 350 et 200 av.[44]
J. Maier :	IIIème s. av. ; avant Antiochos IV.[45]
M. Wise :	aux alentours de 150 av.[46]
Y. Yadin :	II^{è} s. av. ; Jean Hyrcan (134–104) ; « *approximatly 150–125 BC* »[47]
L. Schiffman :	entre 110 et 90 av.[48]
M. Hengel, J. Charlesworth, et D. Mendels :	entre 103/2 et 88 av.[49]

Ce tableau fait immédiatement apparaître l'existence de deux « écoles ». La première (ligne Hartmut Stegemann) situe la composition du *Rouleau* à peu près à la même époque (et avec les mêmes incertitudes) que la rédaction des Chroniques, donc en tout état de cause

[42] L. H. Schiffman, 1989, "The Temple Scroll and the Systems of Jewish Law of the Second Temple Period", dans G. E. Brooke éd., *Temple Scroll Studies : Papers Presented at the International Symposium on the Temple Scroll, Manchester, December 1997*, (Sheffield : JSOT), 242.

[43] Voir H. Stegemann, 1992, "The Institutions of Israel in The Temple Scroll", dans D. Dimant et U. Rappaport éds., *The Dead Sea Scrolls. Forty Years of Research*, (Leyde, New York, Cologne : Brill), 156–185 ; et id., 1996, "Le *Rouleau du Temple* : un sixième livre de la Torah perdu pendant deux mille cinq cents ans ?", dans H. Shanks éd., *L'aventure des manuscrits de la mer Morte*, (Paris : Le Seuil), 164–178.

[44] B. Z. Wacholder, 1983, *The Dawn of Qumran : The Sectarian Torah and the Teacher of Righteousness*, (Cincinnati : Hebew Union College Press).

[45] J. Maier, 1985, *The Temple Scroll. An Introduction, Translation and Commentary*, (Sheffield : JSOT Press), en particulier 123.

[46] M. O. Wise, 1990, *op. cit.*

[47] Voir Y. Yadin, 1983, *The Temple Scroll (III volumes)*, (Jérusalem : Israël Exploration Society & The Shrine of the Book) ; et id., 1984, "The Temple Scroll. The Longest and Most Recently Discovered Dead Sea Scroll", BAR 10 / 5, 33–49.

[48] L. Schiffman, 1989, *art. cit.*, 239–255.

[49] M. Hengel, J. H. Charlesworth et D. Mendels, 1986, *art. cit.*, 38.

avant la crise opposant le judaïsme à l'hellénisme. La seconde (ligne Yigael Yadin) situe cette composition sous la dynastie asmonéenne et en réaction à cette crise.

De là découle toute la discussion sur le caractère polémique ou non de la loi du Roi : pour les uns, ses prescriptions constituent autant de dénonciations de la pratique monarchique des Asmonéens ; pour les autres, ces prescriptions ne présentent aucun caractère polémique, ou si c'est le cas, cette polémique ne vise pas les Asmonéens. Avec cette conséquence : si la loi du Roi présente le caractère d'une polémique anti-asmonéenne, tout le *Rouleau du Temple* (dans sa composition actuelle) doit être daté de la deuxième moitié du IIème siècle av. Symétriquement, pour situer la composition du *Rouleau* à une époque plus haute (antérieure à la crise hellénistique) il faut montrer que la loi du Roi ne présente aucun caractère de polémique contre la dynastie asmonéenne.

Les positions de chacun étant irréductibles et connues, la discussion a eu tendance à se tarir au cours des dernières années.[50] Les discussions sur sa datation semblaient au moins avoir mis en évidence ce point important : bien que conservé dans les grottes de Qoumrân, le *Rouleau du Temple* ne présente pas les caractères habituels de la littérature communautaire. Cependant, cela même ne peut être considéré comme un acquis de la recherche ; il faut en effet conserver à l'esprit la mise en garde de Francis Schmidt : « Les marques stylistiques et doctrinales, souvent invoquées dans la recherche actuelle, ne suffisent pas à décider du caractère communautaire ou non communautaire d'un document qoumrânien. »[51] J'aborderai donc ici le *Rouleau du Temple* comme une source juive de l'époque du second Temple, reflétant l'opinion d'un fraction au moins du judaïsme de l'époque. Je

---

[50] Par exemple un argument essentiel paraissait pouvoir être tiré de la grammaire comparée : l'état de la langue utilisée dans le *Rouleau du Temple* le rapproche-t-il plutôt d'une époque ou d'une autre ? Malheureusement dans ce domaine aussi les conclusions apparaissent contradictoires et inconciliables. Hartmut Stegemann parle d'un hébreu proche des *Chroniques* : « *The* Temple Scroll *may be dated in the time between Ezra and Ben Sira, close to the date of the Books of Chronicles, which display the same stage of development of the Hebrew language as the* Temple Scroll », H. STEGEMANN, 1992, *art. cit.*, 160 Mais Yigael Yadin le compare à l'hébreu michnique, « *an obvious evidence that the scroll could not have been composed before the Hasmonæan period* », Y. YADIN, 1983, *op. cit.*, vol 1, 387. Michael Wise enfin soutient que l'hébreu « michnique » représente un état de la langue qu'on peut faire remonter jusque vers 200 av. puis rapproche l'hébreu de 11QT de celui des 4QMMT, voir M. O. WISE, 1990, *op. cit.*, 26–31.

[51] F. SCHMIDT, 1997, "Le *Rouleau du Temple* entre deux hypothèses", MDB 107, 68.

retiendrai aussi que la composition du *Rouleau*, et *a fortiori* des documents qui le composent, paraît se situer à une période antérieure ou contemporaine à la préhistoire de la Communauté de Qoumrân.

Concernant les sources du *Rouleau du Temple*, le travail fondateur reste l'article publié en 1982 par deux élèves de John Strugnell, Andrew Wilson et Lawrence Wills.[52] Ceux-ci établissaient avec une grande certitude le caractère composite du texte, et ont forgé là l'essentiel des outils d'une critique textuelle appropriée « *on the basis of form, grammar or syntax* ».[53]

Avant que cet article ne recentre la recherche des sources du *Rouleau du Temple* presque exclusivement sur les textes bibliques, d'autres horizons avaient été examinés. S'agissant en particulier de la « loi du Roi », Moshé Weinfeld et Doron Mendels ont attiré l'attention sur l'existence d'autres « lois du Roi » dans la littérature de l'Antiquité orientale (d'Égypte en Mésopotamie), constituant un véritable genre littéraire, et singulièrement nombreuses à l'époque hellénistique sous la forme de traités περὶ βασιλείας.[54] M. Weinfeld a même identifié une possible source hellénistique de ce curieux passage de 11QT LVII 10 où les gardes du roi sont chargés aussi de sa sauvegarde morale : il la trouvait dans un extrait de Diodore de Sicile (*Bibl. Hist.* I, LXX, 2) reprenant lui-même Hécatée d'Abdère.[55] Il est un peu dommage que la recherche, par ailleurs légitime, des sources bibliques, ait conduit à délaisser provisoirement cette piste comparatiste.

Cet intérêt très exclusif pour les sources bibliques du *Rouleau du Temple* tient en grande partie à ce que son étude a très tôt constitué un enjeu fondamental dans les débats entre spécialistes de la Bible. D'une certaine manière cette étude a passé des mains des spécialistes du judaïsme du deuxième Temple, sans doute mieux qualifiés pour l'entreprendre, à celles d'exégètes de la Bible nantis d'une plus ancienne noblesse académique. Comme l'exposait Stephen

---

[52] A. M. WILSON et L. WILLS, 1982, *art. cit*, 275–288.

[53] A. M. WILSON et L. WILLS, 1982, *art. cit.*, 288.

[54] « *The question of kingship in its various forms preoccupied many minds of the hellenistic world during the last three centuries BC* », M. HENGEL, J. H. CHARLESWORTH et D. MENDELS, 1986, *art. cit.*, 30.

[55] M. WEINFELD, 1980, "The Royal Guard according to the Temple Scroll", RB 87 / 3, 394–396. Voir aussi M. WEINFELD, 1978, *art. cit.* et D. MENDELS, 1979, "On 'Kingship' in the 'Temple Scroll' and the Ideological *Vorlage* of the Seven Banquets in the 'Letter of Aristeas to Philocrates'", *Ægyptus 59*, 127–136.

Kaufman dès 1982, le formidable intérêt du *Rouleau du Temple* pour les biblistes est venu de ce qu'il a pu apparaître comme une confirmation des arguments de « l'hypothèse documentaire » et de la « *higher criticism* ».[56] Dès lors il était moins question d'étudier le *Rouleau du Temple* pour lui-même que pour « *the principles and techniques of composition exemplified in the Scroll and the relevance of those principles and techniques for understanding the compositional procedures of canonical biblical literature* ».[57] Finalement beaucoup s'accordèrent pour conclure avec S. Kaufman que les techniques exégétiques mises en œuvre se révélaient trop subtiles et trop complexes pour en tirer des conclusions autres que hasardeuses.[58] C'est cependant à cette école de biblistes qu'a été directement emprunté le terme de « mosaïque », encore fréquemment utilisé pour décrire la technique exégétique mise en œuvre dans le *Rouleau.* Par souci d'exactitude, et parce que cette méthode exégétique a ses propres règles qui se retrouvent dans bien d'autres manuscrits des grottes de Qoumrân, je préfère user pour la décrire du *terminus rhetoricus* « centon », employé en premier lieu par Joseph Fitzmeyer.[59]

La nouvelle génération de chercheurs qui, à la fin des années 1980, a repris l'étude du *Rouleau du Temple* comme un document de l'époque du deuxième Temple, n'a pas su (et sans doute n'a pas voulu) s'affranchir du cadre conceptuel tracé par les biblistes, en particulier de la théorie de la « mosaïque ». Il en est résulté, par exemple dans l'ouvrage très érudit de Michael Wise, une véritable inflation des sources bibliques découvertes.[60] Prenons l'exemple de 11QT LVII 5b–11, le passage consacré à la garde royale. Pour ce morceau important de la loi du Roi, Yigael Yadin repérait trois sources bibliques ;

---

[56] S. A. Kaufman, 1982, "The Temple Scroll and Higher Criticism", HUCA 53, 29–43.

[57] S. A. Kaufman, 1982, *art. cit.*, 29. Voir encore Gershon Brin : « *Now we have in our possession a text that shows beyond doubt that the method employed in its creation was identical to the one which was postulated by some scholars in Biblical literature* », G. Brin, 1987, "Concerning some of the Uses of the Bible in the Temple Scoll", RQ 12 / 4, 528.

[58] « *The very complexity and variety of these patterns makes higher criticism a dubious endeavour* », S. A. Kaufman, 1982, *art. cit.*, 42.

[59] « *A manner which ressemble a* cento », dans J. A. Fitzmeyer, 1961, "The Use of Explicit Old Testament Quotations in Qumran Literature and in the New Testament", NTS 7, 298. Le centon peut être défini comme une œuvre littéraire (principalement poétique) faite d'emprunts à divers auteurs.

[60] M. O. Wise, 1990, *op. cit.*

l'année suivante Moshé Weinfeld en suggérait deux autres.[61] En 1990 M. Wise en aligne quinze supplémentaires, puis Dwight Swanson en découvre trois autres et finalement (?) en 1999 Serge Frolov en propose une vingt-quatrième.[62]

Cette inflation des sources est la conséquence d'une définition assez largement partagée de la « mosaïque » exégétique, selon laquelle l'auteur du *Rouleau du Temple* s'appuie sur un texte (biblique) de base, puis sur un texte secondaire et enfin sur une série de textes additionnels lui offrant des éléments de langage, images et vocabulaire.[63] En outre sa technique exégétique fondamentale serait le recours à l'analogie : « *The basic technique which the author has used is analogy, both verbal and conceptual.* »[64] Il me semble qu'il y a là une erreur de méthode.

D'une part les analogies dites « conceptuelles » relèvent surtout de la pure subjectivité du chercheur. Pour reprendre l'exemple de la garde royale, voici ce que Michael Wise élabore à partir du mot לבדו (« à sa solitude », 11QT LVII 7) : « *It seems clear that the author feared that the king, if left alone, might commit sinful acts (. . .) It is likely that he had in mind various episode in the history of Israel in which the king sinned* » etc.[65] Sur cette base très subjective, M. Wise peut alors mentionner comme autant de « sources », un certain nombre d'exemples de roi pécheurs dans la Bible — mais sans justifier pourquoi l'auteur aurait « eu en tête » ces exemples là plutôt que d'autres.

D'autre part, même lorsque la source évoquée s'appuie sur un élément textuel (« *verbal analogy* »), le rapport entre les deux textes n'est pas toujours suffisamment établi. Une langue ne dispose pas d'une infinité de façons de nommer, par exemple, « un vase », et parmi ces différentes façons il en est de plus triviales que d'autres : de sorte que le mot « vase » isolément, ne permet guère de conclure à la parenté entre deux descriptions d'un décor domestique, mais un « pot de chambre » évoquera plutôt Zola ou Feydeau et un « ptyx » Mallarmé.[66] En d'autres termes : il existe des effets de langue dont il serait vain de prétendre tirer des conclusions exégétiques.[67]

---

[61] Y. Yadin, 1893, *op. cit.*, vol. I, 348 ; M. Weinfeld, 1980, *art. cit.*, n. 3, 394.

[62] D. Swanson, 1995, *The Temple Scroll and the Bible. The Methodology of 11QT*, (Leyde : Brill), 121 sq. ; S. Frolov, 1999, "'King's Law' of the Temple Scroll : Mishnaic Aspects", JJS 50 / 2, 301.

[63] Voir D. Swanson, 1995, *op. cit.*, chap II et III.

[64] M. O. Wise, 1990, *op. cit.*, 106.

[65] M. O. Wise, 1990, *op. cit.*, 105.

[66] « Sur les crédences au salon vide nul ptyx / Aboli bibelot d'inanité sonore » etc.

[67] Ces réflexions m'ont été largement inspirées de remarques de Clarisse

Dans le cas du *Rouleau du Temple* (comme des documents qui le composent) il ne fait aucun doute que l'auteur, non seulement possédait une très grande familiarité du texte et de la langue de la Bible, mais qu'en bien des circonstances, il prétendait l'imiter.[68] À vouloir repérer sous chacun de ses mot une origine biblique, on s'interdit de mesurer les *écarts* séparants le *Rouleau du Temple* de son modèle, c'est-à-dire de mesurer aussi précisément qu'il est possible, l'évolution historique, sociale et conceptuelle que ces écarts expriment.

Un roi pour la guerre

L'innovation fondamentale de la loi du Roi du *Rouleau du Temple* réside dans l'accent qu'elle met sur le caractère militaire de la fonction royale. Un roi est institué *d'abord* pour diriger les opérations de guerre. Cependant il demeure placé sous l'autorité politique du grand prêtre. Ainsi se trouve résolue, dans cet écrit, la tension entre la responsabilité du prêtre placé à la tête d'Israël et son maintien à l'écart de la souillure majeure de la violence guerrière. Le personnage du roi intervient comme un médiateur, pour dispenser les prêtres de faire la guerre, mais il demeure sous leur autorité.

La loi du Roi se divise en deux parties : la première (colonnes LVI–LVIII) fixe les fonctions et les attributions du roi ; la seconde (colonne LIX) formule l'alternance de bénédictions et malédictions qui sanctionneront le respect de ces règles par le roi. C'est donc la première partie qui m'intéresse au premier chef. Les devoirs et fonctions militaires du roi en occupent l'essentiel.

11QT LVI 12–19 est une citation quasi intégrale de la « loi du Roi » biblique en Dt 17,12–19. Mais André Caquot notait dès 1978 cette « variation remarquable : l'adjonction de « en vue de la guerre » à la ligne 16 précise pourquoi le roi est tenté d'accroître sa cavale-

Herrenschmidt lors des séminaires de Francis Schmidt et Devorah Dimant à l'EPHE. Elle s'accordait sur ce point avec les réflexions de John Elwolde sur la nécessaire distinction entre des phénomènes relevant de l'évolution linguistique et ceux relevant de la pratique exégétique, voir J. F. Elwolde, 1997, "Distinguishing the Linguistic and the Exegetical : The Case of Numbers in the Biblical 11QTa", dans S. E. Porter et C. A. Evans éds., *The Scrolls and the Scriptures. Qumran Fifty Years After*, (Sheffield : Sheffield Academic Press), 129–141.

[68] De ce point de vue les travaux de Dwight Swanson (1995, *op. cit.*) sur la proximité linguistique avec les Chroniques sont remarquables et utiles ; mais ils ne font pas des Chroniques une « source ». Au plus dira-t-on que l'auteur du *Rouleau* a montré une certaine prédilection pour un vocabulaire qu'il partage avec le Chroniste.

rie et son trésor. La royauté est donc considérée de façon explicite comme une institution militaire ».[69] Michael Wise a contesté cette interprétation, et affirmé que l'ajout du למלחמה « en vue de la guerre » au texte biblique, comme celui de וכסף וזהב « et l'argent et l'or » à la ligne 17, « s'expliquaient mieux comme variantes textuelles que comme indications polémiques ».[70] M. Wise critique l'illusion d'imaginer l'existence d'un *Vorlage* du Deutéronome identique au texte massorétique, puis montre que l'utilisation des outils bâtis pour la critique textuelle de la Bible permet aisément d'expliquer les variations du texte, sans qu'il soit nécessaire d'y rechercher une « intention » de l'auteur. Sa démonstration sur ce point précis n'est pas convaincante.

D'une part, quelques lignes seulement après avoir critiqué le recours à un hypothétique *Vorlage* massorétique (p. 112), Michael Wise s'y réfère lui-même (p. 113) pour souligner le caractère involontaire des variantes. Disons que l'argument y perd un peu de sa force de conviction.

D'autre part et surtout, en admettant le caractère non polémique de ces variantes, cela tendrait à prouver qu'elles ne visaient pas les Asmonéens en particulier. Donc, et c'est tout l'objet du débat pour Michael Wise, qu'elles ne sont pas utilisables comme éléments de datation, selon la méthode de Martin Hengel, James Charlesworth et Doron Mendels. Mais cela ne les fait pas disparaître pour autant. Ces variantes existent dans le texte de 11QT et constituent un élément d'information susceptible d'analyse et d'interprétation, au même titre que le reste du texte. M. Wise a un peu tendance à présenter les variantes comme tombées d'une façon absolument incontrôlée de la plume du scribe : du moment qu'elles ne sont pas polémiques, elles ne signifieraient plus rien. Mais ces variantes, à supposer même qu'elles soient le produit d'une étrange « opération textuelle » quasi indépendante de la main du scribe, ne sont pas tombées pas du ciel. Elles s'inscrivent aussi, au moins autant que le reste du texte, dans le cadre idéologique et social de l'auteur.

L'interprétation par André Caquot de l'ajout du למלחמה apparaît d'autant plus convaincante qu'il existe un autre exemple contempo-

---

[69] A. Caquot, 1978, "Le *Rouleau du Temple* de Qumrân", ETR 53/4, n. 12–19, 490.

[70] Pour reprendre les termes du compte-rendu de Florentino Garcia Martinez, qui voyait dans ce passage l'un « des éléments les plus solides » de la thèse de Michael Wise, voir F. Garcia Martinez, 1991, "Sources et rédaction du *Rouleau du Temple*", Hen. 13 / 2, 219–232.

rain de cette caractérisation militaire de la royauté. Debra Rosen et Alison Salvesen ont en effet relevé dans les *Psaumes de Salomon*, dont l'original hébreu est daté du milieu du Ier siècle av., une modification analogue du texte de Dt 16,17, dans le Ps 17,33 : « [Le roi] n'amassera pas l'or et l'argent *pour la guerre* » (εἰς πόλεμον, évidemment traduit de למלחמה).[71]

Que son intention soit polémique ou non, l'auteur du 11QT tient la monarchie pour une institution guerrière. Examinons donc les obligations militaires faites au roi.

La première est le recensement (11QT LVII 2–5a). Le terme ביום souligne la concomitance entre intronisation (ימליכו) et recensement (פקד) : le « même jour », le roi accède à son trône, les officiers à leur grade et les hommes valides au statut de guerrier. À cette simultanéité entre la désignation du roi et le recensement des guerriers il n'existe aucun parallèle biblique. En revanche, puisque l'auteur recourt au vocabulaire militaire classique, on peut trouver dans la Bible de nombreux rapprochements, par exemple avec les termes désignant les titres et grades des officiers. Le plus intéressant et, à mon sens le plus significatif, réside dans l'usage (peu fréquent) du verbe פקד, au sens de « nommer, désigner », suivi de la préposition בי, (11QT LVII 3–4) :

ופקד בראשיהןׄה שרי

« Et il nommera à leur tête des chefs » etc.[72]

La Bible recourt généralement pour exprimer la nomination des officiers aux verbes שׂוּם ou נתן. Une seule fois elle emploie l'expression פקד ב-, c'est en Dt 20,9b :

וּפָקְדוּ שָׂרֵי צְבָאוֹת בְּרֹאשׁ הָעָם׃

Et on nommera des chefs d'armées à la tête de la troupe.[73]

---

[71] D. Rosen et A. Salvesen, 1987, "A Note on the Qumran Temple Scroll 56 : 15–18 and Psalm of Solomon 17:33", JJS 38 / 1, 99–101. Les auteurs concluent à l'existence dans le judaïsme du deuxième Temple d'une tradition différente de celle de TM : « *A text of Deuteronomy differing from MT, in which* למלחמה *appeared* », *ibid.*, 101.

[72] Yigael Yadin et beaucoup d'éditeurs à sa suite avaient adopté d'écrire פקד{ו}, avec l'explication suivante : « *The scribe first wrote* פקדו, *then rubbed out the waw at the end of the word* », Y. Yadin, 1983, *op. cit.*, *in loc.* Mais en 1996, après relecture du manuscrit, Elisha Qimron écrit פקד et précise en note : « *No trace of* waw *are extant on the original or on any photograph* », E. Qimron, 1996, *op. cit.*, *in loc.* La théorie du *waw* effacé semble avoir vécu.

[73] Jacob Milgrom et Dwight Swanson ont tous deux déjà indiqué cette source.

C'est-à-dire que la loi du Roi de 11QT se réfère ici quasi explicitement au grand code de la guerre de Dt 20. Le roi est ainsi introduit dans les interstices ou les lacunes du code de guerre ; son caractère de roi-pour-la-guerre en sort évidemment renforcé.

Deux éléments de ce recensements posent un problème.

D'une part il a lieu uniquement dans les villes. Le syntagme בכול עריהמה, « dans toutes leurs villes » (11QT LVII 5) est d'usage trop général pour qu'on y cherche une citation ; on peut cependant noter que les récits bibliques du retour d'exil (Esdras et Néhémie) insistent à plusieurs reprises sur le caractère urbain de la refondation du judaïsme.[74]

D'autre part une limite d'âge supérieure des guerriers est fixée à soixante ans (11QT LVII 3). Yigael Yadin y voyait un réemploi des indications de Lv 27 concernant la valeur de rachat d'un vœu selon l'âge et le sexe de la personne. De l'estimation la plus élevée (cinquante sicles du Temple) à la plus basse (trois sicles), les catégories s'échelonnent ainsi : homme de vingt à soixante ans ; femme de vingt à soixante ans ; homme de cinq à vingt ans ; homme de plus de soixante ans ; femme de cinq à vingt ans, ou de plus de soixante ans ; garçon de moins de cinq ans ; fille de moins de cinq ans. Il est donc bien identifié ici une catégorie, située au sommet de la hiérarchie, des hommes de vingt à soixante ans. Cependant cette catégorie n'est jamais évoquée dans la Bible quand il s'agit de recenser des guerriers ; l'expression habituellement utilisée est alors (par exemple en Nb 1,3) :

מִבֶּן עֶשְׂרִים שָׁנָה וָמַעְלָה כָּל־יֹצֵא צָבָא,

« depuis l'âge de vingt ans et au-delà, tous ceux aptes pour l'armée. »

Gershon Brin, qui a étudié le vocabulaire des recensement dans la Bible, s'est demandé si l'expression יוצא צבא, « bon pour l'armée », souvent (mais pas systématiquement) employée en parallèle, ne pouvait pas désigner une classe d'âge plus strictement définie, en particulier par une limite d'âge supérieure.[75] Mais ceci reste une hypothèse sans fondement textuel. À mon sens il convient plutôt de rapprocher cette

Voir J. Milgrom, 1978, "Studies in The Temple Scroll", JBL 97 / 4, 501–506 ; et D. Swanson, 1995, *op. cit.*, 120.

[74] Voir en particulier Esd 2,70 et Ne 7,72. Ce caractère urbain du judaïsme du retour a même conduit Étienne Nodet à parler d'un « modèle de Néhémie » ou « ville de Néhémie », voir dans É. Nodet, 1992, *op. cit.*, 44 et *passim*.

[75] G. Brin, 1980, *art. cit.*, 161–171 (voir en particulier n. 6, 163).

aptitude à la guerre des hommes de vingt à soixante ans d'un autre écrit du judaïsme du deuxième Temple, le *Règlement de la guerre*. Celui-ci assigne à plusieurs reprises des âges précis à des fonctions précises (1QM VI et VII *passim*). Comme les simples soldats de l'infanterie (les בינים) ne figurent pas dans cette liste, il n'est pas déraisonnable de conjecturer que l'âge de leur recrutement était à la fois conforme à ce qui figure dans la Bible et inférieur à l'âge minimum des sous-officiers, c'est-à-dire vingt ans. De sorte que du simple guerrier au général, l'éventail des âges de l'armée des fils de Lumière s'étendait également de vingt à soixante ans.[76]

La garde royale (11QT LVII 5b–11) : j'ai déjà dit à quelles exagérations exégétiques ce passage a donné lieu. Si on veut bien s'en tenir aux seules sources bibliques identifiées dès la publication du *Rouleau* par Yigael Yadin, la véritable innovation réside en ceci (11QT LVII 7 et 9b–11) :

7. אשר לוא יעוזבוהו לבדו ויתפש ביד הגואים (. . .)
9. (. . .) והיו עמו תמיד
10. יומם ולילה אשר יהיו שומרים אותו מכול דבר חט
11. ומן גוי נכר אשר לוא יתפש בידמה

> 7. qui ne le laisseront pas seul, au risque qu'il tombe au pouvoir des nations (. . .) 9. (. . .) mais ils seront en permanence avec lui 10. les jours et la nuit, eux qui seront ses gardes contre toute action pécheresse 11. et contre une nation étrangère, afin qu'il ne tombe pas en leur pouvoir.

[76] *Contra* cette analyse du *Règlement de la guerre*, Dwight Swanson considère que les hommes de 25 à 30 ans responsables de tâches particulières (1QM VII 2–3), loin d'être des « sous-officiers », sont des sortes d'auxiliaires semi-civils de l'armée : « *The lower limit for the fighting men is 30 (1QM 6 : 12–16), although the auxiliary workers begin at 25* », D. Swanson, 1995, *op. cit.*, 119. Dans son analyse l'âge minimum de toutes les sortes de guerriers serait indiqué par l'âge des cavaliers, donc 30 à 60 ans ; et ces combattants seraient assistés de jeunes hommes de 25 à 30 ans pour accomplir des tâches annexes. Ce raisonnement ne tient pas la route. Dans les armées de l'Antiquité, les cavaliers sont plus âgés parce qu'ils portent un armement lourd et de maniement plus technique ; tandis qu'à l'inverse une partie de l'infanterie, voltigeurs et troupes légères, doit posséder toute l'agilité et la rapidité de la jeunesse dans ses opérations. En outre les tâches évoquées en 1QM VII 2–3 n'ont rien de si négligeables qu'elles puissent être confiées à des auxiliaires ; ce sont au contraires des tâches de responsabilité : réunir le butin, accomplir les premiers rites de purification, garder les armes, assurer la logistique. En fait tout ce passage de la *Guerre* recense les âges requis pour différentes fonctions de responsabilité. Si l'âge minimum des hommes de troupe n'est pas mentionné, c'est qu'il allait de soi, car fréquemment mentionné dans la Bible. D'ailleurs le passage enchaîne immédiatement sur l'interdit fait « aux jeunes garçons mineurs », נער ועטוט, d'entrer dans le camps. L'âge minimum de 20 ans est d'un usage constant jusque dans les écrits

Voici donc le roi flanqué en permanence d'une impressionnante garde prétorienne, de la taille d'une armée, uniquement constituée de Juifs pieux et chargée de le maintenir dans la juste observance de la Loi.

Naturellement il faut tenir compte ici du caractère particulier du *Rouleau du Temple* « qui met en scène les temps futurs ou eschatologiques où tout Israël est à nouveau rassemblé ».[77] Il explique bien mieux que toute référence à Akhitophel (2 S 17,1) l'existence de cette garde de 12 000 hommes, « mille de chaque tribu ». Mais on comprend que Yigael Yadin, puis Martin Hengel *et al.*, aient pu découvrir une intention polémique dans ces mises en garde « contre toute action pécheresse » du roi. Rien n'indique cependant que l'intention polémique ait visé tel ou tel roi asmonéen en particulier, ni même la dynastie en général. La visée politique me paraît même difficilement conciliable avec le caractère de ce texte tourné vers un avenir idéal. Johan Maier a justement fait observer que les mises en gardes contre les fautes du roi constituaient un trait constant des écrits bibliques sur la monarchie ; il paraît même convaincu que les polémiques contre le roi de 11QT visent en priorité les travers attribués par la Bible aux rois légendaires de l'époque monarchique d'Israël.[78]

On retiendra que le roi du *Rouleau du Temple* est soumis à une surveillance constante (« jour et nuit ») contre toute tentation qu'il éprouverait d'enfreindre la Loi. Son autorité morale et politique s'en trouve singulièrement amoindrie face à celle du grand prêtre. La garde qui l'entoure en permanence (3 000 hommes de chaque côté ?) n'est pas sans évoquer ici la garde du Temple assurée par les Lévis, dont elle constitue comme l'inversion symétrique : les Lévis interdisent au profanateur de pénétrer dans l'espace sacré ; la garde veille à ce que le péché ne jaillisse pas hors de la personne d'un roi dangereusement exposé aux souillures de la guerre.

Le partage du butin (11QT LVIII 12b–15a) : Yigael Yadin, dès l'*editio princeps* a parfaitement analysé ces nouvelles règles de partage du butin comme un effort d'harmoniser les règles énoncées en Nb 31,27–30, qui fixent la part des prêtres, des Lévis, des combattants

talmudiques, comme le rappelait Yigael Yadin dans l'*editio princeps* du rouleau du Temple : voir par exemple b.Baba-Bathra 121b où figurent précisément ces deux limites de 20 et 60 ans.

[77] F. Schmidt, 1997, *art. cit.*, 68.

[78] J. Maier, 1985, *op. cit.*, 123, 178, 181 et *passim.*

et des non-combattants, avec la correction « davidienne » de 1 S 30, 24–25 qui fixait le principe d'une répartition égalitaire entre combattants et non-combattants.[79] Avec ce que Y. Yadin a nommé une « *amazing virtuosity* », le *Rouleau du Temple* inverse tout simplement l'ordre des opérations du partage : Nb 31 partageait le butin en deux, *puis* prélevait sur chaque moitié les parts — différentes — des prêtres et des Lévis ; 11QT commence par procéder au prélèvements des dîmes particulières sur la totalité du butin, *puis* partage le reste en deux parts égales. Les conséquences de cette inversion apparaissent dans le tableau ci-dessous.

Tableau : partage d'un butin de valeur 1 000

	Nb 31	11QT[a] LVIII
roi :	*pas de roi*	100
prêtres :	1	1
Lévis :	10	10
combattants :	499	444,5
non-combattants :	490	444,5

Dans la littérature du deuxième Temple, le *Rouleau du Temple* représente un exemple isolé de cette harmonisation. Philon (*Mos.* I 315–318) et Flavius Josèphe (AJ IV 164) s'en tiennent pour leur part aux règles de Nb 31.

Le *Rouleau du Temple* introduit en outre la nouveauté du prélèvement d'une dîme pour le roi. Une source biblique a dès l'abord été identifiée pour cette dîme du roi : la « loi du Roi » de Samuel où il prévient les Hébreux qu'il leur en coûtera le dixième de leurs richesses d'avoir un roi à leur tête (1 S 8,15.17). Dans notre texte, où l'essentiel de l'activité du roi consiste à faire la guerre, le prélèvement du dixième s'exerce naturellement sur le produit de la guerre. Yigael Yadin, suivi par la plupart des commentateurs, mentionne également l'épisode de la dîme du butin offerte par Abram à Melkisedeq, roi et prêtre de Salem (Gn 14,20).[80] Mais il est tout à fait improbable que l'auteur du *Rouleau du Temple* se soit inspiré de la figure de Melkisedeq, roi *et* prêtre, dans un texte où il s'attache

[79] Y. Yadin, 1983, *op. cit.*, vol. I, 361.

[80] « *The members of the sect may have considered that this act of Abraham established that a king of Jerusalem is to receive the tithe of the booty* », Y. Yadin, 1983, *op. cit.*, vol. I, 360.

au contraire à distinguer et à séparer les fonctions du roi de celles du prêtre.[81]

Plus important me paraît de noter que si la dîme versée au roi diminue considérablement la part des laïques non combattants et plus encore celle des combattants, elle n'a aucune incidence sur la part des prêtres et des Lévis. La position symbolique et sociale de ces deux catégories est ainsi maintenue ; l'installation d'un roi n'a d'effet que sur les répartitions et les hiérarchies internes à la société laïque.

La soumission du roi au prêtre

L'autorité politique et stratégique du grand prêtre, avec son corollaire l'obéissance du roi aux prêtres, se trouve confirmée à plusieurs reprises dans cette loi du Roi.

Pour commencer, le roi ne dispose que de ce que les constitutionnalistes nomment des « pouvoirs encadrés ».

Ainsi une divergence entre le texte de 11QT et sa source biblique en Dt 17,18 a depuis longtemps été repérée. Parmi les rites de l'intronisation une copie doit être faite de la loi du Roi. Par la main de qui ? Selon Dt 17,18 :

וְכָתַב לוֹ אֶת־מִשְׁנֵה הַתּוֹרָה הַזֹּאת

Alors il (le roi) écrira pour lui une copie de cette loi.

Mais en 11QT LVI 20–21 :

וכתבו לו התורה הזואת

Alors on écrira pour lui cette loi.

À nouveau (comme dans le cas de l'ajout du למלחמה) Michael Wise n'a voulu voir ici qu'une variante textuelle dénuée de signification ; à nouveau on se doit de souligner que, même dépourvue de visée polémique, cette variante existe, qui prive le roi de rédiger de sa main la constitution le régissant. Bien qu'il s'agisse seulement de recopier un texte, cette privation n'est pas anodine : comme l'ont montré les travaux de Clarisse Herrenschmidt sur une anthropologie de l'écriture,

---

[81] En outre la figure de Melkisedeq est considérablement spiritualisée dans les écrits de l'époque du second temple, y compris dans ceux de Qoumrân. Voir J. T. Milik, 1972, *art. cit.*, 95–144.

dans l'Antiquité « rite et écriture sont connexes ».[82] Priver le roi de ce rite scripturaire revenait à signifier qu'il n'était pas en position de dire la Loi.

Ce point est précisé, et légèrement amendé, par la composition du Conseil entourant le roi (11QT LVII 12–14) : « Et douze princes seront avec lui ; et des prêtres douze, et des Lévis douze, lesquels siégeront avec lui en conseil pour le jugement et pour la loi. » Chargé de mener Israël au combat, le roi est tout naturellement entouré des douze princes et chefs de guerres des tribus. Mais ce groupe laïque de treize personnes est numériquement dominé par les vingt-quatre prêtres et Lévis qui s'ajoutent au Conseil.

Ce paragraphe montre donc qu'il était des circonstances où le roi recevait des attributions autres que militaires : il exerce aussi des fonctions judiciaire (rendre des משפט) et exécutive (faire appliquer la תורה). Cependant dans ces fonctions « civiles », il se trouve très strictement encadré par ce Conseil à majorité de Lévis et de prêtres, sans l'avis desquels il ne doit rien prononcer. La construction de la phrase hébraïque peut au demeurant donner à entendre que prêtres et Lévis venaient assister le roi seulement dans ces affaires de justice et d'application de la loi. En effet la répétition emphatique de עמו (« avec lui » l.12) donne à penser que la présence des douze princes aux côtés du roi est, sinon permanente, du moins privilégiée ; ceci est conforme à leurs obligations militaires. Dans ces conditions le relatif אשר (l.13) s'appliquerait exclusivement aux Lévis et aux prêtres qui précèdent, « lesquels » יהיו יושבים עמו יחד, « viendront siéger avec lui (3ème עמו) en conseil », c'est-à-dire uniquement pour les deux activités mentionnées : rendre la justice et appliquer la loi.

Le roi ne peut pas non plus prendre seul l'initiative d'une guerre. Toute la colonne LVIII est consacrée à la conduite de la guerre. Sa lecture a suscité de la part de Yigael Yadin et de Michael Wise des divergences d'interprétation assez profondes pour qu'on s'y arrête.

Yigael Yadin a d'emblée distingué entre deux types de guerres, les unes introduites par l'expression כי ישמע המלך על « quand le roi entend parler de . . . » (11QT LVIII 3a), les autres par ואם יצא למלחמה על « quand il part en guerre contre . . . » (11QT LVIII 15b).

[82] Voir en particulier C. Herrenschmidt, 1996, "L'écriture entre mondes visible et invisible en Iran, en Israël et en Grèce", dans J. Bottéro *et al.*, *L'Orient ancien et nous. L'écriture, la raison, les dieux* (Paris : Albin Michel), 93–188.

Non sans d'excellents arguments il qualifie les premières de guerres « défensives », puisqu'il y est question d'un ennemi « cherchant à enlever quelque chose de ce qui appartient à Israël » ; et les secondes « d'offensives » en affirmant, probablement à cause de l'emploi du verbe יצא, qu'il s'agit dans ce cas de combattre « *outside the borders of the Land of Israel* ».[83] Cette distinction aussitôt énoncée, elle suscitait le rapprochement avec la typologie rabbinique : les guerres défensives sont assimilées par Y. Yadin à la « guerre d'obligation » מלחמת מצוה des Sages, les guerres offensives à la « guerre par choix » מלחמת רשות.

Contra cette analyse qui a longtemps fait autorité, Michael Wise a argumenté qu'il n'est pas question ici, dans la col. LVIII, de distinguer entre guerres défensives et offensives. À son avis Yigael Yadin a commis un anachronisme en projetant sur le judaïsme du deuxième Temple une typologie guerrière inventée bien plus tard, et dont ni le *Règlement de la guerre*, ni les livres des Maccabées ne présentent la moindre trace.[84] Aux yeux de M. Wise tout le passage 11QT LVIII 15b sq dans lequel le roi « part en guerre » constitue en fait une exégèse des lois de pureté du maḥ^{a}neh (le camp) formulées en Dt 23,10–15, et dont 11QT LVIII 17 offre une citation. Le problème halakhique posé par 11QT serait ici de déterminer, à partir de combien de guerriers une troupe doit être considérée comme un maḥ^{a}neh, et par conséquent soumise aux règles de la pureté des camps. De là découle la mention du חמישית העם « le cinquième du peuple », chiffre qui posait à Y. Yadin un problème mal résolu : pour M. Wise ce chiffre de 20% des hommes mobilisables représente le seuil à partir duquel les lois du maḥ^{a}neh s'appliquent à une armée. Cette analyse pose également des problèmes.[85] Mais elle a le mérite de s'appuyer sur le texte lui-même (voir la citation de Dt 23,10) et sur une argumentation

[83] Y. Yadin, 1983, *op. cit.*, vol. I, 358.

[84] « *These texts suggest that the rabbinic distinction between types of warfare, which in fact structures Yadin's entire approach, was not yet an issue when TM* [i.e. *Torah ha-Melek*, la loi du Roi] *was composed* », M. O. Wise, 1990, *op. cit.*, 117.

[85] Par exemple les règles de la pureté du camp ne s'appliqueraient donc pas aux circonstances militaires évoquées en 11QT LVIII 3–5, où le roi ne dispose que du « dixième du peuple ». Pourtant lorsque David (1 S 21,6) confirme au prêtre Akhimélech la pureté rituelle de ses guerriers, il est très douteux que ceux-ci regroupent même un dixième de l'armée ; il est vrai que David souligne aussi le caractère inhabituel de cette pureté rituelle, dans la campagne qu'il mène. De même cela conduit à s'interroger sur le statut de la garde royale : ces 12 000 hommes constituent-ils un maḥ^{a}neh ou non ?

linguistique impeccable, et de fournir une explication cohérente à cette innovation des mobilisations à effectifs variables.

La critique de la typologie repérée par Yigael Yadin dans ce passage apparaît surtout convaincante. Aux arguments de Michael Wise, j'ajouterai seulement ceux-ci : l'opposition rabbinique entre guerres de miṣᵉwâh et guerres de rᵉšwt ne recouvre pas l'opposition défensif *versus* offensif. S'il est bien question, au début de la colonne, de défendre ce qui appartient à Israël, cette mention des ennemis cherchant à spolier Israël n'est pas significative : tous les écrits militaires et stratégiques de l'histoire ont postulé le caractère fondamentalement défensif de la guerre qu'ils préconisaient. Le caractère offensif n'est nullement explicité dans le passage final : le verbe יצא, dans son sens militaire ne signifie pas « partir au-delà de ses frontières » mais « aller au combat » ; le couple verbal יצא et בוא « partir et rentrer » (11QT LVIII 19) constitue un cliché biblique pour désigner le départ et le retour d'une expédition militaire, indépendamment de l'objectif qu'elle poursuit.

Une conséquence décisive de cette analyse, bien aperçue par Michael Wise est que le roi doit consulter l'oracle du grand prêtre, avant toutes les guerres qu'il entreprend et quelles qu'en soient les circonstances. Cette obligation faite au roi de consulter l'oracle des ourîm et toummîm avant toute campagne militaire constitue la manifestation la plus éclatante de sa soumission à l'autorité du grand prêtre. Les ourîm et toummîm sont l'oracle sacerdotal par excellence. En outre cette consultation de l'oracle se réfère explicitement à Nb 27,21–23, l'endroit de la Bible où la prééminence de « Éléazar le prêtre » sur « Josué revêtu de majesté » (הוֹד) s'exprime le plus clairement.[86]

Les prêtres à l'écart du sang de la guerre

Les deux rouleaux de la Guerre (QM) et du Temple (QT), bien qu'issus de la vaste « bibliothèque » de Qoumrân, se distinguent sur de nombreux points : composition et histoire textuelle, appartenance ou non à la littérature communautaire, et surtout objet du traité. Les contenus de l'un et de l'autre diffèrent considérablement, en particulier concernant la périodisation du futur d'Israël. Bien que tournés l'un et l'autre vers l'avenir, ils ne prétendent pas se situer au

[86] Concernant les ourîm et toummîm et l'usage qu'en a fait la littérature juive du deuxième Temple, voir infra.

même moment dans les temps futurs. L'un (QT) suppose achevée la réunification des douze tribus et rebâti le temple de Jérusalem selon des proportions grandioses, mais l'histoire du judaïsme et de l'humanité n'est pas terminée ; Israël aura encore des ennemis parmi les nations, qu'il faudra combattre. L'autre (QM) présuppose également la réunification d'Israël mais évoque une guerre et une bataille eschatologiques, un affrontement décisif au terme de l'histoire humaine.

Deux éléments justifient cependant qu'on rapproche ici ces deux textes. D'une part ils traitent l'un et l'autre de comment mener la guerre d'une manière juste et correcte. D'autre part ils ne se projettent dans l'avenir que pour mieux formuler des règles religieuses, sociales et politiques dont l'application constitue leur objectif dès l'époque de la rédaction. Ils offrent ainsi deux représentations de la guerre, issues du judaïsme du deuxième Temple à peu à la même époque. Ils fixent à la guerre un cadre rituel et conceptuel auquel il convenait, idéalement et sans doute aussi concrètement, d'atteindre.

S'agissant de la place des prêtres dans la guerre on est d'abord frappé par la parenté des visions et la convergence des pensées. L'un et l'autre texte installent le prêtre au sommet d'une société juive, dont il assume la direction spirituelle et politique effective. Mais l'un et l'autre veillent aussi à maintenir le prêtre à l'écart des vicissitudes et surtout des souillures de la guerre. Pour cela ils instituent des chefs de guerre laïques, entièrement soumis à l'autorité stratégique et politique du prêtre, et chargés de conduire toutes les opérations militaires. Ces personnages chargés de faire la guerre sont : le נשיא כול העדה « prince de toute la communauté » de 1QM V 1, entouré des douze chefs (שרי) des tribus d'Israël ; et המלך « le roi » entouré des douze princes (נשיי) de 11QT LVI–LIX. L'essentiel est moins dans les titres qu'ils portent que dans la position qu'ils occupent : à la tête des armées d'Israël, éventuellement à la tête de tout Israël en armes, et pourtant subalternes.

Car en dernier ressort la victoire n'appartient qu'à Dieu, comme l'exprime admirablement le cri de guerre répété dans le QM כיא אם לכה המלחמה : « Car à toi est le combat ! » (1QM XI 1 et *passim*). Ainsi se trouvent résolues, d'une part la tension entre la volonté divine et l'histoire ; d'autre part la difficile question de la place du prêtre dans la guerre : si la victoire n'appartient qu'à Dieu, le poste stratégique essentiel est occupé par celui qui assure la médiation entre Dieu et les hommes, et non par le chef de l'armée, en position d'exécutant.

Une parfaite représentation, spatiale et symbolique, de la position de chacun dans cette pensée de la guerre, est offerte par le récit biblique de la bataille contre Amalec en Ex 17,8–13 : Josué à la tête des guerriers affronte Amalec « au fil de l'épée » jusqu'à la tombée du jour, tandis que Moïse debout au sommet d'une colline à l'écart, et avec l'assistance d'Aaron et de Hur, assure la médiation entre YHWH et l'armée d'Israël. Une médiation à l'efficacité quasi mécanique sur les combats : « Lorsque Moïse élevait sa main, Israël était le plus fort, mais lorsqu'il reposait sa main, Amalec était le plus fort. »

Quelles que soient leurs divergences dans d'autres domaines, c'est de cette identique pensée de la guerre que les deux écrits développent le nouveau paradigme.

Un système de pensée : la Loi et l'étranger

À l'époque du deuxième Temple, la réflexion sur le rôle des prêtres dans la guerre s'organise selon les deux axes de la Loi et de son interprétation. La Loi est inscrite dans la Torah. Mais son interprétation intervient dans une période historique dominée par la question des rapports avec les nations et par l'intrusion croissante de l'étranger dans la vie juive.

L'axe de la pureté : la Loi

Le modèle de comportement guerrier proposé aux prêtres par la Bible hébraïque (Torah et écrits historiographiques) s'organise dynamiquement entre les deux pôles de l'autorité politique sur le peuple armé (pôle de la responsabilité) et de la mise de distance de la guerre (pôle de la pureté).

Le modèle biblique définit une tension entre ces deux pôles :

le pôle de la responsabilité :	le pôle de la pureté :
עַל־פִּיו « sur son ordre »[87]	לֹא יִטַּמָּא « il ne se souillera pas »[88]
exercice du commandement	séparation des prêtres et des guerriers
direction effective de la guerre	mise à distance de la guerre

[87] Voir *inter al.* Nb 27,21.
[88] Voir *inter al.* Lv 21,4.

L'histoire et les écrits du deuxième Temple offrent des exemples contrastés de comportements sacerdotaux absolument à l'opposé sur ce point : d'un côté l'exercice du commandement peut aller jusqu'à combattre à la tête de ses troupes (Jean Hyrcan, Josèphe) ; de l'autre la mise à distance de la guerre suscite la mise en place d'intermédiaires, de chefs de guerre laïques (le roi, les princes, les officiers), soumis à l'autorité ultime du prêtre, mais en charge de conduire la guerre (1QM, 11QT).

Les textes sur la guerre de l'époque du deuxième Temple peuvent donc être étalonnés sur cet axe, et par rapport à ses deux pôles :

autorité ←————————→ pureté

La contingence historique : les dominations étrangères

La Loi impose son autorité mais son texte est soumis à l'exégèse. Aussi faut-il introduire une seconde dimension si l'on veut comprendre les écrits sur la guerre du judaïsme du deuxième Temple : la dimension historique des circonstances de leur production. L'exégèse vise en effet à établir la compatibilité entre les exigences du moment historique, qui relèvent de la contingence, et le respect de la Loi formulée dans la Bible, qui est de l'ordre de la nécessité. La question est donc : à quel problème historique majeur les écrits guerriers de l'époque du second Temple s'efforcent-ils d'apporter une réponse ? Ce problème tient en deux mots : la domination étrangère.[89]

Depuis la chute du premier Temple, le judaïsme n'existe et ne subsiste que dans le cadre de sa confrontation avec un étranger dominant.

L'évidence de cette confrontation était immédiate s'agissant du judaïsme en diaspora. En Judée, en erets-Israël, le problème se pose dès la reconstruction de la ville et du Temple, mais avec moins d'acuité : les difficultés ne s'installent que de façon progressive. Depuis que le judaïsme, d'une façon qui nous demeure encore largement obscure, s'est auto-identifié et défini à l'époque des prophètes de l'Exil puis des premiers dirigeants de la Jérusalem reconstruite, il a toujours été confronté à la question de l'étranger.

---

[89] Les écrits du deuxième Temple abordent bien d'autres questions historiques que celles des dominations étrangères. Mais s'agissant des écrits de guerre, celle-ci domine largement toutes les autres.

Seulement l'impérialisme perse n'est pas de même nature que l'hellénistique ; la domination lagide ne se fait pas sentir comme la séleucide ; et l'*imperium* de Rome est encore d'un autre type.[90] Un mouvement profond, une tendance dans la longue durée, inscrit cependant une continuité dans ces passages d'une domination à l'autre : l'intrusion de l'étranger dans le vie juive ne cesse d'augmenter.

La pratique perse d'une sorte d'*indirect rule* avant la lettre, la négligeante bienveillance du Grand Roi à l'égard des religions non perses, dès lors que l'impôt ou le tribut de ces peuples vassalisés rentrait dans les caisses du royaume, ont contribué d'abord à l'épanouissement autonome en Judée d'un judaïsme florissant, dont le Siracide offre un témoignage satisfait.[91]

L'hellénisme, avec ses colonies, ses *poleis* et ses clérouquies, est d'emblée plus intrusif. Cependant ce maillage urbain demeure assez lâche et le judaïsme peut espérer se maintenir à l'écart des influences qu'il récuse : en témoigne encore le décret d'Antiochos III (AJ XII 145–146) sur l'accès limité des étrangers à Jérusalem. À l'inverse le conflit entre Antiochos IV et le mouvement assidéo-maccabéen montre que l'hellénisme peut prendre assez facilement une forme brutalement intrusive.

L'arrivée des Romains sur la scène orientale ne fait qu'accentuer ce trait. Les préfets de Rome ne sont prêts à reconnaître les particularismes locaux que s'ils servent, ou à tout le moins ne contrarient pas, les intérêts de l'Empire. Ils ne toléreront pas longtemps de faire dissimuler leurs enseignes aux légions, de détourner le parcours d'une *via* ou de renoncer à bâtir un édifice public, parce qu'un religieux local y opposerait ses incompréhensibles exigences.[92]

L'évolution de la domination étrangère durant toute cette période a été analysée par Uriel Rappaport dans son article de 1996.[93] Dans

---

[90] Sur ces questions, voir U. Rappaport 1996, "Les Juifs et leurs voisins à l'époque perse, hellénistique et romaine", *Annales 51 / 5*, 955–974.

[91] Sur l'administration perse de la Judée voir I. Eph'al, 1988, "Syria-Palestine under Achaemenid Rule", dans J. Boardman *et al.* éds., *The Cambridge Ancient History, Second Edition, vol. 4*, (Cambridge : Cambridge Univ. Press), 139–164 ; ainsi que J. Elayi et J. Sapin, 2000, *Quinze ans de recherche (1985–2000) sur la Transeuphratène à l'époque perse*, (Paris : Gabalda, *Transeuphratène* Sup. 8).

[92] Voir M. Goodman, 1987, *The Ruling Class of Judaea. The Origins of the Jewish Revolt against Rome, A. D. 66–70*, (Cambridge : Cambridge Univ. Press) ; et C. Nicolet éd., 1989², *Rome et la conquête du monde méditerranéen, 2. Genèse d'un empire*, (Paris : PUF).

[93] U. Rappaport, 1996, *art. cit.*

sa présentation du dossier des *Annales*, où parut l'article, Francis Schmidt en donne ce résumé, éclairant pour mon propos : « Durant la période perse les formes de voisinage se caractérisent par une grande diversité des modes de contact avec une pluralité de peuples de langues et de cultures sémitiques. Quand la colonisation grecque fait son entrée sur la scène proche-orientale ces relations changent de nature. De polymorphes qu'elles étaient elles se bipolarisent progressivement, dans la région plus encore que dans l'ensemble du monde hellénistique, entre résistance et adaptation à l'hellénisme. Cette bipolarisation ira se radicalisant face à l'impérialisme romain jusqu'à devenir « confrontation permanente » et aboutir à la première guerre juive. »[94]

La même question traverse donc la diaspora et le judaïsme judéen : comment vivre avec l'étranger ? Seulement, en Judée et à Jérusalem, la question se pose de façon plus aiguë et plus pressante, à cause de la sainteté de la terre et de la ville, et du caractère de jour en jour plus pesant de la domination étrangère.

La réponse politique à cette question est universelle : elle s'inscrit par nécessité dans l'alternative entre résistance et adaptation. Ces deux pôles de l'affrontement et/ou du compromis dessinent l'axe historique et politique, sur lequel tous les choix du judaïsme du deuxième Temple vis-à-vis des puissances étrangères, peuvent s'échelonner. Mais la disparité des forces en présence apparaît de prime abord imposante, en particulier face à Rome. La société juive possède en outre une tradition religieuse de participation divine à ses guerres, résumée dans le nom divin יהוה צְבָאוֹת « YHWH des armées ». Pour toutes ces raisons, la résistance juive se pense toujours avec un appui divin ; à la fin de la période du deuxième Temple, le messianisme devient ainsi une des formes d'expression de cette résistance à la domination étrangère.

On doit donc envisager un second axe de la pensée de la guerre dans le judaïsme du deuxième Temple, venant recouper le premier axe de l'opposition pureté *versus* autorité :

---

[94] F. Schmidt, 1996, "L'étranger, le Temple et la Loi dans le judaïsme ancien. Présentation", *Annales 51 / 5*, 941sq.

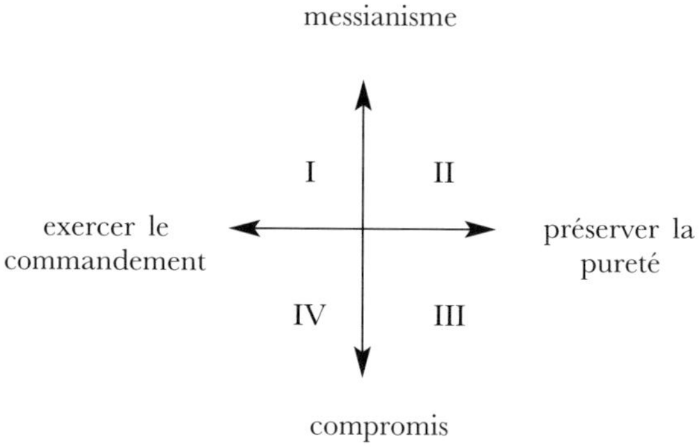

On peut alors s'attendre à voir se développer quatre types d'élaborations conceptuelles :

- la première privilégiant la résistance et le rôle dirigeant des prêtres, favorisera l'émergence d'une pensée avant-gardiste, de préparation (et de mise en œuvre) de la lutte armée (I) ;
- la deuxième privilégiant la pureté et l'attente messianique, encouragera la retraite sectaire des « purs », dans l'attente et les préparatifs de l'eschatologie imminente (II) ;
- la troisième privilégiant pureté et compromis, se satisfera du maintien des règles ancestrales de pureté pour une petite élite sacerdotale, acceptant avec indifférence l'impossibilité de les maintenir pour le plus grand nombre (III) ;
- la quatrième, soucieuse d'assumer la responsabilité de la direction du peuple tout en acceptant un compromis avec l'étranger, suscitera les réformes indispensables au maintien de la spécificité juive dans le nouvel environnement créé par la présence étrangère ; elle s'accompagne donc de la diplomatie nécessaire à faire accepter cette spécificité rénovée à la puissance dominante (IV).

Naturellement ces quatre attitudes expriment des tendances possibles ; dans la réalité historique les réponses peuvent être plus complexes, se situer à mi-chemin de deux ou plusieurs de ces choix, ou encore combiner plusieurs d'entre eux. Il me semble cependant que ce schéma peut contribuer à éclairer l'existence des « quatre philosophies » que mentionne Josèphe. Chacune de ces « philosophies » me semble avoir privilégié l'une de ces attitudes, du moins sous l'angle qui nous occupe de la pensée de la guerre. En se référant à nos textes, on pourrait en dresser le tableau suivant.

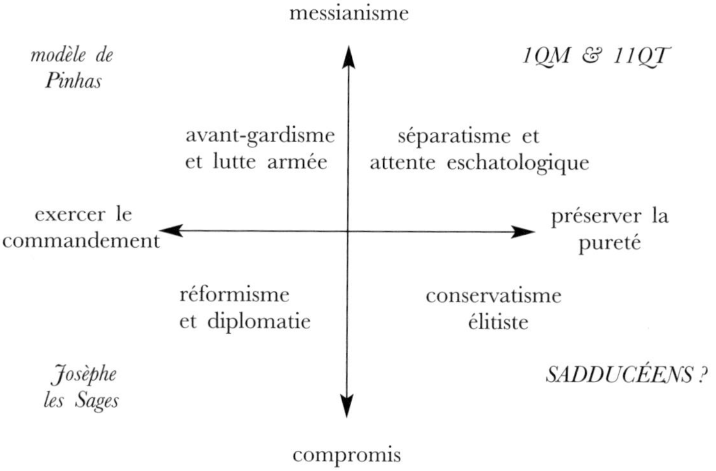

Les indication en italiques représentent des exemples de textes, d'auteurs ou de courants au sein du judaïsme, pouvant se rattacher à l'un des quatre « quartiers idéologiques » définis par le schéma.

CHAPITRE V

TROMPETTES ET ÉTENDARDS

Parce qu'ils permettent d'établir une communication *à distance*, les instruments de transmission des ordres aux armées que sont les trompettes et les étendards, organisent une certaine topographie de la guerre et de la bataille. De sorte que ces outils de communication deviennent, dans nos textes, les marqueurs les plus efficaces de la différenciation des espaces de la guerre. Ces différents territoires, ville, camp, front, champ de bataille, sont puissamment investis par le rite. D'abord parce que le rite les définit : ils impliquent des statuts différents pour ceux qui s'y trouvent. Ensuite parce que les rites permettent le passage de l'un à l'autre. Enfin parce qu'ils mobilisent de façon exclusive tel ou tel type de rite.[1]

En repérant comment trompettes et étendards contribuent à organiser une distribution rituelle des espaces de la guerre, nous verrons émerger le lieu défini comme « le front des troupes » (מַעֲרָכָה ma^{ca}rakâh, en grec παράταξις » *parataxis*) comme emplacement privilégié des rites guerriers.

Les trompettes de guerre et la clameur

La Torah prescrit l'usage des instruments à vent dans deux types de circonstances. D'une part pour la guerre ; d'autre part lors des sacrifices offerts à l'occasion de certaines fêtes calendaires. Le texte de base est ici Nb 10,1–10 qui ordonne la fabrication des deux trompettes d'argent et définit leur usage.[2] Les deux trompettes d'argent servent à maintenir le lien entre YHWH et son peuple, lors des guerres comme lors des fêtes, en faisant appel à la « mémoire » (זכר), que les sonneries sont censées réveiller. La racine זכר de la mémoire

[1] Les sacrifices, par exemple, n'ont lieu qu'au Temple. D'autres rites sont associés exclusivement au lieu où on peut les accomplir.

[2] Nb 10,2a : עֲשֵׂה לְךָ שְׁתֵּי חֲצוֹצְרֹת כֶּסֶף מִקְשָׁה תַּעֲשֶׂה אֹתָם « Fais-toi deux trompettes d'argent ; d'argent massif tu les feras. »

fonctionne ici comme l'axe d'un échange symétrique où, d'un côté, la guerre est l'occasion de rappeler son peuple à la mémoire de Dieu (Nb 10,9) :

וְכִי־תָבֹאוּ מִלְחָמָה בְּאַרְצְכֶם עַל־הַצַּר הַצֹּרֵר אֶתְכֶם וַהֲרֵעֹתֶם בַּחֲצֹצְרוֹת וְנִזְכַּרְתֶּם
לִפְנֵי יהוה אֱלֹהֵיכֶם וְנוֹשַׁעְתֶּם מֵאֹיְבֵיכֶם׃

Quand vous partirez en guerre dans votre terre contre l'attaquant vous attaquant, vous sonnerez des trompettes pour rappeler votre mémoire devant YHWH votre Dieu et vous serez sauvés de vos ennemis.

Tandis que, de l'autre, les fêtes calendaires sont l'occasion de rappeler Dieu à la mémoire de son peuple (Nb 10,10b) :

וְהָיוּ לָכֶם לְזִכָּרוֹן לִפְנֵי אֱלֹהֵיכֶם

Elles (les trompettes) vous serviront de mémorial devant votre Dieu.[3]

À l'époque du deuxième Temple, toutes les armées, grecques, romaines, juives et autres, usent des trompettes pour la transmission des ordres. Dans le judaïsme aussi cette fonction militaire des trompettes l'emporte désormais sur tout autre, en particulier sur leur fonction cérémonielle.

Ainsi lorsque Philon veut expliquer la signification de la fête du 1er Tishri, qu'il nomme ἱερομηνία σαλπίγγων « hiéroménie des trompettes », il commence par reconnaître l'usage généralement guerrier et non cérémoniel des trompettes (*Spec.* II 190) : κοινόν δὲ πρὸς πάντας ἀνθρώπους ἐκεῖνο· ἡ σάλπιγξ ὄργανόν ἐστι πολέμου « Ceci est commun à toute l'humanité : la trompette est un instrument pour la guerre. »[4] La signification de l'usage cérémoniel des trompettes lors du 1er Tishri est ensuite dérivée de cet usage premier pour la guerre (*Spec.* II 192). Le caractère universel de l'usage guerrier de la trompette

---

[3] Dans le verset 9, נִזְכַּרְתֶּם est une forme verbale (accompli nifal, voix passive) : mot-à-mot « vous êtes / serez remémorés ». Dans le verset 10, זִכָּרוֹן est un substantif désignant, dans la Bible, ce au moyen de quoi les hommes se souviennent (« mémorial ») ; construit avec la préposition לְ, il précise ce dont les hommes doivent se souvenir : ici, de « la face de votre Dieu ».

[4] Philon précise cet emploi militaire (*Spec.* II 190) : πρὸς τὴν κατ᾽ ἐχθρῶν ἐφόρμησιν, ὁπότε καιρὸς εἴν συμπλέκεσθαι, καὶ πρὸς ἀνάκλησιν, ὁπὸτε διακρίνεσθαι δέοι πρὸς τὰ οἰκεῖα ἐπανελευσομένους στρατόπεδα. « Elle (i.e. la trompette) sonne l'attaque contre les ennemis quand vient le moment d'engager le combat, et la retraite quand les armées doivent décrocher pour se retirer chacune dans son propre camp. »

(σάλπιγξ) est encore attesté dans les *Psaumes de Salomon* (Ps 8,1) et dans les *Oracles sibyllins* (Sib V 253).[5]

Les écrits juifs témoignent aussi de cet usage militaire dans les armées qu'ils affrontent. 1 M 9,12 mentionne les sonneries de trompettes des phalanges grecques montant au combat. 2 M 15,25 montre l'armée grecque de Nicanor avançant au combat μετὰ σαλπίγγων καὶ παιάνων « avec des sonneries de trompettes et des péans ».[6] Flavius Josèphe expose de son côté comment il enseigna à ses troupes galiléennes l'usage romain des trompettes, pour « la transmission des signaux ».[7]

On constate également la persistance de la grande clameur de guerre (תְּרוּעָה, t^{e}rw^{c}âh), associant le cri des guerriers, la sonnerie des trompettes par les prêtres et parfois d'autres sources de bruit, comme les shofars.

1 Maccabées en offre plusieurs exemples. Le premier se déroule lors du grand rite de Masphat, quand Juda Maccabée reconstitue les rites guerriers bibliques traditionnels. L'armée maccabéenne y fait résonner une première t^{e}rw^{c}âh (1 M 3,54) : καὶ ἐσάλπισαν ταῖς σάλπιγξιν καὶ ἐβόησαν φωνῇ μεγάλῃ. « Ils sonnèrent des trompettes et poussèrent une grande clameur. »[8] L'usage en paraît ensuite se répandre dans toutes les armées juives s'apprêtant au combat, comme en témoigne la t^{e}rw^{c}âh qui retentit dans une citadelle juive assiégée par le tyran grec Timothée, et à laquelle fait écho la t^{e}rw^{c}âh des guerriers de Juda venus la secourir (1 M 5,31) : καὶ ἡ κραυγὴ τῆς πόλεως ἀνέβη ἕως οὐρανοῦ σάλπιγξιν καὶ κραυγῇ μεγάλῃ « La clameur de la ville monta jusqu'au ciel — par les trompettes et un grand cri. »[9] À quoi répond celle de

---

[5] Les premiers à propos de la prise du Temple par les légions de Pompée ; les seconds dans un oracle sur la fin des guerres.

[6] « *The military use of trumpets was quite common in the Hellenistic armies from Alexander on* », B. Bar-Kochva, 1989, *op. cit.*, 394. Voir aussi Asclépiodote XII, 10 : τὰ μὲν φωνῇ, τὰ δὲ διὰ σημείων ὁρατῶν, ἔνια δὲ καὶ διὰ τῆς σάλπιγγος « Certains (ordres) de vive voix, les autres par signaux visibles ou encore au son de la trompette » (trad. L. Poznanski, 1992, Paris).

[7] BJ II 579 : Ἐδίδασκεν δὲ σημείων παραδόσεις καὶ σάλπιγγος προκλήσεις τε καὶ ἀνακλήσεις « Il leur apprit la transmission des signaux et les sonneries de trompettes pour la charge et la retraite. »

[8] φωνη μεγάλη est l'une des traductions de la תְּרוּעָה dans la LXX, voir 1 S 4,5 (LXX : Règnes I 4,5).

[9] ἀνακράζειν (crier) et κραυγή (cri, surtout lorsqu'il est qualifié de μεγάλη) sont une autre des traduction de la תְּרוּעָה dans la LXX ; voir Jos 6,5, 1 S 4,5.6, Jr 4,19, Am 1,14 et So 1,16. Pour l'usage des trompettes de guerre dans 1 Maccabées voir aussi 1 M 4,13 et 7,45.

l'armée de Juda (1 M 5,33) : καὶ ἐσάλπισαν ταῖς σάλπιγξιν καὶ ἐβόησαν ἐν προσευχῇ « Ils sonnèrent des trompettes et crièrent une prière. » Le Pseudo-Philon recourt à des expressions similaires lorsqu'il décrit l'assaut de Gédéon contre les Madianites (LAB XXXVI 2) : *Cepit pugnare, et tubantes ululaverunt pariter.* « Il commença le combat et, tout en sonnant des trompettes, ils crièrent tous ensemble. »

Cette association, dans la t^{e}rwʿâh, de la clameur vocale des guerriers avec la sonnerie des trompettes apparaît liée au maintien de l'usage exclusivement sacerdotal des trompettes, à l'époque du deuxième Temple. On sait que la distinction entre shofars et trompettes, réservant la sonnerie des trompettes aux seuls prêtres, fut une innovation de la source P de la Torah.[10] Il est frappant que cette distinction ait été maintenue par Josèphe dans sa paraphrase biblique, même lorsqu'elle ne figurait pas explicitement dans sa source. Josèphe distingue toujours entre les trompettes (σάλπιγγες) et les shofars, définis par leur matière, la corne (κέρας). La trompette, dont l'invention est attribuée à Moïse, est longuement décrite dans AJ III 291, une paraphrase de Nb 10,1–10. Josèphe la définit d'abord comme un βυκάνης τρόπον « une sorte de buccin » ; la décrivant en détail (forme et matière) il indique que son pavillon est ταῖς σάλπιγξι παραπλησίως « semblable à celui des trompettes » ; il précise enfin son nom hébraïque, ἀσώσρα καλεῖται κατὰ τὴν Ἑβραίων γλῶσσαν « On l'appelle *asôsra* (i.e. חֲצוֹצְרָה) en hébreu ». Cette désignation βυκάνη n'apparaît que trois fois dans toute l'œuvre de Josèphe : deux fois dans ce passage (AJ III 291, 294). Et une autre fois en AJ IX 269 où il décrit les cérémonies inaugurant la réforme d'Ézéchias.[11] Partout ailleurs il nomme les deux trompettes d'argent σάλπιγγες.

Les σάλπιγγες, lorsque le mot désigne ces trompettes juives, sont exclusivement utilisées par les prêtres. Cet usage exclusif se révèle en particulier dans la description d'une t^{e}rwʿâh associant cri des guerriers et sonnerie sacerdotale, dans la paraphrase de 2 Ch 13,13 (AJ VIII 283) : τῶν ἱερέων τῇ σάλπιγγι σημανάντων ἀλαλάξαντες ἐχώρησαν ἐπὶ τοὺς πολεμίους « Les prêtres ayant sonné de la trompette, ils s'élancèrent contre les ennemis en poussant leur cri de guerre. »[12] L'exclusivité

[10] J. Milgrom, 1990, *op. cit.*, 372–373.

[11] Durant les sacrifices, les Lévis chantent et jouent de la harpe, tandis que οἱ δὲ λοιποὶ ἱερεῖς βυκάνας ἔχοντες ἐπεσάλπιζον « les prêtres restant (i.e. ceux qui ne sont pas occupés au sacrifice) sonnaient des trompettes qu'ils portaient ».

[12] Noter que ἀλαλάζειν (pousser le cri de guerre) et ἀλαλαγμός (cri de guerre) sont aussi des traductions de la תְּרוּעָה dans la LXX ; voir Jos 6,20 et Jr 20,16.

des prêtres se déduit aussi *a contrario* de la qualification des instruments à vent dont usent les guerriers ordinaires : ce sont des trompes « en corne », c'est-à-dire des shofars. Ainsi, Ehoud et ses hommes ἀποσημαίνοντας κέρασιν « transmettent des signaux avec des (trompes de) cornes » (AJ V 194). De même Gédéon et les siens s'avancent ἐν τῇ δεξιᾷ κριοῦ κέρας « avec à la main droite une corne de bélier » (AJ V 223).[13] Enfin le rebelle Shéba, σαλπίσας κέρατι « sonne d'une (trompe de) corne » pour appeler au soulèvement armé (AJ VII 279).

S'agissant des écrits rabbiniques, Jacob Milgrom observe que la distinction entre shofars et trompettes introduite dans la source P, était perdue chez les Sages.[14] Cela se vérifie pour l'essentiel, dans les textes et surtout dans la pratique cultuelle. Ainsi le mot חצוצרות (ḥᵃṣôṣᵉrôt), qui dans la Bible hébraïque désignait les trompettes métalliques par opposition aux shofars, en vient-il à s'appliquer dans le Talmud aux trompes faites en cornes d'animaux. En atteste ce passage de la Michna où R. Yoshua explique en quel sens un animal possède « sept voix » après sa mort. Il faut comprendre qu'on transforme différentes parties de son corps en instruments de musique ; entre autres (M.Qinnin III 6) :

שתי קרניו שתי חצוצרות

Ses deux cornes (donnent) deux trompettes.

Néanmoins la Michna conserve le souvenir d'une distinction entre shofars et trompettes. Elle indique qu'on sonnait des deux instruments lors des cérémonies au Temple, mais que, selon les jours et les circonstances, l'un des deux l'emportait sur l'autre. Ainsi les trompettes jouaient-elles le premier rôle aux jours de jeûne, mais les shofars au Nouvel An. Ces prééminences sont discutées dans les M.Roš haŠanah III 3 et 4 ; la primauté de l'un ou l'autre instrument s'exprime dans l'expression rabbinique :

---

[13] C'est seulement après avoir indiqué que ces cornes de bélier ἐχρῶντο δὲ τούτοις ἀντὶ σάλπιγγος « leur tenaient lieu de trompettes », que Josèphe peut utiliser σάλπιγξ pour désigner ces shofars (AJ V 225). De même pour les shofars du couronnement de Salomon, d'abord nommés κέρας (AJ VII 356) puis σάλπιγξ (id 359). La seule exception est une sonnerire du shofar par Joab, où l'instrument est nommé σάλπιγξ (AJ VII 17).

[14] J. Milgrom, 1990, *op. cit.*, 372–373.

שמצות היום בשופר ou בחצוצרות

Car les commandements du jour (vont) au shofar — ou : (vont) aux trompettes.

Cette distinction, dont le souvenir est ainsi conservé, n'a pourtant pas de conséquence pour la pratique du judaïsme rabbinique. En effet, d'une discussion sur cet emploi conjoint des trompettes et des shofars, il ressort que les trompettes ne sont plus en usage après la destruction du Temple (bRoš haŠanah 27a) :

רב פפא בר שמואל סבר למיעבד עבדא במתניתין אמר ליה רבא לא אמרו אלא במקדש

R. Papa b. Samuel envisageait d'appliquer les règles de nos maîtres (c'est-à-dire de faire sonner des deux instruments) mais Rabah lui dit : on n'a dit cela que pour le Temple.

Dans la pratique cultuelle, la distinction entre trompettes et shofars disparaît donc au profit de ces derniers, seuls instruments à vent à être encore utilisés. De même la t^erwʿâh perd-elle sa signification de clameur guerrière. Pour la tradition rabbinique, inscrite dans les limites de l'usage cérémoniel, elle ne désigne plus qu'une des façons de sonner du shofar. Les trompettes ont complètement disparu du champ sémantique de la t^erwʿâh.

La différenciation entre trompettes et shofars se retrouve en revanche dans le texte du deuxième Temple le plus prolixe sur la question des sonneries et des trompettes : le *Règlement de la Guerre* conservé à Qoumrân.

Le « règlement des trompettes » pour la guerre eschatologique

Dans le *Règlement de la Guerre*, les trompettes (חצוצרה) apparaissent une quarantaine de fois dans le manuscrit de 1QM, et les shofars (שופר) six fois seulement. Les trompettes sont encore évoquées dans trois manuscrits des 4QM.[15] Le *Règlement* comprend en particulier un

[15] Voir dans M. Baillet, 1982, DJD VII : 4QM[a] 11 ii 1–7 et 13 i 3–6 ; 4QM[c] *passim* ; 4QM[f] 11 3 et 12 3. Le passage le mieux conservé et le plus complet (14 lignes) est 4QM[c].

long passage (1QM II 16 à III 11, et les parallèles dans les 4QM) intitulé « règlement des trompettes », d'après la reconstitution סרך חצוצרות proposée en 1955 par André Dupont-Sommer et Yigael Yadin pour son *incipit* (1QM II 16).[16]

Sonneries et fonctions

Comme la source P et comme les autres écrits juifs du deuxième Temple, le *Règlement de la Guerre* établit une nette distinction entre trompettes et shofars. Toujours en accord avec ces textes, les trompettes sont exclusivement réservées aux prêtres. Chaque fois qu'il est question de la sonnerie des trompettes, 1QM précise que ce sont les prêtres qui en sonnent.[17] Les prêtres sont les seuls à porter les trompettes : lorsqu'ils se présentent sur le front de l'armée avant les combats, l'un est chargé de la harangue, וביד הששה יהיו חצוצרות « et dans les mains des six (autres) il y aura les trompettes » (1QM VII 12–13).

En revanche, quand il est question des shofars, le *Règlement* se distingue à la fois de la Bible et des autres traditions juives en innovant sur deux points importants. Le premier consiste à réserver l'usage des shofars aux Lévis : dans les occurrences où le mot shofar est mentionné dans 1QM, il est précisé que ce sont les Lévis qui en sonnent.[18] Le second à redéfinir la t^erwʿâh en y associant trompettes sacerdotales, cris des guerriers *et* sonnerie lévitique des shofars. Il s'opère là une inversion des usages : dans les récits bibliques (et dans leurs paraphrases) les trompettes de la guerre étaient réservées à la sonnerie de la tᵉrwʿâh, tandis que les shofars sonnaient durant les combats. Selon 1QM au contraire, les shofars résonnent, en même temps que la clameur des combattants et la sonnerie des trompettes, pour la tᵉrwʿâh (1QM VIII 9–10) :

---

[16] A. Dupont-Sommer, 1980⁴, *Les écrits esséniens découverts près de la mer Morte,* (Paris : Payot) et Y. Yadin, 1962, *The Scroll of the War of the Sons of Light against the Sons of Darkness,* (Oxford : Oxford Univ. Press), *in loc.*

[17] La formule usuelle est : תקעו הכוהנים חצוצרות « Les prêtres sonneront des trompettes. » Sur l'usage exclusif des trompettes par les prêtres, voir 1QM VII 12–13, 15, VIII 2–17, XVI 3, 7, 9, 12–13, XVII 10–15, XVIII 3–4.

[18] Et, de même que les trompettes étaient dans les mains des six prêtres sur le front, les shofars sont dans celles des Lévis (1QM VII 14) :
יצאו עמהמה שבעה לויים ובידם שבעת שופרות
« Sept Lévis sortiront avec eux (i.e. avec les prêtres), avec dans leurs mains sept shofars. »

והלויים וכול עם השופרות יריעו קול אחד תרועת מלחמה גדולה להמס
לב אויב

> Alors les Lévis et toute la troupe des shofars sonneront une grande clameur de guerre pour ébranler le cœur des ennemis.[19]

C'est l'unique usage des shofars au combat : toutes les mentions des sonneries de shofars, dans 1QM, les associent à la t^e^rwʿâh.[20]

Inversement, la t^e^rwʿâh apparaît plusieurs fois associée aux trompettes, dans le syntagme חצוצרות התרועה ou חצוצרות תרועות.[21] Mais l'expression désigne alors une manière de sonner, et non un usage pour la clameur de guerre. En effet à plusieurs reprises (1QM III 2, VIII 7, XVI 5–6, XVII 11) ce syntagme est précisé par un complément qui indique le but de la sonnerie : il s'agit en général de donner l'assaut. Le rapprochement s'explique aisément : au moment de l'assaut retentit la t^e^rwʿâh, associant cris, shofars et trompettes. Les trompettes sonnent alors d'une certaine façon et cette sonnerie spécifique continue d'ordonner et d'accompagner l'assaut et la tuerie, lorsque la t^e^rwʿâh proprement dite a cessé. Car aussitôt que l'assaut débute, les shofars se taisent (1QM VIII 11, IX 1, XVI 9, XVII 14) et laissent la place aux sonneries des trompettes pour toute la durée des combats. Cette inversion des rôles entre shofars et trompettes est à rapprocher du rôle dirigeant attribué aux prêtres pour mener la guerre eschatologique.

Le « règlement des trompettes » est donc exclusivement consacré aux חצוצרה, dont il donne une liste détaillée, les classant en fonction des ordres qu'elles transmettent, des unités qu'elles concernent et des devises qui les ornent. Un deuxième classement se dégage de la description des six trompettes aux mains des prêtres (1QM VII 13). Enfin une troisième liste figure dans le manuscrit 4QM^c^.[22]

---

[19] Cette formulation, qui vise à associer l'ensemble des combattants (כול עם) à la t^e^rwʿâh, pourrait donner à penser que tous sonnaient des shofars, et pas seulement les Lévis. Mais cette conclusion serait en contradiction avec toutes les autres mentions des sonneries de shofars dans le texte.

[20] À la seule exception de 1QM VII 14 où est décrite la sortie des rangs, avant le combat, des sept Lévis portant les sept shofars — mais sans encore en sonner.

[21] 1QM III 2, VII 13, VIII 17, XVI 5, 6, XVII 11 ; 4QM^c^ 11.

[22] Ce manuscrit pourrait être le plus ancien manuscrit de la *Guerre* (datation sur critères paléographiques), et appartenir à une recension différente de celle que nous a conservée 1QM. Sur ces questions de datation des manuscrits de la *Guerre*, voir D. Dimant, 1984, "Qumran Sectarian Literature", dans M. E. Stone éd., *Jewish Writings of the Second Temple Period : Apocrypha, Pseudepigrapha, Qumran, Sectarian Writings, Philo, Josephus*, (Aix : Van Gorcum, Philadelphie : Fortress Press), 483–550 ; et

La première liste (1QM III 2–11) décrit isolément chaque trompette et en dénombre quatorze — dans l'état actuel du texte. La deuxième (1QM VII 12–13) identifie seulement six trompettes, aux mains des six prêtres. La troisième, il est vrai fragmentaire et d'une recension différente (4QM^{c}), en compte huit mais y inclut une catégorie inédite, les « trompettes des sabbats », חצוצרו[ת]השבתות. Pour s'y reconnaître, il faut commencer par distinguer entre l'objet-trompette et la fonction des sonneries de trompette. Il y a six trompettes, une pour chaque prêtre sonneur (1QM VII 12 et VIII 8) ; mais il y a une grande variété de sonneries possibles.

Il faut donc, pour comparer ces listes, classer les trompettes selon leurs fonctions, c'est-à-dire selon les sonneries qui manifestent ces fonctions. Dans son édition de la *Guerre*, Yigael Yadin consacrait un chapitre aux trompettes où il les classait en deux grandes catégories : les *Ceremonial Trumpets*, ou trompettes des convocations, et les *Trumpets of Battle*, ou trompettes de guerre.[23] Mais, je m'en tiendrai plutôt ici à l'ordre selon lequel le manuscrit énumère, à deux reprises, leurs sonneries et leur fonction.

sonneries pour.............	1QM III 1–2	1QM VII 13
appel, convocation	מקרא	מקרא
mémoire (de la b^{e}rit)	–	זכרון
clameur, assaut...............	תרועה	תרועה
embuscade...................	מארב	–
poursuite	מרדף	מרדף
regroupement	מאסף	מאסף

É. Puech, 1993, *La croyance des Esséniens en la vie future : immortalité, résurrection, vie éternelle ?*, (Paris : Gabalda). Ce fragment présente la particularité de ne guère pouvoir, même en tenant compte de variantes importantes, être inséré dans un passage du 1QM tel qu'il nous est parvenu. Selon Maurice Baillet, son éditeur : « C'est une scène de bataille, qui ne correspond pas à 1QM. Il s'agit sans doute d'une recension différente », M. Baillet, 1978, "Le volume VII de 'Discoveries in Judaean Desert'. Présentation", dans M. Delcor éd., *Qumrân. Sa piété, sa théologie et son milieu : actes des Journées bibliques de Louvain*, (Paris, Louvain : Duculot), 79. En raison de la mention des « tombés » (החללים, ligne 4), on pourrait éventuellement le rattacher au passage 1QM XVI 11–XVIII 4 qui décrit le moment de la défaite passagère et de la relève, mais les points de contact demeurent trop incertains.

[23] Y. Yadin, 1962, *op. cit.*, 87–113. Yigael Yadin considère que 1QM III 2–6 décrit les sonneries de convocation de toute la congrégation, des officiers, des Lévis (son interprétation, ici, de המסורות) et des hommes de renom, et les ordres de déplacements des camps. La distinction, qu'il juge fondamentale, entre *Ceremonial Trumpets* et *Trumpets of Battle* est destinée à souligner une innovation majeure, à ses yeux, de 1QM ; car dans la Bible les trompettes n'avaient, selon lui, aucune fonction guerrière « *except for the 'alarm' or 'war-cry'* (תרועה). »

La liste des fonctions attestée dans 4QM[c], doit être présentée séparément, parce qu'elle n'appartient pas à la même recension, qu'elle présente un ordre tout différent et qu'elle comporte de nombreuses lacunes :

sonneries pour	4QM[c]
mémoire (de la b[e]rit)	זכרון
guerre	מלחמה
[?]	[lacune]
retour (?) ou déplacement (?)	מ(שוב) ? ou מ(סע) ?[24]
[appel, convocation ?]	[מקרא]
clameur, assaut	תרועה
sabbats	שבתות

Joseph Baumgarten s'est interrogé sur la fonction de ces « trompettes des sabbats », principale différence entre les deux manuscrits. Il reprend la classification en *Ceremonial Trumpets* et *Trumpets of Battle* mais, *contra* Yigael Yadin, il considère que Nb 10,1–10 assignait trois fonctions aux trompettes : les convocations, la guerre et l'accompagnement des sacrifices. Les « trompettes des sabbats » de 4QM[c] lui paraissent donc correspondre à ce troisième usage : « *What can be posited with a high degree of probability is that the Sabbath trumpets in the Cave 4 version of the War Scroll were intended as a complement of the sacrifices, thus filling in what had until now been a lacuna in the elaboration of the biblical uses of the trumpets in 1QM.* »[25]

Cette discussion conduit à s'interroger sur les sources bibliques des trois listes. Comme l'a montré Joseph Baumgarten celles de 4QM[c] se trouvent indiscutablement dans Nb 10,1–10. Les cinq usages énumérés dans le manuscrit y figurent en effet : la mémoire de l'alliance, Nb 10,9–10 ; la guerre, Nb 10,9 ; la convocation et le déplacement des camps, Nb 10,2 ; la clameur, Nb 10,5–6 ; l'accompagnement des sacrifices Nb 10,10. Il en va différemment des deux listes de 1QM. Des six fonctions qu'elles recensent, les trois premières correspondent effectivement au vocabulaire de Nb 10,1–10 : convocation (מקרא) ; mémoire (זכרון) ; et clameur (תרועה). Les trois dernières en revanche en sont absentes : מארב « embuscade », מרדף « poursuite » et מאסף

[24] Seules les deux premières lettres du mot, המ- sont lisibles, Maurice Baillet les décrit ainsi : « Peau écaillée et pourrie. Vagues traces de *beth* et *shin* », M. Baillet, 1982, DJD VII, 51 D'autres lectures paraissent donc possibles.

[25] J. Baumgarten, 1987, *art. cit.*, 558 sq.

« regroupement ». Ces termes conduisent à identifier plutôt comme source biblique des listes de 1QM, le récit de la guerre entre Abiyahû et Jéroboam figurant en 2 Ch 13,3–21.[26]

On peut en conclure à une histoire du texte. Dans la version plus ancienne du *Règlement de la Guerre* (4QM^{c}), le système des sonneries de trompettes se réfère à la loi de Nb 1,1–10. Puis une version ultérieure (1QM) étend les fonctions guerrières attribuées aux trompettes à une série de commandements lancés sur le champ de bataille à partir d'un exégèse de 2 Ch 13 (la guerre entre Abiyahû et Jéroboam), dont on peut noter en outre la parenté du vocabulaire avec celui de Qoumrân.[27]

La topographie organisée par les trompettes

La précision géographique et topographique du récit de 2 Ch 13, avait conduit Sara Japhet à conclure à l'authenticité historique de l'épisode.[28] On retrouve la même précision dans le *Règlement*, où elle prend une portée plus générale : le texte y organise de façon systématique la répartition des espaces en fonction de la guerre.

Toutes les trompettes décrites dans 1QM et les 4QM présentent en effet des caractéristiques d'ordre topographique.[29] Une étude systématique et la mise en série de ces caractéristiques topographique fait apparaître une vision d'ensemble de l'espace guerrier, propre au rédacteur du *Règlement de la Guerre*. La liste des lieux, que les fonctions attribuées aux différentes trompettes désignent explicitement, fait apparaître trois zones désignées comme : la congrégation (עדה) ; les camps (מחנות) ; le combat (מלחמה).

La première, la עדה, est un espace hors-la-guerre (1QM III 2–4).[30] Les « trompettes de la Congrégation » servent ainsi, *inter al.*, à convo-

---

[26] Le mot מארב « embuscade » se trouve cinq fois dans la Bible hébraïque (dont deux fois en 2 Ch 13) ; et le rapprochement dans le même contexte des mots « trompette » (חֲצוֹצְרוֹת) et « embuscade » ne se trouve établi que dans ce passage. Les deux autres mots n'apparaissent pas, sous cette forme substantivée, dans la Bible. Mais la racine רדף (144 occurrences dans la Bible), au sens de « poursuite guerrière » ne se trouve associée aux « trompettes » qu'en 2 Ch 13. En revanche la racine אסף n'y apparaît pas ; il est vrai que cette phase du combat (le regroupement) n'est pas décrite en 2 Ch 13.

[27] Voir par exemple 2 Ch 13,7 : וַיִּקָּבְצוּ עָלָיו אֲנָשִׁים רֵקִים בְּנֵי בְלִיַּעַל « Autour de lui se sont rassemblés des hommes vains fils de Bélial. »

[28] S. Japhet, 1993, *I and II Chronicles. A Commentary*, (Londres : SCM Press), 687 sqq.

[29] Voir en particulier la liste figurant en 1QM III 1–11 et textes parallèles.

[30] Ce sont les « trompettes de l'appel de la Congrégation » (חצוצרות מקרא העדה, 1QM III 2b) qui définissent la עדה comme un espace hors-la-guerre.

quer les chefs, et/ou les « hommes de renom » et chefs de famille, dans la « maison de réunion » du Conseil, avant le début des combats et même avant le départ pour les camps.[31] Puis, à l'issue des combats et la paix revenue, la Congrégation se trouve rétablie dans Jérusalem (1QM III 11) ; du point de vue géographique, cette localisation assimile donc, ne serait-ce que comme un objectif à atteindre, la Congrégation à la cité sainte. Identifiée à Jérusalem, la עדה se trouve *ipso facto* investie de ses qualités : espace pour la paix, espace clos à toutes formes de souillure liées à la mort, ainsi qu'à la guerre. Le chemin du retour victorieux vers Jérusalem semble d'ailleurs lui aussi déjà appartenir à cet espace de paix. La frontière entre « chemin du retour » et territoire de la cité s'estompe alors jusqu'à devenir plutôt imprécise (1QM III 10–11) :

ועל הצצרות דרך המשוב ממלחמת האויב לבוא אל העדה ירושלים

> Et sur les trompettes du chemin du retour du combat livré à l'ennemi, en arrivant dans la Congrégation de Jérusalem

De sorte qu'il ne semble plus y avoir, après la victoire, que deux espaces distincts : l'espace de la guerre qu'on quitte ; et la cité sainte aux dimensions élargies. Sans doute faut-il voir là un effet de la victoire : au terme de la bataille finale, toute guerre devenue inutile, la distinction ancienne entre l'espace pur et sacré de la cité et l'espace nomade et soumis à des règles particulières du camp militaire n'a plus lieu d'être. Toute la terre d'Israël s'en trouve sanctifiée — à l'égal de Jérusalem.

On trouve ensuite les « trompettes des camps » (1QM III 4–6), nommées à deux reprises. En effet, conformément aux règles établies par le livre des Nombres (essentiellement aux chapitres 2 et 10), les camps constituent l'unité de marche fondamentale de l'armée d'Israël ; deux opérations doivent donc être accomplies, dans Nombres comme dans 1QM : la réunion/installation du camps (ici 1QM III 4c–5a) ; puis le départ et l'ordre de marche des camps (ici 1QM III 5b–6a).[32] Comme dans la Bible les camps sont au nom-

[31] 1QM III 3–4 :
ועל חצוצרות אנשי השם יכתובו ראשי אבות העדה בהאספם לבית מועד
« Et sur les trompettes des hommes de renom on écrira "chefs des pères de la congrégation" quand ils se réunissent dans la maison de réunion. »

[32] À la première opération correspondent les חצוצרות המחנות « trompettes des camps » de 1QM III 4 ; à la secondes les חצוצרות מסעיהם « trompettes de leurs départs (i.e. des camps) » de 1QM III 5.

bre de quatre, un camp « pour trois tribus ». Ce point est précisé explicitement à propos des étendards (1QM III 14) :

אותות ראשי המחנות אשר לשלושת השבטים

Les enseignes des chefs des camps qui (sont) *pour trois tribus.*

Ce point se déduit aussi de la grande conformité de 1QM à son modèle de Nb 10. On doit donc considérer que l'armée s'organise en quatre camps distincts.

Enfin les trompettes pour la guerre (1QM III 6–10) : l'évocation du combat apparaît immédiatement après l'ordre de marche des camps, avec la mention des « formations du combat ».[33] On arrive alors, avec cette identification de la מלחמה (« la guerre, le combat »), dans le troisième espace défini par la topographie guerrière : après la congrégation-cité vouée à la paix, après les camps de guerre soumis à leurs règles de pureté particulières, on entre ici dans un espace voué entièrement à la guerre.

Jusqu'ici cette tripartition reste conforme au modèle biblique : camp pour tout le peuple / camp pour la guerre / combat. L'intérêt particulier et l'originalité de 1QM, est d'organiser une nouvelle subdivision de l'espace *au sein de la zone des combats.* Cette différenciation supplémentaire distingue entre le « front » ou zone de l'alignement des armées, et la « lice » ou zone des affrontements.

Le combat est ainsi décrit par toute la série des trompettes mentionnées dans 1QM III 6b à 10 :

• trompettes de formation de combat	חצוצרות סדרי המלחמה
• trompettes de l'appel des fantassins	חצוצרות מקרא אנשי הבנים
• trompettes de la tuerie	חצוצרות החללים
• trompettes de l'embuscade	חצוצרות המארב
• trompettes de la poursuite	חצוצרות המרדף
• trompettes du regroupement	חצוצרות המשוב

C'est-à-dire que l'auteur des QM ne se satisfait pas de l'indifférenciation de la מלחמה comme zone unique des combats. Il lui convient de la subdiviser en un certain nombre de sous-espaces spécialisés.

[33] 1QM III 6 : חצוצרות סדרי המלחמה, « Les trompettes des formations de combat. »

C'est en effet la notion d'espace, ou de zonage, qui s'impose comme le critère commun à toutes ces spécialisations, bien que certaines puissent également être liées au temps de la bataille (sortie des fantassins, repli) ; ou encore à l'organisation de l'armée en plusieurs unités (fantassins, embuscade). Tous ces commandements lancés par des sonneries distinctes, organisent des mouvements et découpent par là même le champ de bataille en plusieurs zones spécialisées : la ligne de front où l'on se met en formation ; la marche contre l'ennemi (« sortie ») ; la rencontre de l'ennemi et l'emplacement de l'affrontement (« tuerie ») ; le mouvement tactique d'une fraction de l'armée (« embuscade ») ; le retour à la ligne de front (« regroupement »).

Le croquis ci-dessous permet d'illustrer ce découpage de l'espace, en fonction de la guerre, proposé par le « règlement des trompettes » :

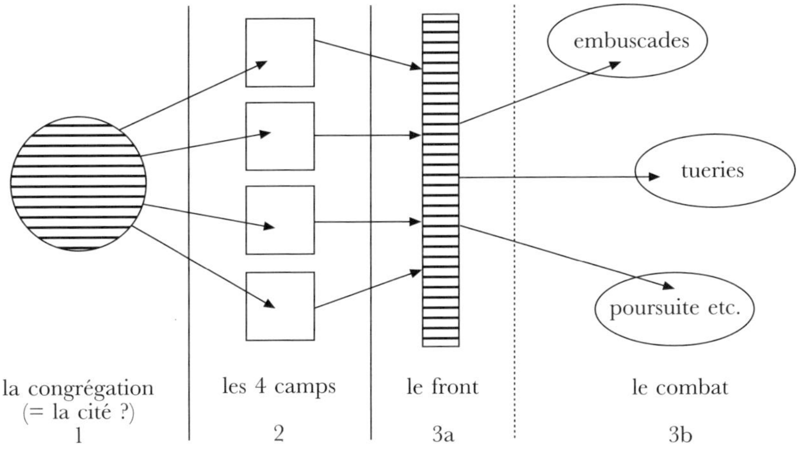

Dans ce schéma, il faut considérer que l'espace du champ de bataille englobe les deux subdivisions du « front » et du « combat ».

Comme ce croquis le fait apparaître, la distinction fondamentale opérée par 1QM dans l'espace du champ de bataille (מלחמה) consiste à séparer le front proprement dit ou מערכה d'une part, de la zone des combats effectifs (sortie, tuerie, embuscade etc.) d'autre part.

Cette distinction entre les deux emplacements est explicitement formulée à deux reprises et tout naturellement à l'occasion des mouvements faisant passer de l'un à l'autre. D'abord lors de la sortie (1QM III 7) :

בהפתח שערי המלחמה לצאת למערכת האויב

« Quand on ouvre les portes du *combat* (מלחמה milḥâmâh) pour qu'ils sortent vers *le front* (מערכה ma^{ca}rak̲âh) de l'ennemi » etc.

Puis, symétriquement, au retour (1QM III 10) :

ובשובם מן המלחמה לבוא המערכה

« Et quand ils reviendront du *combat*, en arrivant sur la *ligne* » etc.

En d'autres termes : pour aller au combat il faut quitter l'emplacement du front ; ensuite, pour rejoindre le front, il faut quitter le combat. Les deux emplacements sont bien distincts et exclusifs l'un de l'autre.

Dans le « règlement des trompettes » le traitement de l'espace symbolique ne souligne donc pas seulement la tripartition, assez classique, de l'espace entre la congrégation (camp de tout le peuple ou cités), le camp militaire et le champ de bataille. Il y ajoute une division du champ de bataille en deux espaces, selon que l'armée est engagée dans diverses opérations combattantes (מִלְחָמָה) ou réunie sur le front (מַעֲרָכָה). C'est dans cet intérêt porté au מַעֲרָכָה que réside l'originalité et l'innovation du *Règlement de la Guerre*.

Étendards et enseignes

Le passage suivant immédiatement le « règlement des trompettes », est consacré aux étendards : סרך אותות le « règlement des étendards » (1QM III 13 à IV 17).[34] Selon le modèle de Nb 10, les deux règlements successifs, relatifs aux trompettes et aux étendards, constituent une seule unité littéraire.[35] La même méthode appliquée aux étendards qu'aux trompettes fournit des indications complémentaires sur la division de l'espace guerrier.

Ce long passage du *Règlement de la Guerre* utilise constamment le mot אות pour désigner les enseignes. Le choix de ce vocabulaire intri-

[34] Le terme « étendard » a été rendu familier en français par la traduction de A. Dupont-Sommer, 1987, "Règlement de la guerre", dans A. Dupont-Sommer et M. Philonenko éds., *La Bible. Écrits intertestamentaires*, (Paris : Gallimard), 185–226. On peut, avec Jean Carmignac, lui préférer « enseigne », dont l'appartenance à la famille de *signum* le rapproche de l'hébreu אות, J. Carmignac, 1958, *La Règle de la Guerre des Fils de Lumière contre les Fils de Ténèbres*, (Paris : Letouzey & Ané), 55.

[35] Les trompettes : Nb 10,2–10 ; les étendards : Nb 10,13–28 (ce dernier passage reprend la description des étendards de Nb 2).

gue car un autre mot, d'usage plus courant, existe en hébreu biblique pour désigner le drapeau : דֶּגֶל. Le mot דֶּגֶל apparaît quatorze fois dans la Bible hébraïque, dont une seule fois en dehors des Nombres.[36] Dans les deux grandes descriptions du camp au désert, figurant en Nb 2 puis en Nb 10, le דֶּגֶל désigne un « étendard » identifiant l'emplacement de chacun des quatre camps. Chaque camp regroupe trois tribus, et l'étendard est attribué à celle qui marche en tête : Juda, Reuben, Ephraïm et Dan. En outre, à quatre reprises les étendards sont mentionnés au pluriel et dans une formulation qui donne à entendre que chaque tribu disposait du sien.[37] La LXX, considérant apparemment que דֶּגֶל en était venu à désigner par métonymie l'unité militaire regroupée autour de son drapeau, le traduit souvent par τάγμα. Le terme grec suggère des unités combattantes beaucoup plus réduites que le camp ou la tribu. Il donne ainsi à entendre que les דְּגָלִים (« étendards ») ont pu se multiplier dans les armées du deuxième Temple.

Le mot אוֹת, dans la Bible, est repris près de quatre-vingts fois dans un sens très voisin de celui du grec σημεῖον, « signe ». Dans l'immense majorité des occurrences, il s'agit des signes par lesquels Dieu manifeste sa fidélité à l'Alliance et son intervention dans l'Histoire. En ce sens le signe par excellence, c'est la sortie d'Égypte : le déroulement de cette épopée constitue en lui-même le signe majeur et paradigmatique de l'Alliance, à l'intérieur duquel toute une série de signes secondaires de la puissance divine sont adressés à Moïse, aux Hébreux et au Pharaon. La mémoire en est conservée dans la phrase plusieurs fois répétée au sujet de « Dieu, sa main forte et son bras tendu, ses signes et ses œuvres au milieu de l'Égypte ».[38] Avant cet épisode fondateur, les « luminaires » dans le ciel, l'arc-en-ciel ou la circoncision imposée à la maison d'Abraham ont été autant de « signes » d'une alliance entre Dieu et les hommes. Plus tard, dans la théologie prophétique, le prophète en personne peut apparaître comme un « signe » envoyé par Dieu : voir Isaïe 8 et 20, ou Ézéchiel 4. Plus rarement les signes peuvent désigner ce par quoi les hommes manifestent leur fidélité à l'Alliance : en ce sens la circoncision, le respect du sabbat ou le port des phylactères constituent des « signes ».

---

[36] Dans le Cantique des Cantiques, où il désigne dans une métaphore « l'enseigne » d'une « maison de vin » (Ct 2,4).

[37] Nb 1,52, 2,2, 2,17 et 2,34.

[38] Dt 11,3 : וְאֶת-אֹתֹתָיו אֶת־מַעֲשָׂיו אֲשֶׁר עָשָׂה בְּתוֹךְ מִצְרָיִם

En revanche, l'emploi de אוֹת dans le sens de « enseigne » ou de « drapeau » est dans la Bible extrêmement rare. Je n'en vois que deux exemples. Le premier figure dans une description du camp au désert (Nb 2,2) :

אִישׁ עַל־דִּגְלוֹ בְאֹתֹת לְבֵית אֲבֹתָם יַחֲנוּ בְּנֵי יִשְׂרָאֵל

> Chacun près de son drapeau et selon *les enseignes* de la maison de leur pères, camperont les fils d'Israël.

Le second se trouve à deux reprises dans le psaume 74 D'abord en Ps 74,4 :

שָׁאֲגוּ צֹרְרֶיךָ בְּקֶרֶב מוֹעֲדֶךָ שָׂמוּ אוֹתֹתָם אֹתוֹת׃

> Tes adversaires rugissent dans l'intérieur de ton rendez-vous (i.e. le Sanctuaire) ; ils imposent (comme) enseigne leurs enseignes.

Puis en Ps 74,8–9 :

שָׂרְפוּ כָל־מוֹעֲדֵי־אֵל בָּאָרֶץ ׃ אוֹתֹתֵינוּ לֹא־רָאִינוּ אֵין־עוֹד נָבִיא

> Ils ont incendié tous les rendez-vous de Dieu dans le pays. Nos signes (enseignes ?) nous ne les voyons plus et il n'y a plus de prophète.

Le passage tiré de Nb 2 ne pose pas de problème textuel particulier. Figurant dans la Torah, il possédait pour le rédacteur de *la Guerre* la pleine autorité de la parole de Dieu.

Il en va autrement du psaume 74. Il y a encore trente ou quarante ans le problème ne se serait pas posé. Aux yeux des plus éminents exégètes, depuis le XIXème siècle, ce psaume apparaissait à l'évidence comme l'un des « psaumes maccabéens », rédigés à l'époque du soulèvement ou durant les premières années de la dynastie asmonéenne.[39] Édouard Dhorme résume bien la position qui réunissait naguère un consensus dans la communauté scientifique : « Le psaume 74, cri de détresse après la profanation du Temple, contient des allusions assez claires à la persécution d'Antiochus Épiphane, l'an 169 av. »[40] Ce

---

[39] « *Quite a few of the older generation of critics (ca. 1850–1950) ascribed a great number of psalms to the Maccabean period* », L. Sabourin, 1974^{2}, *The Psalms : Their Origin and Meaning*, (Staten Island : Alba House), *in loc.* Ps 74.

[40] É. Dhorme, 1959, "Introduction", dans É. Dhorme éd., *La Bible. Ancien Testament, vol II*, (Paris : Gallimard Pléiade), CXVIII.

consensus, aujourd'hui, a volé en éclats. L'idée même de « psaumes maccabéens » est désormais rejetée au profit d'une nouvelle datation de la rédaction de *tous* les psaumes durant la période de l'exil : « *Few scholars now accept a Maccabean date for any of the psalms in the canonical Psalter.* »[41]

Si le psaume 74 est aussi ancien qu'on s'accorde aujourd'hui à en juger, les אֹתוֹת qu'il évoque n'ont alors rien à voir avec des drapeaux, mais désignent plutôt les « signes » ou les attributs symboliques de quelque divinité étrangère.[42] En revanche s'il est de rédaction maccabéenne, les אֹתוֹת posent les mêmes problèmes que ceux de 1QM.

Ce survol du vocabulaire de l'hébreu biblique amène à une double conclusion. D'une part, la substitution de אוֹת à דֶּגֶל, pour désigner les étendards dans des écrits du deuxième Temple, s'explique d'abord par le glissement métonymique du sens de דֶּגֶל de « drapeau » à « corps de troupe » ; d'autre part la source biblique de cet emploi de אוֹת ne se trouve qu'en Nb 2,2 où les deux mots אוֹת et דֶּגֶל figurent, avec un sens voisin dans le même contexte.[43] Ce verset et son contexte

---

[41] A. Gelston, 1984, "A Note on Psalm LXXIV 8", VT 34 / 1, 83. Le psaume 74 demeure l'un de ceux dont le contenu résiste le plus obstinément à ce nouveau consensus, en particulier les versets 8–9 cités ci-dessus. Sur la critique textuelle du Ps 74, voir *ibid.*, 82–87 ; et L. Sabourin, 1988, *Le livre des Psaumes, traduit et interprété*, (Montréal : Bellarmin, Paris : Cerf). Pour les résumer, trois difficultés subsistent pour une datation haute. La première tient à l'expression מוֹעֲדֵי־אֵל : s'agissant indubitablement de lieux de culte, à quelle réalité institutionnelle ces « rendez-vous de Dieu » renvoient-ils dans le contexte du VIème siècle av. ? Aquila les nomme en grec « synagogues », mais si l'on s'en tient à la datation péri-exilique du psaume, l'existence des synagogues serait une absurdité. La deuxième réside dans l'interprétation de אֵין-עוֹד נָבִיא « Il n'y a plus de prophète ». Ce membre de phrase a longtemps constitué un argument en faveur de la datation maccabéenne. Enfin, s'il faut admettre que le psaume ne décrit pas la profanation hellénistique du Temple en 170–169, à quel événement historique fait-il allusion ? On suggère aujourd'hui trois réponses à cette question : a) la plus simple, mais pas forcément la plus évidente, est de renvoyer à la destruction du premier Temple par les Babyloniens en 587 av. ; b) une autre hypothèse propose la date de 486 av., date à laquelle est conjecturée une seconde destruction de Jérusalem par différents voisins de la Judée ; c) enfin les tenants de la *Myth an Ritual School* évacuent la question de l'événement en analysant ce psaume comme la description d'un rite sémitique ancien de mort/résurrection du Dieu, dans le développement duquel interviendrait nécessairement la destruction/reconstruction de son temple.

[42] Voir dans ce sens J. J. M. Roberts, 1977, "Of Signs, Prophets, and Time Limits : A Note on Psalm 74 : 9", CBQ 39 / 4, 474–481.

[43] Nb 2,2 constitue ainsi, selon l'expression de Yigael Yadin, « l'unique mention » de אֹתוֹת-étendards dans la Bible. Sur le « réglement des étendards » dans 1QM voir Y. Yadin, 1962, *op. cit.*, chap. 3 "The Banners of the Congregation and its Organization", 38–64.

(le chapitre Nb 2, puis sa reprise en Nb 10) ont donc fourni à la fois la source et la structure du passage du *Règlement de la Guerre* consacré aux trompettes et aux étendards (1QM II 16 à IV 17).

Fonctions des étendards dans 1QM

Les étendards ont deux usages dans ce texte : d'une part ils signifient l'organisation de toute la Congrégation en une seule armée, hiérarchisée en une série de divisions et d'unités combattantes. À chaque unité correspond un étendard ; cette répartition de tous les fils de Lumière en unités distinctes et hiérarchisées les constitue en une armée. D'autre part les étendards indiquent aux unités engagées dans le combat, les divers mouvements tactiques qu'elles doivent accomplir durant la bataille.

La première fonction est donc d'organiser l'armée selon une hiérarchie et une chaîne de commandement, la seconde de transmettre des ordres à l'armée au combat.

Organisation des unités et hiérarchie milltaire

En tête de tout le peuple, les noms des douze tribus inscrits sur le grand étendard y apparaissent כתולדותם « selon leurs générations », c'est-à-dire dans l'ordre des naissances des fils de Jacob.[44] Mais il existe au moins trois traditions concernant l'ordre suivant lequel les douze tribus sont nommées. La première découle de Ex 28,10 et s'en tient strictement à l'ordre des naissances des fils de Jacob.[45] La seconde s'inspire de l'organisation des tribus au maḥ^{a}neh du désert, décrite en Nb 2 et 10. La troisième adopte un ordre spécifique : sont nommées en premier lieu les tribus de Léa, puis les tribus des servantes, enfin les tribus de Rachel ; à l'intérieur de chaque sous-groupe on suit l'ordre des naissances. Cette troisième tradition, d'abord apparue dans le targoum Neofiti, ne s'appuie d'aucune source biblique.

---

[44] « Selon leurs générations » doit vouloir dire que les noms des douze fils de Jacob figureront selon leur ordre de naissance », J. Carmignac, 1958, *op. cit.*, 55. Voir aussi B. Jongelling, 1962, *op. cit.*, *in loc.* 1QM III 14.

[45] Y est prescrit l'ordre dans lequel les noms des douze tribus doivent figurer sur le pectoral du grand prêtre.

Les trois classifications des douze tribus :

selon . . .	1. l'ordre des naissances	2. le camp du désert	3. les groupes maternels
source biblique	Ex 28,10	Nb 2 et 10	—
textes	1QM III 14 tg Ps J Ex 28 AJ III 168	tg Ps J Nb 2	tg. N Ex 28 LAB XXVI 10–11 midr. rab. Ex 28

1QM III 14 se rattache donc à la tradition issue de Ex 28, c'est-à-dire à la disposition des pierres sur le pectoral du grand prêtre, plutôt qu'à la répartition des tribus au camp du désert.

S'agissant de la hiérarchie des unités combattantes, le « règlement des étendards » en fournit deux descriptions parallèles. La première découle de la réunion des deux listes complémentaires figurant en 1QM III 13 à IV 5. La seconde se déduit des devises inscrites sur les drapeaux du combat (1QM IV 9–17). Il existe enfin l'ébauche d'un liste donnant la dimension des étendards, en 1QM IV 15 sq. Malheureusement, située au bas du manuscrit, elle est très abîmée et lacunaire. Ce qui en subsiste apparaît cependant conforme au contenu des deux autres descriptions.

Une première liste, décrivant l'organisation générale de l'armée en unités combattantes figure donc, très incomplète et abîmée, au bas de la colonne III (1QM III 13 sq) ; elle permet surtout d'établir que le « règlement des étendards » recense l'organisation de l'armée depuis son sommet jusqu'aux unités les plus petites. Elle débute par « le grand étendard en tête de tout le peuple » avant de descendre par degré. La seconde liste de cette série, en haut de la colonne IV (1QM IV 1–5) décrit l'organisation militaire d'un clan (ou myriade) de la tribu de Lévi, celui de Merari. Le grand intérêt de cette deuxième liste est de venir combler les lacunes de la première : elle part en effet du niveau immédiatement inférieur à celui de la tribu, là où les détériorations du manuscrit interrompaient la liste précédente. Ces deux listes ont en commun d'attribuer un drapeau à chaque unité clairement définie ; nous les regroupons donc d'autant plus volontiers en une seule qu'elles se complètent.[46]

[46] Cette première recension des unités militaires de l'armée des fils de Lumière résulte donc de l'amalgame des deux premières listes du texte.

Première description de
la hiérarchie de l'armée des fils de lumière (1QM III 13–IV 5)

« tout le peuple » / la congrégation	כול העם / עדה	1QM III 13
camps de trois tribus	מחנות אשר לשלושת השבטים	1QM III 14
tribu	שבט	1QM III 15
clan / la myriade	משפחה / רבוא	1QM III 16
millier(s)	אלף (אלפין)	1QM IV 1, 2
centurie(s)	מאה (מאיות)	1QM IV 2, 3
la cinquantaine	חמשים	1QM IV 3, 4
décurie(s)	עשרה (עושרות)	1QM IV 3, 4, 5

Une seconde description de l'organisation de l'armée nous est fournie par le contenu des devises illustrant les drapeaux des différentes unités en différentes circonstances. Elle s'organise selon trois listes. La première indique le contenu des devises בצאתם למלחמה « quand ils sortiront pour la bataille » (1QM IV 9) ; la seconde בגשתם למלחמה « quand ils s'avanceront pour combattre » (1QM IV 11) ; la troisième בשובם מן המלחמה « quand ils reviendront de la bataille » (1QM IV 13). On peut mettre en doute l'efficacité et même la réalité de ces changements incessants de drapeaux ; mais ce qui importe, ici, c'est que les trois listes énumèrent à chaque fois les mêmes huit niveaux hiérarchiques d'unités combattantes. Il y a donc là le substrat d'une organisation systématique dans cette représentation imaginaire. Grâce à la première de ces trois listes, nous connaissons les noms attribués à chacune des huit unités, dont l'indication figure sur la devise de son drapeau.

Seconde description de
la hiérarchie de l'armée des fils de lumière (1QM IV 9–17)

congrégation de Dieu	עדת אל
camps de Dieu	מחני אל
tribus de Dieu	שבטי אל
clans de Dieu	משפחות אל
bannières de Dieu	דגלי אל
compagnies de Dieu	קהל אל
appelés de Dieu	קרואי אל
milices de Dieu	צבאות אל

Le rapprochement de ces deux descriptions, dont les dénominations coïncident jusqu'au niveau du « clan » (משפחה), donne le tableau suivant.

1ère description	2ème description	nom et effectif
כול העם / עדה	עדה	la congrégation (tous)
מחנות	מחנה	4 camps
שבט	שבט	12 tribus
משפחה / רבוא	משפחות	les clans
אלף	דגל	bannière (1 000 hommes)
מאה	קהל	centurie
חמשים	קרואים	cinquantaines et décuries,
עשרה	צבאות	(composées d'appelés et formant les milices)

L'armée complète comprend donc quatre camps ; chaque camp regroupe trois tribus ; la tribu est composée de plusieurs clans, eux-mêmes organisés en plusieurs milliers. Le millier se divise en dix centuries, soit vingt cinquantaines et cent décuries. Cette organisation de l'armée en huit niveaux hiérarchiques découle de la combinaison de l'organisation militaire du camp au désert (Nb 2 et 10), pour les quatre niveaux supérieurs, avec la réforme de Jethro (Ex 18,21) pour les quatre niveaux inférieurs.[47]

Transmettre les ordres

La seconde fonction des étendards est de transmettre les ordres des mouvements tactiques, au combat. L'usage des drapeaux comme signaux de transmission des ordres aux unités engagées dans le combat, est suggéré au début du « règlement des étendards » (1QM III 13a) :

סרך אותות כול העדה למסורותם

Règlement des signaux de toute la congrégation pour leurs m^e^sôrôt.

La question de savoir ce que désigne le mot מסורה (m^e^sôrâh) continue de faire l'objet d'une discussion. Le mot, ignoré de l'hébreu

[47] Ce type d'organisation apparaît extraordinairement stable dans l'histoire militaire, puisqu'aujourd'hui encore, la plupart des armées ont conservé la répartition des officiers en huit grades (lieutenant, capitaine, commandant, colonel et quatre grades de généraux), correspondant théoriquement au même nombre d'unités.

biblique, apparaît deux fois dans le texte de 1QM, les deux fois sous cette forme plurielle, מסורות. D'abord en 1QM III 3, où il qualifie une catégorie de trompettes :

ועל חצוצרות המסורות יכתובו סרך אל

Et sur les trompettes des m^{e}sôrôt ils écriront : règlement de Dieu.

Ensuite dans l'introduction au règlement des étendards.

Éditeurs et traducteurs du *Règlement de la Guerre* en ont proposé les interprétations les plus diverses, dont les principales sont regroupées ci-dessous (selon l'ordre de leur première publication).[48]

Mathias Delcor :	« mobilisation » (voir Nb 31,5)
Yigael Yadin et Jean Van Der Ploeg :	« unités militaires »
H. Bardtke :	« devoirs, obligations, » (*Verplichtungen, Aufgaben*)
Jean Carmignac :	1QM III 3 : « transmissions » (des hommes de récitations) 1QM III 13 : « *legenda* » des drapeaux (leurs citations)
André Dupont-Sommer :	« transmissions »
Bastiaan Jongelling :	« unités militaires »
Jean Duhaime :	« mobilisation » ou « unité militaire » (*enrollment* ou *formation*)

Deux séries d'interprétations se dégagent : la première voit dans les m^{e}sôrôt des unités militaires, au même titre que les bannières (דגל) ou les centuries (קהל). La seconde les comprend comme des instructions, « transmises » par les trompettes et les drapeaux. Cette seconde traduction, d'abord proposée par André Dupont-Sommer, me paraît

[48] On les trouvera, *in loc.*, dans les ouvrages suivants (qui reprennent parfois une publication antérieure) : M. Delcor, 1955, "La Guerre des Fils de Lumière contre les Fils de Ténèbres, ou le 'Manuel du parfait combattant' de Qoumrân", NRTh 77, 372–399 ; Y. Yadin, 1962, *op. cit.* ; J. Van Der Ploeg, 1957, "La guerre sainte dans la "Règle de la guerre" de Qumran", dans *Mélanges bibliques rédigés en l'honneur de André Robert*, (Paris : Bloud & Gay), 326–333 ; H. Bardtke, 1955, "Die Kriegsrolle von Qumran übersetzt", *Theologische Literaturzeitung* 80, 401–420 ; J. Carmignac, 1958, *op. cit.* ; A. Dupont-Sommer, 1980^4, *op. cit.* ; B. Jongelling, 1962, *op. cit.* ; J. Duhaime, 1995, "War Scroll", dans J. Charlesworth éd., *The Dead Sea Scrolls, vol. 2*, (Tubingue : Mohr).

la plus juste.[49] Elle correspond en effet à l'une des fonctions que le *Règlement* attribue aux étendards et aux trompettes. Elle peut s'appuyer sur l'existence, attestée en hébreu michnique et en araméen, du verbe מָסַר signifiant « remettre, céder, transmettre » (*tradere*). On traduira donc 1QM III 13a : « Règlement des signaux de toute la congrégation en vue de leur transmettre (les ordres). »

Cette fonction est décrite une première fois en 1QM IV 6–9 par l'usage systématique de cette formule :

וב . . . למלחמה יכתובו על אותותם . . .

> Quand ils [*accompliront tel mouvement tactique*] au combat, on inscrira sur leurs étendards : [*tel mot d'ordre*].

Puis, quelques lignes plus bas (1QM IV 9, 11 et 13), trois mouvements tactiques fondamentaux sont à nouveau indiqués, avec les signaux correspondants. On peut ainsi dresser le tableau des principaux mouvements tactiques prévus par le *Règlement* :

« aller au combat » (1QM IV 6)	הלך למלחמה
« sortir au combat » (1QM IV 9)	יצא למלחמה
« engager le combat » (1QM IV 7, 11)	נגש למלחמה
« revenir du combat » (1QM IV 8, 13)	שוב למלחמה

En raison de leur place identique dans la structure des deux passages, on peut considérer que les deux expressions voisines « aller au combat » (הלך) et « sortir au combat » (יצא) désignent le même mouvement.

La topographie organisée par les étendards

À l'instar du règlement des trompettes, celui des étendards définit une certaine topographie de la guerre et de la bataille. Cette topographie diffère de la précédente, mais sans la modifier ni la contredire ; elle la précise. À la différence des sonneries de trompettes, l'usage des drapeaux est en effet strictement limité à la guerre et à ces deux fonctions : l'organisation d'une armée prête au combat ; et les mouvements tactiques et stratégiques de cette armée dans la bataille.

[49] A. Dupont-Sommer, 1955, "'Règlement de la guerre des fils de lumière' : traduction et notes", RHR 148, 25–43 et 141–180.

Intervenant *à l'intérieur* du temps et de l'espace guerriers, les drapeaux ne peuvent donc servir à les distinguer d'un temps et d'un espace non guerriers. Tandis que les trompettes contribuaient à organiser la division entre les espaces de la congrégation, du camp et de la bataille, les drapeaux s'inscrivent dans le cadre des deux derniers, dont ils précisent la topographie.

S'agissant du camp, le *Règlement de la Guerre* emprunte au vocabulaire des Nombres la double acception du terme מַחֲנֶה (maḥ^{a}neh). Dans Nombres figure en effet d'une part le camp général, composé de toute la communauté d'Israël. Mais ce camp général peut, d'autre part, être divisé en plusieurs « camps » (מַחֲנֹת) de une ou trois tribus (Nb 2 *passim*). Par ailleurs le règlement des trompettes distingue le camp de l'armée (מחנה ou מחנות) des autres espaces déterminés par la guerre. Par opposition à la congrégation et au champ de bataille, le maḥ^{a}neh y désigne l'espace symbolique où se regroupe l'armée en guerre, avec ses lois de pureté particulières, distinctes de celles de la vie civile.

Le règlement des étendards s'applique à la division de ce camp militaire en quatre « camps » (מחנות), qui sont autant de grandes unités stratégiques regroupant chacune trois tribus.[50] Dans la chaîne hiérarchique des unités militaires, le « camp » occupe ainsi l'échelon intermédiaire entre « toute l'armée » et la tribu. Les deux fois où le mot מחנות apparaît ainsi (au pluriel) dans le règlement des étendards, il se situe à sa place au sein d'une énumération de différents niveaux d'organisation de l'armée en unités combattantes.[51]

Quant au champ de bataille, il constitue le terrain privilégié de l'utilisation des drapeaux comme signaux tactiques. Le règlement des étendards reprend et précise ici la distinction entre le « front », où s'aligne la troupe sous les armes, et la « lice », ou terrain des combats proprement dit.

Aux deux fonctions attribuées aux drapeaux, l'organisation de l'armée et la transmission des ordres tactiques, correspondent deux séries

---

[50] Le *Règlement de la Guerre* puisait ainsi dans la Torah un schéma d'organisation tactique et militaire, à la fois vraisemblable et conforme aux usages guerriers de son époque ; en même temps il exprimait sa conviction de la réunification des douze tribus dans un avenir eschatologique.

[51] En 1QM III 14, la description des אותות ראשי המחנות « drapeaux des chefs des camps » apparaît ainsi entre celles du grand drapeau de tout le peuple et des drapeaux de chaque tribu. En 1QM IV 9, la devise מחני אל « camps de Dieu » figure sur le deuxième drapeau, situé entre celui qui porte la devise de la עדה « congrégation » et celui portant la devise de la שבט « tribu ».

de drapeaux. La différence entre ces deux catégorie est soulignée par la formule introduisant la description de chaque drapeau de ces deux séries. Factuelle et synchronique quand il s'agit des drapeaux organisant l'armée en « front », mais dynamique et diachronique quand on en vient à ses déplacements sur le terrain. Dans le premier cas (1QM III 13 à IV 15) on lit : על האות « sur ce drapeau » (on écrira telle devise). Mais dans le second (1QM IV 6–14) la formule devient : « Quand il feront telle action au combat, on écrira sur le drapeau telle devise » ; par exemple en 1QM IV 6 :

ובלכתם למלחמה יכתובו על אותותם

« Et quand ils iront à la bataille on écrira sur leurs drapeaux » etc.

L'usage de la préposition 'ב et de l'inaccompli dans le sens d'un futur, l'emploi de verbes de mouvement, l'indication de l'action tactique à accomplir : tout ceci concourt à définir une posture dynamique, par opposition à la formule de la première série, plus statique et atemporelle.

Ces deux séries de drapeaux induisent deux types d'espaces distincts, subdivisant le champ de bataille. L'un où la troupe alignée reste sous les armes, organisée selon ses unités, prête à la bataille mais encore immobile : c'est le front. L'autre, dans lequel l'armée s'ébranle, marche au combat et vient au contact de l'ennemi par une série de mouvements : c'est le terrain des combats, la lice. L'espace de la מערכה, où l'armée est alignée sur le front, doit ainsi être distingué de celui du מלחמה proprement dit, où l'armée est engagée dans la bataille.

Le « front » : מַעֲרָכָה et παράταξις dans le judaïsme ancien

Chez Flavius Josèphe

Flavius Josèphe se révèle l'un des plus prolixes utilisateurs de παράταξις et παρατάσσειν dans toute la littérature juive hellénistique. Tous sens confondus, on en relève plus de quatre-vingts occurrences. Le sens le plus fréquemment attesté est celui de « combat, bataille ». Mais il se trouve aussi suffisamment d'occurrences du mot dans le champ sémantique du front (alignement de l'armée, l'armée alignée, l'endroit où elle s'aligne, le champ de bataille) pour qu'on puisse en tirer quelques enseignements.

Chez Josèphe la παράταξις (et le verbe παρατάσσειν), quand ils désignent ainsi le front, prennent trois types de significations. D'une part la ligne de front d'une armée rangée sous les armes, correspondant assez précisément à ce que les Romains nommaient *acies* ou *prima acies*. Ensuite ce même alignement d'une armée, dans la mesure où il s'effectue en rase campagne, par opposition à la guerre de siège et aux actions de la poliorcétique. Enfin, cet alignement est décrit comme l'endroit où s'accomplissent un certain nombre de rites guerriers, sous la direction du roi et/ou général.

Le sens de *acies* est particulièrement attesté dans la BJ, où il relève du vocabulaire rigoureux de la technique militaire et stratégique. Josèphe offre là à un public romain, supposé versé dans l'art militaire de son temps, le récit d'une guerre récente à laquelle les légions ont pris part. Il y trace de lui-même le portrait d'un général rebelle mais aussi d'un admirateur des méthodes militaire de Rome, convaincu que la victoire a finalement plus à voir avec la εὐπειθείᾳ μάλιστα μελέτῃ τῶν ὅπλων « la discipline surtout et l'exercice des armes » (BJ II 577) qu'avec une hypothétique intervention divine.[52] Dans cet usage technique du terme, Josèphe se révèle donc moins préoccupé de transmettre des pratiques et des rites propres au judaïsme, que de se représenter lui-même en officier familier des usages de l'armée romaine.[53]

Le sens de *prima acies* apparaît aussi, à l'occasion, dans certaines des paraphrases bibliques composant une partie des AJ. Il y désigne en général le rangement en bataille d'une armée ennemie, non juive.[54] Ainsi lors de la bataille de Miṣpah entre Samuel et les Philistins : les hostilités commencent lorsque ceux-ci sont sortis de leur camp καὶ παρατάσσεται εἰς μάχην « et se rangèrent prêts pour la bataille » (AJ VI 26).[55] De même lors d'un affrontement entre Joab et les

[52] Voir BJ II 577–584 où Josèphe explique comment il essaya d'inculquer une discipline toute romaine à ses troupes galiléennes. La compétence de Josèphe en matière d'art militaire romain est confirmée dans sa grande description de BJ III 70–109, où nous a été conservée l'une des images les plus précises et les mieux documentées d'une armée romaine en campagne.

[53] Dans la BJ particulièrement, où le mot s'applique presqu'uniquement à des armées romaines : BJ IV 433, 642, VI 18, 79, 170, 246. Une fois seulement il désigne la (inhabituelle) discipline d'une armée juive (BJ V 312).

[54] Mais en une occasion il s'applique à l'alignement d'une armée juive, lors de la guerre civile entre David et Absalom (AJ VII 236) : Ἰωάβου δὲ παρατάξαντος τὴν δύναμιν ἀντικρὺ τῶν πολεμίων « Joab ayant rangé ses forces en bataille face à l'ennemi. »

[55] Le sous-texte biblique est ici 1 S 7,10.

Amonites, où ces derniers tentent de surprendre les Hébreux en s'organisant sur deux lignes de front.[56] Ce texte offre l'intérêt d'établir un lien explicite entre la παράταξις de Josèphe et la מַעֲרָכָה (ma^{ca}rakâh) biblique. Le παραταξαμένων de Josèphe s'inspire en effet du passage correspondant dans 1 S 10,8 (LXX : Règnes I 10,8) : πάρετάξαντο πόλεμον « ils se rangèrent en bataille », traduction de l'hébreu biblique וַיַּעַרְכוּ מִלְחָמָה (donc la racine ערך de la ma[ca]rakâh).

La deuxième signification, celle d'une armée prête au combat en rase campagne, par opposition aux guerres de siège, apparaît essentiellement dans la paraphrase biblique des guerres dites « araméennes », entre Achab roi d'Israël et Ben Hadad roi de Damas. Un des éléments structurant le récit biblique (1 R 20) réside ici dans l'opposition entre plaine et montagne. Les Araméens attribuent leur première défaite, au fait que YHWH serait avant tout un אֱלֹהֵי הָרִים « un Dieu des montagnes » (1 R 20,23) ; ils se font forts, par conséquent, de vaincre les Israélites s'ils peuvent les combattre dans la plaine (1 R 20,25). Ainsi défié, YHWH annonce à Achab, par la voix d'un prophète, qu'il combattra et vaincra les Araméens dans un combat « régulier », front contre front, dans la plaine (1 R 20,28). Dans cet épisode, l'affrontement de deux armées en rase campagne constitue la représentation la plus achevée, la plus noble et la plus puissante de la guerre antique. Le sort des empires continue de se jouer lors d'une bataille rangée décisive — au moins la certitude en existe-t-elle. En ces occasions soudaines et au résultat souvent renversant, la main de Dieu est censée se manifester clairement et immédiatement. Il y a là quelque chose de l'ordalie. En revanche, dans la guerre de montagne (qu'on nommerait aujourd'hui guérilla) la ruse ou la technique, d'ordre strictement humain, emportent souvent la décision : l'intervention divine s'en trouve minorée.

Josèphe conserve de sa source la démonstration de la puissance universelle de YHWH. Mais il l'adapte à son époque. Il opère un déplacement significatif en opposant à la bataille rangée en rase campagne, non plus la guérilla en montagne, mais le repli dans une place forte. Dans son récit les deux armées s'alignent bien face-à-face en deux impeccables *parataxis*, lors de l'ultime bataille décisive.[57]

---

[56] AJ VII 123 : τῶν δὲ πολεμίων ἐξελθόντων καὶ παραταξαμένων οὐχ ὁμοῦ, διχῇ δέ « Les ennemis étant sortis pour se ranger, non sur un mais sur deux fronts. »

[57] AJ VIII 382 : ἑπτὰ μὲν ἡμέρας ἀντεστρατοπεδευκότες ἡσύχαζον, τῇ δὲ ὑστατῃ τούτων ὑπὸ τὸν ὄρθρον προελθόντων ἐκ τοῦ στρατοπέδου τῶν πολεμιων καὶ παραταξαμένων

Mais lors des premiers affrontement, Josèphe a montré le roi Achab refusant de ranger son armée en *parataxis* pour se mettre à l'abri de ses villes fortifiées.[58] La poliorcétique a remplacé, chez Josèphe, les ruses de la guérilla. Mais l'affrontement classique entre deux armées alignées face-à-face et formant la *parataxis*, demeure le lieu privilégié où se manifeste, dans les guerres, la puissance divine.

Il apparaît donc cohérent que la παράταξις soit aussi le lieu où s'accomplissent un certain nombre de rites de guerre, au moyen desquels s'exprime l'appel à cette puissance de Dieu. C'est la troisième signification du terme chez Josèphe. Ses descriptions des rites accomplis sur le front des troupes posent cependant un problème majeur, dans la mesure où ceux-ci sont dirigés par le roi et non par un prêtre. Selon la Torah (Dt 20), le prêtre est le maître des rites de guerre. Pourtant, il s'efface complètement derrière la personne du roi dans les écrits de Josèphe.

La première allusion à ces rites du front apparaît dans la BJ, lors de la campagne d'Hérode contre les Nabatéens, en 31 av. Josèphe y décrit le roi se livrant chaque jour à la même démonstration (BJ I 381) : προάγων τὴν δύναμιν εἰς μάχην παρετάσσετο καὶ προυκαλεῖτο τοὺσ Ἄραβας. « Faisant sortir sa troupe, il la rangeait en bataille puis défiait les Arabes. » Ce défi répété devant le front des troupes relève du domaine rituel. Il intervient dans un contexte narratif des pratiques rituelles de Hérode : quelques lignes plus haut Josèphe a montré le roi haranguant ses soldats (BJ I 373 sq), puis offrant un sacrifice avant de franchir le fleuve (BJ I 380).[59] Tous ces rites sont accomplis devant la *parataxis*. Ceci, sans doute, n'était pas spécifiquement juif. Mais il importait en tout cas aux Juifs, même s'ils n'étaient pas les seuls dans ce cas, que les rites s'accomplissent en ce lieu.

Cette organisation, associant des rites de guerre, le roi qui les accomplit et la *parataxis* où ils se déroulent, réapparaît à trois reprises dans les AJ.

εἰς μάχην ἀντεπεξῆγε καὶ Ἄχαβος τὴν οἰκείαν δύναμιν. « Pendant sept jours elles restèrent toutes les deux face-à-face chacune dans leur camp, mais le dernier jour à l'aube, les ennemis étant sortis de leur camp et s'étant rangés prêts pour la bataille, Achab mena ses propres troupes contre eux. »

[58] AJ VIII 364 : πρὸς μάχην μὲν οὐ παρετάξατο, πάντα δ' εἰς ὀχυρωτάτας πόλεις ἐγκλείσας τὰ ἐν χώρᾳ αὐτὸς μὲν ἔμεινει ἐν Σαμαρείᾳ « Il ne rangea pas (son armée) en ordre de bataille mais, ayant renfermé tout ce qu'il y avait dans le pays dans des villes fortifiées, lui même demeura dans Samarie. »

[59] On est là au cœur des ambiguïtés du roi Hérode, Iduméen et roi des Juifs, se comportant aussi en monarque hellénistique : l'offrande de ce sacrifice, par le roi et loin du Temple, ne peut en aucun cas relever du judaïsme.

Une première fois dans la paraphrase biblique de la mort d'Achab, le roi d'Israël. Les sources bibliques de cet épisode (1 R 22,30 et 2 Ch 18,29) rapportent comment Achab se déguisa pour aller au combat tandis que son allié, Josaphat de Juda, conservait son costume royal. La paraphrase de Josèphe s'en écarte sur deux points. Achab y ôte bien son habit royal (βασιλικὸν σχῆμα), mais c'est Josaphat qui l'endosse, puis qui prend sa place sur le front des troupes (AJ VIII 412) : τὸν δὲ τῶν Ἱεροσολύμων βασιλέα τὴν αὐτοῦ στολὴν ἔχοντα στῆναι ἐν τῇ παρατάξει « Le roi des Hiérosolymitains, portant l'habit de l'autre, se tiendrait devant le front des troupes. » Dans la représentation qu'offre ici Josèphe d'une ma^{ʿa}raḵâh biblique figure donc nécessairement un roi revêtu de ses atours rituels et symboliques.[60] La « parade » assumée ici par Josaphat apparaît alors assez analogue au défi quotidien lancé par Hérode à ces adversaires.

Deuxième exemple, le récit de la victoire miraculeuse de Josaphat sur les Moabites et leurs alliés. La source biblique (2 Ch 20,20–21) décrit minutieusement la sortie de l'armée judéenne, sa formation pour le combat et ses rites préparatoires à la bataille dans lesquels les « chantres » (מְשֹׁרְרִים, LXX : ψαλτῳδοί) jouent le premier rôle. Cette mention des chantres conduit Josèphe à leur associer prêtres et Lévis — qui ne figurent pas explicitement dans le récit biblique (AJ IX 12). Et surtout il modifie l'architecture du récit sur deux points essentiels. D'une part le roi, soucieux de montrer sa confiance en l'appui divin, interdit à son armée de se disposer en *parataxis* (AJ IX 12) : ἔλεγε πρὸς τό πλῆθος ὡς δεῖ πιστεύειν τοῖς ὑπὸ τοῦ προφήτου εἰρημένοις καὶ μὴ παρατάσσεσθαι μὲν αὐτοὺς εἰς μάχην « Il (i.e. le roi) dit au peuple qu'il fallait faire confiance aux paroles du prophète et ne pas se ranger en bataille. » D'autre part Josèphe interprète la présence des chantres (et donc aussi, de son point de vue, des Lévis et des prêtres) comme la preuve que Josaphat organise alors une cérémonie d'actions de grâce, se comportant *comme si* la victoire avait été déjà remportée (AJ IX 12) : προστησαμένους δὲ τοὺς ἱερεῖς μετὰ τῶν σαλπίγγων καὶ Ληουίτας μετὰ τῶν ὑμνούντων « Il place à leur tête les prêtres avec leurs trompettes ainsi que Lévis et chanteurs, pour rendre grâce, comme si notre pays avait déjà été libéré de ses ennemis. » Ces modifications introduites par Josèphe doivent s'interpréter à la lumière des rôles respectifs du prêtre et du roi dans l'accomplissement des

[60] Cet intérêt porté au vêtemnt du roi sur le front n'est pas sans évoquer celui de 1QM, puis des écrits rabbiniques, pour les vêtements des prêtres accomplissant les rites de guerre sur le front. Mais, chez Josèphe, le prêtre est absent.

rites de guerre. Chez Josèphe les rites accomplis sur le front (la παράταξις) sont le fait du roi. Aussi est-ce Josaphat qui donne l'ordre de ne pas se ranger en bataille. En revanche, la présence des prêtres (ou ce qu'il interprète comme la présence des prêtres) conduit Josèphe à considérer les rites se déroulant ce jour-là comme des rites de victoire, c'est-à-dire postérieurs au combat et ordinairement accomplis à Jérusalem.

Une troisième fois Josèphe présente un prince juif présidant à l'organisation de la *parataxis*, dans son récit des guerres maccabéennes. Décrivant la bataille décisive entre Bacchidès et Juda Maccabée, au cours de laquelle celui-ci devait périr (1 M 9), Josèphe montre les deux généraux rangeant leur armée en ordre de bataille (παρατάσσειν) l'une en face de l'autre.[61] Certes Juda n'est pas alors le roi des Juifs mais il en est le général et, à ce titre, préfigure le roi.

La mise en œuvre, par le général-roi, des rites de guerre accomplis sur le front n'avait rien qui put choquer les lecteurs grecs ou romains de Josèphe, chez qui elle constituait la norme. Mais elle apparaît contraire aux prescriptions de la Torah, en Dt 20, pour qui ces rites sont réservés au prêtre. Comment expliquer le développement de qui apparaît comme une innovation ?

L'évocation de la *parataxis* de Juda Maccabée nous met sur la voie. À la veille de ses premiers combats Juda réunit l'armée juive à Masphat (1 M 3,46).[62] Là, en l'absence de prêtres et tandis que le Sanctuaire est encore aux mains des Grecs, Juda entreprend de refonder les rites juifs de la guerre.[63] En choisissant Masphat et en se référant ainsi au précédent biblique de 1 S 7, Juda se réclame du modèle samuélien du « Juge en Israël », à la fois chef de guerre et prêtre. Ce modèle du « Juge », antérieur à la division des tâches entre le prêtre et le roi, il se l'applique à lui-même : ainsi peut-il accomplir lui-même, comme chef de cette armée, les rites prescrits en Dt 20, malgré l'absence du (mauvais) grand prêtre. Plus tard les

---

[61] AJ XII 426 : Ὁ δὲ Βακχίδης ἐξαγαγὼν ἐκ τοῦ στρατοπέδου τὴν δύναμιν πρὸς μάχην παρετάσσετο « Bacchidès fit sortir ses forces du camp et les rangea prêtes au combat. » ; et AJ XII 428 : τὸ δ' αὐτὸ ποιήσας ὁ Ἰούδας « Juda en fit de même. »

[62] La Masphat de 1 M 3 est nommée Μασφατ par Josèphe. Elle correspond à la מִצְפָּה (Miṣpâh) hébraïque, où Samuel réunit Israël contre les Philistins (1 S 7). Voir supra.

[63] Sur la situation particulière du judaïsme du deuxième Temple à Masphat, voir F. Schmidt, 1994, *op. cit.*, 78 sq.

Asmonéens ayant accédé à la charge héréditaire de grand prêtre récupèrent toute légitimité pour accomplir ces rites guerriers ; puis coiffant la couronne ils confondent en leur personne les fonctions du roi et du prêtre. Dès lors c'est le roi-prêtre qui accomplit sur le front de son armée ces rites réinventés par Juda Maccabée. Les accomplit-il comme roi, c'est-à-dire comme chef de guerre, ou comme prêtre ? Les deux fonctions devaient finir par se confondre dans la personne du dynaste. Pour Juda et ses successeurs, comme pour Flavius Josèphe (lui-même prêtre et général, et fier de descendre par sa mère des Asmonéens), c'est le chef de l'armée (le roi) qui dirige les rites accomplis sur le front. Les indices fournis par la lecture de Josèphe suggèrent ainsi l'hypothèse que, des Maccabées aux Asmonéens, puis des Asmonéens à Hérode, un certain nombre de rites de guerre accomplis sur le front des armées judéennes (elles-mêmes de plus en plus mélangées de mercenaires), aient glissé des mains du prêtre à celles du roi.

À la tradition et à l'usage ainsi peu à peu installés, les prescriptions figurant dans le *Règlement de la Guerre* et dans quelques autres écrits de Qoumrân, opposent une tradition radicalement différente.

Dans le Règlement de la Guerre

L'autre grande source juive de l'époque du deuxième Temple dans laquelle le « front » apparaisse régulièrelment est le *Règlement de la Guerre.* Le mot מערכה s'y trouve largement attesté, qui figure une quarantaine de fois en 1QM et encore vingt-huit fois dans les 4QM.[64] La maʿara-ḵâh y désigne partout un type d'organisation militaire. Elle doit s'entendre comme l'armée rangée en ordre de bataille, face à une armée ennemie également rangée en ordre de bataille ; la réunion de ces deux éléments, l'ordre et le face-à-face, définit l'emplacement de la maʿaraḵâh.[65] En outre cette disposition de l'armée en maʿaraḵâh entretient un rapport étroit avec l'accomplissement d'un certain nombre de rites. Car la maʿaraḵâh désigne aussi l'emplacement où doivent se dérouler les rites de guerre effectués sous la direction des prêtres.

[64] Pour 1QM voir J. Carmignac, 1958, *art. cit.*, s.v. מפרכה. Dans les 4QM : 4Q491 1–3 i 7 (2x), 10, 11 (5x), 12 (3x), 14, 15 (2x), 16 ; 11 ii 10, 11, 20 ; 13 i 5. 4Q492 1 i 9, 11. 4Q493 1 i 1, 3, 6, 9, 12.

[65] 1QM VII 9 : ובסדר מערכת המלחמה לקראת אויב מערכה לקראת מערכה « Quand on a organisé le front de guerre contre l'ennemi, front contre front. »

La place éminente de la ma{ca}rak̲âh dans l'accomplissement de ces rites de guerre se révèle d'une part à ce que les prêtres interviennent seulement après qu'elle a été formée (1QM VII 9) ; d'autre part à ce qu'on y revient, au lendemain de la victoire, accomplir en présence des prêtres les rites d'actions de grâce (1QM XIV 3). Cette position confère à la ma{ca}rak̲âh, entendue à la fois comme emplacement précis et comme le type précis d'alignement sur cet emplacement, un statut de pureté particulier.

Quatre traits caractérisent la ma{ca}rak̲âh dans le *Règlement de la Guerre*. Premièrement les conditions de sa formation. La formation de la ma{ca}rak̲âh est décrite en 1QM VII 9 et XV 2–6. Selon 1QM VII 9 elle doit précéder l'intervention rituelle des prêtres. En atteste la construction grammaticale : ובסדר מערכת « *quand* on a organisé la ma{ca}rak̲âh », ויצאו « *alors* sortent » les prêtres pour accomplir les rites. Les différents moments de cette séquence de la mise en place sont détaillés en 1QM XV 2–6. D'abord, toute l'armée se rassemble.[66] Le lieu du rassemblement est défini par le fait que l'armée s'y déploie face à l'ennemi.[67] Les deux armées, alors, se font face et occupent des positions symétriques.[68] Ce face-à-face constitue la première condition d'existence de la ma{ca}rak̲âh. La seconde est que l'armée se dispose en formation de combat. Cette disposition s'opère en deux temps. Premier temps, les officiers reçoivent leurs instructions (1QM XV 4) :

ועמד כוהן הראש ואחיו ה[ ] והלויים וכול אנשי הסרך עמו וקרא באוזניהם

> Le chef des prêtres, debout avec ses frères [ ] et les Lévis et tous les officiers autour de lui, parlera pour leurs oreilles.

Ces rites préliminaires et ces instructions concernent seulement les chefs de l'armée : le texte précise qui se trouve réuni autour de l'officiant, excluant *de facto* tous les autres ; exclusion soulignée par le détail rituel rapporté ici, d'une lecture « dans les oreilles » des auditeurs, excluant donc par principe — au contraire de la harangue sur le front des troupes, par exemple — tous ceux qui ne sont pas expli-

---

[66] 1QM XV 2 : וכול ע[ ] המלחמה ילכו וחנו « Tous les [guerriers de] l'armée viendront camper. »

[67] Voir les expression parallèles exprimant ce face-à-face en 1QM VII 9, לקראת / לקראת et en 1QM XV 2, ננד . . . וננד.

[68] Ainsi le roi des Kittim réunit-il son armée de Bélial « en communauté » (הנועדים) autour de lui, 1QM XV 3.

citement désignés pour l'entendre. À ce stade, la direction des rites est encore assurée par le grand prêtre, ou du moins par le premier des prêtres présents, selon les critères ordinaires (« civils ») de la hiérarchie sacerdotale. Ce ne sera plus le cas, une fois achevée la formation de la ma^{ca}raḵâh.

Le deuxième temps de la mise en place consiste alors en l'ordre qu'en donne ce כוהן הראש « prêtre en chef » (1QM XV 5–6) :

> וסדר שם את כול המערכות ככ[ ]
>
> Puis en cet endroit il organisera toutes les lignes du front selon [ ]

À partir du moment où ceci est accompli, l'armée se trouve en configuration complète de maʿaraḵâh.

Le deuxième trait caractéristique de la maʿaraḵâh, réside dans ce qu'on pourrait nommer « la spécialisation guerrière » des prêtres qui procèdent là aux rites. Cette spécialisation s'exprime de deux façons. D'une part, en ce seul emplacement, les sept prêtres chargés des rites de guerre revêtent un habit sacerdotal spécialement réservé à ce lieu et à ces rites (1QM VII 11–12) :

> בגדי מלחמה ואל המקדש לוא יביאום
>
> (Ce sont) des habits pour la guerre et il ne les introduiront pas dans le Sanctuaire

Tels qu'ils sont décrits succinctement (1QM VII 10–11) ces vêtements sacerdotaux ne diffèrent pas de ceux portés au Temple : tunique, caleçon, ceinture et turban.[69] Ils ne se distinguent les uns des autres que par le lieu et l'occasion où ils sont portés : les uns au Temple et en paix ; les autres sur le front et pour la guerre. La présence en ce lieu de prêtres revêtus d'habits sacerdotaux signifie la pureté particulière de cet espace désigné comme la maʿaraḵâh ; mais l'interdit d'introduire ces vêtements dans le Temple situe cette pureté à un degré inférieur à celle du Sanctuaire et rappelle la coupure fondamentale entre guerre et paix. La maʿaraḵâh est le seul emplacement où le rouleau précise que les prêtres doivent porter ce vêtement spécifique et son usage est réservé à l'accomplissement des rites

---

[69] Jean Carmignac a identifié toutes les sources bibliques de cette description des vêtements sacerdotaux, voir J. Carmignac, 1958, *op. cit.*, 109.

de guerre ; le port de ce vêtement confirme ainsi la distinction entre la ma^{ʿa}rak̲âh et tous les autres lieux de la guerre.

L'autre élément de la spécialisation guerrière des prêtres apparaît dans le nom donné à celui chargé de présider aux rites (1QM XV 6–7) :

והתהלך הכוהן החרויץ למועד נקם על פי כול אחיו

> Alors, le prêtre désigné par le choix de tous ses frères pour le temps de la revanche, s'avancera.

Donc, aussitôt qu'a été formée la ma^{ʿa}rak̲âh, le prêtre dirigeant les rites de guerre qui s'y déroulent change de dénomination : le « prêtre en chef » (כוהן הראש) s'efface devant ce prêtre, que le *Règlement* désigne par une paraphrase précisant sa fonction eschatologique et son mode d'élection. Cette élection spécifique donne à penser qu'il doit s'agir de deux personnages distincts. La mise en avant de ce nouveau prêtre relève également de la spécialisation guerrière associée à la ma^{ʿa}rak̲âh ; c'est-à-dire d'une technique de différenciation, destinée à résoudre la contradiction entre la nécessaire présence sacerdotale à la guerre, et l'incompatibilité entre la guerre et la pureté du Temple. Les prêtres n'accèdent à cette posture de guerre (l'état particulier de pureté requis par la guerre) que dans l'espace de la ma^{ʿa}rak̲âh. Auparavant ils conservaient le statut de la cité, comme le montre le recours à la hiérarchie du Temple ; plus loin (au combat) ils n'auront pas accès.

Le « front » délimite ainsi un espace-temps éphémère, entre camp et combat, qui requiert des prêtres une transformation rituelle particulière marquée par ces deux signes : le changement de vêtements sacerdotaux ; le grand prêtre cédant le pas au prêtre désigné-pour-la-vengeance.[70]

Le troisième trait caractéristique de la ma^{ʿa}rak̲âh est la distinction introduite au sein du champ de bataille, entre l'emplacement du front, où se déroulent les rites (la מצרכה proprement dite), et celui des combats sanglants. En effet le *Règlement de la Guerre* prescrit que les prêtres doivent demeurer à l'écart des combats et des tueries, durant toute la bataille, afin de préserver leur statut de pureté par-

---

[70] Voir aussi là-dessus les discussions rabbiniques sur les vêtements et les statuts respectifs du grand prêtre et du prêtre « oint pour la bataille » : *inter al.* b.Yoma 72b–73a et b.Horayot 13a.

ticulier.[71] Cet emplacement, situé « à bonne distance » (מרחוק) des combats, est celui de la ma^{ca}rak̲âh, où les prêtres se sont installés pour les rites précédant la bataille et d'où ils peuvent faire entendre leurs ordres au moyen des trompettes. La distance convenable séparant un emplacement pur d'une source de souillure a été précisée un peu plus haut dans le manuscrit, à propos des camps : elle est de deux mille coudées (environ cinq cents mètres).[72] On peut en déduire que la distance minimale, entre la ligne de front des fils de Lumière et celle de leurs ennemis, doit être au moins de deux mille coudées et plus probablement du double, si l'on considère que les deux armées s'avancent à la rencontre l'une de l'autre pour se combattre. De sorte que les impératifs tactiques (maintien d'une certaine distance entre les lignes ennemies) et symboliques (séparation entre pureté et impureté) peuvent ici se confondre.

La distinction opérée entre le front (מערכה ma^{ca}rak̲âh) et le champ de bataille proprement dit (מלחמה milḥâmâh) est donc fondamentale du point de vue du rite et de la pureté : la ma^{ca}rak̲âh définit l'emplacement exclusif où peuvent se tenir les prêtres avant et pendant le combat ; elle constitue aussi l'emplacement privilégié des rites de guerre accomplis par les prêtres.

Le quatrième trait caractéristique de la ma^{ca}rak̲âh dans le *Règlement de la Guerre* est en effet qu'on y revienne accomplir de nouveaux rites au lendemain de la victoire (1QM XIV 3) :

ושבו אל מקום עומדם אשר סדרו שם המערכה

> Alors ils reviendront à l'endroit de leurs positions, là où ils avaient formé la ma^{ca}rak̲âh.

Ce retour signifie, en premier lieu, que la ma^{ca}rak̲âh désigne un emplacement géographiquement et topographiquement situé. En second lieu, puisque ce retour est organisé en vue d'accomplir les rites d'action de grâces pour la victoire, il confirme cet emplacement de la ma^{ca}rak̲âh comme celui des rites. Le front est à la fois clairement localisé, distinct des autres espaces de la guerre (camp, champ

---

[71] Voir 1QM IX 7–8 supra. Voir aussi 4Q493 3–6, en particulier la ligne 5 : ולוא יחללו שמן כהונתם [בדם הח]ללי[ם] « Pour ne pas souiller l'huile de leur prêtrise[avec le sang des t]ué[s]. »

[72] 1QM VII 6–7 : ורות יהיה בין כול מתנחיהמה למקום היד כאלפים באמה « Et il y aura un espace d'environ deux mille coudées entre leur camp et l'endroit retiré. »

de bataille), et essentiellement dédié à l'accomplissement des rites de guerre.

Une représentation graphique des mouvements de l'armée des fils de Lumière lors du combat eschatologique peut aider à percevoir le rôle éminent qu'occupe la ma^{ca}rak̲âh dans la topographie rituelle et symbolique du *Règlement de la Guerre* (voir ci-dessous).

La ma^{ca}rak̲âh, en définissant un espace des rites, permet d'opérer le passage d'un statut de pureté à l'autre : du guerrier purifié du maḥ^{a}neh, au combattant souillé par le sang versé ; puis de ce combattant, au retour à la paix et à la pureté requise dans la ville du Sanctuaire.[73]

Déplacements des fils de Lumière selon le *Règlement de la Guerre* :

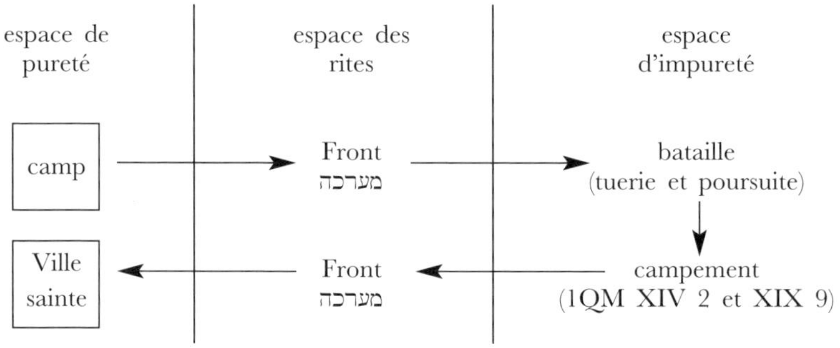

Le « front » apparaît ainsi de plus en plus, dans le judaïsme du deuxième Temple, comme un espace liminaire de la guerre, précisément identifié et défini, et voué aux rites. La formation en ma^{ca}rak̲âh est celle de l'armée s'apprêtant à combattre : elle est également celle qui convient à l'accomplissement des rites collectifs auxquels l'armée participe. Les principaux rites de guerre accomplis aux armées se déroulaient donc à l'emplacement et dans le moment où celles-ci étaient alignées pour former la ma^{ca}rak̲âh.

[73] Cette représentation est par définition schématique, c'est-à-dire qu'elle rend compte du mouvement général mais pas du détail des opérations rituelles, dans lesquelles on sait que un se divise indéfiniment en deux. Ainsi les guerriers, lorsqu'ils reviennent à l'emplacement de la ma^{ca}rak̲âh au lendemain de la victoire, ont-ils déjà entamé le processus de purification en lavant leurs vêtements au campement (1QM XIV 2–3).

CHAPITRE VI

LA GUERRE EN SABBAT

Combattre ou ne pas combattre durant le sabbat ?

Peut-on prendre les armes ou déclencher une offensive, durant le sabbat et à proximité ? En cas d'attaque ennemie ce jour-là, quelle posture défensive est-il licite d'adopter ? Au cours d'une guerre ou d'un siège, le sabbat doit-il interrompre la poursuite des opérations militaires en cours ?

Ces questions d'une immense portée pratique, tactique et stratégique n'ont pas intéressé seulement les Juifs mais aussi les étrangers, en premier lieu leurs adversaires et leurs alliés. On est frappé de l'abondance des sources grecques et latines concernant la façon dont les Juifs combattaient, ou bien cessaient de combattre, pendant le sabbat.[1]

De tous ces commentaires païens, le plus frappant exemple demeure celui d'Agatharchide de Cnide, cité deux fois par Josèphe. Agatharchide y évoque la conquête de Jérusalem par Ptolémée Sôter, opérée par ruse à l'occasion du sabbat (fin du IVème siècle av.) Il s'étonne et se gausse de cette φαῦλον ἐθισμόν « sotte coutume » (Ap. I 210). Comme à bien d'autres auteurs non Juifs, elle lui paraissait condamner les Juifs à la défaite systématique et à la servitude. Josèphe, qui rapporte son propos, se contente alors de noter l'hostilité δυσμένεια, d'Agatharchide, et de souligner qu'il y avait du mérite et de la grandeur, pour les Juifs, « à se soucier toujours moins et de leur salut et de leur patrie que de l'observation des lois et de la piété envers Dieu ».[2] La réflexion est peu convaincante, qui semble donner raison, sur le fond, aux critiques d'Agatharchide. Les choses étaient en réalité moins simples, y compris pour Josèphe, que cet acquiescement à une représentation païenne ne le donne à entendre.

---

[1] Voir H. J. Michael, 1924, "The Jewish Sabbath in the Latin Classical Writers", AJSL 40 / 2, 117–124 ; et M. Stern, 1974, *Greek and Latin Authors on Jews and Judaism*, (Jérusalem : Israel Academy of Sciences and Humanities).

[2] Ap. I 212. Trad. de Léon Blum, 1930, Paris, Belles-Lettres.

D'une part, la Torah plaçait le respect du repos sabbatique parmi les devoirs essentiels du judaïsme. Le sabbat, ce « marqueur de l'identité juive » (F. Schmidt), n'est pas une institution anodine.[3] D'autre part, la Bible hébraïque ne fixe aucune règle concernant la question de la guerre et des combats durant le sabbat. Les activités proscrites dans le Décalogue sont essentiellement pacifiques : cesser de travailler (עבד) et d'accomplir sa besogne (מְלָאכָה) de tous les jours, c'est-à-dire des six autres jours. Mention est faite des animaux domestiques, des femmes (servantes et filles), des hôtes étrangers : le tableau qui se dégage est celui d'un activité pacifique, incompatible avec les règles de la guerre. L'interdiction de faire la guerre pendant le sabbat, si elle exista, fut donc le fruit d'une interprétation.

Quelques savants ont néanmoins suggéré que cet interdit remonterait assez haut dans l'histoire d'Israël, jusqu'à l'époque monarchique. Ainsi selon Alger Johns, Nabuchodonosor aurait à plusieurs reprises tenté de tirer profit du repos sabbatique, lors de ses guerres contre les Hébreux.[4] Cette hypothèse donnerait quelque crédit aux préjugés d'Agatharchide et aux convictions analogues exprimées (en termes évidemment moins agressifs) dans la littérature contemporaine.[5] Pourtant, même en admettant la justesse des calculs de A. Johns, et que les événements dramatiques qu'il mentionne se fussent bien déroulés un samedi, il n'y a pas forcément à en tirer de conclusion concernant la possibilité ou l'interdit de guerroyer en sabbat.

En effet tout indique que le sabbat hebdomadaire, c'est-à-dire coïncidant régulièrement avec le retour de chaque samedi, est d'invention plus récente. André Lemaire a établi que cette fixation du sabbat au septième jour de la semaine n'a été instituée qu'à l'époque perse : « La conception du sabbat, repos chaque septième jour, ne s'est imposée qu'après le retour d'exil, avec la compilation sacerdotale et sa mise en application par Néhémie et Esdras. »[6] À l'époque royale, le sabbat respecté par les Hébreux était déterminé selon un calendrier différent, dont on sait fort peu de choses. Selon A. Lemaire

---

[3] Voir le Décalogue, Ex 20,8–11 et Dt 5,12–15. Voir aussi Ex 31,14bα : מְחַלְלֶיהָ מוֹת יוּמָת, « Qui le profane (le sabbat) mourra. »

[4] A. F. Johns, 1963, "The Military Strategy of Sabbath Attacks on the Jews", VT 13, 482–486. Selon l'auteur, la première prise de Jérusalem, le début du second siège et la capitulation finale de la ville auraient tous trois eu lieu lors d'un sabbat (les samedis 16 mars 597, 15 janvier 588 et 29 juillet 587 av.)

[5] Voir *inter al.* M. D. Goodman et A. J. Holladay, 1986, "Religious Scruples in Ancient Warfare", *The Classical Quaterly* 36 / 1, 151–171, avec cette remarque de porté générale : « *Religious scruples taken seriously could have serious consequences.* »

[6] A. Lemaire, 1973, "Le sabbat à l'époque royale israélite", RB 80, 161–185.

« le sabbat était primitivement la fête de la pleine lune », c'est-à-dire une fête au rythme mensuel dont la date était fixée par l'observation et non par le calcul. Il était donc incertain et d'ailleurs sans conséquence particulière que la sabbat tombât ou non un samedi. Étienne Nodet, s'appuyant sur les travaux des biblistes Frank Hossfeld et Jacques Briend, a fait la démonstration que l'institution du sabbat hebdomadaire n'appartient pas au noyau ancien de la Torah mais y fut rajouté, certainement après la reconstruction du (deuxième) Temple.[7] Comme A. Lemaire, il aboutit à cette conclusion que prévalait à l'époque monarchique « un autre sabbat, lié à la pleine lune, à la Pâque et au sanctuaire ». Par conséquent, quelle qu'ait été la pratique de la guerre en sabbat à la période monarchique, le problème se posait en termes tout différents en raison de cette périodicité différente des sabbats.

En revanche au IIème siècle av. des Juifs pieux se laissent massacrer plutôt que de combattre un jour de sabbat ; et les chefs du soulèvement anti-séleucide prennent la décision de combattre désormais durant le sabbat, ce qui tendrait à prouver qu'ils s'en abstenaient auparavant. Il y a donc bien, à l'époque du deuxième Temple, un problème de compatibilité entre la guerre et le sabbat.

Le problème apparaît clairement à travers les controverses qu'il a suscitées, dont les sources du deuxième Temple portent un assez abondant témoignage. Parmi la diversité des textes concernant la guerre en sabbat, on repère ainsi au moins quatre halakhas différentes, de l'interdit rigoureux de combattre à l'autorisation dans certaines conditions.[8]

L'interdit dans les textes du deuxième Temple

Y a-t-il un interdit ?

Il faut en premier lieu examiner l'hypothèse d'une certaine historiographie israélienne pour laquelle il n'existait pas, dans le judaïsme du deuxième Temple, d'interdit absolu de combattre durant le sabbat.

---

[7] « Le sabbat hebdomadaire peut se détacher du Décalogue dans son état actuel, et laisser apparaître une autre institution qu'il a voilé », É. Nodet, 1992, *op. cit.*, 77–84. Voir ausi F. L. Hossfeld, 1982, *Der Dekalog : seine späten Fassungen, die Originale Komposition und seine Vorstufen*, (Fribourg : Universitätsverlag, Göttingen : Vandenhoeck & Ruprecht) ; et J. Briend, 1985, s.v. "Sabbat", DBSup. 10, 1132–1170.

[8] Voir Jub. L 12–13 ; 1 M 2,41 ; AJ XIV 63 et b.Sabb. 19a.

Comme le silence de la Torah sur ce point particulier ne permet pas de se déterminer dans un sens ou dans l'autre, les arguments à l'appui de cette thèse sont tous fondés sur des textes du deuxième Temple.

La démonstration la plus élaborée reste celle de Bezalel Bar-Kochva, dans son ouvrage consacré aux guerres maccabéennes.[9] Sa conviction est établie que l'empêchement de combattre en sabbat aurait depuis longtemps condamné les Juifs à la disparition, et interdit leur engagement comme mercenaires dans des armées étrangères. Partant de cette conviction bien ancrée, il procède à une relecture des écrits du deuxième Temple, « *with all the critical tools at our disposal* ».[10]

On peut résumer les analyses de Bezalel Bar-Kochva en trois points :

i. L'existence attestée de mercenaires juifs dans les armées étrangères à l'époque du deuxième Temple rend impossible l'hypothèse d'un interdit de combattre en sabbat.
ii. Les textes attestant de cet interdit sont des écrits malveillants, issus de l'historiographie païenne, ou des écrits juifs mal interprétés à la lumière de cette historiographie païenne.
iii. En présence d'écrits juifs affirmant sans ambiguïté cet interdit, l'auteur les attribue à des mouvements minoritaires, en marge du « courant dominant » dans le judaïsme du deuxième Temple.

Une hypothèse spéculative, à partir de laquelle les documents sont réinterprétés ne mérite habituellement pas qu'on s'y arrête. Elle présente cependant un argument d'un certain poids : la participation de mercenaires juifs à des armées étrangères, perses ou grecques. Cette présence de mercenaires juifs au service des armées hellénistiques et, sans doute déjà de la Perse, est attestée par une assez large documentation et se trouve généralement admise par les historiens du judaïsme.[11] La question se pose donc : comment ces soldats juifs, au service de puissances étrangères, pouvaient-ils concilier leur service armé avec le respect du sabbat ?

---

[9] B. Bar-Kochva, 1989, "Defensive war on the Sabbath according to the Books of the Maccabees", dans *Judas Maccabaeus. The Jewish struggle against the Seleucids* (Cambridge : Cambridge Univ. Press), App. F, 474–493.

[10] B. Bar-Kochva, 1989, *op. cit.*, 477.

[11] Voir les papyri d'Éléphantine ; ceux de Zénon concernant la clérouquie des Tobiades ; la mention des 30 000 soldats juifs au service de Ptolémée, dans Aristée 12–14 ; les nombreuses allusions de Josèphe aux soldats juifs servant dans les armées hellénistiques (y compris comme généraux).

Le problème est réel : il fut pris très au sérieux à l'époque romaine où il fut résolu par la négative, Romains et Juifs s'accordant alors sur ce point que le sabbat et l'armée étaient incompatibles. Ainsi le proconsul Dolabella, gouverneur de Syrie, quand, à la demande d'Hyrcan II, il dispense les Juifs de tout service militaire en 43 av., fait-il du respect du sabbat un motif essentiel de son décret d'exemption : διὰ τὸ μήτε ὅπλα βαστάζειν δύνασθαι μήτε ὁδοιπορεῖν αὐτοὺς ἐν ταῖς ἡμέραις τῶν σαββάτων « Parce qu'il ne leur était permis (i.e. aux Juifs) ni de porter des armes ni de faire des marches durant les jours du sabbat » (AJ XIV 226). Josèphe reproduit encore bon nombre d'autres décrets romains exemptant les Juifs (y compris les citoyens romains) du service des armes pour des motifs religieux — bien que le sabbat n'y soit pas toujours explicitement mentionné. Ces exemptions répondaient apparemment à une demande religieuse sincère des Juifs, et pas uniquement au désir d'échapper par faveur aux contraintes du service. Ainsi, lors de l'expulsion par Tibère des Juifs de Rome en 19 èv., un grand nombre d'entre eux refusent-ils, au prix de châtiments plus sévères, de servir dans l'armée διὰ φυλακὴν τῶν πατρίων νόμων « pour garder les lois ancestrales » (AJ XVIII 84).

Il était donc généralement admis, à Rome, que le respect du sabbat juif et le service des armes étaient incompatibles. Comment alors expliquer la présence de soldats juifs dans les armées hellénistiques ? N'y avait-il pas, là aussi, une incompatibilité et une contradiction ?

À une telle contradiction il n'existe en toute logique que trois catégories de solutions possibles.

La première regroupe toutes les hypothèses supposant que la loi juive n'interdisait pas, alors, de combattre durant le sabbat : c'est ce que suggère Bezalel Bar-Kochva. Cette solution n'est pas satisfaisante pour deux raisons au moins : a) elle n'explique pas la différence de comportement à l'égard des armées grecques et romaines. Pourquoi ce qui était possible dans les unes était devenu impossible dans les autres ? b) Tous les historiens, y compris B. Bar-Kochva, admettent que le respect du sabbat interdisait les marches ; sur le fondement de la Michna, B. Bar-Kochva considère également que le sabbat interdisait, sauf urgence, de porter des armes : « *The Jews' lack of preparedness when acute danger was not imminent, and their custom of not carrying weapons on their day of rest.* »[12] Quoique moins radicales que

---

[12] B. Bar-Kochva, 1989, *op. cit.*, 478 et n. 9.

le refus absolu de combattre, ces deux obligations ne pouvaient manquer de poser des problèmes à une armée : l'argument selon lequel une armée ne pouvait admettre des mercenaires refusant de se battre les jours de sabbat, s'étend également à ces deux contraintes : le refus de marcher et le refus de porter des armes, sauf urgence.

D'où découle une seconde catégorie de solutions : pour une raison ou une autre, les mercenaires juifs engagés dans les armées hellénistiques ne respectaient pas le sabbat. C'est à peu près ce que suggère Étienne Nodet : « La contradiction, écrit-il, peut être levée aisément : *ce ne sont pas les mêmes Juifs.* »[13] Il faut l'entendre au sens du système élaboré par É. Nodet : d'un côté le groupe peu nombreux des « Juifs de Néhémie », caractérisé en particulier par le respect du sabbat ; de l'autre les « Juifs du Temple » ou « Judéens », ignorant du judaïsme de Néhémie et en particulier des règles du sabbat hebdomadaire. La construction de É. Nodet pose un problème de périodisation : *quand* l'interdit de combattre en sabbat (modèle de Néhémie) s'est-il étendu à tout le judaïsme, au point que Hyrcan II réclame et obtienne l'exemption de tous les Juifs, en Judée comme dans la diaspora ? É. Nodet fait l'hypothèse « d'un rapprochement à examiner entre « Juifs » [de Néhémie], Pharisiens et le Judas de 2 Mac. »[14] Il y aurait donc une imprégnation progressive de tout le judaïsme par le « modèle de Néhémie », *via* les Pharisiens ; ceci permettrait de comprendre l'étendue nouvelle du respect du sabbat hebdomadaire et le refus de servir Rome. Mais cette hypothèse d'une évolution vers un respect accru du sabbat va précisément à l'encontre du mouvement historique menant de la réforme halakhique de Mattathias à la reconnaissance par les Sages de la primauté du piqquâh nefesh sur le respect du sabbat. Pour le dire simplement, la construction de É. Nodet me paraît associer une excessive complexité dans l'élaboration à une excessive « aisance » à résoudre les contradictions.

Il existe une troisième catégorie de solutions, plus conforme au principe d'économie. Étienne Nodet comme Bezalel Bar-Kochva l'ont d'ailleurs envisagée, pour la rejeter sans discussion. Elle consiste à admettre que les armées hellénistiques, contrairement aux armées romaines, s'accommodèrent du respect par les soldats juifs du repos sabbatique. Cette hypothèse n'a pas seulement le mérite de rendre

[13] É. Nodet, 1992, *op. cit.*, 67.
[14] É. Nodet, 1992, *op. cit.*, 67.

compte des faits connus, elle est aussi étayée par les textes. Cela ne signifie pas forcément que les armées grecques acceptèrent partout et toujours les particularismes de leurs soldats juifs. Cela signifie en revanche que les auteurs anciens envisagèrent et admirent la possibilité de ce comportement, si difficile paraisse-t-il à admettre pour des esprits modernes. Ainsi Josèphe conclut-il son récit de la visite légendaire d'Alexandre à Jérusalem par cet appel lancé aux Juifs à s'enrôler (AJ XI 339) : « (Alexandre) ayant dit au peuple que si quelques uns d'entre eux étaient désireux de s'engager tout en conservant leurs coutumes ancestrales et en s'y conformant, il était prêt à les emmener, beaucoup furent contents de s'engager avec lui. »

On sait que dans la geste légendaire d'Alexandre, ce respect des coutumes des peuples de son empire tient une place importante. Ce passage des *Antiquités* a peut-être emprunté au *topos* ; il n'en exprime pas moins un point de vue juif sur la possibilité, accordée par Alexandre en personne, de servir dans l'armée grecque tout en respectant τοῖς πατρίοις ἔθεσιν « ses coutumes ancestrales ». Cette possibilité est réaffirmée par une anecdote tirée d'Hécatée d'Abdère et rapportée par Josèphe (Ap. I 192) : selon l'historien ptolémaïque, Alexandre avait ordonné la reconstruction de l'immense temple de Bel à Babylone, en recourant à son armée pour accomplir les travaux.[15] Les soldats juifs refusèrent de participer à cette entreprise impie et furent d'abord punis, ἕως αὐτοῖς συγγνόντα τὸν βασιλέα δοῦναι τὴν ἄδειαν, « avant que le roi, leur ayant pardonné, ne les rétablît dans leur exemption ». Bien qu'il ne s'agisse pas ici du respect du sabbat, cet exemple montre une application pratique de la promesse d'Alexandre de respecter les spécificités de ses soldats juifs. S'élabore ainsi une représentation historiographique dans laquelle l'existence de mercenaires juifs au sein des armées hellénistiques n'apparaît pas contradictoire avec le respect des règles du sabbat.

Aryeh Kasher a montré qu'en Égypte ptolémaïque cette pratique s'étendait à toutes les unités mercenaires au recrutement ethniquement homogène : « *Logically, the right to adhere to ancestral laws while serving in the army was common to soldiers in consolidated units based on ethnical and religious characteristics.* »[16]

---

[15] Ce projet est mentionné également par Arrien, *Anab.* VII 17, 1–3 ; et par Strabon, *Geog.* XVI 1, 5.

[16] A. Kasher, 1978, "First Jewish Military Units in Ptolemaic Egypt", JSJ 9 / 1, 59–60.

On en trouve une autre illustration pratique dans le récit de la campagne d'Antiochos VII Sidetes contre les Parthes. Le roi séleucide emmène avec lui une armée juive, sous les ordres de Jean Hyrcan. À propos de cette campagne, Josèphe cite l'historien Nicolas de Damas, selon lequel les opérations militaires furent interrompues durant deux jours, à l'occasion de Chavouot (AJ XIII 251) : αὐτόθι ἔμεινεν ἡμέρας δύο, δεηθέντος Ὑρκανοῦ τοῦ Ἰουδαίου διά τινα ἑορτὴν πάτριον, ἐν ᾗ τοῖς Ἰουδαίοις οὐκ ἦν νόμιμον ἐξοδεύειν. « Là il (Antiochos) attendit deux jours, à la prière de Hyrcan le Juif, à cause d'une fête ancestrale durant laquelle c'était la règle pour les Juifs de ne pas se déplacer. » Il n'apparaît donc nullement invraisemblable à un historien non Juif qu'une armée grecque interrompe sa campagne durant deux jours, afin de respecter les coutumes et les lois des troupes juives l'accompagnant.[17] Josèphe loue ici l'acribie de l'historien syrien (καὶ ταῦτα μὲν οὐ ψεύδεται λέγων, « il ne ment pas dans cette affaire »), puis étend l'usage décrit à tous les sabbats (AJ XIII 252) : οὐκ ἔξεστι δ' ἡμῖν οὔτε ἐν τοῖς σαββάτοις οὔτε ἐν τῇ ἑορτῇ ὁδεύειν. « Il ne nous est pas permis de nous déplacer ni pendant les sabbats, ni pendant une fête. » La représentation proposée ici suggère donc que l'appartenance à une armée hellénistique n'interdisait pas à un soldat juif de respecter le repos du sabbat.

Cette bonne connaissance des usages juifs contribue d'ailleurs à expliquer la promptitude des généraux séleucides à vouloir attaquer les insurgés juifs durant les sabbats. Dans cette hypothèse la différence de comportement des Juifs, à l'égard des armées grecques et romaines, trouverait sa source non dans un changement de mentalité et d'attitude à l'égard du sabbat au sein du judaïsme, mais dans l'inégale tolérance de ces armées à l'égard des lois juives, les officiers romains refusant d'admettre ce repos hebdomadaire dont s'accommodaient les Grecs.

Ces représentations historiographiques de la tolérance hellénistique interdisent donc de conclure, de l'existence de mercenaires juifs, à l'inexistence ou à l'inobservance de la halakha interdisant de combattre en sabbat.

Les sources attestant l'interdit

L'interdit halakhique se trouve formulé de façon rigoureuse dans plusieurs sources mais son expression la plus claire, et l'une des plus

[17] La notion de « jours néfastes » n'était évidemment pas étrangère à la société hellénistique.

ancienne, figure dans le livre des *Jubilés* (Jub L 12–13) : wazahi y^{e}lawᵉm way^{e}gab^{e}r ab^{eʾ}a ba^{ʿe}lata san^{e}bat wasab^{eʾe} zay^{e}gab^{e}r kuelo zaʾ^{e}m^{e}z ba^{ʿe}lata san^{e}bat y^{e}mut. « Celui qui jeûne ou fait la guerre pendant le jour du sabbat, l'homme qui fait quoi que ce soit de tout cela pendant le jour du sabbat mourra. »[18]

Les *Jubilés* accordent une grande importance au respect du sabbat ; ils détaillent, pour la première fois dans la littérature juive, des listes d'activités interdites ce jour-là (voir Jub II 29 sq et Jub L 8–12). Ces listes, comme l'a observé Lutz Dœring, sont probablement plus anciennes que la composition finale du livre : « *These lists, though obviously reworked by the author, seem to represent memorized legal instructions accepted by the group out of which the Book of Jubilees has emerged.* »[19] Le contexte confère une importance particulière à cette halakha sur la guerre en sabbat. Elle figure dans le chapitre final où l'ange de la Face, sur le mont Sinaï, donne à Moïse ses instructions concernant le sabbat. Il s'agit d'une exégèse des prescriptions d'Ex 31,12–18, et en particulier du v. 15 :

כָּל־הָעֹשֶׂה מְלָאכָה בְּיוֹם הַשַּׁבָּת מוֹת יוּמָת׃

Quiconque fera un travail durant le jour du sabbat mourra.

Les *Jubilés* procèdent par amplification, en insérant entre les deux membres de phrase la liste des activités interdites. Elles se trouvent ainsi intercalées entre deux citations de la Torah : waku^{e}o sab^{eʾ} zay^{e}-gab^{e}r g^{e}b^{e}ra, « Quiconque fera un travail » (Jub L 12 = Ex 31,15a) et ba^{ʿe}lata san^{e}bat y^{e}mut, « durant le jour du sabbat, il mourra » (Jub L 13 = Ex 31,15b). Ce faisant ils n'aggravent pas la Loi, mais la précisent, dans une activité halakhique comparable à celle qu'accomplirent les Sages quand ils établirent la liste des trente-neuf « pères » des activités proscrites durant le sabbat (M. Sabb. VII 2).[20]

---

18 Translittération à partir du texte guèze édité par J. C. VanderKam, 1989, *The Book of Jubilees. A Critical Text. 2 vol.*, (Louvain : Peeters, CSCO 510–11). La composition du livre des *Jubilés* est datée du IIème siècle av., dans une fourchette comprise entre l'*intersacerdotium* et le règne de Jean Hyrcan. Dans l'étude précédant son édition du texte, James VanderKam propose une datation haute, entre 160 et 150 av, voir J. C. VanderKam, 1977, *Textual and Historical Studies of the Book of Jubilees*, (Missoula : Scholars Press).

19 L. Dœring, 1997, "The Concept of the Sabbath in the Book of Jubilees", dans M. Albani, J. Frey et A. Lange éds., *Studies in the Book of Jubilees*, (Tubingue : Mohr Siebeck), 182.

20 La liste des activités interdites par Jub L 12–13 durant le sabbat au titre d'un « travail » est la suivante : voyager ; labourer ; allumer du feu ; charger un animal

Un des éléments ayant amené Lutz Dœring à conclure que ces listes étaient antérieures à la composition du livre, tient à leur caractère non polémique, par opposition à de nombreux autres passages du livre. En particulier, s'agissant de l'interdit de combattre, il note judicieusement : « *The prohibition of making war on the sabbath in Jub 50 : 12 is formulated so lapidarily and non polemically that it may be severely doubted that it was created in view of the contrasting position reflected in 1 Macc 2 : 40–1.* »[21] En d'autres termes, on est là en présence d'une halakha relativement ancienne (remontant au moins au début du IIème siècle av.), s'appliquant à tout ou partie de la population juive en Judée. L'ancienneté de la halakha sabbatique des *Jubilés* signifie qu'elle est antérieure à la rédaction de 1 Maccabées, comme aux événements historiques qui s'y trouvent relatés. Et, à supposer qu'elle ne gouvernât l'existence que d'une fraction des Juifs, cette fraction a été jugée assez importante, numériquement, militairement et politiquement, pour inciter Mattathias à formuler sa révision halakhique.

Le deuxième ensemble de sources attestant l'interdit de combattre en sabbat est constitué par les récits du massacre des réfugiés au désert, au tout début de l'insurrection maccabéenne.

En 167 av., l'année du soulèvement maccabéen, un certain nombre de Juifs pieux cherchent refuge au désert pour échapper aux persécutions hellénistiques et continuer la pratique de leur culte. Ils sont bientôt rejoints par une armée grecque et massacrés avec toute leur famille, un jour de sabbat, ayant refusé de se défendre par quelque moyen que ce fut. Il existe trois récits de cet épisode : le plus détaillé se trouve en 1 M 2,29–38 ; ce texte est probablement la source de celui de Josèphe, AJ XII 272–275.[22] Et cette histoire est résumée en une phrase en 2 M 6,11. Cet épisode nous intéresse d'abord parce qu'il est précisément à l'origine de la décision de

---

et/ou le monter ; naviguer ; frapper et tuer un animal (i.e. élevage et boucherie) ; chasser ; pêcher ; jeûner ; faire la guerre. À cette liste des travaux prohibés, le début du chapitre ajoutait d'autres activités interdites : avoir des rapports sexuels, faire des affaires ou du commerce, tirer de l'eau, déplacer un objet. Même à la lecture superficielle, on peut noter les divergences halakhiques avec les Sages.

[21] L. Dœring, 1997, *art. cit.*, 201.

[22] Sur les liens de Josèphe avec 1 Maccabées voir I. Gafni, 1989, "Josephus and I Maccabees", dans L. Feldman et G. Hata éds., *Josephus, the Bible, and History*, (Leyde : Brill), 116–131 ; et L. H. Feldman, 1994, "Josephus' Portrayal of the Hasmoneans Compared with 1 Maccabees", dans F. Parente et J. Sievers éds., *Josephus and the History of the Greco-Roman Period. Essays in Memory of Morton Smith*, (Leyde, New York, Cologne : Brill), 41–68.

Mattathias de réformer la halakha ; en outre ces récits peuvent nous permettre d'atteindre au contenu de la halakha ancienne.

La réflexion et l'attitude des réfugiés, face aux soldats grecs qui leur demandent de se rendre (ἐξελθόντες, « sortez ! »), sont décrites en ces termes (1 M 2,34–38) : οὐκ ἐξελευσόμεθα οὐδὲ ποιήσομεν τὸν λόγον τοῦ βασιλέως βεβηλῶσαι τὴν ἡμέραν τῶν σαββάτων. καὶ ἐτάχυναν ἐπ' αὐτοὺς πόλεμον. καὶ οὐκ ἀπεκρίθησαν αὐτοῖς οὐδὲ λίθον ἐνετίναξαν αὐτοῖς οὐδὲ ἐνέφραξαν τοὺς κρύφους « Nous ne sortirons pas et nous n'exécuterons pas la parole du roi de profaner le jour du sabbat. Et les autres se précipitèrent contre eux au combat. Mais ils ne leur rétorquèrent pas ni ne leur lancèrent de pierre, ni n'obstruèrent leurs cachettes ». La suite est inévitable : « Les autres (i.e. les Grecs) s'avancèrent contre eux pour le combat durant le sabbat, et eux moururent, ainsi que leurs femmes, leurs enfants et leurs bestiaux ».

On a depuis longtemps souligné que les réfugiés refusent de se rendre pour ne pas profaner le sabbat et qu'ils refusent de sortir de leurs grottes (οὐκ ἐξελευσόμεθα) en vertu du commandement sabbatique d'Ex 16,29 :

אַל־יֵצֵא אִישׁ מִמְּקֹמוֹ בַּיּוֹם הַשְּׁבִיעִי׃

Que personne ne sorte de l'endroit où il est pendant le septième jour.[23]

En effet pour les réfugiés, la question centrale n'est pas celle de la guerre mais celle du sabbat. Leur réflexion n'est donc pas focalisée sur le combat mais sur l'observance des différentes règles du sabbat, à cause desquelles ils refusent aussi bien de se rendre que de se défendre.

S'en tenir seulement aux conséquences militaires du respect du sabbat constitue une façon essentiellement non juive de traiter la question. Pour les réfugiés, l'essentiel consiste à ne profaner le sabbat en aucune façon : ils ne peuvent donc ni se rendre (ce serait sortir), ni se battre, ni lancer des pierres, ni se barricader (ce serait soulever et déplacer des objets). Toutes ces réactions sont tour à tour envisagées puis rejetées. Il faut souligner que d'un point de vue strictement militaire, ces différentes attitudes auraient abouti à des résultats très différents, voire opposés : sortir c'était se rendre ; résister ou

[23] Voir *inter al.* F.-M. Abel, 1949, *Les Livres des Maccabées*, (Paris : Le Coffre) ; et J. A. Goldstein, 1976, *I Maccabees, a New Translation with Introduction and Commentary*, (New York : Doubleday).

lancer des pierre c'était au contraire se battre ; se barricader enfin, offrait le moyen terme d'une défense passive. Le strict respect des règles du repos sabbatique a donc privé ces Juifs pieux de toute alternative stratégique. Ce qui se joue dans ce récit n'est donc pas de savoir s'il faut combattre ou non ; l'enjeu, beaucoup plus large, est le respect rigoureux de toutes les règles ordinaires du sabbat dans les circonstances exceptionnelles de la guerre.

On a vu le lien entre le refus de sortir et le commandement biblique de Ex 16,29. Mais quelle est la source des autres interdits ? Elle n'est pas directement biblique. Tous ces interdits sabbatiques, mis en pratique par les réfugiés, figurent en revanche dans les listes établies par les *Jubilés* : l'interdit de se déplacer, évidemment (Jub L 12) ; mais aussi celui de « soulever un quelconque fardeau » (Jub L 8), d'où découle l'impossibilité de se barricader ; celui de « faire sortir un quelconque fardeau de sa tente ou de sa maison » (Jub L 8), d'où le renoncement à lancer des pierres aux assaillants ; et enfin celui de « faire la guerre » (Jub L 12). Sur ces quatre points précis, les réfugiés partageaient à l'évidence la halakha des rédacteurs des *Jubilés*. Le fait que les réfugiés mettent en œuvre des pratiques dont la halakha écrite figure dans les *Jubilés* ne signifie pas forcément qu'ils constituent un « courant » distinct au sein du judaïsme de leur temps : il peut s'agir aussi bien de Juifs pieux appliquant une halakha dominante, partagée par toute la communauté en dehors des remises en cause hellénisantes.

Mais si l'on retient l'hypothèse du « courant » il faut souligner qu'il se caractérise apparemment plus par le souci d'un rigoureuse application des lois que par des divergences ou des innovations théologiques. En 1 M 2,29 les réfugiés sont ainsi définis comme des gens ζητοῦντες δικαιοσύνην καὶ κρίμα, « recherchant la juste observance des lois ».[24] Bien qu'ils ne soient pas présentés ici comme un groupe (contrairement aux Ασιδάιοι du v. 42 qui forment une συναγωγή), on peut trouver dans ces mots la définition d'une pratique commune.[25] Le verset du deuxième livre des Maccabées relatant le même épisode offre peut-être un autre indice de l'appartenance des réfu-

[24] Selon F.-M. Abel, 1949, *op. cit.*, *in loc.*, dans ce verset, δικαιοσύνη correspond à l'hébreu צְדָקָה et κρῖμα à מִשְׁפָּט.

[25] Les Asidéens constituaient probablement un parti distinct de celui des refugiés au désert, voir J. Schwartz et J. Spanier, 1991, "On Mattathias and the Desert of Samaria", RB 98 / 2, 252–271.

giés à un courant particulier (2 M 6,11) : συνεφλογίσθησαν διὰ τὸ εὐλαβῶς ἔχειν βοηθῆσαι ἑαυτοῖς κατὰ τὴν δόξαν τῆς σεμνοτάτης ἡμέρας, « Ils furent tous brûlés parce qu'ils se faisaient scrupule de se secourir eux-mêmes à cause de leur respect de ce jour très saint. » Le fait que cette δόξα ait pu ne concerner qu'un courant au sein du judaïsme met à mal la théorie du *mainstream*, mais ne signifie nullement que ce courant ait été minoritaire ou marginal.[26]

Au contraire. D'une part cette halakha apparaît déjà ancienne : antérieure à la rédaction du livre des *Jubilés* ainsi qu'à la persécution hellénistique. D'autre part la réforme halakhique de Mattathias est directement et immédiatement reliée, dans les deux récits de 1 Maccabées et de Josèphe, au massacre des réfugiés. Josèphe précise même que c'est le ralliement d'un certain nombre de survivants qui poussa Mattathias à ce changement de la règle (AJ XII 275–276) : « Mais beaucoup, étant parvenus à s'échapper, se joignirent à Mattathias, et proclamèrent celui-ci leur général. Lui, alors, les instruisit de combattre durant les sabbats (ὁ δὲ καὶ σαββάτοις αὐτοὺς ἐδίδασκε μάχεσθαι). »

Cela signifie, dans cette hypothèse où la halakha jubilaire n'aurait concerné qu'un courant au sein du judaïsme, que le ralliement de ce courant représentait un enjeu d'importance pour l'insurrection. L'enjeu politique, classique et essentiel, de toute insurrection débutante est en effet celui de la recherche de son unité. L'adhésion de tous les Juifs opposés à l'hellénisation, à la nouvelle halakha de Mattathias a représenté, selon le récit de 1 Maccabées, un facteur essentiel dans ce processus d'unification du soulèvement. L'auteur le met en évidence en mentionnant les différents ralliements qui s'ensuivirent aussitôt (1 M 2,42–43) : « Immédiatement le groupe des Asidéens se rallia à eux (. . .) et tous ceux qui fuyaient les persécutions augmentèrent leur nombre. » Pour l'historien juif qui rédige 1 Maccabées, la réforme halakhique de Mattathias a donc revêtu une importance politique considérable.[27] La conclusion s'impose donc que la halakha antérieure avait la même importance, soit qu'elle s'imposât à

[26] *Pace* B. Bar-Kochva, 1989, *op. cit.*, 493, qui parle de « *marginal, fanatic and ascetic sect* ».

[27] Sur le caractère très politique de l'histoire du mouvement maccabéen dans 1 Maccabées, voir U. Rappaport, 1998, "L'historiographie du premier livre des Maccabées", AEPHE 106, 221–222 ; et U. Rappaport, 2001, "1 Maccabees", dans J. Barton et J. Muddiman éds., *The Oxford Bible Commentary*, (Oxford : Oxford Univ. Press), 710–734.

tout le judaïsme, soit qu'elle eût exprimé les convictions d'un parti considérable des Juifs.

La persistance de cet interdit, même après la réforme halakhique de Mattathias, est démontrée *a contrario* par la ruse stratégique attribuée à Nicanor dans le récit de 2 Maccabées. On prête volontiers au deuxième livre des Maccabées une intention polémique de défendre l'interdit de combattre en sabbat. Il est vrai que le sabbat y est assez abondamment évoqué, et généralement respecté. En 2 M 5,25–26 le mysarque Apollonios s'empare de Jérusalem à la faveur d'un sabbat ; en 2 M 6,11 l'épistète Philippe massacre les réfugiés durant un sabbat ; en 2 M 10,33–38 la prise de Gezer a lieu au cinquième jour du siège, ce comput narratif permettant d'éviter la profanation du sabbat. Dans un registre proche, 2 M 12,31–32 rapporte une interruption des combats à l'occasion des fêtes de Chavouot. Deux autres épisodes montrent comment l'irruption du sabbat est venue interrompre des opérations offensives : dans les deux cas, les troupes de Juda cessent de poursuivre une armée ennemie vaincue, parce qu'approche le sabbat : après une bataille remportée sur Nicanor (2 M 8,25–26) ; et après une victoire remportée sur Gorgias (2 M 12,38). Dans ces deux cas, la bataille a déjà eu lieu et l'armée ennemie est en déroute : les troupes juives ne sont pas menacées. Le sabbat vient seulement interrompre les poursuites ; après qu'il a été dûment célébré, on procède à l'ensevelissement des morts et au partage du butin. Si Juda Maccabée fait bien respecter le sabbat à ses troupes, il ne se trouve pas alors dans la situation d'urgence défensive, que visait la réforme halakhique de Mattathias. Il n'y a donc pas ici d'intention particulièrement polémique. Le sabbat suspend normalement des activités militaires en cours, comme il suspend toutes autres activités.

En revanche un passage du dernier chapitre de 2 Maccabées apparaît plus riche d'enseignements. L'épisode se situe peu avant la bataille décisive du « jour de Nicanor ». Le général grec fait ses plans et, en dépit des mises en garde de ses alliés juifs, prétend combattre Juda un jour de sabbat (2 M 15,1–5) : « Nicanor (. . .) décida de les attaquer le jour du repos (τῇ τῆς καταπαύσεως ἡμέρᾳ) avec une totale sûreté. Comme les Juifs qui le suivaient par nécessité lui disaient : Renonce à les faire mourir ainsi de façon sauvage et barbare, mais que te paraisse bon ce qui est dû à ce jour que Celui qui veille sur toutes choses a honoré de préférence de sa sainteté (δόξαν δὲ ἀπομέρισον τῇ προτετιμημένῃ ὑπὸ τοῦ πάντα ἐφορῶντος μεθ' ἁγιότητος ἡμέρᾳ). Ce triple criminel demanda s'il était au ciel un souverain qui avait prescrit quoi faire le jour du sabbat ; et eux de déclarer : C'est le Seigneur vivant lui-même et souverain dans le ciel qui ordonna la pratique du septième jour (Ἔστιν ὁ κύριος ζῶν αὐτὸς ἐν οὐρανῷ δυνάστης ὁ κελεύσας ἀσκεῖν τὴν ἑβδομάδα). Mais l'autre : Et c'est moi, dit-il, souverain sur la terre qui prescris de prendre les armes et d'accomplir le service du roi. Cependant il ne parvint pas à accomplir sa volonté mauvaise. »

La question du sabbat, et plus précisément de la guerre en sabbat, fait donc ici l'objet d'un débat entre Grecs et Juifs. Premier point à noter : il ne fait aucun doute pour Nicanor qu'attaquer les troupes juives lui procure « une totale sécurité » μετὰ πάσης ἀσφαλείας. Cette conviction est partagée par ses interlocuteurs juifs, qui expriment leur certitude que des troupes juives attaquées un jour de sabbat seront massacrées : « ne les fais pas périr ainsi » μηδαμῶς οὕτως ἀπολέσῃς. L'auteur de 2 Maccabées ignore donc, ou refuse de prendre en compte, la réforme halakhique de Mattathias. Dans son récit les troupes de Juda Maccabée sont irrémédiablement condamnées à périr si Nicanor les attaque en sabbat : pourquoi, sinon parce qu'en ce jour elles ne combattront pas ?

L'interdit de combattre en sabbat présente d'évidents inconvénients tactiques en temps de guerre : par exemple il empêche de profiter pleinement d'une situation favorable ; il limite, on l'a vu, les bénéfices espérés d'une victoire en interrompant les poursuites ; il introduit une contrainte arbitraire sans lien avec le déroulement de la guerre. Mais surtout il en découle une faiblesse stratégique décisive, qu'ont notée nombre d'auteurs anciens et tous les historiens modernes : il offre à une ennemi irréligieux (ou indifférent au Dieu des Juifs) l'occasion d'une victoire définitive. C'est pourtant cette situation ultime que l'auteur du deuxième livre des Maccabées envisage ici, dans le récit d'une bataille qui doit sceller le destin du peuple juif. Il est frappant qu'à aucun moment n'est envisagée la possibilité que les soldats juifs transgressent le sabbat, eu égard à ces circonstances exceptionnelles (c'est là la principale différence avec 1 Maccabées, dans lequel Mattathias réagit rationnellement en promulguant sa réforme halakhique). Sans être spécifiquement d'origine divine, la solution du problème s'impose d'elle-même, par un biais qui n'est pas précisé : pour quelque raison, Nicanor « ne parvint pas à accomplir » (οὐ κατέσχεν ἐπιτελέσαι) son projet.[28]

[28] Il faut rappeler que le deuxième livre des Maccabées, au contraire du premier, reflète une historiographie providentielle, où l'intervention divine est constante et prend parfois des formes merveilleuses. Sur tout ce qui sépare les deux premiers livres des Maccabées, voir U. Rappaport, 1998 et 2001, *art. cit.*

L'impossibilité de mettre son plan en pratique n'atténue pas la gravité du blasphème de Nicanor : celui-ci vient couronner une série de péchés et de défis à la divinité. Le premier était d'avoir menacé de détruire le Temple et de le remplacer par un sanctuaire à Dionysos (2 M 14,33) ; le deuxième, d'avoir fait périr le juste Razis dans des circonstances dramatiques et atroces (2 M 14,37–46). Nicanor perpétue ici son ultime blasphème en prétendant, en toute connaissance de cause, puisque des Juifs ont pris la peine de l'instruire de la Loi, substituer sa propre autorité à celle de Dieu : la vanité de cette prétention est aussitôt soulignée par son échec. On peut penser que cette accumulation de transgressions et de blasphèmes éclairent la défaite ultérieure et la fin misérable de Nicanor. La gravité de ses blasphèmes est ainsi rappelée sur son cadavre, dans un curieux rite d'exposition de son bras coupé et de déchiquetage de sa langue : l'une et l'autre avaient été les instruments de ses blasphèmes, par le geste et la parole (2 M 15,33). Dans la dernière affaire, la gravité du blasphème de Nicanor consistait à substituer son autorité à celle de Dieu ; cette substitution s'opère précisément à propos de la décision de combattre en sabbat.

Dans la mesure où cette transgression ne s'est pas accomplie dans les faits, on est conduit à se poser la question de l'intérêt ou de l'utilité de cette anecdote aux yeux de l'auteur ; ce petit récit du blasphème de Nicanor n'apparaît pas seulement destiné à noircir un peu plus le portrait du Grec. Il révèle bien une intention polémique concernant la question débattue : l'intangibilité de l'interdit de combattre en sabbat et l'immensité du crime de quiconque s'y oppose. Contre qui s'exerce cette polémique ? Compte tenu de la date probable de rédaction de 2 Maccabées, ce ne peut être que contre la mise en œuvre de la halakha de Mattathias dans la Judée asmonéenne.

La halakha primitive proscrivant les combats durant le sabbat, dont les *Jubilés* offraient un témoignage, ne peut être rejetée dans les marges du judaïsme. Les témoignages de résistance à sa remise en cause, montrent que son application était largement répandue dans le judaïsme du deuxième Temple. La réforme de Mattathias fut rendue nécessaire par l'émancipation politique de la Judée : elle apparaît aussi comme la décision fondatrice de cette émancipation. Mais elle ne s'imposa pas sans difficulté. Elle fut au contraire à l'origine de nombreuses polémiques et discussions. Dans plusieurs milieux juifs, elle suscita même un rejet.

L'INTERDIT REMIS EN CAUSE : POLÉMIQUES, CONTROVERSES ET DIVERSITÉ HALAKHIQUE

Chacun s'accorde à reconnaître l'importance de la halakha sur les combats durant les sabbat, définie par Mattathias et ses compagnons au début de l'insurrection (1 M 2,41). Mais les uns y voient une innovation radicale, d'autres un simple rappel des usages en cours à l'époque. L'accent est mis dans les deux cas sur la pratique du repos sabbatique. Je souhaite au contraire montrer ici que l'élément essentiel de la délibération tenue ce jour-là, a résidé dans la décision d'engager la lutte armée et de faire la guerre aux Grecs. La halakha concernant le sabbat ne fut qu'une conséquence, importante mais secondaire, de ce choix primordial de recourir aux armes.

La décision de Mattathias : le choix de la guerre

En choisissant de combattre, les Maccabéens et leurs alliés décidaient en même temps de ne plus s'en remettre à la seule providence divine mais de prendre leur destin en main, au contraire des martyrs du désert. La décision de ne pas permettre au repos sabbatique d'anéantir ni d'affaiblir l'initiative guerrière est cohérente avec ce choix idéologique, dont l'historiographie du premier livre des Maccabées témoigne encore avec force. Mais cette idéologie asmonéenne, dans laquelle l'histoire des hommes prenait le pas sur la providence divine, était trop désenchantée pour la société juive du deuxième Temple et n'a pas manqué de susciter des réactions au sein du judaïsme.

La décision majeure de combattre, y compris s'il le fallait durant les sabbats, est présentée dans 1 Maccabées en deux récits complémentaires. Le premier est celui de la délibération et de la décision halakhique de 167 av. Le second apparaît comme une illustration et une mise en pratique de cette décision, lorsqu'en 160 av. Jonathan invite ses troupes acculées, à résister à une soudaine attaque de Bacchidès pendant le sabbat.

Après le « coup de Modîn » (167 av.), Mattathias, ses fils et ses partisans se sont réfugiés « dans les montagnes ». Là, ils apprennent la nouvelle du massacre, un jour de sabbat, des Juifs pieux retirés au désert. Ce massacre créait une situation politique nouvelle : moins parce qu'il avait eu lieu durant le sabbat, que parce qu'il avait visé des dissidents pacifiques et non des résistants ou des terroristes, ce que Mattathias et les siens pouvaient à la rigueur représenter aux yeux de la puissance grecque. Ceux-ci délibèrent alors sur la ligne à suivre (1 M 2,40–41) :

> καὶ εἶπεν ἀνὴρ τῷ πλησίον αὐτοῦ· Ἐὰν πάντες ποιήσωμεν ὡς οἱ ἀδελφοὶ ἡμῶν ἐποίησαν καὶ μὴ πολεμήσωμεν πρὸς τὰ ἔθνη ὑπὲρ τῆς ψυχῆς ἡμῶν καὶ τῶν δικαιωμάτων ἡμῶν, νῦν τάχιον ὀλεθρεύσουσιν ἡμᾶς ἀπὸ τῆς γῆς. καὶ ἐβουλεύσαντο τῇ ἡμέρᾳ ἐκείνῃ λέγοντες· Πᾶς ἄνθρωπος, ὃς ἐὰν ἔλθῃ ἐφ' ἡμᾶς εἰς πόλεμον τῇ ἡμέρα τῶν σαβάτων, πολεμήσωμεν κατέναντι αὐτοῦ καὶ οὐ μὴ ἀποθάνωμεν πάντες καθὼς ἀπέθανον οἱ ἀδελφοὶ ἡμῶν ἐν τοῖς κρύφοις.
>
> Et ils se dirent l'un à l'autre : Si nous faisons tous comme nos frères ont fait et ne combattons pas contre les nations pour défendre notre vie et nos justes droits, ils nous auront bientôt détruits sur la terre. Et ils rendirent une décision en ce jour-là ; ils dirent : Tout homme qui viendra contre nous pour faire la guerre au jour du sabbat, nous lui ferons la guerre et nous ne mourrons pas tous, comme sont morts nos frères dans leurs cachettes.

Il y a donc une délibération collective (ἀνὴρ τῷ πλησίον αὐτοῦ). Selon l'espèce de procès-verbal qui nous en est donné ici, cette assemblée débouche sur deux résolutions. La première consiste à abandonner la stratégie de résistance passive jusqu'alors en usage (celle de « nos frères » οἱ ἀδελφοὶ ἡμῶν), pour passer à la lutte armée : πολεμήσωμεν πρὸς τὰ ἔθνη, « nous ferons la guerre aux nations. » C'est évidemment la décision essentielle. Elle est d'ailleurs fondée sur des motifs considérables : rien de moins que la survie du judaïsme, c'est-à-dire en même temps que l'existence du peuple juif (τῆς ψυχῆς ἡμῶν), la survie de sa culture (τῶν δικαιωμάτων ἡμῶν). La décision de combattre est bien légitimée par le massacre des martyrs du désert : leur exemple a prouvé que la non-violence n'aboutissait qu'à l'extermination et à la disparition. « Ils nous éliminerons de sur la terre », ὀλεθρεύσουσιν ἡμᾶς ἀπὸ τῆς γῆς : cet enjeu vital légitime le recours aux armes. Il faut souligner que la divinité et sa providence sont singulièrement absentes de ces débats. À peine y est-il fait allusion, peut-être, dans la mention des δικαιωμάτα, ces « justes revendications » sous lesquelles il faut sans doute reconnaître le droit du peuple à pratiquer librement sa religion et à appliquer ses lois. Les insurgés maccabéens veulent adorer le Dieu de leur choix mais, apparemment, n'en attendent aucune aide immédiate.

La seconde résolution de l'assemblée est la décision halakhique proprement dite, concernant le sabbat. Celle-ci est également inspirée par l'épisode du massacre des martyrs du désert : καὶ οὐ μὴ ἀποθάνωμεν πάντες καθὼς ἀπέθανον οἱ ἀδελφοὶ ἡμῶν, « ainsi nous ne mourrons pas tous comme nos frères sont morts. » Mais surtout elle découle de la décision précédente. Les Juifs décident de faire la guerre car le massacre de Philippe leur a mis sous les yeux l'issue mortelle du refus de combattre. Le fait que ce massacre ait eu lieu un sabbat, ne pouvait manquer de faire surgir cette contradiction (on pense ici à Agrippa II face aux insurgés de Jérusalem) : ils décident de prendre les armes pour défendre, entre autres, leur droit à respecter le sabbat ; mais s'ils respectent ce repos durant la guerre face à un ennemi qui ne s'en soucie guère, ils se retrouveront dans la situation passive des martyrs, à laquelle ils viennent précisément de renoncer. Il fallait donc qu'une décision soit prise. On est ici dans un type de raisonnement proprement halakhique, consistant à expliciter une décision d'ordre général (faire la guerre) par l'expression d'un jugement concernant une situation limite (faire ou ne pas faire la guerre pendant le sabbat).

Dans l'expression précise qui lui est donnée ici (1 M 2,41), la halakha de Mattathias s'analyse moins en terme de « défensive » que d'initiative. Les Juifs proposent, en quelque sorte, une trêve hebdomadaire permanente ; mais qui fera la guerre aura la guerre. La halakha n'entre pas dans ces distinctions que Valentin Nikiprowetzky qualifiait de « casuistique informelle et hésitante », entre offensive réelle et préparatifs militaires.[29] Elle considère comme hostile quiconque se présentera ἐφ' ἡμᾶς εἰς πόλεμον, « contre nous en état de guerre ». C'est qu'à mon avis, cette halakha se préoccupe moins des règles précises de respect du sabbat, que de proclamer l'intensité et le caractère urgent de la guerre à venir. Ayant décidé de faire la guerre parce que la survie du judaïsme était en cause, les insurgés signifiaient aussi, par cette décision halakhique, que leur lutte serait sans concession. Qu'ils aient éprouvé le besoin de le réaffirmer en ces termes souligne la disparition, dans leur univers, de toute référence à la providence divine.[30]

L'application de la réforme : le premier livre des Maccabées ne s'en est pas tenu à l'énoncé de la règle mais il en a donné aussi l'illustration. En 160 av., après la mort de Juda Maccabée, la situation du courant maccabéen est particulièrement critique. Bacchidès a rétabli

---

[29] V. Nikiprowetzky, 2000, "Le sabbat et les armes dans l'histoire ancienne d'Israël", REJ 159 / 1–2, 3.

[30] Tout à l'opposé, 2 Maccabées insiste à la fois sur le respect de la trêve sabbatique et sur l'intervention providentielle de la divinité, y compris pour obliger les Grecs à respecter le sabbat : voir en particulier 2 M 15,5.

l'autorité séleucide sur le pays et la majorité se rallie aux administrateurs juifs qu'il nomme en Judée (1 M 9,23–25). La Transjordanie n'offre alors qu'un refuge des plus incertains (1 M 9,35–42). Jonathan s'est donc replié sur les bords du Jourdain avec ce qui reste de l'armée insurgée. C'est là que Bacchidès vient l'attaquer un jour de sabbat (1 M 9,43–47) : « Mais Bacchidès le sut, et vint le jour du sabbat (καὶ ἦλθεν τῇ ἡμέρᾳ τῶν σαββάτων) jusqu'aux rives du Jourdain au milieu d'une troupe nombreuse. Alors Jonathan dit à ceux autour de lui : Levons-nous et combattons pour nos vies : car le jour d'aujourd'hui ce n'est pas comme hier ou avant-hier ; car voici le combat devant nous et derrière nous, et l'eau du Jourdain de chaque côté avec le marais et le taillis, il n'y a aucun endroit pour s'esquiver ; poussez donc maintenant la clameur vers le ciel, pour que vous échappiez aux mains de nos ennemis. Le combat s'engagea. »

Ce récit appelle plusieurs remarques.

Premier point : les circonstances prévues par le halakha de Mattathias, ce qu'on pourrait nommer ses « conditions d'application », sont ici réunies. Il n'est que de comparer le texte de la halakha au récit de l'expédition de Bacchidès :

1 M 2,41	1 M 9,43
ὃς ἐὰν ἔλθῃ	καὶ ἦλθεν
εἰς πόλεμον	ἐν δυνάμει πολλῇ
τῇ ἡμέρα τῶν σαββάτων	τῇ ἡμέρᾳ τῶν σαββάτων
(quiconque, s'il vient pour la guerre le jour du sabbat)	(il vint au milieu d'une troupe nombreuse le jour du sabbat)

Deuxième point : le débat ici n'est plus seulement théorique ; un combat a effectivement lieu durant le sabbat (voir καὶ συνῆψεν ὁ πόλεμος, « et le combat s'engagea »). Dans la suite du récit, on voit même Jonathan tenter de tuer Bacchidès ; et un millier de Grecs trouvent la mort dans cette bataille.

Ce récit de bataille est donc bien une illustration pratique de la décision halakhique de Mattathias. L'insurrection maccabéenne a débuté avec la décision de combattre les Grecs y compris, s'il le fallait, durant le sabbat. Jonathan inaugure ici son archontat en mettant en œuvre ce choix fondateur. En effet, le discours de Jonathan apparaît d'abord comme une sorte de rappel résumé de la délibération fondatrice de l'assemblée de 167. Comme alors, il souligne la nécessité de « combattre pour nos vies » (πολεμήσωμεν περὶ τῶν ψυχῶν ἡμῶν ; voir 1 M 2,40 : πολεμήσωμεν πρὸς τὰ ἔθνη ὑπὲρ τῆς ψυχῆς ἡμῶν) ; puis il l'associe à sa conséquence, la décision de se battre même durant un sabbat : οὐ γάρ ἐστιν σήμερον ὡς ἐχθὲς καὶ τρίτην ἡμέραν « aujourd'hui n'est pas un jour comme les autres. »

En revanche la deuxième partie du discours de Jonathan est plus inédite. Il rappelle d'abord à ses hommes qu'ils se trouvent dans une situation désespérée et dans une position, à la lettre, sans issue : οὐκ ἔστιν τόπος τοῦ ἐκλῖναι, « il n'y a aucun endroit pour s'esquiver. » Il les invite ensuite à renouveler l'ancien rite guerrier de la t^{e}rw^{c}âh (תְּרוּעָה), la clameur de guerre : κεκράξατε εἰς τὸν οὐρανόν, « poussez une clameur vers le ciel. » Dans la Bible hébraïque, ce cri de guerre, poussé au début des combats, signifiait un appel à la divinité.[31] La première mention du rétablissement de cette clameur, parmi les rites guerriers des Maccabéens, figure en 1 M 3,50, lors de l'assemblée de Masphat durant laquelle Juda rétablit pour son armée la plupart des rites de guerre ancestraux.

Cette deuxième partie de la harangue, novatrice et dans laquelle s'exprime l'autorité spécifique de Jonathan, mérite donc une attention particulière. Trois niveaux de lectures, au moins, sont possibles.

Le plus trivial consisterait à n'y voir qu'un simple exercice de rhétorique militaire, associant l'évocation du danger et l'exaltation du courage.

Mais la description que fait Jonathan de la situation désespérée où ses hommes et lui se trouvent pris, évoque plusieurs situations analogues dans les récits bibliques : Joab, chef de « toute l'armée des preux » (כָּל-צָבָא הַגִּבּוֹרִים), pris entre Ammonites et Araméens et finalement vainqueur (1 Ch 19,8–15). Le passage du Jourdain par Josué : Jonathan Goldstein interprète ainsi le ὡς ἐχθὲς καὶ τρίτην ἡμέραν du discours de Jonathan comme une citation explicite de Jos 3,4 : מִתְּמוֹל שִׁלְשׁוֹם.[32] On peut aussi mentionner la situation des Hébreux coincés entre l'armée du Phararon et les rives de la mer Rouge (Ex 14). La propagande asmonéenne s'exprimerait par le biais de ces rapprochements, citations et allusions bibliques : la figure de Jonathan Maccabée se trouve ainsi associée à la geste épique de l'Exode, de la Conquête

---

[31] Comme la sonneries des trompettes (Nb 10,9) la clameur de guerre est un rite rappelant à YHWH son alliance, au moment où le peuple s'apprête à combattre (voir *inter al.* 1 S 17,20.52). Voir P. Humbert, 1946, *op. cit.*

[32] J. A. Goldstein, 1984, *op. cit.*, 381.

et du royaume de David, à l'occasion hautement symbolique d'une traversée des eaux du Jourdain. Dans cette interprétation « propagandiste », il importe donc que Jonathan franchisse le Jourdain « dans le bon sens » c'est-à-dire d'est en ouest, comme Josué.[33] Mais Josèphe a clairement situé cet épisode sur la rive occidentale du Jourdain, de sorte que Jonathan traverse le fleuve vers la Transjordanie : cette présentation topographique de Josèphe oblige à conclure que la dimension symbolique de la traversée du Jourdain, sous-entendue par l'interprétation propagandiste, ne s'était guère imposée aux lecteurs juifs du deuxième Temple.

Enfin, le rapprochement entre la situation des Juifs de Jonathan et celle des Hébreux sur la mer Rouge, telle que l'évoque Josèphe en particulier, permet d'aller plus loin. Le caractère catastrophique de la position stratégique des Hébreux face au Pharaon est décrit avec une grande précision topographique dans le récit de Josèphe (AJ II 324–325) : « Paraphrasant le texte biblique Josèphe insiste sur la configuration du terrain et en majore les difficultés. Toutes les issues sont barrées, les Hébreux sont acculés entre la mer Rouge et des falaises infranchissables. »[34] Comme l'a montré Francis Schmidt, à qui j'emprunte cette description, il s'agit pour Josèphe de créer les conditions d'une intervention de la providence divine (*pronoia*) : « Cette dimension miraculeuse de la *pronoia*, qui rend possible l'impossible, est l'une des constantes de son intervention dans l'histoire du peuple d'Israël. »[35]

La reprise en 1 M 9 de ce *topos* sur la situation critique d'une armée coincée entre l'eau et l'ennemi, préfigure-t-elle un intervention divine du même ordre ? Ce serait alors un retour à une conception providentialiste de l'histoire, à l'encontre de l'idéologie de la responsabilité humaine, exprimée lors de cette assemblée de 167 à laquelle Jonathan se réfère dans la première partie de son discours. De fait, il n'en est rien. Tandis que le Moïse de Josèphe tire argument de la difficulté de la situation pour justifier l'intervention divine (AJ II

[33] Le sens de la traversée constitue d'ailleurs l'objet principal des commentaires de Félix-Marie Abel et de Jonathan Goldstein sur ce chapitre, voir F.-M. Abel, 1949, *op. cit.* ; confronté à la présentation topographique de Josèphe,contraire à ses vues, J. Goldstein la qualifie sans ambage de « *wrong solution* », voir J. A. Goldstein, 1984, *op. cit.*, 380–381.

[34] F. Schmidt, 1998, "Destin et providence chez Flavius Josèphe", dans F. Hartog, P. Schmitt et A. Schnapp éds., *Pierre Vidal-Naquet, un historien dans la cité,* (Paris : La Découverte), 175.

[35] F. Schmidt, 1998, *art. cit.*, 176.

331–332), Jonathan y voit le motif pour prendre les armes et combattre, même en sabbat. Sa description de la situation est formulée comme un argument en faveur du combat : πολεμήσωμεν / ἰδοὺ γὰρ, « combattons, car voyez (la situation où nous sommes). » On reste dans le registre de l'historiographie de 1 Maccabées, où il n'y a rien à attendre de la providence mais tout de soi-même. Cependant il y a bien un retour du divin, puisque Jonathan invite ses hommes à « crier vers le ciel » (κεκράξατε εἰς τὸν οὐρανόν). Mais cette restauration des rites, inaugurée par Juda Maccabée, installe un tout autre rapport avec la divinité que la soumission confiante à sa providence, incarnée par Moïse. Les rapports avec Dieu s'établissent sur le mode contractuel du rappel, à l'heure des dangers, des engagements mutuels de l'Alliance. Cet échange est résumé dans le double sens du verbe διασῴζειν qu'emploie Jonathan : Dieu *sauve* les hommes, qui lui *restent fidèles*.[36]

On constate que la décision prise par les Maccabéens de combattre durant le sabbat, engageait le judaïsme bien au-delà d'un simple aménagement halakhique des règles du repos sabbatique. En amont elle découlait de la décision historique d'entreprendre la lutte armée contre l'hellénisation forcée de la Judée. En aval elle contribuait au développement d'une représentation de l'histoire, privilégiant l'action des hommes sur les interventions de la providence divine. Les enjeux n'étaient donc pas minces. Ceci contribue sans doute à expliquer l'ampleur des polémiques autour de cette question des combats durant le sabbat. En effet, non seulement la décision de Mattathias ne parvint pas à s'imposer à l'ensemble du judaïsme, mais elle souleva presqu'aussitôt de vives polémiques. Il en est résulté une diversité durable des comportements, sur ce point précis, n'excluant pas une certaine confusion. Cette diversité de décisions exclut l'hypothèse qu'on soit parvenu à une position commune à tout le judaïsme, avant la clôture de la Michna.

[36] Il est frappant que ces interrogations sur « le sens de l'histoire » émergent avec les Maccabées. Francis Schmidt notait, dans l'article cité ci-dessus, que les premières mention du « destin » (*heimarmenê*), chez Josèphe, n'apparaissaient qu'après la mort de Mattathias, « après que se sont tus les prophètes, lorsque l'historien entre dans les turbulences de l'histoire récente » (F. Schmidt, 1998, *art. cit.*, 184). L'historiographie joséphienne, comme le montre cet article, est d'une toute autre nature que celle de 1 Maccabées. La question n'a pas fini de se poser des conséquences herméneutiques (et pas seulement historiographiques) de l'insurrection maccabéenne sur l'évolution de la pensée juive du deuxième Temple.

Une erreur majeure consisterait à appliquer à ces halakhas différentes et souvent divergentes, une grille d'analyse fondée sur l'opposition entre « défensive » et « offensive ». Cette opposition ne figure dans aucune de nos sources, ni dans les discussions, ni dans les formulations de la halakha. Cette opposition est d'ailleurs sans objet ni pertinence dans la pensée de la guerre durant l'Antiquité : naturellement elle peut constituer un axe de la réflexion stratégique et tactique (l'épée contre le bouclier) ; mais elle n'apparaît jamais comme une catégorie d'analyse fondant une représentation de la guerre. Ceci reste vrai pour le Moyen Âge. L'opposition conceptuelle « offensif » *versus* « défensif » est une catégorie moderne, liée à des représentations modernes de la guerre, laïcisées et adaptées à l'émergence des États nationaux, représentations dont la première formalisation est le *De jure belli ac pacis* de Grotius, publié à Paris en 1625.[37] Il importe donc dans la discussion sur l'évolution halakhique concernant la guerre durant le sabbat à l'époque du judaïsme du deuxième Temple, d'éviter de recourir à cette opposition anachronique, à l'origine de la plupart des difficultés et des incompréhensions rencontrées par nos prédécesseurs.

La casuistique de Flavius Josèphe

Les premières mentions du sabbat dans l'œuvre de Josèphe ont trait à cette difficulté de concilier guerre et repos sabbatique : rien de surprenant puisqu'elles figurent dans le récit du soulèvement de 66, durant lequel le choix de combattre ou non durant le sabbat a contribué à distinguer entre eux les différents groupes d'insurgés.

Étienne Nodet prétend repérer « le manque d'aisance de Josèphe », son « illogisme » et ses « flottements rédactionnels » sur la question de la guerre en sabbat.[38] Eyal Regev a suggéré que cet embarras ait pu conduire Josèphe à inventer une halakha fictive, afin d'harmoniser la diversité de son temps : ainsi dans le récit de la prise du Temple par Pompée, aurait-il « *attributed to Aristobulus' fighters a purely theoretical halakha* ».[39] En d'autres termes, Josèphe ne pourrait pas être

[37] Voir H. Grotius, *Le droit de la guerre et de la paix, traduit par P. Pradier-Fodéré*, éd. par D. Alland et S. Goyard-Fabre, (Paris : PUF), 1999 ; et, pour le texte original : B. J. A. de Kanter – Van Hettinga Tromp éd., 1993², *Hugonis Grotii De iure belli ac pacis libri tres in quibus ius naturae et gentium item iuris publici praecipua explicantur*, (Aalen : Scientia Verlag, 1ère Leyde, 1939).

[38] É. Nodet, 1992, *op. cit.*, 50–55 et 66.

[39] E. Regev, 1997, "How Did the Temple Mount Fall to Pompey ?", JJS 48 / 2, 286.

considéré comme une source fiable sur la question des combats durant le sabbat. Ses informations comporteraient en effet une part de falsification, reflet embarrassé des contradictions de son temps, ou effort sincère de les résoudre à sa façon. Reprenons ici le dossier, en tâchant de répondre à cette question : Josèphe formule-t-il, dans ses écrits, une position cohérente concernant la guerre en sabbat, ou au contraire amalgame-t-il des halakhas multiples, peut-être contradictoires, en une maladroite tentative de synthèse ?

Rédigeant les *Antiquités* Josèphe reprend la question sur le fond ; il définit d'abord la nature du sabbat, puis revient sur le problème de la guerre. Parce que notre question porte sur la cohérence de l'œuvre, nous partirons de ces définitions du sabbat. La première intervient très rapidement dans les *Antiquités*, au terme de la paraphrase du récit de la Création. Évoquant le repos divin du septième jour, Josèphe établit un lien entre celui-ci et l'obligation du repos sabbatique, AJ I 33 : ὅθεν καὶ ἡμεῖς σχολὴν ἀπὸ τῶν πόνων κατὰ ταύτην ἄγομεν τὴν ἡμέραν προσαγορεύοντες αὐτὴν σάββατα· δηλοῖ δὲ ἀνάπαυσιν κατὰ τὴν Ἑβραίων διάλεκτον τὸ ὄνομα. « Ce pourquoi nous passons également ce jour dans la relâche de nos labeurs et l'appelons « sabbat » ; ce nom signifie « repos » en hébreu. » La question se posait déjà, à l'époque de Josèphe, de définir précisément en quoi consistait ce repos sabbatique. Car de même que, selon le poète, « il n'y a pas d'amour mais seulement des preuves d'amour », de même n'y a-t-il pas de repos sabbatique dans l'absolu, mais un ensemble assez précis de gestes et d'activités proscrits le jour du sabbat. On a déjà mentionné la liste établie dans Jub L : celle-ci se fondait, selon Sydney Hœnig, sur la proscription des activités analogues à l'ouvrage divin de la création.[40] Dans la Michna en revanche, la liste des trente-neuf travaux interdits se fonde sur les activités lévitiques lors de l'érection du sanctuaire au désert. Les règles concernant le repos sabbatique n'étaient donc pas forcément identiques pour tous les groupes au sein du judaïsme, à l'époque de Josèphe. Celui-ci en donne lui-même un exemple quand il souligne que les Esséniens observent le repos du sabbat διαφορώτατα Ἰουδαων ἁπαντων, « de façon beaucoup plus stricte que tous les autres Juifs » (BJ II 147) : en particulier ils n'allument pas de feu, ne déplacent pas d'objet, ni ne

[40] S. Hœnig, 1978, "The Designated Number of Kinds of Labors Prohibited on the Sabbath", JQR 68 / 4, 193–208. Une difficulté de cette thèse vient de ce que, dans les *Jubilés*, les œuvres de la création sont précisément au nombre de vingt-deux (Jub II 15, 23), tandis que les interdits du sabbat sont entre douze et seize.

défèquent ce jour-là. D'où l'on peut déduire que ces trois activités étaient autorisées à « tous les autres Juifs », non Esséniens.

Résumons ces deux points : i. le repos sabbatique n'est pas l'équivalent d'un jour férié, mais exige la proscription d'un certain nombre d'activités précisément définies. ii. Il n'existe pas, à l'époque de Josèphe, de liste des activités proscrites qui soit commune à l'ensemble du judaïsme ; elles varient d'un groupe à l'autre.

La question consiste dès lors à déterminer quelle était pour Josèphe, et le courant du judaïsme auquel il appartient, la liste des interdits sabbatiques ; et surtout, si la guerre en faisait partie.[41] Sur ce dernier point, il ne semble pas avoir existé pour Josèphe d'opposition de nature, d'incompatibilité essentielle, entre la guerre et le sabbat. Par exemple lorsqu'il décrit les deux trompettes de guerre construites sur l'ordre de Moïse, les ἀσώσρα (חֲצֹצְרָה), il explique d'abord comment ces trompettes réglaient les mouvements du camp au désert. Puis il ajoute qu'on se sert aussi de ces trompettes pour les cérémonies du culte, lors des sacrifices, καὶ τοῖς σαββάτοις καὶ ταῖς λοιπαῖς ἡμέραις, « tant aux jours du sabbat que les autres jours » (AJ III 294). On doit en conclure, puisque le même instrument rituel de premier plan sert pour la guerre et lors des sabbats, qu'il n'existe pas d'incompatibilité fondamentale entre guerre et sabbat. Un interdit de poursuivre la guerre en sabbat devait donc se fonder sur des motivations plus spécifiques : soit l'impureté contractée auprès des cadavres ; soit, plus probablement, l'incompatibilité entre les activités guerrières et différents interdits spécifiques durant le sabbat : le voyage (les marches), le déplacement et le transport d'objets (les armes) etc.

De fait, la plupart des textes de Josèphe censés exprimer l'interdit de combattre en sabbat, ne formulent pas une proscription d'ordre général mais un ensemble d'interdictions précises dont l'accumulation rend la pratique guerrière impossible. Deux exemples : i. l'exemption des Juifs de servir dans l'armée romaine. Cette dispense n'est pas fondée sur un principe général, mais sur deux interdits sabbatiques : ne pas porter des armes et ne pas faire de longues marches (AJ XIV 226). ii. Lorsque Jean de Gichala invoque le sabbat pour échapper à Titus, il lui déclare qu'il est interdit καθ' ἣν ὥσπερ ὅπλα κινεῖν αὐτοῖς, οὕτω καὶ τὸ συντίθεσθαι « pour eux, aussi bien de porter des armes que de conclure un traité » (BJ IV 99). Si l'on rap-

---

[41] Comme c'est par exemple le cas dans le livre des *Jubilés*, où elle est figure explicitement parmi les interdits (Jub L 12).

proche de ces paroles les listes d'interdits sabbatiques du livre des *Jubilés* ou de la Michna, on constate que la seule ruse de Jean consiste ici à prendre la halakha au pied de la lettre : « porter des armes » est interdit car ce serait porter et déplacer des objets ; « conclure un traité » car ce serait écrire.

Dans tous ces écrits, ce qui rend la guerre impossible durant le sabbat n'est pas un interdit pesant sur la guerre elle-même, mais le respect, incompatible avec la pratique guerrière, de divers interdits sabbatiques. Rien d'étonnant donc, à ce que Josèphe admette sans difficulté que, dans des temps anciens, pré-asmonéens, les prescriptions sabbatiques aient rendu la guerre impossible. Ainsi reproduit-il l'histoire de la prise de Jérusalem par Ptolémée Lagos vers 301 av., dont il a trouvé le récit chez Agatharchide (AJ XII 4 sq.) ; c'est, dans les *Antiquités*, le premier rapprochement opéré entre guerre et sabbat. Certains ont voulu faire dire à ce texte, en particulier à la paraphrase de Josèphe, tout autre chose que ce qu'il dit.[42] Mais lorsqu'il reprend la même anecdote dans le *Contre Apion*, Josèphe y confirme que les Hiérosolymitains ont été conquis parce qu'ils ne pouvaient, ni ne voulaient, combattre durant le sabbat : il approuve et admire leur piété et leur respect de la loi, en cette occasion (Ap. I 212).

De même Josèphe rattache-t-il explicitement le massacre des réfugiés du désert, lors des persécutions d'Antiochos IV, au respect du repos sabbatique (AJ XII 274) : τοῦ δὲ ἀμύνασθαι διὰ τὴν ἡμέραν ἀπέσχοντο, μηδ' ἐν κακοῖς παραβῆναι τὴν τοῦ σαββάτου τιμὴν Θελήσαντες· ἀργεῖν γὰρ ἡμῖν ἐν αὐτῇ νόμιμόν ἐστιν. « Et ils s'abstinrent de se défendre à cause du jour, ne voulant pas dans leur malheur violer la dignité du sabbat ; car notre loi est de ne rien accomplir en ce jour. » Les survivants du massacre rallient Mattathias et le prennent pour chef. C'est alors qu'il instaure la règle nouvelle de combattre durant le sabbat. On est donc en présence, chez Josèphe, de la représentation d'un interdit ancien, aménagé et réformé par Mattathias. La mesure des écarts séparant le récit de cette réforme chez Josèphe (AJ XII 276–277), de sa source en 1 Maccabées (1 M 2,40–41), permet d'identifier ce qui sépare les deux écrits dans leurs façons d'aborder la question des combats durant le sabbat. On repère trois différences importantes :

[42] Par exemple B. Bar-Kochva, 1989, *op. cit.*, 477–481. L'auteur admet que les Juifs aient pu appliquer, dès le IIIème siècle av., « *their custom of not carrying weapons on their day of rest* » ; mais il maintient que « *the Jews were accustomed to defending themselves on the Sabbath* » dès cette époque.

i. Dans le récit de Josèphe, Mattathias prend seul l'initiative de la réforme, qu'il « enseigne » à ses partisans (AJ XII 276) : ὁ δὲ καὶ σαββάτοις αὐτοὺς ἐδίδασκε μάχεσθαι, « alors il les instruisit de combattre durant les sabbats. » Au contraire dans le récit de 1 Maccabées la décision est le fruit d'un débat, puis d'une délibération et peut-être même d'un vote (καὶ ἐβουλεύσαντο τῇ ἡμέρᾳ ἐκείνῃ).

ii. Dans le raisonnement qui conduit à la décision de combattre en sabbat, l'ordre des facteurs est inversé : en 1 Maccabées est énoncée d'abord l'analyse de l'inefficacité mortelle du pacifisme ; puis la décision de se battre ; enfin la décision halakhique de combattre même durant le sabbat. Inversement, chez Josèphe, Mattathias énonce en premier la nouvelle halakha ; ensuite il l'explique et la justifie par un raisonnement.

iii. Enfin les différences de vocabulaire sont significatives. Josèphe a plusieurs fois recours au vocabulaire juridique, celui de la discussion halakhique : ἡμῖν νόμιμόν ἐστιν, « selon notre loi » (AJ XII 274) ; φυλαττόμενοι τὸ νόμιμον, « en suivant la loi » (AJ XII 276). Au contraire aucun terme juridique ne figure dans le récit de 1 Maccabées.

Ces écarts convergent dans une même direction, qui en donne la signification. Tandis que 1 Maccabées donne à voir la représentation d'une assemblée démocratique prenant une décision d'ordre stratégique, Josèphe présente Mattathias comme un maître ou un sage, qui « enseigne » (διδάσκειν) la nouvelle règle juridique (τὸ νόμιμον), puis la justifie par un raisonnement. Il se situe ainsi du côté de l'autorité et du droit : c'est-à-dire dans le domaine de la discussion et de la décision halakhique. Paradoxalement Josèphe semble donc accorder plus d'importance à la réforme halakhique du combat en sabbat que l'historien de 1 Maccabées. Ce paradoxe, au fond, n'en est pas un. Pour l'historien asmonéen le choix opéré ce jour-là fut essentiellement d'ordre stratégique : la décision, fondatrice du soulèvement, de passer à la lutte armée. Une conséquence de cette décision fut que la question de la guerre en sabbat devint un enjeu essentiel dans la différenciation entre les groupes et les courants traversant le judaïsme, au cours des deux siècles suivants. Pour Josèphe et ses contemporains cette question du sabbat et de la guerre, dans sa dimension halakhique, était donc passée au premier plan.

Faire ou non la guerre durant le sabbat, constitue ainsi un point de divergence halakhique important entre les différents courants du judaïsme. La question de la cohérence de Josèphe en prend une acuité supplémentaire : a-t-il formulé la halakha, nettement identifiée, d'un courant particulier du judaïsme, ou a-t-il tenté d'harmoniser ces positions différentes ? On verra que, fondamentalement, en dépit de formulations successives et différentes, Josèphe reprend à son compte une seule et même halakha ; et que celle-ci se distingue des autres formulations halakhiques, celle des *Jubilés* et de 1 Maccabées, comme de la Michna. En revanche il lui arrive de mentionner les pratiques halakhiques, qu'il désapprouve, d'autres courants comme les Zélotes.

On trouve chez Josèphe quatre énoncés de type halakhique concernant la guerre pendant le sabbat. Le premier figure dans la *Guerre*. Le contexte est celui de la prise du mont du Temple par les troupes de Pompée en 63. Récit d'un épisode ancien, que Josèphe n'a pas vécu : on est dans le registre historique même si, pour la chronologie, cet épisode intervient bien après la réforme halakhique de Mattathias. Durant ce siège, les Juifs auraient laissé se poursuivre les travaux de terrassement et d'investissement de la citadelle, sans intervenir, lorsqu'ils se déroulaient durant le sabbat. Josèphe en donne cette raison (BJ I 146) : ἐν αἷς παντὸς ἔργου διὰ τὴν Θρησκείαν χεῖρας ἀπίσχουσιν Ἰουδαῖοι, (. . .)· ὑπὲρ μόνου γὰρ τοῦ σώματος ἀμύνονται τοῖς σαββάτοις. « (Les sabbats) durant lesquels les Juifs s'abstiennent de tout travail manuel par respect de la divinité (. . .) ; ils se battent seulement pour leur vie pendant les sabbats. » Pompée aurait en effet eu recours à cette ruse de faire accomplir à ses hommes des travaux durant les sabbats, mais en évitant de combattre ces jours-là. Cette ruse seule aurait permis la victoire et la prise du Temple ; car sans cela : κἂν ἀτέλεστος ἔμεινεν τοῖς Ῥωμαίοις ὁ πόνος, « cette épreuve se serait prolongée sans fin pour les Romains. »

Deux autres formulations figurent dans les *Antiquités*. D'abord sous la forme d'une conclusion au récit de la réforme halakhique de Mattathias (AJ XII 277) : καὶ ἄχρι δεῦρο μένει παρ' ἡμῖν τὸ καὶ σαββάτοις, εἴ ποτε δεήσειε, μάχεσθαι. « Et jusqu'à aujourd'hui il en est resté pour nous de combattre en sabbat si jamais c'est nécessaire. » La réforme de Mattathias est donc l'événement historique le plus ancien auquel se réfère Josèphe dans cette discussion halakhique ; on y verra confirmation que le débat et les divergences sur la question datent de ce moment.

La troisième formule apparaît à l'occasion d'un nouveau récit de la prise de Jérusalem par Pompée, dans les circonstances déjà évoquées (AJ XIV 63) : ἄρχοντας μὲν γὰρ μάχης καὶ τύπτοντας ἀμύνασθαι δίδωσιν ὁ νόμος, ἄλλο δέ τι δρῶντας τοὺς πολεμίους οὐκ ἐᾷ. « La Loi permet de se défendre contre ceux qui commencent un combat et frappent mais pas contre des ennemis ne faisant pas cela. »

Enfin le quatrième énoncé apparaît dans la *Biographie*, à propos d'un épisode vécu par Josèphe lui-même, lors de son gouvernement militaire en Galilée (et déjà évoqué brièvement en BJ II 632 sq). Josèphe se trouve à Tarichée, ville forte sur les bords du lac de Tibériade. Il précise que le jour est un vendredi (Vita 159) : διὰ τὸ τὴν ἐπιοῦσαν ἡμέραν σάββατον ὑπάρχειν, « car le lendemain était un sabbat. »[43] Il apprend alors que la ville voisine de Tibériade a fait défection et rallié le camp du roi Agrippa ; cependant aucune troupe ennemie n'est encore venue appuyer cette révolte ; il est donc encore temps d'agir et de prévenir ce retournement. Comment faire ? Josèphe expose que ses troupes sont alors dispersées et qu'il ne servirait à rien de les réunir, en raison de la proximité du sabbat (Vita 161) : οὐδὲ γὰρ ἀφικομένης αὐτῆς εἰς τὴν ἐπιοῦσαν ὅπλα λαβεῖν, κωλυόντων ἡμᾶς τῶν νόμων, κἂν μεγάλη τις ἐπείγειν ἀνάγκη δοκῇ. « En effet même de retour le lendemain (sabbat), ils n'auraient pu prendre les armes, nos lois nous l'interdisant si grande que paraisse la contrainte de la nécessité. » À la différence des trois exemples précédents, le principe rappelé ici s'applique à l'expérience vécue de Josèphe, et non à un événement du passé.

La réforme de Mattathias est donc le plus ancien des épisodes convoqués dans cette discussion. Josèphe affirme l'adhésion de l'ensemble du judaïsme (παρ' ἡμῖν, « pour nous ») à la réforme. Cependant la portée pratique de cette adhésion est formulée en termes très généraux et donc imprécis : iles est question de εἴ ποτε δεήσειε, μάχεσθαι, « combattre, si jamais il le fallait » (AJ XII 277).

L'imprécision de ce εἴ δεήσειε est telle, qu'un rapprochement de cette formule avec le récit (dans l'*Autobiographie*) de l'épisode de la trahison de Tibériade, suggère une contradiction.

AJ XII 277 :	Vita 161 :
εἴ ποτε δεήσειε	κἂν μεγάλη τις ἐπείγειν ἀνάγκη δοκῇ
μάχεσθαι	(οὐδὲ) ὅπλα λαβεῖν
« combattre, si jamais c'est nécessaire »	« (ne pas) prendre les armes, si grande que paraisse la contrainte de la nécessité »

[43] Voir aussi BJ II 634.

Comment comprendre qu'il faille combattre dans un cas et ne pas même prendre les armes dans l'autre ? Est-ce à dire que la nécessité exprimée par δεῖ est plus grande que celle exprimée par ἀνάγκη ? Évidemment non. Le contexte explique la différence d'attitudes.

La situation envisagée par Mattathias implique une attaque immédiate d'ennemis étrangers au judaïsme, par définition, puisqu'ils attaquent durant le sabbat. En ces circonstances il faut combattre. La situation où se trouve Josèphe à Tarichée est différente : c'est à lui de prendre l'initiative d'une action contre une menace à venir. Lui seul, comme dirigeant politique et militaire, disposant d'informations privilégiées, peut juger de l'ampleur de cette menace différée : c'est à celle-ci que s'applique le terme ἀνάγκη. Josèphe veut insister ici sur la rigueur de la Loi (ainsi que sur le respect qu'il lui voue, et sur l'étendue de sa ruse) : en l'absence d'attaque ou de danger immédiat rien ne peut être entrepris, si grande en paraisse l'ἀνάγκη. On voit aussitôt comment la « casuistique », que repérait Valentin Nikiprowetzky, peut se nicher entre cette ἀνάγκη et ce δεῖ. Qui et selon quels critères, décide de l'urgence et du danger d'une situation militaire ? S'il n'y a pas de contradiction entre l'attitude de Josèphe à Tarichée et son acceptation de la réforme maccabéenne, les conditions d'application de celle-ci demeurent imprécises.

Dans l'*Autobiographie*, Josèphe rappelle d'abord la loi de portée générale, la loi du repos sabbatique ; elle interdit de prendre les armes (ὅπλα λαβεῖν), en raison de la règle proscrivant de porter et de déplacer aucun objet durant le sabbat. Mais son époque fut celle aussi de grandes discussions halakhiques, portant en particulier sur les circonstances exceptionnelles dans lesquelles les règles du repos sabbatique pouvaient être transgressées. Ces discussions ne concernaient d'ailleurs pas que la guerre. Lutz Dœring a par exemple montré, dans une étude très détaillée des « fragments sabbatiques » de la grotte 4 de Qoumrân, que la question du sauvetage d'un être humain durant le sabbat avait été posée dès avant, ou à peu près à la même époque, que la réforme de Mattathias : « *Different halakhic positions on this topic have to be assumed from the middle of the 2nd century BCE onward.* »[44] Josèphe et le courant dont il exprime la position admettent aussi, à la suite de Mattathias, l'existence de circonstances exceptionnelles,

[44] L. Doering, 1997, "New Aspects of Qumran Sabbath Law from Cave 4 Fragments", dans M. Bernstein, F. García Martínez et J. Kampen éds., *Legal Texts and Legal Issues. Proceedings of the Second Meeting of the I.O.Q.S. Published in Honour of J. M. Baumgarten*, (Leyde, New York, Cologne : Brill), 273.

dans lesquelles le devoir de combattre l'emporte sur le respect du repos sabbatique. Mais la définition qu'il donne de ces circonstances est plus restrictive que celle de l'historien asmonéen de 1 Maccabées. La restriction apparaît déjà dans la transcription faite par Josèphe de la halakha de Mattathias. Telle qu'elle est exprimée en 1 M 2,41 celle-ci visait quiconque se manifesterait ἐφ' ἡμᾶς εἰς πόλεμον, « contre nous en état de guerre » ; formule très large, autorisant à combattre tout ennemi cherchant à profiter du sabbat. La formulation de Josèphe est plus précise, mais limitative (AJ XII 276) : τῶν μὲν ἐχθρῶν κατ' ἐκείνην τὴν ἡμέραν αὐτοῖς προσβαλλόντων, « si leurs ennemis les attaquaient ce jour-là » ; προσβάλλειν signifie une offensive immédiate et directe, un assaut. Cette définition de l'ἀνάγκη justifiant la transgression du repos sabbatique est donc plus stricte que celle de 1 Maccabées : elle n'autorise à combattre l'ennemi que s'il est immédiatement et directement menaçant. Elle apparaît conforme aux réflexions et au comportement de Josèphe à Tarichée.

Les deux autres énoncés joséphiens de la halakha (BJ I 146 et AJ XIV 63), apportent des précisions supplémentaires. Mais sur le fond ils demeurent cohérents et en conformité avec les formulations précédentes. En BJ I 146 Josèphe rappelle d'abord la loi générale du repos sabbatique : παντὸς ἔργου χεῖρας ἀπίσχειν, « s'abstenir de tout activité manuelle ». Ensuite il invoque l'exception guerrière à la règle : ὑπὲρ μόνου γὰρ τοῦ σώματος ἀμύνονται, « on se bat seulement pour sauver sa vie. » On retrouve ici à la fois la prise en compte de la réforme maccabéenne et son interprétation restrictive. Dans son récit de la prise de Jérusalem par Pompée, dans les *Antiquités*, Josèphe se fait encore plus précis (AJ XIV 63) : « La loi permet de se défendre contre ceux qui commencent un combat et frappent, mais pas contre des ennemis faisant quoique ce soit d'autre. » Les conditions d'application de la réforme de Mattathias sont ici au nombre de deux. D'une part l'initiative du combat doit être laissée à l'ennemi, ἄρχοντας μάχης ; d'autre part le danger que représente l'ennemi doit être effectif et immédiat : ce qu'exprime καὶ τύπτοντας « et s'ils frappent ». Non seulement ces deux précisions ne sont contradictoires avec aucun autre énoncé de la halakha, chez Josèphe, mais elles en éclairent le contenu : elles permettent de comprendre l'impossibilité d'intervenir militairement durant le sabbat, où se trouvait Josèphe confronté à la défection de Tibériade. L'ennemi le plus proche alors était un détachement romain, par hasard entrevu (συνέβη τινὰς Ῥωμαίων ἱππεῖς ὀφθῆναι, Vita 157) : rien qui autorisât à transgresser la trêve sabbatique.

Deux épisodes historiques, tirés de la chronique des rois asmonéens, viennent incidemment illustrer cette « halakha de Josèphe ». Le premier se situe lors de la campagne conjointe d'Antiochos VII et Jean Hyrcan contre les Parthes (130 av.) Nicolas de Damas rapporte que l'expédition s'arrêta deux jours au bord d'un fleuve, à la demande d'Hyrcan, afin de respecter le repos de Pentecôte puis du sabbat. Josèphe, qui le cite, en profite pour rappeler une fois encore la loi première du repos sabbatique, AJ XIII 252 : οὐκ ἔξεστι δ' ἡμῖν οὔτε ἐν τοῖς σαββάτοις οὔτε ἐν τῇ ἑορτῇ ὁδεύειν, « il ne nous est pas permis de nous déplacer ni pendant les sabbats, ni pendant une fête. » En cette occasion, où aucune nécessité n'apparaissait, le prince asmonéen sut convaincre son allié grec de l'importance de respecter ses coutumes religieuses. L'autre épisode se situe lors de la guerre de ravage menée par Ptolémée Lathyre à travers la Judée au début du règne de Jannée (102–101 av.) Josèphe mentionne la prise de la ville d'Asochis en Galilée par le prétendant lagide (AJ XIII 337) : σάββασιν αἱρεῖ κατὰ κράτος, αὐτήν, « il s'en empara par un coup de force durant le sabbat. » Si cet assaut eut lieu de propos délibéré durant un sabbat, on y verra une nouvelle tentative grecque de tirer parti du repos sabbatique. Mais, dans l'ignorance des règles précises de la halakha, cette tentative est vaine : Josèphe précise que Ptolémée conquit la ville κατὰ κράτος « de force », c'est-à-dire en combattant. Les nécessités d'un assaut immédiat, selon la compréhension restrictive que défend Josèphe, imposaient donc aux habitants juifs d'Asochis l'application de la réforme de Mattathias.

Sous des formes différentes, Josèphe a donc toujours exprimé la même conception halakhique : la trêve sabbatique ne peut être rompue que dans le cas d'une menace directe et immédiate. Il n'existe aucune contradiction ni illogisme dans ses écrits.[45]

Le siège et la prise du mont du Temple par Pompée

Deux expressions de cette halakha sont associées au récit de la chute du mont du Temple devant Pompée et soulèvent quelques difficultés. Cet épisode est central dans les discussions sur la guerre durant

---

[45] *Pace* É. Nodet, 1992, *op. cit.*, 50–55. Étienne Nodet s'est trop avancé sur ce point, pour deux raisons : d'une part il a privilégié l'opposition « offensive *versus* défensive » (p. 52 par ex.) ; d'autre part il n'a pas pris en compte la diversité halakhique de l'époque : il met sur le même plan et attribue à Josèphe les différentes pratiques que celui-ci rapporte (p. 54 par ex.)

le sabbat à l'époque du deuxième Temple : en effet Josèphe a systématiquement associé la règle des combats en sabbat à l'évocation de ce souvenir historique.[46]

En 63 av. Pompée arrive à Damas en vainqueur de l'Orient. La Judée est alors déchirée par une guerre civile opposant les deux prétendants asmonéens, Hyrcan II et son frère Aristobule II. Dans cette situation incertaine, Pompée entre en Judée avec son armée. Les partisans d'Aristobule se réfugient alors sur le mont du Temple, tandis que ceux de Hyrcan ouvrent la ville de Jérusalem aux Romains. Au terme d'un siège de trois mois, et après avoir fait venir de Tyr des engins de poliorcétique, Pompée s'empare du Sanctuaire. Il fait massacrer et exiler les partisans d'Aristobule, puis installe Hyrcan comme grand prêtre et ethnarque d'une Judée considérablement diminuée.[47]

Deux éléments de ce siège, rapportés par Josèphe, ont retenu particulièrement l'attention. D'une part la ruse tactique de Pompée : il faisait surtout avancer les travaux du siège durant les sabbats, ordonnant alors à ses hommes de travailler mais de ne pas combattre ; de sorte que les assiégés, pris au piège de leur propre casuistique halakhique, auraient observé passivement, ces jours-là, l'avancée des travaux sans rien tenter pour les interrompre. D'autre part la date particulière de la chute du Sanctuaire : il est aujourd'hui largement admis que celle-ci eut lieu un jour de sabbat (et non le jour du kippour, τῇ τῆς νηστείας ἡμέρᾳ, comme l'a écrit Josèphe, recopiant ses sources grecques, AJ XIV 66).[48] Deux questions ont évidemment découlé de ces particularités : doit-on admettre la réalité historique du comportement prêté aux assiégés, lors des sabbats et, si oui, à quelle halakha correspondait-il ? Et : le fait que l'assaut final ait eu lieu un jour de sabbat a-t-il contribué en quelque manière à la chute du Sanctuaire ?

Il est extrêmement ardu d'atteindre à la réalité des événements historiques, au-delà des grandes lignes, à travers le filtre des sources historiques successivement remaniées par la chaîne des auteurs. C'est cependant à quoi Eyal Regev s'est efforcé de parvenir, dans son travail de déconstruction des deux récits de Josèphe : « *How did the*

[46] Voir les deux récits déjà mentionnés (BJ I 143–151 et AJ XIV 58–70). Voir aussi le rappel de cet épisode dans le discours d'Agrippa II aux insurgés : BJ II 392–393.

[47] Sur ces événements historiques, voir F.-M. Abel, 1947, "Le siège de Jérusalem par Pompée", RB 54 / 2, 243–255.

[48] Sur la discussion de cette date et les références bibliographiques à ce sujet, voir E. Regev, 1997, *art. cit.*, 277 et M. Stern, 1974, *op. cit.*, vol. 1, 510 sq.

Temple Mount fall to Pompey ? »[49] Tâchant de faire la part de ce qui relève des récits grecs et romains, et de ce qui revient à la plume ou à « l'imagination » de Josèphe, il parvient à ces deux conclusions : i. contrairement à ce qu'affirme Josèphe (BJ I 149), les défenseurs du Temple ne combattaient *pas du tout* pendant les sabbats (E. Regev voit en eux des Sadducéens). ii. La halakha suggérée par Josèphe (AJ XIV 63) est purement imaginaire (« *figments of Josephus' imagination* », p. 276) ; elle est le produit d'un effort rhétorique d'harmonisation entre ses sources grecques et sa connaissance de la Loi, aboutissant à « *a purely theoritical halakha* » (p. 286). Ces deux points, le second surtout, m'apparaissent extrêmement contestables.

S'agissant du comportement exact des assiégés durant les sabbats, la seule chose qu'on puisse affirmer est qu'il fut de nature à marquer les esprits des Romains, sans qu'on puisse préciser en quoi. La conviction de Eyal Regev que les combats cessaient complètement durant les sabbats, se heurte à la durée du siège : trois mois. Si les Romains ont effectivement eu, chaque semaine, l'occasion de donner l'assaut sans rencontrer aucune résistance, un si long siège ne s'explique pas. Les défenses naturelles et passives du mont du Temple ne pouvaient offrir une résistance aussi durable dans ces conditions.[50] E. Regev tire aussi argument du comportement des prêtres lors de la prise du Temple : selon Josèphe « ils restèrent imperturbablement occupés de leur fonction rituelle et furent égorgés pendant qu'ils versaient des libations ou qu'ils offraient de l'encens, faisant passer leur salut après le culte dû à Dieu » (BJ I 150).[51] E. Regev souligne à juste titre la différence entre ce comportement et celui des prêtres de 70 èv, lors de la prise du Temple par les troupes de Titus. Il s'interroge également sur l'attitude des autres prêtres, ceux qui n'étaient pas occupés au culte : « *The offering of the sacrifices did not require a great deal of manpower, nor did it take much time ; it was highly improbable that there were not any priest available to fight.* »[52] Il conclut de cette passivité générale à l'existence d'une rigoureuse halakha sadducéenne interdisant

---

[49] E. Regev, 1997, *art. cit.*, 276–289.

[50] La topographie du Temple n'était certes pas encore celle remaniée par Hérode ; l'Antonia en particulier n'existait pas, et à son emplacement se creusaient fossés et ravins défensifs. En revanche, rappelons que Pompée contrôlait « le palais royal dit Palais des Asmonéens dont la situation permettait de surveiller ce qui se passait sur l'esplanade du temple », F.-M. Abel, 1947, *art. cit.*, 249.

[51] Trad. A. Pelletier, 1975, Paris. Voir aussi AJ XIV 67.

[52] E. Regev, 1997, *art. cit.*, 279.

toute activité guerrière durant le sabbat, quelles que fussent les circonstances.

Il est possible que Eyal Regev ait raison sur ce point ; le problème est que rien, dans nos textes, n'en apporte la démonstration. Au contraire : Josèphe mentionne bien une certaine résistance armée contre l'assaut des Romains (BJ I 149).[53] Et l'on peut trouver bien d'autres explications à la conduite des prêtres en 63 av : la plus simple et la plus évidente étant, qu'en cette occasion, le problème halakhique qui se posait à eux n'était pas celui de la compatibilité entre guerre et sabbat, mais celui du respect des lois sacrificielles. Il faut également prendre en compte le caractère rhétorique du *topos* familier à l'Antiquité gréco-romaine, opposant dans les récits de conquête l'indifférence du sage (et du religieux) à la violence du guerrier.

Les défenseurs juifs du Temple de Jérusalem eurent à l'évidence, lors des sabbats, un comportement inhabituel, qui fut remarqué des assaillants, puis des historiens. Mais ceux-ci, ignorants des règles du judaïsme, n'en laissèrent qu'une image incertaine, accompagnée d'explications insatisfaisantes. Il en résulte une étrangeté du récit, sans doute aussi frappante pour Josèphe en son temps, qu'elle l'est demeurée pour le lecteur contemporain.

Le seul de ces historiens revendiqués comme source par Josèphe, et dont nous ayons conservé un écrit indépendant sur le sujet, est Strabon d'Amasée (Geogr. XVI 2, 40). À partir de cette source, on peut suivre le travail rédactionnel de Josèphe :

Strabon, Geogr. XVI 2, 40	Josèphe, BJ I 146
τηρήσας τὴν τῆς νηστείας ἡμέραν,	τὰς ἑβδουάδας ἐπιτηρῶν ὁ Πομπήιος,
ἡνίκα ἀπείχοντο οἱ Ἰουδαῖοι παντὸς ἔργου	ἐν αἷς παντὸς ἔργου χεῖρας ἀπίσχουσιν Ἰουδαῖοι
après avoir guetté le jour du jeûne	Pompée avait guetté les septièmes jours,
durant lequel les Juifs s'abstenaient de toute activité.	durant lesquels les Juifs s'abstiennent de tout travail manuel

[53] Selon Eyal Regev, il ne peut s'agir que d'un « *comment added by Josephus (or Nicolaus ?) to his narrative* », E. Regev, 1997, *art. cit.*, 278.

Dans cette première mouture de son récit, Josèphe, s'appuyant probablement aussi sur les autres auteurs qu'il a mentionné (Nicolas de Damas, Tite-Live), corrige d'abord correctement Strabon en rétablissant « sabbat » pour ἡ τῆς νηστείας ἡμέρα. Ensuite il tente d'expliquer la situation par deux ajouts rédactionnels. D'une part il explique, soit de son propre chef, soit informé chez un autre historien, que Pompée aurait profité de ce scrupule religieux des Juifs, non pour donner l'assaut mais pour pousser les travaux du siège (BJ I 146) : « Il faisait élever le terrassement mais interdisait à ses soldats d'en venir aux mains. » Ensuite Josèphe fournit l'explication religieuse que les historiens gréco-romains devaient ignorer (BJ I 146) : ὑπὲρ μόνου γὰρ τοῦ σώματος ἀμύνονται τοῖς σαββάτοις « Car pendant les sabbats ils (les Juifs) se battent seulement pour la défense de leur vie. » Voilà précisément où Eyal Regev juge que Josèphe invente une halakha fictive.

Mais il n'était nul besoin d'invention. Josèphe se contente d'exposer ici (puis de développer et de préciser en AJ XIV 63) la halakha qui est la sienne et celle du courant auquel il appartient.[54] Reste une question : cette halakha a-t-elle été abusivement et artificiellement plaquée par l'historien du Ier siècle èv. sur l'attitude des Juifs du Ier siècle av. ? On ne peut l'exclure. Mais dans ce cas, les ajustements narratifs n'ont pas porté sur l'énoncé de la halakha, mais sur le comportement, si étrange à admettre, des assiégés de 63 av. Il faut donc inverser la proposition de Eyal Regev : confronté aux récits des historiens païens sur la prise du Temple par Pompée, dans laquelle le respect du sabbat aurait joué un rôle important, Josèphe applique à ces récits la halakha de son groupe et de son temps, puis adapte ce que ses sources décrivent du comportement des assiégés au respect de cette halakha.

La diversité halakhique

Josèphe a fait lui-même la guerre, et il l'a vu faire à ses contemporains. Quelles pratiques halakhiques furent donc adoptées à l'occasion des sabbats durant cette première Guerre des Juifs ? Il apparaît qu'elles furent diverses.

---

[54] Je ne suis pas le premier à l'affirmer. Shmuel Safrai, *inter al.*, a conclu déjà que Josèphe exprimait la véritable halakha de son époque dans ces récits. Voir S. Safrai, éd., 1987, *The Literature of the Sages. First Part*, (Aix, Maastricht : Van Gorcum ; Philadelphie : Fortress Press).

Selon Josèphe, la question fut soulevée dès l'origine du soulèvement. Peu avant l'interruption des sacrifices pour l'empereur, le roi Agrippa II convoqua une assemblée des habitants de Jérusalem au Xyste, pour tenter de les dissuader de défier la puissance romaine. Dans l'exercice rhétorique auquel se livre Josèphe, reconstituant le discours du roi, l'argument de la trêve sabbatique intervient fortement (BJ II 392–393) :

> Τηροῦντές γε μὴν τὰ τῶν ἑβδομάδων ἔθη καὶ πρὸς μηδεμίαν πρᾶξιν κινούμενοι ῥᾳδίως ἁλώσεσθε, καθάπερ οἱ πρόγονοι Πομρηίῳ, ταύτας μάλιστα τὰς ἡμέρας ἐνεργοὺς ποιησαμένῳ τῆς πολιορκίας, ἐν αἷς ἤργουν οἱ πολιορκούμενοι· παραβαίνοντες δ' ἐν τῷ πολέμῳ τὸν πάτριον νόμον οὐκ οἶδ' ὑπὲρ ὅτου λοιπὸν ποιήσεσθε τὸν ἀγῶνα·
>
> Si vous observez les usages des septièmes jours et n'accomplissez aucune activité, vous serez aisément conquis comme vos ancêtres par Pompée, qui poussait surtout les travaux du siège en ces jours-là durant lesquels les assiégés ne faisaient rien. Mais si vous transgressez pour le temps de la guerre la loi ancestrale, je ne vois pas en vertu de quoi d'autre vous mènerez la lutte.

La « loi ancestrale », ὁς πάτριος νόμος, fait référence à la loi fondamentale du repos sabbatique, dont les règles s'opposent à l'action guerrière. Mais quelle halakha précise vise le discours du roi en invoquant les « usages » (τὰ ἔθη) ? La halakha, restrictive mais admettant le combat en certaines circonstances, à laquelle adhère Josèphe ? Ou celle persistant à interdire tout combat durant le sabbat ? On sait que cet interdit perdurait, au moins dans certains milieux (voir les *Jubilés*). Vraisemblablement, compte tenu de l'évocation de Pompée et des préférences de l'auteur, s'agit-il de la première. Il est possible aussi que le discours du roi s'adressat à tous les courants : aux partisans d'un interdit complet, il marque l'évidence du handicap qu'ils s'infligent ; au défenseurs de la halakha réformée, il montre la faiblesse stratégique de leur compromis en rappelant le souvenir historique de la prise du Temple ; quant aux partisans de la guerre en sabbat il les renvoie hors de la communauté de la Loi. Comme l'a noté Martin Hengel commentant ce passage du discours d'Agrippa consacré à la guerre durant le sabbat : « *Wahrscheinlich war dieser Punkt kontrovers.* »[55]

Lorsqu'on en vient à la pratique de la guerre, le premier qu'il

[55] M. Hengel, 1976, *Die Zeloten. Untersuchungen zur jüdschen Freiheitsbewegung in der Zeit von Herodes I bis 70 n. chr.*, (Leyde, Cologne : Brill), 295.

faut interroger est Josèphe lui-même : a-t-il mis ses actes en accord avec la théorie qu'il formulait ? Il faut revenir pour en juger à l'épisode de Tibériade. On se souvient comment Josèphe raconte qu'il fut informé de la dissidence de Tibériade un vendredi (BJ II 634 et Vita 161). Le temps lui manquait donc pour rassembler ses troupes avant le sabbat. Il réside alors à Tarichée, ville forte située également sur le lac à une dizaine de kilomètres au sud de Tibériade, et n'a à sa disposition que sept hommes en armes (BJ II 636 et Vita 161). Il décide alors de recourir à un stratagème : ayant réuni toute un flottille de barques presque vides, il mouille devant Tibériade et s'avance seul avec ses sept soldats. Les habitants de Tibériade, dupés et effrayés par la flotte qu'ils imaginent chargée d'une armée, lui livrent tous les notables de la ville et se rallient. Josèphe expédie les notables en barque à Tarichée, par fournées successives. Il reçoit de loin les promesses d'allégeance, ordonne un châtiment mesuré contre un seul des meneurs, puis s'empresse de rejoindre à son tour Tarichée.[56]

Dans toute cette affaire Josèphe a-t-il appliqué fidèlement la halakha restrictive qu'il a définie ? Évidemment non, si l'action se déroule pendant le sabbat : en effet il mobilise et fait intervenir ses sept gardes du corps, en armes ; et il accomplit avec eux, et fait accomplir aux bateliers de Tarichée, un trajet qui excède largement les limites sabbatiques. Pour que le repos sabbatique soit respecté (au moins dans la narration) il faut, comme Josèphe s'est efforcé de l'établir dans ses deux récits, que toute l'opération se soit déroulée dans la journée du vendredi. Josèphe souligne donc la rapidité de sa réaction, donnant au récit une allure haletante de course contre la montre. Ainsi en BJ II 635, il s'élance διὰ τάχους « à toute vitesse » vers Tibériade ; en Vita 163, il réagit παραχρῆμα δὴ, « sur-le-champ, aussitôt ». Dans le récit de l'*Autobiographie*, plus tardif et plus élaboré, Josèphe a particulièrement insisté sur cette unité de temps (Vita 174–178) : il y est question du dîner qu'il offre (συνδείπνους ἐποιησάμην) à ses hôtes forcés, lors de son retour à Tarichée (ὡς εἰς τὰς Ταριχέας ἀφικόμην) ; puis, au matin (ἕωθεν), il les fait relâcher. Ce dîner intervenant le soir même de l'opération, vient souligner que tout le versant militaire en était terminé avant le début du sabbat.

[56] Les deux récits divergent sur les suites immédiates de cette expédition : dans la *Guerre*, Tibériade fait à nouveau défection quelques jours après et Josèphe doit la réduire par les armes (BJ II 645) ; dans l'*Autobiographie*, le sens de la manœuvre de Josèphe apparaît lorsqu'il réunit tous les notables arrêtés pour les convaincre politiquement de leur intérêt à le soutenir (Vita 175 sq.).

Il faut considérer enfin que la ruse de Josèphe aurait perdu de sa crédibilité aux yeux des habitants de Tibériade si elle se fût déroulée durant la trêve du sabbat. Toute la logique du récit tend ainsi à établir que le stratagème de Josèphe fut entièrement accompli durant la journée du vendredi.[57] La conclusion implicite est donc que Josèphe a bien conformé sa pratique aux règles qu'il énonçait.

En revanche Josèphe témoigne à plusieurs reprises de pratiques rigoureusement différente, et signale plusieurs combats engagés pendant le sabbat, au cours du soulèvement. La première de ces transgressions de la trêve sabbatique a lieu tout au début de la révolte, à l'occasion de la prise de l'Antonia et du massacre de sa garnison romaine (BJ II 456) :

> καὶ γὰρ δὴ σαββάτῳ συνέβη πραχθῆμαι τὸν φόνον, ἐν ᾧ διὰ τὴν Θρησκείαν καὶ τῶν ὁσίων ἔργων ἔχουσιν ἐκεχειρίαν.
>
> Et l'exécution du massacre coïncidait avec un sabbat, durant lequel par observance des pratiques religieuses ils suspendent même les activités pures.

Josèphe condamne sévèrement cette transgression ; son commentaire prend l'allure d'une redoutable prophétie *ex eventu* (BJ II 455) : « La ville s'était souillée d'une flétrissure telle qu'il était normal de s'attendre à un châtiment divin. »[58] Josèphe se trouvait à Jérusalem lors de ces événements. La condamnation qu'il porte donne à entendre qu'il devait exister des divergences d'opinion sur ce sujet dans la ville. Josèphe y insiste en désignant deux des courants, ou partis, aux prises dans Jérusalem : οἱ μέτριοι, les « modérés » *versus* οἱ στασιαστοί, « les insurgés » (BJ II 453) : « Chacun parmi les modérés était bouleversé à la pensée qu'il aurait lui, à payer, pour les factieux. »[59] Ces « insurgés » (ou « dissidents », ou « factieux ») sont plus précisément identifiés dans le récit comme « les partisans d'Éléazar », οἱ περὶ τὸν Ἐλεάζαρον (BJ II 453). Ma conclusion est que ce sont des Zélotes :

---

[57] C'est matériellement possible : si l'on compte (largement) deux heures pour le trajet maritime entre Tarichée et Tibériade, et trois heures pour la négociation-reddition, cela fait sept heures. Pour cette raison aussi, il convient de traduire l'incise de Vita 161 : διὰ τὸ λήγειν ἤδη τὴν ἐνεστῶσαν ἡμέραν, non comme André Pelletier : « vu que le jour de la semaine où nous étions touchait déjà à sa fin », A. PELLETIER, 1983, *Flavius Josèphe. Autobiographie*, (Paris : Belles-Lettres) ; mais plutôt : « car déja le jour où nous étions marquait la fin (de la semaine). »

[58] Trad. P. SAVINEL, 1977, Paris, Minuit.

[59] Trad. A. PELLETIER, 1980, Paris, Belles-Lettres.

s'agissant de la guerre durant le sabbat, on a la première manifestation d'une halakha zélote autorisant de combattre en ces jours-là.

Il y a presque cinquante ans, William Farmer avait déjà déduit des critiques de Josèphe, que ces guerriers juifs ignorant la trêve sabbatique devaient être les Zélotes.[60] Mais on ne distinguait pas bien encore, alors, entre les différents mouvements révolutionnaires juifs, et on amalgamait volontiers « quatrième philosophie », Zélotes et Sicaires. Un changement radical de la compréhension de ces mouvements est survenu en 1971, après la publication d'un article de Morton Smith.[61] Celui-ci établissait une nette distinction entre, d'une part les Sicaires, assimilés à la « quatrième philosophie », fondée et dirigée par Juda le Galiléen et sa descendance ; et d'autre part les Zélotes, en qui M. Smith voyait exclusivement de jeunes paysans judéens révoltés, ayant fui devant l'avance des armées romaines, et rallié Jérusalem vers 67–68. Cet article a relancé la discussion. Les conclusions un peu abruptes de M. Smith sur l'origine et la composition sociale du mouvement zélote, en particulier, ont été corrigées. En effet elles semblaient ignorer l'ampleur et la diversité du mouvement révolutionnaire dans la Jérusalem de 66. Valentin Nikiprowetzky a ainsi mis en évidence « la réalité des liens entre le parti des Zélotes et le milieu sacerdotal », dès le début du soulèvement (66 èv) : « Si faiblement structuré qu'on le suppose, le groupe des Zélotes est déjà dans la Jérusalem de 66–67, l'embryon d'un parti. C'est ce « parti » qui accueille et absorbe le groupe galiléen de Jean, puis les paysans réfugiés de Judée. »[62] Le chef de ce noyau initial était Éléazar bar Simon.[63] Les partisans d'Éléazar mentionnés

---

[60] W. R. Farmer, 1956, *Maccabees, Zealots, and Josephus. An Inquiry into Jewish Nationalism in the Greco-Roman Period*, (New York : Columbia Univ. Press), "Sabath Observance", 72–83.

[61] M. Smith, 1971, "Zealots and Sicarii, Their Origins and Relation", HThR 64, 1–19.

[62] V. Nikiprowetzky, 1973, "Sicaires et Zélotes. Une reconsidération", Sem. 23, 51–64.

[63] Valentin Nikiprowetzky a explicité cette séquence historique dans un autre article, V. Nikiprowetzky, 1989, "Josephus and the Revolutionary Parties", dans L. Feldman and G. Hata éds., *Josephus, the Bible, and History*, (Leyde : Brill), 216–236) : les Zélotes furent d'abord un groupe de prêtres insurgés, ceux qui occupent le Temple sous les ordres de Éléazar bar Simon ; ils furent ensuite rejoints à Jérusalem par Jean de Gichala et ses Galiléens, et par les jeunes révoltés judéens. Une étude détaillée de T. Donaldson, directement inspirée de la « *social scientific study of peasant societies* » d'Eric Hobsbawm, est venue appuyer cette analyse, voir T. L. Donaldson, 1990, "Rural Bandits, City Mobs and the Zealots", JSJ 21, 19–40.

par Josèphe et qui transgressent si brutalement la trêve sabbatique constituent donc le noyau initial du zélotisme révolutionnaire.

La question peut se poser si cette nouvelle pratique de la guerre en sabbat a pu jouer, pour le zélotisme de la révolte de 66, un rôle d'élément fondateur et fédérateur analogue à celui de la réforme de Mattathias pour le mouvement maccabéen de 167 av. Josèphe ne mentionne pas de réforme, ni de réinterprétation halakhique zélote formalisée. Cependant Éléazar était un prêtre de grande famille et de haut rang ; entouré de nombreux autres prêtres, ses partisans, il a parfaitement pu se sentir habilité à interpréter la Loi. Deux indices militent en ce sens : i. cette transgression de la trêve sabbatique n'est pas demeurée un cas isolée, un moment de folie dont ses auteurs se seraient ensuite repentis. Josèphe en présente d'autres exemples. ii. La tradition rabbinique a attribué à Shammaï et son école, ordinairement réputée la plus stricte dans l'interprétation des rites, une halakha élargissant considérablement les possibilités de combattre durant le sabbat (b.Sabb 19a) ; cette tradition atteste qu'il peut y avoir eu une réinterprétation halakhique sur le sujet, avant la chute du Temple.[64]

Le plus éclatant exemple de la poursuite de cette pratique de la guerre pendant les sabbats est le récit de la sortie des habitants de Jérusalem contre l'armée de Cestius (BJ II 517–518) :

> ἄτακτοι μετὰ κραυγῆς ἐξεπήδων ἐπὶ τὴν μάχην, μηδὲ τῆς ἀργῆς ἑβδομάδος ἔννοιαν λαβόντες· ἦν γὰρδὴ τὸ μάλιστα παρ' αὐτοῖς Θρησκευόμενον σάββατον. Ὁ δ' ἐκσείσας αὐτοὺς τῆς εὐσεβείας Θυμὸς ἐποίησεν πλεονεκτῆσαι καὶ κατὰ τὴν μάχην·
>
> Ils bondirent au combat sans ordre, en poussant des cris et sans se faire de réflexion sur le repos hebdomadaire ; car c'était justement le sabbat, jour qui est de leur part l'objet du plus grand respect. Cette fureur qui les avait fait renoncer à leur observance religieuse les rendit supérieurs dans le combat.

Même s'il reconnaît l'efficacité militaire de la manœuvre, Josèphe condamne indiscutablement la fureur (Θυμὸς) et l'absence de réflexion de ces combattants. Dans sa vision générale de la Guerre, l'échec

---

[64] Sur l'attibution de cette halakha à Shammaï, voir b.Erub 45a ; j.Sabb 1,4a ; t.Erub 3,7. Sur la question des liens possibles entre les Zélotes et la Beit Shammaï, voir une synthèse récente des discussions dans C. Mézange, 2000, "La parenté entre Zélotes et Pharisiens schammaïtes", dans L.-J. Bord et D. Hamidoviç éds., *De Jérusalem à Rome. Mélanges offerts à Jean Riaud*, (Paris : Geuthner), 115–125.

de Cestius devant Jérusalem constitue d'ailleurs un moment essentiel sur le chemin qui devait mener au châtiment divin des Juifs et de la Judée, voir BJ II 532 et 539.

La rupture de la trêve sabbatique est enfin reprochée par Josèphe à son vieil ennemi galiléen, Jean de Gichala. Sur le point d'être capturé par les troupes de Titus, Jean invoque le respect du sabbat pour retarder sa reddition (BJ IV 99). On a vu qu'il se référait alors à la halakha, admise par Josèphe, mentionnant par exemple l'interdit de porter des objets (et des armes), et celui d'écrire (et donc de signer un traité). Mais, sitôt le délai obtenu, Jean s'empresse de transgresser une autre règle majeur du repos sabbatique, celle qui interdit d'opérer de grands déplacements : « La nuit Jean sauta sur l'occasion et il s'enfuit vers Jérusalem » (BJ IV 106). Dans sa fuite il est accompagné de « ses partisans en armes », ainsi que d'une foule de civils qu'il donne l'ordre à ses hommes d'abandonner. Josèphe flétrit ce comportement, mais on peut y voir au contraire le signe d'un ralliement de Jean à la halakha zélote : seule l'objectif stratégique d'une poursuite de la guerre contre les Romains pouvait justifier la transgression de l'interdit sabbatique de voyager. Dans le récit de Josèphe, les ordres sévères donnés par Jean associent en effet l'abandon des civils et la poursuite de la guerre, BJ IV 111 :

> σώζειν ἑαυτοὺς ἐμβοῶντος καὶ καταφεύγειν ἔνθα καὶ περὶ τῶν ἀπολειπομένων ἀμυνοῦνται Ῥωμαίους ἂν ἁρπαγῶσι,
>
> Il leur criait de se sauver et de fuir, là où ils pourraient venger sur les Romains ceux laissés en arrière, s'ils (i.e. les Romains) s'emparaient d'eux (i.e. des civils abandonnés).

À cette nouvelle transgression du sabbat (selon ses propres règles), Josèphe associe à nouveau la menace du châtiment divin et « la ruine de Jérusalem » (ὁς τῶν Ἱεροσολύμων ὄλεθρος, BJ IV 104). Ces références à la destruction du Temple, systématiquement associées par Josèphe aux transgressions de la trêve sabbatique, constituent un argument convaincant pour attribuer l'usage de combattre en sabbat aux Zélotes. C'est en effet une élément essentiel de la stratégie rhétorique de Josèphe que d'attribuer aux Zélotes la responsabilité de la catastrophe. La pratique de combattre durant les sabbat était sans doute le reflet d'une halakha précisant ses conditions d'exercice. De cette halakha zélote, on ne connaît pas le contenu. On peut seulement supposer qu'elle était très différente de celle à laquelle

Josèphe se réfère pour lui-même ; en revanche elle ne paraît pas avoir été très éloignée du premier énoncé de la halakha de Mattathias en 1 Maccabées. Les quelques exemples de son application donnent à penser qu'en temps de guerre (au moins sur la terre d'Israël ?), la transgression des règles du repos sabbatique pour tout motif stratégique était licite.

Pour résumer ce que nous apprend la lecture de Josèphe concernant la guerre pendant le sabbat : Josèphe lui-même, et le courant dont il est représentatif, se réfèrent à une halakha plus restrictive que celle de Mattathias. La loi fondamentale demeure ici d'appliquer les règles du repos sabbatique ; seulement en cas d'attaque directe et immédiate de l'ennemi peut-on recourir aux armes. Mais Josèphe témoigne également de l'existence d'une pratique toute différente des Zélotes, reflétant probablement une halakha concurrente, dont l'application autorisait très largement de combattre durant les sabbats.

Le débat sur la durée préalable de l'engagement

La discussion halakhique entre les différents courants s'est bientôt focalisée sur la question des villes assiégées. En effet, si le respect de la trêve sabbatique demeurait à peu près compatible avec les exigences de la guerre en rase campagne, il s'accordait difficilement avec une guerre de siège. Les sièges pouvaient durer longtemps et devaient être soutenus sans répit jusqu'à l'assaut final : Alexandre est resté sept mois devant Tyr, le Poliorcète un an devant Rhodes, Pompée trois mois devant le Temple de Jérusalem. Même de plus petites villes ou citadelles pouvaient résister au-delà d'une semaine. La question de la poursuite de la guerre durant le sabbat se posait donc avec une acuité particulière au sujet des sièges. Les Juifs disposaient d'ailleurs dans leurs écrits canoniques du récit d'un siège fameux qui s'était poursuivi durant sept jours : celui de Jéricho par les Hébreux de Josué (Jos 6). En dépit de cet exemple biblique, on voit se maintenir longtemps l'exigence de la trêve sabbatique y compris pour les sièges.

Le deuxième livre des Maccabées illustre cette persistance dans le récit du siège et de la prise de Gezer. Les références au sabbat qu'on trouve dans 2 Maccabées vont toutes dans le sens d'un respect rigoureux de la trêve sabbatique. Pour mémoire : 2 M 5,25–26 ; 2 M 6,11 ; 2 M 8,25–26 ; 2 M 12,38 ; 2 M 15,1–5. Tous les combats évoqués ici sont menés en rase campagne. Mais 2 Maccabées offre également le récit d'un siège dans lequel, si le sabbat n'est pas explicitement nommé, il est clairement sous-entendu : c'est l'épisode de la prise de Gezer. Durant ses campagnes de 163 av. contre les principautés hellénistiques de Transjordanie, Juda écrase une armée de Timothée. Celui-ci se réfugie alors avec les restes de sa troupe dans la forteresse de Gezer, d'où ils profèrent insultes et blasphèmes. Juda met le siège devant la citadelle (2 M 10,33–36) :

> οἱ δὲ περί τὸν Μακκαβαῖον ἄσμενοι περιεκάθισαν τὸ φρούριον ἡμέρας τέσσαρας. (. . .) ὑποφαινούσης δὲ τῆς πέμπτης ἡμέρας εἴκοσι νεανίαι τῶν περὶ τὸν Μακκαβαῖον προσβαλόντες τῷ τείχει (. . .) ἕτεροι δὲ ὁμοίως προσαναβάντες ἐν τῷ περισπασμῷ πρὸς τοὺς ἔνδον (. . .) προκατελάβοντο τὴν πόλιν.

> Joyeux, les partisans de Maccabée ont assiégé la forteresse quatre jours (. . .) Quand le cinquième jour commença à se montrer, vingt jeunes gens des partisans de Maccabée s'élancent contre la muraille (. . .) À la faveur de la confusion, d'autres montent pareillement contre les assiégés (. . .) Ils s'emparèrent de la ville.

À quoi correspond ce comput précis des jours, et cet assaut mené au cinquième jour du siège ? Parce que la durée s'inscrit dans le cadre hebdomadaire de la semaine, elle amène à s'interroger sur la place du sabbat et sur la poursuite de la guerre et du siège pendant le sabbat. Compte tenu de la position connue de l'auteur, on doit exclure que l'assaut, ni le début du siège aient pu avoir lieu un jour de sabbat. L'indication de ces quatre jours de siège, suivis d'un assaut le cinquième jour, ne laisse donc place, quant au sabbat, qu'à deux possibilités, selon le calendrier suivant :

dim.	lundi	mardi	mercredi	jeudi	vendredi	sabbat
			1	1 2	1 2 3	2 3 4
1	1 2	2 3	3 4	4 assaut	assaut	

Première hypothèse : le siège a débuté l'un quelconque des trois jours précédant le sabbat. Ils se serait alors poursuivi durant le sabbat. Cette hypothèse qui fait du sabbat un jour comme les autres, indifférencié, est contradictoire avec le respect du sabbat affiché ailleurs ; elle l'est aussi avec l'intention exprimée par ce décompte précis des jours de siège. L'autre éventualité (début du siège un dimanche ou un lundi) permet que le siège, puis l'assaut et les combats qui s'ensuivent aient lieu sans profanation du sabbat. C'est bien là tout l'objet de cette chronologie narrative : concilier, au moins dans le récit, la durée d'un siège et l'observance du sabbat.[65]

Pour quelle raison l'auteur a-t-il jugé bon, non seulement de rappeler l'interdit de combattre en sabbat (de cela il est coutumier), mais surtout de le rappeler sous cette forme particulière du calendrier d'un siège ? L'explication la plus simple est qu'il s'agit d'une polémique contre une halakha concurrente, également formulée dans l'hypothèse d'un siège, et dont on trouve la plus ancienne expression dans le targoum Pseudo-Jonathan. Les targoums palestiniens conservent la tradition de fréquents midrachs exégétiques.[66] Ainsi le targoum Pseudo-Jonathan offre-t-il cette traduction expansive de Dt 20,19aα:

ארום תקפון על קרתא כל יומי שבעתא לאנחא קרבא עלה למכבשא בשבתא

Quand vous aurez assiégé une ville *tous les jours de la semaine* pour combattre contre elle, pour la conquérir *durant le sabbat*[67]

Le targoum introduit donc dans cette protase deux ajouts interprétatifs dont la combinaison se révèle d'une grande portée : le premier sur la durée préalable du siège, כל יומי שבעתא « tous les jours de la semaine ». Le second pour autoriser la poursuite du siège, et même l'assaut de la ville, בשבתא « durant le sabbat ». Un lien est ainsi établi entre ces deux éléments : avoir assiégé la ville « tous les jours de la semaine » et pouvoir donner l'assaut « durant le sabbat ».

À partir d'une interprétation associant la durée des sièges, une exégèse du code guerrier de Dt 20 et l'exemple biblique de la prise de Jéricho en sept jours, il a donc pu s'élaborer une halakha ren-

---

[65] L'autre interprétation de ce petit calendrier narratif, qui consiste à y voir par rapprochement avec la halakha rabbinique, l'expression de l'obligation de commencer un siège un certain nombre de jours avant le sabbat, se révèle invraisemblable : selon l'énoncé de 2 M 10,33–36 le siège pourrait avoir débuté n'importe quel jour de la semaine, y compris la veille du sabbat.

[66] Sur la datation, l'origine et la rédaction des targoums, voir R. Le Déaut, 2002, s.v. "Targum", *Supplément au Dictionnaire de la Bible*, fascicule XIII, (Paris : Letouzey & Ané), 1*–343*.

[67] En italiques : les ajouts du targoum. Ce verset du code guerrier du Deutéronome aborde les règles à suivre lors du siège d'une ville : il y est prescrit en particulier d'éviter d'abattre des arbres fruitiers en vue de construire des machines de siège, Dt 20,19aα (TM) : כִּֽי־תָצ֣וּר אֶל־עִיר֩ יָמִ֨ים רַבִּ֜ים לְהִלָּחֵ֧ם עָלֶ֣יהָ לְתָפְשָׂ֗הּ « Quand tu auras assiégé une ville de nombreux jours pour combattre contre elle, la conquérir » etc. — suit la prescription sur les arbres.

dant licite de combattre et même de donner l'assaut durant le sabbat, à condition que les opérations du siège aient commencé un certain nombre de jours auparavant. Cette décision halakhique, qui ouvrait la voie à toutes formes de combats durant les sabbats, fut élaborée à partir de l'exemple d'une ville assiégée. Ceci autorise à la rapprocher, pour l'y opposer, du récit de la prise de Gezer en 2 M 10,33–36 : on comprend mieux le caractère polémique de cette anecdote, dans laquelle l'auteur de 2 Maccabées met en scène le siège et la capture d'une forteresse en cinq jours, c'est-à-dire en respectant la trêve du sabbat.

Une confirmation de cette lecture du targoum est fournie par une halakha michnique ancienne, qui reprend et confirme cette tradition. La réflexion halakhique des Sages sur la guerre durant les sabbats s'est organisée dans un cadre conceptuel élaboré après la chute du deuxième Temple. Deux grands principes rabbiniques ont encadré cette discussion.

D'abord, la distinction opérée entre מִלְחֶמֶת מִצְוָה, guerres « d'obligation », et מִלְחֶמֶת רְשׁוּת, guerres « de libre choix » (M.Sota VIII 7). Les premières concernent le territoire d'erets-Israël, ainsi que l'éternel combat contre Amalec. L'impératif stratégique y prime : aucune des exemptions habituelles ne s'y applique ; les combats s'y poursuivent durant les sabbats.[68] J'y insiste : l'opposition entre guerre de resût et guerre de miṣᵉwâh ne doit pas être confondue avec l'opposition « offensive *versus* défensive » ; elle est essentiellement en rapport avec erets-Israël. Toute guerre menée pour la conquête, la défense ou la libération d'erets-Israël est une guerre de miṣᵉwâh. En ce sens les insurrections contre les Séleucides, puis contre Rome pouvaient naturellement être considérées comme des guerres de miṣᵉwâh.

Le second principe à l'œuvre est celui du פִּיקּוּחַ נֶפֶשׁ, pîqqûaḥ nefeš (b.Yoma 85a) : toute mise en danger d'une vie humaine suspend le sabbat. Ce principe est essentiellement rabbinique : on n'en trouve pas l'équivalent dans les écrits halakhiques des autres courants du judaïsme du deuxième Temple.[69] Dans la mesure où l'on inclut la guerre, ou plus exactement une offensive de l'ennemi, parmi les dangers

---

[68] j.Sabb 4ab : « De même pendant ces trois jours avant le sabbat, on ne commencera pas l'attaque d'une ville païenne. Ceci n'est dit toutefois qu'à l'égard d'une guerre de rᵉswt ; mais pour celle qui est miṣᵉwâh, c'est permis même au jour du sabbat. »

[69] Sur les principes, tout différents, gouvernant le sauvetage d'une vie humaine durant le sabbat dans les écrits de Qoumrân, voir L. H. Schiffman, 1975, *The Halakha at Qumrân*, (Leyde : Brill) ; et surtout : L. Doering, 1997, *art. cit.*, 270–73.

menaçant la vie humaine, cette circonstance peut conduire à transgresser les règles du repos sabbatique. Là non plus l'opposition « offensive *versus* défensive » ne rend pas compte de la halakha, sauf à donner un sens très large à la notion de défensive : il est par exemple licite de se porter au devant d'un ennemi menaçant un voisin.[70]

Ce n'est qu'à la lumière de ces deux principes qu'on peut comprendre la doctrine rabbinique sur la poursuite de la guerre durant les sabbats. Les Sages rappellent d'abord les principes et les règles du repos sabbatique, appliqués à la guerre : en application de l'interdit de transporter des objets, personne ne doit sortir en armes durant le sabbat (M.Sabb. VI 2 et 4). Ceci interdit *de facto* la pratique guerrière. Cependant, contrairement au livre des *Jubilés*, la Michna n'a pas inclus la guerre dans sa liste des (trente-neuf) travaux interdits.[71] Il est en effet des circonstances où la poursuite de la guerre est un devoir : soit, comme on l'a vu, en application du pîqqûaḥ nefeš, soit au cours d'une guerre de miṣᵉwâh. Mais il existe encore une troisième occasion où la guerre peut se poursuivre durant le sabbat, occasion dont le souvenir a été conservé dans un baraïta attribuée à Shammaï l'Ancien, b.Sabb 19a :

תנו רבנן אין צרין על עיירות של נוים פחית משלשה ימים קודם לשבת ואם
התחילו אין מפסיקין וכן היה שמאי אומר עד רדתה אפילו בשבת:

> Nos Sages ont enseigné : on n'assiégera pas les villes des nations moins de trois jours avant le sabbat, mais s'ils ont commencé ils ne s'interrompent pas. Et Shammaï dit : *jusqu'à ce qu'elle succombe* (Dt 20,20), même pendant le sabbat.[72]

L'argument scripturaire de Shammaï consiste ici en une exégèse des dernier mots du passage du Deutéronome proscrivant l'abattage des arbres fruitiers lors d'un siège (Dt 20,19–20) : c'était déjà le passage dont l'interprétation avait permis au targoum de lier la poursuite du siège pendant le sabbat à sa durée préalable. L'attribution de cette halakha à Shammaï, l'un des deux maîtres aux origines du Talmud, lui conférait une certaine ancienneté : Shammaï est censé avoir vécu sous le règne d'Hérode, donc avant l'insurrection de 66. Il existe une certaine cohérence « shammaïte » dans ce domaine. La Beit

---

[70] Voir M.Erub IV 5, et discussion en b.Erub 45a, j.Erub 21d et t.Erub 3,5–7. Voir aussi M.Pes III 7.

[71] Pour une étude comparative de ces deux listes, voir S. B. Hœnig, 1978, *art. cit.*

[72] Voir aussi b.Erub 45a ; t.Erub 3,7 ; j.Sabb 1,4a.

Shammaï (בית שמאי) est habituellement jugée, y compris dans le Talmud, plus stricte en matière halakhique que la Beit Hillel (בית הלל).[73] Pourtant elle affiche un certaine continuité en faveur de la poursuite de la guerre pendant les sabbats. Ainsi à propos de la halakha proscrivant de sortir en armes, la Michna nous a-t-elle conservé le souvenir d'une intervention du tanna R. Eliézer b. Hyrcanos dit « le shammaïte » pour autoriser, contre l'avis majoritaire, un homme à sortir revêtu de ses armes durant le sabbat, M.Sabb VI 4 :

> רבי אליעזר אומר תכשיטין הן לו וחכמים אומרים אינו אלא לגנאי שנאמר
>
> R. Eliézer dit : elles sont pour lui comme des ornements (ses armes).[74] Mais les Sages disent : elles ne sont rien d'autre qu'une honte, car il est écrit : [Es 2,4b].

Il existait donc apparemment au sein de la Beit Shammaï une tradition favorisant assez largement la guerre durant les sabbats. L'ancienneté de cette tradition halakhique est attestée par le targoum Pseudo-Jonathan. Seulement ce qui demeurait imprécis dans le targoum (« tous les jours de la semaine ») a été précisé dans le halakha de Shammaï : « trois jours avant le sabbat. » Cette halakha comporte donc une dimension restrictive : on ne débute ni un siège, ni une guerre, du mercredi au samedi. En revanche, une fois le siège ou la guerre commencés, les règles de la trêve sabbatique cessent de s'appliquer. Cette halakha est évidemment différente de celle défendue par Josèphe, pour qui toute initiative guerrière était proscrite durant le sabbat — mais ni la veille, ni l'avant-veille. En revanche elle s'accorde bien avec les pratiques qu'il attribuait aux Zélotes.[75]

Le rapprochement de ces trois textes (2 M 10,33–36, tg Ps J de Dt 20,19 et b.Sabb 19a), conduit à cette conclusion : dans les controverses halakhiques sur la possibilité de combattre durant le sabbat, ouvertes à la suite de la réforme de Mattathias, l'une des pistes explorées et qui donna lieu à des polémiques, fut celle de la durée préalable de l'engagement. Cette controverse se fondait d'abord sur la figure du siège d'une ville païenne. Compte tenu des dates assignées à la rédaction du targoum et à celle de 2 Maccabées, on doit admettre que cette controverse a commencé assez tôt, dans la seconde

[73] S. Safrai, 1987, *op. cit.*, 185 sq.
[74] Si les armes avaient été considérées comme des « ornements » elles auraient pu être portées durant le sabbat, à l'instar par exemple des vêtements.
[75] Voir C. Mézange, 2000, *art. cit.*

moitié du IIème siècle av. Cet élément tend également à valider l'attribution à Shammaï (ou à la Beit Shammaï) de la baraïta du Talmud babylonien. Dans les conditions historiques de la Judée des deux premiers siècles av., les villes païennes susceptibles d'être assiégées pouvaient se trouver aussi bien sur le territoire d'erets-Israël qu'en dehors : par conséquent ne s'appliquaient ici ni l'opposition « offensive *versus* défensive », ni la distinction rabbinique ultérieure entre guerre de r^{e}šwt et guerre de miṣ^{e}wâh. Le débat qui opposait les deux halakhas se fondait sur la durée préalable du siège : pour les uns (targoum, Shammaï) tout siège commencé devait être mené à son terme, sans plus tenir compte des interdits sabbatiques ; ils maintenaient pourtant l'interdit de commencer ce siège un jour de sabbat et l'étendirent aux jours précédents. Pour les autres (Jason de Cyrène *et al.*), les règles de la trêve sabbatique continuaient de s'imposer durant les sièges comme en toutes autres circonstances.

On est naturellement porté à envisager que la figure rhétorique du « siège » en vint rapidement à représenter métaphoriquement les usages plus généraux de la guerre « moderne ». La pratique des Zélotes révèle en tout cas que cette interprétation métaphorique fut celle d'une partie au moins des combattants juifs de la guerre de 66.

Un rejet particulier de la Diaspora ?

Dans les conclusions de son chapitre "Le sabbat et la guerre", Étienne Nodet évoquait « la résistance des Juifs de la Diaspora à l'enrôlement ».[76] Il est frappant en effet qu'en dehors des *Jubilés* (et, peut-être, de la communauté de Qoumrân), tous les textes juifs exprimant un rejet de la réforme de Mattathias soient issus de, ou aient à voir avec la Diaspora.

Chez Philon d'Alexandrie

L'approche de Philon d'Alexandrie est nuancée mais elle va dans le sens d'un rejet des combats durant le sabbat. On sait que Philon manifestait volontiers un certain pacifisme : dans son essai classique mais déjà ancien, Isaak Heinemann affirmait que les efforts de Philon en vue d'atténuer la rigueur de certaines prescriptions bibliques,

[76] É. Nodet, 1992, *op. cit.*, 67.

tiraient leur origine d'une aversion toute spéciale pour la guerre.[77] Plus récemment, le philosophe Antonio Bravo Garcia a suggéré de nouveau que le pacifisme de Philon ait pu commander certains commentaires et réinterprétations de la Loi biblique : « *La actitud de este filosofo* (i.e. Philon) *es de una cierta oposición a las prescriptiones bíblicas sobre la guerra.* »[78] S'agissant plus précisément du sabbat, Philon a développé son interprétation du quatrième commandement dans deux passages importants : *Decal.* 96–105 et *Spec.* II 56–69. Les principaux thèmes de son analyse du sabbat s'y trouvent exposés : vertus philosophiques et théologiques du chiffre 7, selon une logique néo-pythagoricienne ;[79] étiologie du sabbat, fondée sur la Genèse et le repos divin au septième jour de la Création ; mention des activités proscrites durant le sabbat ; assimilation du repos sabbatique à l'activité de « philosopher », c'est-à-dire à l'étude de la Loi.[80] Chaque fois qu'il a mentionné le sabbat dans un autre de ses traités, Philon a repris l'un ou l'autre de ces thèmes.[81]

L'énoncé des activités proscrites durant le sabbat garde souvent, chez Philon, un caractère très général : οὐδὲν δρᾶν, « ne rien accomplir » (*Mos.* I 205) ; ἀνέχειν ἔργων, « suspendre les travaux » (*Mos.* I 205 et *Spec.* II 66). Une liste plus complète et plus détaillée figure cependant en *Migr.* 91 : τὰ νομοθετηθέντα, ὡς πῦρ ἐναύειν ἢ γεωπονεῖν ἢ ἀχθοφορεῖν ἢ ἐγκαλεῖν ἢ δικάζειν ἢ παρακαταθήκας ἀπαιτεῖν ἢ δάνεια ἀναπράττειν ἢ τὰ ἄλλα ποιεῖν, ὅσα κἀν τοῖς μὴ ἑορτώδεσι καιροῖς ἐφεῖται « Les interdits légaux (du sabbat), comme : allumer un feu, labourer, porter un fardeau, aller en justice, reprendre un dépôt, exiger un remboursement ou faire toute autre chose de ce qui est permis aux jours non fériés. » On peut comparer à cette liste des interdits sabbatiques, celle figurant dans le livre des *Jubilés*. On note d'abord un certain nombre de points communs :

---

[77] I. Heinemann, 1932, *op. cit.*

[78] A. Bravo Garcia, 1979, *art. cit.*

[79] Sur l'arithmologie et le « pythagorisme vulgaire » de Philon, voir P. Boyancé, 1963, "Études philoniennes", *Revue des Études Grecques* 76 / 1, § 3, 82–95.

[80] « Il faut comprendre par « philosophes » les adeptes et les pratiquants de la Loi de Moïse, et par « philosophie », la science de cette Loi », V. Nikiprowetzky, 1965, *De Decalogo*, (Paris : Cerf, *Les œuvres de Philon d'Alexandrie* n° 23), 149, n. 18.

[81] Sur les vertus du chiffre 7, voir : *Opif.* 89–128 ; *Leg.* I 18 ; *Abr.* 28 ; *Decal.* 102–105, 158 ; *Spec.* II 56–59. Sur l'étiologie par le récit de la Création : *Leg.* I 18 ; *Decal.* 97–99. Sur les interdits sabbatiques : *Migr.* 91, *Mos.* I 205, *Spec.* II 65–70. Sur l'activité de philosopher : *Opif.* 128 ; *Decal.* 98–101 ; *Spec.* II 61–64.

Jubilés L	Philon *Migr.* 91
• allumer du feu	• allumer du feu
• labourer	• labourer
• déplacer un objet (et charger un animal)	• porter un fardeau
• faire des affaires ou du commerce	• aller en justice, réclamer un dépôt, recouvrer un emprunt

En revanche plusieurs des interdits du livre des *Jubilés* ne sont pas repris chez Philon — sinon sous la dénomination très générale des « activités permises durant les autres jours ». Ce sont : la chasse et la pêche, l'élevage et la boucherie, le fait de puiser de l'eau, d'avoir des rapports sexuels et, bien entendu, de poursuivre la guerre.

Les prescriptions halakhiques des *Jubilées* prohibaient explicitement la guerre durant le sabbat. Philon au contraire, quand il énumère les interdits sabbatiques, n'y inclut pas spécifiquement la guerre : il ne mène donc pas de polémique halakhique ouverte sur ce point. En revanche il expose son argumentation en faveur de la trêve sabbatique lorsqu'il reprend la question sous l'angle de sa réflexion philosophique. On peut en donner trois exemples.

Dans le *De Somnis* II 123–129, Philon évoque la vaine tentative d'un haut fonctionnaire romain, en poste en Égypte, pour faire renoncer les Juifs au sabbat.[82] Comme l'a souligné Herold Weiss le rappel de cette anecdote est d'abord destiné à stigmatiser un exemple de présomptueuse vanité : « *Philo's interest is in the exemple of human vain glory and folly.* »[83] Philon présente toute l'histoire comme un événement historique dont il a été le témoin (*Somn.* II 123) : Χθὲς δ' οὐ πρῴην ἄνδρα τινὰ οἶδα τῶν ἡγεμονικῶν « Il n'y a guère, je vis quelqu'un des gouvernants » etc. Cette illustration de sa philosophie est donc puisée ici dans l'expérience politique propre de Philon. L'épisode s'inscrit dans l'histoire des rapports complexes entre le judaïsme et l'autorité romaine, rapports dans lesquels Philon fut amené plusieurs

[82] Ce personnage demeuré anonyme dans le récit de Philon, y est décrit de façon assez vague comme « prostate et épimélète en Égypte ». Sur les discussions concernant sa fonction officielle et son identité, voir D. R. Schwartz, 1989, "Philonic Anonyms of the Roman and Nazi Periods : Two Suggestions", *Studia Philonica Annual* 1, 63–73.

[83] H. Weiss, 1991, "Philo on the Sabbath", dans D. Runia, D. Hay et D. Winston éds., *Heirs of the Septuagint. Philo, Hellenistic Judaism and Early Christianity. Festschrift for E. Hilgert, Studia Philonica Annual* 3, 93.

fois à intervenir (voir *Flacc.*, *Legat.*), chaque fois pour défendre l'identité religieuse et culturelle du judaïsme. En outre on verra qu'il fait preuve dans ce court récit, d'une connaissance très précise de la halakha. Le haut personnage anonyme désireux d'abolir le repos sabbatique se heurte à une très vive résistance de la communauté juive égyptienne. Il tente alors de convaincre ses interlocuteurs, en faisant appel à une dialectique typiquement halakhique : devant une catastrophe ou un fléau menaçant votre existence, leur déclare-t-il, vous seriez prêts à rompre le sabbat ; considérez-moi donc comme cette catastrophe ou ce fléau, et sentez-vous autorisés à le rompre pour m'obéir (*Somn.* II 125–129). La première catastrophe mentionnée dans son discours est une situation de guerre, *Somn.* II 125 : Εἰ πολεμίων ἔφοδος αἰφνίδιον γένοιτο, « S'il arrivait une soudaine irruption d'ennemis » etc. Suit une énumération d'autres catastrophes : une inondation, un incendie, la foudre, une famine, la peste, un tremblement de terre. Dans la mesure où Philon ne nous raconte pas l'issue politique de ce débat (« *he does not tell the story's end* », Herold Weiss), la question qui se pose à nous est double : d'une part, dans quelle mesure les situations suggérées par le fonctionnaire romain (attaque ennemie, inondation etc.) étaient-elles susceptibles d'interrompre le repos sabbatique, du point de vue du droit halakhique ? D'autre part, une halakha de ce type exprime-t-elle la position de Philon et correspond-elle aux usages de la communauté d'Alexandrie ?

La réponse à la première question est qu'il existait certainement dès cette époque une halakha privilégiant la sauvegarde de la vie sur le respect du sabbat. On a vu que la Michna établit ce principe, dit du pîqqûaḥ nefeš : sauver une vie humaine autorise à rompre les règles du repos sabbatique.[84] C'est à ce principe, ou à un autre du même ordre, apparu dans les discussions halakhiques du Ier siècle èv., que se réfère l'administrateur romain. Il est remarquable en effet que sa liste des fléaux (invasion, inondation, incendie, famine, maladie, séisme) se révèle tellement proche d'une autre liste talmudique appliquée à ce même principe du pîqqûaḥ nefeš. Celle-ci figure dans une tosefta, conservant ensemble le souvenir de la halakha de Shammaï (sur la poursuite des combats durant les sabbats) et l'énumération des catastrophes et fléaux autorisant à rompre le

[84] On le trouve exprimé dans ces termes dans le traité Erubin, (M.Erub IV 5) : כל היוצאים להציל חוזרין למקומן « Tous ceux qui sont sortis pour sauver des vies (pendant le sabbat) peuvent s'en retourner là d'où ils viennent. »

sabbat, t.Erub 3,7–8 : « Une ville que les goyim assiègent, ou une rivière (en crue), et aussi un bateau coulant en mer, et aussi une personne fuyant des goyim, ou des bandits, ou un esprit diabolique — toutes ces sortes de gens peuvent transgresser les interdits du sabbat et se sauver eux-mêmes. » Philon fait donc preuve ici (et prête à son fonctionnaire romain) d'une grande acribie halakhique.

Pour autant partage-t-il cette opinion halakhique ? Il existe alors, comme on l'a déjà vu, une indiscutable diversité d'opinions au sein du judaïsme sur cette question. Lutz Dœring a ainsi montré que le débat sur la prééminence de la vie sur le respect du sabbat est ancien et contrasté : « *Different halakhic positions on this topic have to be assumed from the middle of the 2nd century BCE onward.* »[85] Selon le récit, même incomplet, de Philon, il apparaît que la tentative de l'officier romain fut vouée à l'échec. Je partage là-dessus l'avis de Herold Weiss : « *There can be no doubt that the official's argument failed, and Philo envisions his fellow Jews letting war and high water play havoc in town while they stayed quietly at home.* »[86] En effet il n'est jamais envisagé, dans ce récit, ni attesté nulle part en d'autres sources, que les Juifs d'Alexandrie aient renoncé au repos sabbatique. Toute la logique de l'anecdote repose sur la bonne connaissance, prêtée à ce fonctionnaire romain, du raisonnement halakhique.[87] Mais en quoi son raisonnement pèche-t-il ? Selon l'explication avancée par Philon (*Somn.* II 130 sq.), le discours était irrecevable en raison de la monstruosité (τι καινὸς κακός) consistant à se comparer au « destin inévitable » (εἱμαρμένη ἀνάγκη), c'est-à-dire à la divinité.[88] Le reproche s'adresse d'abord à l'arrogance du païen. Mais ne peut-on voir également dans ce récit une subtile polémique contre les opinions halakhiques invoquées par le Romain ? Le principe halakhique du pîqqûaḥ nefeš (ou son équivalent à cette époque) offre en effet à celui-ci les prémisses de son argumentation. Il l'autorise ainsi à développer son raisonnement, odieux non seulement pour la folle vanité qu'il révèle, mais surtout par ses conséquences éventuelles pour le judaïsme en Égypte. Philon suggère ici

[85] L. Doering, 1997, *art. cit.*, 273.

[86] H. Weiss, 1991, *art. cit.*, 93.

[87] Daniel Schwartz (voir D. R. Schwartz, 1989, *art. cit.*) fonde en partie sur cette culture halakhique, inattendue chez un officier romain, sa suggestion qu'il ait pu s'agir de Tibère Alexandre, au temps où celui-ci exerçait la charge d'épistratège de la Thébaïde, entre 41 et 45 èv.

[88] Sur la notion de « destin » εἱμαμένη, dans le judaïsme du deuxième Temple, voir F. Schmidt, 1998, *art. cit.*, 169–190.

que l'acceptation du pîqqûaḥ nefeš pourrait ainsi conduire, surtout dans la Diaspora constamment en contact avec l'étranger, à des compromis où se dissoudrait l'identité juive. Pour Philon, le respect du sabbat doit demeurer entier : la guerre n'est pas une excuse pour rompre le sabbat.

Philon revient à deux reprises sur la question, l'abordant sous un angle plus rigoureusement philosophique, à partir de la symbolique de l'hebdomade. D'abord dans le *De fuga et inventione* (*Fug.* 173) :

> ἀδιαφορεῖ δ' ἑβδομάδος εἰρήνη κατὰ τὸν νομοθέτην· ἐν γὰρ αὐτῇ τὸ δοκεῖν ἐνεργεῖν ἀποτιθεμέν γένεσις ἀναπαύεται.
>
> La paix ne se distingue pas de l'hebdomade selon le Législateur ; car en ce (septième) jour le monde du devenir abandonne son semblant d'activité et se repose.

À ce niveau, il faut évidemment comprendre εἰρήνη comme une paix sprituelle, « de l'âme » (voir *Fug.* 174), et non comme la situation définie par opposition à la guerre. Mais, comme le notait déjà Valentin Nikiprowetzky, il est difficile de concevoir la paix spirituelle sans sa contrepartie réelle.[89] Philon revient sur cette vertu pacifique de l'hebdomade, en la formulant dans des termes plus concrets. Réfléchissant précisément au sabbat juif (τὴν ἑβδόμην, ἣν Ἑβραῖοι σάββατα καλοῦσιν, « le septième jour, celui que les Hébreux nomment le sabbat »), il écrit en *Abr.* 28 : « Le chiffre 7, dans l'univers et en nous-mêmes, est toujours contraire aux factions, à la guerre, aux querelles, et le plus pacifique de tous les chiffres. » La paix associée au sabbat doit ainsi s'entendre à l'échelle de l'univers (τῷ κόσμῳ) et à celle de la vie intérieure (ἡμῖν). Contrairement à l'épisode rapporté dans le *De Somniis*, Philon ne s'occupe pas de politique, ici, mais de philosophie. Cependant comment imaginer qu'entre le repos de l'univers et la paix spirituelle de chacun, le peuple juif, et en son sein la communauté juive d'Égypte, ne respecte pas la paix du sabbat ?

On doit donc conclure que Philon prônait le respect absolu de la trêve sabbatique, et même qu'il s'opposa aux raisonnements menant au pîqqûaḥ nefeš, dès lors qu'ils auraient pu entraîner la diaspora égyptienne à trop aisément se détacher du sabbat.

---

[89] V. Nikiprowetzky, 2000, *art. cit.*, 4 sq.

L'histoire des deux frères babyloniens dans Flavius Josèphe : Asinaios, Anilaios et le sabbat

Flavius Josèphe parle peu de la diaspora babylonienne dans les *Antiquités*. Comme l'a noté Abraham Schalit : « *They are mentioned but once or twice and then, more or less only incidentally and in a few, brief words.* »[90] Les deux seuls passages un peu développés concernent la conversion de l'Adiabène (AJ XX 17–96) et le grand « récit babylonien » de l'épopée de deux frères juifs de Nearda en Babylonie, Asinaios et Anilaios (AJ XVIII 310–379).

Jusqu'à une date récente, pratiquement tous les travaux consacrés à cet épisode se sont intéressés exclusivement à deux questions : la nature, la forme et la langue de la source de Josèphe ; la datation de l'épisode décrit, et sa place dans l'histoire parthe. Sur le premier point il existe un consensus pour admettre l'unité rédactionnel du récit et l'existence d'une source, différente des sources habituelles de Josèphe. Abraham Schalit a défendu l'hypothèse d'une source babylonienne, rédigée en araméen, la langue vernaculaire du judaïsme babylonien.[91] L'existence d'une telle source araméenne est très probable, même si la démonstration d'A. Schalit, fondée sur la rétroversion d'un seul mot grec, de surcroît incertain, (κτιλίων, AJ XVIII 343a), ne suffit pas à en apporter la preuve irréfutable. Quelle(s) que soi(en)t la ou les source(s), dans la mesure où Josèphe est demeuré le seul témoin de cet épisode, rien ne permet d'affirmer qu'il se contenta de la recopier servilement.

S'agissant de la datation de l'aventure des deux frères, elle est établie par le récit lui-même, qui mentionne un roi parthe nommé Artaban. Quel que soit le numéro d'ordre (II ou III) attribué par les iranologues à ce souverain, il s'agit de celui qui régna au Ier siècle de l'ère vulgaire, *circa* 11 à 38 èv. La plupart des chercheurs ont donc situé cet épisode d'une quinzaine d'années, durant son règne, c'est-à-dire dans les années 20–35 èv. Une hypothèse alternative, formulée par l'historien de l'Iran ancien Ulrich Kahrstedt, renvoie cette histoire aux années de troubles qui suivirent la mort

---

90 A. Schalit, 1965, "Evidence of an Aramaic Source in Josephus' Antiquities of the Jews", ASTI 4, 163.

91 A. Schalit, 1965, *art. cit.*, 163–188. Il est suivi sur ce point par Louis Feldman, pour la traduction de AJ XVIII dans la collection Lœb (Harvard, 1965) ; et par N. G. Cohen, 1976, "Asinæus and Anilæus : Additional Comments to Josephus' Antiquities of the Jews", ASTI 10, 30–37.

d'Artaban, marquées par des guerres civiles et de succession, jusqu'au début du règne de Vologèse ; cette hypothèse situerait l'aventure des deux frères entre 37 et 52 èv.[92] Je retiendrai ici que cette aventure, rapportée par Josèphe à la fin du Ier siècle èv, a pu se dérouler durant le deuxième quart du siècle, c'est-à-dire de cinquante à soixante-dix ans avant sa rédaction.

Au-delà de ces questions de critique littéraire et de chronologie historique, Tessa Rajak a formulé, à partir du contenu même du récit, cette question importante, concernant le problème de la guerre en sabbat : « *There is a marked emphasis on halakhic (legal) issues, wether for the serious edification of commited readers or merely as a sort of highbrow entertainment, it is hard for us to gauge. Thus the issue of Asinaios (the virtuous brother) defending himself on the sabbath against the attack of the satrap of Babylonia is treated at some length and with precision : transgression of the Law was justified by necessity (XVIII 323) and was in fact more lawful,* nomimotera. »[93] Pour le dire en d'autres termes et sous une forme interrogative : l'intérêt porté par ce récit de Josèphe aux questions halakhiques, en particulier au problème de la guerre durant le sabbat, peut-il nous renseigner sur la halakha de la diaspora babylonienne ? Je pense que oui.

Du point de vue narratif ce récit, très construit, se divise en deux moments. D'abord l'ascension fulgurante : par les seules ressources de leur courage et de leur vertu guerrière, les deux pauvres orphelins de Néarda parviennent au gouvernement de la Babylonie et à la reconnaissance du prince ; c'est l'apogée de leur parcours (AJ XVIII 314–339). Vient ensuite le moment de la faute et de la chute, lui-même divisé en deux parties : i. la tragédie familiale, née de l'amour d'Anilaios pour une païenne ; son mariage suscite la discorde et aboutit à l'assassinat d'Asinaios (AJ XVIII 340–352). ii. Le déclin et la chute d'Anilaios, qu'une suite de batailles, gagnées puis perdues, conduit à la défaite et à la mort (AJ XVIII 353–370).

Les deux épisodes de combats durant le sabbat se situent, le premier durant les guerres initiales sous la conduite d'Asinaios, le second durant les batailles finales d'Anilaios. Le contexte en est donc profondément différent.

---

[92] U. Kahrstedt, 1950, *Artabanos III und seine Erben*, (Berne : Franke). Datation reprise dans D. Goodblatt, 1987, "Josephus on Parthian Babylonia (Antiquities XVIII, 310–379)", JAOS 107 / 4, 605–622.

[93] T. Rajak, 2001, "The Parthians in Josephus (1998)", dans T. Rajak éd., *The Jewish Dialogue with Greece and Rome*, (Leyde, Boston, Cologne : Brill), 286.

Le premier combat durant le sabbat : à la tête d'une bande organisée, les deux frères ont progressivement imposé leur loi dans toute la province babylonienne. Placé dans l'obligation de réagir, le satrape de la province lève une armée et marche contre les brigands. Bon connaisseur, en apparence, des usages juifs, il décide d'attendre le sabbat pour les attaquer (AJ XVIII 319) :

> καὶ κατὰ τὴν ἐπιοῦσαν, ἦν δὲ σάββατον ἀργίας παντὸς χρήματος Ἰουδαίοις ἡμέρα, οἰόμενος οὐ τολμήσειν ἀντιστατήσειν αὐτῷ τοὺ πολεμίους, ἀλλὰ ἀμαχεὶ λαβὼν ἄξειν δεδεμένους.
>
> Et durant le jour suivant qui était un sabbat, jour d'abstinence de toute occupation pour les Juifs, il (i.e. le satrape) pensait que ses ennemis ne se risqueraient pas à lui résister, mais seraient pris et faits prisonniers sans combat.

Dans un premier temps l'éclaireur juif, envoyé par Asinaios repérer les intentions du satrape, expose en effet la position traditionnelle sur l'impossibilité de combattre en sabbat (AJ XVIII 319) :

> ἡμῖν ἐν ἀπορία χειρῶν κειμένοις διὰ τὸ κατείργεσθαι προαγορεύσει τῶν πατρίων εἰς τὸ ἀργεῖν.
>
> (L'ennemi se dirige) vers nous dans l'impuissance de nos bras immobilisés, en raison des prescriptions de nos pères interdisant de faire quoique ce soit.

Mais « Asinaios n'allait pas ensuite décider de ce qu'il devait faire d'après l'opinion de l'éclaireur » ; il prend alors la décision de combattre, en dépit du sabbat (AJ XVIII 323) :

> ἀλλὰ νομιμώτερον ἡγησάμενος τοῦ ἐπ' ἀπράκτοις τελευτῶντας εὐφραίνειν τοὺς πολεμίους τὸ ἀλκῇ δεξάμενος αὐτοὺς ὑπὲρ τῆς ἀνάγκης εἰς ἣν ἐνε πεπτώκει παρανομεῖν τιμωρίαν ἀπολαμβάνων, εἰ δέοι, τελευτᾶ.
>
> Mais il jugea plus conforme à la Loi, plutôt que de réjouir ses ennemis en finissant sans réagir, de les recevoir de pied ferme, et à cause de la nécessité dans laquelle il était tombé, d'aller contre la Loi, d'assurer sa défense et s'il le fallait de mourir.

On a évidemment déjà noté l'analogie entre la décision d'Asinaios et celle de Mattathias, telle que la rapportait Josèphe.[94] Mais il y a

---

[94] É. Nodet, 1992, *op. cit.*, 52 ; et T. Rajak, 2001, *art. cit.*, 286.

plus : sous la plume de Josèphe, c'est toute la destinée d'Asinaios qui se déroule parallèlement à celle des premiers Maccabéens. Comme eux, il s'enfuit au maquis, il organise une troupe de partisans, il passe progressivement de la guérilla à l'affrontement ouvert, il écrase un général païen, avant de se voir reconnaître par le roi païen une certaine autonomie à la tête de son territoire, sur lequel il fait régner la Loi juive ; comme Juda, Jonathan et Simon il connaît une fin tragique associée à la trahison. *Last but not least* il juge aussi, comme Mattathias, « plus conforme à la Loi » (νομιμώτερον) « d'aller contre la Loi » (παρανομεῖν) et de combattre durant le sabbat quand il s'y trouve contraint.

De même qu'il avait interprété la réforme de Mattathias dans un sens restrictif et conforme à ses propres principes halakhiques, Josèphe prête ici aux Juifs babyloniens sa propre halakha. Ce point est à nouveau illustré par le deuxième récit d'un combat durant le sabbat. Le contexte en est tout différent : au vertueux Asinaios durant son ascension, s'oppose le fautif Anilaios au cours de sa chute. Et contrairement à la décision prise par son frère, motivée par la nécessité (ἀνάγκη), son choix de combattre durant le sabbat va au-delà des principes exprimés par Josèphe, puisqu'il prend lui-même, en fonction de considérations tactiques, l'initiative des combats.[95] Asinaios appliquait la « halakha de Josèphe », Anilaios la transgresse. Étienne Nodet a suggéré finement le caractère « édifiant » de ce récit chez Josèphe ; mais parce qu'il a peut-être négligé ce qui oppose les deux frères dans leur façon de combattre durant le sabbat, il en conclut trop hâtivement : « Ici la guerre le sabbat, même défensive, est une infraction impie, qui aboutit en définitive à des persécutions, et aucun effet rédactionnel ne tend à affaiblir ce diagnostic. »[96] L'objectif recherché par Josèphe dans ce récit n'est pas une propagande *contre* le fait de combattre en sabbat, mais une propagande *en faveur* de sa propre pratique halakhique dans ce domaine. Il y a d'ailleurs peu de chances que celle-ci ait exactement correspondu aux usages des Juifs babyloniens.

En revanche Josèphe admet parfaitement que les Juifs babyloniens ont continué de respecter la trêve du sabbat, au moins jusqu'à l'initia-

---

[95] AJ XVIII 355 : Ἀνιλαῖος δὲ (...) δειπνοποιησάμενος καθ' ὥραν ἤλαυνε νυκτὸς ἀμαθέσι τῶν ποιουμένων χρῇζων τοῖς Παρθυαὶοις ἐπιπεσεῖν. « Mais Anilaios (...) après avoir dîné, s'avança durant la nuit pour tomber sur les Parthes ignorants de ses faits et gestes. »

[96] É. Nodet, 1992, *op. cit.*, 51–52.

tive qu'il prête à Asinaios. C'est-à-dire que jusqu'en ce début du Ier siècle (*circa* 20 ou *circa* 35 èv., selon les datations), ils n'appliquaient pas la réforme halakhique de Mattathias, pourtant vieille de près de deux siècles. Ceci nous fournit une confirmation implicite mais solide, du rejet de la réforme au sein de la Diaspora.

Conclusion : l'évolution de la halakha sur la guerre en sabbat

Au terme de cette étude des écrits juifs du deuxième Temple sur la question des combats durant le sabbat, il convient de réunir les conclusions et d'en établir la synthèse. Cette question relève en propre du judaïsme du deuxième Temple et ne se pose de façon pressante qu'à partir du soulèvement maccabéen. Elle donne lieu à un débat prolongé au sein de la société juive, dont les divers courants apportent des réponses diverses, et parfois contradictoires, au problème : tandis que les Maccabées considèrent que la guerre insurrectionnelle dispense du repos sabbatique, le courant qui s'exprime dans les *Jubilés* en maintient l'obligation dans toute sa rigueur, y compris en temps de guerre. Entre ces deux postures extrêmes, s'élabore une réflexion halakhique plus complexe, tenant compte des circonstances de la guerre, de sa nature et de sa durée, réflexion qui trouve son expression finale dans la halakha michnique.

Cette diversité des pratiques au sein du judaïsme d'époque hellénistique et romaine, en Judée comme dans la Diaspora, se combine en effert à une évolution historique que je me propose de représenter dans le petit schéma ci-dessous. Mais cette diversité halakhique ne doit cependant pas masquer un élément essentiel : ce qui organise toute la réflexion juive sur la guerre, y compris en cette affaire de combattre ou non durant le sabbat, c'est la question de la survie du judaïsme, toujours associée à son maintien en erets-Israël.

Évolution historique de la halakha au sujet des combats durant le sabbat à l'époque du deuxième Temple :

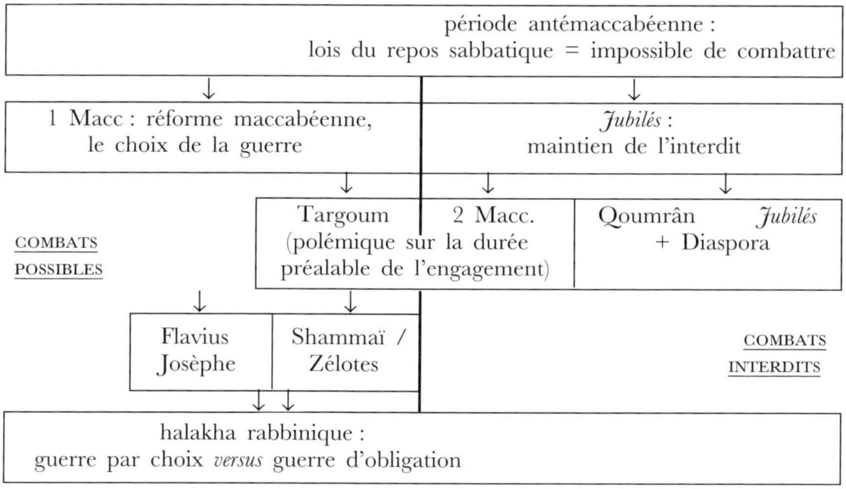

CHAPITRE VII

OURÎM ET TOUMMÎM

Subie ou délibérée, la guerre impose de prendre un grand nombre de décisions. La première : combattre ou se soumettre ? Dès lors que le choix de la guerre est adopté, les prises de décisions sont requises à tout moment et à tous les niveaux : engager ou non la bataille, l'embuscade, la poursuite, le siège etc. Ces décisions obéissent à la recherche de l'efficacité maximale dans une situation aléatoire. L'efficacité visée doit être en même temps à la hauteur du risque encouru : il s'agit d'établir une « espérance mathématique », c'est-à-dire un rapport aussi précis que possible entre l'importance du gain recherché et sa probabilité. On peut ainsi ébaucher une théorie de la décision dans la guerre, dont les deux caractéristiques seraient de :

– décider de l'indécidable (mesuré en termes d'aléas, de probabilités) ;
– maximiser l'espérance de gain.

Quand il s'agit de trancher de l'indécidable, la réponse de l'Antiquité, a toujours pris la forme d'un rite. Quant à maximiser l'espoir de réussite, quelle meilleure garantie peut-on en obtenir que l'appui du Dieu guerrier ? L'un et l'autre sont recherchés par les Anciens, au moyen des rites de la prise d'oracles.

Dans la Bible hébraïque, la forme la plus répandue de la prise d'oracles était l'oracle prophétique. En attestent les récits de consultations, par les rois, d'un ou de plusieurs prophètes avant de partir au combat ; ainsi que les nombreux « oracles contre les nations » conservés dans les écrits prophétiques. Mais comment faire, quand la parole prophétique s'est tu, comme c'est le cas dans le judaïsme du deuxième Temple ?

Le choix se pose alors, soit de recourir au techniques mantiques des étrangers, soit de rechercher, pour les réinterpréter et les réutiliser, des rites peut-être en partie oubliés, figurant dans l'immense réserve des textes sacrés juifs. La Bible suggérait ainsi une autre façon au moins de prendre les oracles, spécialement adaptée à la guerre, non prophétique mais liée à la personne du grand prêtre et théoriquement beaucoup plus ancienne que la prophétie, puisqu'on la faisait remonter à Lévi, Aaron et Éléazar : ce sont les oracles par les ourîm et les toummîm.

Dans la Bible hébraïque

Les ourîm et les toummîm sont mentionnés en sept, ou en huit, occasions dans la Bible, selon que l'on considère seulement le texte hébreu massorétique (TM), ou également le texte grec des Septante (LXX). Quatre occurrences se trouvent dans la Torah (Ex 28,30 ; Lv 8,8 ; Nb 27,21a et Dt 33,8) et quatre autres (dont la mention supplémentaire du texte grec) dans les autres écrits bibliques. Ramené à l'essentiel, la Loi dit ceci : les ourîm et les toummîm relèvent exclusivement du sacerdoce (Dt 33) ; il peuvent, et peut-être ils doivent, être consultés pour fournir un oracle avant toute guerre (Nb 27) ; ils participent du vêtement sacerdotal du grand prêtre et ont quelque chose à voir avec le ḥošen (pectoral) qu'il porte (Ex 28 et Lv 8).

Des autres mentions des ourîm et des toummîm figurant dans la Bible hébraïque, deux sont pratiquement identiques : ce sont Esd 2,63 et Ne 7,65. Ces deux citations tirées des livres du retour d'exil présentent l'intérêt d'associer, avec une certain insistance répétitive, l'oracle des ourîm et des toummîm aux commencements du judaïsme du deuxième Temple. Elles contribuent par là à rendre un peu plus incompréhensible la position, si souvent réaffirmée, de ceux pour qui les ourîm et toummîm constituaient un rite archaïque, issu du passé mythique d'Israël et depuis longtemps abandonné. Quant à 1 S 28,6, il présente le grand intérêt de nous offrir une liste, en principe exhaustive, des moyens de consulter l'oracle de guerre de YHWH. Le narrateur veut en effet souligner que le refus divin, opposé à Saül, concerne tous les moyens connus d'obtenir un oracle avant une bataille ; en conséquence il les énumère ici. Ces rites oraculaires de la guerre sont au nombre de trois : l'inspiration directe (songes), la médiation du grand prêtre (ourîm et toummîm), la médiation d'un ou de plusieurs prophète(s). La huitième occurrence figure seulement dans le texte grec de 1 S 14,41. De ce verset, on possède une version longue, dans la LXX, et une plus courte, dans le TM.[1] Le

[1] Depuis la démonstration qu'en a donné Paul Dhorme, en 1910, il paraît bien établi que le texte fautif, par *homoioteleuton*, est celui du TM le scribe hébreu ayant sauté par inadvertance le passage omis, en reprenant la phrase immédiatement après le deuxième « Israël », P. Dhorme, 1910, *Les Livres de Samuel*, (Paris : Gabalda) 123–124.

contexte permet d'établir que les mots δῆλοι et ὁσιότητα désignent ici les ourîm et les toummîm.

Que signifient ces deux mots, אוּרִים et תֻּמִּים (ourîm et toummîm), en hébreu ? *A priori*, on a affaire ici à deux pluriels hébreux classiques. תֻּמִּים ne pose guère de problème : on y reconnaît le pluriel régulier de תֹּם, par quoi il se rattache à תמם, racine géminée exprimant la finition, l'accomplissement, la complétude, la perfection, la totalité, l'intégrité, éventuellement la destruction. La difficulté est ici sémantique, compte tenu des innombrables variations et de l'ambivalence d'un concept aussi large. Par exemple, s'agissant de la guerre et de son pronostic, la notion d'accomplissement / achèvement peut signifier contradictoirement la victoire définitive ou la défaite absolue. אוּרִים pourrait être le pluriel de אוּר* (« lumière »), bien que ce mot ne soit pas attesté, sous cette forme et au singulier, dans la littérature juive ancienne. Une autre hypothèse consiste à y voir une modification vocalique du pluriel régulier אוֹרִים (« lumières »), modification opérée sous l'influence de la vocalisation [û] de תֻּמִּים, et destinée à distinguer les ourîm-oracles des ôrîm-lumières. Dans les deux cas il se rattache à la racine אור de la lumière. L'étymologie suggère donc cette première conclusion : comme oracle, les ourîm et toummîm relèvent du double registre de la « lumière » et de la « perfection ».[2]

Exégèses et interprétations

Avant l'âge moderne, seuls les grands commentateurs juifs du Talmud (Rachi, Maïmonide, Nahmonide) se sont intéressés un peu aux ourîm et toummîm. Dans le monde chrétien, jusqu'à la Réforme inclue, on s'en tenait aux interprétations traditionnelles, inspirées de la LXX et de la Vulgate. L'exégèse ne commence à se préoccuper des ourîm et toummîm qu'à partir du XVIIème siècle. John Spencer en élabore alors la première interprétation systématique.[3] Il justifie leur permanence dans le judaïsme ancien par la théorie de la « condescendance » de Dieu (ou du Législateur) à l'égard d'un peuple qui ne s'est pas encore complètement défait des usages du polythéisme : bien des rites (dont les ourîm et toummîm) ne se seraient maintenus quel-

[2] On se reportera à l'étude philologique très détaillée de Cornelis Van Dam dans C. Van Dam, 1986, *The Urim and Thummim. A Study of an Old Testament Means of Revelation*, (Kampen : Van den Berg) ; et id., 1997, *The Urim and Thummim. A Means of Revelation in Ancient Israel*, (Winona Lake : Eisenbaum).

[3] J. Spencer, 1668, *Dissertatio de Urim et Thummim*, (Cambridge) ; et id., 1685, *De legibus Hebræorum ritualibus et earum rationibus, vol. III*, (Cambridge).

que temps, qu'afin de faciliter au peuple la transition vers le pur monothéisme.[4] Son système assignait une origine partiellement égyptienne aux ourîm et toummîm ; l'élément de sa démonstration ayant connu la fortune la plus durable demeure cette recherche d'une origine des ourîm et toummîm dans les pratiques cultuelles des voisins d'Israël. Cette quête s'est trouvée relancée lors de chaque découverte archéologique au Proche Orient, ou peu s'en faut. La piste égyptienne d'abord suggérée par J. Spencer, a ainsi été poursuivie jusqu'au XIXème siècle.[5]

Ce parallèle égyptien, s'étant révélé sans fondement archéologique ni textuel, a cédé la place, à la fin du XIXème siècle et sous l'influence croissante du courant *Bibel und Babel*, à la piste assyrienne. Elle peut se résumer ainsi : l'oracle des ourîm et toummîm est une pséphomancie (mantique par tirage au sort au moyen de cailloux), empruntée aux pratiques assyriennes. La figure marquante de cette « *lot theory* », ou théorie du tirage des sorts, fut Julius Wellhausen. Il appuya de toute l'autorité de la philologie allemande l'hypothèse que les ourîm et toummîm consistaient en deux « sorts ».[6] Il en déterminait le sens, positif ou négatif, grâce à cette étymologie : toummîm (de תמם, « être parfait ») exprimait la réponse positive ; ourîm (de ארר, « maudire ») la négative. La théorie du tirage des sorts mérite qu'on s'y arrête, parce qu'elle constitue un extraordinaire exemple de consensus persistant dans l'erreur. Aujourd'hui encore, elle est tout naturellement proposée comme un acquis indiscutable.[7] Pourtant, née d'un commentaire fantaisiste de l'Apocalypse de Jean de Patmos,[8]

---

[4] Voir F. Schmidt, 1994, "Des inepties tolérables. La raison des rites de John Spencer à W. Robertson Smith", ASSR 85, 121–136. En particulier : « Loin de n'être qu'institution divine, il (i.e. le rite) garde traces de cérémonies païennes dont le Législateur, en sa grande tolérance, a autorisé le maintien provisoire à de seules fins pédagogiques. »

[5] Cette ligne égyptienne a alors été formulée de la façon la plus complère, d'abord par A. Knobel, 1837, *Der Prophetismus der Hebräer vollständig dargestellt*, (Breslau : Max u. Komp).

[6] « *Urim und Thummim müssen ursrünglich zwei Lose gewesen sein, denen bei dem Orakel eine beliebige Alternative als Bedeutung beigelegt wurde* », J. Wellhausen, 1897, *Skizzen und Vorarbeiten, vol. 3 : Reste arabischen Heidentums*, (Berlin : Riemer), 144–167.

[7] Selon C. Van Dam, 1986, *op. cit.*, 41 : « *The lot theory more and more dominated the field by the 20th century so that the influence of this theory can be seen in Bible translations, be it in the text itself or as is more usual, in notes to the text.* » Ce qu'on vérifiera aisément en français, en se reportant aux commentaires sur Ex 28,30 figurant dans les édition de la Bible de la Pléiade, « de Jérusalem » ou de la traduction œcuménique (TOB).

[8] F. J. Züllig, 1834, *Die Offenbarung Johannis (vol. 1)*, (Stuttgart), 408–454. Il y suggérait que la « pierre blanche » de Ap 2,17 représentait les ourîm et toummîm.

elle s'appuie encore essentiellement sur la seule citation biblique du rite dont la tradition textuelle soit incertaine (1 S 14,41).

Le mécanisme du tirage au sort n'est absent ni de la Bible hébraïque (par exemple pour le choix des deux boucs au Yom Kippour), ni du Proche Orient ancien en général.[9] On pourrait donc ne pas absolument l'exclure, concernant l'usage ancien des ourîm et toummîm — sinon qu'aucune source n'en fait état. La combinaison des hypothèses du tirage des sorts et de l'origine assyrienne a cependant suscité l'adhésion générale des savants du XXème siècle.[10] La validité de cette hypothèse assyrienne a finalement été remise en cause par les assyriologues eux-mêmes.[11]

La théorie du tirage des sorts a néanmoins continuer à susciter des variantes : dans un souci d'éviter tout excès de subjectivité et des hypothèses infondées, Edward Noort a prétendu ainsi décrire le mécanisme des ourîm et toummîm dans les termes d'une « description structurelle » (« *eine formelhafte Beschreibung* »), formulée dans un langage quasi-mathématique.[12] Mais la formule de E. Noort, assez inutilement redondante, pourrait s'appliquer à tous les types de tirage au sort. On a proposé aussi de substituer le tirage de lettres à celui des sorts. Il s'agissait de résoudre la difficulté « des réponses multiples ». La pséphomancie classique, opérant en général avec des cailloux noirs et blancs, ne permet en effet que deux, ou au mieux trois, réponses : oui ; non ; pas de réponse. Cela a paru insuffisant pour une oracle stratégique qui pouvait être complexe, surtout si on prend

---

[9] On trouve même dans la Bible mention d'un מִשְׁפַּט גּוֹרָל, « oracle par le sort » (Pr 16,33) ; celui-ci n'a aucun rapport avec les ourîm et toummîm. Sur les tirages au sort dans la Bible, voir J. Lindblom, 1962, "Lost-Casting in the Old Testament", VT 13, 164–178. Sur le גּוֹרָל et les tirages au sort à l'époque du deuxième Temple, voir F. Schmidt, 2000, "Élection et tirage au sort (1QS VI, 13–23 et Ac 1, 15–26)", RHPR 80 / 1, 105–117.

[10] Au point de geler la recherche : « *Perhaps because of this apparent consensus, no major study of the UT (ourîm et toummîm) has been produced in the 20th century* », C. Van Dam, 1986, *op. cit.*, 41.

[11] Voir *inter al.* : « *In conclusion it hardly needs to be stated that LKA 137 can have nothing to do with either Urim or Thummim and that the persistent association of this cuneiform text with the Biblical devices is much to be regretted* », I. Finkel, 1995, "In Black and White : Remarks on the Assur Psephomancy Ritual", ZA 85 / 2, 276.

[12] « *UT kann man beschreiben als N (N>2) Gegebenheiten A, die mit dem Kennzeichen X versehen sind und die Antwort "Ja" oder die Möglichkeit S repräsentieren, und N (N>2) Gegebenheiten B, die mit dem Kennzeichen Y haben und die Antwort "Nein" oder die Möglichkeit T repräsentieren* », E. Noort, 1977, *Untesuchungen zum Gottesbescheid in Mari. Die "Mariprophetie" in der altestamentlichen Forschung*, (Neukircher-Vluyn, Kevelaer : Butzon & Bercker), chap. 6.0, "Mari und Israel".

en compte les récits d'oracles rendus « en brandissant l'éphod » (voir par exemple 2 S 5,23–24). Edward Robertson d'abord, puis Bo Johnson, ont donc imaginé que les ourîm et toummîm étaient constitués des vingt-deux lettres de l'alphabet hébraïque, enfermées dans le pectoral du grand prêtre, imaginé ici comme un sac.[13] Cette hypothèse qui ne repose sur rien d'autre que le souci de gommer une difficulté,[14] ouvrait un large champ aux fantaisies mais aussi aux absurdités.[15] Le premier, Rachi avait imaginé que le nom divin était enfermé dans le pectoral : huit siècles plus tard on passe du *logos* à l'alphabet. Piètre progrès.

Pour résumer on rassemblera, dans les tableaux ci-après, les questions posées par l'exégèse biblique, ainsi que de la diversité des réponses.

i. En quoi consistaient les objets ourîm et toummîm ?

Les douze pierres sur le pectoral :	Un ou plusieurs artefacts placés à l'intérieur du pectoral, formant sac :
Talmud, repris jusqu'au XIXème siècle (Bellerman 1824)	Formulée d'abord par Rachi, repris aux XIXème et XXème siècles

ii. Quelle origine étrangère leur attribuer ?

Origine égyptienne :	Origine assyrienne (et pséphomancie) :	Influence des civilisations de l'aire nord-ouest sémitique (Mari, Ougarit etc.) :
De Spencer au début du XIXème siècle	Muss-Arnold (1900) fin du XIXème et XXème siècle	XXème siècle, au fur et à mesure de leur mise à jour archéologique

[13] E. Robertson, 1961, s.v. "The Urim and Thummim", dans *Encyclopedia Brittannica* ; id., 1964, "The 'Urim and Thummim what were they ?", VT 14 / 1, 67–74 ; B. Johnson, 1974, "Urim und Tummim als Alphabet", ASTI 9, 23–29.

[14] « *Die Schwierigkeit löst sich, wenn man sich unter Urim und Thummim nicht 2, sondern 22 Steine oder dergleichen denkt* », B. Johnson, 1974, *art. cit.*, 26.

[15] Un seul exemple : Edward Robertson, pour maintenir la possibilité d'une réponse simple (oui / non), a suggéré qu'on utilisait aussi la valeur numérique des lettres et leur répartition *égalitaire* entre pair et impair. « *An elementary classification of numbers is into odd and even. In this case there would be 11 of each* », E. Robertson, 1964, *art. cit.* C'est ne pas tenir compte que la valeur numérique des lettres hébraïques est répartie de telle sorte, qu'il existe cinq lettres impaires et dix-sept lettres paires, et non onze de chaque.

iii. Comment fonctionnait l'oracle ?

Les pierres du pecotral brillent :	Dieu « illumine » l'esprit du prêtre :	Par tirage au sort, — variante : par tirage de lettres :
Talmud	Formulé par Nahmanide et la Kabbale	Exégètes chrétiens du Moyen Âge et chercheurs modernes

La position de chaque exégète résulte de la combinaison des réponses qu'il apporte à ces trois séries de questions.

Pratiquement toutes les interprétations savantes, depuis la Réforme, se sont fourvoyées dans une logique mécaniciste, c'est-à-dire soucieuse avant tout d'établir le mécanisme de l'oracle, afin qu'il soit conforme à la logique de l'exégèse. La méthode est toujours identique : discussion préalable du type de réponse obtenue (oui/non, texte, autres types de réponses). À partir du type de réponse retenu, reconstitution d'un mécanisme susceptible de la produire. La discrétion des textes dans ce domaine autorisait toutes les spéculations.

Ces mécanismes ont presque tous en commun de produire une réponse qui s'impose au prêtre, sans la moindre marge d'interprétation. On peut les comparer ă une roulette, dont le prêtre serait le croupier : toute son initiative se résume à l'impulsion initiale donnée à la bille, mais le résultat apparaît indiscutable et impératif. Ce type de reconstruction ignore donc la dimension sociale et politique de l'oracle comme rite collectif. Ni les Hébreux, ni aucune autre société humaine organisée, ne s'en remettent à un « hasard impératif » (à un oracle automatique dont le résultat ne prêterait à aucune interprétation) de leur destin collectif. Même si toute une société s'accorde à reconnaître l'origine divine d'un oracle, il demeure nécessaire que quelqu'un, disposant d'une autorité reconnue, *interprète* la réponse : on ne peut nulle part échapper à la dimension sociale de l'oracle.

Si l'on s'en tient aux données incontestables du texte biblique, on constate que l'oracle y est essentiellement et substantiellement associé à ces deux pièces du vêtement pontifical : l'éphod ou tunique et le ḥošen ou pectoral.

L'éphod, le ḥošen et l'oracle de guerre sacerdotal

Selon les indications de Nb 27,21, et de 1 S 14,41 et 28,6, les ourîm et toummîm sont un oracle énoncé par le grand prêtre en temps de guerre. Ils sont en rapport étroit averc l'éphod (tunique) et le ḥošen (pectoral) du grand prêtre. D'une part ces pièces du vêtement sacerdotal sont associées, dans les descriptions bibliques, aux ourîm et toummîm. D'autre part ces deux habits apparaissent aussi comme les instruments d'un oracle de guerre sacerdotal. Sous ces appellations différentes, ḥošen, éphod, ourîm et toummîm, la Bible hébraïque ne mentionne en réalité qu'un seul et même oracle de guerre sacerdotal.[16]

L'éphod du grand prêtre est décrit deux fois de façon détaillé, en Ex 28,6–14 et Ex 39,2–7 : c'est une riche tunique, tissée d'or et de fils de couleurs, sans manche, agrafée aux épaules par deux pierres gravées — probablement des calcédoines de couleur rouge. Des anneaux et des tresses permettent d'y accrocher solidement le pectoral ou ḥošen (חֹשֶׁן). La description du ḥošen est toujours immédiatement associée à celle de l'éphod (Ex 28,15–28 et 39,8–19) : c'est un double carré de tissu multicolore, de vingt à vingt-cinq centimètres de côté (זֶרֶת, un empan), sur lequel sont serties douze pierres précieuses gravées, réparties en quatre rangées de trois pierres.[17]

Éphod et ḥošen sont considérés comme les instruments oraculaires du grand prêtre, dont ils sont l'apanage. Le caractère d'oracle du ḥošen est indiqué à plusieurs reprise par sa désignation comme חֹשֶׁן הַמִּשְׁפָּט « ḥošen du jugement, ou de l'oracle ».[18] L'usage de l'éphod comme instrument pour l'oracle est signalé par l'expression נגשׁ הָאֵפוֹד « brandir l'éphod ».[19] Dans la mesure où éphod et ḥošen sont étroitement et matériellement liés, on doit y reconnaître un seul et même instrument oraculaire.[20] Les descriptions bibliques du vêtement sacerdotal associent ensuite étroitement les ourîm et les toummîm au ḥošen (voir Ex 28,30 et Lv 8,8). On obtient ainsi une seule pièce du vêtement sacerdotal, constituée de trois éléments attachés et/ou cousus ensemble : l'éphod (la tunique), auquel est attaché le ḥošen

---

[16] Dans sa thèse de théologie, Cornelis Van Dam formulait déjà cette conclusion mais en la limitant aux livres de Samuel : « *It must be concluded that a reference to the ephod in 1Sam can mean an indirect reference to the UT [ourîm et toummîm] and not to some other (undisclosed) means of revelatio*n », C. Van Dam, 1986, *op. cit.*, 61. Cette limitation n'a pas lieu d'être.

[17] Le ḥošen est « doublé » (Ex 28,16 : כָּפוּל, participe passif). Il faut deux carrés de tissu pour le former. D'où certaines lectures ont pu conclure qu'il formait un sac, dans lequel les ourîm et toummîm pouvaient se ranger (« *lot theory* »).

[18] Ex 28,15.29.30.

[19] Voir *inter al.* 1 S 23,9 et 30,7 où David demande, en ces termes, au prêtre Abiathar de consulter pour lui YHWH.

[20] Voir Ex 39,21 : « Afin que le ḥošen ne bouge pas de dessus l'éphod, ainsi que l'a ordonné YHWH à Moïse. »

(le pectoral), sur lequel sont placés les ourîm et toummîm. De même qu'on aboutit à un seul vêtement, de même n'existe-t-il aussi qu'un seul oracle sacerdotal de la guerre.

L'instrument de cet oracle de guerre sacerdoral est le vêtement pontifical, composé de l'éphod et du ḥošen sur lequel figurent les ourîm et les toummîm. Dans ce dispositif les ourîm et les toummîm peuvent être assimilés aux quatorze pierres précieuses ornant le vêtement du grand prêtre : une sur chaque épaule et douze sur le pectoral.

Un oracle de guerre pour le judaïsme du deuxième Temple ?

La théorie du rite archaïque

Les historiens se sont généralement désintéressés du statut des ourîm et toummîm dans le judaïsme du deuxième Temple, convaincus que la pratique en avait cessé depuis longtemps. L'usage de l'oracle des ourîm et toummîm à l'époque du deuxième Temple a été unanimement dénié par l'exégèse savante et populaire. Ce très large consensus ne fut contesté, à l'occasion, que par de rares savants dont les travaux anciens sont aujourd'hui peu fréquentés.[21] La conviction générale est demeurée jusqu'aujourd'hui qu'on avait affaire à un rite archaïque, c'est-à-dire à la fois d'origine ancienne et dont l'usage, en Israël, s'était tôt interrompu.[22]

L'hypothèse d'une origine très ancienne s'accompagne donc en général de la conviction que le souvenir du rite n'a survécu, dans la Bible, qu'au titre de la mémoire morte d'un passé païen.[23] En revanche les avis divergent sur la date de son interruption.

---

[21] Voir H. E. Dosker, 1892, "Urim and Thummim", *Presbyterian and Reformed Review* 3, 724–25 ; et A. Jeremias, 1909, "Urim und Thummim", dans *Hilprecht Anniversary Volume : Studies in Assyriology and Archaeology*, (Leipzig : Hinrichs, Chicago : Open Court), 239–40. Voir aussi F. Küchler, 1918, "Das priestliche Orakel in Israel und Juda", BZAW 33, 285–301, dans lequel l'auteur affirme l'existence d'un oracle sacerdotal postérieur à l'exil.

[22] Ce consensus devait et doit encore beaucoup à ce que Charles Malamoud, John Scheid, Francis Schmidt *et al.* ont nommé la « répugnance » pour les rites des Anciens : plus ceux-ci apparaissent étranges aux historiens modernes, plus la tentation est grande de les rejeter dans un passé lointain. Voir le numéro spécial ASSR 85, 1994, "Oubli et remémoration des rites. Histoire d'une répugnance".

[23] Voir *inter al.* H. H. Rowley, 1956, *The Faith of Israel*, (Londres : SCM), 28–29 ; R. de Vaux, 1989[2], *Les institutions de l'Ancien Testament, 2 vol.*, (Paris : Cerf, 1ère 1958, Paris), (Paris : Cerf), vol. 2, 205 ; C. Van Dam, 1986, *op. cit.*, 82.

Certains la croient très antérieure à l'érection du premier Temple.[24] La *Bible de Jérusalem* et Cornelis Van Dam la situent sous le règne de David.[25] D'autres exégètes contemporains la repoussent jusqu'au règne de Salomon : la disparition de l'oracle serait occasionnée alors, soit par le changement de dynastie sacerdotale (le remplacement d'Abiathar par Saddoc) ;[26] soit par la construction du Temple.[27] Une thèse largement répandue (sans doute parce qu'elle procure de grandes satisfactions ontologiques et théologiques), considère (à l'encontre de 1 S 28,6) que les différentes formes d'oracle n'ont pas coexisté mais se sont succédées, l'une prenant la place de l'autre. Ainsi le formule très simplement le *Dictionnaire de la Bible* : « La prophétie remplaça donc l'Urim et le Thummim. »[28] Cette thèse est presque toujours le produit d'une lecture chrétienne de la Bible, selon laquelle la révélation divine aurait progressé par étapes, d'un oracle encore tout matériel (les ourîm et toummîm), à la parole transmise (les prophètes), puis à la parole écrite (la Bible), pour culminer enfin dans la personne du Christ.[29] Formulée de façon moins abrupte cette thèse envisage que la prophétie se soit progressivement substituée à l'oracle des ourîm et toummîm ; et donc que celui-ci ait pu subsister, quoique déclinant, durant toute l'époque monarchique. Ainsi Roland de Vaux peut-il intituler significativement le paragraphe qu'il consacre aux ourîm et toummîm : "Diminution du rôle oraculaire des prêtres".[30]

---

[24] « *Urim und Tummim verschwinden früh aus der priestlichen Orakelpraxis, wahrscheinlich schon vor dem ersten Tempel* », W. Dommershausen, 1984, s.v. כהן, TWAT 4, 70.

[25] « L'usage de l'éphod divinatoire, avec les sorts sacrés, n'est plus attesté après David », note de la *Bible de Jérusalem in loc.* Ex 28,6–30. Et : « *This oracular means was not utilized after the time of David* », C. Van Dam, 1986, *op. cit.*, 146.

[26] Voir J. Lust, 1974, "On Wizards and Prophets", VTSup 26, 141 ; et T. Mettinger, 1976, *King and Messiah. The Civil and Social Legitimation of the Israelite Kings*, (Lund : CWK Gleerup), n. 49, 243.

[27] « Après David, l'histoire n'enregistre plus de consultations de Jéovah par l'Urim et le Thummim, d'où il faut conclure probablement qu'elles cessèrent à partir de la construction du Temple », H. Lesêtre, 1928, s.v. "Urim et Thummim", dans DB 5.2, 2359–2365.

[28] H. Lesêtre, 1928, *art. cit.*

[29] Voir son expression la plus achevée chez Cornelis Van Dam : « *The loss of the use of the UT [ourîm et toummîm] in the giving of revelation was later followed by the withdrawal of prophets passing on new revelation. By the cessation of prophecy, Yahweh indicated that the divine Word already in their possession was sufficient. (. . .) The Christ who is called Immanuel is the culmination and fulfillment not only of the Old Testament revelation and the offices involved in the giving of this revelation, but also of the means of revelation given in the Old Testament, including therefore the Urim and Thummim* », C. Van Dam, 1986, *op. cit.*, 178.

[30] R. de Vaux, 1958, *op. cit.*, 200–206.

Et Johan Maier élaborer un interprétation plus personnelle, selon laquelle les ourîm et toummîm constituèrent essentiellement un rite politique, mettant face-à-face le roi et le grand prêtre.[31] Ainsi en arrive-t-on à une nouvelle échéance pour la disparition de l'oracle : la destruction du Temple de Salomon.[32]

Bo Johnson, enfin, dans la continuité de son hypothèse assimilant les ourîm et toummîm aux vingt-deux lettres de l'alphabet hébraïque, considère que l'oracle cessa d'être interrogé seulement lors du « retour d'exil », lorsque l'ancienne écriture hébraïque fut abandonnée au profit des caractères carrés de l'araméen.[33]

Cet effacement progressif des ourîm et toummîm devant la prophétie, se trouve aujourd'hui profondément remis en cause par les conclusions des travaux de Frederick Cryer sur la divination dans l'ancien Israël : « *There is then no evidence that the Urim and Thummim were a part of an ancient Israelite mantic institution.* »[34] Ainsi est-on conduit à une impasse : les ourîm et toummîm, inexistants dans le judaïsme pré-monarchique et monarchique, auraient cessé d'exister dans le judaïsme du deuxième Temple. C'est ce dernier point surtout qu'il convient de discuter, en prenant en compte l'exceptionnelle richesse et la variété des sources juives du deuxième Temple concernant les ourîm et toummîm — elles attestent à tout le moins d'un intérêt soutenu pour cet oracle.

Le choix d'un oracle de guerre

Car la question s'est posée aussi à l'époque du deuxième Temple, d'un oracle de guerre. Comment, par quel moyen et selon quel rite, « consulter YHWH » désormais ? Deux récits mettant en scène Juda Maccabée, montrent les difficultés rencontrées alors et quelles réponses ont pu être élaborées.

---

[31] J. Maier, 1969, "Urim und Thummim. Recht und Bund in der Spannung zwischen Königtum und Priestertum im alten Israel", *Kairos 15*, 22–38. Dans cette analyse, seul ourîm servait à l'oracle : « *Doch als Orakelmittel werden streng genommen immer nur die Urim bezeichnet.* » Toummîm répondait symboliquement, dans l'habit sacerdotal, aux attributs עֵדוּת (charte) et חֹק (décrets) du roi. Il symbolisait (ou regroupait réellement) la jurisprudence concernant le roi : « *Dann wären* tummim *in sehr alter Zeit Rechtbeschlüsse gewesen, dann insbesondere die Beschlüsse des Königsvertrages* », *ibid.*, 34.

[32] Voir *inter al.* J. Lindblom, 1962, *art. cit.*

[33] B. Johnson, 1974, *art. cit.*, 28–29.

[34] F. H. Cryer, 1994, *Divination in Ancient Israel and its Near Eastern Environment. A Socio-Historical Investigation*, (Sheffield : Academic Press), 275.

Le premier se situe à la veille du « jour de Nicanor ». Juda Maccabée reçoit un oracle favorable en songe (2 M 15,11) : καὶ προσεξηγησάμενος ὄνειρον ἀξιόπιστον ὕπαρ τι πάντας ηὔφρανεν « En outre il (i.e. Juda Maccabée) remonta le moral de tous, en interprétant la vision (obtenue) dans un rêve digne de foi. » Dans ce songe, lui apparaît d'abord le dernier des grands prêtres, Onias ; puis le prophète Jérémie lui promet la victoire de la part de YHWH (2 M 15,16). Le songe de Juda Maccabée permet ainsi d'évoquer les trois méthodes traditionnelles par lesquelles YHWH transmettait son oracle guerrier, selon la Bible (1 S 28,6). D'abord le songe lui-même, par lequel lui est transmis l'oracle. Puis le grand prêtre et l'oracle sacerdotal, incarnés par sa vision de Onias ; enfin la prophétie, représentée ici par Jérémie. À ce moment du récit, les deux derniers moyens sont impossibles, puisque la prophétie a cessé et que le grand prêtre est délégitimé. Il ne reste donc au Juda de 2 Maccabées, demeuré fidèle aux règles du judaïsme, que le plus incertain et le plus subjectif des oracles : le songe. Pas n'importe quel songe cependant mais un ὄνειρος ἀξιόπιστος, un « songe digne de foi » ; l'évocation à l'intérieur même de la vision, des deux autres méthodes oraculaires, signifiées par les figures d'Onias et de Jérémie, vient valider la πίστις du songe.

Il existe une autre voie, explorée dans un autre texte (1 M 3,48). Il s'agit alors des préparatifs de la bataille d'Emmaüs contre Gorgias mais la situation est comparable à celle du jour de Nicanor : ni prophétie, ni prêtre.[35] Juda a rassemblé son armée à Masphat, où il s'efforce de reconstituer les rites de guerre bibliques. Comment obtenir l'oracle de YHWH ? La solution adoptée est originale (1 M 3,48) : καὶ ἐξεπέτασαν τὸ βιβλίον τοῦ νόμου περὶ ὧν ἐξηρεύνων τὰ ἔθνη τὰ ὁμοιώματα τῶν εἰδώλων αὐτῶν. « Puis ils déroulèrent le livre de la Loi y cherchant ce sur quoi les nations consultaient les statues de leurs idoles. »[36] Les Grecs possèdent des images et des statues de leurs dieux ; aniconique, le judaïsme possède des Écritures. La solution adoptée par Juda consiste à substituer les unes aux autres. En remplaçant les statues par le rouleau, il s'inspire du comportement des

[35] Voir 1 M 3,51 : καὶ τὰ ἅγια σου καταπεπάτηνται καὶ βεβήλωνται καὶοἱ ἱερεῖς σου ἐν πένθει καὶ ταπεινώσει « Ton Sanctuaire a été piétiné et souillé et tes prêtres (sont) dans le malheur et l'abaissement. »

[36] Selon Bezalel Bar-Kochva, qu'on ne suivra pas sur ce point, le verset décrirait la destruction rituelle d'une Torah souillée par des dessins blasphématoires des Grecs, B. Bar-Kochva, 1989, *op. cit.*

étrangers pour innover et inventer une nouvelle forme d'oracle, absente de la Bible mais conservant un caractère juif, puisque fondée sur l'usage de la Torah.

Ces deux récits soulignent l'importance que revêt la prise d'oracle avant une guerre ou une bataille à l'époque du deuxième Temple. Non seulement la question est alors pertinente pour le judaïsme mais la diversité des solutions, adoptées dans l'urgence, témoigne de ce qu'elle donna lieu à une vraie réflexion. On s'explique qu'en ce moment des guerres maccabéennes, en l'absence d'un grand prêtre légitime aux yeux de tous, la consultation sacerdotale par les ourîm et toummîm fût provisoirement suspendue. Mais en alla-t-il de même aux époques où l'autorité du grand prêtre (oniade auparavant, asmonéen plus tard) était largement reconnue ? Le judaïsme du deuxième Temple n'a-t-il jamais pratiqué l'oracle des ourîm et toummîm ?

Contrairement à l'*opinio communis*, les textes prouvent qu'on a beaucoup réfléchi et débattu de l'oracle sacerdotal et des ourîm et toummîm, dans la littérature juive du deuxième Temple. Nos sources abordent la question de l'oracle de guerre sacerdotal sous tous ses aspects. Des descriptions détaillées de l'oracle existent : dans le Siracide, la *Lettre d'Aristée*, le *Testament de Lévi*, le *Midrach eschatologique* de Qoumrân (4Q174–175), les targoums palestiniens, Philon, Josèphe et la Michna.

Concernant le fonctionnement de l'oracle, on le trouve mentionné dans les *Vies des prophètes*, le *Liber Antiquitatum Biblicarum* du Pseudo-Philon (LAB), le pesher d'Isaïe (4QpIsa), le manuscrit 4Q376, le *Rouleau du Temple* (11QT), le targoum Pseudo-Jonathan, Josèphe et la Michna. La question de l'origine de l'oracle figure dans le LAB et le targoum Pseudo-Jonathan ; la question de la fin de l'oracle dans les *Vies des prophètes*, Josèphe et la Michna. Des hypothèses sur ce que l'oracle est devenu sont formulées dans le LAB, *2 Baruch* et Josèphe. Enfin on trouve des réflexions et des spéculations sur la nature de l'oracle dans l'œuvre de Philon d'Alexandrie. Compte tenu de la difficulté ordinaire de réunir des sources, dès qu'il est question des pratiques du judaïsme du deuxième Temple, on doit admettre que les ourîm et les toummîm, comme oracle sacerdotal de la guerre, sont remarquablement documentés.[37]

---

[37] Voici la liste des sources auxquelles je me réfère ici : Si 33,3 ; 45,10–11.17. Aristée 96–97. *Test. Lévi* VIII 2. *Vies grecques des prophètes* Élisée 1–2, Zacharie 2. LAB XI 15, XIII 1, XXII 8–9, XXV 5, XXVI 2–15, XLVI 1, XLVII 2. *2 Baruch* VI

À quoi correspond cet intérêt manifeste du judaïsme du deuxième Temple pour l'oracle sacerdotal ? D'abord au besoin élémentaire de disposer d'un oracle pour la guerre. La société juive du deuxième Temple, se référant à la Torah comme sa Loi et sa norme, pouvait y lire un certain nombre d'interdits précis concernant la divination. La seule pratique licite, et même recommandée, de la divination consistait à « consulter YHWH » (דרש שאל \ יהוה) en recourant à l'un des trois moyens admis : ourîm et toummîm, prophétie et songes. Pour quelles raisons le judaïsme du deuxième Temple aurait-il renoncé à ces méthodes divinatoires inclues dans sa Loi ?

S'agissant de la prophétie, qui s'éteint peu après l'édification du deuxième Temple, il est généralement admis que cette extinction est liée, d'une manière ou d'une autre, à l'installation d'un régime théocratique régi par le sacerdoce. L'autorité des prêtres se substitue à celle des prophètes. Encore faut-il prendre en compte le fait qu'aux yeux d'un grand nombre de Juifs, la révélation divine se poursuivait sous d'autres formes : en témoignent les écrits apocalyptiques, de nombreux pseudépigraphes, les peshers de Qoumrân etc.

L'explication par la théocratie ne s'applique pas en revanche à une éventuelle disparition des ourîm et toummîm, puisqu'ils constituaient précisément le mode de divination sacerdotal. L'évidence de leur disparition relève en réalité d'une construction idéologique ancienne et tenace dans l'histoire des religions. Cette construction postulait que la divination (et toutes autres formes de magie) constituait une couche *inférieure* de la pensée et de la pratique religieuse : il faut entendre ici « inférieur » au double sens social (religion populaire, pratique des couches inférieures) et chronologique (premiers âges de la religion, primitivisme). De plus : au sein de la divination (de la magie etc.), le recours à des objets matériels (par exemple les ourîm et toummîm) représentait à son tour une couche inférieure par rapport à une divination spéculative et/ou abstraite (par exemple la prophétie). De sorte que la poursuite d'une divination par les ourîm et toummîm après la disparition de la divination prophétique

---

5–9. 1QM VII 9–12 ; 4QpIs^{d} (4Q164) 1 4–5 ; 4QFlor (4Q174) 6–7 3 ; 4QTest (4Q175) 14–16 ; 4Q376 1 i 3, 1 ii 1–2 ; 11QT LVIII 18–21. Tg N Ex 28,17–20 ; tg Ps J Ex 28,15.17–20.27.30 ; tg Ps J Nb 3,32 ; tg Ps J Nb 31,6 ; tg Ps J Dt 18,4. *Leg.* III 126, 132 ; *Fug.* 184–185 ; *Mos.* II 112–113, 122–130 ; *Spec.* I 87–88, IV 69 ; *Quæst. Ex.* II 109–116. BJ V 233–234, VI 312–314 ; AJ III 162–171, 216–218, VIII 93. M.Yoma VII 5, M.Sotah IX 12, M.Shevouot II 2.

serait apparue, dans le cadre de cette réflexion, comme une impossibilité logique.[38] Mais dans la mesure où les sources historiques attestent de cette persistance (les sources, aussi, sont têtues), cette logique et cette construction doivent s'effacer devant les preuves.

Le problème de l'existence d'un oracle par les ourîm et toummîm durant la période du deuxième Temple, se pose moins en terme de continuation que de ré-invention. En effet, la société juive du deuxième Temple, et le sacerdoce au premier rang, s'est trouvée, vis-à-vis de l'oracle des ourîm et toummîm, un peu dans la même situation que les exégètes contemporains : ils ne savaient pas très bien ce que c'était. En un temps où le roi-oint avait disparu, toute la question était devenue de déterminer *qui* serait habilité comme médiateur entre YHWH et le peuple, c'est-à-dire autorisé à formuler et à interpréter la loi religieuse. L'installation de l'institution sacerdotale et la disparition de la prophétie interviennent dans ce contexte. On peut donc admettre, avec Joseph Blenkinsopp, « que le retour à l'idée de cette ancienne forme de divination marque un stade dans l'assimilation des fonctions prophétiques et divinatoires par le sacerdoce. »[39] L'établissement (le r-établissement, compte tenu des références bibliques disponibles) d'un mécanisme divinatoire, indissolublement lié à la personne du grand prêtre, dotait le sacerdoce d'un principe de légitimation en dernier ressort.

La double mention des ourîm et toummîm dans les livres d'Esdras et de Néhémie (Esd 2,63 et Ne 7,65) constituent en quelque sort l'aveu, et de cette stratégie sacerdotale, et de l'ignorance où l'on se trouva d'abord, au début de la période du deuxième Temple, de la nature exacte de l'oracle. Il s'agit de trancher cette question sociale et politique essentielle : qui, quelles familles, sont sacerdotales et lesquelles ne le sont pas ? Certaines revendiquent leur généalogie sacerdotale mais sont incapables d'en apporter une preuve suffisante. Le *tirchata* (i.e. le gouverneur nommé par les Perses, c'est-à-dire selon toute vraisemblance Néhémie lui-même) propose alors cette solution d'attente (Esd 2,63) :

[38] Voir le chapitre "The UT and God's Self-Revelation", dans C. Van Dam, 1986, *op. cit.*, 173–178.

[39] J. Blenkinsopp, 1993, *Une histoire de la prophétie en Israël. Depuis le temps de l'installation en Canaan jusqu'à la période hellénistique*, (Paris : Cerf), 276.

וַיֹּאמֶר הַתִּרְשָׁתָא לָהֶם אֲשֶׁר לֹא־יֹאכְלוּ מִקֹּדֶשׁ הַקֳּדָשִׁים עַד עֲמֹד כֹּהֵן לְאוּרִים וּלְתֻמִּים׃

> Le gouverneur leur ordonna qu'ils ne mangeassent pas des *sancta* jusqu'à l'arrivée d'un prêtre pour les ourîm et pour les toummîm.

Il faut noter, d'une part que la bonne foi des postulants n'est pas mise en cause, puisqu'il leur est seulement demandé d'attendre une décision définitive ; et d'autre part qu'il n'est pas envisagé en cette matière essentielle de recourir, comme il eût été possible, à un procédé décisionnel autre que sacerdotal. L'une au moins de ces familles au statut incertain, celle de Haqqos (Esd 2,61), fut par la suite admise au rang sacerdotal (1 Ch 24,10).[40] Ce qui laisse à supposer qu'un ou plusieurs prêtre(s) fini(ren)t par se présenter qui su(ren)t dire en quoi consistait l'oracle. Le problème qui se pose à nous n'est donc pas celui des biblistes. Peu importe ici que les ourîm et toummîm eussent été un rite antérieur au Temple, ou lié à l'existence de la première monarchie, ou tardivement concurrencé par la prophétie. Seul nous concerne ce que le judaïsme du deuxième Temple a reconstruit de ce rite, à partir des quelques références bibliques qu'il possédait.

On peut y atteindre grâce aux descriptions qu'il nous en a laissé. Elles convergent toutes vers la même conclusion : pour le judaïsme du deuxième Temple, l'oracle sacerdotal par les ourîm et toummîm se confond absolument avec l'oracle sacerdotal par l'éphod. Le support et les instruments de cet oracle ne sont autres que les pierres précieuses ornant l'éphod et le ḥošen.

Descriptions et fonctionnement de l'oracle

Rappelons simplement que l'habit sacerdotal élémentaire (du simple prêtre) était constitué de quatre pièces : des caleçons, une tunique, une ceinture et un turban. Le vêtement sacerdotal du grand prêtre comprenait quatre pièces supplémentaires : le long manteau bleu frangé de grenades et de clochettes, la lame d'or gravée au nom de YHWH portée sur le turban, l'éphod et le ḥošen.[41]

Le premier indice indiscutable que les ourîm et toummîm ont été assimilés, dans le judaïsme du deuxième Temple, à cet ensemble

---

[40] Voir G. Hölscher, 1925, s.v. "Levi", dans *Paulys Real-Encyclopädie. Neue Bearbeitung XII-2*, (Stuttgart : Metzlersche), § *m*, 2187–2191.

[41] La description des habits sacerdotaux figure dans la Bible en Ex 38 et 39.

éphod / ḥōšen nous est fourni par le Siracide. Ce long texte, rédigé en hébreu *circa* 190–180 av. par un prêtre de Jérusalem nommé Jésus ben Sirach, fut ensuite traduit en grec par son petit-fils, émigré à Alexandrie à l'époque du second règne de Ptolémée VIII Evergète (145–116 av.)[42] Jusqu'au XIXème siècle, on n'en possédait que la traduction grecque. Aujourd'hui, grâce aux découvertes faites dans la genizah du Caire, à Qoumrân et à Masada, on possède une partie de l'original hébreu. Ces deux versions, lorsqu'elles sont disponibles, permettent de très intéressants rapprochements.

Dans un passage fameux (Si 45,6–22), le Siracide célèbre la gloire du grand prêtre de Jérusalem sortant du Temple dans toute la majesté de son habit sacerdotal. Au nombre des fonctions qu'il attribue alors au grand prêtre, le Siracide mentionne l'oracle sacerdotal. Si 45,14–17 décrit en effet l'ensemble des responsabilités, rites et usages du grand prêtre : le sacrifice biquotidien (v. 14), son investiture sacerdotale par l'onction (v. 15), la transmission héréditaire de la charge (v. 15), les bénédictions (v. 15), les sacrifices (v. 16), l'encens (v. 16), le kippour (v. 16). Enfin la justice, l'enseignement et l'oracle (Si 45,17) :

> ויתן לו מצותיו וימשילהו בחוק ומשפט : וילמד את עמו חק ומשפט את בני ישראל :
>
> Et Il lui donna Ses instructions et le fit maître de l'exécution de la justice. Et qu'il montre le droit à Son peuple et l'oracle aux fils d'Israël.[43]

Dans le texte hébraïque le terme משפט désigne une première fois la justice ; puis une seconde fois l'oracle, comme dans l'expression מִשְׁפָּט חֹשֶׁן הַ (voir par ex. en Ex 28,30). Dans la version grecque, le verbe φωτίζειν (φωτίσσαι Ισραηλ) ne doit pas être pris comme une métaphore ; c'est au sens propre, comme nous le verrons, que l'oracle sacerdotal « brille » et « illumine ».

Plus riche encore d'enseignement est la comparaison des versions

---

[42] Sur cette datation aujourd'hui consensuelle, voir F. V. Reiterer, 1997, "Review of Recent Research on the Book of Ben Sira (1980–1996)", dans P. C. Beentjes éd., 1997, *The Book of Ben Sira in Modern Research. Proceeding of the First International Ben Sira Conference, 23–31 July 1996, Soesterberg, Netherlands*, (Berlin, New York : De Gruyter), 23–60.

[43] Version grecque : ἔδωκεν αὐτῷ ἐν ἐντολαῖς αὐτοῦ ἐξουσίαν ἐν διαθήκαις κριμάτων διδάξαι τὸν Ιακωβ τὰ μαρτύρια καὶ ἐν νόμῳ αὐτοῦ φωτίσαι Ισραηλ. « Parmi Ses instructions Il lui donna pouvoir en matière de jugements des conflits ; enseigner les témoignages à Jacob, et illuminer Israël au sujet de Sa loi. »

hébraïque et grecque de la description du vêtement sacerdotal, tout particulièrement de l'ensemble éphod / ḥošen (Si 45,10) :

texte hébreu :	texte grec :
בגדי קדש זהב תכלת וארגמז מעשה חשב : חשן משפט אפוד ואזור	στολῇ ἁγία, χρυσῷ καὶ ὑακίνθῳ καὶ πορφύρᾳ, ἔργῳ ποικιλτοῦ, λογίῳ κρίσεως, δήλοις ἀληθείας,
« vêtement sacré, d'or, d'azur et de pourpre, œuvre du brodeur. ḥošen de l'oracle, l'éphod et (sa) ceinture »	« vêtement sacré, d'or, de jacinthe et de pourpre, œuvre du brodeur, oracle du jugement, révélation et vérité »

Deux écarts importants apparaissent à la comparaison des deux versions. L'un et l'autre illustrent la difficulté de traduire en grec le vocabulaire rituel et liturgique hébraïque. Dans le cas du ḥošen, le traducteur s'est sorti de la difficulté par une assez classique inversion des génitifs, procédé qu'on retrouve fréquemment dans la LXX. Plus étrange est le cas de l'éphod : là où l'hébreu juxtapose deux pièces de vêtement, « l'éphod et (sa) ceinture », la traduction grecque fait surgir deux notions abstraites, « révélation et vérité ». La solution de ce petit mystère est simple : les mots grecs utilisés par le petit-fils du Siracide, δῆλοι et ἀλήθεια, sont précisément ceux qui servent dans la LXX à exprimer « ourîm et toummîm ». Ce traducteur grec, issu d'une lignée de prêtres hébreux et confronté à la difficulté de traduire « éphod », l'a donc résolue en substituant, à l'éphod, les ourîm et les toummîm. Qu'en conclure, sinon que les ourîm et toummîm étaient, à ses yeux, rigoureusement équivalents, dans leur nature, soit à l'éphod seul, soit à l'ensemble éphod / ḥošen décrit dans ce verset ? Il n'est pas non plus indifférent, pour la bonne compréhension de l'oracle, de noter que cette mention des ourîm et toummîm est immédiatement suivie de la description des douze pierres du pectoral (Si 45,11).

Le deuxième indice de cette condensation de l'oracle sacerdotal, opérée par le judaïsme du deuxième Temple, réside dans la traduction grecque de « ḥošen » dans les écrits juifs hellénistiques. Soit par hésitation lexicale, soit en vue d'un jeu de mot délibéré, ces écrits recourent en effet tour à tour à deux termes, phonétiquement proches mais de sens assez éloignés : λογεῖον et λόγιον. Le premier, τὸ λογεῖον désigne habituellement l'avant-scène d'un théâtre, une tribune, la barre d'un tribunal, c'est-à-dire tout emplacement spécifique d'où s'exprimait une parole (λόγος) particulière. La LXX use tout au long de ce λογεῖον pour traduire l'hébreu חֹשֶׁן (ḥošen) ; ses réviseurs juifs, réputés pour leur littéralité (Aquila *et al.*) en ont conservé l'usage. De même Philon d'Alexandrie utilise-t-il λογεῖον dans ses traités *De vita Mosis* et *De specialibus legibus*.[44] Selon Suzanne Daniel cependant, l'emploi de λογεῖον correspondrait parfois chez Philon à un jeux de mot philosophique et philologique délibéré, par exemple dans sa description du pectoral en *Spec.* I 88 : Σύμπασ δ' ὁ τόπος καλεῖται λογεῖον ἐτύμως, ἐπειδὴ τὰ ἐν οὐρανῷ πάντα λόγοις καὶ ἀναλογίαις δεδημιούργηται καὶ συντέτακται· τῶν γὰρ ἐκεῖ τὸ παράπαν ἄλογον οὐδέν. Il conviendrait ici d'entendre λογεῖον non comme le lieu de la parole mais comme celui de la raison (λόγος). S. Daniel traduit donc : « Tout cet endroit est appelé *logeïon*, « lieu de la raison », et exactement, puisque tout dans le ciel a été créé et disposé selon des règles et des proportions rationnelles. »[45] Philon a également utilisé τὸ λόγιον (l'oracle) pour désigner le ḥošen dans deux autres traités, les *Legum allegoriæ* et le *De fuga et inventione*. La même hésitation se retrouve dans les œuvres de Josèphe, sans qu'on sache toujours bien distinguer si le choix d'un terme plutôt qu'un autre relève de l'auteur ou de ses copistes.[46]

Λόγιον se retrouve aussi, pour désigner le ḥošen, dans la *Lettre d'Aristée* (§ 97) et dans le *Testament de Lévi* (VIII 2). Ce fut aussi probablement le terme retenu par la version grecque (aujourd'hui perdue) du *Liber Antiquitatum Biblicarum*, dans la mesure où le latin utilise les transcriptions *logio* et *logion*. On observe donc qu'autour du Ier siècle èv. s'est imposé aux écrivains juifs de langue grecque (et à leurs copistes) un glissement du terme λογεῖον, consacré par la LXX, vers le terme λόγιον dont la signification leur apparut plus claire, soit pour eux-mêmes, soit pour leurs lecteurs hellénisants. Cet usage

[44] Peut-être aussi, d'après la transcription phonétique, dans les *Quæstionnes et solutiones in Exodum*, mais, de celui-ci, le texte le plus ancien nous est parvenu en arménien et non en gec.

[45] S. Daniel, 1975, *De specialibus legibus (livres I et II)*, *Œuvres de Philon d'Alexandrie 24*, (Paris, Cerf), *in loc.*

[46] Selon K. H. Rengstorf, 1973–83, *A Complete Concordance to Flavius Josephus (4 vol.)*, (Leyde : Brill), τὸ λογεῖον serait absent du vocabulaire de Flavius Josèphe. En revanche τὸ λόγιον, y désignerait habituellement un oracle et, à deux reprises (AJ III 163 et VIII 93), le pectoral. Mais AJ III 163 offre les deux variantes, selon les manuscrits.

largement attesté établit à son tour un lien étroit entre l'oracle et le pectoral sacerdotal, dans le judaïsme du deuxième Temple.

Cette identification est confirmée par un bref midrach du targoum Pseudo-Jonathan, le tg Ps J de Ex 28,15a :

> ותעבד חושן דינא דביה מהודע דינהון דישראל דאיתכסי מן דיינייא וסידרי נצחן קרביהון
>
> Puis tu feras le ḥošen du jugement au moyen duquel sont connus les jugements de ceux d'Israël, qui restent cachés aux juges, et les victoires sur leurs ennemis.

Dans ce texte, la traduction de l'hébreu חֹשֶׁן הַמִּשְׁפָּט (« ḥošen de l'oracle ») par l'araméen חושן דינא (« ḥošen du jugement ») est évidemment correcte, mot pour mot ; mais elle laisse perdre la dimension oraculaire. Le דינא est un jugement, une décision rendue par des juristes, au nom de la Loi ou pour trancher de son interprétation ; le mot מִשְׁפָּט, outre ces acceptions, signifiait aussi l'oracle. C'est peut-être la raison pour laquelle le targoum développe, en une périphrase, sa définition du ḥošen. Cette définition ne laisse aucun doute sur son caractère d'oracle de guerre : « par le moyen » (דביה) du ḥošen les victoires sont annoncées, selon « des jugements » que « les juges » ignorent. C'est dire, à la fois, que le ḥošen est capable de prédire la victoire, et que cette annonce ne relève pas de la compétence des hommes : une assez claire définition de l'oracle. Le targoum effectue donc ici un véritable travail lexicographique pour ré-attribuer au דינא du ḥošen araméen cette connotation supplémentaire d'oracle.

Plus précisément l'oracle des ourîm et toummîm s'identifie aux *pierres précieuses*, portées sur l'éphod-ḥošen du grand prêtre. L'assimilation de l'oracle aux pierres de l'éphod-ḥošen apparaît clairement dans les textes. D'abord dans l'association par le LAB du Pseudo-Philon de ces trois termes : éphod, oracle et pierres précieuses. Ainsi Moïse fabrique-t-il lui-même, selon les instructions divines, les « *ippomedem, logion et lapides preciosos* » (LAB XI 15 et XIII 1). De même, trouve-t-on chez Josèphe cette mention d'un enseignement de Moïse à Josué (AJ IV 311) : Ἐδίδασκε δὲ αὐτούς (. . .) καὶ ὅπως ἂν οἱ στρατεύοντες ἐξίοιεν τεκμηρίῳ χρώμενοι τοῖς λίθοις « Il leur enseigna (. . .) de quelle façon les armées ne se mettraient en branle qu'après avoir consulté l'oracle des pierres. » La source biblique que Josèphe paraphrase ici est Nb 27,21, où Josué, avant de partir au combat, se tient devant le prêtre Éléazar qui consulte pour lui בְּמִשְׁפַּט הָאוּרִים

לִפְנֵי יהוה (LXX : τὴν κρίσιν τῶν δήλων ἔναντι κυρίου·) « par l'oracle des ourîm devant YHWH. »

On connaît enfin, de Qoumrân, le manuscrit intitulé "pesher Isaïe[d]". Y figure le commentaire d'un passage où Isaïe prophétise la reconstruction future de Jérusalem dont les murailles s'orneront de pierres précieuses (4Q164 1 4–5) :

4. פשר על שנים אשר] 5. מאירים כמשפט האורים והתומים

> l'explication de cela : ce sont les douze [ ] donnant de la lumière comme l'oracle des ourîm et toummîm [.[47]

Puisqu'il s'agit du pesher d'un texte mentionnant des pierres précieuses, on est fondé à supposer, en dépit de la malencontreuse lacune de la fin de la ligne 4, que « les douze [?] » désigne douze pierres précieuses et plus particulièrement les douze pierres du pectoral, seule série connue de douze pierres précieuses dans la Torah. Ainsi l'interprètent l'éditeur John Allegro, et Manfred Lehman.[48] Cependant le point essentiel figure à la ligne 5 : l'oracle des ourîm et toummîm « luisait » מאירים ; c'est-à-dire qu'il est décrit comme essentiellement lumineux. Ce fragment, quelle que soit la reconstitution retenue, fournit donc l'une des associations les plus précises entre les pierres du pectoral et l'oracle par les ourîm et toummîm.

Il ouvre ainsi la voie à la compréhension du fonctionnement de l'oracle.

La description la plus détaillée du fonctionnement de l'oracle figure dans les *Antiquités juives* de Flavius Josèphe. Dans son œuvre Josèphe évoque à plusieurs reprises des oracles de guerre. Dans sa paraphrase biblique, il s'agit d'oracles adressés aux personnages légendaires de l'histoire juive, Moïse, David et les rois de Juda et d'Israël : oracle

---

[47] Le texte commenté ici est Es 54,11–12 :
וִיסַדְתִּיךְ בַּסַּפִּירִים׃ וְשַׂמְתִּי כַּדְכֹד שִׁמְשֹׁתַיִךְ וּשְׁעָרַיִךְ לְאַבְנֵי אֶקְדָּח « Je te fonderai sur des saphirs, je ferai de jaspes tes soleils (frontons ?), et tes portes en pierres précieuses » etc.

[48] M. Lehman, 1962, "Midrashic Parallels to Selected Qumran Texts", RQ 3, 545–551. La reconstitution plus récemment proposée par Joseph. M. Baumgarten, « les douze [prêtres] », n'est pas contradictoire avec cette analyse. On doit considérer en effet qu'il existe dans le pesher, comme dans le *pardès*, plusieurs niveaux d'interprétations, et le pesher a bien pu établir un lien entre les douze pierre du ḥošen et les douze prêtres eschatologiques. Voir J. M. Baumgarten, 1976, "The Duodecimal Courts of Qumran, Revelation and the Sanhedrin", JBL 45, 57–78.

« par les pierres » (χρώμενοι τοῖς λίθοις, AJ IV 311) ou sans intermédiaire, quant il s'agit de Moïse (par ex. AJ IV 77 et IV 87–88) ; consultation du grand prêtre par David (AJ VII 71–73 et 311) ; recours aux prophètes pour les rois (AJ VIII 223 et 400sq). Quand il évoque sa propre expérience de la guerre, Josèphe exprime une grande méfiance à l'égard des oracles : ils lui semblent ambigus (ἀμφίβολος, BJ VI 312), sujets à des interprétations politiques divergentes (BJ II 650), ou encore mal compris (BJ VI 288sq). La raison de cette incertitude est que l'oracle de guerre spécifiquement juif et authentiquement yahwiste a cessé de fonctionner depuis un certain temps. Les contemporains de Josèphe en sont donc réduits à employer des techniques mantiques inspirées des oracles étrangers : interprétation des prodiges ou, comme Juda Maccabée en son temps, consultation de la Torah.[49] Le résultat s'avère catastrophique.

Pourtant, entre le passé légendaire lointain et l'univers contemporain du souvenir, il a existé un temps historique : précisément celui du judaïsme du deuxième Temple. En ce temps-là les Juifs disposaient d'un oracle de guerre fiable, directement inspiré par la divinité, et dont Josèphe explique le fonctionnement en AJ III 216–218. En dépit de sa précision, cette description de l'oracle de guerre à l'époque du deuxième Temple a longtemps passé pour une fantaisie de Josèphe aux yeux de ses lecteurs savants. Pourtant d'autres écrits juif, et des moins fantaisistes, permettent de confirmer cette tradition d'un oracle s'exprimant au moyen d'une luminosité particulière des pierres précieuses de l'éphod / ḥošen.

C'est d'abord le passage, déjà cité de 4Q164, où il est question de quelque chose « donnant de la lumière comme l'oracle des ourîm et toummîm ». De Qoumrân aussi, il faut citer le manuscrit intitulé *Apocryphon de Moïse*[b](?) (4Q376). Ce fragment, comprenant une dizaine de lignes incomplètes regroupées en trois colonnes, a été daté paléographiquement par John Strugnell du début de la période transitoire entre les Asmonéens et le règne d'Hérode. Il évoque un contexte guerrier, dans lequel sont mentionnés : le prêtre-oint, le camp militaire

---

[49] Pour les prodiges, voir BJ VI 288–299 ; pour l'utilisation de la Torah voir BJ VI 312–314. Sur les divergences d'interprétations des signes ayant précédé la chute de Jérusalem, voir F. Schmidt, 1987, "Chronologie et périodisation chez Flavius Josèphe et dans l'apocalyptique juive", in F. Parente éd., *Aspetti della storiografia ebraica*, (Rome : Carucci), 125–138 ; et P. Van der Horst, 1998, "Sortes : Sacred Books as Instant Oracles in Late Antiquity", dans L. V. Rutgers *et al.* éds., *The Use of the Sacred Books in the Ancient World*, (Louvain : Peeters), 143–174.

(maḥ[a]neh), des ennemis, le siège d'une ville et un Prince (nassi). Il y est aussi question des ourîm (4Q376 I 3) : לאורים ; et d'un oracle, (4Q376 III 1) : ככול המשפט הזה. Dans le moment qui précède la bataille, il semble qu'un certain nombre de rites soient accomplis, au camp, par et/ou en présence du prince et des prêtres ; parmi ces rites figure la manifestation de l'oracle (4Q376 II 1–2). Il est incertain si le grand prêtre prononce lui-même des paroles devant l'armée ou si un autre en est chargé. Mais, dès lors qu'il est question de l'éclat d'une pierre précieuse, le personnage sur qui elle resplendit ne peut être que le grand prêtre, revêtu de ses habits sacerdotaux. À la différence de ce que décrivait Josèphe (AJ III 216) l'oracle de guerre favorable ne s'exprime pas ici au moyen des pierres du ḥošen, mais de l'une des deux pierres-agrafes de l'éphod. Ce léger déplacement n'est pas si troublant, compte tenu que Josèphe — et peut-être aussi l'auteur de 4Q376 — rédigeai(en)t en un temps où les manifestations de cet oracle avaient cessé. De plus Josèphe a lui aussi évoqué, en un passage voisin (AJ III 215, voir supra), la vertu prophétique des pierres d'agrafe de l'éphod. Chez Josèphe, contrairement au texte de 4Q376 où il se manifeste sur l'épaule gauche, l'éclat prodigieux provient de la pierre droite de l'éphod. Cet éclat est bien de nature divinatoire, puisqu'il a pour objet de déceler et d'écarter les supercheries des faux prophètes : προφητῶν (var. συκοφαντῶν) κοκουργίαι (AJ III 214). L'éclat de la pierre, quand elle brille, atteste l'authenticité de la prophétie.

Dans l'état actuel de la documentation, on n'atteindra pas une connaissance beaucoup plus précise du fonctionnement des ourîm et toummîm à l'époque du deuxième Temple. Impossible par exemple de distinguer entre les attributions particulières, s'il y en avait, des différentes pierres de l'éphod / ḥošen. Nous sommes obligés de considérer ces quatorze pierres précieuses comme une seul et même instrument, dans l'ignorance des fonctions spécifiques de chacune d'entre elles, en particulier des deux grosses calcédoines d'épaule. En revanche nous pouvons affirmer que l'oracle se manifestait grâce à l'éclat lumineux de ces pierres. D'une façon ou d'une autre : *ça* brillait.[50]

[50] Cette conclusion, Annie Jaubert y avait déjà atteint, dans un article où elle commentait AJ III 215 : « Nous sommes donc autorisés à penser que selon le commentateur de Qoumrân la gloire de Dieu, la Shekina, pouvait illuminer les douze pierres du pectoral dont on sait qu'elles portaient gravées les noms des douze tribus », A. Jaubert, 1971, "La symbolique des Douze", dans *Hommages à André Dupont-Sommer*, (Paris : Maisonneuve), 459.

Mais de quelle manière particulière se transmettait la révélation ? Cette question a suscité, au sein même du judaïsme ancien, une série de réponses variées qu'on peut classer en trois groupes.

D'abord, une pensée de type magique : on a vu que l'oracle se manifestait par l'éclat des pierres précieuses. Ce *modus operandi* n'a apparemment pas satisfait un certain nombre de fidèles. Apparaît en effet une théorie complémentaire pour décrire le mécanisme de la transmission des oracles : ceux-ci se seraient révélés sous la forme de messages littéraux, obtenus par l'intermédiaire des *lettres gravées* sur les pierres du ḥošen. Certaines de ces lettres, en ressortant plus vivement que d'autres, auraient formé des mots et des phrases exprimant l'oracle. Cette tradition nous a été conservée d'abord par le targoum Pseudo-Jonathan de Ex 28,30, où sont mentionnées les lettres qui « s'illuminent pour publier les choses cachées de la maison d'Israël ».

On conçoit aisément que les pierreries de l'ornement sacerdotal, exposées au soleil (« Brandis l'éphod ! ») ou à la lumière de lampes puissent briller d'un éclat plus vif. Il est plus difficile d'imaginer comment on parvient à distinguer entre des lettres gravées, de dix à douze millimètres de hauteur dans l'hypothèse la plus généreuse. Leur éclat particulier, ou leur relief, ou leur manifestation particulière, quelle qu'elle fut, en prend évidemment un tour beaucoup plus miraculeux. Cette dernière remarque ne doit pas être prise comme la manifestation d'un matérialisme étroit. La question du « comment ça marche ? » a été posée en termes tout aussi réalistes et précis par les Sages — qui élaborèrent une solution accentuant le caractère merveilleux et magique de l'oracle.

On trouve en effet une version plus tardive mais beaucoup plus détaillée de la « théorie des lettres » dans le talmud babylonien. Elle figure dans le commentaire d'une michna concernant les ourîm et les toummîm (M.Yoma VII 5). La gemara développe en ces termes (b.Yoma 73b) :

כיצד נעשית רבי יותנן אומר בולטות ריש לקיש אומר מצטרפות והא לא כתיב
בהו צד"י אמר רב שמואל בר יצחק אברהם יצחק ויעקב כתיב שם והא לא
כתיב ט"ת אמר רב אהא בר יעקב שבטי ישרון כתיב שם

Comment ça fonctionnait ? R. Yohanan dit : en apparaissant en relief (i.e. les lettres). Resh Laqish dit : proches à se toucher. Mais le *tsadé* n'y était pas écrit ? R. Samuel b. Isaac dit : les noms d'Abraham, Isaac et Jacob étaient écrits. Mais le *têt* n'était pas écrit ? R. Aha b. Jacob dit : les mots « tribus de Yishurûn » étaient écrits.

Le commentaire se comprend ainsi : les quarante-huit lettres, servant à former les noms des douze tribus gravés sur les pierres du ḥošen, n'utilisent pas toutes les lettres de l'alphabet hébreu : il y manque ח, ט, צ et ק. D'où la préoccupation que les messages oraculaires aient pu ne pas être complets. La solution proposée consiste à rajouter aux mots gravés sur les pierres un certain nombre de noms comprenant ces quatre lettres manquantes. On passerait ainsi, en les serrant « à se toucher », de quarante-huit à soixante-dix lettres gravées. Cette exigence d'une logique matérielle, au sein du merveilleux, est une des caractéristiques de la pensée magique.

Une autre tradition, contemporaine de la précédente, conçoit que l'oracle se révèle grâce à la puissance et à la vertu du nom de Dieu. Cette théorie se trouve exprimée dans le targoum Pseudo-Jonathan, juste après la théorie des lettres (tg Ps J de Ex 28,30). On n'est plus ici dans l'univers de la pensée magique mais dans celui de la mystique juive. La puissance du nom divin confère, à elle seule, la divination à qui sait y avoir accès. Cette mystique du Nom préfigure celle de la Présence : c'est en effet sous cette forme que le Talmud babylonien a conservé la mémoire de cet oracle mystique (b.Yoma 73a) :

תנו רבנן כיצד שואלין השואל פניו כלפי נשאל והנשאל פניו כלפי שכינה

> Nos Sages ont enseigné : Comment les consultait-on (i.e. les ourîm et les toummîm) ? Celui qui consultait s'adressait à celui qui faisait la consultation, et celui qui faisait la consultation s'adressait directement à la Présence.[51]

Enfin, à côté de ces deux formes de pensée religieuse, il faut faire figurer l'exégèse philosophique de Philon. Pour l'Alexandrin les pierres précieuses du vêtement pontifical, dans leur disposition, reproduisent et symbolisent l'ordre rationnel et divin de l'organisation du ciel. Ces idées sont d'abord formulées dans les *Quæst. Ex.* II 109, 112–114 : les deux pierres d'épaulette de l'éphod, par leur forme, les gravures qu'elles portent et leur couleur, correspondent aux deux hémisphères célestes (l'un au-dessus, l'autre en dessous de la terre) ; les douze pierres du ḥošen correspondent aux douze constellations (signes et animaux) du zodiaque. Cette interprétation est reprise et

[51] Dans son commentaire sur Ex 28,30, Rachi opère une synthèse de ces deux théories : le Nom de Dieu inscrit à l'intérieur du ḥošen, en faisait resplendir les lettres, formant l'oracle.

développée dans un long passage du *De vita Mosis* (*Mos.* II 122–130). L'éphod, avec ses deux pierres d'épaule, y apparaît comme une allégorie (σύμβολον) du ciel (*Mos.* II 122) : Τὴν δ' ἐπωμίδα οὐρανοῦ σύμβολον ὁ λόγος εἰκόσι στοχασμοῖς χρώμενος παραστήσει· « Quant à l'éphod, un raisonnement se fondant sur des conjectures vraisemblables le présentera comme un symbole du ciel. » Le ḥošen et ses douze pierres sont l'expression (δεῖγμα) des quatre saisons et des douze signes du zodiaque (*Mos.* II 124) : Ἔπειθ' οἱ κατὰ τὰ στέρνα δώδεκα λίθοι ταῖς χρόαις οὐχ ὅμοιοι διανεμηθέντες εἰς τέσσαρας στοίχους ἐκ τριῶν τίνος ἑτέρου δείγματ' εἰσὶν ἢ τοῦ ζῳδιακοῦ κύκλου; « Ensuite les douze pierres sur la poitrine, de couleurs différentes et réparties en quatre rangs de trois, de quoi peuvent-elles être le signe, sinon du cercle du zodiaque ? » La forme carrée du ḥošen évoque (αἰνίττεσθαι) la raison (*Mos.* II 128) : Σχῆμα δ' ἀπένειμεν ὁ τεχνίτης τετράγωνον τῷ λογείῳ πάνυ καλῶς αἰνιττόμενος ὡς χρὴ καὶ τὸν τῆς φύσεως λόγον καὶ τὸν τοῦ ἀνθρώπου βεβηκέναι πάντῃ καὶ κατὰ μηδ' ὁτιοῦν κραδαίνεσθαι. « L'artisan a donné au ḥošen une forme carrée faisant très judicieusement allusion à ce qu'il fallait que la raison, et dans la nature et dans l'homme, fût partout dressée et ne fût ébranlée par rien. » Enfin les ourîm et toummîm (δήλωσις καὶ ἀλήθεια) symbolisent les principes de la raison (λόγοι). La même interprétation est reprise dans les *Spec.* I 87–88 : les douze pierres précieuses sont « disposées selon le modèle du zodiaque », πρὸς παράδειγμα τοῦ ζῳδιακοῦ τυπωθέντες.[52]

La constance de cette analyse, sa répétition et son approfondissement au fur et à mesure de la poursuite de l'œuvre, montre tout l'intérêt que Philon lui portait. Ni magie, ni mystique : le logos divin se manifeste bien dans les rites du judaïsme, mais sous une forme allégorique et symbolique. Dans cette forme de communication « savante » entre la divinité et l'humanité, oracle et divination n'ont plus leur place : c'est dans ce même passage de *Spec.* I 87–88 que, pour désigner le ḥošen, Philon opère et justifie son glissement du λογίον (« oracle ») au λογεῖον, dont il suggère que le sens vrai (ἐτύμως) en fait le « lieu du logos ». La manifestation, ou la révélation, (δήλωσις-ourîm) de la vérité (ἀλήθεια-toummîm) s'y opère d'une façon telle que « absolument rien n'y soit hors-la-raison », τὸ παράπαν ἄλογον οὐδέν (*Spec.* I 88).

[52] Le judaïsme mystique du Moyen Âge a parfois repris cette vision « zodiacale » des pierres du ḥošen ; voir N. Sed, 1981, *La mystique cosmologique juive*, (Paris : EHESS ; Berlin, Paris, New York : Mouton), en particulier le § sur "Le pectoral du Grand Prêtre", 300–306.

Repésentations des ourîm et toummîm l'époque du deuxième Temple

On admet donc que le judaïsme du deuxième Temple connaissait un oracle de guerre nommé ourîm et toummîm ; que cet oracle était consulté, exclusivement par le grand prêtre, au moyens des pierreries qu'il portait sur son habit sacerdotal et plus précisément sur l'éphod et le ḥošen ; enfin que cet oracle était rendu par l'éclat lumineux des pierres. Subsiste la dimension historique du problème : cet oracle a-t-il jamais été mis en œuvre à l'époque du deuxième Temple ?

L'exemple des difficultés de Juda Maccabée lors de l'insurrection maccabéenne, de même que le récit de la *Guerre des Juifs* par Josèphe, semblent attester qu'en ces deux graves occasions, on n'eut pas recours aux ourîm et toummîm. Peut-on considérer cependant qu'ils furent consultés en d'autres circonstances, y compris lors de conflits de moindre importance ? Ou faut-il en conclure qu'ils n'eurent d'existence que textuelle et spéculative ?

Notons d'abord que, lors de ces deux guerres, la légitimité des grands prêtres se trouvait précisément remise en cause. Juda ne pouvait évidemment pas consulter celui-là même contre qui il luttait. Et le même passage où il est question de sa consultation de la Torah explique l'impossibilité de s'adresser aux prêtres de YHWH, qui sont alors « dans le malheur et l'humiliation », ἐν πένθει καὶ ταπεινώσει (1 M 3,51). Quant aux grands prêtres contemporains de Josèphe, leur légitimité avait d'abord été affaiblie par les incessants changements politiques auxquels avait procédé Hérode, puis ses successeurs et l'administration romaine. Ensuite la guerre déclenchée, contre l'avis du titulaire Ananias, avait entraîné son assassinat, suivi de querelles sans fin pour s'emparer de la charge : il n'y eut dès lors plus guère de grand prêtre indiscutable et légitime vers lequel se tourner. Enfin il semble bien que les habits pontificaux, avec toutes sortes d'autres objets du culte appartenant au trésor du Temple, aient été dissimulés durant toute la durée du siège.[53] Toutes raisons assez fortes pour expliquer l'absence des ourîm et toummîm lors de ces deux conflits, sans qu'on puisse en conclure qu'ils ne furent jamais consultés en d'autres circonstances.

---

[53] Voir BJ VI 387–391, où le prêtre Jésus ben Thebuti et le gardien du trésor Pinḥas font ressurgir tous ces objets, à la fin de siège, pour leur servir de rançon auprès de Titus.

J'ai déjà mentionné ce passage de Josèphe (AJ III 216sq) dans lequel il décrit de la façon la plus précise et la plus objective le fonctionnement de l'oracle de guerre.

Il faut encore évoquer un écrit issu directement du judaïsme du deuxième Temple, découvert à Qoumrân et précisant le caractère d'obligation halakhique attaché à cet oracle. Il est tiré du passage connu comme « la Loi du Roi », à l'intérieur du manuscrit du *Rouleau du Temple* (11QT LVIII 15–21, voir supra). Ce texte fait référence à une mention de l'oracle dans la Torah, en Nb 27,21 : Josué est intronisé son successeur par Moïse ; puis il se tient « devant Éléazar le prêtre et celui-ci demande pour lui l'oracle des ourîm devant YHWH ». 11QT LVIII 19–20 contient une citation quasi littérale de Nb 27,21b :

עַל־פִּיו יֵצְאוּ וְעַל־פִּיו יָבֹאוּ הוּא וְכָל־בְּנֵי־יִשְׂרָאֵל וְכָל־הָעֵדָה׃

> Selon sa parole ils sortiront et selon sa parole ils rentreront, lui et tous les fils d'Israël et toute la congrégation.[54]

L'interprétation halakhique du *Rouleau du Temple* est sans ambiguïté : le roi, dans son rôle de chef de guerre, a l'obligation de se présenter devant le grand prêtre avant de partir en guerre, et de consulter l'oracle. Par là, le roi reconnaît symboliquement et pratiquement la prééminence politique et stratégique de YHWH, exprimée par le truchement du grand prêtre. Le *Rouleau* y insiste et précise que le roi ne se fiera pas à ses propres עצה mais les fera passer après la décision de l'oracle. Les עצה peuvent désigner à la fois les conseillers militaires du roi et ses plans stratégiques, c'est-à-dire l'essence même de sa fonction de chef de guerre : de sorte qu'en termes contemporains, on le qualifierait plus volontiers de chef d'état-major (celui qui prépare les עצה, les plans) que de général en chef.

La question de pose alors du statut de ce texte : s'agit-il d'une halakha prescrivant la façon de se conduire, et effectivement appliquée à la date de la rédaction ? Ou bien d'un texte « utopique » avant la lettre, imaginant le fonctionnement d'une société juive aussi parfaite que possible dans un avenir plus ou moins proche ? Ou encore, ce qui n'est pas incompatible avec le précédent, d'un écrit polémique condamnant les pratiques supposées incorrectes des monarques

---

[54] 11QT LVIII 19–20 : על פיהו יצא ועל פיהו יבוא הוא וכול בני ישראל אשר אתו

contemporains ?[55] Quelle que soit l'hypothèse retenue, on doit reconnaître que l'ensemble du *Rouleau du Temple* relève plutôt d'un projet idéal que d'une description sociologique : en atteste la description détaillée du Temple aux douze portes, à l'architecture bien éloignée de celle du Temple réel de Jérusalem (11QT II–XIII et XXX–XLVII). On serait donc du côté de l'utopie, ce qui interdirait de tirer de cet écrit aucune conclusion, quant à la pratique effective des rites. Mais on ne peut pourtant pas s'en tenir là, car le *Rouleau du Temple* offre également un ensemble considérable et très cohérent de prescriptions halakhiques. Francis Schmidt l'a formulé en ces termes : « La législation du *Rouleau du Temple* a un aspect polémique. À ce titre, je la comparerai volontiers à la contre-législation de quelque *shadow government.* »[56] Appliqué à l'oracle des ourîm et toummîm, on en tirera cette réflexion : si la "Loi du Roi", dans le passage que nous en avons cité (11QT LVIII 15–21), ne permet pas d'affirmer en toute rigueur le pratique effective de l'oracle dans le judaïsme du deuxième Temple, elle établit en revanche que les condition de possibilité de cet oracle étaient réunies, et qu'au moins certains courants du judaïsme ont pu envisager sa (re-)mise en œuvre.

Si étroite que fût cette marge entre possibilité et réalisation, a-t-elle été franchie ? S'agissant d'un rite accompli par le grand prêtre et lui seul, on ne peut guère espérer en trouver un témoignage extérieur au judaïsme ; mais c'est le cas aussi des rites du yom kippour (*inter al.*) dont personne ne conteste pour autant la réalité historique.

Parmi nos sources juives du deuxième Temple, quelques unes abordent de façon oblique cette question de la mise en œuvre effective de l'oracle, en ce sens qu'elles mentionnent la date à laquelle il aurait pris fin. Ainsi l'auteur des *Vies grecques des Prophètes* (début du Ier siècle èv.) considère-t-il que les ourîm et les toummîm ont cessé lors de l'assassinat du prophète Zacharie, par le roi Joas, à l'intérieur du Temple (Vit. Proph. Zac. XXIII 2). On a ensuite l'estimation de Flavius Josèphe que l'oracle a cessé « deux cents ans avant » la rédaction des *Antiquités* (AJ III 218). La Michna, enfin, associe la disparition de l'oracle à celle des « premiers prophètes » (M.Sota IX 12).[57]

---

[55] Ces questions sont au cœur des débats sur la datation du *Rouleau du Temple.* Voir supra.

[56] F. Schmidt, 1994, *op. cit.*, 167. Voir en particulier l'analyse du *Rouleau du Temple*, 158–183.

[57] Soucieux de préciser cette indication, les Sages ont ensuite envisagé plusieurs

On peut dresser de ces différentes hypothèses le petit tableau ci-après.

La fin de l'oracle de guerre par les ourîm et les toummîm selon les sources juives du deuxième Temple

i. Après les morts de Samuel, David et Salomon (b.Sota 48b)
ii. Après l'assassinat de Zacharie par le roi Joas (Vit. Proph.)
iii. À la fin de l'époque du premier Temple (Michna) :
  a. Conséquence de la destruction du premier Temple (b.Sota 48b, j.Kiddushin IV 1)
  b. Conséquence de la disparition de la monarchie (b.Shebouot 16a)
v. À l'époque du deuxième Temple :
  a. Un ornement sacerdotal non oraculaire (b.Yoma 21b)
  b. Oraculaire jusqu'aux Asmonéens (Josèphe)

Dans ce tableau, la chronologie des Vit. Proph. est de loin la plus confuse, qui semble confondre le prophète éponyme du livre canonique de Zacharie avec un autre Zacharie, prophète mineur tué dans le Temple sur l'ordre du roi Joas, selon 2 Ch 24.[58] On ne peut guère non plus tirer d'indications chronologiques de la Michna et du Talmud. On peut seulement remarquer que la fin des ourîm et toummîm y est associée à la fin de la monarchie et à la destruction du Temple ; en même temps, perdure le souvenir de l'ornement sacerdotal, privé de ses fonctions oraculaires.

---

dates. i. Après la mort de Salomon (b.Sota 48b) : « Qui sont les premiers prophètes (de M. Sota IX 12) ? Ce sont David, Samuel et Salomon. » ii. Après la destruction du Temple de Salomon (b.Sota 48b) : « Quand fut détruit le premier Temple les villes de bannissement disparurent et les ourîm et toummîm cessèrent. » (Idem dans M.Shebouot II 2 et b.Shebouot 16a.) iii. Ou encore que les ourîm et toummîm se soient maintenus à l'époque du deuxième Temple mais sans plus être consultés (b.Yoma 21b) : « Ces cinq choses différaient entre le premier et le deuxième Temple : l'arche, le kapporet et les Chérubins ; le feu ; la Présence ; l'esprit saint (prophétie) ; et les ourîm et toummîm. Je vous le dis, ils existaient mais pourtant ils n'étaient plus utilisés. » Et j.Kidduchin IV 1 : « Les ourîm et toummîm : on sait bien que cet oracle placé sur le pectoral du grand prêtre n'a plus fonctionné pendant le deuxième Temple. » (Cette théorie a été ensuite reprise et développée par Maïmonide.)

[58] Sur ce(s) personnage(s) de Zacharie, voir J.-D. Dubois, 1978, *Études sur l'apocryphie de Zacharie et sur les traditions concernant la mort de Zacharie*, Ph.D. dissertation at Oxford Univ., (Paris : F. Réder Copy Thèse Service) ; et id., 1994, "La Mort de Zacharie : mémoire juive et mémoire chrétienne", *Revue des Études Augustiniennes* 40 / 1, 36.

Le plus précis demeure encore Josèphe (AJ III 218) qui date la fin de l'oracle ἔτεσι διακοσίοις πρότερον ἢ ταύτην ἐμὲ συνθεῖναι τὴν γραφήν, « deux cents ans avant que je ne compose et rédige cet écrit », c'est-à-dire les *Antiquités juives*. En AJ XX 267 Josèphe affirme terminer la rédaction de son ouvrage la treizième année du règne de Domitien et la cinquante-sixième de son existence, c'est-à-dire en 93 èv. La date de la cessation de l'oracle se situerait donc aux alentours de l'an 107 av., vers la fin du pontificat de l'Asmonéen Jean Hyrcan (135–104 av.) On sait que dans les deux notices nécrologiques presque identiques qu'il lui consacre, Josèphe lui attribuait le don de prévoir l'avenir (BJ I 68–69 et AJ XIII 299–300) : τριῶν τῶν μεγίστων ἄξιος ὑπὸ τοῦ Θεοῦ κριθείς, ἀρχῆς τοῦ ἔθνους καὶ τῆς ἀρχιερατικῆς τιμῆς καὶ προφητείας· συνῆν γὰρ αὐτῷ τὸ Θεῖον καὶ τὴν τῶν μελλόντων πρόγνωσιν παρεῖχεν αὐτῷ τε εἰδέναι καὶ πρόλεγειν οὕτως « Jugé digne par Dieu des trois plus grands (honneurs) : le pouvoir sur la nation, la dignité de grand prêtre et la prophétie ; car la divinité était si proche de lui qu'elle lui avait accordé la préconnaissance de l'avenir, tant de le prévoir que de l'annoncer. » Il est vain de spéculer sur les raisons qui auraient pu pousser Josèphe à exagérer, à mentir ou à faire l'éloge de ce personnage-ci, plutôt que de tel autre. Tout son dispositif narratif nous invite en revanche à considérer que l'oracle de guerre par le moyen du ḥošen (c'est-à-dire par les ourîm et les toummîm) a cessé à la mort de Jean Hyrcan.

La consultation de l'oracle des ourîm et toummîm a certainement été interrompue à plusieurs reprises, en particulier durant les périodes où la légitimité du grand prêtre était peu ou mal fondée, au temps de la crise hellénistique, sous Antiochos IV Épiphane, et à l'époque hérodienne. Tout indique en revanche que l'oracle fut bel et bien consulté aux époques où cette légitimité était solidement assise, c'est-à-dire sous les grands prêtres Oniades, puis sous les Asmonéens.

Spéculations sur l'origine et la destinée des pierres divinatoires

L'intérêt porté aux pierres divinatoires du ḥošen se manifeste enfin dans une série d'élaborations inédites concernant leur origine et leur devenir. Cette double préoccupation était absente de la Bible hébraïque mais revient à plusieurs reprise dans la littérature du deuxième Temple.

L'origine des pierres

Le targoum Pseudo-Jonathan brode, sur sa source biblique, un midrach mythologique attribuant aux pierres du ḥošen une origine edénique, c'est-à-dire quasi divine (tg Ps J de Ex 35,27) :

> ועננֵי שמַיא אזלין לפישון ודליין מתמן ית אבני בורלוות חלא וית אבני
> אשלמותא לשקעא באפודא ובחושנא ומחתן יתהון באנפי מדברא אזלין רברבני
> ישראל ומייתן יתהון לצדוך עיבידתא
>
> *Les nuages du ciel se rendirent au Pishon et en tirèrent des pierres de béryl en concrétion* et des pierres à sertir *pour être placées* sur l'éphod et sur le ḥošen. *Ils les laissèrent tomber à la surface du désert.* Les princes *d'Israël vinrent et les* apportèrent *pour servir à ce travail.*[59]

Ce récit est à mettre en parallèle avec une variante, présentée un peu plus haut dans le targoum, selon laquelle les Hébreux ont ramassé ces pierres précieuses venues du paradis sur les rives de la mer de Souf ; ils auraient été rejoints par les Égyptiens tandis qu'ils étaient occupés à récolter ces pierres (tg Ps J de Ex 14,9) :

> כנשין מרגליין ואבנין טבן דדבר פישון מגינוניתא דעדן לגוא גיחון וגיחון
> דברינן לימא דסוף וימא דסוף רמא יתהון על גיפיה
>
> Ils réunissaient des perles et des pierres précieuses que le Pishon avait charriées depuis le jardin d'Eden jusque dans le Gihon ; puis le Gihon les avait charriées dans la mer de Souf, et la mer de Souf les avait jetées sur le rivage.

Apportées jusqu'au désert par de merveilleux nuages, ou plus prosaïquement charriées par le fleuve « qui borde le pays de Coush », (i.e. le Gihon, selon Gn 2,13) jusqu'à la mer de Souf, ce qui compte dans ces récits, c'est la source, l'origine des pierres : le fait qu'elles provenaient du Pishon, premier des quatre fleuves issus de l'Eden (Gn 2,10–11). Le targoum a en effet trouvé dans la Torah (Gn 2,12) la mention d'un pays de Ḥawilah, « où se trouve l'or, les בְּדֹלַח (pierres précieuses non déterminées) et les אֶבֶן הַשֹּׁהַם (pierres précieuses pouvant être gravées) ». Ce pays mythique, qui jouxte le jardin d'Eden, est arrosé par le Pishon. En situant là l'origine des pierres du ḥošen, le targoum procède à une double opération de mythographie : dans la temporalité il les associe à l'origine du monde ; et il

[59] Les ajouts du targoum au texte biblique sont en italiques.

les rapproche dans l'espace autant qu'il est possible de la divinité. Le lien avec le ḥošen est ensuite assuré dans le récit de l'Exode, au temps de Moïse, par la collecte des pierres : explicitement lorsque celle-ci a lieu au désert, allusivement sur les rives de Souf.

Il existe un autre récit d'une origine légendaire et merveilleuse des pierres précieuses associées à l'oracle des ourîm et toummîm, bien qu'elles ne soient pas précisément les pierres du ḥošen. Dans le *Liber Antiquitatum Biblicarum* du Pseudo-Philon, en effet, les pierres du ḥošen ont été « fabriquées » (*facere*) par Moïse, selon les instructions divines reçues sur le Horeb, en même temps que toutes les autres pièces du vêtement sacerdotal (LAB XI 15 et XIII 1). Origine, certes prestigieuse et lointaine, mais bien moins que celle proposée par le récit du targoum. Comme pour corriger ce (relatif) prosaïsme, le Pseudo-Philon introduit un peu plus loin dans son récit (LAB XXVI) un *deuxième* jeu de pierres précieuses : celles-ci sont tout à fait particulières et d'origine surnaturelle. L'épisode se situe lors de la Conquête, menée sous l'autorité du successeur de Josué, Qénaz, personnage considérable dans l'économie narrative du LAB.

Qénaz s'est approprié en butin les sept pierres précieuses sacrées des Amorites. Celles-ci « provenaient du pays d'Evilath », *erant allati de terra Evilath* (LAB XXV 11) : on reconnaît dans cet *Evilath* latin le pays edénique de Ḥawilah évoqué dans la Genèse, auquel se référait le targoum.[60] Qénaz consulte alors YHWH sur ce qu'il doit faire de ces pierres et Dieu lui propose un troc (LAB XXVI 4) : *De lapidibus vero preciosis precipiam angelo meo, et accipiet illos et iens ponet illos in profundum maris. Et mandabo profundo et absorbet eos, quoniam non poterunt permanere in seculo, eo quod contaminati sunt ab idolis Amorreorum. Et alio angelo precipiam, at accipiet mihi duodecim lapides ex eo loco unde ablati sunt isti septem. Quos tu cum inveneris super verticem montis ubo eos positurus es, accipiens pones eos super epomedem contra duodecim lapides quos in heremo posuit Moyses in logione, sanctificabis eos secundum duodecim tribus.* « Quant aux pierres précieuses (i.e. celles des Amorites) je commanderai à mon ange, et il les prendra et ira les déposer dans le gouffre marin. Puis je donnerai un ordre au gouffre et il les engloutira, car elles ne peuvent pas continuer à exister durant des générations, du moment qu'elles ont été souillées par les idoles des Amorites. Et je commanderai à un autre ange, et il prendra pour moi douze pierres au

[60] Voir Ch. PERROT et P.-M. BOGAERT, avec D. Harrington, 1976, *Pseudo-Philon. Les Antiquités Bibliques. Tome 2, Introduction littéraire, commentaire et index*, (Paris : Cerf), 155.

même endroit d'où ces sept-là ont été tirées. Tu trouveras celles-là (i.e. les douze) au sommet de la montagne où tu auras déposé celles-ci (i.e. les sept) et, les prenant avec toi, tu les placeras sur l'éphod contre les douze pierres que Moïse au désert installa sur l'oracle, et tu les sanctifieras selon les douze tribus. » On est donc en présence de *deux jeux* de douze pierres : celles du ḥošen, fabriquées par Moïse, et les douze nouvelles, recueillies par Qénaz. En dépit d'un long détour par les Amorites, les anges et les fonds sous-marins, ces douze nouvelles pierres se révèlent finalement avoir la même origine (voir : *ex eo loco unde ablati sunt isti septem*) que celles du targoum : c'est-à-dire le pays mythique de Ḥawilah. L'époque à laquelle elles apparaissent n'est pas si éloignée non plus : entre Qénaz et Moïse, qui se sont connus, la différence n'est que de quelques années, quelques dizaines au plus. En revanche la façon dont elles parviennent aux Hébreux, par l'intermédiaire d'un ange de Dieu et au sommet d'une montagne, établit plus encore que dans le récit précédent leur proximité avec la divinité. Finalement le lien entre les deux séries de pierres est établi selon le mécanisme magique de l'empathie par contact : Qénaz doit placer les nouvelles pierres au contact de (*contra*) celles du ḥošen, une opération censée opérer la transmission des vertus d'une série à l'autre.

Tous ces récits d'origine qui tendent à associer les pierreries du pectoral au moment de la création du monde et à la figure de la divinité créatrice, ont pour objet « d'expliquer » leur vertu divinatoire. Proches du Dieu omniscient, dans le moment où il réalise son projet, elle acquièrent par la magie de cette proximité, la vertu de transmettre, à l'occasion, ce qu'Il connaît de l'avenir. Ces récits soulignent aussi à nouveau l'importance acquise par cet oracle dans le judaïsme du deuxième Temple.[61]

Que sont-elles devenues ?

Pour quelle raison le Pseudo-Philon a-t-il introduit une deuxième jeu de douze pierres ? Robert Hayward a montré que la réponse se trouvait probablement dans les suggestions du LAB concernant la destinée de ces pierres.[62] Peu après avoir opéré le contact magique entre

---

[61] L'origine surnaturelle et non-humaine de ces pierres est encore clairement réaffirmée par Josèphe, dans AJ III 166 : οὐ κτητὸς ἀνθρώποις διὰ τιμῆς ὑπερβολὴν ὄντες· « Ayant une valeur aussi exceptionnelle, il n'est pas possible qu'elles aient été obtenues par des hommes. »

[62] R. Hayward, 1995, "Pseudo-Philon and the Priestly Oracle", JJS 46, 43–54.

les deux séries, Qénaz reçoit en effet de nouvelles instructions concernant les douze pierres extraordinaires (LAB XXVI 12) : *Et dixit Deus ad Cenez : Accipe lapides istos et pone eos in arca testamenti Domini cum tabulis testamenti quas dedi Moyisi in Oreb.* « Et Dieu dit à Qénaz : Prends ces pierres et dépose-les dans l'arche d'alliance du Seigneur, avec les tables d'alliance que je donnai à Moïse sur le Horeb. » Qénaz s'exécute et l'auteur en tire cette conclusion (LAB XXVI 15) : *Et posuit eos Cenez in arca testamenti Domini cum tabulis, sicut preceptum fuerat ei, et sunt ibi usque in hodiernum diem.* « Et Qénaz les déposa dans l'arche d'alliance du Seigneur avec les tables, comme il lui avait été ordonné ; et elles y sont restées jusqu'à aujourd'hui. » Les pierres authentiquement divinatoires, c'est-à-dire celles recueillies miraculeusement par Qénaz et non pas les douze pierres du ḥošen fabiquées par Moïse, connaissent donc exactement le même destin que l'arche : elles passent, avec elle, de la Tente au Temple de Salomon, puis sont dissimulées, avec elle, par Jérémie sur le Nebo, à moins que Dieu ne les ait lui-même cachées en attendant des jours meilleurs (voir LAB XXVI 12–13). Les pierres du ḥošen, quelles que soient leurs propriétés divinatoire acquises, ne sont finalement qu'un « second choix », des pierres anciennes mais banales, hors le contact magique qu'elles ont eu avec les véritables pierres de la divination.

Pour Robert Hayward, en distinguant ainsi, contre tous ses contemporains, entre le ḥošen et les pierres de l'oracle, le Pseudo-Philon répondait par une « ruse narrative » à plusieurs « *historical events of some magnitude* » : les interventions de plus en plus déstabilisatrices de l'administration romaine dans la vie religieuse juive.[63] Plus précisément il réagissait ici aux confiscations répétées du vêtement sacerdotal du grand prêtre : sous Tibère, du bannissement d'Archélaüs à l'intervention de Vitellius (6–37 èv.) ; puis à nouveau sous Claude, juste après la mort d'Agrippa Ier (44–45 èv.)[64] Ces confiscations culminèrent enfin dans la livraison à Titus des vêtements sacerdotaux du grand prêtre, « avec les pierres précieuses » précise Josèphe, comme butin du siège de Jérusalem.[65] On ne doit pas sous-estimer le scandale suscité par ces actes de profanation. Les récits de Josèphe mon-

[63] R. Hayward, 1995, *art. cit.*, 53.

[64] Sur les confiscations romaines du vêtement pontifical voir AJ XV 404–407, XVIII 90–94 et XX 6–14.

[65] Voir BJ VI 387–389. Naturellement la question de savoir si le Pseudo-Philon a connu ce pillage ultime dépend de la datation, discutée, de son ouvrage.

trent qu'ils mobilisèrent fortement les Juifs, à deux reprises au moins : lorsque le gouverneur de Syrie, Vitellius, charmé de l'accueil de Jérusalem, souhaite récompenser la ville, on lui réclame aussitôt de récupérer les vêtements pontificaux (AJ XV 405 et XVIII 90) ; et lorsque Cuspius Fadus les confisque à nouveau, en 44 èv., les Juifs organisent aussitôt une députation auprès de l'empereur, quitte à laisser leurs enfants en otage au procurateur (AJ XV 407 et XX 7–8). Pour Robert Hayward l'idée que les ourîm et les toummîm, d'origine divine et censés transmettre les instructions de Dieu, pussent tomber, même provisoirement, aux mains d'étrangers idolâtres était insupportable au Pseudo-Philon. Il s'est donc tiré de cette difficulté en « mettant à l'abri », dans l'arche, les « véritables » pierres de la divination. De la sorte, Dieu seul demeurait responsable des ourîm et toummîm et lui seul en conservait le contrôle, à travers les aléas de l'Histoire.[66]

On trouve encore dans l'*Apocalypse syriaque de Baruch* une autre indication de la sauvegarde divine des pierres précieuses (2 Baruch VI 5–9) : « Un autre ange descendit du ciel. Et je le vis descendre dans le Saint des Saints, y prendre le voile, l'éphod saint, le propitiatoire, les deux tables, le vêtement sacré des prêtres, l'autel des parfums, les quarante-huit pierres précieuses que portait le prêtre et tous les vases saints du tabernacle. »[67] Dans ce récit de la fin du I er siècle èv., c'est-à-dire après que Titus a emporté et exhibé son butin à Rome, les pierres du ḥošen ne sont plus douze, ni même vingt-quatre, mais quarante-huit. D'autre part l'intervention divine décrite par Baruch est censée se dérouler pendant le siège de Jérusalem par Nabuchodonosor, ce qui pourrait laisser penser que les grands prêtres du deuxième Temple ne disposèrent pas des pierres divinatoires. Mais à ce moment de l'histoire, ce point n'a plus grande importance. L'essentiel est que Rome ne se soit pas emparée des pierres d'origine divine, mais d'une banale copie, sans qualités ni vertus particulières : une de ces copies dont Josèphe affirmait que le roi Salomon, aux temps de la splendeur d'Israël, pouvait aisément en faire exécuter un millier (AJ VIII 93).

---

[66] R. Hayward suggère encore que Josèphe aurait, pour le mêmes raisons, affirmé que l'oracle avait cessé depuis longtemps de fonctionner, à l'arrivée des Romains, et renoncé dans toute son œuvre à nommer les ourîm et toummîm ; il est plus difficile de le suivre dans cette argumentation *e silentio*.

[67] Trad. de J. Hadot, 1987, Paris, Gallimard, Pléiade.

CHAPITRE VIII

LES SACRIFICES DE GUERRE (1) : SACRIFICES SANGLANTS ET SACRIFICES HUMAINS

La même racine שחט (šḥṭ) désigne, en hébreu biblique, l'action d'égorger un ennemi au combat et d'égorger l'animal offert en sacrifice, littéralement : « trancher la gorge ».[1] Le judaïsme ancien a manifesté un intérêt majeur pour le sang qui s'écoule de ces gorges tranchées, sang dans lequel résidait le נֶפֶשׁ (nēfeš), c'est-à-dire le principe même de la vie.

Chez la plupart des peuples de l'Antiquité, les sacrifices appartiennent à l'arsenal des rites de guerre. Ils y remplissent des fonctions extrêmement diverses : rites de passage, rites protecteurs, de purification et de purgation, de mise à l'écart de la sauvagerie, de garant de la cohérence de l'armée, d'actions de grâce etc.[2] Le judaïsme semble en revanche n'avoir que peu pratiqué les sacrifices de guerre. Contrairement à la plupart des autres peuples, les Juifs anciens n'étaient pas disposés à sacrifier en tous lieux : ils s'en tenaient habituellement au Sanctuaire central de Jérusalem. Cette règle, qui exclut *a priori* les « sacrifices de campagne » pratiqués par les armées hellénistiques et romaines, n'aurait pas interdit la pratique de sacrifices accomplis sur l'autel de Jérusalem, avant ou après la guerre, ou même pendant la campagne mais à distance de l'armée. On n'en trouve pourtant que fort peu de traces dans nos sources du deuxième Temple, et aucune loi ne les prescrit dans la Torah.

La question se pose donc en ces termes simples : pratiquait-on des sacrifices de guerre dans le judaïsme du deuxième Temple ? Et s'ils ont existé, quels étaient leur type et leur fonction ?

---

[1] Et identiquement σφάζειν, dans le grec de la LXX.

[2] Il n'existe pas, à ma connaissance, de grande étude comparatiste sur les sacrifices de guerre dans l'Antiquité. Mais voir *inter al.* : R. Lonis, 1979, *Guerre et religion en Grèce à l'époque classique. Recherche sur les rites, les dieux, l'idéologie de la victoire*, (Paris : Belles-Lettres) ; D. Segarra Crespo, 1998, "Il faut s'allier avant la bataille : sur certaines pratiques « sacrificielles » face au danger", RHR 215 / 2, 195–216 ; J.-P. Vernant, 1992, "Artémis et le sacrifice préliminaire au combat", dans J.-P. Vernant et P. Vidal-Naquet éds., *La Grèce ancienne 3. Rites de passage et transgressions*, (Paris : Le Seuil), 317–338.

Les sacrifices de guerre à l'époque du deuxième Temple

La question du rapport entre guerre et sacrifice est assez bien documentée dans les écrits de deuxième Temple. Mais ce dossier apparaît de prime abord plein de contradictions et de confusions. La pensée du deuxième Temple associe une théorie (essentiellement exégétique) et une pratique (principalement maccabbéo-asmonéenne) des sacrifices dans la guerre. À partir des apories et des contradictions apparaissant dans l'une comme dans l'autre, nous tâcherons d'y repérer une logique, en utilisant ce qui a pu être établi pour les écrits bibliques. Pour cela nous aurons recours aux deux catégories qui, dans la Bible hébraïque, établissent un lien d'homogénéité et d'opposition entre la guerre et les sacrifices. Savoir, d'une part les instruments rituels que sont les deux trompettes d'argent. D'autre part la construction de cet objet à la fois physiologique et symbolique : l'association de la graisse et du sang — part de YHWH dans le sacrifice mais aussi objet privilégié de la destruction guerrière. Ceci implique de fonder la distinction entre sang des hommes, à la guerre, et sang des animaux, lors des sacrifices : cette question est posée par les récits de sacrifices humains lors des guerres.

Les écrits du deuxième Temple évoquant des sacrifices durant les guerres, offrent ce paradoxe : tandis que les récits historiographiques mettent en évidence un antagonisme fort entre poursuite des sacrifices et poursuite de la guerre, les grandes paraphrases bibliques présentent au contraire une véritable inflation narrative des sacrifices de guerre. D'un côté, la pratique historique voit s'opposer guerres et sacrifices ; de l'autre, les commentaires exégétiques font surgir des sacrifices de guerre ignorés de leur source biblique.

L'incompatibilité affichée entre guerre et sacrifices, dans les écrits historiographiques

Francis Schmidt a montré, dans *La pensée du Temple*, comment les rapports entre le peuple juif et l'étranger étaient symboliquement reflétés dans l'organisation spatiale des sacrifices des étrangers au Temple.[3] Il en expose les effets politiques : les sacrifices des étrangers, correctement accomplis, c'est-à-dire en particulier s'ils respectent la

[3] Voir "Le sacrifice de l'étranger" dans F. Schmidt, 1994, *op. cit.*, 91–105.

bonne distance et les délimitations de l'espace du Temple, « sont représentés comme la ratification de traités préservant les droits du peuple juif ».[4] Autrement dit : l'établissement de rapports pacifiques avec une puissance étrangère, même impérialiste, se trouve accompli et signifié par les bons sacrifices de ses dirigeants, au Temple. F. Schmidt mentionne, entre autres exemples, le récit (probablement légendaire) du sacrifice d'Alexandre, à Jérusalem, comme l'expression de la *pax hellenistica* (AJ XI 336–337) : « Tel est le récit fictif de la rencontre inaugurale entre judaïsme et hellénisme ; le récit de la reconnaissance du premier par le second. »[5] De même la *pax romana*, dans ce qu'elle offre de meilleur à la Judée et au judaïsme, est-elle représentée par les récits des sacrifices, offerts à Jérusalem par le M. Agrippa (AJ XVI 14, 55 et Philon, *Legat.* 294–297) et par le gouverneur de Syrie Vitellius (AJ XVIII 122).[6] Inversement, en exigeant l'arrêt des sacrifices offerts au Temple au nom de Rome et de César, Éléazar et les insurgés de 66 effectuent, selon Josèphe, le premier geste de la guerre contre Rome (BJ II 409) : « C'était amorcer la guerre avec Rome car ils rejetèrent même la victime présentée à l'intention des Romains et de César. »[7] S'agissant donc des sacrifices, offerts par (ou au nom) de l'étranger, leur poursuite signifie la paix, leur interruption la guerre. Il s'agit évidemment aussi de formaliser l'établissement ou la rupture des relations diplomatiques. Mais on note, qu'en ces occasions, la grammaire rituelle exprimant l'état de ces relations, révèle l'incompatibilité entre la guerre et la poursuite de certains sacrifices.

L'intéressant est que cette incompatibilité s'étend, aussi, aux sacrifices accomplis par les Juifs, dans l'exercice quotidien et régulier de leurs rites. Plusieurs récits mettent ainsi en évidence que la guerre interrompt les sacrifices, tandis que la poursuite des sacrifices signifie le retour à la paix.

Relatant le siège de Jérusalem, auquel il a assisté, Josèphe note soigneusement la date de l'interruption du tamid (le sacrifice perpétuel), aussitôt rapportée à Titus (BJ VI 94) : ἐπέπυστο γὰρ ἐπ' ἐκείνης τῆς ἡμέρας, Πανέμου δ' ἦν ἑπτακαιδεκάτη, τὸν ἐνδελεχισμὸν καλούμενον

[4] F. Schmidt, 1994, *op. cit.*, 97.
[5] F. Schmidt, 1994, *op. cit.*, 96.
[6] F. Schmidt, 1994, *op. cit.*, 99–100.
[7] Trad. de F. Schmidt, 1994, *op. cit.*, 92.

ἀνδρῶν (lire ἀρνῶν)[8] ἀπορίᾳ διαλελοιπέναι τῷ Θεῷ καὶ τὸν δῆμον ἐπὶ τούτῳ δεινῶς ἀθυμεῖν « Il avait appris qu'en ce jour précis, le 17 de Panémos, par manque d'agneau, ce qu'on appelle le (sacrifice) perpétuel avait cessé d'être offert à Dieu et que le peuple en était profondément découragé. » L'interruption du tamid, l'holocauste quotidien, signifie l'interruption de tout le système des sacrifice calendaires, dont il constitue la base et le pivot : lorsqu'il n'y a plus de victime disponible pour les deux sacrifices quotidiens, il n'y en a pas non plus pour les sacrifices de sabbat, des néoménies ni des grandes fêtes. L'arrêt des sacrifices calendaires, qui sont obligatoires et réguliers, signifie à son tour l'arrêt de l'ensemble des sacrifices, puisque tous les autres sont volontaires ou liés à des circonstances fortuites. En signalant la date de la cessation du tamid, Josèphe indique donc le moment précis où le système sacrificiel du judaïsme cesse de fonctionner. L'importance du moment n'échappe pas à Titus. Il fait aussitôt proposer aux assiégés, par le truchement de Josèphe, qu'ils rendent la ville en échange de la reprise des sacrifices. Il apparaît à Titus (et à Josèphe aussi mais, finalement, pas aux assiégés) que la reddition de la ville n'est pas un prix trop élevé pour le retour des sacrifices.[9] La logique à l'œuvre est bien celle d'une exclusion mutuelle entre guerre et sacrifices : la guerre interrompt *de facto* le cours régulier des sacrifices ; leur reprise ne peut s'effectuer que dans les conditions d'une paix, sinon générale, du moins revenue dans Jérusalem.

C'est ce que montre aussi le récit d'un autre siège de Jérusalem, à l'époque des guerres syro-asmonéennes. Jean Hyrcan, assiégé dans Jérusalem par Antiochos VII Sidètes, se résout à demander une trêve, lorsqu'approche Souccot (AJ XIII 242) : πέμψαντος δ' Ὑρκανοῦ πρὸς Ἀντίοχον καὶ σπονδὰς ἡμερῶν ἑπτὰ διὰ τὴν ἑορτὴν ἀξιώσαντός γενέσθαι, τῇ πρὸς τὸ Θεῖον εὐσεβείᾳ εἴκων σπένδεται, καὶ προσέτι Θυσίαν εἰσέπεμψε μεγαλοπρεπῆ « Hyrcan ayant envoyé vers Antiochos pour (demander) une trêve de sept jours, en raison de la fête, celui-ci accepta et voulut bien se retirer, en raison de sa piété pour la divinité ; en outre il fit envoyer un somptueux sacrifice. » Comme dans le récit précédent, la guerre interdit *de facto* d'offrir les sacrifices requis pour la

---

[8] La lecture ἀρνῶν (pour ἀνδρῶν) a été retenue par tous les éditeurs du texte. Voir *inter al.* H. St. J. Thackeray éd., 1927–1928, *Josephus. The Jewish War*, (Londres, Cambridge : Lœb), vol. III, 402.

[9] Cette offre n'est pas à sens unique : elle inclut la vie sauve pour les combattants et d'épargner un saccage à la ville et au Temple.

fête. Témoignant d'un rapport de force sans doute assez différent, c'est ici l'assiégeant qui accepte de se retirer pour créer les conditions d'une trêve (il y gagne en outre une réputation de piété). L'envoi de victimes sacrificielles, à offrir en son nom, s'inscrit dans cette logique de paix. Il équivaut à une proposition d'ouvrir des négociations ; celles-ci débutent aussitôt et débouchent sur un retour à la paix.[10]

Troisième épisode concernant Jérusalem, celui de la prise de la ville par Pompée en 63 av. Dans le récit qu'en fait Josèphe, les prêtres, occupés aux sacrifices, ne s'en laissent pas détourner par l'assaut des légionnaires et sont massacrés (AJ XIV 66–67) : οἱ πολέμιοι μὲν εἰσπεσόντες ἔσφαττον τοὺς ἐν τῷ ἱερῷ, οἱ δὲ πρὸς ταῖς Θυσίαις οὐδὲν ἧττον ἱερουργοῦντες διετέλουν « Les ennemis, s'étant rués, égorgeaient ceux qui se trouvaient dans le Temple, mais ceux occupés aux sacrifices n'en poursuivaient pas moins les rites sacrés. » Ici, le siège n'a pas interrompu les sacrifices avant l'assaut. Mais l'incompatibilité réciproque entre guerre et sacrifices est soulignée par l'indifférence absolue opposée par les sacrifiants à l'irruption des guerriers. Dans les deux récits précédents, le manque de victimes rendait impossible la continuation des offrandes calendaires. Dans l'affaire de 63, le siège ne constitue pas un obstacle matériel et l'approvisionnement paraît encore assuré. L'incompatibilité est plus profonde : la poursuite des sacrifices doit s'opérer dans l'ignorance rigoureusement maintenue du surgissement de la guerre. Finalement le massacre des prêtres aboutit également à l'arrêt des sacrifices.

Le *Règlement de la Guerre* de Qoumrân offre une forme d'écriture historique un peu particulière, puisqu'il ne décrit pas des événements advenus mais à venir. Exposant les règles révélées de la guerre eschatologique, il s'apparente en bien des cas à une écriture utopique. Dans ce cadre, il exprime la même exigence de distinguer clairement entre guerre et sacrifices. Les premières lignes de la deuxième colonnes (1QM II 1–6) définissent les règles qui s'appliqueront au service du Temple.[11] La séparation est nettement marquée entre les activités cultuelles, au Sanctuaire, au premier rang desquelles figurent les sacrifices (יתיצבו על העולות ועל הזבחים « Ils seront chargés des

[10] Francis Schmidt inclut cet épisode dans la série des bons traités « préservant les droits du peuple juif », voir F. Schmidt, 1994, *op. cit.*, 96–97.

[11] Son caractère utopique est marqué, *inter al.*, par cette indication que les douze chefs des Lévis en service au Temple seront issus de chacune des douze tribus, apparemment réunifiées donc (1QM II 2–3).

sacrifices et des holocaustes », 1QM II 5), et les activités guerrières. Jean Carmignac a observé que cette distinction se marquait aussi dans l'âge des acteurs : « Jusqu'à cinquante ans les hommes doivent jouer un rôle actif à la guerre, aussi l'auteur réserve-t-il à ceux qui ont dépassé la cinquantaine la garde du Temple. »[12] Ce passage, évoquant les activités cultuelles accomplies au Sanctuaire au temps de la paix, offre l'unique mention de sacrifices dans tout le rouleau. Les nombreux rites d'accompagnement de la guerre, décrits par la suite, ne sont jamais sacrificiels.

Le dispositif juif du Sanctuaire unique contribue à rendre incompatibles la guerre et les sacrifices : les armées en campagne, loin de Jérusalem, ne peuvent offrir de sacrifices ; les défenseurs immédiats de la ville et du Sanctuaire sont tôt ou tard contraints, par les rigueurs du siège, d'interrompre les sacrifices ou de négocier. Ce dispositif reflète une logique des rites, où l'offrande des sacrifices est associée au bon ordre, à la régularité et à la paix ; la guerre au contraire appartient manifestement à la sphère des désordres et des surprises, qui ne s'accommode pas des sacrifices. La distinction rigoureuse maintenue entre guerre et sacrifices s'accordait avec les prescriptions de la Torah, ou plus exactement avec l'absence de toute prescription de sacrifice guerrier dans la Torah.

L'inflation narrative des sacrifices de guerre dans les paraphrases bibliques.[13]

La Bible hébraïque mentionnait cependant en de rares circonstances un sacrifice accompli au cours des guerres, surtout chez les « premiers prophètes ».[14] Aucun de ces sacrifices ne disparaît d'aucune des paraphrases correspondant à ces passages. Cette fidélité au texte d'origine, parce qu'elle n'est pas systématique dans d'autres domaines, mérite déjà d'être relevée.

[12] J. Carmignac, 1958, *op. cit.*, 29–30.

[13] Par « paraphrases bibliques » j'entend toutes les formes de réécriture de la Bible hébraïque, exégétiques et/ou midrachiques, qui fleurissent à l'époque du deuxième Temple. Une grande partie des *Antiquités juives* (AJ I 27 à XI 296) est ainsi une paraphrase biblique ; les traités de Philon consacrés au commentaire de tel ou tel livre biblique le sont également. Ces deux écrits sont en grec mais on peut également prendre en considération les targoums araméens, le livre des *Jubilés*, le *Liber Antiquitatum Biblicarum* du Pseudo-Philon etc.

[14] Jos 8,30–35 ; 1 S 7,9, 13,9, 14,31–35, 15,15 ; 2 Ch 15,10–11.

Mais plusieurs de ces paraphrases enrichissent en outre leurs récits de sacrifices de guerre absents de la Bible. Leur lecture de ces passages bibliques, où ne figure pourtant aucun sacrifice, a manifestement conduit les auteurs à y découvrir un sacrifice sous-entendu. Mon hypothèse est que cette interprétation particulière reflète les us et les règles connus de ces auteurs, c'est-à-dire l'idéologie et la pratique du judaïsme du deuxième Temple.

Dans son traité consacré à Moïse (*De Vita Mosis*), Philon attribue au Législateur deux sacrifices guerriers absents des textes.[15] Le premier intervient lors de l'épisode de la guerre contre les Amalécites, (curieusement désignés chez Philon comme des « Phéniciens », Φοίνικες).[16] Les Hébreux y combattent, sous les ordres de Josué, tandis que Moïse prie Dieu depuis une colline voisine : quand ses bras s'élèvent vers le ciel, les Hébreux l'emportent ; quand ils retombent ils sont battus. Finalement Dieu leur accorde une « irrésistible victoire » (τὴν νίκην ἀνανταγώνιστον). Moïse dresse aussitôt un autel et y offre des sacrifices (*Mos* I 219) : Τοτέ καὶ Μωυσῆς ἱδρύεται βωμόν, ὃν ἀπὸ τοῦ συμβεβηκότος ωνόμασε Θεοῦ καταφυγήν, ἐφ' οὗ τὰ ἐπινίκια ἔθυε χαριστηρίους εὐχὰς ἀποδιδούς. « Alors Moïse éleva un autel qu'il nomma d'après l'événement « refuge de Dieu », sur lequel il sacrifia les sacrifices de victoire, les offrant par reconnaissance et en votifs. » Dans la source biblique de Philon il était seulement question d'un autel (Ex 17,15) : καὶ ᾠκοδόμησεν Μωυσῆς Θυσιαστήριον κυρίῳ καὶ ἐπωνόμασεν τὸ ὄνομα αὐτοῦ Κύριός μου καταφυγή. « Et Moïse bâtit un autel pour le Seigneur et il le nomma : le Seigneur (est) mon refuge. » Les sacrifices sont donc un ajout proprement philoniens. Cependant, la notion d'offrandes, ou de sacrifices, « de victoire » (τὰ ἐπινίκια) est étrangère à la Torah. On n'en trouve pas mention dans le système sacrificiel juif. Ils relèvent en revanche d'une catégorie usuelle de sacrifices offerts par les armées grecques.[17] Même s'il peut donc s'agir là d'un hellénisme, celui-ci est atténué par la mention des εὐχαί. Dans le grec des LXX, les εὐχαί identifient une catégorie spécifique de sacrifices juifs, les sacrifices votifs, ou neder. De l'existence d'un autel, Philon a conclu à celle de sacrifices : parmi tous les sacrifices possibles, prévus dans la Loi, il imagine qu'il s'agit,

---

[15] Voir texte grec et traduction dans R. Arnaldez *et al.* éds., 1967, *De Vita Mosis, Œuvres de Philon d'Alexandrie 22*, (Paris : Cerf).

[16] Voir le récit de cet épisode dans *Mos* I 214–219, correspondant à Ex 17,8–16.

[17] Voir M. Launey, 1949–1950, *Recherches sur les armées hellénistiques*, (Paris : De Boccard).

à l'occasion de cette victoire, des sacrifices clôturant l'accomplissement d'un vœu. Nous verrons qu'en raison de la personnalisé de l'ennemi (Amalec), ce vœu à quelque chose à voir avec le ḥērem.

Un autre sacrifice est introduit par Philon, qui ne figurait pas dans le récit biblique. Il s'agit cette fois d'un sacrifice offert *avant* la bataille. Moïse a décidé une expédition contre Balaq et les Madianites.[18] Il organise une armée de douze mille hommes, sous les ordres de Pinḥas (Φινεὲς), fils du grand prêtre Éléazar. Dans une incise, Philon mentionne alors des sacrifices, offerts avant le départ de la troupe (*Mos* I 306) : ἐπὶ καλοῖς ἱερείοις ἐξέπεμπε τοὺς ὁπλίτας, « Après de belles victimes sacrificielles, il expédia les soldats. » Les éditeurs français du *De Vita Mosis* ont repéré ici un hellénisme : « Ces sacrifices — dont il n'est pas fait mention dans la Bible — offerts avant la bataille, sont conformes à la tradition païenne, grecque et romaine. On remarquera encore, ici comme dans les paragraphes suivants, comment tout est raconté dans le vocabulaire des institutions grecques. »[19] De fait, aucun sacrifice n'apparaît dans la Bible à ce moment du récit. Il y est question, en revanche, des « objets sacrés » remis par Moïse à Pinḥas (Nb 31,6) : καὶ τὰ σκεύη τὰ ἅγια καὶ αἱ σάλπιγγες τῶν σημασιῶν, « les objets sacrés et les trompettes des signaux. » Sans doute faut-il lire cette phrase comme un hendiadyn : les trompettes *sont* les objets sacrés. Mais Philon a lu, pour sa part, ce rapprochement des trompettes et des ἅγια comme la trace indubitable de sacrifices.[20] Bien que ce rite ne correspondît à aucune prescription de la Torah, il a pu aussi se souvenir de l'holocauste de Samuel face aux Philistins (1 S 7,9–10).

L'étonnant est le qualificatif de καλοὶ ἱερεῖοι. Contrairement à ceux des Grecs et des Romains, les sacrifices des Juifs n'étaient pas oraculaires. Il est probable que Philon a voulu mentionner de « beaux » animaux, c'est-à-dire « sans tache », susceptibles d'être offerts en sacrifice. Mais un lecteur grec devait inévitablement conclure de ce καλοὶ, que les victimes sacrifiées s'étaient révélées « favorables ». Plus qu'à des hellénismes à proprement parler, on a affaire ici à une forme d'acculturation, dont il reste difficile d'établir si les ambiguïtés sont délibérées ou non.

Les sacrifices de Moïse, après la victoire sur Amalec, figurent également chez Josèphe (AJ III 60) : Θύσας δὲ χαριστήρια βωμὸν ἱδρύεται,

---

[18] Voir le récit de cet épisode dans *Mos* I 305–318, correspondant à Nb 31.

[19] R. Arnaldez *et al.*, 1967, *op. cit.*, (Paris : Cerf), n. 1, 174.

[20] Voir les rites d'inspiration guerrière et accompagnés de trompettes lors des fêtes de Tishri.

νικαῖον ὀνουμάσας τὸν Θεόν « Il dressa un autel pour sacrifier des sacrifices de communion, donnant à Dieu le nom de Victorieux. » Ces sacrifices n'ont pas lieu le soir même mais « le lendemain » (τῇ δ' ὑστεραίᾳ, AJ III 59). Durant la cérémonie, Moïse prononce la malédiction du ḥērem perpétuel contre Amalec. Puis a lieu le banquet (AJ III 60) : τόν τε στρατὸν εὐωχίαις ἀνελάμβανεν « Il rétablit l'armée par des festins. » Josèphe, comme Philon, a tiré de la mention d'un autel l'existence de sacrifices. Dans le vocabulaire des *Antiquités* (voir AJ III 225–229), les χαριστήρια désignent les š^elâmîm (sacrifices de commensalité), par opposition aux holocaustes ; et plus précisément, dans la mesure où ils restent consommables pendant deux jours, ils désignent, au sein des š^elâmîm, la catégorie des votifs et des volontaires (neder et n^edâḇâh). Il y a là l'expression d'un accord profond entre Josèphe et Philon sur la nature du sacrifice qu'ils prêtent à Moïse ; soit qu'ils expriment tous deux une même tradition midrachique, soit, comme je le pense, parce qu'un sacrifice votif (neder) était de règle, à l'époque du deuxième Temple, après l'accomplissement d'un ḥérem de guerre.

Deux autres épisodes de sacrifices liés à la guerre, mais absents de la Bible, figurent dans les *Antiquités*. Le premier attribue à nouveau des sacrifices à Moïse : ils sont offerts à l'intérieur du camp (voir στρατοπεδεύει, AJ IV 100) établi en Moab, sur les bords du Jourdain, entre la guerre remportée sur Og et celle à venir contre Madian (AJ IV 101) : καὶ Μωυσῆς ὀλίγων ἡμερῶν Θύσας χαριστήρια πρῶτον τῷ Θεῷ καὶ τὸν λαὸν εὐωχήσας « Et Moïse ayant, durant quelques jours, d'abord offert à Dieu des sacrifices, puis régalé le peuple de banquets. » Il ne s'agit donc pas du sacrifice situé par Philon juste avant l'expédition contre Madian (Nb 31,6), c'est-à-dire après les épisodes de Balaam et de la corruption d'Israël par les femmes madianites ; celui de Josèphe se situe avant la rencontre de Balaq et des Madianites. Le moment choisi correspond à Nb 22,1 : Καὶ ἀπάραντες οἱ υἱοὶ Ισραηλ παρενέβαλον ἐπὶ δυσμῶν Μωαβ παρὰ τόν Ιορδάνην κατὰ Ιεριχω. « Puis les fils d'Israël partirent et ils campèrent à l'ouest de Moab, au bord du Jourdain, face à Jéricho. » Josèphe introduit, en ce lieu et en cet instant du récit biblique, des sacrifices de communion, ou š^elâmîm (τὰ χαριστήρια), sans préciser d'avantage leur fonction : célébrer l'arrivée sur les rives du Jourdain ? Rendre grâce des victoires obtenues sur les rois transjordaniens Sihon et Og ? Préparer la guerre contre Madian ? Le contexte est guerrier mais le lien de ces sacrifices avec la guerre est faiblement établi. Le texte insiste sur le caractère de commensalité des banquets sacrificiels (τὸν λαὸν εὐωχήσας), comme s'il s'agissait surtout de manifester l'unité du camp d'Israël avant la grande crise provoquée par les filles de Madian.

Le second sacrifice de guerre introduit par Josèphe concerne le roi Josaphat de Judée.[21] Les Judéens ont remporté une victoire miraculeuse sur une coalition transjordanienne : leurs ennemis, aveuglés par YHWH, se sont eux-mêmes entre-tués. Après un pillage fructueux, l'armée rentre à Jérusalem (AJ IX 16) : Ἐκεῖθεν δὲ ἀναγαγὼν τήν στρατιὰν ὁ βασιλεὺς εἰς Ἱεροσόλυμα τρέπεται πρὸς εὐωχίας καὶ Θυσίας ἐπὶ πολλὰς ἡμέρας. « De là, le roi ramène à Jérusalem l'armée sous ses ordres pour des banquets et des sacrifices durant de nombreux jours. » Dans les Chroniques, il n'est pas fait mention de sacrifices (2 Ch 20,28) : καὶ εἰσῆλθον εἰς Ιερουσαλημ ἐν νάβλαις καὶ ἐν κινύραις καὶ ἐν σάλπιγξιν εἰς οἶκον κυρίου. « Et il revinrent à Jérusalem avec des *nablas*,[22] des harpes et des trompettes, dans la maison du Seigneur. » En revanche, l'évocation des trompettes et de l'entrée au Temple (εἰς οἶκον κυρίου), a pu conduire Josèphe à rajouter ces sacrifices à la cérémonie. Quelques lignes plus haut, Josèphe a décrit le roi Josaphat organisant son armée, non comme pour une bataille, mais *comme si* l'ennemi avait déjà été vaincu.[23] Il établit donc ici l'ordonnance rituelle d'une armée victorieuse. La présence des prêtres et des Lévis, ainsi que des trompettes, donne à ce défilé un caractère cérémoniel dont l'objet est explicité : il s'agit de « rendre grâce » (εὐχαριστεῖν). Cette action de grâce publique ne s'entend manifestement pas, pour Josèphe, sans sacrifices χαριστήριοι. Mais le caractère public de ces sacrifices, offerts au nom du peuple, réuni derrière ses prêtres et son prince, l'emporte sur leur dimension militaire : aucun bataille n'a finalement été livrée.

Chez Josèphe, ces grands sacrifices de commensalité, associés à la guerre, demeurent fondamentalement l'expression de l'unité d'Israël.

Dans le *Liber Antiquitatum Biblicarum* (LAB), les sacrifices de guerre ajoutés au récit biblique par le Pseudo-Philon, sont nommés *sacrificia et holocaustomata*. L'expression est fréquente dans le LAB ; on peut y

---

[21] Quatrième roi de Judée, fils de Asa. Voir le sous-texte biblique de Josèphe dans 2 Ch 20,20–29.

[22] Instruments de musique, probablement à cordes.

[23] AJ IX 12 (voir supra) : προστησαμένους δὲ τοὺς ἱερεῖς μετὰ τῶν σαλπίγγων καὶ ληουίτας μετὰ τῶν ὑμνούτων εὐχαριστεῖν ὡς ἤδη ῥυσαμένῳ τὴν χώραν ἡμῶν παρὰ τῶν πολεμίων. « Les prêtres à leur tête avec les trompettes, et les Lévis avec les chanteurs, rendent grâce comme si déjà notre pays était libéré de ses ennemis. »

reconnaître le syntagme hébreu עוֹלָה וָזֶבַח (ʿôlâh wazebaḥ) attesté dix-neuf fois dans la Bible. Elle désigne les deux grandes modalités sacrificielles du judaïsme du deuxième Temple, les sacrifices de commensalité (זֶבַח zeḇaḥ) et les holocaustes (עוֹלָה ʿôlâh). L'association des deux termes couvre ainsi tout le champ des rites sacrificiels. Les sacrifices imaginés par le Pseudo-Philon sont attribués à la Juge Déborah et au Juge Abdon. Tous deux sont offerts après une bataille victorieuse.

Déborah, après qu'elle a finit de chanter son hymne, monte offrir des sacrifices (LAB XXXII 18) : *Et ut pausavit Debbora de verbis suis, ascendit cum populo unanimiter in Sylon, et obtulerunt sacrificia et holocaustomata, et de latis psalphingis psallaverunt, et cum psallerent oblatisque sacrificiis dixit Deborah* « Lorsque Déborah eut cesser de proférer ses paroles, elle monta à Silo avec le peuple entier, et ils offrirent sacrifices et holocaustes, et ils trompettèrent dans de larges trompettes ; et tandis qu'ils trompettaient pendant que les sacrifices étaient offert, Déborah dit » etc. Le texte source, en Jg 4–5, ne fait état ni de sacrifices ni des trompettes. La mention dans le LAB du déplacement « à Silo » après la bataille est importante : elle signifie que la cérémonie ne se déroule pas sur le champ de bataille, mais au Sanctuaire, devant la Tente. Transposé à l'époque du deuxième Temple cela désigne le Temple de Jérusalem : la centralité du Sanctuaire est réaffirmée. Il ne peut y avoir de sacrifices sur le champ de bataille ; même associés à la guerre, les sacrifices doivent être offerts au Temple, avant ou après les combats. La sonnerie des trompettes, pendant les sacrifices, donne en outre à ce récit le caractère d'une étiologie des rites de Tishri.[24] Elle montre aussi qu'un auteur juif du I er siècle èv. conservait clairement à l'esprit le lien établi, entre les sacrifices et la guerre, par ces sonneries de trompettes.

L'autre récit de sacrifices de guerre concerne le juge Abdon, après une guerre contre Moab (LAB XLI 1) : *Et reversus est Abdon cum pace, et obtulit holocaustomata et sacrificia Domino suo.* « Puis Abdon s'en revint en paix ; il offrit des holocaustes et des sacrifices à son Seigneur. » Dans le livre des Juges, l'histoire d'Abdon est brièvement décrite en trois versets (Jg 12,13–15) : il succède à Ibsan et à Eylon et sa judicature dure huit ans ; aucune guerre n'est mentionnée. Le récit du Pseudo-Philon procède donc à une série de transformations. En pre-

[24] Voir Louis Ginzberg : « *It seems that ps.-Philo explains the ceremony of sounding the trumpets (the sounding of the Shofar on New Year ?) as a memorial of the victory of Israel over Sisera* », L. Ginzberg, 1913–1928, *The Legends of the Jews*, (Philadelphie) vol. VI, 199.

mier lieu, il modifie l'ordre de succession des Juges : Abdon succède directement à Jephté. Compte tenu de l'importance prise dans le LAB par le récit des guerres de Jephté et du sacrifice de sa fille (les chapitres XXXIX et XL), cet ordre de succession n'est pas insignifiant. Une double opération sur le texte-source est ainsi requise pour passer de la séquence biblique Jephté — Ibsan — Eylon — Abdon, à la séquence du LAB Jephté — Abdon — Eylon. D'une part une inversion : Eylon succède ici à Abdon, qu'il précédait dans le récit biblique. Ensuite une condensation : deux Juges, Ibsan et Abdon, sont fondus en un seul personnage, nommé Abdon ; le premier fournit l'ordre de succession, le second le patronyme.[25] Le seul trait notable de ces deux Juges, dans la Bible, qui est aussi leur point commun, est l'abondance de leur progéniture : Ibsan a trente fils et trente filles ; Abdon a quarante fils et trente petits-fils. Cependant ni l'un, ni l'autre, non plus qu'Eylon, ne mène de guerre.

Le LAB étoffe la judicature d'Abdon, en lui attribuant une guerre remportée sur les Moabites. Abdon, successeur de Jephté, poursuit donc la guerre de Jephté. Celui-ci avait « repris ses villes » (LAB XXXIX 8) à Moab ; celui-là doit les défendre contre Moab. Comme Jephté, Abdon échange des messages avec le roi de Moab avant de lui faire la guerre ; il y mentionne d'ailleurs cette guerre précédente de Jephté : *Nec docti estis in his que contigerunt filiis Ammon ?* (« N'avez-vous pas été instruits par ce qui est arrivé aux fils d'Ammon ? ») Puis il organise l'expédition contre les Moabites, les vainc (*expugnavit eos*) et s'en revient offrir les sacrifices. Toute la paraphrase s'éclaire ainsi : Abdon est un anti-Jephté. Après le long récit du sacrifice odieux de sa fille unique par Jephté, le Pseudo-Philon présente le contre-modèle d'un Juge guerrier, en accord avec la divinité (comme en atteste sa nombreuse descendance), et offrant correctement les sacrifices convenables. Pas plus que ceux de Déborah, les sacrifices victorieux d'Abdon ne sont offerts sur le champ de bataille. Abdon sacrifie après son retour (*reversus est Abdon*). Ces sacrifices offerts « au retour » réaffirment l'usage de ne sacrifier qu'au Temple de Jérusalem. Chez le Pseudo-Philon, l'offrande de sacrifices après une guerre apparaît ainsi, non comme une obligation (ils ne sont pas systématiques dans le LAB), mais comme une possibilité — à condition qu'ils soient offerts correctement au Sanctuaire unique.

[25] Il convient par conséquent d'élargir le texte-source à ce qui concerne ces deux Juges, c'est-à-dire Jg 12,8–15.

Pratiques étranges et emprunts étrangers

Il est un autre domaine où apparaissent des contradictions, propres au judaïsme du deuxième Temple, dans la pratique des sacrifices de guerre : ce sont des récits historiques concernant les dynasties asmonéenne et hérodienne. Les circonstances historiques de l'accès de ces deux dynasties au pouvoir, en Judée, créent les conditions de ces difficultés et de ces contradictions.

Les Maccabées ont été contraints de faire la guerre pour rétablir les sacrifices. Les circonstances de la répurgation de l'autel de Jérusalem, telles qu'elles sont rapportées dans 1 M 4, sont d'abord militaires. C'est une victoire sur les troupes grecques qui ouvre la voie du Temple ; après quoi « toute l'armée se rassembla, et ils montèrent sur le mont Sion » (1 M 4,37).[26] Le péché majeur des Asmonéens est ainsi inscrit dans leurs origines maccabéennes : ils sont, par la force des circonstances, à la fois sacrificateurs et chefs de guerre. Quand la titulature rejoindra la fonction, ils seront à la fois, suscitant les critiques, rois et grands prêtres. Avant même l'établissement formel de la monarchie, une anecdote rapportée par Josèphe met en évidence ce double caractère des Asmonéens. L'épisode se situe immédiatement après l'assassinat de Simon par son gendre Ptolémée ; Jean Hyrcan a déjoué le complot dynastique en se faisant désigner grand prêtre. Il part aussitôt assiéger Ptolémée dans sa forteresse de Jéricho (BJ I 56) : κομισάμενος δὲ τὴν πατρῴαν ἀρχιερωσύνην Ὑρκανὸς καὶ Θύσας τῳ Θεῷ μετὰ τάχους ἐπὶ Πτολεμαῖον ὥρμησεν. « Ayant recueilli la grande prêtrise paternelle, Hyrcan, ayant aussi sacrifié à Dieu, se porta en hâte contre Ptolémée. »[27] Le style et la construction grammaticale reflètent ici l'ambiguïté de la situation : il ne permettent pas de décider si ces sacrifices sont offerts en accomplissement de l'investiture sacerdotale, ou comme un appel à la bienveillance divine au début d'une guerre. La confusion des deux fonctions et l'adoption de la double titulature, opèrent dans le cadre historique plus général de l'influence hellénistique sur la Judée, et de l'hellénisation de la monarchie asmonéenne.[28]

---

[26] καὶ συνήχθη ἡ παρεμβολὴ πᾶσα καὶ ἀνέβησαν εἰς ὄρος Σιων.

[27] Le même épisode est à nouveau raconté, en des termes très voisins, dans AJ XIII 230 : ἀπολαβὼν δὲ τὴν πάτριον ἀρχιερωσύνην Ὑρκανὸς καὶ τὸν Θεὸν πρῶτα ταῖς Θυσίαις παραστησάμενος, ἐπὶ τὸν Πτολεμαῖον ἐξεστράτευσε. « Ayant reçu la grande prêtrise après son père, puis s'étant concilié Dieu par des sacrifices, Hyrcan marcha contre Ptolémée. »

[28] Sur cette question voir U. Rappaport, 1990, "L'État asmonéen et l'hellénisme",

Sous Hérode (et sous ses héritiers), bien qu'il ait veillé à séparer les fonctions de roi et celles de grand prêtre, l'influence étrangère se fait sentir encore plus nettement. Un curieux épisode, au cours de la guerre de 31 av contre les Nabatéens, témoigne ainsi d'une certaine confusion rituelle et symbolique. L'armée d'Hérode se remet difficilement d'une défaite, quand survient le tremblement de terre de 31, affectant toute la Judée. Exploitant les circonstances, les Nabatéens mettent à mort les ambassadeurs juifs et se préparent à envahir le pays. Le moral de l'armée d'Hérode, à ce moment, est profondément atteint. Le roi prononce alors un discours brillant et vigoureux qui lui rend sa combativité ; ensuite il offre un sacrifice (BJ I 380) : Τούτοις παρακροτήσας τὸν στρατὸν, ὡς ἑώρα προθύμους, ἔθυεν τῷ Θεῷ καὶ μετὰ τὴν Θυσίαν διέβαινεν τὸν Ἰορδάνην ποταμὸν μετὰ τῆς δυνάμεως. Στρατοπεδευσάμενος δὲ περὶ Φιλαδέλφειαν ἐγγὺς τῶν πολεμίων. « L'armée ayant bien reçu ces mots, comme il les voyait pleins d'ardeur, il sacrifia à Dieu et, après le sacrifice, traversa le fleuve du Jourdain avec sa troupe. Il établit son camp près de Philadelphie, non loin des ennemis. »[29] Ce sacrifice est absolument incongru pour le judaïsme. Hérode n'est pas prêtre ; il n'est donc pas en mesure d'offrir lui-même un sacrifice. Il est loin de Jérusalem et du Temple : un sacrifice est impossible sur place.[30] En offrant ces sacrifices, Hérode ne se conforme pas aux lois juives mais se comporte en roi grec — ou en général romain. Il est d'usage courant dans les armées hellénistiques qu'un général offre un sacrifice sur le front de ses troupes, avant la traversée d'un fleuve, particulièrement si cette traversée marque l'entrée dans un territoire hostile.[31] En outre, Hérode avait, dans son discours, comparé l'assassinat des ambassadeurs juifs à des sacrifices

---

AEPHE.R 98, 261–262 ; et id., 1992, "The Hellenization of the Hasmoneans", dans M. Mor éd., 1992, *Jewish Assimilation, Acculturation and Accomodation : Past Traditions, Current issues, and Future Prospects*, (Lanham : Univ. Press of America), 1–13.

[29] Et dans AJ XV 147 : Ταῦτα ἀκούσαντες οἱ Ἰουδαῖοι πολὺ τὰς ψυχὰς ἀμείνους ἐγένοντο πρὸς τὴν μάχην. Ἡρώδης δὲ Θυσίας κατὰ τὰ νομιζόμενα ποιήσας καὶ μετὰ σπουδῆς ἀναλαβὼν αὐτοὺς ἦγεν ἐπὶ τοὺς Ἄραβας, διαβὰς τὸν Ἰορδάνην ποταμόν. « Après avoir entendu ces paroles les Juifs se trouvèrent un bien meilleur moral pour le combat. Puis Hérode, ayant accompli des sacrifices selon les règles et se déplaçant en hâte les mena contre les Arabes en traversant le Jourdain. »

[30] Ralph Marcus, l'éditeur des *Antiquités* dans la collection Lœb, a tenté de nier cette incongruité : « *Herod asked the priests of the temple in Jerusalem to offer sacrifices* », H. St. J. Thackeray *et al.* éds., 1963, *Josephus. Jewish Antiquities. Books XV–XVII*, (Londres, Cambridge : Lœb), n. a, 71. Mais cette « solution » va à l'encontre du texte selon lequel les sacrifices sont offerts par Hérode sur les bords du fleuve.

[31] Voir R. Lonis, 1979, *op. cit.*

sacrilèges (BJ I 378) : καὶ τοιαῦτα τῷ Θεῷ Θύματα περὶ τοῦ πολέμου κατέστεψαν. « Ils les ont couronnés comme des sacrifices offerts à Dieu pour la guerre. » On peut penser que dans le récit de Nicolas de Damas (la grande source de Josèphe lorsqu'il s'agit du règne de Hérode), les sacrifices « convenables » du roi s'opposaient au « sacrifice » impie des Nabatéens. Mais ces sacrifices au bord du fleuve ne peuvent absolument pas être jugés « convenables » par les Juifs. Hérode est à la tête d'une armée juive. Et il se trouve alors sur le territoire d'erets-Israël, comme l'indique le fait que l'armée atteint Philadelphe (Amman) *après* avoir traversé le Jourdain.

D'après le récit de Josèphe, il est arrivé plusieurs fois à Hérode de se comporter, jusque dans Jérusalem, d'une façon qui lui attirait la critique des Juifs pieux.[32] Mais ses soldats semblent ici plutôt satisfaits du sacrifice. Josèphe ne fait état d'aucun rejet et n'ajoute lui-même aucun commentaire critique à ce récit, dans l'ensemble assez favorable au roi Hérode. Selon le texte des *Antiquités* ces sacrifices sont même offerts κατὰ τὰ νομιζόμενα « selon les règles » (AJ XV 147). Quelles qu'aient été ces νομιζόμενα, il ne pouvait s'agir de la Loi juive. Le plus étonnant dans ce récit, reste l'absence d'étonnement manifesté par les soldats, puis par Josèphe. L'étrangeté de cet épisode (situé de façon significative à la frontière) témoigne ainsi du trouble apporté, dans la société juive du deuxième Temple, par ce que Francis Schmidt après Pierre Vidal-Naquet, a nommé la présence de « l'étranger dans la maison ».[33]

Les rites juifs soulignaient à la fois l'opposition rigoureuse entre guerre et sacrifices, et le lien profond qui les unissait. Les exemples d'Hyrcan et d'Hérode montrent comment, sous l'influence d'usages cérémoniels grecs ou romains, cette architecture rituelle subtile mais isolée pouvait peu à peu se dissoudre.

Les récits de sacrifices humains lors des guerres

L'opposition entre sang des hommes et sang des sacrifices (c'est-à-dire de victimes animales) demeure fermement établie, dans le système de pureté du judaïsme du deuxième Temple. Pour légitime qu'il soit de le verser, le sang de la guerre n'est pas un sang ani-

---

[32] Voir par exemple l'accrochage d'un aigle d'or au fronton du Temple, BJ I 650.
[33] F. Schmidt, 1994, *op. cit.*, 102.

mal (comme dans le geste sacrificiel) mais un sang humain. Il importe que cette distinction soit maintenue. À trop vouloir ritualiser les gestes et les tueries de la guerre (selon la thématique, si chère aux modernes, de la « guerre sainte »), le risque existe d'assimiler le versement du sang des ennemis aux gestes rituels du sacrifice. Cette assimilation de la guerre, à une forme de « sacrifice » des guerriers ennemis, brouille les frontières entre le sang des hommes et le sang des victimes animales ; elle aboutit à réduire les ennemis au statut de victimes sacrificielles, c'est-à-dire à les exclure de l'espèce humaine.

Cette option, et cette tentation stratégique, ont constamment été rejetées par le judaïsme. La pratique des « sacrifices humains » au cours des guerres est au cœur de la question : les marques et l'expression de ce rejet apparaissent donc naturellement dans des récits de sacrifices humains, associés à la guerre. Il ne s'agit pas, ici, d'élaborer aucune théorie des sacrifices humains dans l'Antiquité juive mais de repérer comment les écrits juifs du deuxième Temple ont utilisé ces récits de sacrifices humains pour fixer les limites du licite et de l'interdit.[34] Certains de ces récits sont des paraphrases de la Bible, d'autres sont inédits.

L'holocauste du fils du roi Mesha, de Moab

À la base, un récit biblique (2 R 3) dont la paraphrase, chez Josèphe, figure en AJ IX 29–43. À la mort du roi Achab, les Moabites se révoltent contre Israël ; le nouveau roi d'Israël s'allie à Juda et à Edom pour entreprendre une expédition punitive. Le roi de Moab, Mesha, se trouve bientôt assiégé et dans une situation désespérée. Il décide alors de sacrifier son fils aîné sur les murailles de la ville, à la vue de tous les assiégeants.[35] Jusque là le récit de Josèphe suit assez fidèlement sa source biblique. Les deux récits s'accordent encore

[34] Depuis les travaux anciens de F. Schwenn, 1915, *Die Menschenopfer bei den Griechen und Römen*, (Giessen ; rééd. en 1966, Berlin : Töpelman), les sacrifices humains dans l'Antiquité ont suscité un nouvel intérêt. On trouvera une première approche de l'état de la question, ainsi qu'une bibliographie récente, dans l'article de Th. Podella et J. Scheid, 1999, s.v. "Menschenopfer", dans DNP 7, 1254–1258. Pour les études bibliques, voir aussi Th. Römer, 1999, "Le sacrifice humain en Juda et Israël au premier millénaire avant notre ère", ARG 1 / 1, 17–26.

[35] AJ IX 43 : τῶν υἱῶν τὸν πρεσβύτατον, ὃς μετ' αὐτὸν βασιλεύειν ἤμελλεν, ἀναγαγὼν ἐπὶ τὸ τεῖχος ὥστε ἅπασι φανερὸν γενέσθαι τοῖς πολεμίοις, ἱερούργησεν εἰς ὁλοκαύτωσιν τῷ Θεῷ. « L'aîné de ses fils qui était destiné à régner après lui, l'ayant fait monter sur la muraille, de sorte qu'il fût visible de l'ensemble des ennemis, il en fit l'holocauste à son Dieu. »

sur le fait que les armées assaillantes ont levé leur siège, juste après ce sacrifice humain. Une divergence apparaît sur les raisons qui les ont poussées à réagir ainsi. Les différentes explications du départ des assiégeants, reflètent les différences d'appréciations des auteurs, sur la portée et la signification de l'holocauste accompli par Mesha.

Le texte hébreu des Rois explique la levée du siège en ces termes (2 R 3,27) :

וַיְהִי קֶצֶף־גָּדוֹל עַל־יִשְׂרָאֵל

Et il y eut une grande colère contre Israël.

Dans la Bible hébraïque, ce syntagme קֶצֶף־גָּדוֹל « une grande colère », désigne en général la colère punitive de YHWH contre les péchés d'Israël. Il est employé en ce sens, par Moïse, dans une prophétie (Dt 29,27) ; ainsi que par les prophètes Zacharie et Jérémie.[36] Comme le sacrifice de Mesha est évidemment offert à son propre Dieu, Kamoš, on a discuté si la colère s'abattant sur Israël était celle de YHWH ou celle de Kamoš. En fait, quel que soit le Dieu à l'origine de cette colère, le point important réside dans l'efficacité du sacrifice humain : il parvient à mettre en branle la קֶצֶף־גָּדוֹל divine contre les assiégeants. Ceux-ci se retirent donc, non de leur propre initiative, mais contraints et forcés par une intervention divine extérieure.

C'est précisément sur ce point que la version de Josèphe diverge de sa source (AJ IX 43) : Θεασάμενοι δ' αὐτὸν οἱ βασιλεῖς κατῴκτειραν τῆς ἀνάγκης καὶ παθόντές ἀνθρώπινόν τι καὶ ἐλεεινὸν διέλυσαν τὴν πολιορκίαν. « Les rois (i.e. les trois rois alliés) voyant cela (i.e. le sacrifice de Mesha), eurent pitié de ce qui l'y avait obligé et, ayant éprouvé quelque chose d'humain et de la compassion, ils levèrent le siège. » Josèphe présente donc l'abandon du siège comme une décision, autonome et indépendante, des assiégeants, motivée par des considérations morales (κατοικτείρειν : « avoir pitié, s'apitoyer »). Non seulement il n'y a place pour aucune intervention divine, mais encore le sacrifice humain apparaît-il comme une monstruosité, excédant à ce point les usages de la guerre qu'on met aussitôt un terme à celle-ci. Opérant ce renversement interprétatif, Josèphe s'inscrit dans une tradition exégétique qui remonte à la LXX. Celle-ci a traduit le pas-

[36] Jr 21,5, 32,37 ; Za 7,12. Voir en particulier la prophétie de Jérémie contre Jérusalem, où le prophète reproche aux Hébreux d'avoir bâti des hauts-lieux à Baal « et fait passer au Moloch leurs fils et leurs filles » (Jr 32,35–37).

sage sur la levée du siège en ces termes (Règnes IV 3,27) : καὶ ἐγένετο μετάμελος μέγας ἐπὶ Ἰσραήλ « Et il y eut un grand repentir pour Israël. » Dans son analyse approndie de ce passage, John Burns a mis en évidence combien la LXX (puis la Vulgate) avaient ainsi affaibli et dénaturé le sens originel du texte hébreu, en traduisant קֶצֶף respectivement par μετάμελος et *indignatio*.[37] Le point essentiel est qu'avec cette traduction la LXX transformait déjà un courroux divin *contre* Israël (קֶצֶף־גָּדוֹל) en un sentiment humain éprouvé *par* Israël (μεταμέλομαι « changer d'avis, se repentir, éprouver du regret »). Cette « chaîne interprétative », qui va de la LXX à Josèphe (et se poursuit dans la Vulgate), tend à escamoter, non le sacrifice humain mais son efficacité. Est conservé le souvenir qu'un roi moabite a pu sacrifier son fils. Disparaît, en revanche, l'idée qu'au moyen de ce sacrifice, il ait obtenu un appui divin. L'alternative était manifestement devenue irrecevable, soit de reconnaître l'existence d'un dieu national, Kamoš, concurrent de YHWH ; soit d'admettre que YHWH ait pu agréer des sacrifices humains. L'habile traduction de la LXX, dont Josèphe développe les conséquences logiques, permet au contraire au judaïsme du deuxième Temple, à la fois de réaffirmer son monothéisme et de rejeter la pratique des sacrifices humains lors des guerres.

La fille de Jephté

Le sacrifice de la fille de Jephté ne relève pas de la catégorie des holocaustes offerts dans une situation désespérée. Nous sommes ici dans le registre des vœux. Le récit biblique figure en Jg 11,29–40 : le Juge Jephté, partant combattre les Ammonites, fait le vœu solennel de sacrifier en holocauste הַיּוֹצֵא אֲשֶׁר יֵצֵא מִדַּלְתֵי בֵיתִי לִקְרָאתִי « le sortant qui sortira des portes de ma maison pour me rencontrer » : c'est-à-dire le premier être vivant qu'il croisera à son retour, s'il est victorieux. La victime, désignée par ce vœu imprudent, s'avère être sa fille unique.

Ce célèbre et tragique récit biblique a suscité un certain regain d'intérêt au cours des dernières années, en liaison avec le développement d'une théologie féministe apparentée aux *gender studies*.[38] Les

---

[37] « *Both versions locate the response to the sacrifice with the besiegers rather than with the divinity to whom it was clearly adressed. They are the first links in a chain of interpretation that refuses to accept the straightforward meaning of qæsæp or to probe the character of Chemosh* », J. B. Burns, 1990, "Why Did the Besieging Army Withdraw ? (II Reg 3,27)", ZAW 102 / 2, 192.

[38] Voir *inter al.* le recueil M. Bal éd., 1989, *Anti-Covenant. Counter-Reading Womens's Lives in the Hebrew Bible*, (Sheffield : Academic Press).

biblistes se sont partagés à son sujet entre deux hypothèses. Les uns y voient l'étiologie d'un rite hébraïque ; les autres une acculturation du mythe d'Iphigénie. L'hypothèse étiologique s'appuie sur Jg 11,39b-40.[39] Howard Jacobson, traducteur et commentateur du LAB du Pseudo-Philon dans lequel ce récit est paraphrasé, a proposé qu'il ait pu s'agir de la célébration annuelle d'un deuil de quatre jours durant Tammouz : le 17 Tammouz, quatrième et dernier jour de ces lamentations, « *is a well-known day of mourning in the Jewish calendar* ».[40] Susan Niditch y repérait plutôt l'origine du rite consacrant le passage des filles à l'âge nubile.[41] L'hypothèse d'une acculturation juive du mythe d'Iphigénie a été pour sa part largement débattue.[42] En dernier lieu elle a été défendue, sur la base d'arguments de critique textuelle, par Thomas Römer.[43]

Ce récit a été repris et commenté dans la littérature juive du deuxième Temple et dans la littérature rabbinique. Le Pseudo-Philon et Flavius Josèphe en ont donné une paraphrase. Les Sages y sont revenus à plusieurs reprises, dans des midrachs ou dans le Talmud. Quelle que soit l'hypothèse que l'on retienne pour expliquer le texte biblique, l'essentiel pour nous est que tous ces commentaires et paraphrases postérieurs, s'écartent de l'original dans le sens d'une condamnation sans équivoque du sacrifice humain accompli par Jephté.

---

[39] וַתְּהִי־חֹק בְּיִשְׂרָאֵל : מִיָּמִים יָמִימָה תֵּלַכְנָה בְּנוֹת יִשְׂרָאֵל לְתַנּוֹת אַרְבַּעַת יָמִים בַּשָּׁנָה :
« Et c'est devenu la coutume en Israël : année après année, les filles d'Israël vont célébrer la fille de Jephté le Galadéen, durant quatre jours par an. »

[40] H. JACOBSON, 1991, "The *Liber Antiquitatum Biblicarum* and Tammuz", JSP 8, 63–65. *Contra*, Thomas Römer considère que l'hypothèse du deuil de Tammouz repose sur un anachronisme : le jeûne du 17 Tammouz (commémorant les premières brèches ouvertes par Nabuchodonosor dans la muraille de Jérusalem) avait cessé d'être pratiqué, après la reconstruction du deuxième Temple, selon Za 8,19. Voir Th. RÖMER, 1998, "Why Would the Deuteronomist Tell about the Sacrifice of Jephhah's Daughter", JSOT 77, 27–38.

[41] Voir S. NIDITCH, 1993, *op. cit.*, chap. 1 : "The Ban as God's Portion".

[42] Voir J. C. EXUM, 1989, "The Tragic Vision and Biblical Narrative : The Case of Jephthah", dans J. C. Exum éd., *Signs and Wonders. Biblical Texts in Literary Focus*, (Atlanta : Society of Biblical Literature), 59–83 ; W. L. HUMPHREYS, 1989, "The Story of Jephthah and the Tragic Vision. A Response to J. Cheryl Exum", dans J. C. Exum éd. *op. cit.*, 85–96. ; J. C. EXUM, 1992, *Tragedy and Biblical Narrative. Arrows of the Almighty*, (Cambridge : Cambridge Univ. Press).

[43] « Contrairement à une opinion répandue, il s'agit d'un texte récent datant du IVè siècle avant notre ère. L'auteur connaît à la fois Gn 22 et le mythe d'Iphigénie tel qu'il est utilisé par Euripide », Th. RÖMER, 1998, *Dieu obscur. Le sexe, la cruauté et la violence dans l'Ancien Testament*, (Genève : Labor et Fides), 25 sqq.

Dans la paraphrase du Pseudo-Philon (LAB XXXIX–XL), la fille de Jephté se nomme Seila, probablement « celle qui interroge » : en effet le Pseudo-Philon la montre interrogeant des sages sur l'arrêt qui la condamne.[44] Surtout, il ajoute deux innovations de poids à la trame du récit biblique. Celui-ci se caractérisait en particulier par l'absence, ou du moins le retrait, de Dieu.[45] Le LAB au contraire réintroduit la divinité, qui s'exprime en ces deux occasions : lorsque Jephté formule son vœu maladroit ; et lorsque sa fille recherche à quelles conditions, elle pourrait échapper à sa condamnation. La première intervention révèle la colère divine au sujet du vœu coupable de Jephté (LAB XXXIX 11) : *Et iratus est Dominus ira et dixit : Ecce oravit Jeptan ut offerat mihi omnes quod primum obviaverit ei. Et nunc si canis primum obviaverit Jepte, numquid canis offeretur mihi ? Et nunc fiat oratio Jepte in primogenitum eius, id est in fructum ventris ipsius, et petitio ipsius in unigenitam eius. Ego autem liberans liberabo populum meum in isto tempore, non pro eo sed pro oratione quam oravit Israel.* « Dieu s'enflamma de colère, et dit : Voici que Jephté a voué qu'il M'offrirait tout être qui viendra le premier à sa rencontre. Et si maintenant un chien vient en premier à la rencontre de Jephté, est-ce qu'un chien Me sera offert ? Dès maintenant que le vœu de Jephté retombe sur son premier-né, c'est-à-dire sur le fruit de sa propre chair, et sa prière sur sa seule enfant ! Quant à moi, Je délivrerai complètement mon peuple cette fois-ci, non pour lui (Jephté) mais pour la prière qu'Israël a priée. » Ce discours inédit précise plusieurs éléments d'interprétation. En premier lieu, la divinité s'y trouve complètement dissociée du vœu formulé par Jephté. Dieu dénie à ce vœu toute efficacité : le Pseudo-Philon a soin de préciser que la victoire militaire à venir n'est pas dépendante du vœu mais liée aux prières d'Israël. Ensuite, le vœu est une faute commise, par Jephté lui-même, parce qu'il a ignoré les lois de pureté. En ne précisant pas quelle victime il offrirait, il a pris avec légèreté le risque d'accomplir un sacrilège, au cas où le « *omnes quod primum obviaverit ei* » se révélerait un animal non sacrifiable, voire impur. Le LAB présente donc la condamnation de Seila comme un

[44] Son prénom est censé être évocateur, selon cette paroles de Jephté : *Iuste vocatum est nomen tuum Seila*, « À juste titre t'a-t-on nommée Seila » (LAB XL 1). Voir, sur les significations de ce prénom, les remarques philologiques de P.-M. Bogaert, 1972, "Les Antiquités Bibliques du Pseudo-Philon. Quelques observations sur les chapitres 39 et 40 à l'occasion d'une réimpression", dans RTL 3, 342–343.

[45] Cet aspect a été abondamment mis en avant, comme élément tragique, par les partisans de l'hypothèse « iphigéniste », voir *inter al.* J. C. Exum, 1989, art. cit.

châtiment compensatoire, rétablissant un certain équilibre : dans l'univers de sacrifices sacrilège créé par le vœu de Jephté, la mort du « *fructum ventris ipsius* » contrebalance le risque, assumé, du sacrilège extrême représenté par l'offrande d'un animal impur. Cet ajout au texte biblique aboutit ainsi à démontrer que le vœu de Jephté n'a, ni ne peut avoir, aucune efficacité rituelle mais constitue au contraire une faute, dont il devra assumer la culpabilité.

La seconde intervention divine introduite par le Pseudo-Philon consiste en une réflexion, assez paradoxale, sur le sort de Seila. Après avoir appris qu'elle était condamnée, la jeune fille présente son cas à des « sages », *et nemo potuit respondere* « mais personne n'a été capable de lui répondre ».[46] Dieu alors s'interroge (LAB XL 4) : *Et post venit in montem Stelac, et Dominus cogitavit super eam noctu et dixit : Ecce nunc conclusi linguam sapientum populi mei in generationem istam, ut non possent respondere filie Jepte ad verbum eius, ut compleretur verbum meum, nec destrueretur consilium meum quod cogitaveram. Et ipsam vidi magis sapientem pre patre suo, et sensatam virginem pre omnibus qui hic sunt sapientibus. Et nunc detur anima eius in petitione eius, et erit mors eius preciosa ante conspectum meum omni tempore, et abiens decidet in sinum matrum suarum.* « Puis elle alla sur le mont Telag ; Dieu réfléchit à son sujet durant la nuit, et dit : Voici maintenant que j'ai lié la langue des sages de mon peuple durant cette génération, pour qu'ils ne puissent répondre à la fille de Jephté sur ses paroles, afin que s'accomplisse ma parole, et que ne soit pas annulée la décision à laquelle je me suis arrêté. Mais j'ai vu en elle plus de sagesse qu'en son père, vierge plus sensée que tous les sages de ce temps. Maintenant, qu'elle reçoive la vie à sa prière ; et sa mort sera pour jamais précieuse devant ma face ; et quand elle partira, qu'elle repose dans le sein de ses mères. » La confusion du texte conservé est frappante : dans la même phrase, Dieu accorde la vie sauve et simultanément condamne la jeune fille. La question posée ici est celle de la possibilité de fléchir un arrêt divin. Le récit biblique (c'est en partie ce qui lui donnait les traits d'une tragédie grecque) mettait l'accent sur le caractère irrévocable du destin. La paraphrase du Pseudo-Philon est beaucoup moins catégorique : Dieu s'interroge toute la nuit et, s'il choisit finalement de confirmer sa décision, il exprime clairement que la possibilité d'une rémission existait. Le discours donne à entendre que cette rémission aurait pu être

[46] Cette intervention, même inefficace, d'un tiers (« les sages ») est également une innovation du Pseudo-Philon.

obtenue par l'intermédiaire des *sapientes*, des « sages », ceux qui savent : prêtres, scribes ou rabbis.[47] Le vœu prétendait assujettir le destin en acceptant par avance de s'y soumettre : le LAB suggère ici l'existence de rites permettant de dénouer ce mécanisme inéluctable.

Les ajouts du Pseudo-Philon ont donc pour résultat d'innocenter la divinité de toute responsabilité dans le sacrifice de la jeune fille, et d'en faire porter toute la faute à Jephté. Cette leçon dénie la moindre efficacité rituelle au sacrifice humain pour la guerre.

La paraphrase de Josèphe (AJ V 261–266), moins développée que la précédente, s'en tient plus rigoureusement à la trame du récit biblique. On n'y trouve pas de ces ajouts interprétatifs, par quoi le Pseudo-Philon modifiait en profondeur la portée de la tragédie. En revanche Josèphe conclut son récit par ce commentaire *motu proprio* (AJ V 266) : Θύσας τὴν παῖδα ὡλοκαύτωσεν, οὔτε νόμιμον οὔτε Θεῷ κεχαρισμένην Θυσίαν ἐπιτελῶν, μὴ διαβασανίσας τῷ λογισμῷ τὸ γενησόμενον οἶον τὸ πραχθὲν δόξει τοῖς ἀκούσασι. « Il offrit son enfant en sacrifice d'holocauste, accomplissant un sacrifice, ni conforme à la loi, ni susceptible d'avoir plu à Dieu ; il n'avait pas atteint par un effort de réflexion à ce que la postérité jugerait d'un tel acte, quand on l'évoquerait. » Par ces mots, Josèphe condamne la mise à mort sacrificielle, de sa fille par Jephté, sur trois plans : aux yeux de la Loi elle est illégale ; sous l'angle théologique elle est coupable ; enfin, du point de vue de la morale humaine (représentée par la *doxa* de la postérité), elle est fautive. La Torah, Dieu et la modernité se conjuguent pour renvoyer le sacrifice humain à la cruauté d'un passé lointain.

Les Sages connaissaient et ont repris la tradition exégétique figurant dans le LAB du Pseudo-Philon. On trouve dans leurs écrits des ajouts identiques et des interprétations voisines ; mais ils en tirent plus rigoureusement les conséquences. Ils s'attachent ainsi à démontrer que la mise à mort de la fille de Jephté est un homicide, qui aurait pu et dû être évité, car le vœu coupable de Jephté aurait pu être délié. Toute la faute en repose sur deux hommes : le prince et le grand prêtre, c'est-à-dire Jephté et Pinḥas.

Dans le grand midrach du Lévitique, Wayiqra Rabbah XXXVIII 4, comme en b.Taʿanit 4a, les Sages critiquent la formulation imprudente et inconsidérée d'un vœu. Quatre exemples de vœux imprudents, tirés de la Bible, illustrent leur propos : le serviteur d'Abraham faisant vœu de choisir, comme épouse pour Isaac, la première jeune

[47] Le Talmud mettra en cause l'inaction du grand prêtre Pinḥas.

fille qui viendra au puits (Gn 24) ; Caleb promettant sa fille en mariage au guerrier qui prendra telle ville (Jg 1,12) ; Saül qui promet la sienne à celui qui tuera cent Philistins (1 S 18) ; enfin Jephté, dont l'imprudence, à la différence des trois précédents, se trouve sanctionnée. Le vœu imprudent se révèle une faute grave, car il fait intervenir un élément aléatoire dans un choix relevant du respect de la Loi : une victime sacrificielle pour l'holocauste, une femme pour son fils, un mari pour sa fille. Les Sages reprennent ainsi l'hypothèse d'un animal impur se présentant devant Jephté, et voué à un sacrifice sacrilège (b.Taʿanit 4a) : יכול אפילו דבר טמא, « Ça pouvait être même quelque chose d'impur. » Le Pseudo-Philon avait soulevé la question mais n'y répondait pas. L'impossibilité d'un tel sacrilège est en revanche si clairement établie, aux yeux des Rabbis, que le vœu de Jephté s'en trouve *ipso facto* invalidé. Il ne fait donc aucun doute, pour eux, que Jephté pouvait être délié de son vœu imprudent et sa fille épargnée. Encore eût-il fallu respecter des formes rituelles et consulter le grand prêtre.[48] Mais l'orgueil coupable du grand prêtre Pinḥas et du guerrier Jephté, les a empêché de se rapprocher l'un de l'autre : la mort de la jeune fille est la conséquence de leur entêtement, non l'application de la volonté divine. Son sang retombe sur l'un et l'autre, et tous deux en seront d'ailleurs châtiés par la suite.

La théologie de la responsabilité humaine, développée ici par les Sages, ramène donc ce prétendu sacrifice humain aux dimensions d'un homicide. La citation de Jérémie qui conclut leur discussion, confirme la condamnation des meurtres rituels et des sacrifices humains : ולא דברתי זה יפתח « *Et je n'ai pas parlé* (Jr 19,5) : ça c'est pour Jephté. »[49]

Ainsi, la leçon que le judaïsme du deuxième Temple a tiré de l'épisode biblique de la fille de Jephté, consiste à rappeler la spécificité rigoureuse du sang des sacrifices : exclusivement le sang d'animaux purs et destinés aux sacrifice. De part et d'autre, sont exclus du sacrifice, le sang des animaux impurs et la sang des êtres humains.

[48] Une discussion oppose à ce sujet le R. Johanan et Resh Laqish : le premier estime que Jephté aurait dû payer le rachat de sa fille pour être libéré de son vœu ; le second juge qu'il n'en était même pas besoin, puisque ce vœu potentiellement sacrilège se trouvait annulé par son absurdité même (Wayiqra Rabbah XXXVIII 4).

[49] En Jr 19,5 YHWH condamne les holocaustes d'enfants accomplis sur les *bamot* : « Chose que je n'ai pas commandée *et dont je n'ai point parlé*, et qui n'est pas venue à ma pensée. » Trad. É. Dhorme, 1956, Paris.

Cenez et le guerrier amorite

Ce récit étrange figure dans la geste de Cenez, lequel occupe une place importante dans le LAB du Pseudo-Philon. Dans la tradition biblique, il existait deux personnages nommés Cenez, ou Qénaz (קְנַז) : un descendant d'Esaü et prince éponyme d'un clan édomite ; et un prince de la tribu de Juda, personnage secondaire défini « en creux » par ses liens familiaux avec deux des héros de la Conquête, son frère Caleb, compagnon de Josué, et son fils Othniel, guerrier fameux et premier des Juges. C'est le second qui a fourni la substance du héros du LAB. Cette expansion littéraire du personnage de Qénaz, au dépens de ses proches, n'est pas le fait du seul Pseudo-Philon, à l'époque du deuxième Temple. Flavius Josèphe attribue ainsi à Qénaz les fonctions et les exploits de son fils Othniel (AJ V 182–184) ; cependant, à ce changement de nom près, il demeure dans la trame du récit biblique. La *Vie des prophètes* conserve aussi la tradition d'un Juge Qénaz (Κενεζίος ὁ κριτής), sans entrer plus avant dans les détails.[50] Toutes ces expansions d'un personnage, plutôt secondaire dans le récit biblique, ont en commun de lui attribuer les exploits de la tribu de Juda, dont il est prince, dans la période de la Conquête séparant le gouvernement de Josué de l'installation des Juges. Cenez remplit ainsi dans le LAB le long intervalle, situé entre la mort de Josué et la magistrature du Juge Ehoud.[51]

Dans la Bible, la famille de Qénaz se présente ainsi (voir Jos 15,13–19 et Jg 1,11–15) :

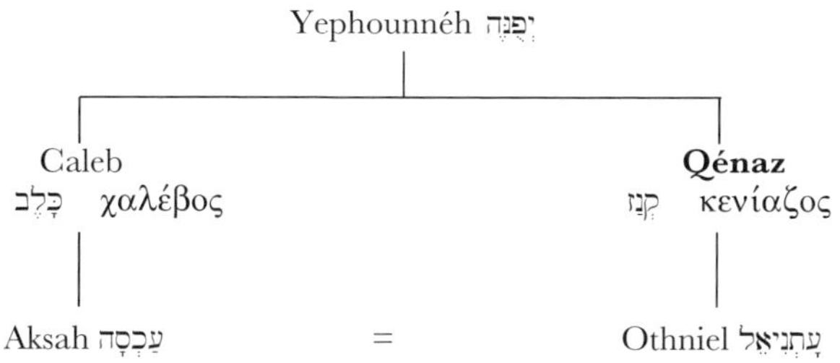

NB : Chez le Pseudo-Philon, Cenez n'est pas le frère mais le fils de Caleb (voir LAB XX 6, 10).[52]

---

[50] *Vie des Prophètes*, Jonas, 7.

[51] Cette période correspond à Jg 1–3,1 dans le récit biblique ; et à AJ V 120–131 et 179–184 dans la paraphrase de Josèphe.

[52] Tandis que le talmud de Babylone le présente comme son père, voir bTemurah 16a.

Dans l'épisode qui nous occupe, Cenez met en déroute, à lui seul (mais avec l'aide de deux anges), toute une armée d'Amorites.[53] Au terme de ce combat épique, sa main demeure soudée à son glaive. S'emparant alors d'un fuyard amorite, il lui demande le moyen de se libérer (LAB XXVII 11) : *Dixit Amorreus : Vade et accipe virum de Hebreis et interfice eum, et calente adhuc sanguine eius suppone manum tuam, excipiens sanguinem eius exsolvetur manus tua.* « L'Amorite répondit : Va prendre un homme parmi les Hébreux et tue-le puis, sous son sang encore chaud, place ta main ; en recevant son sang, ta main sera délivrée. » Cenez est furieux que l'Amorite lui recommande de tuer un de ses frères ; il choisit donc plutôt d'égorger ce mauvais conseilleur, tout en appliquant la méthode prescrite (LAB XXVII 11) : *Interfecit eum Cenez et, dum caleret ahuc sanguis eius, supponens manum suam excepit eum, et absoluta est.* « Cenez le tua et, tant que son sang était encore chaud, il le reçut en plaçant sa main dessous, et elle fut libérée. »

Ce rite étrange, incluant un homicide, ne correspond à aucune tradition dans la Bible hébraïque. Le cliché épique de la main soudée à l'épée à la fin des combats y figure, en revanche, attribué à l'un des « preux » (גִּבּוֹר) de David, nommé Éléazar fils de Dodi (2 S 23,10).[54] Dans ce récit, bien plus ancien que notre LAB, aucun remède rituel ni magique n'est mentionné pour libérer la main du guerrier. En fait, dans le contexte d'un récit de la Conquête, ce cliché de la main du vainqueur soudée à son glaive, apparaît comme le renversement de la figure des rois cananéens, vaincus et châtiés par une amputation. C'est en particulier l'histoire du roi Adoni-Bezeq, amputé des mains et des pieds (Jg 1,6 et AJ V 122). Ces mutilations rendaient le roi vaincu impropre à la guerre ; en outre, aux yeux d'un Juif du deuxième Temple, elle lui faisait perdre tout caractère sacré.[55] Le Cenez du Pseudo-Philon renverse donc terme

[53] *Amorrei.* Ce peuple cananéen est nommé « Amorrhéens » (אֱמֹרִי, 'Αμορραῖοι) dans Josué, ainsi que dans la plupart des écrits du deuxème Temple.

[54] Lequel combattit les Philistins עַד כִּי־יָגְעָה יָדוֹ וַתִּדְבַּק יָדוֹ אֶל־הַחֶרֶב, « jusqu'à ce que sa main fût fatiguée et que sa main fût collée à l'épée ». Un exemple plus tardif apparaît aussi dans des midrachs médiévaux au sujet de Joab, le général de David. Selon certains récits, Joab parvint à pénétrer, seul et clandestinement, dans la capitale des Amalécites qu'il assiégeait en vain depuis six mois. Après diverses péripéties, il est démasqué et tue alors un si grand nombre d'ennemis, que sa main reste soudée à son épée. Pour se libérer il égorge la femme amalécite qui l'avait hébergé. Celle-ci se trouve être enceinte : le sang de l'embryon délivre la main de Joab. Voir L. Ginzberg, 1913–1928, *op. cit.*, vol IV, 98–100 et VI, n. 77, 258–260.

[55] Voir, en AJ XIV 366, la mutilation délibérée d'Hyrcan II par Antigone, pour

à terme la figure du roi cananéen vaincu. Il est vainqueur ; il est en contact direct avec le sacré, puisque deux anges de Dieu l'assistent durant la bataille ; enfin, sa puissance guerrière se manifeste par la fusion de son bras et de son épée en un seul membre, figure inverse de l'amputation.[56] Ce *topos* épique ne soulevait donc pas de difficulté particulière : le rite sanglant consécutif n'en apparaît que plus étrange.

L'étrangeté tient d'abord à son caractère magique. Selon une tradition attestée au deuxième Temple, les Amorites / Amorrhéns étaient considérés comme des spécialistes des pratiques magiques. On trouve encore dans l'*Apocalypse syriaque de Baruch*, la mention des « œuvres qu'accomplissaient les Amorrhéens, et les incantations des actes magiques qu'ils faisaient, et la malice de leurs mystères » (2 Baruch LX 1).[57] Le Pseudo-Philon fait, lui aussi, longuement état de ces pratiques. Ainsi, en LAB XXV 9–12, des pécheurs issus des tribus de Dan, de Nephtali et d'Aser avouent à Cenez qu'ils ont voulu s'approprier la magie des Amorites : *Nos docuerant Amorrei que ipsi agebant*, « Les Amorites nous ont enseigné ce qu'eux-mêmes accomplissaient ». Ces « leçons des Amorites » portent sur la magie.[58] Puis les instruments de cette magie sont décrits en LAB XXVI 2–8. Ce sont : les *sancta nimpha*, les sept statues des « nymphes sacrées » ; les douze pierres précieuses ; enfin, des livres, *qui non possunt igni comburi neque incidi ferro neque aqua deleri*, « qui ne peuvent être brûlés par le feu, ni attaqués par le fer, ni effacés par l'eau » (LAB XXVI 3). Tous ces instruments ont été déposés par Cenez au sommet du mont Sion, puis des anges de Dieu se sont chargé de leur destruction. Dans notre récit, lorsque Cenez s'empare du guerrier amorite, il lui déclare (LAB XXVII 11) : *Scio quia Amorrei periti sunt. Contra* la traduction « Je sais que les Amorites sont perdus » (participe passé de *perire*) généralement suivie, Howard Jacobson a proposé de comprendre, d'après l'adjectif *peritus* : « Je sais

---

lui interdire le sacerdoce. Il n'est jamais fait explicitement mention de la castration dans ces récits — sinon comme invalidité rendant impropre au sacerdoce. Néanmoins et sans faire preuve d'anachronisme, on doit bien constater que la castration, réellement accomplie ou pas, organise le cadre symbolique de ces mutilations « des extrêmités », τὰ ἄκρα.

[56] LAB XXVII 11 : *Manum suam indissolubiliter astrictum fuerat manubrium romphee, et assumpserat dextera eius virtutem gladii.* « Sa main avait été indissolublement attachée à la poignée de l'épée et son bras droit avait reçu la force du glaive. »

[57] Trad. de Jean Hadot, 1987, Paris, Gallimard, Pléiade.

[58] Voir le commentaire de C. Perrot et P.-M. Bogaert, 1976, *Pseudo-Philon. Les Antiquités Bibliques. Tome 2, Introduction littéraire, commentaire et index*, (Paris : Cerf), n. 9, 154.

que les Amorites sont habiles (i.e. possèdent des connaissances spéciales). »[59] Cette traduction s'accorde beaucoup mieux au sens général du texte : Cenez demande conseil à un Amorite parce qu'il connaît leur réputation de savants magiciens. Dans le cas particulier de la main soudée, le mécanisme magique suggéré est celui de la substitution du même au même (« rite sympathique ») : puisqu'il s'agit d'opérer une sorte d'amputation en évitant que son propre sang ne coule, on y substitue le sang d'un autre homme.

L'étrangeté de ce rite magique contraste fortement avec la fonction narrative du personnage de Cenez, dans le récit du Pseudo-Philon. Il est en effet celui qui met un terme aux pratiques magiques, inspirées des Cananéens, et substitue, aux instruments de la magie, les objets du véritable culte.[60] Le voir recourir, à son tour, à la magie des Amorites constitue donc un paradoxe de taille. Toute la geste de Cenez est placée sous le signe de la condamnation de la magie et des magiciens : comment le héros incarnant ce rejet, peut-il inopinément y faire appel pour lui-même ? Le paradoxe ne peut s'expliquer que par l'existence, pour ce court récit de l'épée détachée, d'une source distincte. Cet épisode de l'épée soudée est en effet parfaitement détachable du récit, sans en altérer la construction. Cette source distincte fut peut-être un récit ironique, pris au pied de la lettre par le Pseudo-Philon ; ou bien un épisode tiré d'une tradition hostile au judaïsme.[61]

Un des caractères les plus frappants du rite magique décrit ici est en effet qu'il se présente comme la caricature de deux des plus importants rites de purification du judaïsme : le rite de réintégration

---

[59] H. Jacobson, 1996, *A Commentary on Pseudo-Philo's* Liber Antiquitatum Biblicarum *with Latin Text and English Translation (2 vol.)*, (Leyde, New York, Cologne : Brill), *in loc.* La fonction didactique du personnage de Cenez, dans le LAB, est bien exprimée dans ce jeu de mot : les habiles, les *periti*, ceux qui cherchent à savoir et à connaître, sont condamnés à périr, *periti sunt.* Nous les premiers qui, adeptes de la critique textuelle, sommes les héritiers spirituels des pécheurs de la tribu de Benjamin : *Nos voluimus in hoc tempore librum legis perscrutari utrum manifeste Deus scripisset que erant in eo aut Moyses docuisset ea per se.* « Nous, à cette époque, nous avons voulu étudier dans le livre de la Loi si vraiment Dieu avait écrit les choses qui s'y trouvent, ou si Moïse les avait enseignées de lui-même » (LAB XXV 13).

[60] Il démasque, au sein des Hébreux, les partisans de la magie et les fait exécuter ; il remplace les pierres précieuses maléfiques des Amorites par douze pierres d'origine divine — une autre représentation des ourîm et toummîm (LAB XXVI).

[61] On peut certainement repérer une trace de cette ironie (et/ou de cette hostilité) dans la suggestion de l'Amorite à Cenez : *accipe virum de Hebreis*, « prends un Hébreu ». Comme Cenez est le seul Hébreu sur le champ de bataille, cela revient à lui suggérer de s'égorger lui-même.

du lépreux guéri dans la communauté (Lv 14) ; et celui de la purgation du Sanctuaire au Yom Kippour (Lv 16). La parenté de ces rites apparaît clairement, dès que l'on prend en considération les séquences rituelles, c'est-à-dire la succession précise des gestes prescrits. Il faut pour cela lire jusqu'au bout l'épisode de la bataille de Cenez contre les Amorites : aussitôt libéré de son glaive, Cenez prend un bain purificateur, puis change de vêtements et rejoint ses compagnons (LAB XXVII 12).[62] Prenant en compte l'ensemble de l'épisode, on peut alors procéder à une comparaison, avec les deux rites évoqués, selon le tableau suivant.

Réintégration au camp du lépreux guéri (Lv 14) :	Sortie du Sanctuaire au Yom kippour (Lv 16) :	Délivrance du glaive de Cenez (LAB XXVII) :
i. Choix d'une victime entre deux possibles (oiseaux)	i. Choix d'une victime (par tirage au sort) entre deux possibles (boucs)	i. Choix d'une victime entre deux possibles (hommes)
ii. Égorgement	ii. Égorgement (sous la forme d'un sacrifice ḥaṭṭâ't)	ii. Égorgement
iii. Aspersion du sang	iii. Aspersion du sang	iii. Écoulement du sang et aspersion
iv. Lâcher de l'autre oiseau	iv. Lâcher de l'autre bouc	iv. Lâcher de l'arme
v. Purification et changement de vêtements	v. Purification et changement de vêtements	v. Purification et changement de vêtements

Le parallélisme des séquences présente cet intérêt que la pratique magique se trouve ici précisément désignée, par ce qui révèle un écart entre le bon et le mauvais rite. Cet écart est double. D'une part, le choix d'une victime humaine, et non animale, pour obtenir le sang d'aspersion. D'autre part, et puisque le mécanisme rituel consiste à égorger l'un et à relâcher l'autre dans une paire identique, l'équivalence établie entre une arme de guerre et un être humain. Toute cette magie repose donc symboliquement sur une assimilation

[62] *Et abiit Cenez, et exuit vestimenta sua, et mittens se in flumen et lavit se. Et iterum ascendens mutavit vestimenta sua et reversus est ad pueros suos.* « Et Cenez s'en alla, et il ôta ses vêtements et se mettant dans un fleuve il se lava. Et remontant à nouveau il changea ses vêtements, puis il revint vers ses hommes. »

de la guerre (représentée ici par le glaive) à un sacrifice humain. Mais la magie est précisément ce que condamne le long récit dans lequel cet épisode est inséré (LAB XXV–XXVII). Si le Pseudo-Philon a bien repris une source ironique ou hostile, il l'a remaniée, de façon à en intégrer les éléments dans sa condamnation des pratiques magiques. L'un des moyens employés pour cette opération a consisté à introduire une condamnation morale du comportement de l'Amorite, au nom de laquelle son exécution se trouve légitimée. Cenez le condamne pour avoir suggéré d'égorger un Hébreu ; s'il avait offert de prendre un autre Amorite, il l'aurait épargné. Sa parole de mort, comme le sang des condamnés, « retombera sur lui », *erit super (s)e*. De la sorte, l'exécution du guerrier amorite relève plus d'une sorte de justice militaire, mettant un terme à la bataille, que de la préparation d'un rite de sang magique. La purification à laquelle se livre ensuite Cenez est celle d'un guerrier après la bataille, non d'un magicien.

Il est toujours risqué de prétendre expliquer une difficulté textuelle par un remaniement des sources ; on s'expose au reproche, souvent justifié, de pratiquer une interprétation qui obscurcit plus qu'elle n'éclaire le sujet. Cependant, la contradiction éclatante entre un personnage entièrement voué à l'éradication de la magie et ce bref épisode magique, ne me paraît pas admettre d'autre solution. Si donc, comme je le pense, cet épisode a été réaménagé pour figurer dans la condamnation générale de toutes les pratiques magiques, la leçon à en tirer est celle d'une condamnation du processus d'assimilation des tueries guerrières à des sacrifices humains.

Les écrits du deuxième Temple, y compris quand ils reprennent d'anciens récits bibliques, convergent donc dans le refus d'assimiler les tueries de la guerre au geste sacrificiel. La légitimité de l'homicide guerrier n'en fait jamais un meurtre sacré.

CHAPITRE IX

LES SACRIFICES DE GUERRE (2) : LE SOUFFLE, LA GRAISSE, LE SANG

Les deux trompettes de Moïse

Dans la Torah, un lien substantiel entre guerre et sacrifices était symbolisé par les deux trompettes d'argent de Nb 10. Leurs sonneries ne retentissent que pour la guerre, et pour les sacrifices lors de certaines fêtes. Ces trompettes d'argent étaient exclusivement réservées à l'usage des prêtres.[1] Ce sont celles que l'on voit figurer sur l'arc de Titus, ainsi que sur plusieurs des monnaies de Bar-Kochba.[2]

Prenant en compte les tensions qui se manifestent à l'intérieur du système, associant et opposant les sacrifices et la guerre à l'époque du deuxième Temple, nous essaierons donc de repérer ce que cette sonnerie des trompettes y est devenue. Dans quelle mesure ce procédé, essentiellement rituel, a-t-il pu offrir une réponse adaptée à ces tensions ; quels nouveaux problèmes a-t-il pu susciter dans le contexte historique ? Qu'a signifié, pour le judaïsme du deuxième Temple, l'existence d'un rite commun à la guerre et à certains sacrifices ? En bref : comment ce rite s'est-il à la fois maintenu et transformé dans cette période ?

Néoménie des trompettes et sonneries de guerre

À l'époque du deuxième Temple l'usage cultuel des deux trompettes d'argent (Nb 10,10) était plus spécialement mis en valeur lors des cérémonies du 1er Tishri.[3] On appelait même « fête des trompettes » cette néoménie particulière, située ἐν ἀρχῇ τοῦ ἐνιαυτοῦ « au

---

[1] « *The two instruments were used at the same time and they were distinguished not by their use but by their users : the trumpets were sounded exclusively by the priests* », J. Milgrom, 1990, *op. cit.*, 373. Voir Nb 10,8.

[2] Voir dans L. Mildenberg, 1984, *The Coinage of the Bar Kokhba War*, (Aar, Francfort, Salzbourg : Sauenläder).

[3] La tradition s'en est maintenue dans le judaïsme rabbinique avec les sonneries, non plus des trompettes sacerdotales mais des shofars, lors de Rosh hashanna.

début de l'année » (*Spec.* I 180) et ouvrant le mois des grandes fêtes d'automne. Ce nom figure par exemple chez Philon (*Spec.* II 188) : καὶ σαλπίγγων ἐτύμως ἑορτὴ προσαγορεύεται,« On lui a donné le nom de fête des trompettes » ; ou dans le Pseudo-Philon (LAB XIII 6) : *festivitas psalphingarum*, « la fête des trompettes. » La Bible associait déjà les cérémonies du 1er Tishri au rite sonore de la clameur : c'est le יוֹם תְּרוּעָה « jour de clameur » (Nb 29,1), traduit par ἡμέρα σημασίας « jour du signal » dans la LXX. La « clameur » (t^{e}rw^{c}âh), qui était à l'origine le cri collectif du peuple en arme, désigne, lors des cérémonies du 1er Tishri, la sonnerie des trompettes par les prêtres. Le judaïsme du deuxième Temple glisse ainsi, par métonymie, du « jour de la clameur » à la « fête des trompettes », du son à l'instrument qui le produit.

Les sonneries de trompettes du 1er Tishri sont étroitement associées aux sacrifices offerts en ce jour. La Bible indique que les sonneries doivent retentir עַל עֹלֹתֵיכֶם וְעַל זִבְחֵי שַׁלְמֵיכֶם (LXX : ἐπὶ τοῖς ὁλοκαυτώμασιν καὶ ἐπὶ ταῖς Θυσίαις τῶν σωτηρίων ὑμῶν), « sur vos holocaustes et sur vos sacrifices » (Nb 10,10). Philon est plus précis (*Spec.* II 188) : ἅμα ταῖς ἀναγομέναις Θυσίαις ἐν τῷ ἱερῷ σαλπίζειν ἔθος· « Au moment où les sacrifices sont offerts au Sanctuaire, c'est la coutume de sonner des trompettes. » L'emploi du verbe ἀνάγειν indique qu'il s'agit précisément du moment où les sacrifices consumés sur l'autel « montent » vers le ciel et la divinité. C'est-à-dire que le rite de la sonnerie de trompette établit, au moyen de cette coïncidence temporelle, une équivalence entre la *fumée* des sacrifices et le *son* des trompettes : l'une et l'autre sont le résultat d'une activité spécifiquement sacerdotale, sont dirigés vers le ciel et ont pour fonction d'établir une médiation entre les hommes ici-bas et la divinité. L'association des deux rites, sacrificiel et sonore, en ce premier jour de Tishri, crée rituellement une équivalence fonctionnelle entre les sacrifices et les sonneries des trompettes.

Les auteurs juifs du deuxième Temple ont suggéré diverses interprétations de ce rite.[4] Quelle que soit leur diversité, toutes prennent en compte le rapprochement, opéré par le recours aux trompettes d'argent, entre les sacrifices de la cérémonie et la guerre.[5]

---

[4] Le Pseudo-Philon y voit un mémorial de la victoire de Deborah (LAB XIII 6 et XXXII 18). Philon l'interprète comme une célébration de la paix (*Spec.* II 192) : Διὰ τοῦτο καθάπερ ἐπώνυμον ἑορτὴν ὀργάνου πολεμικοῦ σάλπιγγος ἀπέφηνεν ὁ νόμος, « Pour cette raison, la Loi a nommé une fête du même nom qu'un instrument de guerre, la trompette. »

[5] L'exégèse moderne, sur ce point, s'est inscrite dans la continuité des auteurs

Philon a souligné cet élément, « commun à toute l'humanité », que ἡ σάλπιγξ ὄργανόν ἐστι πολέμου « la trompette est un instrument de la guerre » (*Spec.* II 190) ; la fonction des trompettes, à la guerre, est de transmettre les ordres et les signaux.[6] Philon se trompe sur ce point : la transmission des ordres, qu'il attribue aux trompettes de guerre, est sans doute familière aux armées des nations mais tel n'est pas le cas des armées juives. C'est à partir de cette différence que l'on pourra interroger l'usage spécifique des trompettes dans les armées juives du deuxième Temple et avancer une hypothèse sur leur fonction de substitut à des sacrifices impossibles. Si l'usage de trompettes, pour transmettre ordres et signaux, est bien attesté dans les armées grecques et romaines,[7] tel n'est pas le cas dans les armées d'Israël. Les deux trompettes de Moïse, en tout cas, ne servent jamais à transmettre des ordres militaires. Yigael Yadin rappelle ainsi que, nulle part, la Bible hébraïque ne suggère « *the use of trumpets in battle for giving tactical signals (except for the 'alarm' or 'war-cry'* תרועה*)* ».[8] On distinguera donc entre ces deux fonctions des sonneries : d'une part sonner ou accompagner la « clameur » (t^{e}rw^{c}âh) ; d'autre part transmettre des ordres et des signaux précis. À l'époque du deuxième Temple, la clameur demeure un usage bien établi des armées juives ; la transmission des ordres beaucoup moins.

La raison la plus convaincante d'en douter figure dans ce passage de la *Guerre*, où Josèphe expose comment il réorganisa son armée de

---

juifs du deuxième Temple. Les biblistes, en particulier ceux qu'on rattache à la *Myth and Ritual School*, ont ainsi voulu expliquer les cérémonies du 1er Tishri par le souvenir d'un grand rite royal qui se serait déroulé chaque année en ce jour, à l'époque monarchique. La sonnerie des trompettes pendant les sacrifices aurait évoqué les vertus guerrières du roi. Voir P. Humbert, 1946, *op. cit.* ; et Ph. Harner, 1969, "The Salvation Oracle in Second Isaiah", JBL 88, 421–422.

6 Philon précise (*Spec.* II 190) : καὶ πρὸς τὴν κατ' ἐχθρῶν ἐφόρμησιν, ὁπότε καιρὸς εἴν συμπλέκεσθαι, καὶ πρὸς ἀνάκλησιν, ὁπότε διακρίνεσθαι δέοι πρὸς τὰ οἰκεῖα ἐπανελευσομένους στρατόπεδα. « Elle sonne l'attaque contre les ennemis quand vient le moment d'engager le combat, et la retraite quand les armées doivent décrocher pour se retirer chacune dans son propre camp » (traduction S. Daniel, 1975).

7 « *The military use of trumpets was quite common in the Hellenistic armies from Alexander on, primarily for giving orders as the soldiers were forming for battle and in the battle itself* », B. Bar-Kochva, 1989, *op. cit.* ; voir *inter al.* Asclépiodote XII 10 sur la transmission des ordres « par les trompettes (σάλπιγγι), de vive voix (φωνῇ) ou par signaux (σημείῳ) », L. Poznanski éd., 1992, *Asclépiodote : Traité de tactique*, (Paris : Belles-Lettres). Pour Rome voir *inter al.* Vegetius II 22 : *Habet præterea legio tubicines, cornicines, et buccinatores. Tubicen ad bellum vocat milites, et rursum receptui canit*, « Les instruments militaires de la légion sont la trompette, le cornet et le cor. La trompette sonne la charge et la retraite » ; et voir Josèphe, BJ II 577–582, infra.

8 Y. Yadin, 1962, *op. cit.*, 87.

Galilée, en s'inspirant du modèle romain (BJ II 577–582) : il répartit les hommes selon les divisions et les unités de l'armée romaine, installe des officiers et des sous-officiers en multipliant les grades, enseigne à ses troupes les manœuvres et les signaux, instaure des entraînements et une stricte discipline. Parmi les innovations qu'il impose alors, Josèphe mentionne explicitement l'usage des trompettes aux fins de transmissions (BJ II 579) : Ἐδίδασκεν δὲ σημείων παραδόσεις καὶ σάλπιγγος προκλήσεις τε καὶ ἀνακλήσεις, « Il leur enseigna la transmission des signaux et les sonneries de trompettes pour la charge et la retraite. » On doit en conclure que si Josèphe est obligé d'introduire cet usage, imité des Romains, c'est bien qu'il n'existait pas auparavant.

On en trouve confirmation dans les récits des guerres maccabéennes. Les sonneries de trompettes, mentionnées dans le premier livre des Maccabées, accompagnent généralement la clameur ou un cri de guerre des combattants, en quoi on peut reconnaître la t^erwʿâh : φωνὴ μεγάλη « une grande clameur » (1 M 3,54) ; κραυγὴ μεγάλη « un grand cri » (1 M 5,31). Ailleurs, la sonnerie est littéralement attribuées ταῖς σάλπιγξιν τῶν σημασιῶν « aux trompettes de la t^erwʿâh » (1 M 7,45). Ces sonneries interviennent en général à l'orée des combats, au moment prévu pour la clameur.[9] Le deuxième livre des Maccabées est encore plus net. Il oppose, en un moment décisif, les rites païens à trompettes des Grecs, à la piété et aux clameurs des Juifs : les troupes de Nicanor s'avancent μετὰ σαλπίγγων καὶ παιάνων « parmi les trompettes et les péans » (2 M 15,25) ; face à elles les troupes de Juda s'élancent μετὰ ἐπικλήσεως καὶ εὐχῶν « avec des appels (à Dieu) et des vœux » (2 M 15,26).[10]

Si donc les trompettes ne remplissaient pas dans les armées d'Israël le rôle de transmission des ordres qui était le leur dans les armées des nations, quelle pouvait être leur fonction ? D'abord celle d'accompagner la t^erwʿâh, on l'a dit. Mais la t^erwʿâh restait fondamentalement une clameur poussée par tous les gosiers du peuple en arme. On ne peut guère se satisfaire de considérer que les trompettes n'y jouaient d'autre rôle que d'ajouter un peu de bruit au bruit.

Compte tenu : de l'équivalence instaurée par les cérémonie du 1er

[9] Voir aussi 1 M 4,13–14, 9,12.

[10] « *The above passage of 2Macc. represents a tradition according to which the use of trumpets was typical of the Greek but not of the Judean army* », Y. Yadin, 1962, *op. cit.*, 111.

Tishri entre le son des trompettes et la fumée des sacrifices ; du fait que l'usage des trompettes, y compris en campagne, est exclusivement réservé aux prêtres ; du moment où ces sonneries interviennent à la guerre, soit juste avant la bataille. Compte tenu aussi de l'impossibilité où se trouvent les armées juives, contrairement aux armées de toutes les autres nations, d'offrir des sacrifices en campagne en raison de l'unicité du Sanctuaire, j'avancerai l'hypothèse que les sonneries de trompettes de la t^erw^câh constituent un substitut à l'offrande de sacrifices. Le sonneries sont aux armées juives du deuxièmes Temples ce que les égorgement sacrificiels sont aux armées hellénistiques et romaines.

Diana Segarra Crespo a développé du point de vue de l'anthropologie quelques-unes des raisons pour lesquelles les guerriers doivent « s'allier avant la bataille » ; et comment, dans l'Antiquité, ils avaient recours pour cela aux sacrifices.[11] La principale motivation serait ici de forger l'homogénéité des combattant. Ces raisons sont humaines, c'est-à-dire universelles ; mais les rites, comme le notait justement Philon, sont particuliers aux peuples.

Dans la pratique du judaïsme du deuxième Temple le lien établi, par le rite des trompettes, entre la guerre et les sacrifice, organise une circulation de la mémoire à double sens. De la guerre aux sacrifices : les sonneries du 1er Tishri font mémoire de la guerre lors des sacrifices. La guerre est ici pensée comme l'occasion d'une épiphanie, d'une intervention exceptionnelle de Dieu, dans le cours de l'Histoire — soit qu'il apporte la victoire, soit qu'il apporte la paix. En sens inverse, des sacrifices à la guerre : les sonneries de la t^erw^câh font mémoire des sacrifices, c'est-à-dire qu'elles en sont le témoignage et le substitut. Le son des trompettes, à l'instar de la fumée des sacrifices, est alors un mémorial de l'Alliance.

Les trompettes des fils de Lumière

Ce système, élaboré à partir du rite de la sonnerie des trompettes d'argent, était susceptible d'évoluer. Flavius Josèphe, lorsqu'il enseigne à son armée de Galilée des sonneries imitées des Romains, donne un exemple d'évolution exogène. Au contraire, les manuscrits qoumrâniens

[11] D. Segarra Crespo, 1998, "Il faut s'allier avant la bataille : sur certaines pratiques « sacrificielles » face au danger", RHR 215 / 2, 195–216.

du *Règlement de la guerre* (1QM et 4QM), offrent un modèle d'évolution endogène du système rituel des sonneries. Le problème posé par le *Règlement* relève entièrement de ce que Yigael Yadin a nommé la catégorie des *Trumpets of Battle.*[12] Au contraire de tous les autres écrits juifs du deuxième Temple, les trompettes de guerre n'y sont pas réservées à la clameur rituelle, mais également destinées à transmettre toutes sortes d'ordres militaires. Mais une différence de fond existe entre les sonneries de la *Guerre* et celles des armées grecques ou romaines, qui tient à ceci : l'objectif poursuivi n'est pas le même. L'organisation de la transmission des signaux et des ordres militaires obéit, dans les armées païennes (comme dans celle de Josèphe) à un impératif d'efficacité militaire. Dans le *Règlement de la Guerre* au contraire, l'efficacité recherchée ne relève pas d'abord du militaire, mais de l'ordre du rite.

En dépit de l'existence d'un grand nombre d'officiers et même d'un « prince de toute la congrégation » (נשיא כול העדה), le commandement de l'armée est réservé aux prêtres : ce n'est que sur leur ordre, transmis par les trompettes, que les soldats font mouvement. Selon la loi de Nb 10,8, seuls les prêtres peuvent sonner des trompettes, comme en atteste la fréquence dans 1QM du prédicat ותקעו הכהנים בחצוצרות, « et les prêtres sonneront des trompettes ». Ceci est encore souligné en 1QM VII 12–14 par l'opposition marquée entre les prêtres chargés des trompettes et les Lévis chargés des shofars : les prêtres s'avancent en portant les trompettes, tandis que יצאו עמהמה שבעה לויים ובידם שבעת שופרות « sept Lévis sortiront avec eux, avec dans leurs mains sept shofars ». Les shofars jouent au demeurant un rôle de second plan par rapport aux trompettes, puisqu'ils interviennent seulement « en tiers » pour participer à la clameur (t^{e}rwʿâh).[13] Le souci de protéger les prêtres de la souillure du sang, en les maintenant à l'écart des combats, est enfin solennellement rappelé en même temps qu'est réaffirmée leur rôle de sonneurs (1QM IX 7–8) :

7. ובנפול החללים יהיו הכ[והנ]ים מריעים מרחוק ולוא יבואו
8. אל תוך החללים להתגאל בדם טמאתם

> Et quand tomberont les tués, les p[rêtr]es resteront à trompeter de loin, et ils ne s'avanceront pas au milieu des tués, où ils seraient souillés de leur sang impur.

---

[12] Par opposition aux *Ceremonial Trumpets*. Voir Y. Yadin, 1962, *op. cit.*, 87–113, aisni que J. M. Baumgarten, 1987, art. cit.

[13] Voir 1QM VIII 9, 15 ; XVI 8 ; XVII 13.

L'usage de sonneries de trompette, que préconise le *Règlement* en vue de transmettre les ordres militaires, vise donc surtout à satisfaire ce double impératif rituel : garantir le commandement effectif des prêtres sur le déroulement des opérations militaires ; et, contradictoirement, éviter à ces mêmes prêtres la souillure du sang des victimes ennemies, en les maintenant à l'écart des combats. Le recours aux trompettes, dont l'emploi leur est exclusivement réservé par la Torah, concilie ces deux impératifs, en permettant d'imaginer que les ordres seront ainsi transmis à une certaine distance de la mêlée.

La seconde différence a trait à la manière, qu'on peut repérer dans le texte, dont l'évolution s'est opérée. Tandis que Josèphe introduisait un système, déjà entièrement élaboré, de transmission des ordres par les sonneries, le *Règlement* opère selon la modalité proprement rituelle de la division et du foisonnement fractal. Le modèle initial est fourni par le commandement de Nb 10,9, cité en 1QM X 6–8 (le texte est repris ici sous la forme attestée en 1QM) :

כיא תבוא מלחמה בארצכמה על הצר הצורר אתכמה והר יעת[מה] בחצצרות
ונזכרתמה לפני אלהיכם ונושעתם מאויביכם

Quand la guerre viendra dans votre terre contre un assaillant vous assaillant, alors vous pousserez une clameur des trompettes et vous ferez mémoire de vous devant votre Dieu, ainsi vous serez sauvés de vos ennemis.

Dans le système rituel du deuxième Temple, comme dans le texte de Nb 10,9, « pousser la clameur » (רוע) constitue le mémorial ; le son des trompettes se confond avec ce qui « fait mémoire » (נזכר) devant Dieu. Ce n'est plus le cas dans le *Règlement*. Celui-ci introduit une distinction entre le zikârôn (זִכָּרוֹן), mémorial ou instrument de la mémoire, et la t^e^rw'âh (תְּרוּעָה), clameur rituelle. L'un et l'autre termes recouvraient auparavant deux façon de désigner le même phénomène ; mais le *Règlement* opère leur différenciation rituelle, en associant chaque terme à un ordre militaire distinct, correspondant à deux moments différents de la bataille. Cette opération de dédoublement relève du rite, plus que du sens : la t^e^rw'âh reste un zikârôn ; et l'appel à la mémoire divine demeure exprimé par la clameur des trompettes.

Mais le rite est scindé en deux temps. Le zikârôn est associé à l'ordre donné aux fantassins de s'avancer pour combattre (1QM III 7–8) :

7. ועל חצוצרות מקרא אנשי הבנים בהפתח שערי המלחמה לצאת למער כת האויב יכתובו זכרון נקם במועד 8. אל

> Et sur les trompettes de l'appel des fantassins quand sont ouvertes les portes de la guerre pour qu'ils s'avancent contre les lignes de l'ennemi, on écrira : mémorial (zikârôn) de la vengeance au moment décidé par Dieu.[14]

Dans la séquence de la bataille envisagée par le *Règlement*, cette sonnerie de zikârôn se situe donc au moment d'ouvrir les hostilités mais avant que les combats ne soient engagés. La clameur intervient un peu plus tard : elle est associée au déclenchement de la « tuerie » des ennemis.

On trouve ainsi mention, dans la première liste des trompettes, des חצוצרות תרועות החללים, « trompettes des clameurs (t^e^rw^c^âh) des tueries » (1QM III 1). La clameur est donc poussée au moment où s'engagent les affrontements directs, au début de la mêlée. Trois récits de cette phase de la bataille (1QM VIII 8–12 ; XVI 7–9 et XVII 12–15) précisent que la clameur ne représente qu'un court moment de la sonnerie des tueries : les prêtres sonnent de leurs trompettes pour déclencher la tuerie ; en même temps, toute la troupe pousse un cri et les Lévis sonnent de leurs shofars. L'ensemble constitue la t^{e}rw^{c}âh. Puis les cris et les shofars se taisent, tandis que les combats se poursuivent ; durant toute la durée de ces combats, les prêtres continuent la sonneries des tueries.

Ce dédoublement du rite biblique de la clameur mémorielle, en deux composantes distinctes, dont chacune est associée à un commandement militaire spécifique, rend possible le foisonnement consécutif des sonneries, adaptées à chaque moment du combats et transmettant les ordres y correspondant. Ce foisonnement rituel rend compte aussi de la multiplication des trompettes de la guerre, passées de deux en Nb 10 à six dans le *Règlement* (1QM VIII 8).[15]

---

[14] Voir aussi חצוצרות המקרא וחצוצרות הזכרון « trompettes de l'appel et trompettes du zikârôn » (1QM VII 13) ; et la sonnerie des « trompettes du zikârôn » pour l'appel à la sortie des fantassins dans 1QM XVI 3–4.

[15] Foisonnement qu'il est intéressant de voir se poursuivre sous la plume de Jean Carmignac, à mon avis excessivement, quand celui-ci attribue six trompettes à chacun des six prêtres, J. Carmignac, 1958, *op. cit.*, 120. J. Carmignac a raison de souligner que les six prêtres sonnent à chaque fois ensemble ; mais l'attribution d'une trompette distincte à chaque type de sonnerie apparaît d'autant moins justifié que 1QM VIII 3–14 indique les différentes manières de souffler pour obtenir les différents type de sons.

Au contraire de ce qui se passe avec la réforme de Josèphe, la transformation du système rituel des sonneries de trompettes opérée par le *Règlement de la Guerre* plonge donc ses racines dans le terreau des rites spécifiques du judaïsme du deuxième Temple. Cette évolution met en évidence qu'une organisation rituelle de la société et des rapports sociaux ne signifie pas une organisation a-historique et figée dans la répétition.

Les sonneries de trompettes ont eu pour fonction première de pallier l'absence de sacrifices, absence qui plaçait les armées juives du deuxième Temple dans un état d'infériorité rituelle et symbolique par rapport à leurs adversaires et alliés. La réforme de Josèphe, comme les représentations imaginées dans le *Règlement de la Guerre* montrent que ce système, fondé sur l'équivalence symbolique entre le son des trompettes et la fumée des sacrifices, était susceptible de différentes formes d'adaptation aux nécessités de la guerre, soit par emprunt extérieur (acculturation) soit par réinterprétation et évolution interne.

La graisse, le sang de la guerre, le souffle

Une façon classique d'exprimer la violence de la guerre, dans la Bible hébraïque, consistait à écrire que l'épée de YHWH « dévorait » la chair, la graisse et le sang, des blessés et des morts. L'expression apparaît par exemple, placée dans la bouche de YHWH, dans le « cantique de Moïse ».[16] Que « la graisse et le sang » des combattants soient la nourriture privilégiée de l'épée de YHWH, cela correspond à la représentation des mécanismes vitaux, dans le judaïsme ancien : le sang est le siège du principe vital ; la graisse est le siège de la fécondité et de la reproduction, donc aussi de la puissance et de la force.[17] Ces deux termes expriment, de façon à la fois triviale et poétique, que les victimes de la guerre, les tués et les blessés, y ont perdu leur force et la vie.[18]

---

[16] Dt 32,42 : וְחַרְבִּי תֹּאכַל בָּשָׂר מִדַּם חָלָל וְשִׁבְיָה מֵרֹאשׁ פַּרְעוֹת אוֹיֵב « Mon épée dévorera la chair, le sang des blessés et des prisonniers, des chefs échevelés de l'ennemi. »

[17] « *Im Fett ist die Kraft* », J. Heller, 1970, "Die Symbolik des Fettes im AT", VT 20 / 1, 107.

[18] C'est ainsi que David dans sa complainte funèbre en l'honneur de Saül et de Jonathan peut évoquer « le bouclier de Saül, oint non pas avec de l'huile, mais avec le sang des victimes et la graisse des preux » (2 S 1,21–22).

Cependant « le sang et la graisse » constituent *aussi* la part de YHWH dans les sacrifices. Comment comprendre ce rapprochement ? Loin d'y voir une assimilation, même métaphorique de la guerre à un sacrifice, il faut comprendre que la guerre et le rite sacrificiel possèdent en commun de mettre à l'épreuve, dans des sphères distinctes et selon des modalités opposées, la maîtrise spécifiquement divine des principes de la force / fécondité (la graisse) et de la vie (le sang). Les représentations de la graisse et du sang constituaient ainsi, dans la Bible hébraïque, l'autre grand terrain des équivalences symboliques établies entre guerre et sacrifices. Comme nous avons questionné l'évolution du rite des sonneries de trompettes à l'époque du deuxième Temple, nous essaierons de suivre ce que devient, à la même époque, ce lien établi par les références à la graisse et au sang.

Dans ce domaine la documentation ne manque pas. Le dossier comprend : Sagesse, Sg 12,3–5 et 14,25 ; *Lettre d'Aristée* 88–91 ; *Jubilés* (voir tableaux) ; Pseudo-Philon, LAB XVIII 5 ; *Testaments des XII*, T.Lévi XVI 3, T.Zabulon II 2, T.Benjamin III 8 ; Qoumrân (voir tableaux) ; Targoums, tg PsJ de Lv 17,4 ; Philon (voir tableaux) ; Flavius Josèphe, BJ IV 126, 201, AJ III 260 ; b.Pesah. 16a–b, M.Yoma V 4, 6 ; Épître aux Hébreux, He 9,7.13.18–22.25, 13,11.

Tableaux

1. Jubilés : sang et graisse dans le livre des *Jubilés*

le sang (dam)	les deux	la graisse (s[e]b[e]ḥ)
Jub VI 7–14	Jub XLIX 20	Jub XVI 23 ; XXI 8

2. Qoumrân : sang et graisse dans les manuscrits

le sang (דם, dâm)	les deux	la graisse (חלב, ḥēleḇ)
CD III 6 ; XII 6, 14 1QapGn XI 17 1QH II 32 ; V 7 1QM VI 3, 17 ; IX 8, XIV 3	CD IV 2 (= Ez 44,15)	
4Q175 (Testimonia) i 29 4Q176 1–2 i 1–4 4Q509 (PrFêtes[c]) 5–6 2 4Q512 29–32 10		
11QT XIII 10 ; XXXII 13–15 ; L 6 ; LXIII 6–8	11QT XVI 1–18 ; XXII 5–7 ; XXIII 12–16 ; XXVI 5–10 ; LII 4–LIII 8	11QT XV 7 ; XX 5–6

3. Philon : sang et graisse dans les traités

le sang (αἷμα)	les deux	la graisse (στέαρ)
Deter. 79–85		*Sacrif.* 136–37
		Poster. 122–23
Spec. III 91	*Spec.* IV 122–125	*Spec.* I 132, 212–16, 232–39
Quæst. Gen. II 59		
Quæst. Ex. II 14		*Quæst. Ex.* II 15

La graisse des sacrifices à l'époque du deuxième Temple

À l'époque du deuxième Temple, la graisse du sacrifice ne conserve son importance rituelle qu'aux yeux d'une partie du judaïsme, celle dont le discours s'exprime dans certains des manuscrits de Qoumrân. Pour d'autres en revanche, dont Philon, la graisse ne représente plus que la part la moins spirituelle du sacrifice.

Les écrits dont s'inspire la Communauté de Qoumrân conservent à la graisse des sacrifices, la place éminente qu'elle occupait dans la Bible hébraïque. Les *Jubilés* établissent que « la graisse » désigne par synecdoque toute la part du sacrifice brûlée sur l'autel. Par exemple en Jub XXI 8, Abraham enseigne à Isaac la loi concernant les š^e^lâmîm : il devra brûler « les graisses » (sb^e^ḥa) sur l'autel, « à savoir la graisse qui couvre le ventre, toute la graisse des entrailles et des deux reins, toute la graisse qui est au dessus et au dessous des lombes, le foie en même temps que les reins ».[19] On doit donc entendre par « graisse » toutes ces parties de l'animal (graisse proprement dite et divers abats), qui constituent la part de YHWH.

Dans le *Rouleau du Temple* (11QT), les deux éléments, graisse et sang, sont toujours mentionnés dans la description du calendrier sacrificiel (voir 11QT XV 7, XVI 1–10, XX 5–6, XXII 5–7, XXIII 12–17). Mais le passage le plus significatif de cette permanence d'un rôle essentiel de la graisse, figure en 11QT XVI 14–15. Le grand prêtre offre le sacrifice d'un taureau pour accomplir le rite de purgation (kipper) des fautes et péchés du peuple. Dans le Lévitique, seul le sang (aspergé selon le rite) constitue l'agent du kipper. Dans le *Rouleau du Temple* cette puissance est étendue à la graisse qui lui est associée : ויכבר בו [ ] הקהל בדמו ובחלבו, « Puis il (i.e. le prêtre) purgera avec lui (i.e. le taurillon) [le peuple] rassemblé, avec son

[19] Trad. d'André Caquot, 1987, Paris, Gallimard, Pléiade.

sang et avec sa graisse. » Le *Rouleau du Temple* affiche ici une exigeante fidélité à la représentation biblique du sacrifice comme offrande conjointe de la graisse et du sang.[20]

La source de cette exigence (qui s'oppose à la dévalorisation de la graisse sacrificielle dans les autres représentations juives contemporaines) doit être cherchée dans une relecture inspirée des écrits prophétiques, où la Communauté découvrait des clés pour sa vision déterministe de l'Histoire. Ainsi, dans le *Document de Damas* (CD), l'auteur présente-t-il l'histoire d'Israël jusqu'à « la fin des jours ». Inscrivant les membres de la Communauté dans le plan divin prédéterminé, il recourt à une citation du prophète Ézéchiel (CD III 21–IV 2 = Ez 44,15) annonçant un Temple nouveau, où les prêtres ינישו לי חלב ודם, « se tiendront devant moi pour la graisse et le sang ». Selon l'interprétation du *Document* la prophétie s'accomplira lors des sacrifices offerts, à Jérusalem, par les membres de la Communauté. La périphrase, reprise d'Ézéchiel, utilisée pour décrire le sacrifice éminemment parfait des derniers jours, accorde ainsi une même dignité à la graisse et au sang, les deux éléments de la part de YHWH dans le sacrifice. L'accomplissement de la prophétie, c'est-à-dire la validation de la vision historique et théologique de la Communauté, exige *aussi* que les sacrifices soient accomplis sans modification des rites. La fonction des sacrificateurs doit donc rester, selon ce qui a été révélé au prophète, לְהַקְרִיב לִי חֵלֶב וָדָם, « d'offrir devant moi graisse et sang ».

Cette exigence est loin d'être partagée dans tout le judaïsme du deuxième Temple. Au contraire, la fonction symbolique de la graisse, dans les sacrifices, s'efface progressivement devant l'importance prise par les rites de sang et la symbolique du sang. D'une façon générale, dans les textes consacrés au sacrifice, « la graisse » apparaît seulement comme l'un des éléments, parmi d'autres, de la part consumée de l'animal offert.[21] Tout l'intérêt des auteurs se porte sur le sang.

L'expression la plus élaborée de cette dévalorisation symbolique de la graisse sacrificielle apparaît dans les traités de Philon. Philon

[20] Fidélité si exigeante qu'elle en vient à dépasser son modèle, quand la graisse est présentée comme un agent du kipper (11QT XVI 14–15, voir ci-dessus). Ce dépassement paraît fondé sur le souci de conserver à la graisse une place symbolique aussi importante que celle du sang dans le sacrifice.

[21] Voir par exemple Flavius Josèphe, AJ III 228, à propos des s[e]lâmîm : « On dépose sur l'autel les reins, l'*épiploon* (i.e. la membrane intestinale), toutes les graisses, le lobe du foie et la queue de l'agneau » (trad. d' É. Nodet, 1992, Paris, Cerf).

n'aime pas la graisse, ni les hommes gras : il y voit la seule satisfaction des désirs matériels, ἀκολουθεῖ γὰρ τοῖς εὐπάθειαν σώματος « quand on se laisse conduire par les jouissances du corps » (*Poster.* 120).[22] Cette position de principe le conduit à distinguer entre une mauvaise graisse et une bonne.[23] Par opposition à la mauvaise graisse, issue de la satisfaction des appétits matériels, la bonne découle de satisfactions intellectuelles et spirituelles.[24] De cette bonne graisse seulement, la στέαρ offerte sur l'autel donne une ὑπόδειγμα, une « faible représentation » (*Poster.* 122). Cette distinction entre une bonne et une mauvaise graisse ne suffit pourtant pas à rendre compte de la place de la graisse dans le rite sacrificiel. Philon affirme s'être beaucoup préoccupé (διαλογιζόμενος ἐν ἐμαυτῷ πολλάκις ταῦτα, « ayant maintes fois réfléchi en moi-même sur ces choses », *Spec.* I 213) de cette question : pourquoi, dans les s^e^lâmîm, offrait-on sur l'autel la graisse et des abats, plutôt que les organes nobles que sont le cœur et le cerveau ? Il revient là-dessus dans deux traités : *Sacrif.* 136–137 et *Spec.* I 212–216.

Il y trouve d'abord une raison négative : les organes nobles, qui constituent « l'élément dirigeant » chez l'homme (τὸ ἡγεμονικόν, *Sacr.* 137 ; ὁ ἡγεμονικός, *Spec.* I 214, 215), sont par là-même le siège de l'ambivalence propre à l'homme, le siège à la fois du bien et du mal. Cette ambivalence rattache, en partie, ces organes à l'impureté (ἄναγνον) et au profane (βέβηλον) et les tient donc à l'écart du sacré (*Sacr.* 137). Dans *Spec.* I 212–216 Philon reprend cette raison négative mais y ajoute une explication plus positive : « Les parties prescrites ont du reste leur justification » (*Spec.* I 216).[25] En effet, les organes offerts sur l'autel (graisse, reins et foie) remplissent des fonctions physiologiques vitales importantes. Leur offrande doit être comprise à

[22] Ce rejet du gras est propre au philosophe mais se heurte aux représentations de son époque. Philon s'oppose ici aux idées reçues : Τὴν δὲ τοιαύτην πιότητα οὐχ ἰσχύν, ἀλλ' ἀσθένειαν ἔγωγε τίθεμαι· « La graisse de ce genre, j'affirme pour ma part qu'elle n'est pas une force mais une faiblesse » (*Poster.* 120).

[23] Roger Arnaldez remarque à ce propos : « Il y a deux mots en grecs : πιότης (de τὸ πῖων: « le gras, d'où toute substance grasse ») et στέαρ: « la graisse compacte, le lard ». Philon ne tient pas compte de cette dualité et confond les deux », R. ARNALDEZ éd., 1972, *De posteritate Caini*, (Paris : Cerf), n. 1, 118. Philon applique en effet πιότης à la « bonne » comme à la « mauvaise » graisse ; cependant il distingue bien entre les deux mots, en réservant στέαρ à la graisse offerte sur l'autel (et même, en une occasion, à la farine des offrandes végétales, *Spec.* I 132).

[24] Voir οἱ δὲ τῇ τρεφούσῃ τὰς φιλαρέτους ψυχὰς σοφίᾳ πιαινόμενοι, « Ceux au contraire engraissés par la sagesse nourrissant les âmes aimant la vertu » (*Poster.* 122).

[25] Trad. S. DANIEL, 1975, Paris, Cerf.

la lumière de ces fonctions vitales : protection, lubrification, reproduction, fabrication du sang, etc. (*Spec.* I 216–218).

On doit bien mesurer la portée et les conséquences de cet argument : d'une part la distinction entre l'homme et l'animal s'estompe ici, puisque des organes animaux sont brûlés sur l'autel, en raison des fonctions que les organes analogues accomplissent dans le corps des hommes.[26] D'autre part et surtout, les organes offerts sur l'autel ne sont pas représentés ici comme les symboles d'une activité spirituelle mais uniquement en rapport avec leur fonction physiologique. En d'autres termes, les morceaux de la victime animale brûlés sur l'autel, dont la graisse, constituent la part la moins spirituelle du sacrifice.[27] Leur dimension symbolique est réduite autant qu'il est possible. Ainsi Philon peut-il présenter la graisse des sacrifices comme une sorte de « lubrifiant » spirituel, destiné à faciliter et à accélérer l'ascension de l'âme vers la divinité (*Quæst. Ex.* II 15), ce qu'on pourrait nommer le degré zéro de l'allégorie.[28] Il va plus loin : commentant l'interdit biblique de manger la graisse (où il voit une forme d'ascétisme et d'exercice pédagogique, διδασκαλία), Philon conclut assez trivialement qu'une des raisons d'offrir la graisse sur l'autel est qu'elle constitue un bon combustible (*Spec.* IV 125) : τὸ δ' ὡς ὕλη φλογὸς ἐπιφερόμενον ἀντ' ἐλαίου διὰ τὴν πιότητα τῷ καθωσιωμένῳ καὶ ἱερῷ πυρί. « Quant à l'autre,[29] elle est déposée comme matière inflammable dans le feu saint et sacré, remplaçant l'huile par son gras. »

Entre ce dégoût philosophique de la graisse, conduisant Philon à réduire à néant la portée symbolique de l'offrande des graisses lors des sacrifices, et la réestimation de cette même fonction symbolique, amenant les Qoumrâniens à assimiler le rôle de la graisse à celui du sang, dans le kipper, s'étend la diversité des interprétations du judaïsme du deuxième Temple. La lecture de nos textes montre que

---

[26] On se trouve donc ici en présence d'une sorte de théorie sacrificielle de « la satisfaction vicaire ».

[27] Le foie présente pourtant une dimension spirituelle spéciale. En effet les trois fonctions du foie sont de trier le *chyle* (les sucs issus de la nourriture) ; de fabriquer le sang ; mais aussi d'être le « miroir » (κάτοπτρος) de l'esprit (νοῦς) durant le sommeil (*Spec.* I 219). Ce caractère partiellement spirituel est à rapprocher de l'étroite parenté du foie avec le sang.

[28] Ψυχὴ πᾶσα ἣν εὐσέβεια λιπαίνει τοῖς ἰδίοις ὀργίοις ἀκοιμήτως ἔχει πρὸς τὰ Θεῖα καὶ διανίσταται πρὸς τὴν Θέαν τῶν Θέας ἀξίων. « Toute âme que la piété graisse en ces cérémonie particulières, s'éveille aux choses divines et s'élève à la contemplation de ce qui vaut d'être contemplé. »

[29] C'est-à-dire la graisse de la victime (στέαρ), par opposition à son sang aspergé sur l'autel.

l'intérêt manifesté pour la graisse des sacrifices, par Philon et les manuscrits de Qoumrân, est une attitude rare. Tout l'intelligence des écrits juifs de l'époque, dès lors qu'il est question des sacrifices, semble s'être plutôt portée sur le sang de la victime et sur les rites de sang. C'est donc sur le sang, plutôt que sur la graisse, que portera la suite de notre enquête sur les liens symboliques entre guerre et sacrifices à l'époque du deuxième Temple.

Le sang au cœur des représentations symboliques

Dennis McCarthy a enquêté sur la fonction symbolique du sang sacrificiel dans les sociétés de la Méditerranée ancienne. Il concluait à la profonde originalité du judaïsme ancien dans ce domaine : « *In conclusion : careful regard for the evidence indicates that the Hebrew attitude toward blood is unique.* »[30] Cette originalité découle de la définition du sang comme principe de vie : « *As far as we know, the reservation of blood to God because it was life and so divine is specifically Israelite.* »[31] Cette représentation du sang comme principe de vie (nēfeš) est issue du Lévitique (Lv 17,10–14).

À l'époque du deuxième Temple, cette assimilation du sang à la vie est demeurée la représentation fondamentale. Mais il s'y greffe la très forte ambivalence du sang dans un système d'opposition souillure *versus* pureté. Le sang y apparaît à la fois comme source majeure de la souillure et comme élément essentiel de la purification. Conséquence de cette diversité sémantique, le sang devient alors un objet central des élaborations théoriques, théologiques et philosophiques.

Des théories de l'Histoire

Le livre des *Jubilés* VI 4–14 présente l'équivalent de ce que Thomas Römer a nommé les « sommaires historiques », dans la Bible hébraïque.[32] À l'occasion du récit de l'alliance noachique, l'auteur des *Jubilés* formule une théorie de l'histoire d'Israël, centrée sur le rapport au sang, et organisée autour de trois moments liés entre eux.

[30] D. J. McCarthy, 1973, "Further Notes on the Symbolism of Blood and Sacrifice", JBL 92 / 2, 210. Et aussi : « *Apart from the Old Testament, when given an explicit role in sacrifice, blood is associated with death and not life, with the powers of underworld and not with the upper* », *ibid.* 205.

[31] D. J. McCarthy, 1969, "Symbolism of Blood and Sacrifice", JBL 88 / 2, 176.

[32] Th. Römer, 1993, "Résumer l'Histoire en l'inventant. Formes et fonctions des « sommaires historiques » de l'Ancien Testament", RTP 125, 21–39.

Le premier moment correspond au temps des origines, un temps mythique : en l'an MCCLIX de la création du monde, selon la chronologie jubilaire.[33] Concluant la première Alliance, avec Noé, Dieu impose la loi de l'interdit du sang (Jub VI 4–10). Interdit double : les hommes ne doivent ni le consommer (sang des animaux), ni le verser (sang des hommes), « car l'âme de tout ce qui est chair est dans le sang ».[34] Les sacrifices constituent alors la seule façon correcte de verser le sang : par l'abattage rituel, le sang des animaux est mis à l'écart de la consommation humaine. La guerre ne se distingue pas alors de toutes les autres formes d'homicides. Le second moment correspond au présent de la narration : tout le livre des *Jubilés* transcrit les révélations faites par Dieu à Moïse, sur le mont Sinaï (voir Jub prologue et I). Dieu passe une nouvelle Alliance avec les enfants d'Israël, par l'intermédiaire de Moïse, dans un temps synchrone de la révélation en cours (Jub VI 11–13). On est en l'an MMCDX.[35] L'alliance mosaïque renouvelle l'alliance noachique. Elle est sanctionnée par une aspersion de sang sur les fils d'Israël (voir Ex 24,8 דַם־הַבְּרִית, « le sang de l'alliance »). L'interdit de consommer le sang est renouvelé avec rigueur. Enfin, le troisième moment correspond au présent historique de l'auteur du livre. L'efficacité rhétorique de ce saut dans le futur de la narration, qui est aussi le présent du rédacteur, est obtenue au prix d'une insistance répétitive sur l'imprescriptibilité de l'interdit du sang (Jub VI 14) : waʾal^{e}bâ laz^{e}ḥ^{e}q ʿaq^{e}ma mawâ^{ʿe}l ^{ʾe}s^{e}ma laʿâlamu w^{eʾe}tu y^{eʿe}qab^{e}wo lat^{e}w^{e}l^{e}d kama y^{e}kunu ^{ʾe}n^{e}za y^{e}t^{e}mahalalu ba^{ʾe}n^{e}tiʾahomu badam baq^{e}d^{e}ma m^{e}ś^{e}wâʿ baku^{e}lo ^{ʿe}lat. « Il n'y a pas pour cette loi d'extinction, car celle-ci est pour toujours ; qu'ils l'observent pour les générations afin que l'on continue d'intercéder pour votre cause, avec le sang, devant l'autel, tous les jours. » L'interdit du sang (« cette loi », i.e. celle qui vient d'être deux fois énoncée) est ainsi finalement mis en relation directe (kama : « de sorte que ») avec le sang des sacrifices et, plus précisément, avec le sang du kipper. Dans cet échange contractuel, l'Alliance perdure et se renouvelle chaque jour ; en même temps, cet échange récapitule l'histoire d'Israël, qui est l'histoire de l'Alliance entre YHWH et Israël. Les hommes (plus spécifiquement les fils d'Israël) respectent l'interdit de manger le sang, formulé lors de l'alliance noachi-

[33] Vingt-cinq jubilés, quatre semaines et six ans après la création.
[34] Jub VI 7 : ^{ʾe}sma naf^{e}sa ku^{e}lu zaś^{e}gâ w^{e}sta dam, citation de Lv 17,14.
[35] Quarante-neuf jubilés, une semaine et deux ans après la création.

que. L'aspersion du sang sacrificiel sur l'autel renouvelle symboliquement l'aspersion de l'alliance mosaïque ; en outre il purge Israël de ses souillures : c'est la part divine du contrat, c'est-à-dire de l'Alliance.[36]

Cette représentation du sang comme « fil rouge » de l'histoire d'Israël, poursuivie et renouvelée dans le rite quotidien des sacrifices, apparaît familière au judaïsme du deuxième Temple. On en retrouve la trace dans plusieurs écrits, bien que pas toujours sous une forme aussi complète et systématique qu'en Jub VI.

On retrouve par exemple le récit de l'alliance noachique, accompagnée de l'interdit du sang et de l'élimination de la violence en 1QapGen XI. Au sortir de l'arche, Noé rend hommage à Dieu parce que

אעדי ועבד מנהא כול עבדי חמסא ורשעא ושקרא

Il a chassé et éliminé de sur (la terre) tous les fauteurs de trouble, de méchanceté et de fausseté

(1QapGen XI 13–14). Juste après, Dieu formule la grande loi de l'interdit du sang : כול דם לא תאכלון « Vous ne mangerez d'aucun sang » (1QapGen XI 17).[37]

Le syntagme « le sang de l'Alliance » (en grec τὸ αἷμα τῆς διαθήκης) repris de Ex 24,8 présente, sous la forme la plus condensée, la théorie de l'Histoire développée en Jub VI : on le retrouve dans le *Testament de Benjamin* (Test. Ben. III 8) ainsi que dans l'Épître aux Hébreux (He 9,18–21). D'autres récits font apparaître une variante, en substituant le récit de l'alliance abrahamique à celui de l'alliance mosaïque ; mais le sang reste au cœur du processus.[38] Dans le LAB du Pseudo-Philon, Dieu présente à Balaam l'histoire d'Israël en se référant d'abord à Abraham ; il évoque l'*aqedat Issac* pour expliquer l'alliance (LAB XVII 5) : *Pro sanguine eius elegi istos*, « En échange de son sang, Je l'ai

[36] Dans le texte guèze la fonction de purgation du sang est définie comme une médiation favorable, une intercession. Le verbe tamâhᵉlala (un quadrilittère III, qu'on trouve aussi fréquemment sous la forme tamâḥᵉlala) signifie : « supplier, invoquer au cours d'un rite, intercéder, se faire l'avocat ». Voir A. Dillmann, 1865, *Lexicon linguæ æthiopicæ cum indice latino*, (Leipzig, réédit. 1955, New York : Ungar) ; et W. Leslau, 1987, *Comparative Dictionary of Ge`ez (Classical Ethiopian)*, (Wiesbaden : Harrassowitz).

[37] Le *Document de Damas* prend le soin d'étendre l'interdit noachique, y compris aux poissons, qui doivent être fendus encore vivants, afin que le sang s'en écoule (CD XII 13–14).

[38] Dans la Genèse (Gn 15,10) Abraham coupe en deux les victimes sacrificielles (rite d'alliance). Dans les Jubilés il est en outre le premier à accomplir le rite de l'aspersion du sang sur l'autel (Jub XIV 11).

choisi (ce peuple). » Ce *sanguine eius* est à multiples ententes : on peut comprendre que l'acceptation du sacrifice d'Isaac équivalait à l'offrande de son sang.[39] Mais on doit entendre aussi que l'Alliance est fondée sur la permanence de l'offrande du sang sacrificiel.

Cependant le système élaboré par ces « sommaires historiques » a progressivement laissé à l'écart la question du sang humain versé, la double question de la guerre et des homicides. On verra comment ces questions ont opéré un retour dans le judaïsme du deuxième Temple. Mais il nous faut d'abord évoquer une dernière représentation du sang, plutôt métaphysique qu'historique.

Le sang et le souffle : l'âme

En clôture de sa présentation des systèmes sacrificiel et calendaire du judaïsme, au livre III des *Antiquités*, Flavius Josèphe évoque l'existence des règles alimentaires et livre ce bref commentaire sur l'interdit du sang (AJ III 260) : αἵματος μέντοι παντὸς εἰς τροφὴν ἀπηγόρευσε τὴν χρῆσιν ψυχὴ αὐτὸ καὶ πνεῦμα νομίζων « En tout cas il (i.e. Moïse) interdit la consommation d'aucun sang dans la nourriture, décrétant celui-ci l'âme et le souffle. » Cette définition est curieuse : comment le sang peut-il être à la fois un principe abstrait (ψυχή) et un autre élément physiologique que lui-même (le souffle) ? Sans doute le πνεῦμα (comme aussi parfois l'hébreu רוּחַ) ne désigne-t-il pas ici le souffle physiologique, mais l'esprit. Dans ce cas, Josèphe formule cette équivalence, centrale dans le judaïsme de son temps : le sang = la vie. Cependant, sa formulation n'est pas biblique. La Torah n'associe nulle part le sang (דָּם) avec le souffle (רוּח) ; les deux mots ne figurent même jamais ensemble dans aucun chapitre. En revanche elle associe le sang et « l'âme », cette נֶפֶשׁ que le grec des LXX a traduit par ψυχή (voir en particulier Lv 17,10–14). La définition de Josèphe, assimilant le sang au souffle (רוּח, πνεῦμα) aussi bien qu'à l'âme, est donc excessive par rapport à la Torah.

La raison de cette formulation excessive est peut-être à chercher dans Philon. Du moins retrouve-t-on chez Philon une réflexion approfondie sur les liens du sang et de l'âme, exprimée au moyen des mêmes catégories conceptuelles, mais aboutissant à des conclusions

[39] C'est l'interprétation de Charles Perrot et Pierre-Maurice Bogaert : « Le sang d'Isaac, considéré comme un véritable sacrifice, scelle l'élection et l'alliance de Dieu avec son peuple », C. Perrot et P.-M. Bogaert, 1976, *Pseudo-Philon. Les Antiquités Bibliques. Tome 2, Introduction littéraire, commentaire et index*, (Paris : Cerf), 126.

différentes. Même si la formule de Josèphe n'implique pas forcément une visée polémique, elle s'inscrit donc dans le cadre d'une réflexion métaphysique familière au judaïsme du deuxième Temple, autour du statut du sang. La réflexion de Philon se poursuit à travers plusieurs traités.[40] Philon part d'une question exégétique, formulée dans *Deter.* 79–85, à l'occasion d'un commentaire de Gn 4,10.[41] Cette question initiale est la suivante : la Torah semble formuler, à propos de l'âme, deux thèses apparemment contradictoires (*Deter.* 80). D'une part elle énonce que « le sang révèle l'essence de l'âme » (voir Lv 17,11) ; d'autre part elle enseigne « que le souffle est l'essence de l'âme » (voir Gn 2,7). Comme il est exclu que la Torah présente des contradictions (*Deter.* 81), il convient de résoudre celle-ci.

Τί οὖν λεκτέον; « Qu'est-ce à dire ? »

Pour Philon, il faut comprendre que l'homme participe d'une double nature, à la fois animale et humaine (*Deter.* 82). Par conséquent son âme (ψυχή) possède aussi deux « facultés » (δύναμις).[42] La première est la faculté vitale (ζῶμεν), qu'il partage avec les animaux ; la seconde est la faculté intellectuelle ou rationnelle (λογική), propre à l'humanité. Il existe donc aussi deux essences ou substances (οὐσία) de l'âme, correspondant à ces deux facultés (*Deter.* 83) : le sang est l'essence de la faculté vitale ; celle de la faculté rationnelle est le souffle.[43] Il faut donc comprendre ainsi la Torah : le sang est substance « de l'âme de la chair » (principe vital), « mais n'a aucune part à l'esprit » (*Deter.* 84). Donc l'âme humaine est double. Philon retrouve ici une dualité familière à la philosophie hellénistique. Il est intéressant qu'il y revienne à propos de l'interdit de manger le sang. Dans *Spec.* IV 122–125 Philon s'indigne de l'abattage par étranglement ou étouffement que pratiquent, écrit-il, certains Sardanapales (Σαρδανάπαλλοι).[44] Il revient à ce propos sur la pertinence de l'interdit alimentaire formulé en Lv 3,17.[45] Mais il remarque que, même en mangeant

---

[40] Voir F. Parente, 1981, "L'uso del termine αἷμα nella litteratura giudaico-ellenistica", dans F. Vattioni éd., *Sangue e antropologia biblica*, I / 2 (Rome : P.U.P.S.), 531–571.

[41] « La voix du sang de ton frère crie du sol vers moi. » Trad. É. Dhorme, 1956, Paris, Pléiade.

[42] Je reprend ici la traduction de δύναμις retenue par I. Feuer éd., 1965, *Quod deterius potiori insidiari soleat*, (Paris : Cerf).

[43] Mais le souffle (πνεῦμα) n'est lui-même qu'une représentation, une image (εἰκονα) de la puissance divine (*Deter.* 83).

[44] Le nom grec du dernier grand roi assyrien Assurbanipal (668–627 av.)

[45] כָּל־חֵלֶב וְכָל־דָּם לֹא תֹאכֵלוּ (TM) et πᾶν στέαρ καὶ πᾶν αἷμα οὐκ ἔδεσθε (LXX) : « Vous ne mangerez ni de graisse, ni de sang. »

le sang, on n'atteint qu'à la substance de l'âme « sensitive » (αἰσθητική), celle du « principe vital » (τὸ ζῆν) que nous « possédons en commun avec les bêtes ». La substance de l'âme proprement humaine, c'est-à-dire de l'âme « intellective et raisonnable » (νοερὰ καὶ λογική), demeure inaccessible « car cette substance-là est le souffle divin » et la nature divine de ce « principe insufflé » (τὸ δ' ἐμφυσώμενον δῆλον), le rend inaccessible aux hommes (*Spec.* IV 123).

La première élaboration de cette réflexion philonienne sur le sang et l'âme figure sans doute dans ses *Quæstiones*. Dans les *Quæst. Gen.* II 59 Philon commente en effet l'interdit noachique du sang formulé en Gn 9,4 : « Sauf que vous ne mangerez pas la chair dans le sang de l'âme. »[46] Il y formule la conception de la double substance de l'âme que l'on retrouve en *Deter.* et en *Spec.* IV. On la résumera dans ce tableau.

Les deux facultés de l'âme chez Philon :

l'âme sensitive et vitale αἰσθητικὴ καὶ ζωτική commune aux hommes et aux animaux	l'âme rationnelle et intellectuelle λογικὴ καὶ νοερά propre aux hommes
substance et image : le sang	substance : le souffle divin τὸ θεῖον πνεῦμα
	image : le souffle
τὸ αἷμα	τὸ πνεῦμα

Ce passages des *Quæst. Gen.* offre en outre un théorie originale. Selon Philon, l'expression « le sang de l'âme » montre que âme et sang sont deux entités distinctes. Par conséquent la vraie substance (ἀψευδῶς) de l'âme n'est pas le sang mais le souffle. Pourquoi alors le sang est-il défini (par ex. en Lv 17,14) comme « l'âme de la chair » ? Parce que le sang constitue le support physiologique de la vraie substance de l'âme qu'est le πνεῦμα. Car le πνεῦμα, de par sa nature, n'a pas accès à l'existence charnelle : μὴ καθ' αὑτὸ δὲ χωρὶς αἵματος τόπον ἐπέχειν, « par lui-même, sans le sang, il n'occupe aucun emplacement. » Vraie substance de l'âme, le πνεῦμα a donc besoin d'un élé-

[46] Cette formule génitive, « le sang de l'âme » (τὸ ἅιμα ψυχῆς), qui prend un certaine importance chez Philon (voir F. Parente, 1981, *art. cit.*, 553 sq), est propre à la LXX. Le TM n'emploie pas ici la forme construite : il y est proscrit de manger la chair בְּנַפְשׁוֹ דָמוֹ, « dans son sang, (c'est-à-dire) son âme ».

ment corporel, le sang, pour le véhiculer : ἀλλ᾽ ἐμφέρεσθαι καὶ συγκεκρᾶσθαι αἵματι, « Mais il est porté par, et mélangé avec le sang. »[47] Philon n'a pas repris, dans ses traités plus aboutis, cette thèse d'une confusion organique entre les deux éléments, le sang et le souffle. Il s'évertue au contraire à soigneusement les distinguer. Mais on reconnaît aisément dans cette représentation initiale le modèle, sans doute répandu, auquel se référait Josèphe lorsqu'il regroupait dans un même ensemble le sang, l'âme et le souffle.

Rites de sang, sang des sacrifices, sang de la guerre

Ambivalence du sang des sacrifices

J'ai parlé de l'ambivalence rituelle et symbolique du sang. Cette ambivalence s'organise systématiquement autour du sacrifice : le sang des sacrifices est pur et purifie ; de quelque autre façon qu'on le verse, le contact d'un sang profane souille. Cette opposition, cet écart d'un sang à un autre sang, et le scandale sacrilège que constituerait leur mélange, sont l'un des articles les mieux établis dans le judaïsme du deuxième Temple, sans distinction entre les écoles.

La pureté (ici : du sang sacrificiel) ne se définit pas dans l'absolu. Elle est un écart, une différence, elle se définit par rapport à l'impureté, par distinction et par opposition. La pureté ne va jamais sans la souillure. Ainsi, en *Quæst. Ex.* II 14, Philon commente l'interdit d'offrir un sacrifice au-dessus d'un pain levé (Ex 23,18a).[48] Le « sang du sacrifice » (αἷμα Θυσιάσματος), écrit Philon, ne doit pas entrer en contact avec le levain, symbole des plaisirs vains et instrument de corruption. Philon rappelle à cette occasion la grande règle du système de pureté : μιγνύναι δὲ τὰ ἄμικτα οὐκ ὅσιον. « Il n'est pas permis de mélanger des choses distinctes. »[49] Francis Schmidt, plaçant Lv 10,10 en exergue de son chapitre intitulé "La pensée du Temple", a ainsi montré en anthropologue comment l'activité sacerdotale de « séparation » (entre le pur et l'impur, entre le sacré et le profane) était

---

[47] Voir aussi le texte latin (*e versione armeniaca*) de *Quæst. Gen.* II 59 : *Is autem spiritus non per se seorsum sine sanguine locum tenet (in corpore), sed contextus est ac commixtus sanguine.*

[48] לֹא־תִזְבַּח עַל־חָמֵץ דַּם־זִבְחִי (TM) et οὐ θύσεις ἐπι ζύμῃ αἷμα Θυσιάσματός μου (LXX) : « Tu ne sacrifieras pas au-dessus d'un ḥâmēṣ (pain levé) le sang de mon sacrifice. »

[49] Texte latin (*e versione armeniaca*) : *At miscere immixta nefas.* Tout se joue dans l'opposition entre le mélangé impur (μίσγειν, μιγνύναι, *miscere*) et le séparé pur (ἄμικτον, *im-mixtum*). Reste pur ce qui reste séparé, voir note suivante.

au fondement du lien social dans le judaïsme du deuxième Temple.[50]

Philon revient sur cette question en *Spec.* III, où il se demande pourquoi le Temple n'a pas été institué comme asile pour les criminels. Un des motifs lui semble en être d'éviter l'accomplissement criminel des vengeances, au pied de l'autel (*Spec.* III 91) : οὗ γενομένου συμβήσεταί τι τῶν ἀνοσιωτάτων, αἵματι γὰρ ἀνδροφόνων αἷμα Θυσιῶν ἀνακραθήσεται, τὸ τῶν καθωσιωμένων τῷ μὴ καθαρῷ. « Dans ces circonstances il adviendra l'un des pires sacrilèges, car le sang des homicides sera mêlé au sang des sacrifices, celui des offrandes sacrificielles à celui des non purs. » Tous les sangs profanes sont source de souillure. Mais, aux yeux de Philon, le mélange du sang d'un homicide avec le sang sacrificiel, confère à la souillure une gravité particulière. L'exemple choisi par Philon, celui de la vengeance familiale contre un criminel, montre assez qu'il n'est pas question ici d'adopter un point de vue moral ni pénal. Aux yeux de la société cet homicide serait apparu légitime ; cette légitimité rapproche l'homicide par vengeance familiale des tueries guerrières. On note qu'elle n'ôte rien au caractère sacrilège de la souillure issue du mélange.

Cette tradition de la pureté du sang sacrificiel, se retrouve dans le Talmud. Le traité Pesaḥim comporte une discussion sur le statut particulier du sang des sacrifices. R. Ḥiya y pose cette question (b.Pes. 16b) :

ממנין לדם קדשים שאינו מכשיר

> D'où tirons-nous que le sang sacré (i.e. des sacrifices) n'est pas vecteur de souillure ?

Il explique lui-même que la réponse est à chercher en Dt 12,24b, dans la loi concernant le sang répandu à terre « comme de l'eau ».[51] À partir de cette citation, la règle de pureté s'énonce en termes d'opposition entre le sang sacrificiel et le sang profane (b.Pes. 16b) :

דם שנשפך כמים מכשיר דם שאינו נשפך כמים אינו מכשיר

> Le sang qui est versé comme de l'eau (i.e. le sang des abattages profanes, selon Dt 12,24) est vecteur de souillure ; le sang qui n'est pas versé comme de l'eau (i.e. le sang des sacrifices, recueilli dans un bol) n'est pas vecteur de souillure.

---

[50] F. Schmidt, 1994, *op. cit.* 77 sq. Lv 10,10 : « C'est pour être à même de distinguer le sacré du profane, ce qui est impur de ce qui est pur. »

[51] עַל־הָאָרֶץ תִּשְׁפְּכֶנּוּ כַּמָּיִם « Tu le verseras (i.e. le sang) par terre comme de l'eau. »

Le système rabbinique de pureté ne distingue pas seulement entre la pureté et la souillure, mais également entre ce qui est susceptible de *transmettre* l'une et l'autre. Deux choses pures et séparées peuvent ainsi devenir souillées, par contact, si l'une des deux est מכשיר, c'est-à-dire susceptible de transmettre la souillure.[52] Tel n'est pas le cas du sang sacrificiel, ce qui lui confère un degré spécifique de pureté. R. Yossé ben Hanina déclare ainsi, à propos du sang s'écoulant des abattoirs du Temple (b.Pes. 16a) :

משקי בית מטבחיא לא דיין שהן דכן אלא שאין מכשירין

> Au sujet des écoulements des abattoirs : non seulement ils sont purs, mais ils ne sont pas des vecteurs de souillure.

Cette qualification, proprement rabbinique, renvoie aux discussions de l'époque du deuxième Temple sur la puissance purgative (kipper) du sang des sacrifices. En effet le sang sacrificiel est l'élément purificateur, purgateur, par excellence. Selon la loi biblique, cette vertu du sang sacrificiel se manifeste spécifiquement dans les sacrifices חַטָּאת (ḥaṭṭâ't) de purgation.[53] Leur accomplissement le plus solennel a lieu à l'occasion du Yom Kippour. Cette purification, ou purgation, joue un rôle central dans le système de pureté du deuxième Temple. Il était donc naturel qu'on en trouvât de nombreuses mentions dans les écrits juifs de l'époque ; dans les manuscrits de Qoumrân[54] ; dans le Talmud ;[55] et jusque dans le Nouveau Testament.[56] Là-dessus, les différents courants du judaïsme s'accordent. Le seul débat perceptible concerne l'usage que l'on peut faire des eaux de rinçage du Temple, mêlées de sang sacrificiel. Cette pratique du rinçage du sang des sacrifices, jusqu'au pied de l'autel, est déjà décrite dans la *Lettre d'Aristée*, ainsi

---

[52] Voir dans le Talmud le traité מכשירין (Makšîrîn) du seder טהרות (Ṭhârôt).

[53] Sur les sacrifices ḥaṭṭâ't, voir J. Milgrom, 1983, "The Ḥaṭṭā't Sacrifice", dans J. Milgrom, *Studies in Cultic Theology and Terminology*, (Leyde : Brill), 67–95.

[54] Voir en particulier 4Q512, 29–32, que Maurice Baillet a identifié comme un « rituel de purification » et dans lequel est mentionné (l. 10) « la purification et le sang des holocaustes de bienveillance » (DJD VII, 1982, 265–267). Voir aussi la séquence rituelle du kippour dans 11QT XXV–XXVI.

[55] Voir le traité יומא (Yômâ) du seder מועד (Mô'ēd), en particulier M.Yom. V 3–6 sur l'aspersion du sang des sacrifices de kippour.

[56] L'Épître aux Hébreux, en particulier, revient fréquemment sur la vertu purgative du sang des sacrifices : He 9,7.13.25, 12,11. Voir surtout He 9,22 : καὶ σχεδὸν ἐν αἵματι πάντα καθαρίζεται κατὰ τὸν νόμον, καὶ χωρὶς αἱματεκχυσίας οὐ γίνεται ἄφεσις. « À peu près tout est purifié par le sang, selon la Loi ; et sauf jaillissement du sang il ne se produit pas de remise. »

que le système hydraulique complexe qu'elle exigeait.[57] Où s'écoulait cette eau et que devenait-elle ? Pour le *Rouleau du Temple*, le sang des sacrifices transmettait son caractère sacré à l'eau et la rendait impropre à tout usage profane. Il faut la faire s'écouler dans la terre, en évitant tout contact avec elle (11QT XXXII 13–15) :

13. אל תוך הארץ אשר
14. יהיו המים נשפכים והולכים אליה ואובדים בתוך הארץ ולוא
15. יהיה נוגעים בהמה כול אדם כי מדם העולה מתערב במה

Dans l'intérieur de la terre, où les eaux seront déversées et iront dedans et disparaîtront dans l'intérieur de la terre ; et nul ne les touchera d'entre les hommes car du sang de l'holocauste y est mêlé.

D'après la tradition rabbinique, au contraire, ces eaux ensanglantées s'écoulaient dans une rivière et pouvaient être utilisées pour l'irrigation. Il s'y mêle un peu de pensée magique, puisque cette eau était censée fertiliser les sols et qu'on la revendait pour ses vertus (M.Yoma V 6) :

אלו ואלו מתערבין באמה ויוצאין לנחל קדרון. ונמכרין לגננין לזבל

L'un et l'autre [i.e. le sang du bouc et celui du taurillon du Yom kippour] se mélangeaient dans une canalisation et s'écoulaient dans les eaux du Qidrôn. Et elles étaient vendues aux jardiniers pour enrichir le sol.

Ce point de désaccord halakhique et rituel porte sur une des frontières du système : l'évacuation des déchets sacrificiels. Il souligne combien la question du sang sacrificiel et de sa place dans le système de pureté, préoccupait les esprits du deuxième Temple. Il nous faut maintenant analyser le statut du sang profane, en particulier du sang des homicides, en quoi Philon voyait l'élément le plus radicalement opposé au sang des sacrifices.

Sang des homicides et mauvais rites de sang

On a vu que Philon considérait comme « l'un des pires sacrilèges », τι τῶν ἀνοσιωτάτων (*Spec.* III 91) un éventuel contact entre le sang des sacrifices et le sang des homicides. Dans le judaïsme du deuxième Temple, d'une manière générale, le sang humain (par principe non

[57] Arist. 88–91 décrit le réseau d'eau, ἣ γίνεται διὰ τὴν σμῆξιν τῶν ἀπὸ τῶν Θυσιῶν αἱμάτων « qui est destinée au nettoyage du sang des offrandes sacrificielles ».

sacrificiel) est source de souillure. Souillure majorée quand il s'agit d'un homicide : le *Rouleau du Temple* (11QT L 4–6) ajoute ainsi le contact du sang humain à la liste des sources premières de souillure, énumérées en Nb 19,11sq. La souillure transmise par le contact du sang d'un mort (בדם אדם מת, 11QT L 6) est du même ordre que celle transmise par un cadavre, un squelette ou un tombeau.[58]

Cette impureté du sang des homicides apparaît aussi dans la *Guerre des Juifs* : « *La medesima concezione esprime Giuseppe quando afferma che solo il sangue degli Zeloti profanò*, μιᾶναι, *il tempio.* »[59] Flavius Josèphe décrit une guerre civile dans Jérusalem, entre les Zélotes retranchés dans le Temple, et la milice urbaine mobilisée par le grand prêtre Ananos. Les premiers combats font de nombreux morts et blessés. Tandis que les partisans du grand prêtre transportent leurs blessés dans des maisons de la ville, les Zélotes ramènent les leurs au Temple, de sorte que leur sang coule sur « le sol voué à la divinité » (τὸ Θεῖον ἔδαφος). À ce moment du récit, Josèphe insère cette observation personnelle (BJ IV 201) : καὶ μόνον ἄν τις εἴποι τὸ ἐκείνων αἷμα μιᾶναι τὰ ἅγια. « Et seul, peut-on dire, le sang de ces gens-là a souillé les lieux saints. » Josèphe décrit ici le « pire sacrilège » que Philon avait seulement imaginé : du sang humain, ici le sang de guerriers tués ou blessés au combat, risque d'entrer au contact du sang sacrificiel. Le simple contact du sang humain avec le dallage du Temple, sur lequel s'écoule ordinairement le sang des sacrifices, est source d'impureté. Josèphe y revient un peu plus tard, dans le même livre, lorsqu'il met dans la bouche de Titus, s'adressant aux assiégés, le rappel des lois juives de pureté. Dans sa harangue, Titus évoque d'abord le *soreg* et l'interdit fait naguère aux étrangers d'en franchir la barrière (BJ IV 124–128). Puis il insiste sur la souillure actuelle, de l'espace sacré ainsi défini, par le sang des guerriers (BJ IV 126) : τί δὲ τὸν ναὸν αἵματι ξένῳ καὶ ἐγχωρίῳ Θύρετε; « Pourquoi souillez-vous le Temple d'un sang étranger et autochtone ? » Cette précision, « étranger *et* autochtone », montre que la souillure a trait au sang versé des combattants, quelle que soit leur origine, et non à la transgression du *soreg* par un étranger. La loi de l'impureté majeure du sang humain versé

---

[58] De même que Nb 19,16, le *Rouleau du Temple* précise que le contact des « hommes abattus par l'épée » (ובחלל חרב, 11QT L 5) est une source majeure de souillure. Les combattants se trouvent inévitablement souillés.

[59] F. PARENTE, 1981, art. cit., 559.

par homicide est donc un fait suffisamment établi, dans le judaïsme du deuxième Temple, pour qu'on puisse admettre sans invraisemblance qu'un *imperator* romain s'y réfère.

Verser le sang des hommes, pourtant, peut apparaître légitime dans certaines circonstances. Les guerres, du moins certaines guerres, en sont un exemple. Mais, quelle que soit la légitimité de l'homicide, tout qui précède démontre que, dans toutes les circonstances, le contact du sang humain versé demeure une souillure majeure. La souillure par le sang relève du système de pureté ; elle est distincte (les juristes diraient « détachable ») de la faute.

Le judaïsme du deuxième Temple a distingué en outre entre homicide légitime et homicide criminel. L'homicide criminel est défini par le fait de verser « un sang innocent ». Le *Testament de Zabulon* évoque ainsi « le sang innocent » de Joseph (Test.Zab II 2) ; le *Testament de Lévi* (Test.Lév XVI 3) prophétise que « l'homme qui aura renouvelé la Loi » sera mis à mort et que son « sang innocent » retombera sur la tête de ses assassins.[60] Le *Rouleau du Temple* (11QT LXIII 7), prescrivant le rite de conjuration d'un meurtre non élucidé, conclut par cette prière, tirée de Dt 21,8 :

יהוה ואל תתן דם נקי בקרב עמכה ישראל

YHWH, ne mets pas un sang innocent au milieu de ton peuple Israël.

L'expression « sang innocent » (דָם נָקִי) est d'abord biblique : le syntagme figure dix-neuf fois dans la Bible hébraïque, dont cinq fois dans la Torah (uniquement dans le Deutéronome).[61] Selon la Torah, ce sang innocent « retombe », « est sur » (הָיָה עַל), celui qui l'a versé (voir *inter al.* Dt 19,10).[62] Cette formulation constitue l'application de la « loi du sang » formulée lors de l'alliance noachique (Gn 9,5–6).[63] Elle correspond aussi à l'expression régulière, utilisée dans le Lévitique,

[60] τὸ αθῷον αἷμα ἐν κακίᾳ ἐπὶ κεφαλὰς ὑμῶν ἀναδεχόμενοι « Vous recevrez sur vos têtes son sang innocent, à cause de votre mauvaiseté. »

[61] Voir A. Even-Shoshan, 1990², *A New Concordance of the Old Testament*, (Jérusalem : Kiryat Sefer), 780.

[62] וְלֹא יִשָּׁפֵךְ דָּם נָקִי בְּקֶרֶב אַרְצְךָ אֲשֶׁר יהוה אֱלֹהֶיךָ נֹתֵן לְךָ נַחֲלָה וְהָיָה עָלֶיךָ דָּמִים ׃

Alors le sang innocent ne sera pas versé au milieu de ta terre, celle que YHWH ton Dieu t'a donnée en héritage, et le sang ne sera pas sur toi.

[63] שֹׁפֵךְ דַּם הָאָדָם בָּאָדָם דָּמוֹ יִשָּׁפֵךְ « Qui répand le sang de l'homme, son sang par l'homme sera répandu. » Trad. É. Dhorme, 1956.

pour prononcer les condamnations à mort (Lv 20,9.11) : דָּמָיו בּוֹ, « son sang (est) avec/sur lui ».[64]

Au-delà de cette continuité avec les écrits bibliques, le judaïsme du deuxième Temple innove en établissant une équivalence, dans le domaine rituel, entre l'homicide criminel et les mauvais rites de sang. Est particulièrement visée la transgression majeure consistant à manger le sang. L'auteur de la Sagesse de Salomon, dont on admet généralement qu'il s'agit d'un Juif vivant à Alexandrie au I er siècle av., attribue ainsi à des Cananéens mythiques les rites, réels ou fantasmés, qu'il dénonce chez ses concitoyens grecs participant aux mystères (Sg 12,3–5) :

3. καὶ γὰρ τοὺς πάλαι οἰκήτορας τῆς ἁγίας σου γῆς
4. μισήσας ἐπὶ τῷ ἔχθιστα πράσσειν,
ἔργα φαρμακεῶν καὶ τελετὰς ἀνοσίους
5. τέκνων τε φονὰς ἀνελεήμονας
καὶ σπλαγχνοφάγον ἀνθρωπίνων σαρκῶν θοῖναν καὶ αἵματος, ἐκ μέσου
μύστας Θιάσου

« 3. Mais ceux qui habitaient autrefois Ta terre sainte, 4. Tu les haïssais pour leurs très haïssables façons d'agir : œuvres de sorciers et rites sacrilèges, 5. assassinats sans pitié d'enfants et banquets sacrificiels de chairs humaines et de sang, entre initiés d'une confrérie. » Il existe donc, au moins chez les païens, de mauvais rites (τελετὰς ἀνοσίους) : ce sont les cérémonies à mystères organisées par les thiases. Ces mauvais rites sont caractérisés par l'homicide criminel, le cannibalisme et la consommation de sang. Des années plus tard, un autre Juif alexandrin dénonce à son tour ceux qu'il nomme les « Sardanapale ». Philon justifie l'interdit lévitique de consommer le sang par l'existence de leurs pratiques monstrueuses. La critique se fait moins fantaisiste, ou moins excessive : il n'est plus question de cannibalisme, ni de sacrifices d'enfants. Philon se concentre sur le désir sacrilège de manger du sang. *Spec.* IV 122 : Ἔνιοι δὲ Σαρδανάπαλλοι τὴν ἀκρασίαν τὴν ἄγαν ἁβροδίαιτον αὑτῶν χανδὸν πρὸς τὸ ἀόριστον καὶ ἀτελεύτητον ἀποτείνοντες, καινὰς ἐπινοοῦντες ἡδονάς, ἄθυτα παρασκευάζουσιν, ἄγχοντες ἀποπίγοντες καὶ τὴν οὐσίαν τῆς ψυχῆς, ἣν ἐλεύθερον

[64] Mais en grec : ἔνοχος ἔσται, « il est condamné » ; il s'agit ici de la condamnation à mort des parricides et des incestueux. De même, lorsque David condamne à mort le meurtrier de Saül (2 S 1,16), il lui déclare : דָּמְיךָ עַל־רֹאשֶׁךָ (LXX : Τὸ αἷμά σου ἐπὶ τὴν κεφαλήν σου), « Ton sang sur ta tête ». La formule sanctionne toute forme de mise à mort légale (voir aussi LAB VI 11 et, dans le Nouveau Testament, Ac 18,6) : le sang du condamné retombe sur le condamné.

καὶ ἄφετον ἐρχῆν ἐᾶν, τυμβεύοντες τῷ σώματι τὸ αἷμα· σακρῶν γὰρ αὐτὸ μόνον ἀπολαύειν αὔταρκες ἦν, μηδενὸς ἐφαπτομένους τῶν συγγένειαν πρὸς ψυχὴν ἐχόντων. « Certains Sardanapales, étendant avec avidité, à l'infini et au-delà des limites, l'intempérance de leur excessive débauche, et recherchant des plaisirs nouveaux, apprêtent des sacrifices sacrilèges en étranglant et en étouffant les victimes, de sorte que la substance de l'âme, le sang qu'il fallait laisser s'écouler librement, ils l'ensevelissent dans le tombeau du corps. Car il devait leur suffire de consommer seulement les chairs, sans rien toucher de ce qui est apparenté à l'âme. » De même que les initiés, que dénonçait la Sagesse, les jouisseurs efféminés (ἁβροδίαιτον), que vise ici Philon, opèrent à l'intérieur d'un cadre rituel : ils préparent rituellement (παρασκευάζειν) des ἄ-θυτα, c'est-à-dire des sacrifices qui n'en sont pas, des anti-sacrifices ou sacrifices sacrilèges. Le sacrilège découle des méthodes de mise à mort des victimes : contrairement aux bons sacrifices, dans lesquels la victime est égorgée, les animaux sont ici étranglés ou étouffés, afin d'empêcher l'écoulement du sang. Ce point précis établit la culpabilité des sacrifiants. Car la perversion criminelle de ces Sardanapales consiste à vouloir « jouir de ce qui offre une parenté avec l'âme ». Philon ne s'attaque pas, ici, à un raffinement alimentaire mais à une volonté de s'approprier ce qui relève exclusivement du divin, c'est-à-dire, à proprement parler, au sacrilège.[65]

On peut rattacher à cette série de textes l'épisode décrit par Josèphe en AJ VI 120–121. Paraphrasant le récit de 1 S 14,32sq, il y montre les hommes de l'armée de Saül, après une bataille, dévorant encore toute sanglante (ταῦτ' ἔναιμα, var. ἐν αἵματι) la chair du bétail capturé. Le commentaire de la faute est fait par des « scribes » (γραμματείς), qui expliquent à Saül que « le peuple pèche contre Dieu en sacrifiant et en mangeant avant d'avoir convenablement lavé le sang et purifié les viandes » : τὸ πλῆθος εἰς τὸν Θεὸν ἐξαμαρτάνειν Θῦσαν καὶ πρὶν ἢ τὸ αἷμα καλῶς ἀποπλῦναι καὶ τὰς σάρκας ποιῆσαι καθαρὰς ἐσθίον. Une intervention de Saül rétablit le bon ordre. Dans ce récit, il est essentiellement question de la nécessaire distinction à maintenir, entre les homicide légitimes de la guerre et la tentation d'une sauvagerie criminelle.[66] En mangeant les viandes avec leur sang, les guerriers

---

[65] Mais Philon prend soin de préciser, comme on l'a vu, que les sacrilèges n'accèdent ainsi qu'à la part animale de l'âme.

[66] Sur les sacrifices visant à circonscrire la sauvagerie menaçante de la guerre, voir J.-P. Vernant, 1992, "Artémis et le sacrifice préliminaire au combat", dans J.-P. Vernant et P. Vidal-Naquet éds., *La Grèce ancienne. 3. Rites de passage et transgressions*, (Paris : Le Seuil) 317–338.

de Saül abolissaient cette frontière et risquaient de transformer leur combat légitime contre les Philistins, en activité criminelle.

Le Targoum Pseudo-Jonathan fixe enfin la mesure du sacrilège, accompli lors d'un mauvais sacrifice, dans sa traduction de Lv 17. Il y est question de la faute consistant à offrir un sacrifice loin du Sanctuaire (tg Ps J de Lv 17,4) :

אדם קטל יתחשב לגברא ההוא ותהי ליה כאילו אדם זכאי

> Le sang *d'un assassinat* sera compté à cet homme *et il sera coupable comme si c'était* un sang *innocent*.[67]

Le contexte est celui des règles de l'abattage, sacrificiel et/ou profane (i.e. la chasse) : celles-ci sont essentiellement déterminées par le traitement du sang des victimes, aspergé sur l'autel (lors des sacrifices) ou versé à terre et recouvert (à la chasse) ; et par le rappel de l'interdit de manger le sang (Lv 17,10–12). Le sacrifice accompli loin du Sanctuaire est donc, par définition, un mauvais rite, accompagné de rites de sang sacrilèges. L'importance attachée, dans le judaïsme du deuxième Temple, à la condamnation de ces mauvais rites de sang s'exprime dans la précision du targoum, les assimilant à un assassinat. Nos sources judéo-alexandrines donnent à penser que ces condamnations répétées répondent au développement des rites païens à mystères et à la séduction qu'ils pouvaient exercer.

Le tableau que dessinent ces condamnations est celui d'une équivalence généralisée, établie entre les sacrifices païens, les rites de sang sacrilèges incluant la consommation du sang et l'homicide criminel.[68] Tuer un animal, selon un rite propre et en vue d'en manger le sang, atteint au même degré de faute et de souillure que de verser criminellement le sang humain. Dans ce système organisé à partir de la valence rituelle et symbolique du sang, qu'en est-il du sang qu'on verse à la guerre ?

Le sang de la guerre

La Bible hébraïque envisageait le cas de mises à mort légitimes, à la suite desquelles le sang ne retombait pas sur la tête de l'exécuteur

---

[67] Les ajouts du targoum apparaissent en italiques dans la traduction.

[68] Ces mêmes Zélotes qui on souillé le Temple de sang humain se voient également reprocher par Josèphe des assassinats, des pratiques efféminées (à l'instar des « Sardanapales » de Philon) et de manger le sang, voir BJ IV 561.

mais sur celle de la victime condamnée.[69] Un passage du premier livre des Rois montre que cette légitimation de certains homicides s'étendait à la guerre. Le roi David, mourant, donne ses dernières instructions à son fils Salomon. Il lui recommande en particulier de faire exécuter Joab, l'un des généraux de son armée, pour avoir tué Abner et Amassa (1 R 2,5) :

וַיַּהַרְגֵם וַיָּשֶׂם דְּמֵי־מִלְחָמָה בְּשָׁלֹם

Il (Joab) les a tués et il a versé le sang de la guerre en temps de paix.

On doit comprendre deux choses : d'une part qu'il existe une catégorie spécifique nommée דְּמֵי־מִלְחָמָה, « sang de la guerre ».[70] D'autre part que ce sang ne doit pas être versé בְּשָׁלֹם, « en temps de paix ». S'il l'est pourtant, on a affaire à un homicide criminel : quelle que soit la qualité militaire du meurtrier et l'arme employée, il ne peut en arguer pour s'exonérer du crime. Il en découle, qu'à l'inverse, verser le sang de la guerre durant le temps de la guerre constitue un acte légitime, un type d'homicide non fautif.

Cette légitimation des tueries guerrières se maintient à l'époque du deuxième Temple. Il n'est que de citer les guerres des Maccabées, les références des Zélotes à la figure de Pinḥas ou les manuscrits du *Règlement de la Guerre* retrouvés à Qoumrân. De Qoumrân on peut noter aussi cette prescription du *Document de Damas*, dont les deux *vacat* qui la distinguent du reste du texte, attestent l'unité (CD XII 6–7) :

vacat אל ישלח את ידו לשפוך דם לאיש מן הגוים בעבור הון ובצע *vacat*

Qu'il ne tende pas sa main pour verser le sang d'un homme des nations à cause de ses biens et pour un profit mal acquis.

La précision apportée par la préposition בעבור (« à cause de », « pour cette raison-là ») indique que la règle de ne pas tuer les païens n'a pas une portée générale. Il n'est pas interdit de les tuer jamais, en aucune circonstance ; il est interdit seulement de les tuer pour les dépouiller, de les tuer uniquement par appât du gain. Tous les homicides ne sont pas criminels.

Mais, si tuer ses ennemis à la guerre ne relève ni de la faute, ni de

[69] Voir *inter al.* Lv 20,9.11 ; 2 S 1,16 etc.

[70] Sous cette forme, l'expression reste cependant un *hapax legomenon* dans le corpus biblique.

la culpabilité, ni du crime, le sang versé à la guerre n'en constitue pas moins, dans le système de pureté du deuxième Temple, une source majeure de la souillure. C'est d'abord le cas naturellement, du sang des ennemis. Ainsi les soldats de Juda Maccabée, après une bataille sanglante, « se purifient-ils » (ἁγνισθέντες) avant le sabbat (2 M 12,38). Le *Règlement de la Guerre* établit également, à plusieurs reprises, le caractère impur et de source de la souillure, du sang des ennemis. On a vu que, pendant les tueries, les prêtres doivent se tenir à l'écart de la mêlée להתגאל בדם טמאתם « pour [ne pas] être souillés de leur sang impur » (1QM IX 8). La souillure ne découle pas seulement de ce contact entre un sang profane et les marques du sacré dont sont porteurs les prêtres. Le sang ennemis transmet son impureté également aux guerriers « ordinaires », non prêtres. De sorte qu'au lendemain de la bataille ils doivent se purifier tout particulièrement de ce sang (1QM XIV 2–3) :

ובבוקר יכבסו בגדיהם ורחצו מדם פגרי האשמה

Et au matin ils laveront leurs vêtements et se nettoieront du sang des cadavres du crime.

On serait tenté de penser que la souillure et l'impureté, transmises par le sang des ennemis, découlent de la nature par définition pécheresse et criminelle de ces ennemis — puisqu'ils se dressent contre la Loi divine. C'est ce que suggère l'expression דם פגרי האשמה, « sang des cadavres du crime » (1QM XIV 3) ; ou encore דם חללי אשמתם, « sang des tués de leurs fautes » pour désigner le sang des ennemis, en 1QM VI 17. Mais plusieurs indices donnent à penser que le sang des ennemis n'est pas seul à transmettre la souillure ; celui des guerriers juifs aussi. C'est assurément le cas des guerriers zélotes blessés, dont parle Josèphe (BJ IV 201). Cet exemple rappelle que la souillure est définie par un contact entre deux éléments de sacralité différente : dans le cas des blessés zélotes, l'impureté n'est pas attachée intrinsèquement à leur sang mais découle de son contact avec le sol sacré du Temple et, par son intermédiaire, avec le sang des sacrifices. Le risque de la souillure, provoquée par le contact du sang des guerriers juifs avec un autre élément, a été traité rituellement par le judaïsme. La réponse qu'il a apporté à cette menace d'impureté apparaît liée à l'ensevelissement des morts après la bataille, pratique qui acquiert de l'importance dans les écrits du deuxième Temple. Les guerriers de Juda Maccabée, après s'être purifiés et avoir célébré le sabbat, reviennent ainsi sur le champ de bataille ensevelir leurs compagnons morts au combat (2 M 12,39). Lors du siège de Jérusalem, Josèphe note aussi que les proches des victimes assassinées par Zélotes et Iduméens, n'osaient ni prendre le deuil, ni les ensevelir, par peur des assassins. Le rite s'en trouvait alors réduit à son expression minimale (BJ IV 332) : νύκτωρ δὲ κόνιν αἴροντες χεροῖν ὀλίγην ἐπερρίπτουν τοῖς σώμασι. « Pendant la nuit ils prenaient un peu de poussière dans leurs mains et la jetaient sur les corps. » Cette poignée de poussière jetée sur les cadavres, comme substitut à l'ensevelissement, évoque la poussière dont il convient de recouvrir le sang de l'animal abattu en dehors du sacrifice (à la chasse ou en boucherie). Ce rapprochement suggère un lien entre le rite d'ensevelissement et la neutralisation rituelle des souillures transmises par le sang versé.

On trouve dans le manuscrit 4QTestimonia de Qoumrân, une description des ennemis d'Israël versant le sang sur les murailles de Jérusalem (4Q175 i 28–29) :

28. [וע]שו חנופה בארץ ונצה גדולה בבני
29. [יעקוב ושפכו ד]ם כמים על חל בת ציון

[. . . et ils accom]pliront un sacrilège dans le pays et une grand désastre pour les fils [de Jacob. Ils verseront du sa]ng comme de l'eau sur les remparts de la fille de Sion.[71]

L'expression « verser le sang comme de l'eau » renvoie également aux rites accompagnant l'abattage profane, décrits en Dt 12,16 et repris dans le *Rouleau du Temple*. Si, dans le Deutéronome il n'est pas question de recouvrir le sang avec de la terre, les deux prescriptions (« verser le sang à terre comme de l'eau » et le « recouvrir de poussière ») figurent en revanche dans le passage correspondant du *Rouleau* (11QT LII 12). Le geste de recouvrir le sang s'applique à des animaux, dans ces écrits, tandis qu'en 4QTestimonia il est question de sang humain : le sang des fils de Jacob versé par les ennemis d'Israël lors d'une guerre. Le rapprochement entre l'ensevelissement et le recouvrement du sang demeure pourtant pertinent. En effet l'éditeur du 4QTestimonia, John Allegro, a reconnu dans ce passage une citation du psaume 79 (Ps 79,3) :

[71] Texte édité par J. Allegro, 1968, DJD V, 57–60. Les reconstitutions, généralement admises, sont fondées sur un texte parallèle en 4Q378.

שָׁפְכוּ דָמָם כַּמַּיִם סְבִיבוֹת יְרוּשָׁלָם וְאֵין קוֹבֵר׃

> Ils verseront du sang comme de l'eau sur le pourtour de Jérusalem mais personne n'ensevelira.

Le contexte immédiat du psaume associe le sang des Israélites versé au combat (« comme de l'eau »), et leur absence de sépulture. Tout le psaume exprime l'horreur de ce sacrilège, associé à la profanation du Temple.[72] En d'autres termes, le document qoumrânien 4QTestimonia se réfère explicitement à un écrit biblique prescrivant que le sang des fils d'Israël, versé à la guerre, soit rituellement recouvert, sous la forme de l'ensevelissement.

Ce faisceau d'indices donne à penser que le sang versé par les combattants juifs à la guerre, en particulier le sang des morts, requérait le rite particulier de l'ensevelissement. Le sang de la guerre, lorsqu'il s'agit du sang des ennemis est une source majeure de souillure et son contact rend nécessaire la purification des guerriers après le combat. Le sang des fils d'Israël, sans qu'on puisse lui attribuer une transmission identique de la souillure, exige néanmoins un traitement rituel spécifique, inspiré du geste de recouvrir le sang des animaux tués de façon profane. En la circonstance, l'ensevelissement du cadavre tout entier réalise aussi le geste de recouvrement du sang.

Pour conclure sur le sang de la guerre, on doit souligner l'évolution opérée par le judaïsme du deuxième Temple, par rapport à son modèle biblique. Dans celui-ci, le sang apparaissait comme un élément appartenant « en commun » à la guerre et aux sacrifices, en tant que part de la divinité. Pour le deuxième Temple, la représentation qui s'impose, installe le sang de la guerre et le sang des sacrifices dans un rapport d'exclusion mutuelle, un rapport d'opposition au sein du système de pureté. Les deux sangs se retrouvent aux deux pôles du système : entrer au contact de l'un comme de l'autre exige de traverser ensuite un rite de purification, afin de réintégrer la sphère des activités humaines ordinairement non sanglantes. Ainsi doivent s'accomplir la purification des guerriers après les batailles. Ainsi doit également se faire la purification des prêtres après les sacrifices : une modification des rites du Yom kippour introduite par le *Rouleau du Temple* est significative. La Torah prescrivait que les

---

[72] Voir le v. 1 du psaume : טִמְּאוּ אֶת־הֵיכַל קָדְשֶׁךָ « Ils ont souillé Ton Temple saint. »

prêtres se purifient avant les sacrifices (Ex 30,18–21) ; le rite du kippour décrit en Lv 16 indiquait aussi que le grand prêtre se purifie à l'issue de l'ensemble des cérémonies, lorsqu'il abandonne le vêtement sacerdotal et rejoint le peuple (Lv 16,3–24). Le cérémonial de 11QT modifie légèrement cette séquence.[73] Il y introduit une purification supplémentaire, située entre les rites d'aspersion et de purgation, accomplis avec le sang des sacrifices, et le rite d'expulsion du bouc d'Azazel. Il s'agit explicitement de se purifier après le contact du sang sacrificiel (11QT XXVI 10) :

ורחץ את ידיו ואת רגליו מדם החטאת

> Puis il (i.e. le grand prêtre) lave ses mains et ses pieds du sang du ḥaṭṭâ't (le sacrifice de purgation).

On peut alors formaliser l'exclusion mutuelle des deux sangs sous la forme de ce petit tableau :

sang des sacrifices	sang de la guerre
prêtres Sanctuaire	guerriers étranger

Seul les prêtres peuvent entrer au contact du sang sacrificiel et ils sont exclus du contact avec le sang de la guerre (voir *inter al.* 1QM IX 7–8). Seul les guerriers sont au contact du sang de la guerre et ils sont exclus du contact avec le sang des sacrifices (voir *inter al.* BJ IV 201).

L'exclusion mutuelle se lit aussi dans le dispositif spatial symbolique du judaïsme. Le sang des sacrifices ne peut couler qu'au Sanctuaire, c'est-à-dire au cœur même du dispositif topographique, d'où tout autre sang est banni. À l'inverse, le sang de la guerre est d'abord celui des étrangers, puis celui versé par les étrangers : on se situe à la périphérie du dispositif, dont la guerre a précisément pour fonction principale de maintenir les frontières les plus larges possibles. En effet, la guerre victorieuse signifie repousser l'étranger à l'extérieur, successivement du Sanctuaire, de la ville sainte et du pays. On reconnaît là, la séquence des guerres maccabéennes : répurga-

[73] « Légèrement » ne doit pas tromper : le rite étant le domaine du découpage indéfiniment répété du réel, plus c'est petit, plus c'est signifant.

tion du Temple, destruction de l'*akra* et récupération de Jérusalem, opérations de reconquête du royaume de David. La défaite signifie, au contraire, le franchissement successif de ces limites, de l'extérieur des frontières d'erets-Israël jusqu'au cœur du Sanctuaire (voir la visite de Pompée), ou jusqu'à la catastrophe de sa destruction.

Le sang des sacrifices est versé au cœur unique de la topographie du judaïsme ; le sang de la guerre est repoussé, par la guerre elle-même, au-delà de ses frontières. Que les deux viennent à se superposer et c'est le sacrilège, la profanation — ou la disparition.

CHAPITRE X

LES SACRIFICES DE GUERRE (3) : ANATHÈME OU ḤĒREM

Il existe encore un rite particulier au judaïsme ancien, situé au croisement de la violence guerrière et de la violence sacrificielle : le חֵרֶם, ḥērem.

Le ḥērem est une pratique rituelle spécifiquement juive. Le judaïsme ancien a codifié ici un rite situé aux limites du sacrifice et de la guerre et portant à son paroxysme la violence commune aux deux institutions. L'archétype narratif du ḥērem de guerre, dans la Bible hébraïque, est le récit de la capture et de la destruction de Jéricho par Josué (Jos 6,15–21). Pour comprendre et définir le rôle du ḥērem dans le judaïsme ancien, l'approche anthropologique est apparue la voie la plus féconde, offrant en outre le plus de garanties scientifiques. D'une part elle s'accorde aux exigences de rigueur de la philologie ;[1] d'autre part elle évite d'enfermer le ḥērem dans une période close ou dans un schème historiographique trop contraignant.[2] On peut proposer la définition suivante du ḥērem : toute chose et tout être, qui ne peuvent appartenir qu'à YHWH exclusivement, en raison de leur caractère sacré. Cette exclusion de la sphère des échanges humains constitue un interdit absolu, dont la transgression est punie de mort (Lv 27,29). Le caractère sacré du ḥērem, homme ou chose, découle de ce qu'il a été voué à la divinité. Les *sacra* des Dieux étrangers (et tout ce qui a été contaminé / sacralisé à leur contact),

---

[1] La meilleure introduction philologique au ḥerem biblique reste l'article de A. Lemaire, 1999, "Le ḥerem dans le monde nord-ouest sémitique", dans L. Nehmé éd., *Guerre et conquête dans le Proche Orient ancien. Actes de la table ronde du 14 Novembre 1998*, (Paris : Maisonneuve), 79–92. Voir aussi (en hébreu) : S. Libermann et Y. Kutscher, 1963, חרגין, הרמין ותגרין ("Les termes ḥerag, ḥerem et taggar"), *Leshonenou* 27 (לשוננו, Jérusalem), 34–39.

[2] Voir J. Milgrom, 1990, "The Status of Herem", dans J. Milgrom, *Numbers*, (Philadelphie, New York : The Jewish Publication Society), Excursus 44, 428 ; M. Malul, 1995, s.v. "Taboo", dans DDD, 1559–1565 ; R. D. Nelson, 1997, "*Herem* and the Deuteronomic Social Conscience", dans M. Vervenne et J. Lust éds., *Deuteronomy and Deuteronomic Literature. Festrschrift C. H. W. Brekelmans* (Louvain : Presses Univ. de Louvain), 39–54.

doivent être transférés à YHWH par le moyen du ḥērem. La remise du ḥērem à YHWH s'effectue sous les deux formes de la mise à mort / destruction, ou de la cession inaliénable au Temple.

Le ḥērem est donc, avant toute chose, *un principe et un mécanisme d'exclusion.* Cela seul permet de rendre compte de ses formes, en apparence seulement, si différentes : ḥērem de guerre (contre les *sacra* des étrangers et ceux qu'ils ont contaminés) ; d'extermination (contre tous les idolâtres et ennemis de YHWH) ; usages juridiques du ḥērem (comme mode d'excommunication, ou comme un serment liant une communauté). Le principe d'exclusion, à suivre les plus anciens récits bibliques, a fonctionné d'abord dans le champ de la guerre. L'idolâtrie qui doit être anéantie est alors, par essence, étrangère. Son éradication se trouve donc associée à l'interdit de toute alliance exogamique.[3] Les deux mesures, en apparence contradictoires (il n'y a plus d'alliance possible si tout étranger est tué), se complètent dans la réalité, concourant au même objectif, de prévenir la contagion idolâtrique transmise par l'étranger-ennemi.[4]

Puis s'opère un déplacement de l'extérieur vers l'intérieur. L'idolâtrie est désormais soupçonnée de surgir du sein même d'Israël. Susan Niditch a relevé ce mécanisme, à l'œuvre dans le Deutéronome : « *And in Dt 13 they (i.e. "the deuteronomic writers") make clear that the ban is not only to be invoked against foreigners, but also to deal with those whom Louis Stulman calls "the indigenous other", the enemy within.* »[5] À ces « autres-indigènes » les lois d'exclusion doivent être appliquées avec encore plus de rigueur qu'aux étrangers, à leurs dieux et à leurs *sacra.* Selon une loi sociologique connue, le risque de contamination est d'autant plus élevé que le vecteur de contamination est proche.

Et enfin, le ḥērem fonctionne comme un principe d'organisation sociale : l'homogénéité d'un groupe élargi est maintenue par un mécanisme juridique d'exclusion, s'exerçant de façon graduée dans la

[3] Voir Dt 7,2–3 au sujet des peuples cananéens : « Tu les hérémiseras bel et bien, tu ne couperas pas l'alliance avec eux, et tu ne leurs feras pas grâce. Et tu ne feras pas de mariage avec eux : ta fille tu ne la donneras pas à son fils, et sa fille tu ne la prendras pas pour ton fils. »

[4] La contamination et l'absorption d'Israël par l'alliance matrimoniale est explicitement revendiquée comme stratégie politico-militaire, dans les conseils que Balaam prodigue à Balaq. Le refus de l'alliance matrimoniale s'inscrit ainsi dans le cadre d'une guerre de ruse. Dans le récit d'Esdras (Esd 10,8), la menace du ḥērem juridique est encore brandie à l'occasion d'une assemblée destinée à rejeter les épouses non juives.

[5] S. Niditch, 1993, *op. cit.* 76.

condamnation à mort, l'excommunication, la confiscation des biens etc. À l'échelle de groupes restreints, le ḥērem peut aussi constituer la base symbolique d'une communauté, lorsque qu'elle ne se définit plus que par ce trait minimaliste : l'ensemble de ceux qui se vouent mutuellement au ḥērem, s'ils viennent à se trahir et à se séparer.[6]

Pour autant que ces différentes acceptions du ḥērem relèvent bien d'une évolution historique, le cours de celle-ci est achevé depuis longtemps, à l'époque du deuxième Temple. Les attestations du ḥērem durant cette période, comme catégorie conceptuelle et comme pratique rituelle associées à la guerre et à l'extermination de l'idolâtrie, démontrent que ces diverses conceptions ne s'opposent plus entre elles. Elles n'apparaissent même plus comme le résultat d'une progression diachronique. La diversité est devenue synchronique : les formes diverses du ḥērem coexistent au sein d'une même période historique.

Le ḥērem dans les écrits du deuxième Temple

On trouve un bon nombre de mentions du ḥērem, y compris des différentes formes de ḥērem d'extermination, dans les écrits juifs du deuxième Temple. Cette (relative) abondance des sources atteste que le ḥērem demeure en usage et/ou qu'il fait l'objet de réflexions et de spéculations bien vivantes. Le modèle historiographique, d'un affaiblissement du ḥērem de guerre et d'extermination en une forme juridique plus « présentable », se heurte à la réalité documentaire.

Ces écrits juifs du deuxième Temple mentionnant le ḥērem se distribuent en deux grande séries. D'une part les textes mentionnant un ḥērem guerrier d'extermination. Parmi ceux-ci je distinguerai entre le ḥērem contre des étrangers (dont le modèle biblique est offert par le ḥērem des Cananéens) et le ḥērem d'extermination des Juifs infidèles (dont le modèle figure dans le commandement de Dt 13,13sq visant les cités apostates). D'autre part les textes mentionnant les formes juridiques du ḥērem. Je distinguerai là, entre l'élaboration d'une technique juridique de mise à l'écart, ayant des conséquences économiques (appropriation d'un bien) ou pénales (châtiment par la confiscation des biens, l'excommunication etc.) ; et les

[6] Les deux applications s'opposent en pratique : l'une assure la cohésion d'une société large ; tandis que l'autre favorise la constitution de groupes dissidents, en son sein.

formes d'un droit positif formulant des interdits au sujet de l'usage du ḥērem (interdit de comploter, d'escroquer etc. au moyen du ḥērem). Recensons d'abord ces formes juridiques.

Le ḥērem de forme juridique

La dimension juridique du ḥērem figurait déjà dans la Bible hébraïque.[7] Ses formes connaissent un certain développement à l'époque du deuxième Temple. C'est une technique juridique. La forme la plus radicale et définitive d'exclusion d'une communauté sociale reste la condamnation à mort. Ce dont il est question dans le *Document de Damas* (CD IX 1) :

כל אדם אשר יחרים אדם מאדם בחוקי הגוים להמית הוא

Littéralement : « Tout homme qui vouera au ḥērem un homme d'entre les hommes selon les coutumes des nations pour mettre celui-ci à mort. »

Cette injonction présente une difficulté d'interprétation : faut-il rattacher le syntagme בחוקי הגוים (« selon les coutumes des nations ») au début ou à la fin de la phrase ? En d'autre termes : existe-t-il un mauvais ḥērem « selon les coutumes des nations » ? Ou bien : un homme, justement condamné au ḥērem, doit-il être mis à mort conformément aux lois et aux méthodes d'exécution des nations ?[8] Cette difficulté a été résolue grâce la découverte de parallèles, dans deux des manuscrits du CD retrouvés à Qoumrân. D'une part le 4QD[a] (4Q266 8 ii 8–9) :

8. ואשר אמר [ ]דׄם 9. מאדׄם בחוקי [ ]

Et quant à ce qu'Il a dit [ ] d'entre les homme selon les coutumes [

D'autre part le 4QD[e] (4Q270 6 iii 15–16) :

15. וׄ[ ] 16. [ ]ם מאדם [בח]וׄקי הגׄואיׄם להמית הוא

Et [ ] d'entre les hommes [selon les c]outumes des nations pour mettre celui-ci à mort.

[7] Voir Lv 27 *passim*, en particulier v. 21 et 28.

[8] Avant que les 4QD ne fussent publiés par J. M. Baumgarten, 1996, DJD XVIII, la première interprétation fut celle de Yigael Yadin et BenZion Wacholder, la seconde celle de Chaïm Rabin et André Dupont-Sommer.

Ces deux textes permettent d'établir que le début de CD IX 1 ne doit pas se lire : כל אדם, « tout homme » etc. ; mais plutôt : כל חרם, « tout ḥērem » etc. On traduira donc : « Tout ḥērem par lequel est voué au ḥērem un homme quelconque » etc. De plus, Elisha Qimron a observé que le syntagme introductif ואשר אמר (« Et quant à ce qu'Il a dit ») impliquaient une citation de la Bible.[9] Il a identifié cette citation comme celle de Lv 27,29, fixant le caractère irréversible de la condamnation à mort par le ḥērem.[10] Dès lors la traduction de CD IX 1 doit être : « [Et quant à ce qu'il a dit :] *Tout ḥērem qui vouera au ḥērem un homme d'entre les hommes.* Selon les coutumes des nations on mettra celui-ci à mort. » Il s'agit donc de fixer les conditions de l'exécution d'un condamné à mort. Pour le rédacteur du CD le condamné doit être exécuté conformément aux usages et aux lois des autorités étrangères.[11]

Le ḥērem a également pris une dimension économique. Le mécanisme de la consécration au Temple, rend un bien inaliénable et a pu être utilisé à des fins économiques : confiscation, appropriation privée d'un bien — dont nul autre ne peut jouir, puisqu'il est destiné, en dernier ressort, à revenir au Temple. On trouve ainsi mention d'un objet consacré dans 4Q379 3 6, rappelant le caractère irréversible et définitif de cette dévolution :]חׄרם לו לעולׄם[, «] à lui voué en ḥērem pour l'éternité [».[12] Dans le *Rouleau de cuivre*, une longue liste énumérant différentes caches d'objets précieux, on trouve à deux reprises la mention « ḥērem ! » (3Q15 IX 16 et XI 5) : probablement l'indication d'un interdit d'usage, en rapport avec le caractère sacré de ces objets.[13]

---

[9] « *Since the first six words on this line are introduced by* ואשר אמר *in 4QD^a and 4QD^e, they should be understood as a biblical citation* », E. Qimron, 1992, dans M. Broshi éd., *The Damascus Document Reconsidered*, (Jérusalem : I.E.S. & Shrine of the Book), n. 1, 27.

[10] « Aucun ḥērem qui vouera un homme au ḥērem ne sera racheté ; il sera bel et bien mis à mort. » Comparer le texte hébraïque de Lv 27,29a avec celui de CD IX 1, corrigé à la lumière des 4D :

כָּל־חֵרֶם אֲשֶׁר יָחֳרַם מִן־הָאָדָם et כל חרם אשר יחרים אדם מאדם

[11] Selon Duncan Derrett il y a là une polémique dirigée contre la lapidation. La forme d'exécution prônée par ce texte serait la décapitation du coupable agenouillé, peine infligée par les « tribunaux noachiques », J. D. Derrett, 1983, "'Beḥuqey hagoyim' : Damascus Document IX, 1 Again", RQ 11 / 3, 409–415. Sa démonstration repose sur le fait que la lapidation s'appliquait ordinairement aux infidèles et aux apostats (voir Dt 17,2–5 et 11QT LV 15–21).

[12] 4QApocrJos, édité par C. Newsom, 1996, DJD XXII, 263–288.

[13] André Lemaire a également relevé des références analogue au ḥērem, protégeant le contenu de certaines tombes nabatéenes, A. Lemaire, 1999, art. cit., 80.

C'est dans la Michna que cette dimension économique du ḥērem se trouve le plus largement développée. La Michna n'utilise jamais le mot חֵרֶם au sens d'excommunication.[14] En revanche, différents passages prescrivent la façon correcte de procéder au ḥērem de tout ou partie de ses biens.[15] Le traité Nedarim (« Vœux ») est particulièrement prolixe : les ḥērem sont en effet des vœux. Le recours au ḥērem y apparaît comme une façon courante d'engager sa parole dans une transaction. Cet engagement s'étendait à la personne physique des deux contractants, selon une formule précisée en ces termes (M.Ned. V 4 et 5) : הריני עליך חרם, « Que je sois ḥērem pour toi ! » Le début du traité s'attache à proscrire différentes formes de tricheries et d'escroqueries dans la formulation de cet engagement. Ainsi de l'escroquerie s'appuyant sur une confusion volontaires des mots ; on y utilisait apparemment l'homonymie des deux חרם (M.Ned. II 5) : « On use du terme ḥērem (חרם) puis on dit : Je voulais seulement parler du filet dans la mer (חרם). »[16] La Michna ne condamne donc pas l'usage économique courant du ḥērem mais seulement l'abus qui en est fait, à des fins d'escroquerie. Cette condamnation michnique nous introduit à une série d'interdits, formulés contre le mauvais usage du ḥērem.

Il existe en effet, dans les écrits du deuxième Temple, tout un droit positif prohibant certains mauvais usages du ḥērem : principalement l'organisation de complots et l'enrichissement délictueux.

Les plus anciennes condamnations d'un mésusage du ḥērem figurent dans le livre éthiopien d'*Hénoch* (1 Hén).[17] Une première critique

---

[14] La Michna use pour cela du mot « niddûy » (נִידּוּי, de la racine נדה). Cependant il faut tenir compte que « *later talmudic law reintroduced the herem as an aggravated form of niddui* », *Encyclopaedia Judaica* vol 8, s.v. Ḥērem (Jérusalem : Keter), 344–355.

[15] Par exemple : M.Arak. VIII 4 précise comme hérémiser son troupeau ; M.Betza (Yom Tob) V 2 interdit de hérémiser durant le sabbat ou une fête ; M.Halah IV 9 rappelle que les biens hérémisés revenaient aux prêtres.

[16] L'hébreu connaît deux mots ḥerem. Cette homonymie découle de la formation d'une même racine חרם à partir de deux radicales protosémitiques différentes : le ח/ḥ initial est issu des deux gutturales ḥ et ḫ. Il y a donc en réalité deux racines distinctes mais homonymes en hébreu. La première exprime l'idée de séparation, de mise à l'écart, de consécration à l'usage exclusif de Dieu. La seconde signifie la perforation, le trouage ; on la retrouve dans le mot חֵרֶם désignant un filet de pêcheur (une « senne »), voir A. Lemaire, 1999, art. cit., 79.

[17] En guèze la racine pour exprimer le ḥērem est WGZ. Le substantif « ḥērem » s'écrit gᵉzat. Le verbe « hérémiser » (si l'on veut bien me passer ce néologisme pour « anathémiser ») s'écrit 'awᵉgaza (forme II 1) à la voix active ; et tawagᵉza (forme III 1) à la voix passive.

apparaît dans la section dite « des Veilleurs », datée du IIIème siècle av. : la condamnation du recours au ḥērem pour souder entre eux les membres d'un complot ou d'une conspiration. Le même mécanisme d'exclusion qui fonctionne en faveur de l'homogénéisation d'une communauté, peut en effet se retourner en l'instrument d'une scission contre la communauté. C'est le cas des « Veilleurs » quand ils préparent leur descente sur terre. Ce groupe d'anges désire les filles des hommes et conspire en vue de les épouser. Leur chef, cependant, craint les défections et de devoir assumer, seul, le péché de ce complot ; tous alors le rassurent (1 Hén VI 4–5) : « Jurons tous, en nous vouant mutuellement à l'anathème (wan^{e}t^{e}wâgaz babay^{e}nâtina), de ne pas renoncer etc. (. . .) Alors ils jurèrent tous ensemble et ils se vouèrent mutuellement à l'anathème (wa'aw^{e}gazu kuelomu babay^{e}-nâtihomu) pour cela. »[18] On possède aussi, de ce passage, des fragments en grec et en araméen. En grec : 4. ὀμόσωμεν ὅρκῳ πάντες καὶ ἀναθεματίσωμεν πάντες ἀλλήλους (. . .) 5. τότε ὄμοσαν πάντες ὁμοῦ καὶ ἀνεθεμάτισαν ἀλλήλους ἐν αὐτῷ . . . « 4. Jurons tous par serment et anathématisons-nous tous mutuellement (. . .) 5. Alors ils jurèrent tous ensemble et ils s'anathématisèrent mutuellement dans ce but. » En araméen (4QEn^{a} 1 iii 3 = 1Hén VI 5a) :

כלהן כחדה ואחרמ]ו

Tous ensemble ils se vouèrent au ḥērem [.

Le ḥērem prend donc ici le sens d'un serment solennel, par lequel les membres d'un groupe s'engagent mutuellement. Sur le fond, la cohésion du groupe naît précisément de cet engagement mutuel, comme l'a observé M. Black : « *The oath proposed by their leader was for the watchers to invoke an imprecation calling for mutual annihilation, if anyone of them abandonned their plan.* »[19] Que l'un deux faillisse ou trahisse, il est voué (il s'est voué lui-même) au ḥērem, c'est-à-dire à la mort. On en est donc arrivé à ce point où le ḥērem, à lui seul, définit une communauté ou, plus exactement, une conspiration en vue de se séparer de la communauté. En l'attribuant aux mauvais anges, à l'origine de tous les maux dont est affligée l'humanité, le livre d'*Hénoch* porte condamnation de ce recours conspirateur au ḥērem.[20]

---

[18] Trad. d'André Caquot, 1987, Paris, Pléiade.
[19] M. Black, 1985, *The Book of Enoch or I Enoch, A New English Edition* (Leyde : Brill).
[20] À propos de ce passage, Joszef Milik a observé que la même étymologie du

Une autre condamnation d'un ḥērem figure dans la dernière section du livre d'*Hénoch* (« les parénèses d'Hénoch »), datée du IIème siècle av. Elle n'a subsisté que dans le texte éthiopien. Hénoch profère là une série de malédictions : « Malheur à ceux qui » etc. La première de ces malédictions est formulée en ces termes (1 Hén XCV 4) : « Malheur à vous qui formulez des ḥērems qui ne peuvent être remis en cause. »[21] Mais ce caractère irrévocable du ḥērem a été fixé par Lv 27,28–29, tant pour la dévolution d'un bien que pour la condamnation d'un homme.[22] La malédiction de Hénoch ne peut donc pas porter sur la qualité 'it^{e}f^{e}t^{e}ḥu du ḥērem (« qui ne peut pas être remis en cause ») : celle-ci est conforme à la Torah.[23] Ce qui est condamné ici est donc, à nouveau, le mauvais usage de ces ḥērem irrévocables : soit qu'il s'agisse de condamner les associations criminelles, fondées sur un ḥērem mutuel, à l'imitation des mauvais anges ; soit de condamner un enrichissement frauduleux, acquis au moyen du ḥērem.[24]

Le *Document de Damas* porte une condamnation analogue contre l'acquisition malhonnête de richesses. Elle figure parmi les devoirs et obligations des membres de l'Alliance (CD VI 15) :

ולהנזר מהון הרשעה הטמא בנדר ובחרם

> Et se tenir à l'écart des richesses maléfiques et impures, (obtenues) au moyen du vœu ou du ḥērem.

Il est implicitement admis, ici, qu'il existe un moyen, largement pratiqué, de détourner le ḥērem aux fins d'enrichissement. Il s'agit selon

nom du Mt Hermon, à partir du ḥērem des mauvais anges, figurait aussi dans des commentaires de Hilaire et de Jérôme sur le psaume 133 (Ps 133,3). Jérôme mentionne l'existence d'une source, qu'il n'identifie pas plus clairement : *Legimus quemdam librum apocryphum* etc. Voir J. T. Milik, 1976, *The Book of Enoch. Aramaic fragments of Qumran Cave 4*, (Oxford : Clarendon), *in loc.*

[21] tâwag^{e}zu g^{e}zatâta kama 'it^{e}f^{e}t^{e}ḥu.

[22] Le bien consacré לֹא יִמָּכֵר וְלֹא יִגָּל « ne sera plus ni vendu ni acheté » ; l'homme condamné לֹא יִפָּדֶה « ne sera pas racheté ».

[23] Ce pourquoi M. Black, 1985, *op. cit.*, considère que 1 Hénoch condamne en fait des pratiques magiques n'allant pas à leur terme : « *The woe is on sinners who issue such anathema with the intention of loosing them, i.e. undoing the spell.* » Cette lecture oblige à modifier le sens littéral du texte, en traduisant la fin de la malédiction par « (. . .) avec l'intention de les révoquer », au lieu de « (. . .) irrévocables ». La nécessité de cette correction n'apparaissant pas clairement, il faut privilégier ici la *lectio difficilior.*

[24] Dans la première hypothèse on rapprochera ce passage de 1 Hen VI 4sq. Dans la seconde, plus probable dans le contexte des malédictions d'Hénoch, on le rapprochera de condamnations analogues figurant dans certains écrits de Qoumrân et dans la Michna.

toutes apparences du même mécanisme dont le traité Nedarim de la Michna reconnaissait la validité mais condamnait les abus. Un instruction analogue figure dans l'une des versions de la *Règle de la Communauté*, découverte dans la grotte 4, le manuscrit 4Q258.[25] Dans un passage fixant également les devoirs des membres de la Communauté, est rappelée l'obligation de se séparer des impies et des « hommes d'injustice » (אנשי העול) ; ceux-ci sont caractérisés, entre autres, par ceci (4Q258 I 12) :

ושבעות וחרמים ונדרים בפהם]

Serments, ḥērem et vœux sont dans leurs bouches [.[26]

Plus rigoureuse que la Michna, la communauté de Qoumrân condamne donc tout usage du ḥērem, à des fins économique, et pas seulement ses abus. La mention des serments (שבע) donne à penser qu'elle condamne également, ici, à l'instar du Livre d'*Hénoch*, les associations privées (et/ou secrètes) fondées sur le ḥērem mutuel de leurs membres.

Cet usage est à nouveau attesté dans les Actes des apôtres, où il est question d'une conspiration contre Paul de Tarse. Les conspirateurs (assez proches des Sicaires décrits par Josèphe) se lient par un ḥērem en vue d'abattre l'apôtre (Ac 23,12.14.21) : ἀναθέματι ἀνεθεματίσεν, « que nous soyons anathématisés par un anathème » (sous-entendu, si nous n'accomplissons pas notre projet). Ce type de ḥērem, au sens d'un serment liant des conjurés, aurait donc pu être pratiqué par des groupes de Sicaires, au temps des procurateurs romains.

Ce survol des appréciations des ḥērem de forme juridiques permet de définir trois traditions le concernant dans le judaïsme du deuxième Temple :

a) la première, propre à la communauté de Qoumrân, interdit tout usage profane du ḥērem, y compris dans le domaine des activités économiques.

---

[25] Intitulé *4QSerekh Ha-Yahad*[d] (4QS[d]), édité par Ph. ALEXANDER et G. VERMES, 1998, DJD XXVI, 83–128.

[26] Cette injonction ne figure pas dans le passage parallèle de la *Règle*, en 1QS V 1–20. Selon les éditeurs : « *It seems that 4QS*[d] *here had material not in 1QS. The context is a description of outsiders who despise God's word* », Ph. ALEXANDER et G. VERMES, 1998, *op. cit.*, 98.

b) La deuxième, dont les Sages se font l'écho, autorise de recourir au ḥērem (de façon honnête) dans les transactions économiques mais en interdit l'usage pour sceller la cohésion de petits groupes.
c) La troisième, possiblement liée aux Sicaire, a recours au ḥērem comme facteur de cohésion des groupes de résistants et de combattants, plus ou moins clandestins. Ceci constituait donc un retour à l'usage guerrier du ḥērem de forme juridique.

Le ḥērem de guerre

Le ḥērem guerrier d'extermination est attesté dans plusieurs écrits juifs du deuxième Temple : les prophéties de Daniel, les livres des Maccabées, le *Liber Antiquitatum Biblicarum* (LAB), certains manuscrits de Qoumrân, les écrits de Philon d'Alexandrie et de Flavius Josèphe.

Dans Daniel : les chapitres 10 à 12 de Daniel sont constitués en grande partie des prophéties *ex eventu* au sujet des dernières guerres syriennes entre Lagides et Séleucides. Selon les spécialistes du texte, on peut ainsi reconnaître des événements historiques avérés, jusque environ les versets 38–40 du chapitre 11.[27] À partir de là, l'auteur prophétise des événements non historiques : la fin d'Antiochos Epiphane en terre d'Israël, puis une guerre eschatologique. Le ḥērem apparaît dans ce cadre prophétique : le « roi du nord » (i.e. probablement Antiochos IV) a conquis une nouvelle fois l'Égypte puis, ayant reçu des nouvelle inquiétantes « de l'orient et du nord », s'en retire (Dn 11,44b) :

וְיָצָא בְּחֵמָא גְדֹלָה לְהַשְׁמִיד וּלְהַחֲרִים רַבִּים׃

Et il sortira dans une grande colère pour exterminer et hérémiser des nombreux.

L'originalité de ce ḥērem est d'être le fait d'un étranger, d'un roi grec. D'après le contexte, ses victimes sont les Juifs de Judée. Daniel paraît donc reprendre ici une certaine tradition prophétique du ḥērem, retourné contre Israël infidèle à l'Alliance, comme un châtiment divin infligé par des rois étrangers. Mais l'expression utilisée ici pour désigner les victimes, « les nombreux » (רַבִּים), ne convient pas particulièrement

[27] Voir M. Delcor, 1993, "L'histoire selon le livre de Daniel, notamment au chapitre XI", dans A. S. Van der Woude éd., *The Book of Daniel in the Light of New Findings* (Louvain : Peeters), 365–386.

à des coupables ; elle évoque plutôt la façon dont les membres de la communauté de Qoumrân se désignaient parfois eux-mêmes. À la lumière de ce rapprochement, faut-il comprendre que les victimes d'Antiochos sont, parmi les Juifs, ceux précisément demeurés fidèles à l'Alliance ?[28] On aurait alors l'exemple unique d'un retournement prophétique du ḥērem, puisque celui-ci n'affecterait plus les apostats mais les fidèles de l'Alliance. Peut-être est-ce pour faire disparaître cette difficulté que la traduction grecque de Daniel a escamoté le ḥērem : le verbe וּלְהַחֲרִים n'y est pas traduit par son équivalent usuel ἀναθεματίζειν, mais par καὶ ῥομφαίᾳ ἀφανίσαι « et il anéantira par l'épée ». Le rite d'exclusion par l'extermination est ainsi ramené aux dimensions d'un massacre militaire. Pour expliquer cette double inversion, on peut avancer une autre hypothèse : Daniel aurait projeté sur le Grec Antiochos la pratique juive à l'égard des *sacra* étrangers. Antiochos était déjà responsable de la désécration du Temple ; Daniel prophétise qu'il pratiquera aussi la destruction rituelle (ḥērem) des *sacra* du judaïsme et de tous ceux qui ont été « contaminés » à leur contact, c'est-à-dire les Juifs fidèles à l'Alliance, les « nombreux ». Mais faute de confirmation probante, ce ḥērem du « roi du nord » demeure une *crux*.[29]

Dans les livres des Maccabées, 1 M utilise une fois seulement le verbe ἀναθεματίζειν pour décrire l'extermination d'un ennemi (1 M 5,5) : καὶ ἀνεθεμάτισεν αὐτοὺς καὶ ἐνεπύρισε τοὺς πύργους αὐτῆς ἐν πυρὶ σὺν πᾶσιν τοῖς ἐνοῦσιν. « Puis il les anathématisa et brûla par le feu leurs citadelles avec tous ceux qui étaient dedans. » Comme dans la LXX, la forme verbale ἀναθεμάτισεν traduit ici le hifil de חרם. Le contexte est celui des combats menés par Juda Maccabées contre ses proches voisins du sud et de l'est, après la répurgation du Temple de Jérusalem.[30] Il combat en particulier les « fils de Baian » υἱοὶ

[28] C'est bien ainsi que l'ont compris certains exégètes : « *On his way north from Egypt Antiochus will again "exterminate" faithfull Jews, the most obvious meaning of many (hebrew rabîm)* », F. L. Hartman et A. Di Lella, 1978, *The Book of Daniel (The Anchor Bible)* (New York : Doubleday), 305.

[29] Il l'est depuis longtemps. On peut ainsi repérer, dans un commentaire déjà ancien, le malaise de l'exégète : « *The root* ḥaram, *primarily of religious 'ban' and so destruction, is used in an entirely secular sense* », J. A. Montgomery, 1927, *A Critical ans Exegetical Commentary of The Book of Daniel,* (New York : Scribner), 467. Ceci, bien avant que les découvertes de Qoumrân ne viennent accroître la difficulté, en soulignant le caractère positif de l'appellation « les nombreux ».

[30] C'est-à-dire entre octobre 164 et avril 163, selon la chronologie proposée dans J. A. Goldstein, 1984, *op. cit.*

Βαιαν, à qui il inflige ce ḥērem.[31] La description précise du ḥērem des Baianides, par Juda, fait directement référence à la pratique du ḥērem biblique : ainsi la proposition καὶ ἐνεπύρισε τοὺς πύργους αὐτῆς ἐν πυρὶ, « et il brûla leurs citadelles par le feu », est-elle une citation implicite de Dt 13,17, וְשָׂרַפְתָּ בָאֵשׁ אֶת־הָעִיר, « et tu brûleras la ville par le feu ».

Les Maccabéens ont donc pratiqué le ḥērem. Mais l'interprétation de ce ḥērem demeure incertaine. Les « fils de Baian », des Iduméens, ne sont pas fils d'Israël mais d'Esaü. Ce sont donc des étrangers. Ils sont caractérisés par leur hostilité particulière contre Israël (1 M 5,4) : « Ils étaient devenus pour le peuple un traquenard et une embûche en se postant en embuscade contre eux sur les chemins. »[32] Ce trait de dresser des embûches sur la route du peuple juif en route vers sa libération évoque précisément Amalec et les Amalécites, eux aussi fils d'Esaü et voués, eux aussi, au ḥērem.[33] Dans le récit de 1 Maccabées, Juda « se souvint de la méchanceté » καὶ ἐμνήσθη τῆς κακίας des fils de Baian (1 M 5,4). Ce trait renvoie au commandement fait à Israël de se souvenir d'Amalec (Dt 25) : לֹא תִּשְׁכָּח, μὴ ἐπιλάθῃ, « ne l'oublie pas ! » L'auteur de 1 Maccabées est familier de ce type d'usage historiographique du style biblique, destiné à enraciner l'épopée maccabéenne dans l'histoire d'Israël.[34] Par tous ces côtés, le ḥērem des Baianides est représenté comme un ḥērem des étrangers, de leurs Dieux et de leurs *sacra*, analogue à celui exercé contre les peuples cananéens et contre Amalec.

Un récit parallèle de cet épisode en 2 M 10,15–23 (qui ne mentionne pas explicitement de ḥērem) suggère une autre interprétation. L'hostilité du clan iduméen y est caractérisée par le soutien apporté à des Juifs renégats (2 M 10,15) : καὶ τοὺς φυγαδεύσαντας ἀπὸ Ιεροσολύμων προσλαβόμενοι πολεμοτροφεῖν ἐπεχείρουν, « Prenant sous leur protection ceux qui étaient bannis de Jérusalem, ils mettaient la main à entretenir la guerre. »[35] Globalement désigné sous le nom

[31] Ces Baianides (υἱοὶ Βαιαν dans 1 Macc), sont nommés υἱοὶ τοῦ Βαάνου (ou : Σαβαάνου) « fils de Baan ou de Sabaan » dans AJ XII 328 et simplement Ιδουμαῖοι, « Iduméens » par 2 M 10,15sq. On s'accorde à voir en eux un clan iduméen.

[32] Élément repris dans le récit parallèles de Josèphe (AJ XII 328) : les Baianides s'y voient reprocher λοχῶντας τοὺς 'Ιουδαίους, « d'avoir tendu des embuscades aux Juifs ».

[33] Voir Gn 36,12 pour l'ascendance et 1 S 15,3 pour le ḥērem.

[34] Voir U. Rappaport, 1997–98, "L'historiographie du premier livre des Maccabées", AEPHE 106, 221–222 et id., 2001, "1 Maccabees", dans J. Barton et J. Muddiman éds., *The Oxford Bible Commentary*, (Oxford : Oxford Univ. Press), 710–734.

[35] Ce thème de la trahison est redoublé par une anecdote inclue dans le récit

d'Iduméens, le camp ennemi inclut donc également des Juifs luttant contre leurs frères, c'est-à-dire, dans l'esprit de l'auteur, contre leur Dieu.[36] Ces bannis de Jérusalem sont à la fois des traîtres et des infidèles à l'Alliance. Dans ce deuxième récit, le ḥērem paraît donc moins viser des étrangers que des apostats, selon la loi de Dt 13 contre les cités israélites infidèles. Cette ambiguïté est le reflet de celle qui caractérise le statut des Iduméens, du point de vue de l'État asmonéen. En effet, quelques décennies après ce ḥērem des Baianides, les Iduméens « fils d'Esaü » sont soumis à la conversion collective au judaïsme et intégrés à l'État judéen.

Doron Mendels a mis en évidence l'usage géopolitique que surent faire les Asmonéens de différents concepts bibliques.[37] On doit envisager que la réactualisation du ḥērem biblique — au moins dans les textes — put être liée, aussi, aux conditions nouvelles de la guerre et de la stratégie politique et militaire asmonéenne. À l'époque des « guerres syriennes », Lagides et Séleucides lorsqu'ils prenaient une ville, pouvaient se satisfaire d'y installer une garnison à leur solde ; il eût été contraire à leur propre intérêt de la détruire. En revanche pour un mouvement national et indépendantiste autochtone, les *poleis* représentaient d'abord des garnisons étrangères, hostiles et quadrillant le pays : leur destruction devint un objectif politique et militaire légitime.[38] Il existe indéniablement une politique maccabéenne de destruction des *poleis*. L'exemple de Scythopolis atteste *a contrario* qu'il s'agit là d'une politique suivie et délibérée, de la part de Juda Maccabée : c'est seulement à la requête de la minorité juive de la ville qu'il renonce finalement à la détruire. En revanche, selon les deux premiers livres des Maccabées, Juda incendie bon nombre de cités grecques et massacre à l'occasion leur population.[39] Bien que

du siège : des soldats juifs, aux ordres de Simon, laissent échapper quelques-uns des assiégés, moyennant une énorme rançon. Juda Maccabée les fait juger et exécuter (2 M 10,20–22) : τούτους μὲν οὖν προδότας γενομένους ἀπέκτεινεν "« Il fit donc exécuter ceux-ci, devenus des traîtres. »

[36] Voir 2 M 10,1 : « Maccabée et ses compagnons, sous la conduite du Seigneur » etc. Combattre Maccabée, dans ce livre, c'est combattre contre Dieu.

[37] D. Mendels, 1987, *op. cit.*

[38] En outre, dans la confusion des guerre civiles hellénistiques les enjeux stratégiques deviennent si enchevêtrés qu'une campagne de destruction peut s'en trouver justifiée : voir, par exemple, la campagne dévastatrice de Ptolémée Lathyre à travers la Judée en 103–102. Voir E. Van 't dack *et al.* éd., 1989, *The Judean-Syrian-Egyptian conflict of 103–101 BC : a Multilingual Dossier Concerning a "War of Scepters"* (Bruxelles : Koninklije Academie).

[39] C'est le cas des villes de Bassorah, Aléma, Karnaïn et Ephron.

le mot ἀνάθημα en soit absent, ces récits frappent par leur recours au vocabulaire du ḥērem biblique, en particulier à l'association des deux expressions « incendier la ville et toutes ses dépouilles », et « passer au fil de l'épée » (sa population).[40] Ces destructions sont toutes accomplies sur le territoire que les Maccabéens revendiquent pour erets-Israël : l'exemple de l'Idumée montre que le choix offert à ces cités est entre la conversion et le ḥērem. Ceux qui refusent la conversion démontrent en effet par là qu'ils relèvent du ḥērem : soit comme étrangers indûment installés avec leurs Dieux en erets-Israël (modèle des peuples cananéens) ; soit comme infidèles refusant de revenir dans le sein de l'Alliance (modèle des cités israélite apostates).

Le *Liber Antiquitatum Biblicarum* (LAB) du Pseudo-Philon mentionne à trois reprises des *anathema* (*-atis*), translittération du grec ἀνάθημα, désignant un ḥērem. Dans ces trois occasions *anathema* désigne des offrandes consacrées, ou ayant été consacrées, à des Dieux (sens classique de ἀνάθημα) ; chez le Pseudo-Philon il s'agit exclusivement de consécrations à des idoles étrangères, qu'il convient donc de détruire car plus personne ne peut, ni ne doit, en jouir. En revanche, lorsque la paraphrase biblique l'amène à évoquer certains des ḥērem accomplis contre tel ou tel peuple cananéen, le LAB fait simplement état de massacres, sans leur donner de nom, ni de caractère particulier. Les deux ḥērem bibliques contre Sihon et Og sont par exemple résumés par l'exécution de leurs rois (LAB XVIII 1) : *In illo tempore interfecit Moyses Seon et Og reges Amorreorum*, « À cette époque Moïse tua Sihon et Og, rois des Amorites. »[41] D'une façon plus générale, tous les ḥērem de la Conquête sont résumés en une seule phrase (LAB XIX 1) : *In illo tempore occidit Moyses populos*, « À cette époque Moïse fit périr des peuples ». La dimension rituelle des exécutions s'est évanouie. Aux yeux du Pseudo-Philon, l'essentiel du ḥērem ne se joue donc pas dans la mise à mort des étrangers mais dans la destruction de leurs *sacra*. Il applique ici la définition de Dt 7,25–26 :

[40] L'expression « au fil de l'épée » (en grec des Maccabées ἐν στόματι ῥομφαίας « dans la bouche de l'épée », traduction littérale de l'hébreu לְפִי חֶרֶב) s'applique, dans la Bible hébraïque, à bien d'autres circonstances qu'au seul ḥērem ; elle accompagne cependant systématiquement la description de ceux-ci. L'association de la destruction de la cité par le feu et du massacre de sa population « au fil de l'épée », suggère d'autant plus fortement une adhésion à l'idéologie du ḥērem que celui-ci a été mentionné explicitement à propos des Baianides.

[41] Le sous-texte biblique figure en Nb 21, Dt 2,24, 3,6.

tout objet consacré aux idoles est une « abomination » et un ḥērem, qu'il faut détruire et non s'approprier sous peine d'être soi-même contaminé.[42]

Quand le Juge Zebul, successeur de Qénaz, fonde un trésor consacré, au Sanctuaire de Silo, chacun est invité à y apporter richesses et objets précieux, à une restriction près (LAB XXIX 3) : *preter ne aliquis, habens de idolis rem, velit sanctificare thesauris Domini, quoniam non vult Dominus abominamenta anathematum*, « à l'exception de ce qu'on voudrait consacrer au trésor du Seigneur et qu'on posséderait venant des idoles, car le Seigneur ne veut pas des abominations de l'anathème. » Ainsi le LAB définit-il comme *anathema* tout ce qui est *de idolis*, c'est-à-dire tous les *sacra* des Dieux et des peuples étrangers. Il insiste sur le fait que : *non vult Dominus*, « le Seigneur n'en veut pas. » Par rapport aux autres écrits juifs du deuxième Temple, l'originalité du Pseudo-Philon réside donc en ceci : à ses yeux il n'existe pas d'autre solution que la destruction de ce qui est ḥērem. Ainsi, dans la geste de Cenez (principale innovation narrative du LAB), celui-ci démasque les pécheurs, au sein de chaque tribu, au moyen d'un tirage au sort ; chacun ensuite d'avouer son péché : idolâtrie, rationalisme, doute etc. Sur beaucoup de ces pécheurs on trouve des objets consacrés à des cultes étrangers (principalement amorites), en particulier quelques pierres précieuses. Cenez demande alors à Dieu s'il doit les détruire ou bien les Lui consacrer (LAB XXVI 2) : *Et dixit ad eum Deus : Si Deus aliquid accipit in nomine suo de anathemate, quid faciet homo ? (. . .) ostendam tibi quomodo eos perdas. Nam homines et omnia que inventa sunt concremabis igni.* « Et Dieu lui dit : Si Dieu prend quelque chose en son nom sur l'anathème, que fera l'homme ? (. . .) je te montrerai de quelle façon les détruire. Quant aux hommes et à tous les objets qu'on a trouvé, tu les brûleras dans le feu. » Dans le système du LAB il n'existe donc aucune possibilité de transférer la propriété des *sacra* étrangers à YHWH. Le ḥērem doit être intégralement détruit, ainsi que tous ceux qu'il a contaminés.[43] L'attention

[42] Voir Dt 7,26a : וְלֹא־תָבִיא תוֹעֵבָה אֶל־בֵּיתֶךָ וְהָיִיתָ חֵרֶם כָּמֹהוּ « Et tu ne feras pas venir une abomination dans ta maison car tu serais ḥērem comme elle. »

[43] À titre de confirmation : dans sa longue prière prononcée avant de mourir, Josué évoque le péché d'Akan (LAB XXI 3) : *cum furatus est Achiras de anathemathe*, « quand Achiras (i.e. Akan) déroba sur l'anathème. » Dans la mesure où le LAB ne fait pas mention du ḥērem d'extermination contre Jéricho, le crime d'Akan ne peut pas être d'y avoir soustrait quelque chose. Sa faute consiste donc à s'être emparé d'objets *de idolis*, c'est-à-dire *anathemata*, par lesquels ils s'est trouvé contaminé et souillé.

portée aux *sacra* étrangers se retrouve ailleurs dans les écrits du deuxième Temple (voir par exemple 2 M 12,40). En revanche cette rigueur, excluant tout autre traitement que la destruction, est propre au Pseudo-Philon. On trouve souvent ailleurs la possibilité de re-consacrer les *sacra* étrangers au Temple de YHWH.

Chez Philon d'Alexandrie : Philon n'utilise ἀνάθεμα que vingt-sept fois et presque toujours dans le sens grec classique d'une offrande consacrée à une divinité. Il se rapproche une seule fois du sens hébreu de ḥērem d'extermination : en *De vita Mosis* I 252–254, dans son commentaire du ḥērem d'Arad.[44] Ayant décrit le massacre de la population et la désécration / reconsécration des « trésors » de la cité (καὶ κειμηλίοις ἀνιερώσαντες), Philon conclut (*Mos.* I 253) : καὶ ἀπὸ τοῦ συμβεβηκότος ὅλην τὴν βασιλείαν ὠνόμασαν Ἀνάθεμα. « En raison de ce qui était arrivé ils nommèrent *Anathème* le royaume tout entier. » C'est la paraphrase de Nb 21,3b (LXX) : καὶ ἐπεκάλεσαν τὸ ὄνομα τοῦ τόπου ἐκείνου Ἀνάθεμα. « Et on nomma ce lieu *Anathème*. »[45] Dans la mesure où la ville d'Arad est explicitement vouée au ḥērem dans le texte biblique, on doit admettre que la reprise du nom Ἀνάθεμα donné au royaume vaincu établit l'équivalence, dans ce passage, entre l'ἀνάθεμα et le ḥērem de guerre. L'emploi de ἀνάθεμα par Philon dans ce sens précis est un *hapax* : la raison en est qu'il a condensé et résumé tous les ḥērem de guerre, figurant dans le récit biblique de la Conquête, dans le seul exemple de ce ḥērem d'Arad.

Cette abréviation est peut-être l'effet d'une répugnance. Dans un autre de ses traités (*De specialibus legibus*) Philon a manifesté son malaise, voire son hostilité, à l'égard du ḥērem de guerre biblique. Cette critique fondamentale s'exprime dans son exégèses des lois de la guerre de Dt 20,10–18. Un premier groupe de lois (Dt 20,10–15) invite les armées israélites à offrir la paix aux villes qu'elles attaquent, à ne les assaillir qu'en cas de refus, enfin à épargner femmes et enfants lors du massacre qui suit leur prise. Vient ensuite un rappel de la condamnation des peuples cananéens au ḥērem (Dt 20,16–18) : ces peuples ne bénéficient donc pas des lois qui précèdent. L'exégèse de Philon (*Spec.* IV 222–25) consiste à paraphraser le premier groupe de lois, en insistant sur la sauvegarde des femmes et des enfants ;

---

[44] Le récit biblique s'en trouve en Nb 21,1–3.
[45] Ἀνάθεμα traduit l'hébreu חָרְמָה (Ḥormâh), formé sur la racine hébraïque du ḥērem.

puis à supprimer toute référence au ḥērem, pour la remplacer par l'expression d'un rejet sévère des « massacres universels » (*Spec.* IV 225) : τὸ γὰρ κατὰ πάντων καὶ τῶν ἐλάχιστα ἢ μηδὲν ἡμαρτηκότων φονᾶν εἴποιμ' ἂν ἀνημέρου καὶ ἀτιθάσου ψυχῆς « Car le fait d'un massacre universel, y compris de ceux qui n'ont commis que de petites fautes ou aucune faute, viendrait d'un esprit sauvage et inculte. » Cette substitution opérée dans la paraphrase fonctionne comme une condamnation. Cependant Philon doit s'accommoder de l'au-moins-un ḥērem accompli par Moïse (celui d'Arad), à quoi il a réduit tous les ḥērem de la Conquête. Pour concilier sa fidélité au texte biblique, attestant les ḥērem, et le rejet philosophique que lui inspirent ces massacres indistincts, il assimile alors ce ḥērem de la Conquête à une offrande des prémices (*Mos.* I 252) : ηὔξαντο τῆς χώρας ἀπαρχὰς ἀναθήσειν τῷ Θεῷ, « Ils firent le vœu d'anathémiser pour Dieu comme prémices du pays. »[46] Cette transformation du ḥērem de guerre en une offrande de prémices pour la jouissance de la terre d'Israël, opère efficacement son rejet dans un passé lointain et aboli : le ḥērem a été offert un fois pour toute. Il n'a plus lieu d'être à l'époque de Philon. Il est même devenu contraire à tout ce que Philon présente comme la pensée et la pratique du judaïsme.

Chez Flavius Josèphe ἀνάθημα désigne toujours des objets devenus sacrés parce qu'offerts à un temple et/ou à un Dieu ; indifféremment offerts à des Dieux païens ou à YHWH ; pour ce dernier, indifféremment offerts par des Juifs ou par des étrangers. La « mer de bronze », offerte par le roi Salomon, est un ἀνάθημα (AJ VIII 195), mais aussi bien l'aigle d'or, accroché par Hérode au fronton du Temple, à la grande colère des Juifs pieux (AJ XVII 151–158). Les offrandes des Romains au Temple de Jérusalem sont des ἀναθήματα (BJ IV 181), comme aussi les dons de Hérode à des temples grecs (BJ I 425). Doté de ce sens très général d'offrande sacrée, ἀνάθημα ne désigne jamais le ḥērem dans les écrits de Josèphe.[47] Lorsqu'il est

---

[46] Voir aussi la description du ḥērem (*Mos.* I 253) : τὰς χαριστηρίους ὁμολογίας ἐπετέλουν « Ils accomplirent les sacrifices (χαριστηρία) promis. » Chez Philon, ce terme χαριστηρίος désigne habituellement les offrandes des prémices (offrande des prémices agricoles : *Spec.* I 152, 183, 185, II 187, *Decal.* 160, *Virt.* 159 ; consécration des premiers-nés : *Spec.* I 138, II 134 ; dîme du butin : *Congr.* 93).

[47] K. H. Rengstorf, 1973–83, *A Complete Concordance to Flavius Josephus (4 vol.)* (Leyde : Brill), en propose ces sens connexes, s.v. ἀνάθημα: *gift, donation ; votive offering ; sacred articles, inventory of the temple.*

amené à évoquer ce que la Bible hébraïque définit comme un ḥērem de guerre ou d'extermination (TM חֵרֶם, LXX ἀνάθεμα), Josèphe a le plus souvent recours à un terme de la famille de ὄλλυμι, « détruire ». La loi du ḥērem des peuples cananéens (Dt 7,1–5, 20,16–18) est ainsi reformulée (AJ IV 191) : τῶν πολεμίων μηδένα ὑπολείπεσθε κρατήσαντες αὐτῶν, ἀλλὰ πάντας ἀπολλύναι κρίνατε συμφέρειν, « Ne laissez pas un seul de vos ennemis près les avoir vaincus, mais jugez qu'il convient que tous périssent. »[48] Josèphe emploie aussi, à l'occasion, tout un vocabulaire signifiant « le massacre, massacrer, tuer, détruire », souvent accompagné d'une forme ou d'une autre de πᾶς soulignant le caractère total de l'extermination : ἀφανίζειν, διαφθείρειν, κτείνειν, φόνος etc.[49] Bien que son récit de la prise de Jéricho (AJ V 25–44), paradigme du ḥērem de guerre dans le récit biblique de la Conquête, décrive en détail le massacre de la population et la destruction de la ville et de tous ses biens, aucune référence explicite n'apparaît à l'idéologie du ḥērem. Cependant l'accent est mis sur la consécration à Dieu du butin.[50] De même, à propos des guerres maccabéennes, Josèphe recourt-il à un dérivé d'ὄλλυμι pour définir les destructions de cités, accomplies par Juda Maccabée (AJ XII 344) : ποικίλῃ χρησάμενος ἰδέᾳ τῆς ἀπωλείας τῶν πολεμίων, « usant de divers moyens pour la destruction de ses ennemis. » Les faits sont rapportés sans fard, selon les indications de 1 M 5, mais aucune mention n'apparaît de l'ἀνάθεμα.

Il ne sert à rien d'épiloguer sur un silence. On doit seulement constater que Josèphe n'a rien dissimulé de la violence des récits de ḥērem, légendaires (la Conquête) ou historiques (les guerres maccabéennes), mais s'est refusé à en écrire le nom. Au sein d'un judaïsme ne disposant plus, ni de son Temple, ni des attributs d'un État, la notion même de ḥērem de guerre était devenue obsolète et sans objet.

---

[48] Voir aussi AJ V 49, 59, 72.

[49] Voir par exemple AJ IV 85–99 *passim*.

[50] Voir AJ IV 32 : « Après la capture on rassembla une innombrable quantité d'argent, d'or et encore de bronze, personne n'ayant transgressé les ordres donnés, ni pillé ces richesses pour son propre compte, mais s'en étant abstenu comme déjà consacrées à Dieu. Et Josué remit ce butin aux prêtres pour qu'ils le déposent dans les trésors. » Contrairement au Pseudo-Philon, Josèphe ne distingue pas, au sein du butin, entre les objets profanes et ceux ayant été consacrés à des idoles. Tout revient au Temple.

Les ḥērem du Rouleau du Temple

Dans les écrits de Qoumrân on retrouve d'abord le ḥērem d'extermination des infidèles et apostats. Le ḥērem de guerre visait à détruire, ou à consacrer au Temple, des peuples étrangers, leurs dieux et leurs *sacra*. Mais la Torah avait aussi envisagé un second type de ḥērem d'extermination, contre les ennemis de YHWH, en particulier contre les Juifs infidèles à l'Alliance. La caractère particulier de ce ḥērem apparaît, à Qoumrân, dans une paraphrase exégétique du récit de la destruction de Sodome et Gomorrhe, un manuscrit intitulé 4Q*Commentary on Genesis A* (4Q252).[51] Au récit biblique de la négociation entre Abraham et YHWH (Gn 18,31–32), le midrach qoumrânien ajoute cette conclusion (4Q252 III 4) :

]°ים לבדם יחרמו

] ils seront hérémisés jusqu'aux derniers.

Ce ḥērem rajouté au texte biblique, conclut le débat au cours duquel Abraham a cherché, en vain, dix ou douze « justes » (צדיקים) dans la population des deux villes condamnées. Le ḥērem apparaît alors comme la conséquence de son échec à découvrir ces « justes ». À la différence des ḥērem visant les Dieux étrangers, il sanctionne donc une faute contre YHWH et relève plutôt de la loi contre les villes infidèles et apostates, énoncée en Dt 13. De même dans la *Règle de la Guerre* : il y est deux fois question du ḥērem à accomplir contre les ennemis. Ces deux mentions du ḥērem se trouvent logiquement situées au même emplacement du récit, à la fin de la bataille eschatologique.[52] D'abord en 1QM IX 6–7 :

והרכב משיבים על ידי המלחמה עד החרם

Et les cavaliers reviendront sur les bords de la bataille, jusqu'au ḥērem.

Puis en 1QM XVIII 4–5 :

---

[51] Édité et traduit par G. Brooke, 1996, DJD XXII, 185–207.

[52] La structure générale de la *Règle* est fondée sur la répétition d'une description de la bataille.

על כול מ] [יים להחרימם]

Contre tous les [(fronts ? camps ?) des Kitt]im, pour les hérémiser. [

Ce ḥērem de guerre présente un caractère un peu particulier. D'une part il sera le dernier puisqu'au terme de cette guerre eschatologique, il aura permis d'exterminer tout germe d'idolâtrie. D'autre part il ne vise pas tant des étrangers qu'un armée d'infidèles et d'idolâtres. « Le lot des fils des Ténèbres, l'armée de Belial » (1QM I 1) en effet, ne rassemble pas seulement des peuples étrangers (les Kittim), mais aussi מרשיעי ברית « les transgresseurs de l'Alliance », c'est-à-dire les Juifs infidèles. Le ḥērem qui les vise appartient donc aussi à la catégorie des ḥērem contre les infidèles, définie en Dt 13.

Cependant les mentions les plus significatives du ḥērem figurent dans le *Rouleau du Temple.*

On retrouve en effet dans le grand rouleau qoumrânien, comme dans la Torah, les trois formes du ḥērem : contre les étrangers et leurs Dieux ; contre les infidèles à l'Alliance ; et juridique. Certaines de ces mentions du ḥērem sont simplement des citations du texte biblique, dont le rédacteur s'inspire. Mais d'autres sont le fruit d'un travail très précis de recomposition des textes, caractéristique des écrits de Qoumrân, et au moyen duquel s'exprimait une exégèse de la Bible hébraïque.

La colonne II représente ainsi un travail de réécriture de la Bible, mené à partir d'une combinaison de Ex 34,12–16 et Dt 7,25–26.[53] Malgré l'état lacunaire de cette colonne on reconnaît aisément le principal sous-texte biblique, celui de Ex 34, c'est-à-dire un passage dans lequel YHWH, sur le mont Sinaï, dicte à Moïse les commandements fondamentaux de l'Alliance. L'importance de ce texte se trouve ici renforcée de ce que le rédacteur l'a placé au tout début du *Rouleau du Temple,* comme prologue de l'énoncé des lois. À l'intérieur de la paraphrase de ce premier sous-texte, le rédacteur a inséré un passage concernant le ḥērem, tiré du Deutéronome : à 11QT II 4–7a correspond Ex 34,12–13 ; puis à 11QT II 7b–11a, Dt 7,25–26 ; enfin à 11QT II 11b–15, correspond Ex 34,14–16.

---

[53] Voir *inter al.* J. MAIER, 1978, *Die Tempelrolle vom Toten Meer* (Münich, Bâle : Reinhardt) et H.-A. MINK, 1987, "The Use of Scripture in the Temple Scroll and the Status of the Scroll as Law", SJOT 1, 20–50.

Le tableau ci-dessous met en évidence ce travail de tissage textuel.

Sources bibliques : Ex 34 et Dt 7	Paraphrase du Rouleau : 11QT II
(Ex 34)	
12. garde-toi de conclure une alliance avec l'habitant du pays	4. gar]de-toi de passer une alli[ance
dans lequel tu entreras de peur qu'il ne devienne un piège au milieu de toi	5.]chez lesquels tu viens, de peur qu'ils ne soient comme un pièg[e
13. Mais vous renverserez leurs autels, vous briserez leurs stèles	6. les au]tels de chez eux vous les détruirez et leurs stèles [
et couperez ses Ashéras.	7. les Ashér]as de chez eux vous les abattrez
(Dt 7)	
25. Vous brûlerez par le feu les images de leurs dieux,	et les images de leurs d[ieux
tu ne désireras pas l'argent ni l'or qui est sur elles	8. vous n]e désirerez pas l'argent et l'or qui[
et tu ne le prendras pas pour toi	9.] n'en prendras
(*suppression de 25bβ*)	
26. et tu ne dois pas introduire d'abomination dans ta maison,	et tu n'introduiras pas[
tu serais comme elle un ḥērem ; tu dois l'avoir en horreur	10.]ḥērem comme lui ; tu l'interdiras absolu[ment
car c'est un ḥērem	11.]c'est un ḥērem
(Ex 34)	
14. Et tu ne te prosterneras pas devant un autre dieu	et tu ne te prosterneras pas devant un dieu[
C'est que YHWH a pour nom jaloux : c'est un dieu jaloux	12.] il est un dieu jaloux ;
15. Ne passe pas d'alliance avec l'habitant du pays	prends garde de passer[
Ils se prostituent derrière leurs dieux et sacrifient à leurs dieux [. . .]	13.] derrière leur[s dieux et] leurs sacrifice[s
16. Tu prendrais de ses filles [. . .]	14. et tu pr]endras[
derrière leurs dieux et elles feraient se prostituer tes fils etc.	15. [leurs dieu]x et el[les

Compte tenu de l'importance de ce passage, à la fois en raison de son contenu et de la place qui est la sienne dans le *Rouleau*, on mesure celle attribuée par le rédacteur à l'accomplissement du ḥērem, ainsi rajouté par ses soins à la liste des commandements fondamentaux. Le contexte, comme la source biblique retenue, indiquent qu'il s'agit ici du ḥērem des Dieux étrangers, de leurs temples et de leurs *sacra*.

Ce ḥērem des étrangers est à nouveau mentionné dans la colonne LXII du *Rouleau*, où se poursuit un exposé des lois de la guerre inspiré de Dt 20. On y retrouve le commandement (citation de Dt 20,16–17) d'appliquer le ḥērem aux peuples cananéens nommément désignés (11QT LXII 13–15) :

כי החרם תחרים את החתי

« Car du ḥērem tu hérémiseras le Hittite » etc.

La principale différence entre le *Rouleau du Temple* et sa source biblique réside ici dans l'ajout des Girgashites (הגר נשי) à la liste des peuples voués au ḥērem.[54]

Le ḥērem des cités infidèles à l'Alliance est mentionné conformément au texte de Dt 13. Le verset biblique Dt 13,16, qui menace les habitants de ces villes et leurs troupeaux du ḥērem d'extermination, est cité à peu près littéralement en 11QT LV 6–7. De même le verset Dt 13,18, interdisant tout usage de ce qui, venant de cette ville, a été voué au ḥērem est-il repris textuellement en 11QT LV 10–11.

Enfin le ḥērem juridique apparaît en 11QT LX 2–15 où il est question des droits des prêtres et des Lévis. Ce passage est le fruit d'un travail rédactionnel combinant Nb 18 et Dt 18. Le ḥērem dont il est question ici (11QT LX 5 : וכול אשר יחרימו, « et tout ce qu'ils voueront au ḥērem ») désigne un bien voué au Temple, dont la garde et l'usufruit reviendra aux prêtres. Comme dans les autres écrits de Qoumrân, le ḥērem de forme juridique ne s'applique pas à des transactions profanes mais seulement à la consécration de biens au Temple.[55]

Théories et pratiques du ḥērem de guerre

Contra l'idée reçue d'un dépérissement, les textes témoignent donc d'un maintien du ḥērem, y compris du ḥērem de guerre, dans la société juive du deuxième Temple. La question devient donc de découvrir quelles représentations et quelles théories du ḥērem a produit le judaïsme du deuxième Temple, dans le cadre du système symbolique et religieux qui l'organisait ; et de quelle façon il les a mises en pratique.

[54] Mais le nom des Girgashites figure dans un autre liste biblique des peuples cananéens voués au ḥērem (Dt 7,1–2).

[55] Le fragment 111 du manuscrit 4Q382 de Qoumrân mentionne également un ḥērem, mais il est trop lacunaire pour être utilisable.

Amalec et les deux fautes du roi Saül

Dans la Bible hébraïque, la menace du ḥērem de guerre contre les étrangers pesait contre une liste limitative de peuples : d'une part Amalec et les Amalécites, éternellement (voir leur condamnation en Ex 17,14–16 et Dt 25,19 ; et la confirmation qu'il s'agisse d'un ḥērem en 1 S 15 *passim*). D'autre part les sept peuples cananéens nommément désignés (Dt 7,1–5 et 20,16–18). Cependant, pour les Juifs de l'époque du deuxième Temple, le second ḥērem, celui contre les Cananéens, est clos. Il n'est plus question de l'appliquer, depuis au moins le règne du roi Salomon, et que celui-ci y a mis un terme (1 R 9,20–21) : « Toute la population survivante issue des Amorrhéens, des Hittites, des Perizzites, des Hivittes et des Jébuséens, qui n'étaient pas des fils d'Israël ; et leurs fils qui avaient survécus après eux dans ce pays, et *que les fils d'Israël n'avaient pas exterminés en les ḥēremisant* (1 R 9,21aβ : אֲשֶׁר לֹא־יָכְלוּ בְּנֵי יִשְׂרָאֵל לְהַחֲרִימָם), Salomon les leva pour une corvée d'esclave, (et c'est ainsi) jusqu'à nos jour. » Par conséquent, dans l'imaginaire juif du deuxième Temple, Amalec (avec sa descendance) représente désormais à lui seul la figure de l'étranger voué au ḥērem. Il reste intrinsèquement lié à ce ḥērem des étrangers et incarne symboliquement la seule nation, contre qui ce ḥērem doive encore et toujours s'appliquer. Pour cette raison, la figure d'Amalec apparaît au centre des représentations concernant le ḥērem des étrangers dans les écrits juifs du deuxième Temple.

On connaît au moins deux paraphrases bibliques sur Amalec : paraphrasant l'Exode, Philon et Josèphe ont tous deux repris le récit de la victoire de Moïse sur Amalec et de la condamnation de celui-ci au ḥērem perpétuel (voir Ex 17,8–16). La Bible mentionnait l'érection d'un autel-mémorial au soir de la bataille (Ex 17,15 LXX) : καὶ ᾠκοδόμησεν Μωυσῆς Θυσιαστήριον κυρίῳ καὶ ἐπωνόμασεν τὸ ὄνομα αὐτοῦ Κύριός μου καταφυγή. « Et Moïse bâtit un autel pour le Seigneur et il le nomma du nom : le Seigneur (est) mon refuge. » On note que, dans le récit biblique, aucun sacrifice n'est offert sur cet autel. Philon et Josèphe ont l'un et l'autre voulu combler cette lacune et introduit des sacrifices à cet endroit de leur paraphrase. Pour Philon ce sont des sacrifices de victoire : il les nomme τὰ ἐπινίκια « les victorieux », (*Mos* I 219) : ἐφ' οὗ τὰ ἐπινίκια ἔθυε χαριστηρίους εὐχὰς ἀποδιδούς. « Dessus (l'autel) il offre les victorieux, les offrant par reconnaissance et en votifs. » Ce type de sacrifices, offert pour la victoire, n'appartient pas au système sacrificiel juif, tel qu'il est établi et détaillé dans la Torah.[56] Il faut donc rechercher quel type de sacrifice, plus conforme à la Loi, Moïse a pu offrir selon Philon, pour célébrer cette victoire. Deux termes permettent de le préciser : ces sacrifices ont à voir avec la χαριστηρία (la reconnaissance), et avec la εὐχή (le vœu). Chez Philon le mot χαριστηρίος était habituellement réservé aux offrandes et consécrations des prémices. En outre, Philon y a eu recours pour caractériser le seul ḥērem de guerre dont il est fait mention dans son œuvre, celui d'Arad : la requalification du ḥērem en une offrande des prémices contribuait à repousser sa pratique effective dans un passé lointain.[57] Il est donc cohérent de retrouver ici le terme χαριστηρίος, dans le contexte de sacrifices offerts à l'occasion d'un ḥērem. Il ne nous éclaire pas sur la nature de ces sacrifices ; en revanche, la mention des εὐχαί renvoie à un type de sacrifice bien attesté dans le judaïsme : le נֶדֶר (neder, LXX : Θυσία εὐχη) ou sacrifice votif.

Dans la paraphrase de Flavius Josèphe, les sacrifices de Moïse sont définis comme des « sacrifices de reconnaissance » (AJ III 60) : Θύσας δὲ χαριστήρια βωμὸν ἱδρύεται, νικαῖον ὀνομάσας τὸν Θεόν. « Il éleva un autel pour sacrifier des sacrifices de reconnaissance, donnant à Dieu le nom de Victorieux. » Les χαριστήρια n'appartiennent pas au vocabulaire sacrificiel de la LXX. Le terme hébreu le plus proche de l'idée de « reconnaissance » aurait été זֶבַח תּוֹדָה (zebaḥ tôdâh), le sacrifice offert en remerciement ; mais ce syntagme est systématiquement traduit, dans la LXX, par le néologisme αἴνεσις / Θυσία αἰνέσεως (sacrifice de louanges).[58] En revanche le terme χαριστήριος a pris un sens précis, dans le vocabulaire de Josèphe, dans sa grande description du système sacrificiel juif à la fin du livre III des *Antiquités*. Lorsqu'il désigne un sacrifice juif, le mot s'applique à la catégorie générale des s^elâmîm (sacrifices de commensalité), par opposition à celle des holocaustes.[59] Et plus précisément, dans la mesure où ils

[56] Pas plus qu'aucun autre sacrifice spécifiquement associé à la guerre. Ils relèvent en revanche d'une catégorie usuelle de sacrifices offerts par les armées grecques. Voir M. LAUNEY, 1949–1950, *Recherches sur les armées hellénistiques* (Paris : De Boccard).

[57] Dans tout le *De vita Mosis*, le mot χαριστηρίος n'est utilisé que deux fois : ici, à l'occasion de la victoire sur Amalec ; et pour définir le ḥērem contre Arad (*Mos.* I 253), analysé comme une offrande des prémices à l'aube de la Conquête (voir supra).

[58] Voir S. DANIEL, 1975, *De specialibus legibus. Livres I–II* (Paris : Cerf), 144 ; et P. HARLÉ et D. PRALON, 1988, *La Bible d'Alexandrie, 3. Le Lévitique*, (Paris : Cerf), 108.

[59] Voir AJ III 225 : ἡ δὲ χαριστήριός τέ ἐστι καὶ κατ' εὐωχίαν δρᾶται τῶν τεθυκότων· « Les autres sont des *charistères*, servant à procurer bonne chère aux sacrifiants. »

restent consommables pendant deux jours, ils ne peuvent désigner, au sein des s^e^lâmîm, que les sacrifices de type votif et/ou volontaire : נֶדֶר (neder) et נְדָבָה (n^e^dâ<u>b</u>âh).[60] Par conséquent Josèphe, comme Philon, lorsqu'il rajoute ces sacrifices offerts par Moïse au récit de la victoire sur Amalec, considère qu'il s'agit de sacrifices votifs.

Pourquoi ces deux auteurs juifs de l'époque du deuxième Temple ont-ils considéré que des sacrifices devaient être offerts, dans le contexte d'un ḥērem, et qu'il s'agissait nécessairement de sacrifices votifs ? Parce que le ḥērem de guerre est fondamentalement un vœu. En atteste la formule par quoi les fils d'Israël hérémisent Arad, en Nb 21,2 :

וַיִּדַּר יִשְׂרָאֵל נֶדֶר לַיהוה וַיֹּאמַר אִם־נָתֹן תִּתֵּן אֶת־הָעָם הַזֶּה בְּיָדִי וְהַחֲרַמְתִּי אֶת־עָרֵיהֶם׃

Et Israël voua un vœu à YHWH en ces termes : si tu livres ce peuple en mon pouvoir, je hérémiserai leurs villes.

Cependant, dans le judaïsme du deuxième Temple, tous les vœux, surtout les plus solennels, exigent d'être déliés au moyen d'un sacrifice votif, le neder : « *The votive offering is brought following the successful fulfillment of a vow.* »[61] L'accomplissement du vœu (par exemple une victoire sur l'ennemi, ou son extermination dans le cadre du ḥērem) ne peut pas se substituer à ce sacrifice votif.[62] Perçu comme un vœu le ḥērem exige l'offrande d'un neder, sans lequel le rite n'est pas complet.

Une autre série de paraphrases bibliques, à l'époque du deuxième Temple, mentionnent le ḥērem. Elles décrivent une faute du roi Saül. Pour l'historiographie deutéronomiste, le drame de l'extermination jamais achevée d'Amalec se poursuivait avec l'histoire des guerres de Saül. En 1 S 15 Samuel ordonne au roi, au nom de YHWH, de combattre les Amalécites et de les hérémiser. Saül remporte la victoire mais, en dépit des ordres reçus, épargne le roi Agag d'Amalec et l'essentiel du butin. Devant Samuel qui le lui reproche, il tente

---

[60] Voir AJ III 229 : ἐπὶ δύο ἡμέρας εὐωχοῦνται τοῖς καταλειπομένοις τῶν κρεῶν, ἃ δ' ἂν περισσεύσῃ κατακαίουσι. « Et ils se régalent pendant deux jours avec ce qui reste de la viande ; puis ce qu'il y a en trop est entièrement brûlé. » Les règles de la durée de consommation des différents s^e^lâmîm figurent en Lv 7,14–18.

[61] J. Milgrom, 1991, *Leviticus 1–16. A New Translation with Introduction and Commentary*, (New York : Doubleday), 419. Voir Dt 23,22.

[62] Pas plus que l'accomplissement du naziréat ne dispensait le nazir d'accomplir le rite complexe de sortie de son vœu, voir Nb 6,1–20.

ensuite longuement de se justifier en proposant d'offrir en sacrifice le butin épargné. Le roi Agag est finalement exécuté par Samuel lui-même. Ce refus (ou cette incapacité) de mener à son terme le ḥērem de guerre contre les Amalécites constitue l'un des plus graves péchés de Saül contre YHWH : à cause de cela, Saül « est rejeté de la royauté » (וַיִּמְאָסְךָ מִמֶּלֶךְ).

Dans le texte hébreu (TM) il ne fait aucun doute que le ḥērem est la question centrale : la racine חרם se trouve employée pas moins de huit fois dans ce seul chapitre 15. L'autre question, au cœur de la discussion entre Samuel et Saül, est le principe de la supériorité de l'obéissance à YHWH sur l'accomplissement des rites, en particulier des sacrifices (1 S 15,22) :

> הַחֵפֶץ לַיהוה בְּעֹלוֹת וּזְבָחִים כִּשְׁמֹעַ בְּקוֹל יהוה הִנֵּה שְׁמֹעַ מִזֶּבַח טוֹב לְהַקְשִׁיב מֵחֵלֶב אֵילִים׃

> YHWH se réjouit-il des holocaustes ? Et les sacrifices valent-ils l'obéissance à la voix de YHWH ? Non ! L'obéissance vaut mieux qu'un sacrifice de prix, et rester attentif mieux que la graisse des béliers.[63]

Tout ce récit est généralement attribué, par les biblistes, à une rédaction deutéronomiste, postérieure à la destruction du premier Temple.[64] La traduction de la LXX pose un petit problème textuel : à deux reprises (1 S 15,3.8), la mention du ḥērem, figurant dans le texte hébraïque, est remplacée par le nom propre *Ierim* (Ιεριμ), désignant apparemment un peuple allié des Amalécites ; ce *Ierim* constitue encore aujourd'hui une *crux* pour les septantistes.[65] Le thème du ḥērem n'en demeure pas moins présent dans la traduction grecque.

---

[63] Ma traduction s'inspire de l'étude de A. Tosato, 1978, "La colpa di Saul (1 Sam 15, 22–23)", Bibl. 59, 251–259. Voici celle qu'il propose, en italien : « *Gradisce forse JHWH gli olocausti ? I sacrifici (son) come l'ascolto della sua voce ? Oh no ! Val più l'ascolto che un sacrificio pregiato ! Più l'attenzione che il grasso dei montoni !* » Ce thème de l'obéissance fait écho à une certaine idéologie prophétique : on trouve des écrits parallèles chez Isaïe (Es 56,2–4), Osée (Os 6,6) et Amos (Am 5,21–24). D'autres commentaires (voir *inter al.* A. Caquot et Ph. de Robert, 1994, *Les Livres de Samuel*, (Genève : Labor et Fides) ont repéré plutôt la dimension politique de ce texte, trace possible d'un conflit — arbitré par la monarchie saülienne, entre les corps sacerdotaux rivaux de Silo et de Gilgal.

[64] La critique textuelle de ce passage et son histoire sont exposées tout au long dans F. Foresti, 1984, *The Rejection of Saul in the Perspective of the Deuteronomistic School. A Study od 1 Sam 15 and Related Texts*, (Rome : Teresianum).

[65] 1 S 15,3 : l'hébreu « Tu battras Amalec et vous le hérémiserez », devient en grec « Tu battras Amalec *et Ierim* ». 1 S 15,8 : l'hébreu « Tout le peuple, il le hérémisa au fil de l'épée » devient « Tout le peuple *de Ierim*, il le tua au fil de l'épée ».

L'ordre donné à Saül de hérémiser les Amalécites, une première fois dissimulé sous cette invention de *Ierim*, est ensuite répété dans le même verset sous une traduction plus fidèle (1 S 15,3) : καὶ ἐξολεθρεύσεις αὐτὸν καὶ ἀναθεματιεῖς αὐτὸν « Tu le détruiras (i.e. Amalec) et tu le hérémiseras. » Dans le suite du chapitre, la racine hébraïque חרם est systématiquement traduite par le verbe ἐξόλλυναι, « détruire complètement ».[66] Le préfixe ἐξ-, qui souligne le caractère complet du ḥērem, exprime bien le sens de כל en hébreu.[67]

Ce récit de la faute de Saül a été repris, paraphrasé et commenté dans plusieurs écrits juifs postérieurs : les *Antiquités juives* (AJ VI 131–155) de Flavius Josèphe, le *Liber Antiquitatum Biblicarum* (LAB LVIII) du Pseudo-Philon, les targoums et les écrits rabbiniques (b.Yoma 22b ; midrach Samuel XVIII). Tous ces écrits poursuivent la réflexion sur le ḥērem de guerre. Ils ne cherchent généralement pas à en atténuer la portée, ni la radicalité. Ils soulignent au contraire qu'Amalec aurait dû être complètement détruit, et que la faute de Saül réside précisément dans la compassion injustifiée dont il a fait preuve. L'exégèse qu'ils proposent du texte biblique et l'interprétation qu'ils font du ḥērem soit sont explicites, soit se révèlent dans les écarts de la paraphrase par rapport à sa source.

Le récit du Pseudo-Philon combine un résumé du texte biblique et une explication originale de la compassion de Saül, fondée sur l'appât des « trésors cachés » (*thesauros absconsos*) d'Agag. Le caractère de ḥērem de l'extermination des Amalécites est indiqué par l'usage du verbe *disperdere*, « détruire de fond en comble » ; ici aussi le préfixe *dis-* exprime en latin le sens du כל hébreu. Il est bien précisé en outre qu'aucun être vivant ne doit y survivre (LAB LVIII 1) : *et ne obliviscaris quin perdas omnem animam ex eis*, « et n'oublie pas de détruire toute être vivant parmi eux. » Le roi amalécite, épargné pour une seule nuit, engendre alors son fils Edabus qui se révélera être le meurtrier de Saül (selon LAB LXV 4). Dans cette version, la mort de Saül apparaît donc comme la conséquence et le châtiment de son inaccomplissement du ḥērem.[68]

---

[66] Voir 1S 15,9 (2x).15.18.20.21.

[67] Voir : « *The notion of* כל *("all") so important to the ideology of* ḥērem. », R. D. NELSON, 1997, art. cit., 47.

[68] Le Pseudo-Philon reprend là, en la précisant, une tradition de 1 Ch 10,13–14. Saul Zalewski a montré que la description de la mort de Saül, dans les Chroniques, distincte du récit de 1 S 31, où le roi meurt en héros vaincu, « *conceives of Saul's disaster on Mount Gilboa as a punishment for his sins* », S. ZALEWSKI, 1989, "The Purpose of the Story of the Death of Saul in 1 Chronicles X", VT 39 / 4, 456.

Les *Antiquités juives* offrent une paraphrase expansive, plus longue et plus détaillée, du récit biblique.[69] On a vu que Josèphe ne nomme jamais directement le ḥērem. Il a recours ici à un effet stylistique emprunté à la Bible hébraïque, l'énumération des victimes (femmes, enfants, animaux divers), destinée dans la Bible à souligner le caractère impitoyable et complet du ḥērem (AJ VI 132–133). De même utilise-t-il le verbe ἀναθεματίζειν en le faisant précéder de l'adverbe ἅπαντα (AJ VI 133) : ἅπαντα δ' ἀναθεῖναι τῷ θεῷ.[70] Ainsi souligne-t-il le caractère « complet » de l'extermination, cette caractéristique biblique (כל) du ḥērem. On a vu que dans l'œuvre de Josèphe le mot ἀνάθεμα exprime habituellement le sens grec d'une offrande consacrée à un temple ou à un Dieu. Ce passage offre la seule occurrence où le mot soit associé à l'idée de destruction : par là il signifie quelque chose de plus proche du חֵרֶם hébreu. La question de la fidélité de Josèphe à sa source biblique, dans ce passage, a fait l'objet d'un débat entre Naomi Cohen et Louis Feldman.[71] N. Cohen a montré que, d'une façon générale, Josèphe restait plus fidèle au texte de la Bible dans les livres VI–XI des *Antiquités*, que dans les cinq premiers livres. Concernant ce passage particulier, elle soulignait la similarité de la progression narrative et dramatique entre les deux versions du dialogue, où Saül tente de se justifier devant Samuel. Pour L. Feldman cette similarité de construction met d'autant mieux en valeur les écarts par rapport à la source.

L'une des plus significatives de ces innovations, à mon sens, concerne le ḥērem.[72] Josèphe introduit dans la bouche de Samuel cette réflexion inédite sur la distinction entre ḥērem et sacrifice (AJ VI 150) : πῶς

[69] Et aussi plus favorable au roi : ainsi Saül y épargne-t-il Agag, non par appât du gain, mais parce qu'il est frappé par sa beauté « royale » (AJ VI 137). D'un manière générale Saül est une figure mise en valeur par Josèphe. Louis Feldman a souligné la place du portrait de Saül dans les *Antiquités* : il y occupe trois fois plus de place que ceux de Moïse et de David, sans parler des autres héros de l'histoire juive. L. Feldman voit sans ce portrait un paradigme de panégyrique des héros juifs, rédigé sur le modèle de l'historiographie héroïque hellénistique. Voir L. H. Feldman, 1982, "Josephus' Portrait of Saul", HUCA 53, 45–99.

[70] Quand Samuel ordonne à Saül de massacrer tous les Amalécites et de ne rien conserver du butin, « mais de tout offrir (anathémiser) à Dieu. » Une ambiguïté, peut-être volontaire, subsiste donc dans le texte : cette « offrande totale » désigne-t-elle seulement le butin abandonné ou aussi les êtres humains massacrés ?

[71] N. G. Cohen, 1963–1964. "Josephus and Scripture : Is Josephus' Treatment of the Scriptural Narrative Similar throughout the Antiquities I–IX ?", JQR 54 / 3, 325–327 ; et L. H. Feldman, 1982, art. cit.

[72] Louis Feldman ne la mentionne pas, car il est plus intéressé par l'expansion joséphienne du thème de l'obéissance, préférable à l'accomplissement des rites.

οὗν οἴει τὴν Θυσίαν ἄν αὐτὸν προσβλέπειν ἐξ ὧν κατέκρινεν ἀπολέσθαι γινομένη; πλὴν εἰ μὴ νομίζεις ὅμοιον ὀλέθρῳ τὸ Θύεσθαι ταῦτα τῷ Θεῷ. « Comment donc penses-tu qu'Il considère le sacrifice de ce qu'Il condamna à être détruit ? À moins que tu ne juges équivalent à la destruction (i.e. au ḥērem) le fait de les sacrifier à Dieu. » Cette novation est riche d'enseignement ; la source en est évidemment 1 S 15,22 mais l'écart avec le sous-texte biblique est frappant. Dans la Bible, Samuel exposait la supériorité de l'obéissance à Dieu sur le rite sacrificiel : ἰδοὺ ἀκοὴ ὑπὲρ Θυσίαν ἀγαθὴ, « Obéir vaut mieux qu'un sacrifice. » Dans la version de Josèphe, il n'est plus question d'écoute et d'obéissance. Samuel oppose deux rites, le ḥērem et le sacrifice, dont l'un ne peut pas se substituer à l'autre car ils ne sont pas « équivalents », ὅμοιοι. Qu'est-ce qui les distingue ? Fondamentalement ceci : il n'y aurait aucun sens à sacrifier quelque chose déjà situé au-delà de tout échange, car « ayant déjà été condamné à être détruit », κατέκρινεν ἀπολέσθαι γινομένη. Comme l'a montré R. Nelson : « *To sacrifice herem would be to try to derive a human benefit profit from it.* »[73] La logique du ḥērem interdit l'échange opéré dans le sacrifice, puisque ce qui est voué au ḥērem appartient *déjà* à YHWH. La condamnation est donc très nette de la fausse équivalence (ὅμοιος) entre sacrifice et ḥērem, sur quoi Saül appuyait sa défense ; chez Josèphe, le sacrifice n'est pas le ḥērem et le ḥērem n'est pas un sacrifice. Ce qui différencie fondamentalement les deux rites, c'est le caractère performatif, c'est-à-dire immédiatement efficace, du vœu. La formulation du ḥērem consacre *aussitôt* à YHWH l'être ou la chose qui lui sont voués, avant même que le ḥērem ne soit exécuté ; à la différence du sacrifice, où la victime devient קֹדֶשׁ (qodeš, sacrée) seulement *après* que le rite a été accompli et le sang répandu sur l'autel.[74]

Toute la culpabilité de Saül, à cause de laquelle lui et sa dynastie sont privées de la royauté, est en rapport avec cette question du ḥērem mal accompli. Dans les *Antiquités*, plus encore que dans les Livres de Samuel, Saül incarne la transgression et le brouillage entre les deux domaines du sacrifice et du ḥērem, le premier relevant du prêtre et le second du guerrier.[75] Une première fois Saül a péché en se substituant à Samuel pour offrir un holocauste sur le mont

---

[73] R. D. Nelson, 1997, art. cit., 48.

[74] « *The power of contagion is not imparted to the sacrificial animal until its blood is sprinkled on the altar, thus charging it with the altar's sacred force* », J. Milgrom, 1991, *op. cit.*, 444.

[75] Le ḥērem s'accomplit לְפִי חָרֶב (LXX : ἐν στόματι ξίφους ») « au fil de l'épée » : arme du guerrier et geste de guerrier.

Gilgal (AJ VI 101sq, sur 1 S 13,9sq). Maintenant il prétend substituer un sacrifice au ḥērem d'Amalec : n'ayant pas accompli sa tâche de guerrier en menant le ḥērem à son terme et en exécutant le roi Agag, il oblige le prêtre Samuel à l'accomplir à sa place (AJ VI 155). À la fin de son portrait de Saül, dans l'une de ces brèves nécrologies où il ramasse le destin d'un homme,[76] Josèphe attribue ces deux fautes au roi Saül (AJ VI 378) : le ḥērem inachevé contre Amalec ; et la destruction, au contraire trop bien accomplie (ἀναιρεῖν), de la ville sacerdotale de Nob et de tous ses prêtres. Josèphe a décrit ce massacre en des termes évocateurs d'un ḥērem (AJ VI 261) :[77] πάντας τε αὐτοὺς ἀπέκτεινεν οὐ γυναικῶν οὐ νηπίων οὐδ᾽ ἄλλης ἡλικίας φεισάμενος, « Il les fit tous exécuter, n'épargnant ni les femmes, ni les enfants, ni les vieillards. » Le destin du roi-guerrier Saül s'inscrit ainsi entre les images spéculaires de ces deux ḥērem : celui qui n'a pas été accompli et celui qui l'a trop bien été, tous les deux à tort. Le ḥērem inachevé des Amalécites n'est cependant pas puni, dans ce récit, par la mort du coupable, protégé par son onction. Mais ce ḥērem mal accompli s'inverse dans le ḥērem coupable, mené contre la ville sacerdotale de Nob. Les prêtres de Saül payent de leur vie l'inaccomplissement du ḥērem des Amalécites : c'est une application de la contagion de la faute. Mais leur mort retombe sur Saül et redouble sa faute.

Qu'on ne voit pas là une surinterprétation tardive. La même logique, repérée dans le récit de Josèphe, a été formulée explicitement par les rabbis du Talmud de Babylone. Les Sages ont souligné l'existence d'un rapport logique entre les deux fautes de Saül : tout ce passe comme si la négligence fautive du ḥērem inachevé d'Amalec devait nécessairement et symétriquement s'inverser dans l'extermination de Nob. Les Sages ont signifié ce lien d'inversion (b.Yoma 22b) en appliquant à Saül, en ces deux circonstances, deux versets parallèles et inverses, tirés du Qohelet : אל תהי צדיק הרבה, « Ne sois pas exagérément juste » (Qo 7,16) — pour Amalec ; mais inversement אל תרשע הרבה, « Ne (sois) pas exagérément mauvais » (Qo 7,17) — contre Nob.[78] Le

---

[76] Sur cette notion de destin chez Josèphe, voir F. Schmidt, 1998, "Destin et providence chez Flavius Josèphe", dans F. Hartog, P. Schmitt et A. Schnapp éds., *Pierre Vidal-Naquet, un historien dans la cité*, Paris, 169–190.

[77] Cette référence au ḥērem n'a pas échappé à Étienne Nodet, qui note judicieuse-ment : « F. J. paraît penser à l'anathème proprement dit (voir Jéricho, AJ 5 :28) », É. Nodet, 2000, *Flavius Josèphe, Les Antiquités bibliques, livres VI et VII*, (Paris : Cerf), 79, n. 1.

[78] Selon b.Yoma 22b, quand Samuel prétendit épargner Agag, « une voix inspirée

lien entre les deux fautes de Saül est à nouveau développé dans un midrach de R. Simeon ben Levi (Midrach Samuel XVIII 4), sous la forme d'un aphorisme, faisant découler l'exécution des innocents de la compassion pour les criminels. Le midrach répète aussi que la mort de Saül et la disparition de sa dynastie sont liés à l'inachèvement du ḥērem des Amalécites.[79]

De Flavius Josèphe aux Sages, s'élabore ainsi une théorie du ḥērem de guerre. Le sacrifice ne peut pas se substituer au ḥērem : les deux rites ne sont pas équivalents (ὅμοιος). La transgression de Saül demeure une faute inexpiée, dont la souillure contamine tout le peuple, au-delà de sa personne, jusqu'à ce que les conséquences s'en fassent sentir dans le massacre de Nob. Le châtiment personnel se manifeste à sa mort, dans la perte de la royauté.

Les ḥērem guerriers de Juda Maccabée

Les écrits étudiés jusqu'ici posaient la question du ḥērem de façon toute théorique, à partir de la réécriture ou du commentaire de récits légendaires bibliques. Ils nous ont permis de dégager un certain nombre de représentations et de caractéristiques du ḥērem à l'époque du deuxième Temple ; mais, si contraignantes apparaissent-elles, celles-ci demeurent virtuelles. Les récits des ḥērem historiques accomplis par Juda Maccabée devraient permettre de confronter ces données à la pratique effective du ḥērem ou, du moins, à ce que les traditions littéraires en ont conservé et transmis. Le premier livre des Maccabées expose ainsi comment, en 163 av., au cours des campagnes qui suivirent la répurgation de l'autel de Jérusalem, Juda Maccabée « herémisa » (ἀνεθεμάτισεν) un clan iduméen, les Baïanides, en les incendiant dans leurs citadelles (1 M 5,5).[80]

Au cours des mêmes campagnes périphériques de 163, se déroule un autre incident significatif. Les reste d'une armée grecque du tyran Timothée, vaincus et fuyant devant celle de Judas, cherchent un

---

descendit et lui dit : Ne sois pas exagérément juste. Et quand Saül dit à Doëg : Tourne-toi et frappe les prêtres, une voix inspirée descendit et lui dit : Ne sois pas exagérément mauvais. » La « voix inspirée » (בת קול) représente, chez les Rabbis, l'ultime forme de la révélation divine.

[79] Midrach Samuel XVIII 4 : « R. Simeon ben Levi dit : qui fait preuve de pitié à l'égard du méchant, finira par faire preuve de méchanceté à l'égard de qui mérite la pitié, comme il est dit : *Et Nob, la ville des prêtres, on la frappa au fil de l'épée* (1 S 22,19). Et les Rabbis ajoutent : celui qui fait preuve de pitié à l'égard du méchant finit par tomber par l'épée, comme il est dit : *Ainsi moururent Saül et ses trois fils* (1 S 31,6). »

[80] Voir supra.

refuge dans l'enceinte sacrée du temple de Karnaïn (1 M 5,43).[81] Ils se placent ainsi sous la protection sacrée de la divinité et de son autel : « *Pecisely because the altar sanctified those who touched it, it thereby automatically gave them asylum.* »[82] Juda Maccabée se trouve alors confronté à cette difficulté : que faire face au sacré de l'autre, de l'ennemi ? Les *sacra* de l'étranger ne sont pas chose négligeables : ils sont porteurs à la fois de « l'abomination » (תעב, Tʿ‌B) et du « sacré » (קדש, QDŠ). Cette double puissance fait d'eux une menace mortelle à prendre très au sérieux : ils sont ḥērem pour les Juifs et doivent être traités en conséquence.[83] Juda résout le problème en incendiant le *témenos* avec tous ses occupants. Il accomplit là une forme classique de ḥērem, puisqu'il détruit complètement le temple et les *sacra* étrangers, avec tous ceux qui s'étaient consacrés et/ou souillés à leur contact (1 M 5,44).

Un troisième récit de ḥērem figure au deuxième livre des Maccabées. Dans un passage concernant ces mêmes campagnes de 163, il est question d'autres temples païens, ceux « des idoles de Jamnia » ; la destruction incomplète de leurs *sacra* a de lourdes conséquences. L'action se déroule en trois temps : d'abord Juda et son armée s'emparent de la ville de Jamnia dont ils incendient le port et, doit-on supposer, les temples (2 M 12,9). Puis, quelques semaines plus tard ils affrontent une armée iduméenne, en une bataille incertaine où périssent de nombreux guerriers juifs (2 M 12,32–37). Enfin les hommes de Juda, quand ils enterrent leurs morts, découvrent que ceux-ci avaient conservé par-devers eux des ἱερώματα τῶν ἀπὸ Ιαμνείας εἰδώλων, « des objets consacrés aux idoles de Jamnia » (2 M 12,40) — c'est-à-dire des *sacra* étrangers. Le récit souligne que la mort des combattants tombés durant la bataille fut la sanction directe de cette faute (2 M 12,40) : τοῖς δὲ πᾶσι σαφὲς ἐγένετο διὰ τήνδε τὴν αἰτίαν τούσδε πεπτωκέναι. « Il apparut évident pour tous que ces hommes avaient succombé pour cette raison. » La leçon est sans ambiguïté : tous ceux qui se sont souillés au contact des *sacra* étrangers, c'est-à-dire qui ont transgressé le ḥērem des temple de Jamnia, en sont morts.

---

[81] Selon Félix-Marie Abel, Karnaïn était le nom d'un temple consacré à Astartée, la déesse à forme de vache (« aux deux cornes »), le même que celui mentionné en 2 M 12,21.26. Voir F.-M. Abel, 1949, *op. cit. in loc.*

[82] J. Milgrom, 1991, *op. cit.*, 45. Ceci, qui s'applique à l'autel du Temple de Jérusalem, vaut également pour les autels païens.

[83] Voir Dt 7,25–26.

Ces récits des ḥērems accomplis par Juda Maccabée offrent encore une particularité notable : ils font état de sacrifices de guerre. On a vu qu'aucun sacrifice de guerre n'est prescrit par la Torah et qu'il en est très rarement fait mention dans les écrits juifs du deuxième Temple. Ceux offerts par Juda à la suite d'un ḥērem attirent d'autant plus l'attention.

Au retour des campagnes de 163 Juda monte ainsi au Temple de Jérusalem offrir des holocaustes (1 M 5,54) : καὶ προσήγαγον ὁλοκαυτώματα, ὅτι οὐκ ἔπεσεν ἐξ αὐτῶν οὐθεὶς ἕως τοῦ ἐπιστρέψαι ἐν εἰρήνῃ. « Ils offrirent des holocaustes parce qu'aucun d'entre eux n'avait succombé jusqu'à ce qu'il fussent revenus sains et saufs. »[84] On a prétendu expliquer ces sacrifices par les célébrations de Chavouot, évoquées dans le récit parallèle de 2 M 12,31–32.[85] Mais le texte de 1 Maccabées ne parle pas de Chavouot ; en revanche il assigne explicitement à ces holocaustes un autre motif : ὅτι etc. Avant de chercher ailleurs d'autres explications, il faut donc considérer celle que propose le texte. La justification de ces sacrifices de Juda Maccabée, suggérée dans 1 Maccabées, se révèle être une citation quasi littérale de Nb 31,49. Dans cet épisode biblique, situé au désert, des officiers de l'armée envoyée par Moïse contre les Madianites font une offrande au Sanctuaire, pour cette même raison que leur troupe est revenue du combat sans une seule victime (Nb 31,49–50) :

עֲבָדֶ֣יךָ נָֽשְׂא֗וּ אֶת־רֹ֛אשׁ אַנְשֵׁ֥י הַמִּלְחָמָ֖ה אֲשֶׁ֣ר בְּיָדֵ֑נוּ וְלֹֽא־נִפְקַ֥ד מִמֶּ֖נּוּ אִֽישׁ׃ וַנַּקְרֵ֞ב
אֶת־קָרְבַּ֣ן יְהוָ֗ה אִישׁ֙ אֲשֶׁ֨ר מָצָ֤א כְלִֽי־זָהָב֙

Tes serviteurs ont fait le compte des homme de guerre sous notre commandement et aucun d'entre eux ne manque. Nous offrons donc en offrande à YHWH chacun ce qu'il a ramassé d'objets en or.

1 M 5,54 reprend précisément Nb 31,49b : « Il ne manque aucun d'entre eux. »[86] L'absence de victime, au retour d'une expédition,

[84] Trad. A. Guillaumont, 1956.

[85] Félix-Marie Abel mentionne ces explications, sans les reprendre à son compte, F.-M. Abel, 1949, *op. cit.*, 104, n. 54. C'était une façon triviale d'évacuer le problème ; car si les célébrations de Chavouot comportent bien des holocaustes, comme toutes les festivités juives, elles se caractérisent d'abord par l'offrande des prémices des récoltes et par de grands banquets sacrificiels.

[86] Les écarts entre le grec de la LXX de Nb 31 et celui de 1 M s'expliquent par des traductions différentes de l'original hébreu :

Nbr 31,49 (TM)	traduction de la LXX	traduction de 1 M
לֹֽא־נִפְקַ֥ד מִמֶּ֖נּוּ אִֽישׁ	οὐ διαπεφώνηκεν ἀπ᾽ αὐτῶν οὐδὲ εἷς	οὐκ ἔπεσεν ἐξ αὐτῶν οὐθεὶς

constituait certainement un événement assez exceptionnel pour être célébré. Mais ici il y a plus : la survie de tous les combattants juifs est en rapport direct avec l'accomplissement d'un ḥērem. L'inaccomplissement, même partiel, du ḥērem des *sacra* étrangers menaçait de mort le peuple tout entier, en raison de la contagion du sacré et du caractère collectif de la faute.[87] Inversement la survie de tous signifiait donc le bon accomplissement du ḥērem. Les deux récits, celui de Nombres comme celui de 1 Maccabées, s'inscrivent dans un contexte de ḥērem mené à bien : celui contre Madian, dont Moïse exige et obtient qu'il soit mené à son terme (Nb 31,14–18) ; ceux de Juda Maccabée contre les Baïanides puis contre le temple de Karnaïn (1 M 5,5.43–44).

Si les sacrifices offerts par Juda sont donc bien à mettre en rapport avec les ḥērem qu'il a accomplis, de quels sacrifices s'agit-il ? 1 M 5,54 parle d'holocaustes (ὁλοκαυτώματα) mais il s'agit d'une catégorie très vaste : quel type d'holocauste ? Dans la version josé-phienne de cet épisode (AJ XII 349), Juda et les siens offrent à Jérusalem, non pas des holocaustes mais des χαριστηρία c'est-à-dire des s^elâmîm, des sacrifices de commensalité : ἔθυσαν δὲ χαριστηρίους, « ils sacrifièrent des charistères. » Il n'existe, dans le système sacrificiel juif, qu'une catégorie de sacrifices susceptibles d'être offerts, selon les circonstances, en holocauste ou en s^elâmîm. Ce sont les נֶדֶר et les נְדָבָה, les sacrifices votifs et volontaires.[88] Parce que le ḥērem prend d'abord la forme d'un vœu, son accomplissement requiert l'offrande d'un sacrifice votif : ce sont ceux qu'offre Juda Maccabée à Jérusalem.

Mais que se passe-t-il lorsqu'un un ḥērem a été transgressé ou est demeuré inachevé ? La Bible suggérait deux réponses : le coupable trouvait la mort ; ou, s'il ne pouvait être immédiatement atteint par le châtiment, la mort risquait de s'abattre sur d'autres au sein du peuple.[89] Deux éléments : mort du fautif et contagion de la faute.

Le récit du deuxième livre des Maccabées évoque ces dangers et y associe un rite sacrificiel. Les transgresseurs du ḥērem de Jamnia

---

[87] Voir l'histoire de Saül et Agag. Voir aussi 1 R 20,42 : « Parce que tu as laissé échapper l'homme de mon ḥērem de ta main, ta vie répondra pour sa vie et ton peuple pour son peuple ! »

[88] Voir Lv 7,16, 22,18.21 et Nb15,3.8. Et aussi Jacob Milgrom : « *Neder, nedavah — two motivations for the 'offering of well-being' and the burnt offering* », J. Milgrom, 1990, *op. cit. in loc.* Nb 15,3a.

[89] Voir Akan après Jéricho dans Jos 7 *passim* ; Saül, protégé par son onction, et le massacre de la ville sacerdotale de Nob dans 1 S 15.

ont trouvé aussitôt la mort au combat. Juda décide néanmoins de faire offrir un sacrifice au Temple de Jérusalem (2 M 12,43) : ποιησάμενός τε κατ' ἄνδρα λογείαν εἰς ἀργυρίου δραχμὰς δισχιλίας ἀπέστειλεν εἰς Ιεροσόλυμα προσαγαγεῖν περὶ ἁμαρτίας Θυσίαν. « Ayant fait une collecte auprès de chacun d'environ deux mille drachmes en pièces, il envoya à Jérusalem les offrir pour un sacrifice du péché. » Dans la LXX, l'expression ἁμαρτίας Θυσία, utilisée ici (v. 43) pour le sacrifice prévu, désigne toujours un ḥaṭṭâ't (חַטָּאת). Mais, au v. 45, ce sacrifice est nommé un peu différemment : τὸν ἐξιλασμὸν ἐποιήσατο τῆς ἁμαρτίας ἀπολυθῆναι « Il (i.e. Juda) accomplit cette expiation afin qu'ils fussent lavés de leurs fautes. » En grec biblique, ἐξιλασμός est la traduction habituelle du kipper (כפר).[90] Ce sacrifice est offert au nom de toute l'armée de Juda Maccabée, auprès de laquelle fut collectée sa contre-valeur en argent : traditionnellement, en matière de sacrifice, qui le paye est aussi le bénéficiaire du rite.[91] Tous ces éléments convergent pour définir le sacrifice de Juda Maccabée, comme celui des ḥaṭṭâ't que la terminologie biblique nomme le חַטַּאת הַקָּהָל « ḥaṭṭâ't pour la communauté », et dont Lv 4,13–21 donne la description.[92] Pour quelle raison faut-il offrir ce ḥaṭṭâ't ? Quelle est la faute dont l'armée s'est rendue coupable ? Elle relève de la contagion du sacré et de la contamination de tout le groupe (peuple ou armée) par la faute de quelques-uns. Juda le rappelle à ses troupes, en les invitant à constater τὰ γεγονότα διὰ τὴν τῶν προπεπτωκότων ἁμαρτίαν « les événement advenus à cause de la faute de ceux qui étaient morts » (2 M 12,42b). Les « événements », c'est la défaite évitée de justesse ; « la faute », c'est la transgression du ḥērem lors de la prise de Jamnia. En d'autres termes : les transgresseurs directs du ḥērem ont trouvé leur châtiment dans la mort au combat mais ce châtiment ne suffit pas. À cause des quelques-uns qui sont morts,

---

[90] Voir S. Daniel, 1966, *Recherches sur le vocabulaire du culte dans la LXX* (Paris : Klincksieck), n. 12, 299–328 ; et G. Dorival, 1994, *La Bible d'Alexandrie, 4. Les Nombres*, (Paris : Cerf), n. 14, 505–506.

[91] Jusqu'au v. 43b (περὶ ἁμαρτίας Θυσίαν), il n'est pas douteux que le sacrifice est offert au profit de l'armée de Juda, c'est-à-dire des *survivants*. Les développements postérieurs (à partir de πάνυ καλῶς), sur la résurrection des morts et la possibilité de racheter leurs fautes outre-tombe, ont fait l'objet de maints débats. Voir en particulier I. Lévi, 1894, "La commémoration des âmes dans le Judaïsme", dans É. Patlagean éd., 1994, *Israël Lévi : "Le Ravissement du Messie à sa naissance" et autres essais* (Paris, Louvain : Peeters), 97–114, (repris de *Revue des études juives* 29, 43–60).

[92] En envoyant l'argent du sacrifice à Jérusalem, Juda se conforme en effet ici à la prescription de Lv 4,21 : καὶ ἐξιλάσεται περὶ αὐτῶν ὁ ἱερεύς καὶ ἀφεθήσεται αὐτοις ἡ ἁμαρτία « Le prêtre fera kipper sur eux et la faute leur sera remise. »

l'armée dans son ensemble n'a pas pu accomplir le ḥērem. Un sacrifice-ḥaṭṭâ't doit donc « purger » (כפר, kipper) toute l'armée de la responsabilité de ce ḥērem inachevé.

Le ḥērem de guerre et les dangereux *sacra* ennemis

Rites, *sacra*, instruments et lieux de la sacralité de l'étranger / ennemi : leur rencontre est inévitable à la guerre. La question de comment se protéger du sacré de l'autre s'est posée à toutes les armées de l'Antiquité. Ces *sacra* de l'étranger représentent une double menace : du fait de leur sacralité, ils souillent et leur souillure est contagieuse ; leur efficacité est augmentée par l'ignorance on l'on est des rites leur convenant. Le sacré de l'autre représente un danger à l'état pur, il est mortel.

Le judaïsme du deuxième Temple, comme les sociétés contemporaines, a pris très au sérieux le sacré des étrangers et la menace qu'il constituait. Le problème se posait à lui d'une façon particulière, en raison des deux caractéristiques fondamentales de son univers religieux. D'une part le monothéisme lui interdit de recourir aux techniques polythéistes de l'assimilation des divinités étrangères. L'exemple le plus fameux de cette méthode est offert par le rite romain d'*evocatio-devotio*, tel que nous l'a conservé Macrobe.[93] D'autre part la centralisation du culte en un Sanctuaire unique, interdit aux armées en campagne de recourir à leurs propres rites protecteurs. Les plus efficaces sont en effet ces sacrifices que, contrairement aux armées juives, les armées hellénistiques et romaines pouvaient offrir en toutes circonstances et en tous lieux.[94] La solution élaborée par le judaïsme au problème du mortel contact des *sacra* étrangers a donc pris la forme du ḥērem. Le terme associe et désigne à la fois *l'expression* du vœu, par lequel les *sacra* étrangers sont immédiatement et effectivement transmis à YHWH ; et *l'accomplissement* de ce vœu, lors duquel

[93] Macrobe, *Saturnales* III 9. Dans ce rite, le général romain invitait d'abord les Dieux protecteurs de la cité assiégée à rejoindre Rome (*evocatio*). Puis il vouait la cité, désormais sans protection, à la destruction complète (*devotio*). Le rite s'accompagnait de plusieurs sacrifices et prises d'haruspices. Selon Macrobe il fut appliqué à Carthage et à Corinthe.

[94] En particulier avant de franchir un fleuve ou une frontière. C'est à ce type d'exercice rituel que se livre Hérode lorsque, dans un curieux syncrétisme de son cru, il sacrifie à la tête de son armée avant de franchir le Jourdain (BJ I 380 et AJ XV 147, voir supra).

ils sont détruits. Le ḥērem prend la forme d'un vœu parce que le rite performatif du vœu constituait précisément la bonne méthode, la seule sûre et sans danger, pour traiter la sacralité menaçante des Dieux étrangers, en la transférant à YHWH. Le vœu à YHWH, suivi de la destruction par le feu (donc : à distance), évitent le contact et la contamination ; ils opèrent le transfert instantané et effectif des *sacra* étrangers dangereux à YHWH. Vœu et destruction constituent ainsi les deux faces de l'efficacité protectrice du ḥērem.[95] La mise à mort des habitants, la destruction des troupeaux et des biens relèvent de la contagion du sacré. Jusqu'où la contamination s'était étendue, pouvait varier selon les circonstances : on observe en effet des ḥērem d'intensités variables. Cependant l'ordre dans lequel opère la contagion ne change pas : des *sacra*, elle passe d'abord aux hommes, puis aux bêtes et aux biens. Au sein du groupe humain elle touche d'abord les mâles adultes, puis les femmes mariées, les garçons et, en dernier lieu, les filles vierges.[96] Cette progression de la contagion du sacré explique, beaucoup mieux que l'hypothèse de l'exécution systématique des hommes en âge de combattre, ou que celle de sacrifices humains, le fait que les ḥērem comportassent toujours un massacre d'êtres humains, même lorsque les troupeaux et les biens étaient épargnés.

Ḥērem et *devotio* : le monothéisme plaçait les armées juives dans une situation unique. Partager un même ensemble de croyances et de représentations religieuses, comme c'était le cas par exemple au sein du monde hellénistique, pouvait produire un certain nombre de règles partagées jusque dans la guerre — même si cela ne mettait pas toujours à l'abri de destructions massives, comme en témoigne le sort de Thèbes capturée et rasée par Alexandre.[97] Mais pour le judaïsme, l'enjeu des guerres était bien souvent la survie même des Juifs et du judaïsme : c'est tout le sens des guerres maccabéennes

[95] Le problème peut se poser de l'incorruptiblité des métaux précieux : le bois brûle et disparaît dans l'incendie, les pierres éclatent et sécroulent mais l'or fond et subsiste. Une solution secondaire du ḥērem a donc consisté à remettre les métaux précieux au Temple, après leur passage par le feu (voir Nb 31,22–23).

[96] Voir *inter al.* Nb 31,15–18.

[97] Lors de cette destruction qui frappa vivement les contemporains, et à l'inverse de ce qui se produit dans le ḥērem, les *sacra* furent protégés puisqu'ils demeuraient communs aux assaillants et aux vaincus. Voir Arrien, *Anabase* I ix 9 : « (Les alliés) décidèrent d'imposer une garnison à la Cadmée mais de raser la ville et de répartir son territoire entre eux, *sauf les emplacements consacrés* » (trad. P. Savinel, 1984). Comme on sait, fut également épargnée la maison de Pindare, par quoi se révélait encore l'adhésion à une culture commune.

(mais non de celles de l'État asmonéen) ; puis des révoltes contre Rome. Le ḥērem doit se mesurer à l'aune de cet enjeu de la survie. Cela implique de prendre la guerre très au sérieux, à la hauteur de ses dangers et de ses enjeux. L'extermination des *sacra* étrangers et de tous ceux qu'ils ont contaminés — parfois une population entière — est à la hauteur de la menace encourue. Mais le ḥērem appartient au registre de la victoire. Que se passe-t-il en cas de défaite ? Compte tenu des conséquences de la défaite pour la survie du judaïsme, et au vu de quelques exemples historiques, la question se pose si le ḥērem ne se retourne pas alors en une sorte de ḥērem à soi-même infligé, dont le suicide collectif de Masada offrirait le paradigme : « Plutôt une fin effroyable qu'un effroi sans fin » ?

Dans les armées romaines la *devotio* occupait, on l'a vu, une fonction voisine de celle du ḥērem dans la société juive. Cette tradition romaine de la *devotio* comportait également une dimension suicidaire. Lorsqu'une bataille paraissait en voie d'être perdue, le général romain ou quelques uns de ses meilleurs combattants pouvaient se vouer eux-mêmes aux puissances souterraines (*devotio*), en même temps qu'ils leur vouaient les troupes ennemies. Ils se jetaient alors au cœur de la mêlée, certains le plus souvent d'y trouver la mort, en échange de la victoire de leur camp.[98] La *devotio* romaine présente donc ce double aspect : vouer à la destruction une armée, un territoire ou une ville ennemis ; s'offrir soi-même à la mort.[99] Occupant une place analogue, le ḥērem ne devait-il pas présenter lui aussi ce double aspect ?

Il ne semble pas.

Lorsque des conjurés se vouent mutuellement au ḥērem pour assurer la cohésion d'un groupe (pratique condamnée par tous les écrits qui en attestent), il ne s'agit nullement d'un ḥērem de guerre ; et on ne possède aucun exemple que ces menaces de mort aient jamais été mises à exécution. D'autre part les exemples historiques de suicides collectifs rapportés par Josèphe (Jotapata, BJ III 355–391 ; Masada BJ VII 320–406), concernent une armée, ou l'état-major d'une armée, *vaincue*. Au moment où la décision est prise de mourir, il n'existe plus aucun espoir de renverser la situation militaire. Ces suicides s'accomplissent sans essayer d'entraîner l'ennemi avec soi dans la mort. Ils ne s'accompagnent d'aucune forme de vœu, de

---

[98] Une légende héroïque attribue ce type de *devotio* à trois générations successives de la *gens* des Decii (Tite-Live VIII 9, 4 sq ; Denys d'Halicarnasse, *Ant. Romaines* II 10).

[99] H. S. Versnel, 1976, "Two Types of Roman *Devotio*", *Mnemosyne* 29 / 4, 365–410.

soi-même ou d'autrui. De même quand Philon évoque la démarche des Juifs de Jérusalem, menaçant Petronius d'un suicide collectif s'il ne sont pas écoutés.[100] Ils prennent soin de dénier tout caractère offensif à ce suicide (*Legat.* 234) : Τίς δὲ χρεία στρατιᾶς; αὐτοὶ κατάρξομεν, « Est-il besoin d'aucune armée ? Nous prendrons nous-mêmes l'initiative. » Il y a là une différence fondamentale avec les pratiques de la *devotio* romaine. Le modèle antique du guerrier-suicidaire reste attaché à Rome, pas à Jérusalem.

Le ḥērem est donc la réponse pertinente à la menace représentée par le sacré des ennemis. Toutes les cités et les peuples étrangers, contre qui doit s'exercer le ḥērem de guerre, sont symboliquement représentés par la figure d'Amalec, renouvelée dans sa descendance. *Contra* toutes les théories « sacrificielles », le ḥērem de guerre n'est ni considéré ni pensé comme un sacrifice, dans le judaïsme du deuxième Temple. Même rituelle, sa mise en œuvre (l'exécution des hommes et la destruction des biens) ne relève pas des prêtres mais appartient aux guerriers, comme un geste de la guerre. Cependant le ḥērem est un vœu : le premier acte rituel y consiste à « vouer au ḥērem » tel peuple ou telle cité. Parce qu'il est un vœu, le ḥērem doit donc s'accompagner d'un ou de plusieurs sacrifice(s) votif(s), le נֶדֶר (neder). Ces neder, offerts au Temple de Jérusalem, sont nécessaires à la clôture du processus rituel. Enfin un ḥērem non accompli ou laissé inachevé, constitue une faute mortelle, dont la souillure contagieuse s'étend, au-delà du coupable, au reste du peuple d'Israël. Si cette faute n'est pas purgée par les sacrifices appropriés, le châtiment menace donc de frapper bien au-delà de celui-là seul qui a transgressé le ḥērem.

[100] Voir *Legat.* 233–236 : il s'agissait alors d'empêcher l'érection sacrilège d'une statue de l'empereur Caligula à l'intérieur du Temple.

CONCLUSION

L'origine des guerres

Dans le livre des *Jubilés*, l'origine de toutes les guerres de l'humanité est décrite en ces termes (Jub. XI 2) : « Durant ce même jubilé, les fils de Noé commencèrent à se tuer, à se faire prisonniers et à se tuer les uns les autres entre frères ; à répandre le sang humain sur la terre et à manger le sang ; à bâtir des villes fortes, des remparts et des tours ; d'aucuns à s'élever au-dessus du peuple et à établir les principes de la royauté ; à partir en guerre peuple contre peuple, populations contre populations, ville contre ville ; et tous de faire le mal, d'acquérir des armes et d'enseigner à leurs fils à faire la guerre. Pays contre pays, ils s'attaquèrent et se conquirent afin de vendre des esclaves mâles et femelles. »[1]

Ce texte exprime la pensée de l'un, parmi d'autres, des courants de pensée qui traversaient le judaïsme du deuxième Temple ; en dépit de ce particularisme et en dehors de quelques notations polémiques, comme la critique de l'institution monarchique, il me semble qu'il exprime avec clarté une représentation de la guerre largement partagée par le judaïsme de son temps.

Y a-t-il une bonne manière de faire la guerre ? Une façon telle qu'on ne renonce pas à sa culture et qu'on ne sombre pas dans la sauvagerie ? Une façon juive de faire une guerre juive (et, éventuellement, de ne pas la faire) ? Ensuite : cette façon propre de faire la guerre permet-elle de l'emporter ? — Ceci demeure, après tout, la seule justification de faire une guerre, dans la mesure où ses enjeux en ont justifié les risques. Peut-on, en respectant ses propres lois de la guerre, vaincre des peuples dont la force réside dans une culture

[1] Wabaz^{e} ʾiyûb^{e}l^{e}wû, waṭanû w^{e}lûda Nôḫ^{e} y^{e}t^{e}qâtalû laḏêw^{e}wô walaqatil ʾaḥadû ʾaḥadû $^{\text{ʾ}e}$ḫ^{e}wâhû ; walak$^{e\text{ʿ}}$iwa dama sab$^{e\text{ʾ}e}$ diba m^{e}d^{e}r walabaliʿa dam ; walaḥaniṣa ʾah^{e}gûr ṣ^{e}nûʿât waṭ^{e}q^{e}m wamâḫ^{e}fadû ; walatal$^{e\text{ʿ}e}$lo b$^{e\text{ʾ}e}$si lâ$^{\text{ʿ}e}$la ḥ^{e}z^{e}b walasayima maq^{e}-d^{e}ma man^{e}g^{e}š^{e}t ; walaḥawira ḏab$^{e\text{ʾ}e}$ ḥ^{e}z^{e}b q^{e}d^{e}ma ḥ^{e}z^{e}b, waʾaḥ^{e}zâb q^{e}d^{e}ma ʾaḥ^{e}zâb, wahagar q^{e}d^{e}ma hagar ; wakuilû laʾa$^{\text{ʾ}e}$k^{e}yû walaʾaṭ^{e}r^{e}yû n^{e}wâya ḥaq^{e}l walam^{e}h^{e}ro w^{e}lûdomû ṣab$^{e\text{ʾ}}$a. Waʾaḫazû y^{e}ḏêw^{e}wû hagar lahagar walašayiṭo lag^{e}b^{e}r^{e}nâ walaʾama-t^{e}nâ. Translittération à partir du texte éthiopien édité par J. C. VanderKam, 1989, *The Book of Jubilees. A Critical Text (2 vol.)*, (Louvain : Peeters).

non juive de la guerre ? En particulier des peuples puisant leur force dans une sauvagerie qui demeure, en toutes circonstances, l'un des fondements de la guerre ? Faut-il alors imiter les nations qui s'avèrent plus puissantes, pour sauver la spécificité de l'identité juive ? Jusqu'à quel point ? Telles sont les questions (qui valent sans doutes pour toutes les sociétés humaines et contribuent à les définir et à définir la valeur morale de leur développement historique), auxquelles le judaïsme du deuxième Temple s'est efforcé d'apporter des réponses spécifiques.

Le récit des *Jubilés* illustre ces interrogations.

La violence dont il est question ici est spécifiquement celle de la guerre, comme en attestent les deux mentions de la racine D̲B' de la guerre (racine nord-ouest sémitique D̲Bʾ, ou ṢBʾ, voir l'hébreu צבא) : walaḥawira d̲ab^{eʾe} « (Ils commencèrent) à partir en *guerre* » etc.[2] Et : walam^{e}h^{e}ro w^{e}lûdomû ṣab^{eʾ}a « (Ils commencèrent) à enseigner la *guerre* à leurs fils » etc.[3] Ce texte distingue donc la guerre des autres formes de violences. La question de l'origine de la violence, au sens large, est d'ailleurs envisagée par les *Jubilés*, dans un autre passage, situé à une période antérieure de la chronologie historique du récit (Jub. V). L'apparition de la violence y est présentée comme une conséquence de l'union des anges corrompus avec les filles des hommes (Jub. V 1–5). De cette union fautive découlent tous les mauvais comportements dont le Déluge est la sanction. La violence est donc antérieure à l'apparition de la guerre, puisque l'origine de la guerre est post-diluvienne.

Celle-ci apparaît en effet au cours du trente-cinquième jubilé, après le partage de la terre et sa répartition entre les nations, puis la confusion des langues et la dispersion des peuples, à Babel. Le partage du monde débute en l'an MDLXIX de la création (la première année de la première semaine du trente-troisième jubilé, selon Jub. VIII 10). La dispersion de Babel a lieu en l'an MDCXXXIX. La guerre s'installe ensuite, peu après la naissance de Seroug, l'arrière grand-père d'Abraham, datée de l'an MDCLXXXI (voir Jub. XI 1–2).[4]

---

[2] La conjonction [wa] indique que la forme verbale (introduite par la préposition [la-]) appartient à la série des actions commandées par le verbe principal waṭanû, « ils commencèrent à » etc. En d̲ab^{eʾe}, « la guerre », on reconnaît la racine D̲Bʾ.

[3] Avec ce ṣab^{eʾ}a on trouve ici la forme ṢBʾ de la racine de la guerre.

[4] L'origine de la violence, au sens large, remonte pour sa part à un moment situé entre la naissance des Géants (issus de l'union des anges et des femmes), datée de MCLXXVII et le début du Déluge (sanctionnant leurs débordements) en l'an MCCLIX.

La guerre est ainsi associée à la dispersion des peuples et à l'existence des nations : après l'échec du « peuple unique » (Jub. X 22) que formait l'humanité noachique, les hommes « sont répartis par langues et par lignées » (Jub. X 25).[5] On ne peut manquer de repérer, dans cette théorie historique, le reflet des interrogations identitaires d'un judaïsme confronté à la pression politique, militaire et culturelle des royaumes et des empires l'environnant.

En outre, parce qu'elle est pensée d'emblée comme un phénomène social et politique, la guerre entraîne des conséquences sociales, institutionnelles et économiques de grande ampleur pour toutes les sociétés humaines. L'auteur des *Jubilés* en repère au moins trois.

Dans le domaine de l'organisation spatiale et sociale, la guerre donne naissance aux villes fortes, avec leurs enceintes et leurs murailles : « Ils commencèrent à bâtir des villes fortes, des remparts et des tours ». Cette réflexion met en évidence l'importance prise, peu à peu, par les murailles des villes dans le domaine rituel, importance repérée et mise en valeur par Étienne Nodet.[6] D'un point de vue stratégique, l'accent est mis ainsi sur les guerres de siège. Cela correspond au *Sitz im Leben* des *Jubilés* : dans la Judée de l'époque du deuxième Temple la victoire militaire s'obtient *in fine* par la conquête des places fortes, comme en atteste encore le déroulement de la *Guerre des Juifs*. Mais on peut également percevoir, dans cette observation, une critique de la ville comme institution vouée à la guerre, à l'idolâtrie et à la corruption par la culture païenne des nations. À cette ville acculturée et souillée, dont la Jérusalem asservie par Antiochos IV, (« l'abomination de la désolation ») offrait le paradigme historique, s'oppose la simplicité ascétique de la campagne et/ou du désert. Ainsi la « bonne guerre » décrite dans le *Règlement de la Guerre*, comme la bataille eschatologique victorieuse contre les nations, se déroulent-elles en rase campagne, à l'écart des villes.

Dans le domaine institutionnel et politique, la guerre donne naissance à la royauté et aux inégalités sociales : « Ils commencèrent, d'aucuns, à s'élever au-dessus du peuple et à établir les principes de la royauté. » Les *Jubilés* n'innovent pas sur ce point. La critique du régime monarchique, associé à la guerre et à l'exploitation abusive,

---

[5] Voir sur ce sujet l'ouvrage collectif de A. Desreumaux et F. Schmidt éd., 1988, *Moïse géographe. Recherches sur les représentations juives et chrétiennes de l'espace*, (Paris : Vrin).

[6] De façon parfois excessive, on l'a vu. Voir É. Nodet, 1992, *op. cit.*

constitue un thème fréquent chez les Prophètes. Le modèle en a été donné depuis longtemps par le discours de Samuel aux Hébreux qui réclamaient un roi (1 S 8,10–20). Cependant la critique formulée dans les *Jubilés*, d'une royauté dont l'origine est privée de toute onction, choix populaire, justification généalogique ou élection divine apparaît comme l'une des plus radicales qui se puissent trouver. On ne peut manquer aussi d'y lire une volonté polémique contre la monarchie asmonéenne : en particulier dans la description de cet « homme quelconque » (b^{eʾe}si), qui s'élève *lui-même* (forme réfléchie) à la royauté.[7]

La guerre, enfin, génère sa propre logique économique, qui tend à imposer sa loi sur les sociétés : « Ils commencèrent à acquérir des armes (. . .) à vendre des esclaves. » Armes contre esclaves. Vendre des esclaves pour acquérir les armes qui permettront de capturer d'autres esclaves, dont la vente permettra d'acquérir les armes sans lesquelles d'autres, mieux armés, vous emmèneront en esclavage : saisissant raccourci des liens entre économie et guerre, dans l'Antiquité.[8]

Ainsi reconnue dans sa dimension sociale, la guerre ou, plus précisément, le caractère particulier de la violence guerrière parmi toutes les violences humaines ou naturelles, est mise en relation, puis analysée, en regard des règles culturelles, symboliques et religieuses.

Ce en quoi consiste « faire la guerre », dans ce texte, est en ces termes précisément défini (Jub. XI 2) : y^{e}t^{e}qâtalû lad̲êw^{e}wô walaqatil ʾaḥadû ʾaḥadû ʾ^{e}ẖ^{e}wâhû ; walak^{eʿ}iwa dama sab^{eʾe} diba m^{e}d^{e}r walabaliʿa dam. Cela consiste « à se tuer, à se faire prisonniers et à se tuer les uns les autres entre frères ; à répandre le sang humain sur la terre et à manger le sang ». La violence guerrière spécifique se résume à cette séquence : tuer (qatala) ; faire prisonnier (d̲êwawa) d'autres hommes, ses frères (ʾ^{e}ẖew) ; tuer (qatala) d'autres hommes, ses frères (ʾ^{e}ẖew) ; verser le sang (kaʿawa dam) des hommes (sab^{eʾe}) ; manger le sang

---

[7] « Homme quelconque » ou, peut-être mais c'est moins probable, « homme fort », si b^{eʾe}si traduit l'hébreu נבר plutôt qu'un indéfini.

[8] Le lien qui s'établit ici entre la guerre et l'économie est donc de l'ordre de la nécessité et non de la continuité, contrairement à ce que décrivait Claude Lévi-Strauss dans les sociétés primitives mais qui paraît mieux s'appliquer aux sociétés industrielles : « Il y a un lien, une continuité, entre les relations hostiles et la fourniture de prestations réciproques : les échanges sont des guerres pacifiquement résolues, les guerres sont l'issue de transactions malheureuses », C. Lévi-Strauss, 1949, *Les structures élémentaires de la parenté*, (Paris : PUF). Dans la description des *Jubilés*, il y a primat du politique sur l'économie : la guerre (c'est-à-dire la politique, c'est-à-dire la culture) impose un certain type d'échanges mais ne se substitue pas à des échanges inachevés ou maladroits.

(bala'a dam).[9] L'énumération fait ainsi glisser, sans solution de continuité, de l'affrontement guerrier à la souillure et au sacrilège.

L'opération s'effectue en deux étapes. La première offre une sorte de réflexion « proto-humaniste », fondée sur le rappel de l'unité fondamentale de l'humanité des temps anté-babeliens : cet autre, qu'on capture et qu'on tue, est un semblable, un « frère » au sein de l'humanité noachique. De cette fraternité découlent les questions concernant le sang, puisque, à la guerre, comme à la chasse, dans la boucherie ou lors des sacrifices, on tue en faisant couler le sang. Cette opération est toujours porteuse de tensions et de risques, apaisés par les rites, lorsqu'il s'agit du sang des animaux. Mais quand on en arrive au sang d'un frère (ʾeḫew), c'est-à-dire d'un autre identique à soi, c'est-à-dire d'un homme, quelles circonstances, quels gestes rituels, rendent-ils licite de le verser ? Le risque que pointe ce texte, s'agissant de la guerre, est celui de l'ensauvagement et de l'idolâtrie : comme lors d'un sacrifice délibérément mal accompli, quiconque se rue sans précaution rituelle vers la tuerie guerrière, se comporte en « mangeur de sang », c'est-à-dire qu'il s'exclut, non seulement de sa communauté et de son peuple, mais de l'humanité elle-même, définie, depuis l'alliance noachique, par cet interdit fondamental de manger avec le sang (Gn 9,4). La prime violence guerrière est ainsi marquée, par les *Jubilés*, du renoncement à la culture et du retour à la sauvagerie.[10]

Le contexte souligne cet enracinement de la guerre du côté de la sauvagerie et de l'idolâtrie. La guerre surgit comme une conséquence du projet sacrilège de bâtir la tour de Babel. Elle précède et suscite la plongée de l'humanité tout entière dans la perversion et l'idolâtrie :

---

[9] La répétition du verbe qatala, « tuer », doit se comprendre ainsi : la première forme verbale (yeteqâtalû) est un subjonctif de forme réfléchie (forme III 1) ; c'est le seul des verbes introduits par la formule « les fils de Noé commencèrent » etc., à être conjugué ; tous les autres sont à l'infinitif. Cette différence n'apparaît pas dans la traduction française mais elle permet d'éclairer le sens de cette répétition de qatala. La première mention du verbe (forme conjuguée) exprime le sens et le geste fondamental de la guerre : s'entretuer. La seconde (infinitif inséré dans une longue série d'autres infinitifs) relève de la description détaillée, de l'analyse des activités guerrières. Le geste guerrier fondamental consiste à « s'entretuer ». Il est subdivisé en une série d'actions liées entre elles selon une progression logique, associative et de gravité croissante : capturer, tuer, verser le sang, manger le sang.

[10] Ici aussi une source biblique peut être trouvée dans l'épisode de 1 S 15 où, au terme d'un longue journée de combats sanglants, les troupes de Saül en viennent à dévorer la viande avec son sang. Mais l'expression qui en est donnée dans les *Jubilés* a une portée plus systématique.

« Chacun adorait une idole (. . .) et le prince Mastéma s'efforçait de provoquer tout cela » (Jub. XI 4–5). De sorte que l'apparition de la guerre est associée à celle de l'idolâtrie dans l'Histoire, indice majeur de la corruption de l'humanité, dans les *Jubilés*.

Tout ceci dessine une représentation très négative de la guerre ou, en tout cas, des origines qui lui sont assignées. La société juive du deuxième Temple n'aime pas particulièrement la guerre. À la différence de bien des sociétés contemporaines, elle ne valorise pas, par-dessus tout, la guerre et les guerriers, leurs exploits et leur héroïsme. La guerre n'y figure pas l'horizon, incontournable et attrayant, de l'accomplissement de la jeunesse.[11] La guerre est une anti-institution, un désordre. Dans un système symbolique fondé sur la pureté, c'est-à-dire sur la distinction et la séparation entre les catégories jugées dissemblables, la guerre apparaît comme l'occasion de tous les mélanges.[12] L'élément le plus pur et le plus sacré, symbolisé par la Présence de Dieu au camp, court alors grand risque de se trouver mis au contact de la source de toute souillure, la mort violente et le sang versé. Fondamentalement, la guerre est du côté de l'impureté.

Pourtant, pas plus les *Jubilés*, que les autres écrits juifs de l'époque du deuxième Temple, ne condamnent la guerre, ni ne la rejettent, comme moyen de résoudre des conflits inévitables et d'accomplir la volonté divine.[13] La guerre, pour le judaïsme, est une option historique qui demeure ouverte et un choix stratégique légitime dans de nombreuses circonstances. En outre, la représentation symbolique, négative, de la guerre ne nuit en rien à l'efficacité guerrière, sur le terrain. Les armées et les soldats juifs jouissent au contraire,

---

[11] Un élément majeur de scandale, dans Jérusalem hellénisée, fut ainsi la construction par Jason d'un gymnase et d'un éphébéion (γυμνάσιον καὶ ἐφηβεῖον) et la participation de jeunes gens, issus de l'aristocratie sacerdotale, aux exercices et à la formation qu'offraient ces deux institutions (2 M 4,9–15).

[12] Voir supra comment Philon stipule, dans *Ebr.* 143, que : Νόμου δὲ καὶ παιδείας ἴδιον βέβηλα ἁγίων καὶ ἀκάθαρτα καθαρῶν διαστέλλειν « Le propre de la loi et de l'éducation est de discerner entre le profane et le sacré et entre l'impur et le pur. »

[13] Les *Jubilés* offrent ainsi un grand nombre de passages, où la guerre apparaît pleinement justifiée : Abram combat les quatre rois du Nord (Jub. XIII 25 sqq) ; évocation de la guerre eschatologique (Jub. XXIII 19–20, 30) ; malédictions guerrières d'Isaac contre les Philistins (Jub. XXIV 27–30) ; destruction de Sichem (Jub. XXX 1–6 et 23–26) ; Jacob combat les sept rois amorrhéens (Jub. XXXIV 5–9) ; guerre entre Jacob et Esaü (Jub. XXXVIII). Sans compter les peuples voués à une destruction complète : la lignée de Loth (Jub. XVI 9) ; la descendance de Canaan (Jub. XXII 20–22) ; les peuples philistins (Jub. XXIV 30).

durant toute cette période, d'une réputation solide dans l'esprit de leurs contemporains. On les retrouve tenant garnison ou servant comme mercenaires, pour le compte des puissances du moment, d'Alexandre aux Ptolémées ; alliés recherchés des Séleucides, face à des soulèvements intérieurs (Démétrios), comme dans des guerres extérieures (Antiochos VII) ; alliés décisifs encore, de Jules César, au moment de l'épisode alexandrin, qui le voit affronter le dernier des Ptolémées.[14] L'État juif lui-même se rebâtit à partir des victoires remportées par une insurrection armée. Cette guérilla des premiers Maccabéens laisse bientôt la place à des opérations militaires plus classiques, conduites avec succès par des souverains asmonéens qui étendent les dimensions et la puissance de leurs États, au détriment de leurs voisins. Tigrane, à l'apogée de sa puissance, préfère négocier que d'affronter la Judée. Il n'est pas jusqu'à la grande Révolte de 66 qui n'impressionne à ce point la puissance romaine, que le général qui l'a vaincue en ressorte empereur.

La guerre représente ainsi, pour le judaïsme du deuxième Temple, une source constante de tensions et de contradictions. Le dépassement de ces contradictions, les médiations permettant de maintenir une forme d'harmonie entre désamour de la guerre et efficacité des guerriers, ont emprunté la forme de rites car, dans ce contexte historique, « seul le rite permet de résoudre les tensions ».[15] Le judaïsme du deuxième Temple s'est donc efforcé d'identifier de quelles règles (de quels rites), la transgression aurait eu pour conséquence, si important fût l'enjeu, que la guerre ne soit plus une solution. Car une guerre menée en dehors de ces règles, de ces limites et de ces rites, représenterait elle-même une conséquence pire pour l'être-Juif que les conséquences de la défaite.

Ces rites juifs de la guerre, à l'époque grecque, asmonéenne et romaine, j'ai tâché d'en dresser ici un tableau.[16] Ce travail ressortit

---

[14] Voir BJ I 190 sqq et AJ XIV 127 sqq.

[15] Je cite ici les mots d'Alfred Adler au cours de son séminaire de l'EPHE de l'année 1994–1995 ("Religions de l'Afrique noire"), consacré aux "Rites comme systèmes".

[16] Un récent article du *Journal for the Study of Judaism* soulignait « l'hégémonie du rite » dans les textes de Qoumrân mais regrettait, dans un même mouvement, que le sujet en ait été négligé : « *With some notable exception the subject of ritual at Qumran has received sparing attention* », R. Kugler, 2002, "Making All Experience Religious : The Hegemony of Ritual at Qumran", JSJ 33 / 2, 131. Je ne partage pas cet avis (dont l'excès apparaîtra à la seule lecture des volumes des DJD), cependant il exprime

donc plus à la collecte d'informations et à l'établissement, autant que faire se peut, de faits historiques avérés, qu'à l'élaboration théorique. On peut néanmoins tenter d'en dégager quelques conclusions d'ordre général.

Il convient de distinguer d'abord entre deux grandes catégories de rites. Les premiers expriment ce qu'on peut nommer la « vitalité rituelle » de la société juive du deuxième Temple. Cette vitalité se confond elle-même avec la dynamique historique de l'affirmation de son identité, c'est-à-dire de l'écart qui la distingue des sociétés environnantes. Dans un monde régi et formaté par les modèles culturels des puissances dominantes (hellénistique et romaine), la société juive s'efforce de maintenir une altérité fondée sur son monothéisme élaboré. Toujours se pose le problème de la bonne distance avec l'étranger : ni trop près, ni trop loin.[17] Sauf qu'il ne s'agit plus ici d'éviter la guerre mais de la faire. La technique sociale pertinente est alors la production de rites. La capacité de la société juive à produire ces rites offre la démonstration de sa vitalité.

Ces rites, ou ces questions concernant les rites applicables à la guerre, qui surgissent dans la pratique du judaïsme du deuxième Temple, je les nomme « rites émergents ». Ils surgissent autour des questions relatives à l'effet et aux modifications produits sur différentes institutions par l'irruption de la guerre. Ces institutions, centrales dans le judaïsme sont le sabbat, les sacrifices et le statut des prêtres ; on repère donc surtout les rites émergents dans ces domaines.

Il faut souligner ici un point essentiel : ces pratiques sociales constituent incontestablement des rites, à nos yeux d'historien des comportements et des représentations. Mais, parce qu'elle sont alors élaborées (pour ne pas dire « bricolées ») en vue de résoudre des contradictions immédiates, autrement insurmontables, elles ne sont ni perçues, ni définies comme des rites par le judaïsme du deuxième Temple qui les met en œuvre ; conçues pour répondre aux besoins de leur société et de leur époque, elles ne peuvent, ni ne doivent sous peine de perdre tout leur efficace, y apparaître comme des rites. Les rites émergents sont donc toujours présentés, dans nos sources,

---

une opinion assez largement répandue. J'espère que cette recherche, bien qu'elle ne revendique pas un caractère exclusivement qoumrânologique, contribuera à rendre un peu plus obsolète cette idée reçue d'un certain désintérêt pour les rites du judaïsme du deuxième Temple.

[17] Voir F. Schmidt, 1994, *op. cit.* 91–105.

comme des gestes cultuels et religieux nécessaires, imposés par le respect de la Loi — c'est-à-dire de l'interprétation que tel ou tel courant fait de la Loi.

Car c'est là le second élément important : la diversité des interprétations halakhiques, comme des obligations cultuelles et rituelles qui en découlent. Cette même vitalité du judaïsme du deuxième Temple, qui se manifeste dans l'émergence de pratiques rituelles adaptées au moment historique, s'exprime aussi dans la multiplicité et la diversité des réponses proposées. La représentation historiographique actuelle, d'un *mainstream* structurant la société juive du deuxième Temple, s'échoue ici sur les nombreux témoignages de la diversité. La question de la poursuite de la guerre durant le sabbat en offre la démonstration : à ce problème nouveau, une grande diversité de solutions halakhiques sont proposées, selon des clivages et des rapprochements qui ne recoupent pas toujours la traditionnelle partition entre courants majoritaire et minoritaire, ni entre les « quatre écoles » de Josèphe. Aucune de ces solutions ne peut cependant se réclamer d'une autorité supérieure aux autres, aucune ne constitue la règle partout admise, par tous et durant toute la période. La position finalement exprimée par la Michna et qui s'impose, conserve encore, dans ses attendus, la mémoire de ces débats. Mais, de ce que cette position se soit finalement imposée dans les circonstances propres à l'époque talmudique, rien n'autorise à conclure qu'elle eût été, à aucun moment auparavant, l'expression majoritaire d'un « courant dominant » (*mainstream*).

Ces pratiques rituelles émergent au lieu et dans le temps où se croisent, le plus souvent d'une façon perçue comme conflictuelle, les contraintes propres à la guerre et des éléments du système symbolique définissant la société juive : calendrier cultuel, centralité du Temple, système de pureté, Torah et monothéisme.

Le caractère conflictuel de ce rapprochement s'alimente à deux sources : d'une part, la guerre est un lieu privilégié de la rencontre avec l'étranger et avec ses usages, dont le refus de s'y plier constitue souvent la raison de combattre. D'autre part la sanction par la victoire ou la défaite impose la contrainte de choix stratégiques immédiats. Plus ces deux facteurs prennent de l'importance, lors d'une guerre juive, plus les questions rituelles s'avèrent essentielles. Ainsi l'insurrection maccabéenne pose-t-elle très tôt la question de la bonne façon de conduire une guerre et fait-elle surgir des rites nouveaux, à propos du sabbat d'abord, puis à Masphat (1 M 3) et dans la suite des combats. Le refus des usages grecs et l'enjeu de la survie ou de la disparition du judaïsme, en cas de victoire ou de défaite, sont alors au plus haut. En revanche lorsque, beaucoup plus tard, des monarques asmonéens puis hérodiens, font campagne, hors de Judée, pour leur compte ou pour celui de leurs alliés, le comportement et les pratiques des armées juives tendent à se confondre avec ceux des autres armées de leur époque.

Le croisement des deux séries contraignantes, lois du système symbolique et impératifs stratégiques, détermine donc l'émergence des rites.

Le respect du calendrier cultuel soulève le problème de la continuation de la guerre en sabbat. La centralisation du culte au Temple impose une réflexion sur la pratique des sacrifices liés à la guerre. L'existence d'un système d'oppositions entre le pur et le souillé, qui trouve son expression la plus accomplie dans les exigences de la pureté sacerdotale, conduit à préciser le statut et la fonction, à la guerre, des prêtres, du camp militaire (maḥ^{a}neh) et des combattants.

La discussion sur le rôle et la place des prêtres sont au cœur de tous les débats rituels. Car la place qui leur est assignée, dans la guerre, définit mieux que toute autre chose, le caractère original, différent, spécifique de la nation juive, ainsi que l'orientation qu'elle se donne, aux différentes étapes de son histoire. Dans ce domaine aussi la diversité est remarquable. De l'idéal hautain du grand prêtre à qui la soumission du prince conserverait sa suprématie, tout en lui épargnant la souillure des combats (voir le *Rouleau du Temple*), on passe ainsi à la manipulation, par l'autorité politique, des vêtements et des nominations de grands prêtres asservis. Entre les deux, la volonté des Asmonéens de confondre dans leur personne et dans leur dynastie les deux fonctions du prince et du prêtre, apparaît comme une tentative, non dénuée d'ambiguïté, de difficultés, ni de soumission à certaines influences grecques ; elles suscite des rejets violents. Au final, surgit la figure de Phanni, le grand prêtre zélote élu par tirage au sort dans un Temple assiégé, réincarnant le personnage de Pinḥas, prêtre et combattant, mais exempt de l'impureté des combats, de par la volonté divine.

À côté et distincts de ces rites émergents, l'autre grande catégorie est constituée de conduites rituelles, plus ou moins anciennes, plus moins appliquées, mais parfaitement identifiées comme des rites par la société juive du deuxième Temple. On parlera ici de « rites maintenus ».

Car le judaïsme possède déjà alors un corpus de textes sacrés, dont l'interprétation constitue l'essentiel de son activité herméneutique et, plus largement, intellectuelle. Il peut y découvrir de nombreux témoignages de pratiques rituelles associées à la guerre, comme l'oracle des ourîm et toummîm ou la pratique du ḥērem. On n'a donc pas affaire ici à des pratiques sociales suscitées pour répondre à une situation historique nouvelle, à laquelle la société du deuxième Temple serait confrontée. On est en face de pratiques rituelles anciennes, décrites dans les textes, parfaitement identifiées comme des rites mais dont l'usage s'est très inégalement maintenu. Parce qu'elles sont d'emblée repérées comme des rites, l'efficacité symbolique de ces pratiques et de ces institutions s'en trouve passablement amoindrie. Leur mise en œuvre est moins systématique ; elles sont donc moins repérables dans les sources de la littérature du deuxième Temple.

En revanche, ces rites font l'objet d'un immense travail de réflexion et de spéculations sur leur nature, leur usage, les raisons de leur éventuel arrêt ou, au contraire, de leur reprise. À l'inverse des situations d'où surgissaient les rites émergents, il s'agit de comprendre, de définir puis, éventuellement, d'appliquer, des rites conservés dans des textes anciens, donc nés de situations historiques différentes. De même que la diversité des rites émergents pouvaient fournir des occasions de divergences au sein du judaïsme, de même l'interprétation de ces rites anciens et la légitimité qui leur est reconnue, offrent-elles de nouveaux éléments de différenciation. Par exemple, la discussion sur l'oracle par les ourîm et les toummîm fait surgir de nouveaux clivages, entre ceux qui discutent la date de leur disparition (Josèphe, les Sages) et ceux qui envisagent les conditions de leur prochaine mise en œuvre (le *Rouleau du Temple, inter al.*). Précisément parce qu'ils ne sont pas issus de la dynamique historique mais des textes, la mise en œuvre de ces rites donne aisément prise à la polémique.

En outre elle peut s'avérer délicate, voire dangereuse. Recourir à l'oracle des ourîm et des toummîm, fondé sur la séparation du grand prêtre et du roi, s'avère délicat sous la monarchie asmonéenne qui les réunit. Dans un temps où les grand prêtres se trouvent, soit assimilés à la personne du roi, soit placés dans une position de dépendance à l'égard du pouvoir politique, l'adhésion au rite oraculaire prend nécessairement une dimension polémique et contestatrice. De plus cette soumission politique des prêtres oblige à élaborer des stratégies complexes de réappropriation du rite. Par exemple : dans la mesure où l'autorité romaine, en pleine connaissance de cause, confisque et conserve les vêtements sacerdotaux, la simple revendication d'un retour à l'oracle sacerdotal conduirait à soumettre cet oracle à la bonne volonté de Rome.

En revanche d'autres usages, identifiés comme rituels dans les livres sacrés, peuvent être réinterprétés et réutilisés en fonction des nécessités de l'heure, au profit des objectifs historiques, stratégiques et politiques de l'État juif renaissant. C'est ainsi que Jonathan Maccabée peut invoquer l'esprit et l'usage du ḥērem biblique, pour détruire les temples et autres *sacra* syro-hellénistiques autour de Jérusalem, dans un temps où il lui importe de reconstituer l'homogénéité nationale, culturelle et religieuse de la Judée. Mais lorsque Philon d'Alexandrie envisage le ḥérem biblique, du point de vue apologétique qui est le sien, c'est pour le déclarer obsolète et le renvoyer à la violence fondatrice d'un passé mythique.

Le processus de réintégration des rites maintenus, dans la dynamique historique du judaïsme du deuxième Temple, donne donc lieu à son tour à une grande diversité de stratégies intellectuelles et sociales, dont certaines se cristallisent au sein de courants de pensée durables.

La littérature juive du deuxième Temple manifeste peu d'enthousiasme pour la guerre et les guerriers. On n'y trouve guère d'écrits épiques et/ou héroïques. L'état de guerrier n'y apparaît ni particulièrement enviable, ni particulièrement exceptionnel. Une des raison en est qu'il concerne, comme dans les armées de conscription de la fin du XIXème siècle, tous et chacun. L'état de guerrier n'a rien de spécial sinon qu'il se distingue, par les rites, de l'état ordinaire c'est-à-dire de l'état de paix.

Mais, quand la représentation du guerrier ne repose pas, d'abord, sur la recherche, l'accumulation et l'exagération narrative des exploits, par quels autres traits la caractériser ? Trois figures se dégagent des textes.

D'abord, la soumission à une forme radicale de déterminisme, c'est-à-dire à l'idée d'une absolue maîtrise divine sur l'Histoire. Cette attitude se manifeste par un respect rigoureux des rites et des statuts de pureté prescrits aux guerriers. Le destin individuel de chaque guerrier, comme le sort des armes, sont ensuite entièrement dans la main de Dieu. C'est la position reflétée dans le *Règlement de la Guerre* et, plus encore, dans la "Loi du Roi" du *Rouleau du Temple.*

À l'opposée, on trouve la prise en charge, ici-bas, de l'accomplissement du plan divin. Dans cette conception, il revient aux hommes de veiller eux-mêmes au respect de la Loi et de la volonté divine. Cette position représente l'inverse de la précédente : ici, aucun rite, aucune règle de pureté, ne doivent faire obstacle à l'exécution et à l'anéantissement des ennemis de la Loi. Non seulement la finalité supérieure (permettre la mise en œuvre de la Loi) justifie et autorise toutes les transgressions, mais ces transgressions se trouvent instantanément annulées et sanctifiées par leur objet. Le modèle est ici la figure de Pinḥas.

Entre ces deux positions radicales, il existe une voie médiane, ou plutôt toute une série de positionnements médians. Ce sont des postures guerrières mâtinées d'influences étrangères (grecque puis romaine). Elles sont adoptées, d'une part dans le cadre de l'État juif reconstitué et engagé dans le jeu international des puissances (armées, mercenaires, sièges) ; d'autre part dans le cadre de la perméabilité diasporique aux influences de l'environnement social. Dans cette configuration, les guerriers juifs ne se distinguent plus guère des guerriers des autres nations. Toute la responsabilité de la mise en œuvre des rites convenables est renvoyée au(x) chef(s) de guerre, qui en décide(nt). C'est la situation représentée dans la monarchie asmonéenne, comme dans l'armée galiléenne de Josèphe. Avec la monarchie hérodienne, l'évolution s'accélère qui transforme l'armée judéenne en un armée « alliée de Rome », à toutes les autres pareille.

Ces diverses postures coexistent, s'opposent et évoluent tout au long de la période considérée. Toute représentation juive de la guerre, à l'époque du deuxième Temple, serait donc le produit, à la fois, de ces évolutions et de la confrontation des modèles, entre eux et avec la réalité extérieure. Cela définit un cadre à l'intérieur duquel les divergences s'expriment, sans en déborder. Dans tout le spectre de la diversité des courants parcourant le judaïsme du deuxième Temple, les représentations de la guerre partagent un ensemble de traits qui contribuent à une définition commune.

La guerre y est toujours pensée à l'intérieur d'un système associant une théorie de l'Histoire et une théologie. L'Histoire est celle du peuple juif. Les théories s'échelonnent entre les deux pôles de l'acculturation, dont les grands prêtres hellénisés du IIème siècle constituent le modèle, et de l'imminence eschatologique, dont le *Règlement de la Guerre* est l'expression la plus accomplie. La théologie est celle de l'intervention de la divinité dans l'Histoire. Ses conceptions s'étendent du modèle ancien d'un Dieu national, protecteur particulier de son peuple, à celui d'un déroulement historique en tous points conforme au plan divin pré-établi.

Dans ce cadre, la guerre juive se définit d'abord par opposition à ce qu'elle n'est pas. La guerre n'est pas l'un des moyens de la puissance. Elle n'est pas considérée, selon la vieille formule clauswitzienne comme « la continuation de la politique », si l'on définit la politique comme l'affirmation de l'identité d'une société, adaptée à sa puissance géostratégique dans un contexte historique donné. Cela n'interdit pas que des armées juives recherchent un avantage stratégique, ou puissent intervenir aux côtés de leurs alliés, voire au titre de mercenaires. Mais, même placées dans ces circonstances, les combats que mènent ces armées s'inscrivent dans le cadre du lien particulier entre YHWH et son peuple. Ainsi le Juda Maccabée de Jason de Cyrène peut-il évoquer, devant ses troupes, à l'orée d'une bataille, la mémoire d'une intervention divine en faveur de mercenaires juifs engagés aux côtés des Macédoniens, en Babylonie, contre les Galates ; ce rappel est jugé aussi pertinent que celui de la déroute miraculeuse de Sennachérib (2 M 8,19–20).

La guerre n'est pas non plus, « en dernier ressort », économique. Ceci n'exclut pas l'intérêt porté au butin et aux règles régissant son partage. Mais on ne voit pas, dans toute l'histoire de la période, que la guerre vienne se substituer à des échanges défaillants, ni qu'elle vise à s'approprier un avantage comparatif décisif. Au contraire, dans les textes de l'époque (comme d'ailleurs dans les écrits bibliques), l'enrichissement et la prospérité sont largement associés aux périodes de paix.

Enfin la guerre ne peut pas être assimilée à ce que l'on place habituellement sous le vocable de « guerre sainte ». Les deux principales caractéristiques de celle-ci en sont absentes : non seulement il n'est jamais question de prosélytisme guerrier, mais la guerre ne suscite aucun enthousiasme belliqueux particulier.[18] Jusque dans les récits de la bataille eschatologique, transparaît surtout le sentiment d'une justice nécessaire, plutôt que celui d'une fougueuse exaltation. Ces traits négatifs, définissant la guerre juive « en creux », par tout ce qu'elle n'est pas, permettent de mesurer les écarts qui séparent cette représentation de celles qui ont cours dans les autres sociétés de l'Antiquité méditerranéenne.

---

[18] Sur le prosélytisme, voir l'étude historiographique de E. Will et C. Orieux, 1992, *« Prosélytisme juif » ? Histoire d'une erreur*, (Paris : Belles Lettres).

Dans les écrits juifs de l'époque du deuxième Temple, la guerre apparaît essentiellement comme le moment où s'éprouve la bonne compréhension, qu'ont les hommes, de la volonté divine dans l'Histoire. La divinité intervient dans l'Histoire des Juifs, donc dans l'Histoire des hommes, par le moyen des guerres des Juifs.

La guerre juive est une théophanie.

BIBLIOGRAPHIE

Abel Félix-Marie, 1947, "Le siège de Jérusalem par Pompée", RB 54 / 2, 243–255.

——, 1949, *Les Livres des Maccabées*, (Paris : Le Coffre).

——, 1952, *Histoire de la Palestine depuis la conquête d'Alexandre jusqu'à l'invasion arabe*, (Paris : Gabalda).

Adler Alfred, 1995, "Les rites comme système", AEPHE 102, 51–54.

Alexander Philip S., 2003, "The Evil Empire : The Qumran Eschatological War Cycle and the Origins of Jewish Opposition to Rome", dans S. M. Paul *et al.* éds., *Emanuel. Studies in Hebrew Bible, Septuagint, and Dead Sea Scrolls in Honor of Emanuel Tov*, (Leyde, Boston : Brill), 17–31.

Alexander Philip S. et Vermes Geza, 1998, *Qumran Cave 4 (XIX). 4QSerekh Ha-Yahad*, (Oxford : Clarendon, DJD XXVI).

Allegro John M., 1968, *Qumran Cave 4 (I) [4Q 158–4Q 186]*, (Oxford : Clarendon, DJD V).

Arnaldez Roger *et al.* éds., 1967, *De Vita Mosis, Œuvres de Phlon d'Alexandrie 22*, (Paris : Cerf).

Arnaldez Roger éd., 1972, *De posteritate Caini, Œuvres de Philon d'Alexandrie 6*, Paris : Cerf).

Attridge H. W. *et al.*, in consultation with Vanderkam J. C., 1994, *Qumran Cave 4 (VIII), Parabiblical Texts, Part 1*, (Oxford : Clarendon, DJD XIII).

Avery-Peck A. et Neusner Jacob éds., 1999, *Judaism in Late Antiquity, Part 3, Vol. 1. Where we Stand : Issues and Debates in Ancient Judaism*, (Leyde, Boston, Cologne : Brill).

Avi-Yonah Michel, 1966, "The Epitaph of T. Mucius Clemens", IEJ 16, 258–264.

Baillet Maurice, Milik Joseph T. et de Vaux Roland, 1962, *Les « petites grottes » de Qumran*, (Oxford : Clarendon, DJD III).

Baillet Maurice, 1978, "Le volume VII de 'Discoveries in Judaean Desert'. Présentation", dans M. Delcor éd., *Qumrân. Sa piété, sa théologie et son milieu : actes des Journées bibliques de Louvain*, (Paris, Louvain : Duculot), 75–89.

——, 1982, *Qumran Grotte 4 (III), [4Q 482–4Q 520]*, (Oxford : Clarendon, DJD VII).

Bal Mieke éd., 1989, *Anti-Covenant. Counter-Reading Womens's Lives in the Hebrew Bible*, (Sheffield : Academic Press).

Bardtke, 1955, "Die Kriegsrolle von Qumran übersetzt", *Theologische Literaturzeitung* 80, 401–420.

Bar-Kochva Bezalel, 1986, *The Seleucid Armies. Organization and Tactics in the Great Campaigns*, (Cambridge : Cambridge Univ. Press).

——, 1989, *Judas Maccabaeus. The Jewish struggle against the Seleucids* (Cambridge : Cambridge Univ. Press, trad. de l'hébreu, 1980, Jérusalem).

Baumgarten Joseph M., 1974, "Form Criticism and Oral Law", JSJ 5 / 1, 34–40.

——, 1976, "The Duodecimal Courts of Qumran, Revelation and the Sanhedrin", JBL 45, 57–78.

——, 1987, "The Sabbaths Trumpets in 4Q 493 M[e]", RQ 12 / 4, 555–559.

——, 1996, "La loi religieuse de la communauté de Qoumrân", *Annales 51 / 5*, 1005–1025.

——, 1996, *Qumran Cave 4 (XIII). The Damascus Document (4Q 266–4Q 273)*, (Oxford : Clarendon, DJD XVIII).

——, 1998, "Scripture and Law in 4Q265", dans M. Stone et E. Chazon éds., *Biblical Perspectives : Early Use and Interpretation of the Bible in the Light of the Dead Sea Scrolls. Proceedings of the First International Symposium of the Orion Center, 12–14 may 1996* (Leyde, Boston, Cologne : Brill), 25–33.

Baumgarten Joseph, Elgvin Torleif, Eshel Esther, Larson Erik, Lehman Manfred R., Pfann Stephen, Schiffman Lawrence H., 1999, *Qumran Cave 4 (XXV). Halachic Texts*, (Oxford : Clarendon, DJD XXXV).

Belmont Nicole, 1986, "La notion de rite de passage", dans P. Centlivres et J. Hainard éds., *Les rites de passage aujourd'hui*, (Lausanne : L'âge d'homme), 9–19.

Benoît Pierre, Milik Joseph T. et de Vaux Roland, 1961, *Les grottes de Murabbaʿat*, (Oxford : Clarendon, DJD II).

Benzinger Immanuel, 1927^4, *Hebräische Archäologie*, (Leipzig : Pfeiffer, 1ère 1894, Fribourg, Leipzig).

Black M., 1985, *The Book of Enoch or I Enoch, A New English Edition*, (Leyde : Brill).

Blenkinsopp Joseph, 1993, *Une histoire de la prophétie en Israël. Depuis le temps de l'installation en Canaan jusqu'à la période hellénistique*, (Paris : Cerf, trad. de l'anglais, 1983, Philadelphie).

Bloch-Smith Elizabeth, 1992, *Judahite Burial. Practices and Beliefs about Death*, (Sheffield : JSOT).

Block Daniel I., 1998, *The Book of Ezekiel. Chapters 25–48*, (Grand Rapids, Cambridge : Eerdsmans).

Bogaert Pierre-Maurice, 1972, "Les Antiquités Bibliques du Pseudo-Philon. Quelques observations sur les chapitres 39 et 40 à l'occasion d'une réimpression", RTL 3, 334–344.

Boyancé Pierre, 1963, "Études philoniennes", *Revue des Études Grecques* 76 / 1, 64–110.

Briend Jacques, 1985, s.v. "Sabbat", dans DBSup. 10, 1132–1170.

Brandon Samuel G. F., 1976, *Jésus et les Zélotes : recherche sur le facteur politique*, (Paris : Flammarion, trad. de l'anglais, 1967, Manchester).

Bravo Garcia Antonio, 1979, "La concepción filoniana de *eiréné* y *pólemos* : ideas sobre el pensamiento antropológico del filósofo de Alejandria", CDios 192 / 2, 193–238.

Braun Roddy L., 1986, *World Biblical Commentary (vol. 14). 1 Chronicles*, (Waco : Wordbooks).

Brin Gershon, 1980, The Formulae "From . . . and onward / upward" (מ . . . והלאה/ומעלה), JBL 99 / 2, 161–171.

——, 1987, "Concerning some of the Uses of the Bible in the Temple Scroll", RQ 12 / 4, 519–528.

Brooke Georges J. *et al.* in consultation with VanderKam J. C., 1996, *Qumran Cave 4 (XVII), Parabiblical Texts, Part 3*, (Oxford : Clarendon, DJD XXII).

Brunet A.-M., 1960, "Paralipomènes (Livre des) ou des Chroniques", DBSupp 6, 1220–1261.

Burns John B., 1990, "Why Did the Besieging Army Withdraw ? (II Reg 3,27)", ZAW 102 / 2, 187–194.

Caquot André, 1966, "La guerre dans l'Ancien Israël", REJ 124 / 3–4, 257–269.

——, 1978, "Le *Rouleau du Temple* de Qumrân. Introduction", ETR 53 / 4, 443–450.

——, 1981, "Brève explication de la prophétie de Natan (2 Sam 7,1–17)", dans A. Caquot et M. Delcor éds., 1981, *Mélanges bibliques et orientaux en l'honneur de M. Henri Cazelles*, (Kevelaer : Butzon & Bercker, Neukirchen-Vluyn : Neukirchener), 51–69.

Caquot André et de Robert Philippe, 1994, *Les Livres de Samuel*, (Genève : Labor et Fides).

Carmignac Jean, 1958, *La Règle de la Guerre des Fils de Lumière contre les Fils de Ténèbres*, (Paris : Letouzey & Ané).

——, 1958, "Concordance hébraïque de la Règle de la Guerre", RQ 1 / 1, 7–49.

Clastres Pierre, 1977, "Malheur du guerrier sauvage", *Libre 2*, 69–109.

Cohen Naomi G., 1963–1964, " 'Josephus and Scripture : Is Josephus' Treatment of the Scriptural Narrative Similar throughout the Antiquities I–IX ?", JQR 54 / 3, 325–327.

——, 1976, "Asinæus and Anilæus : Additional Comments to Josephus' Antiquities of the Jews", ASTI 10, 30–37.
Collins John J., 1980, "The Epic of Theodotius and the Hellenism of the Hasmoneans", HThR 73 / 1–2, 91–104.
Conrad Edgar W, 1984, "The 'Fear Not' Oracles in Second Isaiah", VT 34, 129–152.
——, 1985, *Fear not Warrior : A Study of the 'al tira' Pericopes in the Hebrew Scriptures*, (Chico : Scholars Press).
Cothenet Émile, 1960, s.v. "Natân", DBSup. 6, 301–307.
Cross Frank M. Jr, 1966, "The Divine Warrior in Israel's Early Cult", dans A. Altmann éd., *Biblical Motifs*, (Cambridge : Harvard Univ. Press), 11–30.
——, 1973, *Canaanite Mythe and Hebrew Epic*, (Cambridge : Harvard Univ. Press).
Cryer Frederick H., 1994, *Divination in Ancient Israel and its Near Eastern Environment. A Socio-Historical Investigation*, (Sheffield : Academic Press).
Dain Alphonse et Bon Anne-Marie éds., 1967, *Enée Le Tacticien : Poliorcétique*, (Paris : Belles Lettres).
Daniel Suzanne, 1966, *Recherches sur le vocabulaire du culte dans la LXX*, (Paris : Klincksieck).
Daniel Suzanne éd., 1975, *De specialibus legibus (livres I et II), Œuvres de Philon d'Alexandrie 24*, (Paris, Cerf).
Davila James R., 2002, "The Macrocosmic Temple, Scriptural Exegesis, and the Songs of the Sabbath Sacrifice", DSD 9 / 1, 1–19.
De Lange Nicholas, 1976, *Origen and the Jews*, (Cambridge : Cambridge Univ. Press).
Delcor Mathias, 1955, "La Guerre des Fils de Lumière contre les Fils de Ténèbres, ou le 'Manuel du parfait combattant' de Qoumrân", NRTh 77, 372–399.
——, 1993, "L'histoire selon le livre de Daniel, notamment au chapitre XI", dans A. S. Van der Woude éd., *The Book of Daniel in the Light of New Findings*, (Louvain : Peeters), 365–386.
Delebecque Édouard éd., 1973, *Xénophon : Le Commandant de cavalerie* (Ἱππαρχία), (Paris : Belles-Lettres).
Derrett J. D., 1983, "'Beḥuqey hagoyim' : Damascus Document IX, 1 Again", RQ 11 / 3, 409–415.
Desreumaux Alain et Schmidt Francis éds., 1988, *Moïse géographe. Recherches sur les représentations juives et chrétiennes de l'espace*, (Paris : Vrin).
Dhorme Édouard éd., 1956–1959, *La Bible. Ancien Testament. Traductions et notes par É. Dhorme, J. Kœnig, F. Michaéli, J. Hadot et A. Guillaumont, 2 vol.*, (Paris : Gallimard, La Pléiade).
Dhorme Paul (Édouard), 1910, *Les Livres de Samuel*, (Paris : Gabalda).
Dillmann August, 1869, s.v. "Bund" dans D. Schentel éd., *Bibel-Lexikon. Realwörterbuch zum Handgebrauch für Geistliche und Gemeindemitglieder*, 1er Band, (Leipzig : Brodhaus), 489–494.
——, 1955^2, *Lexicon linguæ æthiopicæ cum indice latino*, (New York : Ungar, 1ère 1865, Leipzig).
Dimant Devorah, 1984, "Qumran Sectarian Literature", dans M. E. Stone éd., *Jewish Writings of the Second Temple Period : Apocrypha, Pseudepigrapha, Qumran, Sectarian Writings, Philo, Josephus*, (Aix : Van Gorcum, Philadelphie : Fortress Press), 483–550.
——, 1986, "*4QFlorilegium* and the Idea of the Community as Temple", dans A. Caquot, M. Hadas-Lebel et J. Riaud éds., *Hellenica et Judaica : hommage à Valentin Nikiprowetzky*, (Louvain : Peeters), 165–189.
Doering Lutz, 1997, "New Aspects of Qumran Sabbath Law from Cave 4 Fragments", dans M. Bernstein, F. García Martínez et J. Kampen éds., *Legal Texts and Legal Issues. Proceedings of the Second Meeting of the I.O.Q.S. Published in Honour of J. M. Baumgarten*, (Leyde, New York, Cologne : Brill), 251–274.
——, 1997, "The Concept of the Sabbath in the Book of Jubilees", dans M. Albani, J. Frey et A. Lange éds., *Studies in the Book of Jubilees*, (Tubingue : Mohr Siebeck).

Donaldson T. L., 1990, "Rural Bandits, City Mobs and the Zealots", JSJ 21, 19–40.
Dorival Gilles éd., 1994, *La Bible d'Alexandrie, 4. Les Nombres*, (Paris : Cerf).
Dosker Henry E., 1892, "Urim and Thummim", *Presbyterian and Reformed Review 3*, 717–730.
Douglas Mary, 1993, *In the Wilderness. The doctrine of Defilement in the Book of Numbers*, (Sheffield : JSOT).
Dubois Jean-Daniel, 1978, *Études sur l'apocryphie de Zacharie et sur les traditions concernant la mort de Zacharie*, (Ph.D. dissertation at Oxford University).
——, 1994, "La Mort de Zacharie : mémoire juive et mémoire chrétienne", *Revue des Études Augustiniennes* 40 / 1, 23–38.
Duhaime Jean, 1988, "The War Scroll from Qumran and the Greco-Roman Tactical Treaties", RQ 13, 135–151.
——, 1995, "War Scroll. Introduction", dans J. H. Charlesworth éd., *The Dead Sea Scrolls vol 2*, (Tubingue : Mohr), 80–95.
Dupont-Sommer André, 1950, *Aperçus préliminaires sur les manuscrits de la mer Morte*, (Paris : Maisonneuve).
——, 1980^{4}, *Les écrits esséniens découverts près de la mer Morte*, (Paris : Payot, 1ère 1959).
Dupont-Sommer André et Philonenko Marc éds., 1987, *La Bible. Écrits intertestamentaires. Avec la collaboration de D. Bertrand, A. Caquot, P. Geoltrain, J. Hadot, E.-M. Laperrousaz, V. Nikiprowetzky, B. Philonenko-Sayar, P. Prigent, J. Riaud, J.-M. Rosensthiel, F. Schmidt, A. Vaillant*, (Paris : Gallimard, La Pléiade).
Elayi Josette et Sapin Jean, 2000, *Quinze ans de recherche (1985–2000) sur la Transeuphratène à l'époque perse*, (Paris : Gabalda, *Transeuphratène* Sup. 8).
Elwolde John F., 1997, "Distinguishing the Linguistic and the Exegetical : The Case of Numbers in the Biblical 11QTa", dans S. E. Porter et C. A. Evans éds., *The Scrolls and the Scriptures. Qumran Fifty Years After*, (Sheffield : Sheffield Academic Press), 129–141.
Eph'al I., 1988, "Syria-Palestine under Achæmenid Rule", dans J. Boardman *et al.* éds., *The Cambridge Ancient History, Second Edition, vol. 4*, (Cambridge : Cambridge Univ. Press), 139–164.
Escaffre Bernadette, 1993, *Traditions concernant Élie dans le targum et la littérature rabbinique*, (Rome : Institut biblique pontifical).
Even-Shoshan Abraham, 1990^{2}, *A New Concordance of the Old Testament*, (Jérusalem : Kiryat Sefer).
Exum J. Cheryl, 1989, "The Tragic Vision and Biblical Narrative : The Case of Jephthah", dans J. C. Exum éd., *Signs and Wonders. Biblical Texts in Literary Focus*, (Atlanta : Society of Biblical Literature), 59–83.
——, 1992, *Tragedy and Biblical Narrative. Arrows of the Almighty*, (Cambridge : Cambridge Univ. Press).
Farmer William R., 1956, *Maccabees, Zealots, and Josephus. An Inquiry into Jewish Nationalism in the Greco-Roman Period*, (New York : Columbia Univ. Press).
Feldman Louis H., 1994, "Josephus' Portrayal of the Hasmoneans Compared with 1 Maccabees", dans F. Parente et J. Sievers éds., *Josephus and the History of the Greco-Roman Period. Essays in Memory of Morton Smith*, (Leyde, New York, Cologne : Brill), 41–68.
——, 1999, "Rabbinic Sources for Historical Study", dans A. Avery-Peck et J. Neusner éds., *Judaism in Late Antiquity, Part 3, Vol. 1. Where we Stand : Issues and Debates in Ancient Judaism,* (Leyde, Boston, Cologne : Brill), 213–230.
Fensham F. Charles, 1964, "'Camp' in the New Testament and Milhamah", RQ 4 / 4, 557–562.
Feuer I. éd., 1965, *Quod deterius potiori insidiari soleat, Œuvres de Phlon d'Alexandrie 5*, (Paris : Cerf).
Finkel Irving, 1995, "In Black and White : Remarks on the Assur Psephomancy Ritual", ZA 85 / 2, 271–276.

FISCHER Thomas, 1990, "Hasmonæans and Seleucids : Aspects of War and Policy in the 2nd and 1st Centuries BC", dans A. Kasher, U. Rappaport et G. Fuks éds., *Greece and Rome in Eretz Israël : Collected Essays*, (Jérusalem : Ben Zvi), 3–19.
FITZMEYER Joseph A., 1961, "The Use of Explicit Old Testament Quotations in Qumran Literature and in the New Testament", NTS 7, 297–333.
FORESTI Fabrizio, 1984, *The Rejection of Saul in the Perspective of the Deuteronomistic School. A Study od 1 Sam 15 and Related Texts*, (Rome : Teresianum).
FRANÇOIS Henri, abbé de Vence, 1828[5], "Dissertation sur la milice des Hébreux", dans la *Sainte Bible de Vence en latin et en français*, (Paris : Mequignon-Havard, Mame, Delaunay-Vallée, 1ère 1738–1743, Nancy), vol. VII, 233–300.
GAFNI Isaiah, 1989, "Josephus and I Maccabees", dans L. H. Feldman and G. Hata éds., *Josephus, the Bible, and History*, (Leyde : Brill), 116–131.
GARCÍA MARTÍNEZ Florentino, 1991, "Sources et rédaction du Rouleau du Temple", Hen. 13 / 2, 219–232.
GARLAN Yvon, 1974, *Recherches de poliorcétique grecque*, (Athènes : École française, Paris : De Boccard).
GELSTON, 1984, "A Note on Psalm LXXIV 8", VT 34 / 1, 82–87.
GLEICHGROSS Georg F., 1690, *De Ebræorum re militari ad Deut. XX et XXI, dissertatio*, (Iéna : Nisii).
GINZBERG Louis, 1913–1928, *The Legends of the Jews*, (Philadelphie).
GMIRKIN Russell, 1996, "The War Scroll and Roman Weaponry Reconsidered", DSD 3 / 2, 89–129.
GOLDSTEIN Jonathan A., 1983, *II Maccabees. A New Translation with Introduction and Commentary*, (New York : Doubleday, The Anchor Bible).
——, 1984, *I Maccabees. A New Translation with Introduction and Commentary*, (New York : Doubleday, The Anchor Bible).
GOODBLATT David, 1987, "Josephus on Parthian Babylonia (Antiquities XVIII, 310–379)", JAOS 107 / 4, 605–622.
GOODENOUGH Erwin R., 2001[2], *The Jurisprudence of the Jewish Courts in Egypt : Legal Administration by the Jews under the Early Roman Empire as Ascribed by Philo Judæus*, (Union : Lawbook Exchange, 1ère 1929, New Haven).
GOODMAN M. D., 1987, *The Ruling Class of Judæa. The Origins of the Jewish Revolt against Rome, A.D. 66–70*, (Cambridge : Cambridge Univ. Press).
GOODMAN M. D. ET HOLLADAY A. J., 1986, "Religious Scruples in Ancient Warfare", *The Classical Quaterly* 36 / 1, 151–171.
GORMAN F. H. Jr, 1990, *The Ideology of Ritual*, (Sheffield : Academic Press).
GRACEY M. H., 1986, "The Armies of the Judæan Client Kings", dans P. Freeman et D. Kennedy éds.,*The Defence of the Roman and Byzantine East : Proceedings of Colloquium held at the University of Sheffield in April 1986, (2 vol.)*, (Oxford : B.A.R.), 311–323.
GRANT Robert M., 1980, "War — Just, Holy, Unjust — in Hellenistic and Early Christian Thought", *Augustinianum 20*, 173–189.
GRELOT Pierre, 1972, *Documents araméens d'Égypte. Introduction, traduction, présentation*, (Paris : Cerf).
GROTIUS (Hugo De Groot), *Le droit de la guerre et de la paix, traduit par P. Pradier-Fodéré*, éd. par D. Alland et S. Goyard-Fabre, (Paris : PUF), 1999.
GUNKEL H, 1916, *Israelitishes Heldentum und Kriegsfrömmigkeit im Alten Testament*, (Göttingen : Vanderhoeck & Ruprecht).
HARL Marguerite *et al.* éd., 1986, *La Bible d'Alexandrie, 1. La Genèse*, (Paris : Cerf).
HARLÉ Paul et PRALON Didier éd., 1988, *La Bible d'Alexandrie, 3. Le Lévitique*, (Paris : Cerf).
HARNER Philipe B., 1969. "The Salvation Oracle in Second Isaiah", JBL 88, 421–422.
HARRINGTON Daniel J., 1996, "The *Raz nihyeh* in a Qumran Wisdom Text (*1Q26, 4Q415–418, 423*)", RQ 17, 549–553.
HARRINGTON Hannah K., 1993, *The Impurity Systems of Qumran and the Rabbis. Biblical Foundations*, (Atlanta : Scholars Press).

——, 1996, "Interpreting Leviticus in the Second Temple Period : Struggling with Antiquity", dans J. F. Sawyer éd., *Reading Leviticus. A Conversation with Mary Douglas*, (Sheffield : Academic Press), 214–229.

HARTMAN Louis F. et DI LELLA Alexander A., 1978, *The Book of Daniel (The Anchor Bible)*, (New York : Doubleday).

HAYWARD Robert, 1978, "Phinehas — the same is Elijah : The Origins of a Rabbinic Tradition", JJS 29, 22–34.

——, 1995, "Pseudo-Philon and the Priestly Oracle", JJS 46, 43–54.

HEINEMANN Isaak, 1962², *Philons griechische und jüdische Bildung. Kulturvergleichende Untersuchungen zu Philons Darstellung der jüdischen Gesetze*, (Hildesheim : Olms, 1ère 1932, Breslau).

HELFMAYER F.-J., 1982, s.v. חנה, מחנה dans TWAT 3, 4–20.

HELLER Jan, 1970, "Die Symbolik des Fettes im AT", VT 20 / 1, 106–108.

HENGEL Martin, 1976², *Die Zeloten. Untersuchungen zur jüdischen Freiheitsbewegung in der Zeit von Herodes I.bis 70 n. chr.*, (Leyde, Cologne : Brill, 1ère 1961).

HENGEL Martin, CHARLESWORTH James H. et MENDELS Doron, 1986, "The Polemical Character of "On Kingship" in The Temple Scroll : An Attempt at Dating 11QTemple", JJS 37 / 1, 28–38.

HENTSCHEL Georg, 1996, *Gott, König und Tempel. Beobachtungen zu 2 Sam 7, 1–17*, (Leipzig : Benno).

HERRENSCHMIDT Clarisse, 1996, "L'écriture entre mondes visible et invisible en Iran, en Israël et en Grèce", dans J. Bottéro *et al., L'Orient ancien et nous. L'écriture, la raison, les dieux* (Paris : Albin Michel), 93–188.

HOBSBAWM Eric J., 1999², *Les bandits*, (Paris : La Découverte, trad. de l'anglais 1969, Londres).

HŒNIG Sydney B., 1978, "The Designated Number of Kinds of Labors Prohibited on the Sabbath", JQR 68 / 4, 193–208.

HÖLSCHER G., 1925, s.v. "Levi", dans *Paulys Real-Encyclopädie. Neue Bearbeitung XII–2*, (Stuttgart : Metzlersche), 2155–2208.

HOOKE S. R., 1933, *Myth and Ritual*, (Oxford : Oxford Univ. Press).

——, 1938, *Origins of Early Semitic Ritual (Schweich Lectures 1935)*, (Londres).

HOSSFELD Frank Lothar, 1982, *Der Dekalog : seine späten Fassungen, die originale Komposition und seine Vorstufen*, (Fribourg : Universitätsverlag, Göttingen : Vanderhoeck & Ruprecht).

HUMBERT Paul, 1946, *La « terou`a », analyse d'un rite biblique*, (Neuchâtel : Secrétariat de l'Université).

HUMPHREYS W. L., 1989, "The Story of Jephthah and the Tragic Vision. A Response to J. Cheryl Exum", dans J. C. Exum éd., *Signs and Wonders. Biblical Texts in Literary Focus*, (Atlanta : Society of Biblical Literature), 85–96.

ISAAC Benjamin et OPPENHEIMER Aharon, 1985, "The Revolt of Bar-Kochba : Ideology and Modern Scholarship", JJS 36, 33–60.

JACOBSON Howard, 1991, "The *Liber Antiquitatum Biblicarum* and Tammuz", JSP 8, 63–65.

——, 1996, *A Commentary on Pseudo-Philo's* Liber Antiquitatum Biblicarum *with Latin Text and English Translation (2 vol.)*, (Leyde, New York, Cologne : Brill).

JAMES E. O., 1958, *Myth and Ritual in the Ancient Near East*, (Londres).

JAPHET Sara, 1993, *I and II Chronicles. A Commentary*, (Londres : SCM Press).

——, 1996, "The Distribution of the Priestly Gifts According to a Document of the Second Temple Period", dans M. V. Fox *et al.* éds., *Texts, Temples, and Traditions. A Tribute to Menahem Haran*, (Winona Lake : Eisenbrauns), 3–20.

JAUBERT Annie, 1971, "La symbolique des Douze", dans *Hommages à André Dupont-Sommer*, (Paris : Maisonneuve), 453–460.

JEREMIAS Alfred, 1909, "Urim und Thummim. Ephod. Teraphim", in *Hilprecht Anniversary Volume : Studies in Assyriology and Archaeology, Dedicated to Hermann V. Hilprecht upon the 25th anniversary of his doctorate and his 50th Birthday (July 28) by his colleagues, friends and admirers*, (Leipzig : Hinrichs, Londres : Luzac, Paris : Geuthner, Chicago : Open Court), 223–242.

Johns Alger F., 1963, "The Military Strategy of Sabbath Attacks on the Jews", VT 13, 482–486.
Johnson Bo, 1974, "Urim und Tummim als Alphabet", ASTI 9, 23–29.
Jongelling Bastiaan, 1962, *Le Rouleau de la Guerre des manuscrits de Qoumrân*, (Aix : Van Gorcum).
Joosten Jan, 2000, "Le camp et la ville. L'arrière-plan vétéro-testamentaire d'une équation étonnante", dans M. Hengel, S. Mittmann et A. M. Schwemer éds., *La Cité de Dieu. Die Stadt Gottes*, (Tubingue : Mohr Siebeck), 119–137.
Juster Jean, 1914, *Les Juifs dans l'Empire romain*, (Paris).
Kahrstedt Ulrich, 1950, *Artabanos III und seine Erben*, (Berne : Franke).
Kasher Aryeh, 1978, "First Jewish Military Units in Ptolemaic Egypt", JSJ 9 / 1, 57–67.
——, 1991, "The Changes in Manpower and Ethnic Composition of the Hasmonæan army (167–63 BCE)", JQR 81, 325–352.
Kaufman Stephen A., 1982, "The Temple Scroll and Higher Criticism", HUCA 53, 29–43.
Kippenberg H. G., 1971, *Garizim und Synagoge*, (De Gruyter : Berlin).
Klassen William, 1986, "Jesus and Phineas : A Rejected Role Model", dans *Society of Biblical Literature. 1986 Seminar Papers Series*, (Atlanta : Society of Biblical Literature).
Knobel August, 1837, *Der Prophetismus der Hebräer vollständig dargestellt*, (Breslau : Max u. Komp).
Küchler Friedrich, 1918, "Das priestliche Orakel in Israel und Juda", BZAW 33, 285–301.
Kugel James, 1993, "Levi's Elevation to Priesthood in Second Temple Writings", HThR 86 / 1, 1–64.
Kugler Robert A, 1996, *From Patriarch to Priest : The Levi-Priestly Tradition from Aramaic Levi to Testament of Levi*, (Scholars Press : Atlanta).
——, 2002, "Making All Experience Religious : The Hegemony of Ritual at Qumran", JSJ 33 / 2, 131–152.
Labat René, 1939, *Le caractère religieux de la royauté assyro-babylonienne*, (Paris : Maisonneuve).
Langlamet François, 1993, "La prophétie de Natan", RB 100 / 4, 606–608.
——, 1994, "Analyse formelle et numérique de 2 Samuel 7 :1–17", dans F. García Martínez *et al.* éds., *Studies in Deuteronomy*, (Leyde, New York, Cologne : Brill), 101–122.
Lapin Hayim, 1993, "Palm Fronds and Citrons : Notes on Two Letters from Bar Kosiba's Administration", HUCA 64, 111–135.
Launey Maurice, 1949–1950, *Recherches sur les armées hellénistiques*, (Paris : De Boccard).
Lawson Younger K. Jr, 1990, *Ancient Conquest Accounts. A Study in Ancient Near Eastern and Biblical History Writing*, (Sheffield : JSOT).
Le Boulluec Alain et Sandevoir Pierre éds., 1989, *La Bible d'Alexandrie, 2. L'Exode*, (Paris : Cerf).
Le Déaut Robert, 2002, s.v. "Targum", *Supplément au Dictionnaire de la Bible*, fascicule xiii, (Paris : Letouzey & Ané), 1*–343*.
Légasse Simon, 1992, *Stephanos : histoire et discours d'Étienne dans les Actes des Apôtres*, (Paris : Cerf).
Lehman Manfred, 1962, "Midrashic Parallels to Selected Qumran Texts", RQ 3, 545–551.
Lemaire André, 1973, "Le sabbat à l'époque royale israélite", RB 80, 161–185.
——, 1999, "Le ḥerem dans le monde nord-ouest sémitique", dans L. Nehmé éd., *Guerre et conquête dans le Proche-Orient ancien. Actes de la table ronde du 14 Novembre 1998*, (Paris : Maisonneuve), 79–92.
Lesêtre Henri, 1928, s.v. "Urim et Thummim", dans DB 5.2, 2359–2365.
Leslau Wolf, 1987, *Comparative Dictionary of Geʿez (Classical Ethiopian) : Geʿez-English, English-Geʿez, with an Index of the Semitic Roots*, (Wiesbaden : Harrassowitz).

Lévi Israël, 1894, "La commémoration des âmes dans le Judaïsme", dans É. Patlagean éd., 1994, *Israël Lévi : "Le Ravissement du Messie à sa naissance" et autres essais*, (Paris, Louvain : Peeters), 97–114, (repris de *REJ* 29, 43–60).

Lévi-Strauss Claude, 1958, *Anthropologie structurale* I, (Paris : Plon).

——, 1967², *Les structures élémentaires de la parenté*, (Paris, La Haye : Mouton, 1ère 1949, Paris).

——, 1971, *Mythologiques IV : L'homme nu*, (Paris : Plon).

Libermann Saül et Kutscher Y., 1963, חרגין, חרמין ותגרין (« Les termes ḥerag, ḥerem et taggar »), *Leshonenou* 27 לשוננו, Jérusalem), 34–39.

Lindblom J., 1962, "Lot-Casting in the Old Testament", VT 13, 164–178.

Lonis Raoul, 1979, *Guerre et religion en Grèce à l'époque classique. Recherche sur les rites, les dieux, l'idéologie de la victoire*, (Paris : Belles-Lettres).

Lust Johan, 1974, "On Wizards and Prophets", VTSup 26, 133–142.

Maier Johann, 1969, "Urim und Thummim. Recht und Bund in der Spannung zwischen Königtum und Priestertum im alten Israel", *Kairos* 15, 22–38.

——, 1978, *Die Tempelrolle vom Toten Meer*, (Münich, Bâle : Reinhardt).

——, 1985, *The Temple Scroll. An Introduction, Translation and Commentary*, (Sheffield : JSOT).

Malul M., 1995, s.v. "Taboo", dans DDD, 1559–1565.

Mandelbrot Benoît, 1995, *Les objets fractals*, (Paris : Flammarion).

Marquardt Joachim, 1891, *De l'organisation militaire chez les Romains*, (Paris, trad. de l'allemand 1884²).

Masson Olivier, 1950, "À propos d'un rituel hittite pour la lustration d'une armée. Le rite de purification par le passage entre les deux parties d'une victime", RHR 137, 5–20.

Mayer G., 1986, s.v. נזר, TWAT 5, 329–334.

Mc Carthy Dennis J., 1969, "Symbolism of Blood and Sacrifice", JBL 88 / 2, 166–176.

——, 1973, "Further Notes on the Symbolism of Blood and Sacrifice", JBL 92 / 2, 205–210.

Mendels Doron, 1987, *The Land of Israel as a Political Concept in Hasmonean Literature. Recourse to History in the Second Century B.C. Claims to the Holy Land*, (Tubingue : Mohr).

Mettinger Tryggve N. D., 1976, *King and Messiah. The Civil and Social Legitimation of the Israelite Kings*, (Lund : CWK Gleerup).

Mézange Christophe, 2000, "La parenté entre Zélotes et Pharisiens schammaïtes", dans L.-J. Bord et D. Hamidoviç éd., *De Jérusalem à Rome. Mélanges offerts à Jean Riaud*, (Paris : Geuthner), 115–125.

Michael J. Hugh, 1924, "The Jewish Sabbath in the Latin Classical Writers", AJSL 40 / 2, 117–124.

Milgrom Jacob, 1978, "Studies in The Temple Scroll", JBL 97 / 4, 501–506.

——, 1983, "The Ḥaṭṭāʾt Sacrifice", dans J. Milgrom, *Studies in Cultic Theology and Terminology*, (Leyde : Brill), 67–95.

——, 1990, *Numbers. The Traditional Hebrew Text with the New JPS Translation. Commentary*, (Philadelphie, New York : The Jewish Publication Society).

——, 1991, *Leviticus 1–16. A New Translation with Introduction and Commentary*, (New York, Toronto, Sydney, Auckland : The Anchor Bible, Doubleday).

Milik Joszef T., 1972, "Milkî- Ṣedeq et Milkî-Rešaʿ dans les anciens écrits juifs et chrétiens", JJS 23 / 2, 95–144.

——, 1976, *The Book of Enoch. Aramaic fragments of Qumran Cave 4*, (Oxford : Clarendon).

Miller Patrick D., 1973, *The Divine Warrior in Early Israel*, (Cambridge : Harvard Univ. Press).

Montgomery James A., 1927, *A Critical and Exegetical Commentary of The Book of Daniel*, (New York : Scribner).

Momigliano Arnaldo, 1976, "The Date of the First Book of Maccabees", dans A. Momigliano, *L'Italie préromaine et la Rome républicaine*, (Rome : École française de Rome), 657–661.

Nelson R. D., 1997, "Herem and the Deuteronomic Social Conscience", dans M. Vervenne et J. Lust éds., *Deuteronomy and Deuteronomic Literature. Festrschrift C. H. W. Brekelmans*, (Louvain : Presses Univ. de Louvain), 39–54.

Neusner Jacob, 1971, *Rabbinic Traditions about the Pharisees before 70, 3 vol.*, (Leyde : Brill).

——, 1973, "The Written Tradition in the Pre-Rabbinic Period", JSJ 4 / 1, 56–65.

——, 1975, "Exegesis and the Written Law", JSJ 5 / 2, 177.

——, 1980, "The Use of the Mishnah for the History of Judaism prior to the Time of the Mishnah. A Methodological Note", JSJ 11 / 2, 177–185.

——, 1999, "Rabbinic Sources for Historical Study : A Debate with Ze'ev Safrai", dans A. Avery-Peck et J. Neusner éds., *Judaism in Late Antiquity, Part 3, Vol. 1. Where we Stand : Issues and Debates in Ancient Judaism*, (Leyde, Boston, Cologne : Brill), 123–142.

Nicolet C. éd., 1989², *Rome et la conquête du monde méditerranéen, 2. Genèse d'un empire*, (Paris : PUF).

Niditch Susan, 1993, *War in the Hebrew Bible : A Study in the Ethic of Violence*, (Oxford, New York : Oxford Univ. Press).

Nielsen Eduard, 1961, "La guerre considérée comme une religion et la religion comme une guerre. Du chant de Débora au Rouleau de la Guerre de Qoumran", ST 15, 93–112.

Nikiprowetzky Valentin, 1971, "La mort d'Éléazar fils de Jaïre et les courants apologétiques dans le *De Bello Judaico* de Flavius Josèphe", dans A. Caquot et M. Philonenko éds., *Hommages à André Dupont-Sommer*, (Paris : Maisonneuve), 461–490.

——, 1973, "Sicaires et Zélotes. Une reconsidération", Sem. 23, 51–64.

——, 1977, *Le commentaire de l'Écriture chez Philon d'Alexandrie*, (Leyde : Brill).

——, 1989, "Josephus and the Revolutionary Parties", dans L. Feldman and G. Hata éds., *Josephus, the Bible, and History*, (Leyde : Brill), 216–236.

——, 1996, "La spiritualisation des sacrifices et le culte sacrificiel au temple de Jérusalem chez Philon d'Alexandrie", dans V. Nikiprowetzky, *Études philoniennes*, (Paris : Cerf), 79–96.

——, 2000, "Le sabbat et les armes dans l'histoire ancienne d'Israël", REJ 159 / 1–2, 1–17.

Nodet Étienne éd., 1992- *en cours*, *Flavius Josèphe. Les Antiquités juives*, (Paris : Cerf).

——, 1992, *Essai sur les origines du Judaïsme. De Josué aux Pharisiens*, (Paris : Cerf).

Noort E., 1977, *Untesuchungen zum Gottesbescheid in Mari. Die "Mariprophetie" in der altestamentlichen Forschung*, (Neukircher-Vluyn, Kevelaer : Butzon & Bercker).

Noth Martin, 1930, *Das System der zwölf Stämme Israels*, (Stuttgart : Kohlhammer).

Nurmela Risto, 1998, *The Levites. Their Emergence as a Second-Class Priesthood*, (Atlanta : Scholars Press).

Oppenheimer Aharon, 2000, s.v. "Zealots", dans L. H. Schiffman et J. C. VanderKam éds., *Encyclopedia of the Dead Sea Scrolls*, (Oxford, New York : Oxford Univ. Press), 1007–1010.

Parente Fausto, 1981, "L'uso del termine αἷμα nella litteratura giudaico-ellenistica", dans F. Vattioni éd., *Sangue e antropologia biblica*, I / 2 (Rome : Pia Unione Preziosissimo Sangue), 531–571.

Pedersen Johannes, 1940, *Israel. Its Life and Culture (2 vol.)*, (Londres : Oxford University Press ; Copenhague : Branner Og Koch).

Perec Georges, 1990, *Je suis né*, (Paris : Seuil).

Perrot Charles et Bogaert Pierre-Marie, avec D. Harrington, 1976, *Pseudo-Philon. Les Antiquités Bibliques. Tome 2, Introduction littéraire, commentaire et index*, (Paris : Cerf).

Podella Thomas et Scheid John, 1999, s.v. “Menschenopfer”, dans DNP 7, 1254–1258.
Poznanski Lucien éd., 1992, *Asclépiodote : Traité de tactique* (τέχνη τακτική), (Paris : Belles-Lettres).
Puech Émile, 1993, *La croyance des Esséniens en la vie future : immortalité, résurrection, vie éternelle ?*, (Paris : Gabalda).
Pummer R., 1982, “Genesis 34 in Jewish Writings of the Hellenistic and Roman Periods”, HThR 75 / 2, 177–188.
Pury Albert de, 1981, “La guerre sainte israélite : réalité historique ou fiction littéraire ? L’état des reherches sur un thème de l’Ancien Testament”, ETR 56 / 1, 5–38.
Qimron Elisha et Strugnell John, 1994, *Qumran Cave 4 (V), Miqṣat Maʿase Ha-Torah, 4QMMT*, (Oxford : Clarendon, DJD X).
Qimron Elisha, 1996, *The Temple Scroll. A Critical Edition with Extensive Reconstructions*, (Beer Sheva, Jérusalem : Ben Gurion Univ. of the Negev Press).
Quesnel Michel, 2001, “Mort, deuil et mémoire des morts”, MDB 134, 69.
Rabin Chaïm, 1961, המבנה הספרותי של מגלת מלחמת בני אור ובני חושך (“The Literary Structure of the War Scroll”), dans C. Rabin et Y. Yadin éds., *Essays on the Dead Sea Scrolls, in Memory of E. L. Sukenik*, (Jérusalem : Hekjal ha-sefer), 31–47.
Rad Gerhard von, 1969², *Der Heilige Krieg im alten Israel*, (Göttingen : Vanderhoeck & Ruprecht, 1ère 1951, Zürich).
——, 1966, *Deuteronomy, A Commentary*, (Londres).
Rajak Tessa, 2001, “The Parthians in Josephus (1998)”, dans T. Rajak éd., *The Jewish Dialogue with Greece and Rome*, (Leyde, Boston, Cologne : Brill), 273–297.
Rappaport Uriel, 1992, “The Hellenization of the Hasmoneans”, dans M. Mor éd., 1992, *Jewish Assimilation, Acculturation and Accomodation : Past Traditions, Current issues, and Future Prospects*, (Lanham : Univ. Press of America), 1–13.
——, 1996, “Les Juifs et leurs voisins à l’époque perse, hellénistique et romaine”, *Annales* 51 / 5, 955–974.
——, 1997–1998, “L’historiographie du premier livre des Maccabées”, AEPHE 106, 221–222.
——, 2001, “1 Maccabees”, dans J. Barton et J. Muddiman éds., *The Oxford Bible Commentary*, (Oxford : Oxford Univ. Press), 710–734.
Regev Eyal, 1997, “How Did the Temple Mount Fall to Pompey ?”, JJS 48 / 2, 276–289.
——, 2001, “The Individualistic Meaning of Jewish Ossuaries : A Socio-Anthropological Perspective on Burial Practice”, PEQ 103 / 1, 39–49.
Reiterer Friedrich V., 1997, “Review of Recent Research on the Book of Ben Sira (1980–1996)”, dans P. C. Beentjes éd., 1997, *The Book of Ben Sira in Modern Research. Proceeding of the First International Ben Sira Conference, 23–31 July 1996, Soesterberg, Netherlands*, (Berlin, New York : De Gruyter), 23–60.
Roberts J. J. M., 1977, “Of Signs, Prophets, and Time Limits : A Note on Psalm 74 : 9”, CBQ 39 / 4, 474–481.
Robertson Edward, 1964, “The ‘Urim and Thummim what were they”, VT 14 / 1, 67–74.
Rofé Alexander, 1985, “The Laws of Warfare in the Book of Deuteronomy : Their Origins, Intent and Positivity”, JSOT 32, 23–44.
Römer Thomas, 1993, “Résumer l’Histoire en l’inventant. Formes et fonctions des « sommaires historiques » de l’Ancien Testament”, RTP 125, 21–39.
——, 1998, “Why Would the Deuteronomist Tell about the Sacrifice of Jephtah’s Daughter”, JSOT 77, 27–38.
——, 1998, *Dieu obscur. Le sexe, la cruauté et la violence dans l’Ancien Testament*, (Genève : Labor et Fides).
——, 1999, “Le sacrifice humain en Juda et Israël au premier millénaire avant notre ère”, ARG 1 / 1, 17–26.

Rosen Debra et Salvesen Alison, 1987, "A Note on the Qumran Temple Scroll 56 : 15–18 and Psalm of Solomon 17 : 33", JJS 38 / 1, 99–101.

Rowley H. H., 1956, *The Faith of Israel : Aspects of Old Testament Thought*, (Londres : SCM).

Sabourin Léopold, 1973, *Priesthood. A Comparative Study*, (Leyde : Brill).

——, 1974², *The Psalms : Their Origin and Meaning*, (Staten Island : Alba House).

——, 1988, *Le Livre des Psaumes, traduit et interprété*, (Montréal : Bellarmin, Paris : Cerf).

Saddington D. B., 1988, "The Administration and the Army in Judæa in the Early Roman Period (from Pompey to Vespasian 63 B.C.–A.D. 79)", dans M. Sharon éd., *The Holy Land in History and Thought*, (Leyde : Brill), 33–40.

Safrai Shmuel éd., 1987, *The Literature of the Sages. First Part : Oral Tora, Halakha, Mishna, Tosefta, Talmud, External Tractates, (CRINT II 3)*, (Aix, Maastricht : Van Gorcum ; Philadelphie : Fortress Press).

Safrai Ze'ev, 1994, *The Economy of Roman Palestine*, (Londres, New York : Routledge).

——, 1999, "Rabbinic Sources as Historical : A Response to Professor Neusner", dans A. Avery-Peck et J. Neusner éds., *Judaism in Late Antiquity, Part 3, Vol. 1. Where we Stand : Issues and Debates in Ancient Judaism*, (Leyde, Boston, Cologne : Brill), 143–167.

Sanders John A., 1965, *The Psalms Scrolls of Qumran Cave 11 [11QPs[a]]*, (Oxford : Clarendon, DJD IV).

Saulnier Christiane, 1986, "L'armée séleucide", MDB 42, 11–12.

——, 1993, "Le cadre politico-religieux en Palestine, de la révolte des Maccabées à l'intervention romaine", dans P. Sacchi éd., *Il Giudaismo palestinese : dal 1 secolo a.C. al 1 secolo d.C.*, (Bologne : Fattoadarte), 199–211.

Schalit Abraham, 1965, "Evidence of an Aramaic Source in Josephus' *Antiquities of the Jews*", ASTI 4, 163–188.

——, 1969, *König Herodes. Der Mann und sein Werk*, (Berlin : De Gruyter).

Schiffman Lawrence H., 1975, *The Halakha at Qumrân*, (Leyde : Brill).

——, 1988, "The Laws of War in the Temple Scroll", RQ 13, 299–311.

——, 1989, "The Temple Scroll and the Systems of Jewish Law of the Second Temple Period", dans G. E. Brooke éd.,*Temple Scroll Studies : Papers Presented at the International Symposium on the Temple Scroll, Manchester, December 1987* (Sheffield, JSOT), 239–255.

Schmidt Francis, 1987, "Chronologie et périodisation chez Flavius Josèphe et dans l'apocalyptique juive", in F. Parente éd., *Aspetti della storiografia ebraica*, (Rome : Carucci), 125–138.

——, 1994, "Des inepties tolérables. La raison des rites de John Spencer à W. Robertson Smith", ASSR 85, 121–136.

——, 1994, *La Pensée du Temple. De Jérusalem à Qoumrân. Identité et lien social dans le Judaïsme ancien*, (Paris : Seuil).

——, 1996, Présentation de "L'étranger, le Temple et la Loi dans le judaïsme ancien", *Annales* 51 / 5, 939–951.

——, 1997, "Le *Rouleau du Temple* entre deux hypothèses", MDB 107, 67–68.

——, 1998, "Destin et providence chez Flavius Josèphe", dans F. Hartog, P. Schmitt et A. Schnapp éds., *Pierre Vidal-Naquet, un historien dans la cité*, (Paris : La Découverte), 169–190.

——, 2000, "Élection et tirage au sort (1QS VI 13–23 et Ac 1,15–26)", RHPR 80 / 1, 105–117.

Scholem Gershom G., 1968, *Les grands courants de la mystique juive*, (Paris : Payot).

Schwally Friedrich, 1901, *Semitische Kriegsaltertümer, I : Der heilige Krieg im alten Israel*, (Leipzig).

Schwartz Daniel R., 1989, "Philonic Anonyms of the Roman and Nazi Periods : Two Suggestions", *Studia Philonica Annual* 1, 63–73.

Schwenn Friedrich, 1915, *Die Menschenopfer bei den Griechen und Römen*, (Giessen ; rééd. en 1966, Berlin : Töpelman).

Sed N., 1981, *La mystique cosmologique juive*, (Paris : EHESS ; Berlin, Paris, New York : Mouton).
Segarra Crespo Diana, 1998, "Il faut s'allier avant la bataille : sur certaines pratiques « sacrificielles » face au danger", RHR 215 / 2, 195–216.
Seland Torrey, 1995, *Establishment Violence in Philo and Luke. A Study of Non-Conformity to the Torah and Jewish Vigilante Reactions*, (Leyde, New York, Cologne : Brill).
Sievers Joseph, 1990, *The Hasmoneans and Their Supporters. From Mattathias to the Death of John Hyrcanus I*, (Atlanta : Scholars press).
Shatzman Israël, 1991, *The Armies of the Hasmonæans and Herod*, (Tubingue : Mohr).
Smend Rudolph, 1963, *Jahwekrieg und Stämmebund. Erwägungen zur ältesten Geschichte Israels*, (Göttingen : Vanderhoeck & Ruprecht).
Smith Morton, 1971, "Zealots and Sicarii, Their Origins and Relation", HThR 64, 1–19.
——, 1996, "Were the Maccabees Priests ?", dans M. Smith, *Studies in the Cult of Yahweh. 1. Historical Method, Ancient Israel, Ancient Judaism, edited by S. J. D. Cohen*, (Leyde, New York, Cologne : Brill), 320–325.
Smith Pierre, 1979, "Aspects de l'organisation des rites", dans M. Izard et P. Smith éds, *La fonction symbolique*, (Paris : Gallimard), 139–170.
Spencer John, 1668, *Dissertatio de Urim et Thummim*, (Cambridge).
——, 1685, *De legibus Hebræorum ritualibus et earum rationibus, vol. III*, (Cambridge).
Spiro Abram, 1953, "The Ascension of Phinehas", *Proceedings of the American Academy for Jewish Research* 22, 91–114.
Stegemann Hartmut, 1988, "The Origins of The Temple Scroll", VTSup 40, 235–256.
——, 1992, "The Institutions of Israel in The Temple Scroll", dans D. Dimant et U. Rappaport éds., *The Dead Sea Scrolls : Forty Years of Research* (Leyde, New York, Cologne : Brill), 156–185.
——, 1996, "Le *Rouleau du Temple* : un sixième livre de la Torah perdu pendant deux mille cinq cents ans ?", dans H. Shanks éd., *L'aventure des manuscrits de la mer Morte*, (Paris : Le Seuil), 164–178.
Steinsaltz Adin (Israël Even), 1994, *Le Talmud. L'édition Steinsaltz, Vol. 1, Guide et lexiques*, (Paris : Lattès, FSJU, trad. de l'hébreu, 1965, Jérusalem).
Stemberger Günter, 1999, "Rabbinic Sources for Historical Study", dans A. Avery-Peck et J. Neusner éds., *Judaism in Late Antiquity, Part 3, Vol. 1. Where we Stand : Issues and Debates in Ancient Judaism*, (Leyde, Boston, Cologne : Brill), 169–186.
Stern Menahem, 1974, *Greek and Latin Authors on Jews and Judaism*, (Jérusalem : Israel Academy of Sciences and Humanities).
Stolz Fritz, 1972, "Jahwes und Israels Kriege. Kriegstheorien und Kriegserfahrungen im Glauben des alten Israels", (Zürich : AThANT 60).
Swanson Dwight D., 1995, *The Temple Scroll and the Bible. The Methodology of 11QT*, (Leyde : Brill).
Tosato Angelo, 1978, "La colpa di Saul (1 Sam 15, 22–23)", Bibl. 59, 251–259.
Turner Victor W., 1990, *Le phénomène rituel. Structure et contre-structure*, (Paris : PUF, trad. de l'anglais, 1969, New York).
Urbach Ephraim E., 1976, "Halakhah and History", dans R. Hamerton-Kelly et R. Scroggs éds., *Jews, Greeks and Christians. Religious Cultures in Late Antiquity*, (Leyde : Brill), 112–128.
Van Dam Cornelis, 1986, *The Urim and Thummim. A Study of an Old Testament Means of Revelation*, (Kampen : Van den Berg).
——, 1997, *The Urim and Thummim. A Means of Revelation in Ancient Israel*, (Winona Lake : Eisenbaum).
Van der Horst Pieter, 1998, "Sortes : Sacred Books as Instant Oracles in Late Antiquity", dans L. V. Rutgers *et al.* éds., *The Use of the Sacred Books in the Ancient World*, (Louvain : Peeters), 143–174.

VANDERKAM James C, 1977, *Textual and Historical Studies of the Book of Jubilees*, (Missoula : Scholars Press).
——, 1989, *The Book of Jubilees. A Critical Text. 2 vol.*, (Louvain : Peeters, CSCO 510–511).
——, 2000, "People and High Priesthood in Early Maccabean Times", dans J. VanderKam éd., *From Revelation to Canon. Studies in the Hebrew Bible and Second Temple Literature*, (Leyde, Boston, Cologne : Brill), 201–223.
VAN DER PLOEG Jean, 1957, "La guerre sainte dans la « Règle de la guerre » de Qumran", dans *Mélanges bibliques rédigés en l'honneur de André Robert*, (Paris : Bloud & Gay), 326–333.
VAN'T DACK E. *et al.* éds., 1989, *The Judean-Syrian-Egyptian conflict of 103–101 BC : A Multilingual Dossier Concerning a "War of Scepters"*, (Bruxelles : Koninklije Academie).
VAN UNNIK William C., 1974, "Josephus' Account of the Story of Israels Sin with Alien Women in the Country of Midian (Num. 25 : 1ff.)", dans M. H. Van Voss, P. Houwink Ten Cate et N. Van Uchelen éds., *Travels in the World of the Old Testament. Studies presented to Pr. Beek*, (Aix : Van Gorcum), 241–261.
VAUX Roland DE, 1989[2], *Les institutions de l'Ancien Testament, 2 vol.*, (Paris : Cerf, 1ère 1958, Paris).
VERNANT Jean-Pierre, 1992, "Artémis et le sacrifice préliminaire au combat", dans J.-P. Vernant et P. Vidal-Naquet éds., *La Grèce ancienne. 3. Rites de passage et transgressions*, (Paris : Le Seuil) 317–338, (repris de *Revue des Études Grecques* 101, 1988, 221–239).
VERNANT Jean-Pierre et DETIENNE Marcel, 1974, *Les ruses de l'intelligence. La mètis chez les Grecs*, (Paris : Flammarion).
VERSNEL Hendrik-Simon, 1976, "Two Types of Roman *Devotio*", *Mnemosyne* 29 / 4, 365–410.
VIDAL-NAQUET Pierre, 1977, "Flavius Josèphe ou Du bon usage de la trahison", dans P. Savinel éd., *Flavius Josèphe. La guerre des Juifs*, (Paris : Minuit), 7–115.
VIREY Jean DE, sieur Du Gravier, 1611, *Tragédie de la divine et heureuse victoire des Maccabées sur le roy Antiochus, avecques la Répurgation du temple de Hiérusalem*, (Rouen).
WACHOLDER Ben Zion, 1974, *Eupolemus : A Study of Judaeo-Greek Literature*, (Cincinnati : Hebrew Union College Press).
——, 1983, *The Dawn of Qumran : The Sectarian Torah and the Teacher of Righteousness*, (Cincinnati : Hebew Union College Press).
WEBER Max, 1970, *Études de sociologie de la religion, tome 3. Le judaïsme antique*, (Paris : Plon, trad. de l'allemand 1920, Tubingue).
WEIMAR Peter, 1976, "Die Jahwekriegserzählungen in Ex 14, Jos 10, Richter 4 und 1 Sam 7", Bibl. 57, 38–73.
WEINFELD Moshe, 1978, "'Temple Scroll' or 'King's Law' ?", Shnat. 3, 214–237 et xxiii–xxv.
——, 1980, "The Royal Guard according to the Temple Scroll", RB 87 / 3, 394–396.
WEISS Herold, 1991, "Philo on the Sabbath", dans D. Runia, D. Hay et D. Winston éd., *Heirs of the Septuagint. Philo, Hellenistic Judaism and Early Christianity. Festschrift for E. Hilgert, Studia Philonica Annual* 3, 83–105.
WELLHAUSEN Julius, 1897, *Skizzen und Vorarbeiten, vol. 3 : Reste arabischen Heidentums*, (Berlin : Riemer).
WERMAN Cana, 1997, "Levi and Levites in the Second Temple Period", DSD 4 / 2, 211–225.
WILL Édouard et ORIEUX Claude, 1992, *« Prosélytisme juif » ? Histoire d'une erreur*, (Paris : Belles Lettres).
WILLIAMSON Hugh G. M., 1982, *The New Century Bible Commentary. 1 and 2 Chronicles*, (Londres : Marshall, Morgan & Scott, Grand Rapids : Eerdmans).
WILSON Andrew M. and WILLS Lawrence, 1982, "Literary Sources in The Temple Scroll", HThR 75 / 3, 275–288.

WISE Michael O., 1990, *A Critical Study of the Temple Scroll from Qumran Cave 11*, (Chicago : The Oriental Institut).
WRIGHT David P., 1985, "Purification from Corpse Contamination in Numbers XXXI 18–24", VT 35, 213–223.
YADIN Yigael, 1962, *The Scroll of the War of the Sons of Light against the Sons of Darkness*, (Oxford : Oxford Univ. Press, trad. de l'hébreu, 1955, Jérusalem).
YADIN Yigael éd., 1983, *The Temple Scroll (3 volumes)*, (Jérusalem : Israël Exploration Society & The Shrine of the Book, trad. de l'hébreu, 1977, Jérusalem).
YEE Gale A., 1993, "By the Hand of a Woman : The Metaphor of the Woman-Warrior in Judges 4", *Semeia 6*, 99–132.
ZALEWSKI Saul, 1989, "The Purpose of the Story of the Death of Saul in 1 Chronicles X", VT 39 / 4, 449–467.
ZERON Alexander, 1979, "The Martyrdom of Phineas-Elijah", JBL 98, 99–100.
ZÜLLIG Friedrich Jakob, 1834, *Die Offenbarung Johannis, vol. 1*, (Stuttgart).

INDEX

1. Bible hébraïque

2. Deutérocanoniques

3. Apocryphes et pseudépigraphes

4. Qoumran

5. Philon d'Alexandrie

6. Flavius Josèphe

7. Littérature rabbinique

8. Littérature chrétienne

9. Auteurs grecs et latins

SUPPLEMENTS

TO THE

JOURNAL FOR THE STUDY OF JUDAISM

49. Lietaert Peerbolte, L.J. *The Antecedents of Antichrist.* A Traditio-Historical Study of the Earliest Christian Views on Eschatological Opponents. 1996. ISBN 90 04 10455 0
50. Yarbro Collins, A. *Cosmology and Eschatology in Jewish and Christian Apocalypticism.* 1996. ISBN 90 04 10587 5
51. Menn, E. *Judah and Tamar (Genesis 38) in Ancient Jewish Exegesis.* Studies in Literary Form and Hermeneutics. 1997. ISBN 90 04 10630 8
52. Neusner, J. *Jerusalem and Athens.* The Congruity of Talmudic and Classical Philosophy. 1996. ISBN 90 04 10698 7
54. Collins, J.J. *Seers, Sibyls & Sages in Hellenistic-Roman Judaism.* 1997. ISBN 90 04 10752 5
55. Baumgarten, A.I. *The Flourishing of Jewish Sects in the Maccabean Era: An Interpretation.* 1997. ISBN 90 04 10751 7
56. Scott, J.M. (ed.). *Exile: Old Testament, Jewish, and Christian Conceptions.* 1997. ISBN 90 04 10676 6
57. Henten, J-.W. van. *The Maccabean Martyrs as Saviours of the Jewish People.* A Study of 2 and 4 Maccabees. 1997. ISBN 90 04 10976 5
58. Feldman, L.H. *Studies in Josephus' Rewritten Bible.* 1998. ISBN 90 04 10839 4
59. Morray-Jones, C.R.A. *A Transparent Illusion.* The Dangerous Vision of Water in Hekhalot Mysticism: A Source-Critical and Tradition-Historical Inquiry. 2002. ISBN 90 04 11337 1
60. Halpern-Amaru, B. *The Empowerment of Women in the* Book of Jubilees. 1999. ISBN 90 04 11414 9
61. Henze, M. *The Madness of King Nebuchadnezzar.* The Ancient Near Eastern Origins and Early History of Interpretation of Daniel 4. 1999. ISBN 90 04 11421 1
62. VanderKam, J.C. *From Revelation to Canon.* Studies in the Hebrew Bible and Second Tempel Literature. 2000. ISBN 90 04 11557 9
63. Newman, C.C., J.R. Davila & G.S. Lewis (eds.). *The Jewish Roots of Christological Monotheism.* Papers from the St. Andrews Conference on the Historical Origins of the Worship of Jesus. 1999. ISBN 90 04 11361 4

64. LIESEN, J.W.M. *Full of Praise*. An Exegetical Study of Sir 39,12-35. 1999. ISBN 90 04 11359 2
65. BEDFORD, P.R. *Temple Restoration in Early Achaemenid Judah*. 2000. ISBN 90 04 11509 9
66. RUITEN, J.T.A.G.M. VAN. *Primaeval History Interpreted*. The Rewriting of Genesis 1-11 in the book of Jubilees. 2000. ISBN 90 04 11658 3
67. HOFMANN, N.J. *Die Assumptio Mosis*. Studien zur Rezeption massgültiger Überlieferung. 2000. ISBN 90 04 11938 8
68. HACHLILI, R. *The Menorah, the Ancient Seven-armed Candelabrum*. Origin, Form and Significance. 2001. ISBN 90 04 12017 3
69. VELTRI, G. *Gegenwart der Tradition*. Studien zur jüdischen Literatur und Kulturgeschichte. 2002. ISBN 90 04 11686 9
70. DAVILA, J.R. *Descenders to the Chariot*. The People behind the Hekhalot Literature. 2001. ISBN 90 04 11541 2
71. PORTER, S.E. & J.C.R. DE ROO (eds.). *The Concept of the Covenant in the Second Temple Period*. 2003. ISBN 90 04 11609 5
72. SCOTT, J.M. (ed.). *Restoration*. Old Testament, Jewish, and Christian Perspectives. 2001. ISBN 90 04 11580 3
73. TORIJANO, P.A. *Solomon the Esoteric King*. From King to Magus, Development of a Tradition. 2002. ISBN 90 04 11941 8
74. KUGEL, J.L. *Shem in the Tents of Japhet*. Essays on the Encounter of Judaism and Hellenism. 2002. ISBN 90 04 12514 0
75. COLAUTTI, F.M. *Passover in the Works of Josephus*. 2002. ISBN 90 04 12372 5
76. BERTHELOT, K. *Philanthrôpia judaica*. Le débat autour de la "misanthropie" des lois juives dans l'Antiquité. 2003. ISBN 90 04 12886 7
77. NAJMAN, H. *Seconding Sinai*. The Development of Mosaic Discourse in Second Temple Judaism. 2003. ISBN 90 04 11542 0
78. MULDER, O. *Simon the High Priest in Sirach 50*. An Exegetical Study of the Significance of Simon the High Priest as Climax to the Praise of the Fathers in Ben Sira's Concept of the History of Israel. 2003. ISBN 90 04 12316 4
79. BURKES, S.L. *God, Self, and Death*. The Shape of Religious Transformation in the Second Temple Period. 2003. ISBN 90 04 12954 5
80. NEUSNER, J. & A.J. AVERY-PECK (eds.). *George W.E. Nickelsburg in Perspective*. An Ongoing Dialogue of Learning (2 vols.). 2003. ISBN 90 04 12987 1 (set)
81. COBLENTZ BAUTCH, K. *A Study of the Geography of 1 Enoch 17-19*. "No One Has Seen What I Have Seen". 2003. ISBN 90 04 13103 5
82. GARCÍA MARTÍNEZ, F., & G.P. LUTTIKHUIZEN. *Jerusalem, Alexandria, Rome*. Studies in Ancient Cultural Interaction in Honour of A. Hilhorst. 2003 ISBN 90 04 13584 7
83. NAJMAN, H. & J.H. NEWMAN (eds.). *The Idea of Biblical Interpretation*. Essays in Honor of James L. Kugel. 2004. ISBN 90 04 13630 4

84. Atkinson, K. *I Cried to the Lord.* A Study of the Psalms of Solomon's Historical Background and Social Setting. 2004. ISBN 90 04 13614 2
85. Avery-Peck, A.J., D. Harrington & J. Neusner. *When Judaism and Christianity Began.* Essays in Memory of Anthony J. Saldarini. 2004. ISBN 90 04 13659 2 (Set), ISBN 90 04 13660 6 (Volume I), ISBN 90 04 13661 4 (Volume II)
86. Drawnel, H. *An Aramaic Wisdom Text from Qumran.* A New Interpretation of the Levi Document. 2004. ISBN 90 04 13753 X. *In Preparation*
87. Berthelot, K. *L'«humanité de l'autre homme» dans la pensée juive ancienne.* 2004. ISBN 90 04 13797 1
88. Bons, E. (ed.) «*Car c'est l'amour qui me plaît, non le sacrifice ...*». Recherches sur Osée 6:6 et son interprétation juive et chrétienne. 2004. ISBN 90 04 13677 0
89. Chazon, E.G., D. Satran & R. Clements. (eds.) *Things Revealed.* Studies in Honor of Michael E. Stone. 2004. ISBN 90 04 13885 4. *In Preparation*
91. Scott, J.M. *On Earth as in Heaven.* The Restoration of Sacred Time and Sacred Space in the Book of Jubilees. 2005. ISBN 90 04 13796 3
93. Batsch, C. *La guerre et les rites de guerre dans le judaïsme du deuxième Temple.* 2005. ISBN 90 04 13897 8.
94. Hachlili, R. *Jewish Funerary Customs, Practices and Rites in the Second Temple Period.* 2005. ISBN 90 04 12373 3.

ISSN 1384-2161